Informe Final
de la Trigésima Octava
Reunión Consultiva
del Tratado Antártico

REUNIÓN CONSULTIVA
DEL TRATADO ANTÁRTICO

Informe Final
de la Trigésima Octava
Reunión Consultiva
del Tratado Antártico

Sofía, Bulgaria
1 a 10 de junio de 2015

Volumen II

Secretaría del Tratado Antártico
Buenos Aires
2015

Publicado por:

Secretariat of the Antarctic Treaty
Secrétariat du Traité sur l'Antarctique
Секретариат Договора об Антарктике
Secretaría del Tratado Antártico

Maipú 757, Piso 4
C1006ACI Ciudad Autónoma
Buenos Aires - Argentina
Tel: +54 11 4320 4260
Fax: +54 11 4320 4253

Este libro también está disponible en: *www.ats.aq* (versión digital)
y para compras en línea.

ISSN 2346-9889
ISBN 978-987-4024-07-7

Índice

VOLUMEN I

Acrónimos y siglas

PRIMERA PARTE. INFORME FINAL

1. Informe Final
2. Informe de la XVIII Reunión del CPA
3. Apéndices
Resultados del Grupo de Contacto Intersesional sobre Requisitos de Intercambio de Información
Programa Preliminar de la XXXIX RCTA, Grupos de Trabajo y Asignación de Temas
Comunicado del País Anfitrión

SEGUNDA PARTE. MEDIDAS, DECISIONES Y RESOLUCIONES

1. Medidas

Medida 11 (2015): Zona Antártica Especialmente Protegida, ZAEP N° 155 (cabo Evans, isla Ross): Plan de gestión revisado

Medida 12 (2015): Zona Antártica Especialmente Protegida, ZAEP N° 157 (bahía Backdoor, cabo Royds, isla Ross): Plan de gestión revisado

Medida 13 (2015): Zona Antártica Especialmente Protegida, ZAEP N° 158 (punta Hut, isla Ross): Plan de gestión revisado

Medida 14 (2015): Zona Antártica Especialmente Protegida, ZAEP N° 159 (cabo Adare, costa Borchgrevink): Plan de gestión revisado

Medida 15 (2015): Zona Antártica Especialmente Protegida N° 163 (glaciar Dakshin Gangotri, Tierra de la Reina Maud): Plan de gestión revisado

Medida 16 (2015): Zona Antártica Especialmente Protegida, ZAEP N° 164 (monolitos Scullin y Murray, Tierra de Mac.Robertson): Plan de gestión revisado

Medida 17 (2015): Zona Antártica Especialmente Protegida, ZAEP N° 168 (monte Harding, montañas Grove, Antártida Oriental): Plan de gestión revisado

Medida 18 (2015): Zona Antártica Especialmente Protegida, ZAEP N° 2, (Valles Secos de McMurdo): Plan de gestión revisado

Medida 19 (2015): Lista Revisada de Sitios y Monumentos Históricos Antárticos: Cabaña Lame Dog en la base búlgara St. Kliment Ohridski, isla Livingston, y tractor para nieve "Kharkovchanka", que se utilizó en la Antártida desde 1959 a 2010

   Anexo: Lista revisada de Sitios y Monumentos Históricos

2. Decisiones

Decisión 1 (2015): Reglas de Procedimiento Revisadas de la Reunión Consultiva del Tratado Antártico (2015): Comités y Grupos de Trabajo

   Anexo: Reglas de Procedimiento Revisadas para la Reunión Consultiva del Tratado Antártico (2015)

Decisión 2 (2015): Medidas sobre asuntos operacionales designadas como obsoletas

   Anexo: Medidas sobre asuntos operacionales designadas como obsoletas

Decisión 3 (2015) Informe, programa y presupuesto de la Secretaría

   Anexo 1: Informe financiero auditado 2013/2014

   Anexo 2: Informe financiero provisional para 2014/2015

   Anexo 3: Programa de la Secretaría para 2015/2016

Decisión 4 (2015): Plan de trabajo estratégico plurianual para la Reunión Consultiva del Tratado Antártico

   Anexo: Plan de trabajo estratégico plurianual de la RCTA

Decisión 5 (2015): Responsabilidad derivada de emergencias ambientales

Decisión 6 (2015): Intercambio de información

   Anexo: Requisitos de intercambio de información

VOLUMEN II

Acrónimos y siglas

ACAP	Acuerdo sobre la Conservación de Albatros y Petreles
AMP	Área marina protegida
ANC	Autoridad nacional competente
ASOC	Coalición Antártica y del Océano Austral
BP	Documento de antecedentes
CC-CCRVMA	Comité Científico de la CCRVMA
CCRVMA	Convenio para la Conservación de los Recursos Vivos Marinos Antárticos y/o Comisión para la Conservación de los Recursos Vivos Marinos Antárticos
CCFA	Convención para la Conservación de las Focas Antárticas
CCRWP	Programa de trabajo de respuesta para el cambio climático
CEE	Evaluación medioambiental global
CMNUCC	Convención Marco de las Naciones Unidas sobre Cambio Climático
COI	Comisión Oceanográfica Intergubernamental
COMNAP	Consejo de Administradores de Programas Antárticos Nacionales
CPA	Comité para la Protección del Medio Ambiente
EIA	Evaluación de impacto ambiental
FIDAC	Fondos internacionales de indemnización de daños debidos a la contaminación por hidrocarburos
GCI	Grupo de Contacto Intersesional
GSPG	Grupo Subsidiario sobre Planes de Gestión.
IAATO	Asociación Internacional de Operadores Turísticos en la Antártida
IEE	Evaluación ambiental inicial
IP	Documento de información
IPCC	Grupo Intergubernamental de Expertos sobre Cambio Climático
OACI	Organización de Aviación Civil Internacional
OHI	Organización Hidrográfica Internacional
OMI	Organización Marítima Internacional
OMM	Organización Meteorológica Mundial
OMT	Organización Mundial del Turismo
PNUMA	Programa de las Naciones Unidas para el Medio Ambiente
RCC	Centros de coordinación de rescates
RCTA	Reunión Consultiva del Tratado Antártico

RETA	Reunión de Expertos del Tratado Antártico
SAR	Búsqueda y salvamento
SCAR	Comité Científico de Investigación Antártica
SEII	Sistema electrónico de intercambio de información
SOLAS	Convenio Internacional para la Seguridad de la Vida Humana en el Mar
SMH	Sitio y monumento histórico
SOOS	Sistema de Observación del Océano Austral
SP	Documento de Secretaría
STA	Sistema del Tratado Antártico o Secretaría del Tratado Antártico
UAV	Vehículo aéreo no tripulado
UICN	Unión Internacional para la Conservación de la Naturaleza
WP	Documento de trabajo
ZAEA	Zona antártica especialmente administrada
ZAEP	Zona antártica especialmente protegida

PARTE II

Medidas, Decisiones y Resoluciones (Cont.)

4. Planes de Gestión

Plan de Gestión para la Zona Antártica Especialmente Protegida Nº 101

PINGÜINERA TAYLOR, TIERRA DE MAC.ROBERTSON

Introducción

La pingüinera Taylor es una colonia de pingüinos emperador (*Aptenodytes forsteri*) situada en el lado este del glaciar Taylor, en la Tierra de Mac Robertson (67°27'S; 60°51'E, mapa A). El sitio fue designado originalmente como Zona Especialmente Protegida (ZEP) N° 1 mediante la Recomendación IV-I (1966) tras una propuesta formulada por Australia. Se aprobó un Plan de Gestión para la Zona en virtud de la Recomendación XVII-2 (1992). De conformidad con la Decisión 1 (2002), se cambiaron la designación y el número a Zona Antártica Especialmente Protegida (ZAEP) N° 101. Los planes de gestión revisados para la ZAEP se aprobaron mediante la Medida 2 (2005) y la Medida 1 (2010). La pingüinera Taylor ha sido designada ZAEP para proteger la mayor colonia conocida de pingüinos emperador situada en su totalidad en tierra.

1. Descripción de los valores que requieren protección.

De las 48 colonias de pingüinos emperador que se conocen actualmente en la Antártida, la primera colonia terrestre fue descubierta en la isla Emperor, islas Dion, Península Antártica (67°52'S, 68°43'O) recién en 1948. Unas 150 parejas reproductoras ocupaban la isla, pero a partir de los años 1970 la población disminuyó, llegando a apenas 22 parejas en 1999. No se han avistado pingüinos emperador en la isla Dion desde 2009 y es probable que la colonia se haya extinguido. La colonia del glaciar Taylor fue la segunda colonia terrestre en ser descubierta, en octubre de 1954. Esta colonia es completamente terrestre durante la temporada de reproducción. Debido a esta característica poco común, esta colonia se designó como Zona Especialmente Protegida en 1966, así como también la isla Emperor. En 1999 se descubrió en la bahía Amundsen, en la Antártida oriental, una tercera colonia terrestre consistente en unas 250 parejas.

La colonia de pingüinos Emperador del glaciar Taylor es la mayor colonia que se conoce en tierra (mapa B) y, como tal, reviste una gran importancia científica. El Programa Antártico Australiano realizó el seguimiento de la población de la colonia del glaciar Taylor intermitentemente entre 1957 y 1987, y en forma anual a partir de 1988. Los censos fotográficos han arrojado recuentos muy exactos. La cantidad de ejemplares adultos de la colonia alcanzó un promedio de 3680 parejas reproductoras en los primeros años. En el periodo 1988-2010, la población promediaba 2930 parejas, es decir, 20,5 % menos que en años anteriores. Desde 2011-2014, se produjo una nueva disminución de 12 % (datos inéditos), desconociéndose las razones de esta disminución. Se dispone de registros similares solamente en relación con dos colonias de pingüinos emperador más, cerca de Dumont d'Urville (archipiélago Punta Géologie, ZAEP 120, 66°40'S, 140°01'E) y en isla Haswell (ZAEP 127, 66°31'S, 93°00'E), disminuyendo la población en ambas colonias en alrededor de 50% durante los años setenta. También hay disponibles datos poblacionales sobre una serie de colonias en la región del mar de Ross. Sin embargo, los registros acerca de estos últimos no son continuos, y no incluyen los recuentos de las colonias durante el invierno.

El Programa Antártico Australiano realiza cada año no más de tres visitas al glaciar Taylor, en diferentes épocas del año. La colonia es ideal para los censos ya que está rodeada de pequeñas colinas rocosas que permiten observar los pingüinos sin necesidad de entrar en la zona de reproducción. Por lo tanto, la perturbación de la colonia por el ser humano, especialmente desde 1988, ha sido muy escasa y se puede descartar la influencia humana directa como posible factor de influencia en la salud de esta población.

2. Finalidades y objetivos

La gestión de la pingüinera Taylor persigue las siguientes finalidades:

- evitar la degradación de los valores de la Zona y los riesgos importantes para los mismos, previniendo las perturbaciones innecesarias causadas por los seres humanos;
- permitir las investigaciones del ecosistema y del medio físico, en especial de la avifauna, siempre que sean indispensables y que no puedan realizarse en otro lugar;
- reducir al mínimo la posibilidad de introducción de agentes patógenos que puedan causar enfermedades en las poblaciones de aves de la Zona;
- prevenir o reducir al mínimo la posibilidad de introducción de plantas, animales y microbios no autóctonos en la Zona;
- permitir la recopilación de datos sobre el estado de la población en la colonia de pingüinos emperador de forma regular y sostenible; y
- permitir visitas con fines de gestión concordantes con los objetivos del Plan de Gestión.

3. Actividades de gestión

Se realizarán las siguientes actividades de gestión para proteger los valores de la Zona:

- Se realizarán las visitas necesarias a la Zona (preferiblemente no menos de una vez cada cinco años) para determinar si continúa sirviendo a los fines para los cuales fue designada y cerciorarse de que las medidas de gestión sean adecuadas.
- El Plan de Gestión será revisado por lo menos cada cinco años y será actualizado cuando sea necesario.

4. Período de designación

Designación con período de vigencia indefinida.

5. Mapas

Mapa A: Zona Antártica Especialmente Protegida N° 101, pingüinera Taylor, costa de Mawson, Tierra de Mac Robertson, Antártida oriental. El mapa del recuadro muestra la ubicación en relación con el continente antártico.

Mapa B: Zona Antártica Especialmente Protegida N° 101, Pingüinera Taylor: Topografía y colonia de pingüinos emperador.

Mapa C: Zona Antártica Especialmente Protegida N° 101, Pingüinera Taylor: Aproximación de vehículos y helicópteros y lugar de aterrizaje.

Mapa D: Zona Antártica Especialmente Protegida N° 101, Pingüinera Taylor: puntos limítrofes de la ZAEP

Total de especificaciones cartográficas: Nivel de referencia horizontal: WGS84; Nivel de referencia vertical: nivel medio del mar.

6. Descripción de la Zona

6(i) Coordenadas geográficas, indicadores de límites y características naturales

La ZAEP de la pingüinera Taylor comprende la totalidad del afloramiento expuesto más septentrional del sector oriental del glaciar Taylor, Tierra de Mac Robertson (67°27' 14"S, 60°53' 0"E, mapa B). Las coordenadas limítrofes de la Zona se proporcionan en el Apéndice 1 y se muestran en el mapa D. El límite de la Zona sigue el borde costero (por la marca de bajamar) desde un punto en la esquina noroeste de la Zona en 67°27'4,9"S, 60°52'58.2"E (punto limítrofe 1), en dirección aproximadamente hacia el sur hasta el punto limítrofe 6 (67°27'27,8"S, 60°53'7,7"E). Desde ahí, el límite continúa en dirección oeste y luego hacia el norte (siguiendo aproximadamente el límite de la zona libre de hielo) hasta el punto limítrofe 22 (67°27'18"S, 60°52'50,2"E) y luego sigue hacia el norte por el acantilado de hielo hasta el punto limítrofe 23 (67°27'5,3"S, 60°52'57,1"E) para unirse una vez más con el punto limítrofe 1. No hay indicadores de límites en el sitio.

La colonia de pingüinos emperador está ubicada en un afloramiento rocoso bajo en el extremo sudoeste de una bahía formada por el glaciar Taylor al oeste, el casquete glacial al sur y las islas del archipiélago Colbeck al este. La Zona está circundada por hielo fijo hacia el norte y el este. La Zona se encuentra a unos 90 kilómetros hacia el oeste de la estación Mawson. En el límite occidental, el terreno contiguo al glaciar está libre de hielo y, al sur, la roca se eleva abruptamente hasta la meseta polar. La roca misma forma una herradura alrededor de un área plana central de roca y morrena expuesta. Durante el invierno esta Zona está cubierta de nieve y es ocupada por pingüinos emperador. A fines de la primavera se forman dos lagos de deshielo pequeños y un arroyo desemboca al nordeste. Los costados de la herradura son crestas rocosas redondeadas, desnudas y alisadas por el hielo. El resto del terreno es escabroso y está surcado por grietas y fisuras. La altura media de las crestas es de unos 30 metros.

La Zona tiene también una terraza costera que es una playa típica de las que se encuentran en la costa de la Tierra de Mac Robertson. La playa consiste en pedregullo, guijarros y rocas grandes de origen local de 1 cm a 1 m de ancho. Tiene una pendiente ascendente desde la costa hasta una plataforma bien definida de varios metros de ancho, situada a una altura de tres a seis metros sobre el nivel del mar. La Zona está claramente definida por sus rasgos naturales.

Clima

Los datos meteorológicos de la Zona son limitados. Las condiciones probablemente sean similares a las imperantes en la zona de la estación Mawson, situada a unos 90 km al este, donde la temperatura media mensual oscila entre +0,1°C en enero y -18,8°C en agosto, con temperaturas extremas que oscilan entre +10,6°C y -36,0°C. La velocidad media anual del viento es de 10,9 m por segundo, con períodos prolongados y frecuentes de vientos catabáticos fuertes del sudeste provenientes del casquete glacial con velocidades medias que superan los 25 m por segundo y ráfagas que suelen exceder los 50 m por segundo. Las secciones locales de la costa varían en su exposición a los vientos fuertes y es posible que, en la pingüinera Taylor, la velocidad media del viento sea levemente inferior. Otras características del clima comprenden gran nubosidad durante el año, humedad muy baja, precipitaciones escasas y períodos frecuentes de vientos fuertes, ventisqueros y baja visibilidad debido al paso de sistemas importantes de baja presión.

Dominios medioambientales y Regiones biogeográficas de conservación antártica

Según el Análisis de Dominios Ambientales de la Antártida (Resolución 3 [2008]), la pingüinera Taylor se encuentra en el ambiente D, *Geológico del litoral de la Antártida oriental*. Según las

Regiones Biogeográficas de Conservación Antártica (Resolución 6 (2012)), la Pingüinera Taylor no tiene asignada una Región Biogeográfica.

Geología y Suelos

Las rocas de la pingüinera Taylor son metamórficas y probablemente se formaron a partir de antiguas rocas sedimentarias metamórficas. En el mapa se muestran como gneis de granate-biotita-cuarzo-feldespato, granito y migmatita. Las rocas metamórficas presentan intrusiones de charnoquita de una edad isotópica de 100 millones de años, lo cual permite determinar la edad mínima de las rocas metamórficas. Muchas zonas de cizallamiento cruzan las rocas metamórficas bandeadas y se reconocen rastros de una superficie antigua de erosión a una altitud aproximada de 60 m.

Vegetación

La flora de la pingüinera Taylor comprende al menos diez especies de líquenes (cuadro 1) y una cantidad desconocida de algas terrestres y de agua dulce. En la Zona no se observaron musgos. En la región hay 26 especies de líquenes y tres especies de musgos, 20 de las cuales se encuentran cerca del cerro Chapman y 16 en cabo Bruce, en la sección occidental del glaciar Taylor. Los tipos de rocas no son propicios para la colonización por líquenes. La mayoría de los líquenes de la pingüinera Taylor crecen en los afloramientos más altos del extremo sur, donde la meteorización es menor.

LÍQUENES

Pseudephebe minuscula	*Lecidea phillipsiana*
Buellia frigida	*Physcia caesia*
Caloplaca citrina	*Xanthoria elegans*
Candelariella flava	*Xanthoria mawsonii*
Rhizoplaca melanophthalma	*Lecanora expectans*

Cuadro 1. Plantas registradas en la Pingüinera Taylor.

Aves

Pingüinos emperador

El lugar de reproducción de los pingüinos emperador es un anfiteatro orientado hacia el norte que está formado por la lengua del glaciar Taylor al oeste y cerros rocosos al este. Los pingüinos suelen estar en las zonas que están al mismo nivel y que están cubiertas de nieve durante la mayor parte de la temporada de reproducción.

Las primeras eclosiones se observaron a mediados de julio, lo cual indica que las aves comienzan a poner huevos a mediados de mayo. De mediados de diciembre a mediados de enero los pichones comienzan a salir de la colonia, por lo general durante el día, cuando hace más calor y amaina el viento catabático. Las aves adultas y los pichones se dirigen en dirección nornordeste hacia una polynia situada a entre 60 y 70 km de la colonia. A mediados de enero este borde de hielo se reduce a 25 km, aproximadamente. La polynia parece ser una característica permanente de la costa Mawson.

Luego del inicio de programa de observación continua en 1988, el sector sur de la Zona estaba ocupado por pingüinos hasta aproximadamente 2010. Durante los últimos años se han desplazado hacia el sector norte, en donde pasan actualmente el invierno. En 2014 fueron observados por primera vez sobre el hielo fijo fuera de la Zona (ya en octubre). El programa de observación continua ayudará a determinar si se trata de un comportamiento recurrente; de ser así, es posible que se requieran algunas modificaciones en materia de gestión de la Zona.

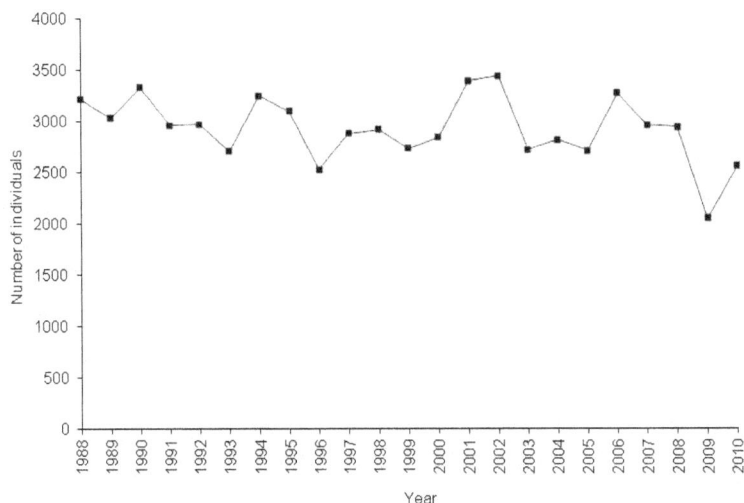

Figura 1.Número de pingüinos emperador adultos que estaban en la colonia en el glaciar Taylor durante el invierno, 1988-2010.Fuente: Robertson et al. (2014).

Skúas

Se ven skúas con frecuencia cerca de la colonia de pingüinos, pero se desconoce si estas aves se reproducen en este lugar.

6(ii) Acceso a la Zona

Se puede viajar a la Zona en vehículo sobre el hielo marino, lo cual generalmente es posible solo desde el 1 de mayo al 25 de diciembre, o en aeronave, de conformidad con la Sección 7 (ii) del presente Plan.

6(iii)   Ubicación de estructuras dentro de la Zona y en sus proximidades

En 2013 se instalaron dos cámaras automáticas en la Zona sobre las crestas rocosas que rodean la zona de reproducción de los pingüinos (véase la ubicación de las cámaras en el mapa B: 67°27'10.8"S, 60°53'6"E y 67°27'18.0"S, 60°52'55.2"E). Aproximadamente a 5 km al nordeste de la Zona se encuentra un refugio con cuatro literas en el archipiélago Colbeck (véase el mapa A, 67°26'17.9"S, 60°59'23.6"E). La estación Mawson (67°36'S, 62°53'E) se encuentra a unos 90 kilómetros hacia el este.

6(iv)   Ubicación de otras zonas protegidas en las cercanías

La ZAEP N° 102, islas Rookery, Tierra de Mac Robertson (67°36'36" S y 62°32'01" E) está a casi 80 km al este de la pingüinera Taylor (véase el mapa A).

6(v)   Áreas especiales al interior de la Zona

No hay áreas especiales al interior de la Zona.

7. Términos y Condiciones para los permisos de entrada

7(i) Condiciones para la expedición de permisos

Se prohíbe el acceso a la Zona excepto con un permiso expedido por una autoridad nacional competente. Las condiciones para la expedición de permisos son las siguientes:

- que el permiso se expida por razones científicas indispensables que no puedan ser atendidas en otra parte, en especial para el estudio científico de la avifauna y el ecosistema de la Zona, o para fines de gestión esenciales y compatibles con los objetivos del plan, como inspecciones, tareas de mantenimiento o examen;
- que las acciones permitidas no pongan en peligro los valores de la Zona;
- que las actividades permitidas sean compatibles con el Plan de Gestión;
- que el permiso, o una copia autorizada de éste, se lleve consigo dentro de la Zona.
- que se presente un informe de la visita a la autoridad que figure en el permiso;
- que el permiso sea expedido por un período determinado.
- que se avise a la autoridad nacional pertinente sobre cualquier actividad o medida que no estuviera comprendida en el permiso.

7 (ii) Acceso a la Zona y desplazamiento en su interior o sobre ella

Siempre que sea posible, el acceso a la Zona en vehículos debería efectuarse desde el hielo marino al este del archipiélago Colbeck, a fin de no cruzar los senderos de los pingüinos desde la pingüinera hasta el mar (mapa B). Se prohíbe el ingreso de vehículos en la Zona. Los vehículos utilizados para el transporte a la Zona permanecerán fuera de esta, al este, y se ingresará en la Zona a pie. En el mapa C se marca la ruta de aproximación vehicular.

El uso de aeronaves está supeditado a las siguientes condiciones:

- Se deberá tratar en todo momento de no perturbar la colonia con las aeronaves.
- Se prohíben los sobrevuelos de la colonia, excepto con fines científicos o de gestión esenciales. Dichos sobrevuelos deberán efectuarse a una altura de 930 m (3050 pies) como mínimo en el caso de los helicópteros monomotores y de las aeronaves de ala fija, y de 1500 m (5000 pies) como mínimo en el caso de los helicópteros bimotores.
- No se permite el aterrizaje de aeronaves de ala fija dentro de la Zona.
- Las aeronaves de ala fija que se usen para la aproximación a la Zona no deberán aterrizar, despegar o volar a menos de 930 m (3050 pies) ni volar a menos de 750 m (2500 pies) de la colonia.
- Los helicópteros se aproximarán a la Zona desde el este sobre el hielo marino y, preferiblemente, si el estado del hielo lo permite, aterrizarán fuera de la Zona en el punto marcado con una "H" en el mapa C (60°53'32.5"E, 67°27'6,1"S), tras lo cual se entrará en la Zona a pie;

- Fuera de la Zona, los helicópteros monomotores no deberían aterrizar, despegar o volar a menos de 930 m (3050 pies) de la colonia o volar a una distancia inferior a 750 m, y los helicópteros bimotores no deberían aterrizar, despegar o volar a menos de 1500 m (5000 pies) de la colonia.
- Si es indispensable aterrizar dentro de la Zona debido a las condiciones inadecuadas del hielo marino, podrán aterrizar únicamente helicópteros monomotores, en el nordeste de la Zona, en el punto marcado "H" en el mapa C (60°53'17,8"E, 67°27'6,8"S), donde un promontorio al sur oculta la colonia e impide que lleguen ruidos.
- Los helicópteros monomotores que se aproximen para aterrizar en la Zona deberían volar a la menor altura que sea segura sobre el hielo marino a fin de no perturbar a la colonia.
- No se permite reabastecer de combustible a los helicópteros dentro de la Zona.

No hay rutas marcadas para peatones dentro de la Zona. A menos que un permiso autorice la perturbación, los peatones deberán mantenerse bien alejados del área de la colonia (por lo menos a una distancia de 50 m) y ceder el paso a los pingüinos que salgan y entren. Si es posible, los peatones que circulen en la Zona y sus alrededores deberían tratar de no cruzar las rutas de acceso de las aves o de cruzar rápidamente, sin obstruir el tránsito de pingüinos.

7(iii) Actividades que se realizan en la Zona o que pueden llevarse a cabo dentro de esta, incluyendo restricciones relativas al tiempo y al lugar

Pueden encontrarse pingüinos en la Zona durante la mayor parte del año, y son particularmente sensibles a las perturbaciones durante los siguientes períodos:

- de mediados de mayo a mediados de julio, cuando están incubando huevos; y
- de mediados de julio a mediados de septiembre, cuando los adultos están empollando a los pichones.

Se puede llegar a la Zona para realizar censos de la colonia de pingüinos emperador. La colonia es ideal para la realización de censos, ya que pueden realizarse sin perturbar a las aves. El mejor mirador para ver y fotografiar a los pingüinos en invierno es un promontorio rocoso contiguo al glaciar Taylor, en el extremo occidental de la colonia, al oeste de la colonia y al este de la Zona. El momento ideal para realizar un censo de adultos es desde el 22 de junio al 5 de julio, dado que durante este período la mayoría de las aves presentes son los machos que incuban, cada uno de los cuales representa una pareja reproductora.

Otras actividades que se pueden realizar en la Zona:

- Investigaciones científicas urgentes que no puedan realizarse en otro lugar y que no pongan en peligro la avifauna o el ecosistema de la Zona.
- actividades de gestión indispensables, entre ellas la observación; y
- muestreo, que debería limitarse al mínimo necesario para los programas de investigación aprobados.

7(iv) Instalación, modificación o desmantelamiento de estructuras

No se podrán erigir estructuras ni instalar equipo científico en la Zona salvo para las actividades científicas o de gestión indispensables y para el plazo de validez preestablecido que se especifique en el permiso. Los señalizadores y los equipos científicos deberán estar bien sujetos y en buen estado y llevar claramente el nombre del país que otorgó el permiso, el nombre del investigador principal y el año de instalación. Todos estos artículos deberían estar confeccionados con materiales que presenten un riesgo mínimo de daños para la fauna y la flora o de contaminación de la Zona.

Una de las condiciones para la expedición del permiso será que el equipo relacionado con la actividad aprobada deberá ser retirado al concluir la actividad, o antes. Los detalles de los señalizadores y el equipo que permanezca temporalmente en el lugar (ubicaciones del GPS, descripción, etiquetas, etc., y fecha desmantelamiento prevista) se notificarán a la autoridad que haya expedido el permiso. Las cabañas de campaña provisionales que se autoricen se instalarán en un lugar bien alejado de la colonia de pingüinos al noreste de la Zona, donde un promontorio al sur oculta la colonia.

7(v)   Ubicación de los campamentos

Aproximadamente a 5 km al nordeste de la Zona se encuentra un refugio con cuatro literas en el archipiélago Colbeck (60°59'23,6"E, 67°26'17,9"S).

Se permite acampar en la Zona, bien lejos de la colonia de pingüinos, de preferencia en el lugar al nordeste de la Zona donde un promontorio que está al sur oculta la colonia (según lo indicado en el mapa B).

7(vi) Restricciones relativas a los materiales y organismos que puedan introducirse en la Zona

- Se prohíbe ingresar a Zona productos avícolas, entre ellos alimentos desecados que contengan huevo en polvo.
- No se dejarán alimentos u otros suministros en la Zona después de la temporada para la cual se necesiten.
- No se ingresarán deliberadamente animales, material vegetal, microorganismos vivos y suelo no estéril en la Zona. Deben tomarse las precauciones más exhaustivas a fin de evitar la introducción en la Zona accidental de animales, material vegetal, microorganismos y suelos no estériles provenientes de otras regiones con características biológicas distintas (dentro de la Antártida o fuera del área comprendida en el Tratado Antártico).
- En el nivel máximo practicable, el calzado y el equipo que se use o se lleve a la Zona (incluidas las mochilas, los bolsos y otros equipos) deberán limpiarse minuciosamente antes de ingresar a la Zona y luego de salir de ella.
- Las botas, los equipos de muestreo e investigación y los señalizadores que entren en contacto con el suelo deben desinfectarse o limpiarse con agua caliente y cloro antes de entrar a la Zona y después de visitarla, con el fin de evitar la introducción accidental de animales, material vegetal, microorganismos y suelo no estéril a la Zona. La limpieza se debe llevar a cabo en la cabaña de refugio o en la estación.
- Los visitantes también deben consultar y seguir adecuadamente las recomendaciones incluidas en el Manual sobre especies no autóctonas del Comité para la Protección del Medio Ambiente (CPA, 2011), y el Código de Conducta Ambiental para el desarrollo de actividades científicas de campo en la Antártida (SCAR, 2009).
- No se deben introducir a la Zona herbicidas ni pesticidas. Cualquier otro producto químico, incluidos los radionúclidos o los isótopos estables, que se introduzca con fines científicos o de gestión especificados en el permiso deberá retirarse de la Zona a más tardar cuando concluya la actividad para la cual se haya expedido el permiso.
- No se podrá almacenar combustible en la Zona, a menos que sea necesario para fines indispensables relacionados con la actividad para la cual se haya expedido el permiso. Todo el combustible de ese tipo deberá ser retirado cuando concluya la actividad para la cual se haya expedido el permiso. No se permiten los depósitos permanentes de combustible.

- Todo el material que se introduzca podrá permanecer durante un período determinado únicamente, deberán ser retirados a más tardar cuando concluya dicho período y deberá ser almacenado y manipulado con métodos que reduzcan al mínimo el riesgo de impacto ambiental.

7(vii) Toma de, o intromisión perjudicial sobre flora y fauna autóctonas

Se prohíbe la toma de ejemplares de la flora y fauna autóctonas y la intromisión perjudicial en ellas, excepto con un permiso. En caso de toma de animales o perturbación perjudicial de los mismos, se debería usar como norma mínima el Código de Conducta del SCAR para el Uso de Animales con Fines Científicos en la Antártida.

Las investigaciones ornitológicas sobre las aves reproductoras presentes en la Zona deberán limitarse a actividades que no sean invasivas y que no las perturben. En caso de que sea necesaria la captura de ejemplares, esta deberá realizarse, de ser posible, fuera de la Zona a fin de reducir la perturbación de la colonia.

7(viii) Toma o retiro de materiales que el titular del permiso no haya llevado a la Zona

Se podrá recolectar o retirar material de la Zona únicamente de conformidad con un permiso y dicho material deberá limitarse al mínimo necesario para fines de índole científica o de gestión.

Todo material de origen humano que pueda comprometer los valores de la Zona y que no haya sido llevado a la Zona por el titular del permiso, o que no esté comprendido en otro tipo de autorización, podrá ser retirado salvo que el impacto de su retiro pueda ser mayor que el efecto de dejar el material *in situ*. En tal caso se deberá notificar a la autoridad que haya expedido el permiso, si es posible mientras la expedición todavía se encuentre en la Zona.

7(ix)   Eliminación de desechos

Deberán retirarse de la Zona todos los residuos, incluidos todos los residuos de origen humano. Los desechos de expediciones deberán almacenarse de forma tal que la fauna silvestre (por ejemplo, las skúas) no pueda escarbar en la basura hasta que los desechos puedan eliminarse o retirarse de la Zona. Los desechos deberán retirarse a más tardar cuando la expedición abandone el lugar. Se podrán verter desechos humanos y aguas grises en el mar fuera de la Zona.

7 (x) Medidas que puedan requerirse para garantizar el continuo cumplimiento de los objetivos y las finalidades del Plan de Gestión

Se pueden otorgar permisos de ingreso a la Zona con el fin de:

- realizar actividades científicas de observación e inspección de la Zona, que podrán incluir la recolección de muestras para su análisis o examen;
- erigir o realizar el mantenimiento de postes señalizadores, estructuras o equipos científicos; o
- implementar otras medidas de protección.

Todos los sitios donde se lleven a cabo actividades de observación a largo plazo deberán estar debidamente marcados y se deberá determinar su ubicación mediante el sistema de posicionamiento global (GPS, por sus siglas en inglés) a fin de asentarla en el Sistema del Directorio de Datos Antárticos por medio de la autoridad nacional pertinente.

Los visitantes deberán tomar precauciones especiales para evitar la introducción de organismos no autóctonos en la Zona. Causa especial preocupación la introducción de agentes patógenos, microbios o vegetación provenientes de suelos, flora y fauna de otros lugares de la Antártida, incluidas las estaciones de investigación, o de regiones fuera de la Antártida. A fin de reducir al mínimo el riesgo de introducción de especies no autóctonas, antes de ingresar en la Zona los visitantes deberán limpiar meticulosamente el calzado y todo el equipo que vaya a usarse en la Zona, en especial el equipo de muestreo y los señalizadores.

7(xi) Requisitos relativos a los informes

El titular principal del permiso presentará a la autoridad nacional correspondiente un informe de cada visita a la Zona, en cuanto sea posible, y antes de los seis meses posteriores a la finalización de la visita. Dichos informes sobre visitas deberán incluir, en la medida de lo posible, la información señalada en el formulario de informe de la visita contenido en la *Guía para la Preparación de Planes de Gestión para las Zonas Antárticas Especialmente Protegidas*. Si procede, la autoridad nacional también debería enviar una copia del informe de visitas a la Parte que haya propuesto el Plan de Gestión, a fin de ayudar en la administración de la Zona y en la revisión del Plan de Gestión. Las Partes deberían, de ser posible, depositar los originales o copias de los mencionados informes originales de visita en un archivo de acceso público a fin de mantener un registro del uso, para fines de revisión del Plan de Gestión y también para fines de la organización del uso científico de la Zona.

Se enviará una copia del informe a la Parte responsable de la elaboración del Plan de Gestión (Australia) a fin de contribuir a la gestión de la Zona y al monitoreo de las poblaciones de aves.

8. Documentación de respaldo

Barbraud, C., Gavrilo M, Mizin, Y. y Weimerskirch, W. (2011) Comparison of emperor penguin declines between Pointe Géologie and Haswell Island over the past 50 years. *Antarctica Science* 23: 461-468.

Budd, G.M. (1961): The biotopes of emperor penguin rookeries. *Emu* 61:171-189.

Budd, G.M. (1962): Population studies in rookeries of the emperor penguin *Aptenodytes forsteri*. *Proceedings of the Zoological Society, London* 139: 365-388.

Crohn, P.W. (1959): A contribution to the geology and glaciology of the western part of the Australian Antarctic Territory. *Bulletin of the Bureau of Mineral Resources, Geology and Geophysics, Australia*, No. 32.

Filson, R.B. (1966): The lichens and mosses of Mac.Robertson Land. Melbourne: Department of External Affairs, Australia (Antarctic Division).

Fretwell, P.T. y Trathen, P.N. (2009): Penguins from space: faecal stains reveal the location of emperor penguin colonies. *Global Ecology and Biogeography* 18:543-552.

Fretwell, P.T., LaRue, M.A., Morin, P., Kooyman, G.L., Wienecke, B., et al. (2012) An emperor penguin population estimate: the first global, synoptic survey of a species from space. PLoS ONE 7(4): e33751. doi:10.1371/journal.pone.0033751

Horne, R.S.C. (1983): The distribution of penguin breeding colonies on the Australian Antarctic Territory, Heard Island, the McDonald Islands and Macquarie Island. *ANARE Research Notes* No. 9.

Kato, A. e Ichikawa, H. (1999) Breeding status of Adélie and Emperor penguins in the Mt Riisser-Larsen area, Amundsen Bay. Polar Bioscience 12: 36-39.

Kirkwood, R. y Robertson, G. (1997): Seasonal change in the foraging ecology of emperor penguins on the Mawson Coast, Antarctica. *Marine Ecology Progress Series* 156: 205-223.

Kirkwood, R. y Robertson, G. (1997): The energy assimilation efficiency of emperor penguins, *Aptenodytes forsteri*, fed a diet of Antarctic krill, *Euphausia superba*. *Physiological Zoology* 70: 27-32.

Kirkwood, R. y Robertson, G. (1997): The foraging ecology of female emperor penguins in winter. *Ecological Monographs* 67: 155-176.

Kirkwood, R. y Robertson, G. (1999): The occurrence and purpose of huddling by Emperor penguins during foraging trips. *Emu* 99: 40-45.

Lee J.E. y Chown S.L. 2009: Breaching the dispersal barrier to invasion: quantification and management. *Ecological Applications* **19**: 1944-1959.

Longton, R. E. (1988): Biology of polar bryophytes and lichens, Cambridge University Press, Cambridge, pp. 307-309.

Melick, D. R., Hovenden, M. J. y Seppelt, R. D. (1994): Phytogeography of bryophyte and lichen vegetation in the Windmill Islands, Wilkes Land, Continental Antarctica. *Vegetation* 111: 71-87.

Morgan, F., Barker, G., Briggs, C. Price, R. y Keys, H (2007): Environmental Domains of Antarctica, Landcare Research New Zealand Ltd

Øvstedal, D. O. y Lewis Smith, R. I. (2001): Lichens of Antarctica and South Georgia: A guide to their identification and ecology, Cambridge University Press, Cambridge.

Robertson, G. (1990): Huddles. *Australian Geographic* 20: 76-94.

Robertson, G. (1992): Population size and breeding success of emperor penguins *Aptenodytes forsteri* at the Auster and Taylor Glacier Colonies, Mawson Coast, Antarctica. *Emu.* 92: 62-71.

Robertson, G. (1994): The foraging ecology of emperor penguins (*Aptenodytes forsteri*) at two Mawson Coast Colonies, Antarctica. Tesis de doctorado, Universidad de Tasmania.

Robertson, G. (1995): The foraging ecology of emperor penguins *Aptenodytes forsteri* at two Mawson Coast colonies, Antarctica. *ANARE Reports* 138, 139.

Robertson, G. and Newgrain, K. (1992): Efficacy of the tritiated water and 22Na turnover methods in estimating food and energy intake by Emperor penguins *Aptenodytes forsteri*. *Physiological Zoology* 65:933-951.

Robertson, G., Wienecke, B., Emmerson, L., y Fraser, A.D. (2014). Long-term trends in the population size and breeding success of emperor penguins at the Taylor Glacier colony, Antarctica. Polar Biology 37: 251-259.

Robertson, G., Williams, R. Green, K. y Robertson, L. (1994): Diet composition of emperor penguin chicks *Aptenodytes forsteri* at two Mawson Coast colonies, Antarctica. *Ibis 136: 19-31*

Schwerdtfeger, W. (1970): The climate of the Antarctic. En: *Climates of the Polar Regions (ed. S. Orvig)*, pp. 253-355.

Schwerdtfeger, W. (1984): Weather and climate of the Antarctic. En: *Climates of the Polar Regions (ed. S. Orvig)*, p. 261.

Streten, N.A. (1990): A review of the climate of Mawson– a representative strong wind site in East Antarctica. *Antarctic Science* 2: 79-89.

Trail, D.S. (1970): ANARE 1961 Geological traverses on the Mac.Robertson Land and Kemp Land Coast. Bulletin of the Bureau of Mineral Resources, Geology and Geophysics, Australia, No. 135.

Trail, D.S., McLeod, I.R., Cook, P.J. y Wallis, G.R. (1967): Geological investigations by the Australian National Antarctic Research Expeditions 1965. *Bulletin of the Bureau of Mineral Resources, Geology and Geophysics, Australia,* No. 118.

Trathan, P.N., Fretwell, P.T. y Stonehouse, B. (2011) First recorded loss of an emperor penguin colony in the recent period of Antarctic regional warming: implications for other colonies. *PLoS ONE* 6:e14738.

Whinam J, Chilcott N. y Bergstrom D.M. 2005: Subantarctic hitchhikers: expeditioners as vectors for the introduction of alien organisms. *Biological Conservation* **121**: 207-219.

Wienecke, B., Kirkwood, R. y Robertson, G. (2004): Pre-moult foraging trips and moult locations of emperor penguins at the Mawson Coast. *Polar Biology* 27: 83-91.

Wienecke, B. C. y Robertson, G. (1997): Foraging space of emperor penguins *Aptenodytes forsteri* in Antarctic shelf waters in winter. *Marine Ecology Progress Series* 159: 249-263.

Wienecke, B., Robertson, G., Kirkwood y R., Lawton, K. (2007): Extreme dives by free-ranging emperor penguins. *Polar Biology* 30:133-142.

Wienecke, B., Kirkwood, R. y Robertson, G. (2004): Pre-moult foraging trips and moult locations of emperor penguins at the Mawson Coast. *Polar Biology* 27: 83-91.

Wienecke, B. (2009): Emperor penguin colonies in the Australian Antarctic Territory: how many are there? *Polar Record* 45:304-312.

Wienecke, B. (2009): The history of the discovery of emperor penguin colonies, 1902-2004. *Polar Record* 46: 271-276.

Willing, R.L. (1958): Australian discoveries of Emperor penguin rookeries in Antarctica during 1954-57. *Nature, London,* 182: 1393-1394.

Apéndice 1: Pingüinera Taylor, Zona Antártica Especialmente Protegida N° 101, coordenadas limítrofes

Punto limítrofe	Latitud (S)	Longitud (E)	Punto limítrofe	Latitud (S)	Longitud (E)
1	67°27'4,9"	60°52'58,2"	14	67°27'27,9"	60°52'49,3"
2	67°27'17,1"	60°53'29,5"	15	67°27'28,7"	60°52'48,8"
3	67°27'17,7"	60°53'31,0"	16	67°27'28,9"	60°52'47,7"
4	67°27'21,6"	60°53'27,5"	17	67°27'28,9"	60°52'46,5"
5	67°27'22,4"	60°53'19,3"	18	67°27'28,3"	60°52'46,0"
6	67°27'27,8"	60°53'7,7"	19	67°27'24,9"	60°52'45,4"
7	67°27'29,1"	60°53'4,9"	20	67°27'20,7"	60°52'50,1"
8	67°27'29,8"	60°53'2,6"	21	67°27'19,3"	60°52'49,9"
9	67°27'30,1"	60°53'0,5"	22	67°27'18,0"	60°52'50,2"
10	67°27'29,8"	60°52'57,1"	Sigue hacia el norte por el acantilado de hielo		
11	67°27'29,3"	60°52'55,5"	23	67°27'5,3"	60°52'57,1"
12	67°27'28,0"	60°52'54,6"			
13	67°27'27,4"	60°52'51,5"			

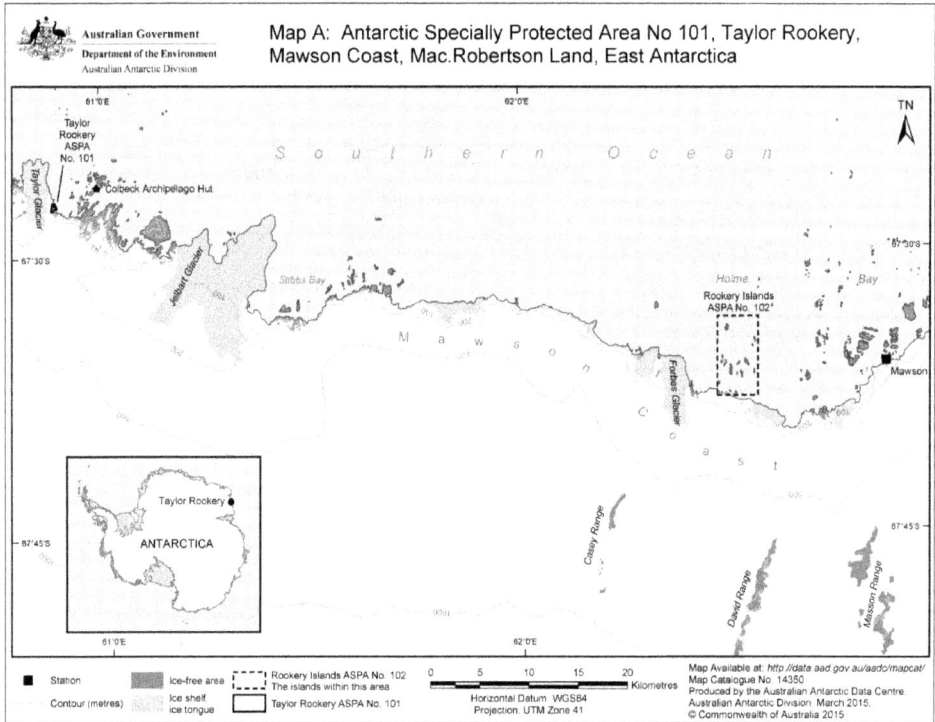

Map A: Antarctic Specially Protected Area No 101, Taylor Rookery, Mawson Coast, Mac.Robertson Land, East Antarctica

Map B: Antarctic Specially Protected Area No. 101
Taylor Rookery
Topography and Emperor Penguin Colony

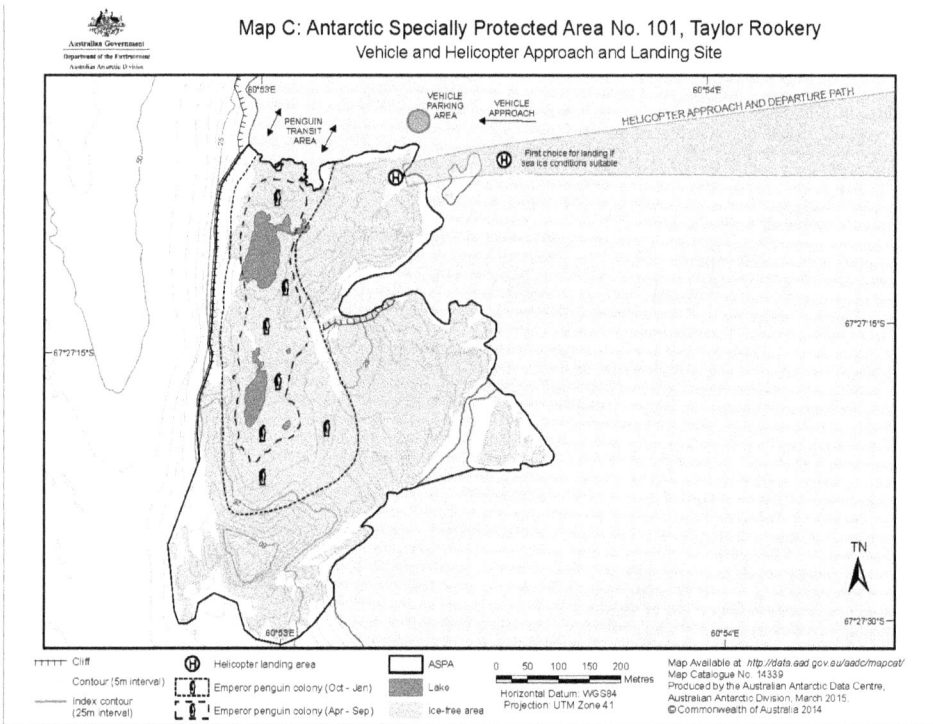

Map C: Antarctic Specially Protected Area No. 101, Taylor Rookery
Vehicle and Helicopter Approach and Landing Site

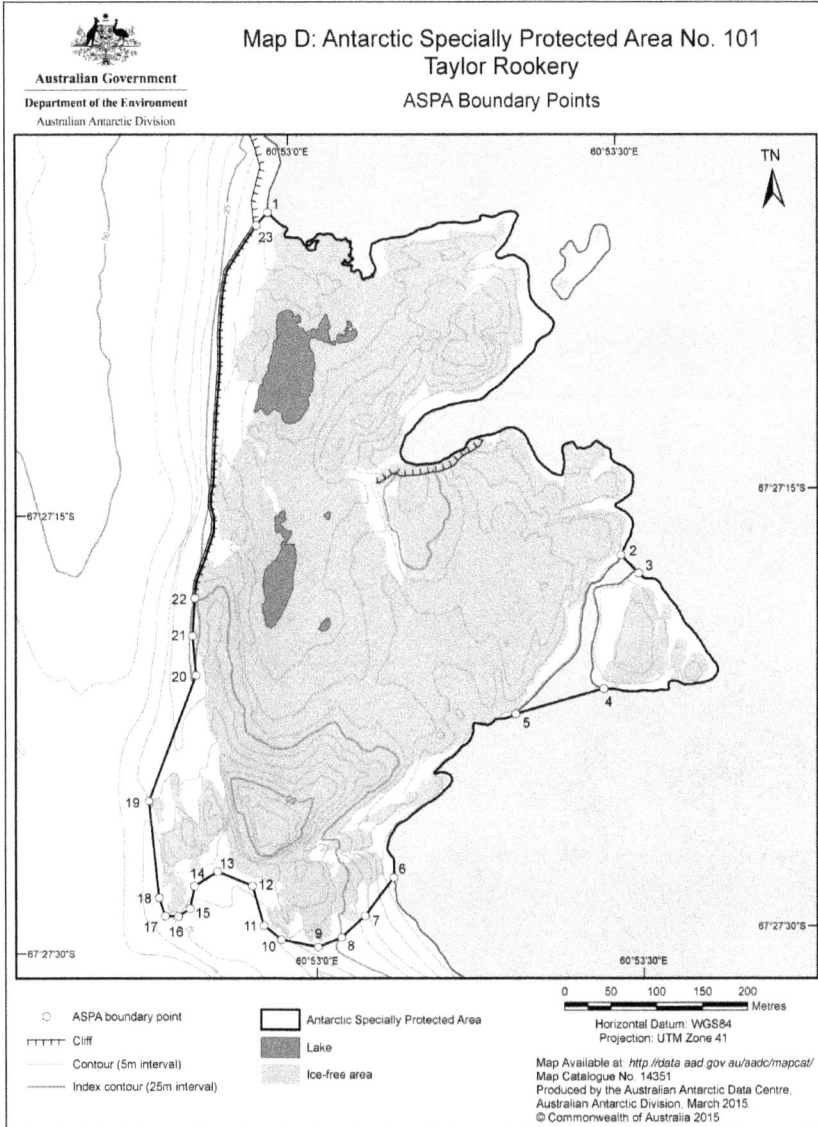

Plan de Gestión para la Zona Antártica Especialmente Protegida Nº 102

ISLAS ROOKERY, BAHÍA HOLME, TIERRA DE MAC.ROBERTSON

Introducción

Las islas Rookery son un grupo de islas pequeñas y rocas en la parte occidental de la bahía Holme, situadas al norte de las cordilleras Masson y David en la Tierra de Mac.Robertson, Antártida oriental (67°36'36" S, 62°32'01" E, mapas A y B). Fueron designadas originalmente Zona Especialmente Protegida N° 2, mediante la Recomendación IV-II (1966) tras una propuesta formulada por Australia. Se aprobó un Plan de Gestión para la Zona en virtud de la Recomendación XVII-2 (1992). De conformidad con la Decisión 1 (2002), se cambiaron la designación y el número a Zona Antártica Especialmente Protegida (ZAEP) N° 102. Los planes de gestión revisados para la ZAEP se aprobaron mediante la Medida 2 (2005) y la Medida 2 (2010). La Zona se designó para proteger las colonias reproductoras de las cinco especies de aves residentes en la región, entre ellas el petrel gigante común (*Macronectes giganteus*) y el petrel damero (*Daption capensis*), que no han sido observadas en ningún otro lugar de la región. En la Zona se encuentra una de las cuatro colonias reproductoras de petreles gigantes que se conocen en la Antártida oriental.

1. Descripción de los valores que requieren protección

Las islas Rookery contienen colonias reproductoras de cinco especies de aves: pingüino Adelia (*Pygoscelis adeliae*), petrel damero, petrel de las nieves (*Pagodroma nivea*), petrel gigante común y skúa antártica (*Catharacta maccormicki*). También es altamente probable que los petreles de las nieves reproduzcan en las islas. La Zona se designó principalmente para salvaguardar este inusual conjunto de especies de aves. Las islas Rookery ofrecen también una muestra representativa de los hábitats de las islas cercanas a la costa que se encuentran a lo largo de la Tierra de Mac.Robertson.

Una colonia pequeña de alrededor de cuatro parejas de petreles gigantes comunes se encuentra en la isla Giganteus, la tercera isla más grande del grupo de las islas Rookery. Sin embargo, se han observado ocasionalmente hasta 80 petreles gigantes comunes alimentándose de cadáveres de focas en la región de la bahía Holme. Se sabe que esta especie no se reproduce en ningún otro sector de la región de la bahía Holme. Este es uno de los cuatro únicos lugares de reproducción en la Antártida Oriental. Las otras tres colonias en la Antártida Oriental se encuentran cerca de las estaciones australiana Casey (islas Frazier, ZAEP 160, 66°14'S 110°10'E, aproximadamente 250 parejas) y Davis (islas Hawker, ZAEP 167, 68°35'S, 77°50'E, aproximadamente 35 parejas), y cerca de la estación francesa Dumont d'Urville (archipiélago Pointe-Géologie, ZAEP 120, 66°40'S, 140°01'E, entre 12 y 15 parejas). Estas cuatro colonias reproductoras representan menos del 1% de la población reproductora mundial, la que consta de aproximadamente 50 000 parejas reproductoras, de las cuales alrededor de 11 000 se encuentran al sur del paralelo 60°S, principalmente en la región de la Península Antártica.

En la actualidad hay relativamente pocos datos publicados que permitan hacer un análisis contundente sobre las tendencias de la población del petrel gigante común. En algunos lugares se ha producido una disminución que parece estar estabilizándose o haberse revertido en los últimos años. En otros lugares se han observado pequeños aumentos.

El conjunto de aves marinas que ocupa la Zona está compuesto de poblaciones reproductoras de probablemente cinco de las ocho especies de aves marinas voladoras que se reproducen en la Antártida Oriental, y de una especie de pingüinos, lo que brinda una oportunidad única para estudiar las dinámicas poblacionales de diferentes especies. Además, es importante proteger a los petreles gigantes comunes en el límite sur de su área de reproducción. Las partes del Tratado Antártico se comprometieron a reducir al mínimo la perturbación de los petreles gigantes comunes y a alentar los recuentos regulares de la población en todos los lugares de reproducción de la Zona del Tratado Antártico.

2. Finalidades y objetivos

La gestión de las islas Rookery tiene por objeto las siguientes finalidades:

- evitar la degradación de, o el riesgo importante para, los valores de la Zona, impidiendo en ella toda interferencia humana innecesaria;
- permitir las investigaciones científicas del ecosistema, en especial de la avifauna, y del medio físico, siempre que sean indispensables y que no puedan realizarse en otro lugar;
- reducir al mínimo la posibilidad de introducción de agentes patógenos que puedan causar enfermedades en las poblaciones de aves de la Zona;
- reducir al mínimo la posibilidad de introducción de plantas, animales y microbios no autóctonos en la Zona;
- reducir al mínimo la perturbación de los petreles gigantes por los seres humanos en la isla Giganteus;
- permitir el uso de la isla Giganteus como zona de referencia para estudios comparativos futuros con otras poblaciones reproductoras de petreles gigantes;
- limitar las visitas de personas a la isla durante la temporada de cría, a fin de preservar la isla Giganteus, en adelante, como una zona muy restringida;
- permitir la recopilación regular de datos sobre el estado de las poblaciones y las características demográficas conexas de las distintas especies de aves; y
- permitir visitas con fines de gestión concordantes con los objetivos del Plan de Gestión.

3. Actividades de gestión

Se deberán emprender las siguientes actividades de gestión en aras de proteger los valores de la Zona:

- se pondrá a disposición de las estaciones científicas/operacionales adyacentes información sobre la ubicación de la Zona (con indicaciones sobre las restricciones especiales que apliquen) y una copia de este Plan de Gestión. Se procederá del mismo modo con los barcos que visiten las cercanías;
- cuando sea factible, se efectuarán las visitas necesarias a la Zona (preferiblemente no menos de una vez cada cinco años), para determinar si esta continúa sirviendo a los fines para los cuales fue designada y para cerciorarse de que las medidas de gestión sean adecuadas.
- cuando sea factible, se debería realizar por lo menos una visita de investigación para realizar censos de los petreles gigantes en la isla Giganteus y de otras poblaciones de aves marinas en cada período de cinco años a fin de que se puedan evaluar las poblaciones reproductoras.
- el Plan de Gestión será revisado por lo menos cada cinco años.

4. Período de designación

La designación abarca un período indeterminado.

5. Mapas

Mapa A: Zona Antártica Especialmente Protegida N° 102, islas Rookery, costa Mawson, Tierra de Mac.Robertson, Antártida Oriental. El mapa del recuadro muestra la ubicación en relación con el continente antártico.

Mapa B: Zona Antártica Especialmente Protegida No 102, islas Rookery. Distribución de las aves

Mapa C: Zona Antártica Especialmente Protegida N° 102, isla Giganteus (Zona restringida). Topografía y distribución de las aves.

Especificaciones de todos los mapas:

Nivel de referencia horizontal: WGS84   Proyección: UTM zona 49.

6. Descripción de la Zona

6(i) Coordenadas geográficas, indicadores de límites y características naturales

Las islas Rookery son un grupo pequeño de alrededor de 75 islas menores y rocas en la parte sudoeste de la bahía Holme, Tierra de Mac.Robertson, situadas a 10 km, aproximadamente, al oeste de la estación australiana Mawson. La Zona comprende las rocas y las islas ubicadas en un rectángulo enmarcado por las siguientes coordenadas: 62°28'01"E, 67°33'45"S; 62°34'37"E, 67°33'47"S; 62°28'02"E, 67°38'10"S; 62°34'39"E, 67°38'11"S (mapa B).

No hay indicadores de límites del sitio.

Las islas Rookery varían en tamaño, desde pequeñas rocas que apenas sobresalen del agua con la marea alta a los integrantes más grandes del grupo, que comprenden la isla Giganteus (con casi 400 m de longitud, 400 m de ancho y 30 m de altura) y la isla Rookery, la más alta del grupo, con una altitud de 62 m y una superficie similar, si bien levemente más alargada. En la isla Giganteus son evidentes las terrazas costeras.

Clima

Los datos meteorológicos de la Zona son limitados. Las condiciones son probablemente similares a las imperantes en la zona de la estación Mawson, donde la temperatura media mensual oscila entre +0,1°C en enero y -18,8°C en agosto, con temperaturas extremas que oscilan entre +10,6°C y -36,0°C. La velocidad media anual del viento es de 10,9 m por segundo, con períodos prolongados y frecuentes de vientos catabáticos fuertes desde el sudeste del casquete glacial con velocidades medias que superan los 25 m por segundo y ráfagas que exceden con frecuencia los 50 m por segundo. La velocidad media del viento disminuye en dirección al mar a medida que se aleja del casquete glacial, pero es improbable que sea mucho menor en las islas Rookery, que están bastante cerca de la costa. Otras características generales del clima costero de la Antártida, al cual seguramente estarán expuestas todas estas islas, son la gran nubosidad que se mantiene durante el año, una humedad absoluta muy baja, precipitaciones escasas y períodos frecuentes de vientos intensos, ventisqueros, y baja visibilidad debido al paso de sistemas importantes de baja presión.

Dominios medioambientales y Regiones biogeográficas de conservación antártica

Según el Análisis de Dominios Ambientales de la Antártida (Resolución 3 [2008]), las islas Rookery se encuentran en el ambiente D, *Geológico del litoral de la Antártida oriental*. Con respecto de las Regiones Biogeográficas de Conservación Antártica (Resolución 6 [2012]), las islas Rookery no tienen asignada una región.

Geología y suelos

Las islas Rookery son afloramientos de charnoquita Mawson, un tipo de roca que se encuentra en una superficie de al menos 2000 km2 a lo largo de la costa de la Tierra de Mac.Robertson. Las charnoquitas de las islas Rookery pertenecen a la variante de textura fina, y contienen en comparación poco hipersteno, y gran cantidad de granate y biotita. Las charnoquitas encierran abundantes bandas y lentes de hornfels, cuarzo granatífero y gneis feldespatoso. También se encuentran algunos diques pegmatíticos que atraviesan las rocas de charnoquita.

Vegetación

No se han encontrado musgos o líquenes en ninguna de las islas Rookery. Hay algunas algas terrestres sin identificación taxonómica. La mayoría de las islas más pequeñas y las rocas son rociadas por el agua de mar en invierno y a veces son socavadas por el hielo marino que se agolpa en la costa en invierno y primavera. Se considera improbable que puedan establecerse especies de musgo y líquenes.

Aguas interiores

En las islas Rookery no hay cuerpos de agua dulce.

Aves

En las islas Rookery se cree que se reproducen cinco especies de aves: pingüino Adelia (*Pygoscelis adeliae*), petrel damero (*Daption capensis*), petrel de las nieves (*Pagodroma nivea*), petrel gigante común (*Macronectes giganteus*) y skúa polar (*Catharacta maccormicki*). Es probable que los petreles de Wilson (*Oceanites oceanicus*) también se reproduzcan en la región, pero aún no se han encontrado lugares de nidificación.

Los petreles gigantes anidan en la isla Giganteus (mapa C). Actualmente se trata de una colonia muy pequeña, pero se ha mantenido estable, con dos a cuatro parejas reproductoras, desde mediados de los años sesenta. En 1958 se registraron 16 aves incubando y, en 1967, se ocuparon 13 nidos, sin embargo, únicamente cuatro de estos contenían huevos. Solo se observaron dos nidos en 1972, cuatro en 1973, dos en 1977, uno en 1981, dos en 1982 y tres en 2001. Durante el recuento más reciente, realizado en 2007, se contaron cuatro nidos en dos ocasiones, con dos parejas y dos aves solas en el primer recuento (27 de noviembre), y tres parejas y un ave solitaria incubando un único huevo (por lo que se supuso que su pareja estaba ausente) en el segundo recuento (10 de diciembre). Los nidos en montículos de piedras poco profundos están construidos sobre anchos parches de grava en las terrazas costeras. Hay muchos nidos antiguos y varios posiblemente sean reconstruidos cada año, pero no hay indicios de que sean utilizados.

Los petreles dameros se reproducen en la isla Rookery y en un pequeño islote conocido como isla Pintado, situado a 300 m al noroeste de la isla Rookery. En el reconocimiento más reciente de las poblaciones de petreles dameros, realizado en la Zona el 24 de diciembre de 2007, se observaron 123 nidos ocupados en la isla Pintado y 10 en la isla Rookery. Las colonias reproductoras de petreles dameros más cercanas a la Zona están presentes en cuatro afloramientos rocosos cercanos al glaciar Forbes, a 8 km al oeste, y en los monolitos Scullin y Murray (ZAEP 164), a unos 200 km al este. Una cámara de funcionamiento remoto en la isla sin nombre a 250 m al este de la isla Rookery (mapa B) realiza un seguimiento del éxito reproductivo anual de aproximadamente 30 nidos de petreles dameros.

Los pingüinos Adelia se reproducen en 14 de las islas. El reconocimiento más reciente de la población de toda la Zona, en diciembre de 2007, estimó que la población reproductora de las 14 islas en total era de alrededor de 91 000 nidos ocupados. Las mayores poblaciones están presentes en la isla Rookery (31 000 nidos ocupados) y la isla Giganteus (11 000 nidos ocupados). Aunque no se ha repetido el reconocimiento de la Zona desde 2007, cada año se efectúa un seguimiento de islas individuales y será posible obtener un cálculo actualizado de toda la Zona durante el transcurso de la vigencia de este Plan. También hay una cámara de funcionamiento remoto en la isla Rookery (mapa B) que monitorea el éxito reproductivo anual de aproximadamente 30 nidos de pingüinos Adelia.

Los petreles de las nieves anidan en todas las islas Rookery, alcanzando la mayor concentración en la isla Rookery. Con frecuencia se ven petreles de Wilson volando alrededor de las islas, los que probablemente se reproduzcan en varias de las islas mayores del grupo, aunque no se han observado nidos.

6 (ii) Acceso a la Zona

Se puede llegar a la Zona en vehículos para nieve o en lancha (según el estado del hielo marino), y en aeronave. No hay lugares designados para el desembarco (véase también la Sección 7(ii)).

6(iii) Ubicación de estructuras dentro de la Zona y adyacentes a la misma

Hay dos cámaras secuenciales que funcionan de manera remota en 67°37'55,5"S, 62°30'47,9"E y 67°36'12,6"S, 62° 29' 17,0"E. Las cámaras, implementadas en 2010-2011, permiten el seguimiento a largo plazo del éxito reproductivo de los pingüinos Adelia y los petreles dameros, causando la menor perturbación posible. Sin embargo, no se espera que las cámaras permanentes se mantengan instaladas durante un plazo mayor al de la vigencia de este Plan.

No hay otras estructuras dentro de la Zona o en sus proximidades.

6(iv) Ubicación de las zonas protegidas en las cercanías

La ZAEP N° 101, pingüinera Taylor, Tierra de Mac.Robertson (67°27'14"S; 60°53'0"E) está aproximadamente a 80 km al oeste.

6(v) Zonas especiales al interior del área

La isla Giganteus ha sido designada como una Zona restringida con el fin de conferir un alto grado de protección a los petreles gigantes comunes (mapas B y C). El ingreso está restringido y solo se permite con los propósitos y las condiciones expresadas en otras secciones de este Plan de Gestión.

7. Términos y Condiciones para los permisos de entrada

7(i)   Condiciones generales

Se prohíbe el acceso a la Zona excepto con un permiso expedido por una autoridad nacional competente. Las condiciones para la expedición de permisos son las siguientes:

- que el permiso se expida por razones científicas indispensables, que no puedan atenderse en otro lugar, en especial para el estudio científico de la avifauna y el ecosistema de la Zona, o con fines de gestión esenciales y compatibles con los objetivos del plan, como inspecciones, o tareas de mantenimiento o examen;

- que las acciones permitidas no pongan en peligro los valores de la Zona;
- que las actividades permitidas sean concordantes con el Plan de Gestión;
- que el permiso, o una copia autorizada de éste, se lleve consigo dentro de la Zona;
- que se presente un informe de la visita a las autoridades indicadas en el permiso;
- que el permiso se emita solo para un período indicado;
- que la autoridad nacional pertinente sea informada sobre cualquier actividad o medida que no estuviera comprendida en el permiso.

Se permite entrar en el área restringida de la isla Giganteus solo en las condiciones señaladas a continuación:

- los permisos para entrar en el área restringida de la isla Giganteus durante la temporada de cría de los petreles gigantes (del 1 de octubre al 30 de abril) pueden expedirse únicamente para realizar censos. Fuera de la temporada de cría pueden hacerse otras investigaciones de conformidad con un permiso.
- cuando sea factible, los censos deberían realizarse desde fuera de la colonia de petreles gigantes, utilizando miradores desde los cuales se pueda hacer el recuento de las aves nidificantes.
- la permanencia en el área restringida debería tener la duración mínima que sea razonablemente necesaria para llevar a cabo el censo.
- las visitas para realizar censos deberían ser efectuadas por un equipo que incluya a alguien de un Programa Antártico Nacional con conocimientos científicos y experiencia pertinentes. El resto del personal debería permanecer en la costa.
- para las actividades permitidas asociadas con la obtención de datos censales o biológicos, las personas no deben aproximarse más de lo necesario a los petreles gigantes comunes y, en ningún caso a menos de 20 m, y siempre y cuando no se perturbe a las aves (que estas no muestren cambios en su comportamiento).
- se prohíben los sobrevuelos de la isla Giganteus.

7(ii) Acceso a la Zona y circulación dentro de, o sobre la misma

Se podrá viajar a la Zona en bote, en vehículo sobre el hielo marino o en aeronave.

En las islas se prohíben los vehículos, y tanto estos como las lanchas deberán permanecer en la costa. En las islas se podrá circular a pie solamente. Los vehículos que se usen para llegar a las islas sobre el hielo marino no podrán acercarse a menos de 250 m de las concentraciones de aves.

Se prohíbe el acceso a la isla Giganteus excepto de conformidad con lo dispuesto en este plan.

Si el acceso a las islas no es posible en lancha o en vehículo sobre el hielo marino, se podrán utilizar aeronaves de ala fija o helicópteros de acuerdo con las siguientes condiciones:

- se deberá tratar en todo momento de no perturbar las colonias con las aeronaves;
- se deberán promover los aterrizajes en el hielo marino (en los casos en que sea posible);
- se prohíbe el aterrizaje de aeronaves en la isla Giganteus durante la temporada de cría;
- dado que las aeronaves sean tal vez el único medio de acceso viable a las otras islas cuando no se pueda llegar por mar y por el hielo marino, podrán aterrizar helicópteros monomotores en las islas durante la temporada de cría en los casos en que sea posible mantener una distancia de 500 m como mínimo de las colonias de aves. Se podrá autorizar el aterrizaje de aeronaves con fines científicos o de gestión esenciales solamente si puede demostrarse que la perturbación será mínima. Solo el personal que deba trabajar en la Zona debería descender del helicóptero;

- al viajar a la isla Giganteus en aeronave fuera de la temporada de cría, es preferible aterrizar en el hielo marino, manteniendo las distancias que se indican a continuación;
- en cualquier otro momento, no deberán aterrizar o despegar helicópteros monomotores ni aviones de ala fija a menos de 930 m (3.050 pies) ni volar a menos de 750 m de las colonias de aves, en tanto que los helicópteros bimotores no deberán aterrizar, despegar o volar a menos de 1500 m (5000 pies) de la colonia.
- se prohíben los sobrevuelos de la Zona durante la temporada de cría, excepto con fines científicos o de gestión esenciales. Dichos sobrevuelos deberán efectuarse a una altura de 930 m (3050 pies) como mínimo en el caso de los helicópteros monomotores y de las aeronaves de ala fija, y de 1500 m (5000 pies) como mínimo en el caso de los helicópteros bimotores;
- no se permite el reabastecimiento de combustible en la Zona.

No hay rutas marcadas para peatones dentro de la Zona. A menos que un permiso autorice la perturbación, los peatones deberán mantenerse al menos a 100 m de las concentraciones de aves y ceder el paso a los pingüinos que salgan y entren. Los peatones que circulen en la Zona o en sus alrededores deben tratar de no cruzar las rutas de acceso de las aves o de cruzar rápidamente, sin perturbar el tránsito de pingüinos.

7(iii) Actividades que pueden llevarse a cabo dentro de la zona, incluyendo restricciones sobre tiempo y lugar

Se podrán llevar a cabo las siguientes actividades dentro de la Zona si se autorizan en un permiso:

- investigaciones científicas concordantes con el Plan de Gestión de la Zona que no puedan realizarse en otro lugar y que no pongan en peligro ni los valores por los cuales se ha designado la Zona ni los ecosistemas de la Zona;
- actividades de gestión indispensables, entre ellas la observación; y
- muestreo, que debería limitarse al mínimo necesario para los programas de investigación aprobados.

7(iv) Instalación, modificación o desmantelamiento de estructuras

- Se prohíbe erigir estructuras permanentes.
- No se podrán erigir otras estructuras o instalaciones dentro de la Zona salvo que esto se especifique en un permiso.
- Se podrán construir refugios temporarios pequeños, garitas, o cualquier otro tipo de puesto de observación para facilitar el estudio científico de la avifauna.
- La instalación (incluida la selección del sitio), el mantenimiento, la modificación y el retiro de estructuras deberán efectuarse de una forma que reduzca al mínimo la perturbación de las aves reproductoras.
- Todos los equipos científicos o señalizadores instalados dentro de la Zona deben estar claramente identificados por país, nombre del investigador principal, año de instalación y fecha prevista de eliminación.
- Los hitos, los carteles o las estructuras instaladas en la Zona con fines científicos o de gestión deberán estar bien sujetos y en buen estado, y serán retirados cuando ya no sean necesarios. Todos estos artículos deberán estar confeccionados con materiales que presenten un riesgo mínimo de daños para las poblaciones de aves o de contaminación de la Zona. Los permisos se expedirán con la condición de que las estructuras, el equipo o los señalizadores sean retirados antes que venza el permiso.

7(v) Ubicación de los campamentos

- Se prohíbe acampar en la Zona salvo en una situación de emergencia.

7(vi) Restricciones relativas a los materiales y organismos que pueden introducirse en la Zona

- Se prohíbe llevar a Zona productos avícolas, entre ellos alimentos desecados que contengan huevo en polvo.
- No se dejarán depósitos de alimentos u otros suministros en la Zona después de la temporada durante la cual se necesiten.
- Se prohíbe la introducción deliberada de animales, material vegetal y microorganismos vivos y suelo no estéril en la Zona. Deben tomarse las precauciones más exhaustivas a fin de evitar la introducción en la Zona accidental de animales, material vegetal, microorganismos y suelos no estériles provenientes de otras regiones con características biológicas distintas (dentro de la Antártida o fuera del área comprendida en el Tratado Antártico).
- En el nivel máximo practicable, el calzado y el equipo que se use o se lleve a la Zona (incluidas las mochilas, los bolsos y otros equipos) deberán limpiarse minuciosamente antes de ingresar a la Zona y luego de salir de ella.
- Las botas, los equipos de muestreo e investigación y los señalizadores que entren en contacto con el suelo deben desinfectarse o limpiarse con agua caliente y blanqueador antes de entrar a la Zona y al concluir la visita, con el fin de evitar la introducción accidental de animales, material vegetal, microorganismos y suelo no estéril a la Zona. La limpieza se debe llevar a cabo al interior de la estación.
- Los visitantes también deben consultar y seguir adecuadamente las recomendaciones incluidas en el Manual sobre especies no autóctonas del Comité para la Protección del Medio Ambiente (CPA, 2011), y el Código de Conducta Ambiental para el desarrollo de actividades científicas de campo en la Antártida (SCAR, 2009).
- No se deben introducir a la Zona herbicidas ni pesticidas. Cualquier otro producto químico, incluidos los radionúclidos e isótopos estables, que se introduzca con fines científicos o de gestión especificados en el permiso deberá ser retirado de la Zona a más tardar cuando concluya la actividad para la cual se haya expedido el permiso.
- No se podrá almacenar combustible en la Zona, a menos que sea necesario para fines indispensables relacionados con la actividad para la cual se haya expedido el permiso. No se permiten los depósitos permanentes de combustible.
- Todos los materiales introducidos en la Zona podrán permanecer allí durante un período determinado únicamente, deberán ser retirados cuando concluya dicho período, o antes, y deberán ser almacenados y manipulados con métodos que reduzcan al mínimo el riesgo de impacto ambiental.

7(vii) Toma de, o intromisión perjudicial sobre flora y fauna autóctonas

- Se prohíbe la toma de ejemplares de flora y fauna autóctonas y la intromisión perjudicial sobre ellas, excepto en conformidad con un permiso. En caso de toma de animales o intromisión perjudicial, se deberá usar como norma mínima el Código de conducta del *SCAR para el uso de animales con fines científicos en la Antártida*.
- Las investigaciones ornitológicas se limitarán a actividades no invasivas que no perturben a las aves marinas reproductoras de la Zona. Se dará prioridad a los relevamientos, incluidas las fotografías aéreas para el censo de población.
- Se evitará la perturbación de los petreles gigantes comunes en todo momento.

7(viii) Recolección o retiro de materiales que el titular del permiso no haya llevado a la Zona

- Se podrá recolectar o retirar material de la Zona únicamente de conformidad con un permiso y dicho material debería limitarse al mínimo necesario para fines de índole científica o de gestión.

- Todo material de origen humano que pueda comprometer los valores de la Zona, que no haya sido llevado allí por el titular del permiso, o que no esté comprendido en otro tipo de autorización, podrá ser retirado salvo que el impacto de su extracción pueda ser mayor que el efecto de dejar el material *in situ*. En tal caso se deberá notificar a la autoridad que haya expedido el permiso, de ser posible mientras la expedición todavía esté en la Zona.

7(ix) Eliminación de desechos

- Deberán retirarse de la Zona todos los desechos, incluidos los desechos de origen humano. Los desechos de expediciones deberán almacenarse de forma tal que la fauna silvestre (por ejemplo, las skúas) no pueda escarbar en la basura hasta que los desechos puedan eliminarse o retirarse de la Zona. Los desechos deberán retirarse a más tardar cuando parta la expedición. Se podrán verter desechos humanos y aguas grises en el mar fuera de la Zona.

7(x) Medidas que puedan requerirse para garantizar el continuo cumplimiento de los objetivos y finalidades del Plan de Gestión

Se pueden otorgar permisos de ingreso a la Zona con el fin de:

- realizar actividades científicas de observación e inspección de la Zona, que podrán incluir la recolección de muestras para su análisis o examen;

- erigir o realizar el mantenimiento de postes señalizadores, estructuras o equipos científicos; o

- implementar otras medidas de protección.

Todos los sitios donde se lleven a cabo actividades de vigilancia a largo plazo deberán estar debidamente marcados y se deberá determinar su ubicación mediante el sistema de posicionamiento global (GPS, por sus siglas en inglés) a fin de asentarla en el Sistema del Directorio de Datos Antárticos por medio de la autoridad nacional pertinente.

A fin de mantener los valores ecológicos y científicos de la Zona, los visitantes deberán tomar precauciones especiales para evitar la introducción de especies no autóctonas. Causa especial preocupación la introducción de agentes patógenos, microbios o vegetación provenientes de suelos, flora y fauna de otros lugares de la Antártida, incluidas las estaciones de investigación, o de regiones fuera de la Antártida. A fin de reducir al mínimo el riesgo de introducción de especies no autóctonas, antes de ingresar en la Zona los visitantes deberán limpiar meticulosamente el calzado y todo el equipo que vaya a usarse en la Zona, en especial el equipo de muestreo y los señalizadores.

Cuando sea factible, se realizará un censo de los petreles gigantes comunes en la isla Giganteus al menos una vez cada cinco años. Durante esta visita podrán realizarse censos de otras especies siempre que no se ocasione una perturbación adicional a los petreles gigantes comunes.

A fin de reducir la perturbación de la fauna, se mantendrán en un mínimo los niveles de ruido, incluida la comunicación verbal. Se prohíbe el uso de herramientas de motor y toda otra actividad que pueda generar ruido y perturbe a las aves nidificantes en la Zona durante el período de cría (del 1 de octubre a 30 de abril).

7(xi) Requisitos relativos a los informes

El titular principal del permiso presentará a la autoridad nacional correspondiente un informe de cada visita a la Zona, en cuanto sea posible, y antes de los seis meses posteriores a la finalización de la visita. Dichos informes sobre visitas deberán incluir, en la medida de lo posible, la información señalada en el formulario de informe de la visita contenido en la *Guía para la Preparación de Planes* de Gestión para las Zonas Antárticas Especialmente Protegidas. Si procede, la autoridad nacional también debería enviar una copia del informe de visitas a la Parte que haya propuesto el Plan de Gestión, a fin de ayudar en la administración de la Zona y en la revisión del Plan de Gestión. Las Partes deberían, de ser posible, depositar los originales de los mencionados informes de visita o sus copias en un archivo de acceso público a fin de mantener un registro del uso, para fines de revisión del Plan de Gestión y también para fines de la organización del uso científico de la Zona.

Se enviará una copia del informe a la Parte responsable de la elaboración del Plan de Gestión (Australia) a fin de contribuir a la gestión de la zona y al seguimiento de las poblaciones de aves. Los informes de las visitas suministrarán información detallada sobre datos censales, la ubicación de las colonias o nuevos nidos no documentados anteriormente, como así también un breve resumen de las conclusiones de la investigación y copias de las fotografías tomadas de la Zona.

8. Documentación de respaldo

Australian Antarctic Division: Environmental Code of Conduct for Australian field activities, *Australian Antarctic Division.*

Cowan, A.N. (1981): Size variation in the snow petrel. *Notornis 28: 169-188.*

Cowan, A.N. (1979): Giant petrels at Casey. *Australian Bird Watcher 8: 66-67.*

Crohn, P.W. (1959): A contribution to the geology and glaciology of the western part of the Australian Antarctic Territory. *Report for the Bureau for Mineral Resources, Geology and Geophysics Australia No. 52.*

Croxall, J.P., Steele, W.K., McInnes, S.J., Prince, P.A. (1995): Breeding Distribution of the snow petrel *Pagodroma nivea. Marine Ornithology 23: 69-99.*

Environment Australia (2001): Recovery Plan for albatrosses and giant petrels. *Preparado por Wildlife Scientific Advice, Natural Heritage Division en consulta con Albatross and Giant Petrel Recovery Team, Canberra.*

Garnett, S.T. y Crowley, G.M. (2000): The action plan for Australian birds 2000. *Commonwealth of Australia, Environment Australia, Canberra*

Horne, R.S.C. (1983): The distribution of penguin breeding colonies on the Australian Antarctic Territory, Heard Island, the McDonald Island, and Macquarie Island. *ANARE Research Notes, No. 9.*

Kizaki, K. (1972): Sequence of metamorphism and deformation in the Mawson Charnockite of East Antarctica. En Antarctic Geology and Geophysics (ed. R.J. Adie), pp. 527-530. Oslo: Universitetsforlaget.

Lee J.E. y Chown S.L. 2009: Breaching the dispersal barrier to invasion: quantification and management. *Ecological Applications* **19**: 1944-1959.

Lynch, H.J. Naveen, R. y Fagan, W.F. (2008): Censuses of penguin, blue-eyed shag *Phalacrocorax atriceps* and southern giant petrel *Macronectes giganteus* populations on the Antarctic Peninsula, 2001-2007. Marine Ornithology 36:83-97.

Ingham, S.E. (1959): Banding of giant petrels by the Australian National Antarctic Research Expeditions, 1955-58. *Emu 59: 189-200.*

Jouventin, P. y Weimerskirch, H. (1991): Changes in the population size and demography of southern seabirds: management implications. En: *Perrins, C.M., Lebreton, J.-D. y Hirons, G.J.M.*

Bird population studies: Relevance to conservation and management. Oxford University Press: 297-314.

Orton, M.N. (1963): Movements of young giant petrels bred in Antarctica. *Emu 63: 260.*

Patterson D.L., Woehler, E.J., Croxall, J.P., Cooper, J., Poncet, S., Peter, H.-U., Hunter, S. y Fraser, W.R. (2008): Breeding distribution and population status of the northern giant petrel *Macronectes halli* and the southern giant petrel *M. giganteus*. *Marine Ornithology* 36:115-124.

Comité Científico de Investigación Antártica. (2008): Status of the Regional, Antarctic Population of the Southern Giant Petrel – Progress. *Documento de trabajo WP 10 rev.1 presentado en la 31° Reunión Consultiva del Tratado Antártico, Ucrania, 2008.*

Sheraton, J.W. (1982): Origin of charnockitic rock of Mac.Robertson Land. En: *Antarctic Geoscience (ed. C.C. Craddock), pp. 487-489.*

Southwell, C., McKinlay, J., Low, M., Wilson, D., Newbery, K., Lieser, J. y Emmerson, L. (2013) New methods and technologies for regional-scale abundance estimation of land-breeding marine animals: application to Adélie penguin populations in East Antarctica. *Polar Biology* 36: 843-856.

Stattersfield, A.J. y Capper, D.R. (2000): Threatened birds of the world. *Birdlife International, Lynx Publications.*

Trail, D.S. (1970): ANARE 1961 Geological traverses on the Mac.Robertson and Kemp Land Coast. *Report for the Bureau for Mineral Resources, Geology and Geophysics Australia No 135.*

Trail, D.S., McLeod, I.R., Cook, P.J. y Wallis, G.R. (1967): Geological investigations by the Australian National Antarctic Research Expeditions 1965. *Report for the Bureau for Mineral Resources, Geology and Geophysics Australia . No. 118.*

van Franeker J.A., Gavrilo M., Mehlum F., Veit R.R. y Woehler, E.J. (1999): Distribution and abundance of the antarctic petrel. *Waterbirds 22: 14-28.*

van den Hoff, J. y Newberry, K. (2006) Southern Giant Petrels *Macronectes giganteus* diving on submerged carrion. *Marine Ornithology* 34: 61–64.**Whinam J, Chilcott N. y Bergstrom D.M. 2005:** Subantarctic hitchhikers: expeditioners as vectors for the introduction of alien organisms. *Biological Conservation* **121**: 207-219.

Wienecke, B., Leaper, R., Hay, I. y van den Hoff, J. (2009) Retrofitting historical data in population studies: southern giant petrels in the Australian Antarctic Territory. *Endangered Species Research* 8:157-164

Wilson, D. (2009) The Cape petrel *Daption capense* around Mawson station, east Antarctica: new breeding localities and population counts. *Notornis*: 56: 162-164.

Woehler, E.J. y Croxall J.P. (1997): The status and trends of Antarctic and subantarctic seabirds. *Marine Ornithology 25: 43-66.*

Woehler, E.J. y Johnstone, G.W. (1991): Status and conservation of the seabirds of the Australian Antarctic Territory. En: *Croxall, J.P. (ed.) Seabird Status and Conservation: A Supplement. ICBP Technical Publication No.11: 279-308.*

Woehler, E.J. y Riddle, M.J. (2001): Long-term population trends in southern giant petrels in the Southern Indian Ocean. *Poster presented at 8th SCAR Biology Symposium, Amsterdam.*

Woehler, E.J., Riddle, M.J. y Ribic C.A. (2001): Long-term population trends in southern giant petrels in East Antarctica. *Proceedings 8th SCAR Biology Symposium, Amsterdam.*

Woehler, E.J., Johnstone, G.W. y Burton, H.R. (1989): The distribution and abundance of Adelie penguins, *Pygoscelis adeliae*, in the Mawson area and at the Rookery Islands (Antarctic Specially Protected Area 102), 1981 and 1988. *ANARE Research Notes 71.*

Woehler, E.J., Cooper, J., Croxall, J.P., Fraser, W.R., Kooyman, G.L., Miller, G.D., Nel, D.C., Patterson, D.L., Peter, H-U, Ribic, C.A., Salwicka, K., Trivelpiece, W.Z., Wiemerskirch, H. (2001): y Wiemerskirch, H. (2001): A statistical assessment of the status and trends of Antarctic and subantarctic seabirds. *SCAR/CCAMLR/NSF, 43.*

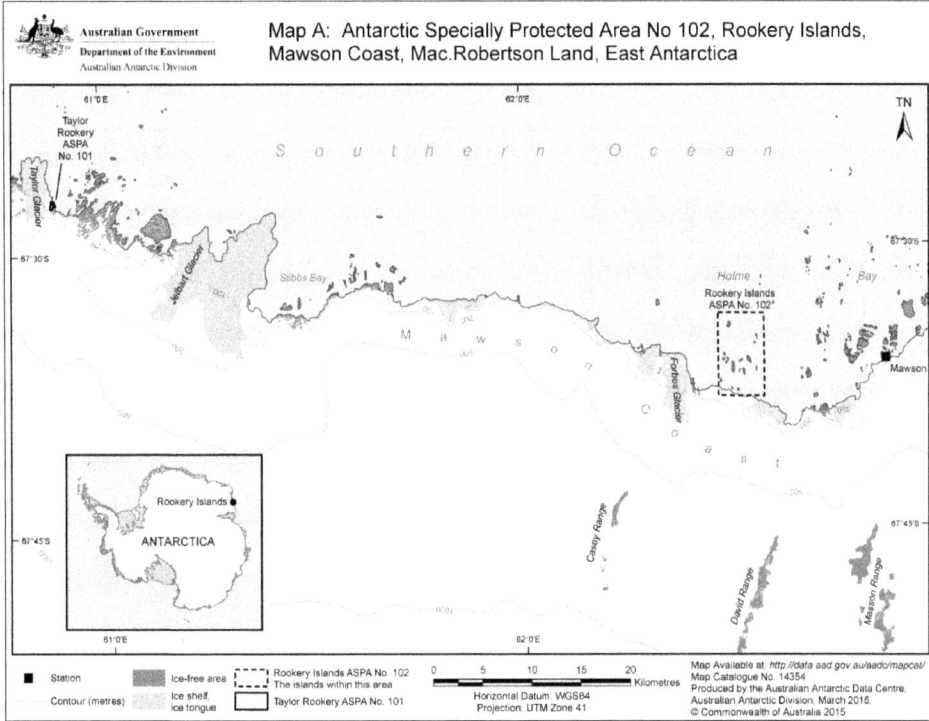

Map A: Antarctic Specially Protected Area No 102, Rookery Islands, Mawson Coast, Mac.Robertson Land, East Antarctica

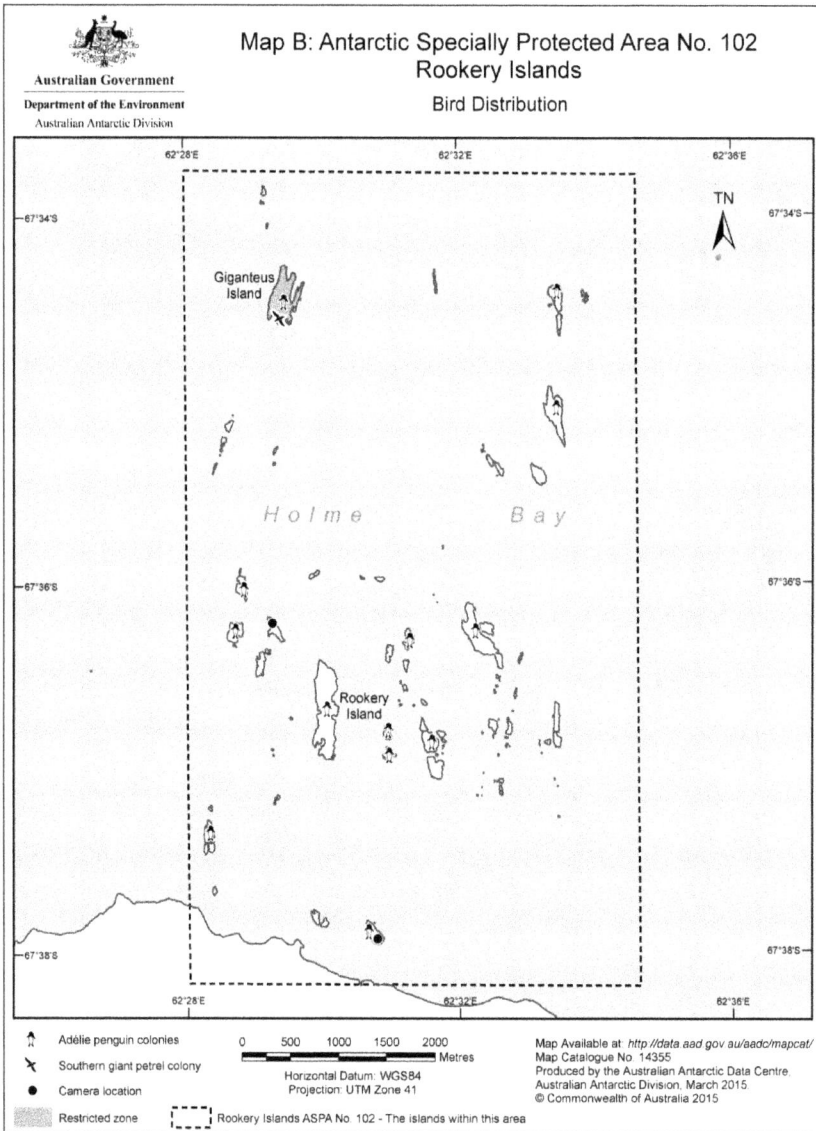

Map B: Antarctic Specially Protected Area No. 102
Rookery Islands
Bird Distribution

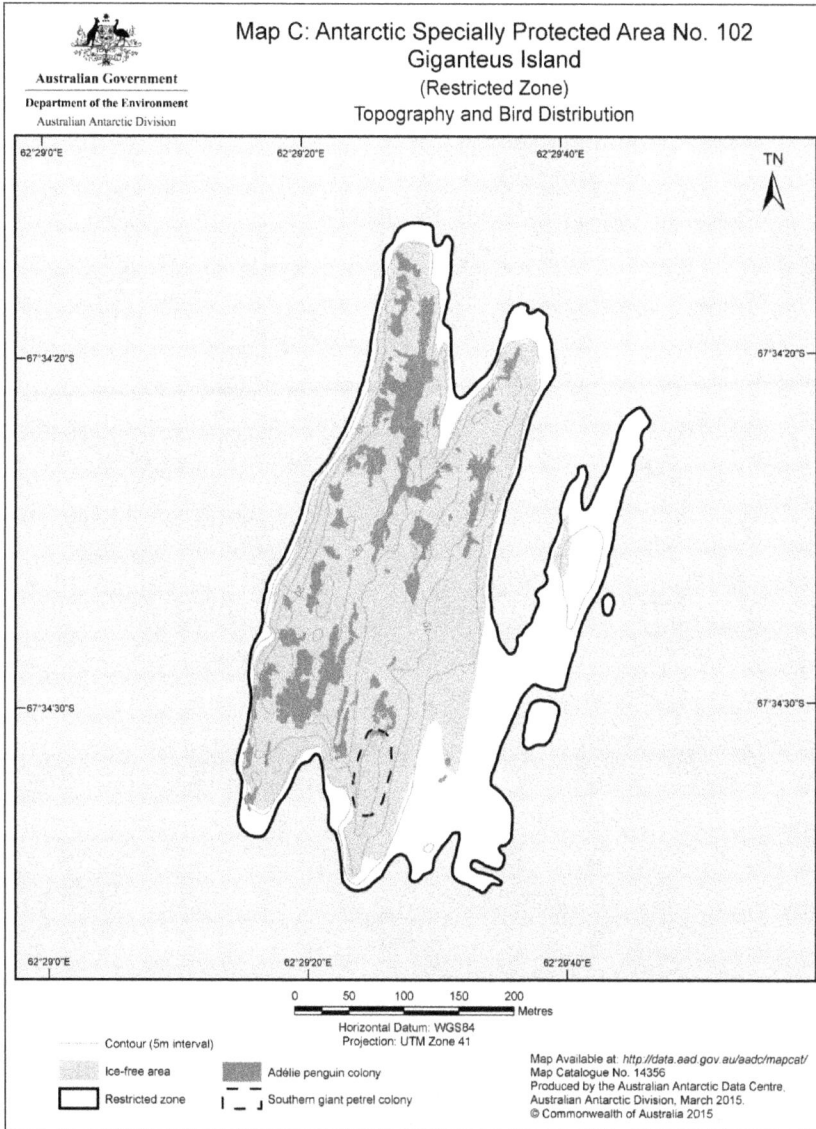

Map C: Antarctic Specially Protected Area No. 102
Giganteus Island
(Restricted Zone)
Topography and Bird Distribution

47

Plan de Gestión de la Zona Antártica Especialmente Protegida N° 103

ISLA ARDERY E ISLA ODBERT, COSTA BUDD, TIERRA DE WILKES, ANTÁRTIDA ORIENTAL

Introducción

La isla Ardery y la isla Odbert (66°22'20"S; 110°29'10"E, mapa A) fueron designadas originalmente Zona Especialmente Protegida N° 3 mediante la Recomendación IV-III (1966) tras una propuesta formulada por Australia. Se aprobó un Plan de Gestión para la Zona en virtud de la Recomendación XVII-2 (1992). De conformidad con la Decisión 1 (2002), se cambiaron la designación y el número a Zona Antártica Especialmente Protegida (ZAEP) N° 103. Los planes de gestión revisados para la ZAEP se aprobaron mediante la Medida 2 (2005) y la Medida 3 (2010). La Zona ha sido designada fundamentalmente para proteger el inusual conjunto de colonias reproductoras de varias especies de petreles. El petrel antártico (*Thalassoica antarctica*) y el fulmar austral (*Fulmarus glacialoides*) revisten especial interés científico.

1. Descripción de los valores que requieren protección

La Zona ha sido designada fundamentalmente para proteger el conjunto de los cuatro tipos de petreles fulmarinos que se encuentran en la isla Ardery y la isla Odbert (mapas B y C). Las cuatro especies de petreles fulmarinos, todas pertenecientes a diferentes géneros, son petreles antárticos, fulmares australes, petreles dameros (*Daption capense*) y petreles de las nieves (*Pagodroma nivea*). Todos ellos se reproducen en la Zona en número suficiente para permitir un estudio comparativo. El estudio de estos cuatro géneros en un mismo lugar tiene mucha importancia ecológica para comprender su respuesta a los cambios en el ecosistema del Océano Austral.

El petrel antártico es la única especie del género Thalassoica, que suele encontrarse en los mares de Ross y Weddell y en una proporción mucho menor, en la Antártida Oriental. De manera similar, el fulmar austral habita las islas que se encuentran principalmente cerca de la Península Antártica y aquellas del Arco de Scotia, donde reside alrededor de un cuarto de su población global. Debido a que los fulmares australes requieren que sus hábitats para la reproducción se ubiquen en taludes más escarpados (para permitir el descenso desde la colonia cuando comienzan a volar) que los de los petreles antárticos, esta especie es más propensa de sufrir una disminución en el éxito reproductivo cuando existen malas condiciones meteorológicas.

Ambas islas están ocupadas también por poblaciones reproductoras de petreles de Wilson (*Oceanites oceanicus*) y skúas polares (*Catharacta maccormicki*). En la isla Odbert también hay una población reproductora de pingüinos Adelia (*Pygoscelis adeliae*).

2. Finalidades y objetivos

La gestión de la isla Ardery y la isla Odbert tiene las siguientes finalidades:

- evitar la degradación de los valores de la Zona, o riesgos importantes para los mismos, previniendo perturbaciones innecesarias causadas por los seres humanos;
- permitir las investigaciones científicas del ecosistema, en especial de la avifauna, y del medio físico, siempre que sean por razones apremiantes y que no puedan realizarse en otro lugar;

- reducir al mínimo la posibilidad de introducción de agentes patógenos que puedan causar enfermedades en las poblaciones de aves de la Zona;
- prevenir o reducir al mínimo la posibilidad de introducción de plantas, animales y microbios no autóctonos en la Zona;
- permitir la recopilación regular de datos sobre el estado de las poblaciones de las distintas especies de aves; y
- permitir las visitas con fines de gestión para cumplir los objetivos del Plan de Gestión.

3. Actividades de gestión

Se realizarán las siguientes actividades de gestión para proteger los valores de la Zona:

- Se facilitarán copias de este Plan de Gestión en la estación Casey y a los buques que visiten las inmediaciones.
- Se realizarán las visitas necesarias a la Zona, preferiblemente no menos de una vez cada cinco años, para determinar si la Zona continúa sirviendo a los fines para los que fue designada y para garantizar que las actividades de gestión y mantenimiento sean apropiadas.
- El Plan de Gestión será revisado por lo menos cada cinco años.

4. Período de designación

La designación abarca un período indeterminado.

5. Mapas

- **Mapa A**: Zona Antártica Especialmente Protegida No 103, isla Ardery e isla Odbert, Costa Budd, Tierra de Wilkes, Antártida Oriental. En el mapa del recuadro se muestra la ubicación en el continente antártico.
- **Mapa B:** Zona Antártica Especialmente Protegida N° 103, isla Ardery: topografía y distribución de las aves.
- **Mapa C:** Zona Antártica Especialmente Protegida N° 103, isla Odbert: topografía y distribución de las aves.
- **Mapa D:** Zona Antártica Especialmente Protegida N° 103, isla Ardery e isla Odbert: aproximación de los helicópteros y lugar de aterrizaje.

Especificaciones para todos los mapas: Nivel de referencia horizontal: WGS84; Nivel de referencia vertical: nivel medio del mar.

6. Descripción de la Zona

6 (i) Coordenadas geográficas, señalizadores de límites y características naturales

La isla Ardery (66°22'15"S, 110°27'0"E) y la isla Odbert (66°22'24"S, 110°32'28"E) se encuentran entre las más meridionales de las islas Windmill, al sur de la bahía Vincennes, frente a la costa Budd de la Tierra de Wilkes, Antártida oriental. La Zona abarca ambas islas hasta la línea de bajamar.

Topografía

La isla Ardery y la isla Odbert están situadas a 5 km y 0,6 km, respectivamente, al oeste del cerro la cordillera Robinson, al sur de la estación Casey.

La isla Odbert tiene aproximadamente 2,7 km de longitud y 0,8 km de ancho. Su costa es rocosa y se eleva de manera abrupta desde el mar hacia una meseta. El punto más alto está a 90 m. La meseta está dividida por una serie de valles que siguen una dirección sur desde el borde plano en la ladera norte. Estos valles están cubiertos de nieve en invierno. Las cumbres de los cerros permanecen básicamente libres de hielo y nieve. En algunos años, la isla permanece unida por hielo marino al cerro Robinson, en el territorio continental.

La isla Ardery es una isla libre de hielo, con pendiente marcada, de casi 1.2 km de longitud y 0,8 km de ancho, con orientación este-oeste. El punto más alto está a 117 m sobre el nivel del mar.

El terreno en ambas islas es escarpado y está surcado por grietas. Los acantilados están fracturados y tienen estrechas salientes expuestas que en el verano están ocupadas por aves marinas nidificantes. En las laderas de los cerros y la región de la meseta, la roca expuesta está esmerilada por el hielo y el fondo de los valles está cubierto con morrenas. Las islas han estado expuestas a rebote isostático. Los detritos de morrenas y solifluxión abundan en alturas superiores a 30 metros sobre el nivel medio del mar, pero a menor altura se encuentran en una cantidad mucho menor.

Características geológicas

La región de las islas Windmill representa uno de los afloramientos más orientales de terreno mesoproterozoico de facies de granulita de baja presión que se extiende al oeste de los cerros Bunger, hacia los complejos arqueanos de la Tierra de la Princesa Isabel y hacia afloramientos menores al este en la zona de Dumont d'Urville y en la bahía Commonwealth. El área total de las zonas de afloramientos no supera unos cuantos kilómetros cuadrados. El afloramiento mesoproterozoico de las islas Windmill y los complejos arqueanos de la Tierra de la Princesa Isabel son dos de las pocas áreas importantes en la Antártida oriental que se correlacionan directamente con un equivalente australiano en una reconstrucción de Gondwana. El terreno de facies mesoproterozoicas comprende una serie de metapelitas y metapsamitas intercaladas con secuencias máficas a ultramáficas y félsicas con cuerpos calcosilicatados poco comunes, grandes cuerpos de fusión parcial (supracrustales de las islas Windmill), granito no deformado, charnoquita, gabro, pegmatita y aplita, cortada por diques de dolerita de aparición tardía con orientación hacia el este.

La isla Ardery y la isla Odbert forman parte de la gradación meridional de una transición de grado metamórfico que separa la parte norte de la región de las islas Windmill de la parte sur. El grado metamórfico varía de facies de anfibolita y ortoclasa de silimanita-biotita en el norte de la península Clark a granulita de biotita-cordierita-almandina y granulita hornbléndica-ortopiroxénica en la península de Browning en el sur.

La isla Ardery y la isla Odbert, junto con el cerro Robinson, la isla Holl, la isla Peterson y la península Browning, son similares desde el punto de vista geológico y están compuestos por charnoquita de Ardery. Las charnoquitas tienen composición granítica pero se formaron en condiciones anhidras. La charnoquita de Ardery de la isla Ardery y la isla Odbert forman intrusiones en las rocas metamórficas de Windmill y consisten en un conjunto modal de hornblenda de cuarzo + plagioclasa + microclina + ortopiroxeno + biotita + clinopiroxeno con opacos y circonio y apatita en menor grado. Se ha establecido una edad isotópica de casi 1200 millones de años para la charnoquita de Ardery. La charnoquita es propensa a meteorización profunda y se desintegra fácilmente por su formación mineral, mientras que las secuencias metamórficas de las partes septentrionales de la región tienen una formación mineral y estructura cristalina mucho más estable. Esta diferencia repercute considerablemente en la distribución de la vegetación en la región de las islas Windmill dado que los tipos de rocas del norte ofrecen un sustrato más apropiado para los líquenes de crecimiento lento.

Los suelos de las islas están poco desarrollados y comprenden poco más que harina de roca, morrenas y material erosionado. Algunos suelos contienen cantidades pequeñas de materia orgánica derivada de los excrementos y las plumas de aves marinas.

Glaciación

La deglaciación de la región de las islas Windmill ocurrió durante el Pleistoceno tardío. La deglaciación de la región austral de las islas Windmill concluyó unos 8000 años antes del Paleoceno y la deglaciación de la región septentrional, incluida la península Bailey, unos 5500 años antes del Paleoceno. El levantamiento isostático se ha producido a un ritmo de 0,5 a 0,6 metros por cada 100 años, observándose en la península Bailey un límite marino superior medio, caracterizado por crestas empujadas por el hielo, a 28,5 metros aproximadamente.

Clima

El clima de la región de las islas Windmill es frígido antártico. Las condiciones en la isla Ardery y en la isla Odbert probablemente sean similares a las imperantes en la zona de la estación Casey, que está a unos 12 km al norte. Según los datos meteorológicos sobre la península Bailey para el período 1957 a 1983 obtenidos en la estación Casey (32 m de altitud), la temperatura media en los meses más cálidos y más fríos es de 0,3 a -14,9°C, respectivamente, con temperaturas extremas que oscilan entre 9,2 y -41°C. La temperatura anual media para del período fue -9,3°C.

El clima es seco, con nevadas medias anuales de 195 mm[1] (equivalente a las precipitaciones pluviales) y lluvia en el verano. Sin embargo, en los últimos 10 a 15 años la temperatura media anual ha bajado a -9,1°C, y el promedio de precipitaciones de nieve aumentó a 230 mm[-1] por año (equivalente de precipitaciones pluviales).

El área presenta un promedio de 96 días con vendavales, mayormente de dirección este, provenientes del casquete glacial. Las tempestades son un fenómeno frecuente, especialmente durante el invierno. Las nevadas son frecuentes durante el invierno, pero los vientos extremadamente fuertes barren los afloramientos de la península. En la mayoría de las crestas de las colinas, la nieve se acumula en el lado de sotavento de los afloramientos rocosos y en las depresiones del substrato. En las partes más bajas de las laderas, los ventisqueros son más profundos.

Dominios medioambientales y Regiones biogeográficas de conservación antártica

Según el Análisis de Dominios Ambientales para el Continente Antártico (Resolución 3 [2008]), la isla Ardery y la isla Odbert se encuentran en el ambiente L, *Capa de hielo del litoral continental*. Según las Regiones Biogeográficas de Conservación Antártica (Resolución 6 [2012]), la Zona se encuentra en la Región Biogeográfica 7 *Antártida Oriental.*

Características biológicas

Terrestres

La flora de la isla Odbert comprende tres especies de musgos, once especies de líquenes (Cuadro 1), y una cantidad desconocida de algas terrestres y de agua dulce. En las elevaciones más pronunciadas del sur de la isla se encuentran las mayores extensiones de líquenes en una zona de lecho de roca fracturada por el hielo. Las algas están presentes en lagos pequeños de montaña, en zonas con infiltraciones de suelo y en el suelo mismo. Debajo de ventisqueros ubicados pendiente abajo de las colonias de pingüinos hacia la parte occidental de la isla hay grupos de la especie *Prasiola* y otras algas verdes y cianobacterias.

La flora de la isla Ardery comprende varias especies de líquenes similares a las encontradas en la isla Odbert.

Los únicos invertebrados que se han encontrado son ectoparásitos de aves. La isla Ardery es la localidad típica de la pulga antártica *Glaciopsyllus antarcticus*, asociada a los fulmares australes.

MUSGOS
Bryum pseudotriquetrum Hedw.) Gaertn., Meyer y Scherb.
Ceratodon purpureus (Hedw.) Brid.
Schistidium antarcticum (= Grimmia antarctici) (Card.) L.I.Savicz y Smirnova
LÍQUENES
Buellia frigida (Darb.)
Buellia soredians Filson
Buellia sp.
Caloplaca athallina Darb.
Caloplaca citrina (Hoffm.) Th. Fr.
Candelariella flava (C.W.Dodge y Baker) Castello y Nimis
Rhizoplaca melanophthalma (Ram.) Leuck. y Poelt
Rinodina olivaceobrunnea Dodge y Baker
Umbilicaria decussata (Vill.) Zahlbr.
Xanthoria mawsonii Dodge.
Usnea antarctica Du Rietz
ALGAS
Prasiola crispa (Lightfoot) Kützing
Prasiococcus sp.

Cuadro 1. Lista de musgos, líquenes y algas observados en la isla Odbert.

Lagos

En todas las islas Windmill hay lagos y lagunas monomícticos fríos, en las depresiones del lecho rocoso, que generalmente permanecen libres de hielo durante enero y febrero. Hay lagos con abundantes nutrientes cerca de la costa, junto a colonias de pingüinos activas o abandonadas. Tierra adentro hay lagos estériles alimentados por agua de deshielo y precipitaciones locales. En la isla Ardery y en la isla Odbert hay muchos lagos pequeños de montaña que están congelados en invierno y llenos de agua de deshielo en verano. Muchos de estos lagos son efímeros y se secan cuando se aproxima el final del verano. Hay otros lagos pequeños de montaña debajo de bancos de nieve, alimentados continuamente por agua de deshielo.

Aves y lobos marinos

La isla Odbert cuenta con poblaciones reproductoras de pingüinos Adelia, petreles dameros, petreles de las nieves, fulmares australes, petreles de Wilson y skúas polares. La isla Ardery tiene una composición similar de especies, además de petreles antárticos, pero no tiene pingüinos Adelia reproductores. El petrel gigante (*Macronectes giganteus*), que se reproduce en las islas Frazier, a unos 23 km al noroeste, es la única especie de las que se reproducen en las islas Windmill que no se reproduce ni en la isla Ardery ni en la isla Odbert.

No viven lobos marinos en la isla Ardery y la isla Odbert, si bien se observan con frecuencia focas de Weddell (*Leptonychotes weddellii*) en el hielo marino de los alrededores. La principal zona de nacimiento de cachorros está a 3 km al sudeste, entre la isla Herring y la parte continental de la Antártida. En esta zona la perturbación del hielo marino producida por el movimiento del glaciar Peterson garantiza agua abierta y acceso fácil a alimentos. Anualmente nacen casi 100 cachorros en la región. Un poco más al sur, en la isla Peterson y la península Browning, suelen permanecer en tierra elefantes marinos *(Mirounga leonina),* de los cuales se ven hasta 100 al año, en su mayoría machos, y se han observado también algunas hembras.

Pingüino Adelia *(Pygoscelis adeliae)*

En la isla Odbert se reproducen pingüinos Adelia, y aunque arriban periódicamente a la costa de la isla Ardery, no se reproducen ahí. El cálculo más reciente publicado acerca de la población reproductora en la isla Odbert es de 11 000 parejas en la temporada 1989-1990. Las observaciones durante una visita a la Zona en 2012-2013 indicaron que la población ha seguido aumentando, pero hasta ahora no se dispone de cálculos.

Generalmente comienzan a poner huevos antes de mediados de noviembre. Los primeros polluelos rompen el cascarón a mediados de diciembre y las crías comienzan a abandonar la colonia a principios de febrero.

Fulmar austral *(Fulmarus glacialoides)*

La población total de fulmares australes en la zona es de alrededor de 5000 parejas reproductoras. Hay alrededor de 3000 sitios ocupados por fulmares australes en la isla Ardery. Las colonias más grandes están en los acantilados de la parte norte y alrededor del extremo oriental de la isla. En la isla Odbert, la mayoría de los 2000 sitios están concentrados en dos colonias grandes en el farallón Haun y en la zona central del norte.

Los fulmares australes se reproducen en colonias en los acantilados y barrancos o en sus proximidades. Los nidos están ubicados en salientes pequeñas de los acantilados pero también en grandes terrazas casi planas cercanas. Algunas aves anidan al aire libre y otras en grietas profundas o entre rocas sueltas. Los primeros huevos aparecen a principios de diciembre y la mayoría se pone en el lapso de diez días. En la tercera semana de enero comienza la incubación y los pichones comienzan a salir del cascarón a mediados de marzo.

Petrel antártico *(Thalassoica antarctica)*

Se ha estimado que el total de la población de petreles antárticos asciende a poco más de 300 parejas reproductoras. La colonia más grande, en la meseta norte de la isla Ardery, contiene al menos 150 sitios en la zona principal y unos 25 sitios en grupos más pequeños en las proximidades. En la isla Odbert hay alrededor de 30 nidos en una zona pequeña fuera de los acantilados septentrionales centrales.

La mayoría de los nidos de petreles antárticos están en zonas de mesetas o secciones con laderas suaves de acantilados abruptos en la meseta Norte y colonias más pequeñas en torno al barranco Soucek. Los nidos están muy cerca unos de otros: las aves aparentemente tratan de no hacer nidos aislados en salientes pequeñas. A fines de noviembre, los primeros petreles antárticos regresan del éxodo previo a la puesta y una semana después la mayoría de las aves regresan a poner huevos. Los primeros polluelos salen del cascarón en la segunda semana de enero; de fines de febrero hasta principios de marzo comienzan a salirles las plumas y las crías abandonan el nido antes de mediados de marzo.

Petrel damero *(Daption capense)*

Aproximadamente 750 parejas reproductoras de petreles dameros ocupan la Zona, y la reproducción sucede principalmente en pequeñas colonias de los acantilados en el norte de la isla Ardery. Hay nidos dispersos a ambos lados de la montaña Snowie. Hay de 100 a 200 sitios de nidificación en la isla Odbert, en su mayoría alrededor de las colonias de fulmares.

Los petreles dameros prefieren los sitios de nidificación protegidos por rocas sobresalientes y bien resguardados por detrás y, si es posible, por los costados. La mayoría de los nidos están en las partes menos abruptas de los acantilados o a lo largo de los bordes superiores de los acantilados en colonias y en pequeños grupos dispersos. Después de regresar del éxodo que precede a la incubación, ponen huevos a fines de noviembre y en la segunda semana de enero los polluelos empiezan a romper el cascarón. La mayoría de los polluelos sacan plumas durante la primera semana de marzo.

Petrel de las nieves (Pagodroma nivea)

Se calcula que el número de petreles de las nieves en la Zona supera las 1100 parejas reproductoras. En 1990 se hallaron aproximadamente 1000 sitios de nidificación de petreles de las nieves en la isla Ardery, en su mayor parte en las laderas de la montaña Snowie. Los petreles de las nieves parecen ser menos abundantes en la isla Odbert que en Ardery, con casi 100 a 1000 sitios de nidificación. En 2003 se encontraron 752 nidos activos en la isla Ardery, y 824 en la isla Odbert.

Los petreles de las nieves se reproducen en grietas o en agujeros entre rocas sueltas en agregaciones sueltas y de baja densidad. Son comunes los nidos aislados, al igual que los nidos dentro de colonias de otras especies. El hábitat apropiado para los petreles de las nieves también alberga petreles de Wilson. El comienzo de la puesta de huevos varía entre concentraciones de nidos y se produce en las tres primeras semanas de diciembre. Los polluelos comienzan a salir del cascarón desde mediados de enero en adelante, y su primera muda de plumaje ocurre en las dos primeras semanas de marzo.

Petrel de Wilson (Oceanites oceanicus)

Los petreles de Wilson están distribuidos de manera amplia y anidan en todas las rocas adecuadas de la Zona. Se han documentado casi 1000 lugares de nidificación en la isla Ardery. En la isla Odbert hay entre 1000 y 2000 lugares de nidificación, con una densidad inferior a la preponderante en la isla Ardery debido a la dispersión general de áreas adecuadas para la nidificación. Los petreles de Wilson se reproducen en agujeros profundos y estrechos. Debido a que los nidos pueden ser extremadamente difíciles de detectar, es posible que los cálculos de población estén considerablemente subestimados.

Skúa polar (Catharacta maccormicki)

En 1984-1985 se reproducían diez parejas de skúas polares en la isla Ardery y es posible que otras tres parejas más tuviesen territorios. En 1986-1987 se encontró un número similar, si bien sólo siete parejas producían huevos. La isla Odbert contaba entre 10 y 20 parejas. La distribución de nidos de skúa polar en la isla Ardery refleja su dependencia de los petreles. La mayoría de las parejas tienen puntos de observación cercanos a los nidos de petreles, cuyo territorio de alimentación pueden observar en los acantilados de las aves. En la isla Odbert, la mayoría de los nidos estaban cerca de las colonias de pingüinos.

Los nidos son agujeros poco profundos en pedregullo, al aire libre en el suelo plano o levemente protegidos por las rocas circundantes. Los territorios y la ubicación de los nidos parecen mantenerse estables de un año a otro. Cerca de los nidos suele haber varias depresiones de nidos anteriores. La puesta de huevos varía considerablemente, aunque se concentra de fines de noviembre a comienzos de diciembre. En los últimos días de diciembre se observan los primeros polluelos, que comienzan a volar a mediados de febrero.

Especies de aves no reproductoras

Los pingüinos emperador (*Aptenodytes forsteri*) no se reproducen en las inmediaciones de Casey, pero se han observado algunos ejemplares cerca de la estación Casey e incluso más lejos tierra adentro. En enero de 1987 se observó un pingüino de barbijo (*Pygoscelis antarctica*) en la colonia de pingüinos Adelia de Punta Whitney, al norte de Casey. La isla Ardery es visitada regularmente por petreles gigantes comunes, tanto adultos como inmaduros. Con viento favorable, vuelan a lo largo de los acantilados de las aves en busca de alimento. En marzo de 1987 llegó una cría escuálida de petrel azulado (*Halobaena caerulea*). En noviembre de 1984 se avistó una gaviota cocinera (*Larus dominicanus*) en la zona de Casey. En 1984-1985 y en 1986-1987 se observaron en la zona de Casey grupos de gaviotines, posiblemente gaviotines árticos (*Sterna paradisea*). En esas oportunidades se avistaron y se oyeron grupos de hasta 100 aves a gran altura durante marzo.

6(ii) Acceso a la Zona

Se podrá viajar a la Zona en vehículo sobre el hielo marino, en bote o en aeronave, de conformidad con la sección 7(ii) de este plan.

6(iii) Ubicación de estructuras dentro de la Zona y en sus proximidades

Hay cuatro cámaras secuenciales en funcionamiento en la isla Ardery y una en la isla Odbert (ubicaciones 66°22'6,3"S, 110°26'42,9"E; 66°22'13,4"S, 110°27'46,2"E; 66°22'6,2"S, 110°26'56,3"E; 66°22'7,7"S, 110°26'57,7"E (mapa B) y 66°22'37,8"S, 110°33'55,3"E [mapa C]). Las cámaras, instaladas en 2010-2011, se ubicaron para vigilar a largo plazo el éxito reproductivo y la fenología de los fulmares australes, los petreles dameros y los pingüinos Adelia causando la menor perturbación posible. Aunque las cámaras no son permanentes, se espera que se mantengan instaladas durante un plazo mayor al del presente plan.

6(iv) Ubicación de otras zonas protegidas en *las* cercanías

Las siguientes zonas protegidas están ubicadas en cercanías de la isla Ardery y en la isla Odbert (véase el mapa A):

- nordeste de la península Bailey (66°17'S, 110°32'E) (ZAEP No 135), a unos 12 km al norte de la isla Ardery y la isla Odbert;
- península Clark (66°15'S, 110°36'E) (ZAEP No 136), a unos 16 km al norte de la isla Ardery y la isla Odbert; e
- islas Frazier (66°13'S, 110°11'E) (ZAEP No 160), a unos 23 km al noreste de la isla Ardery y la isla Odbert.

6(v) Áreas especiales dentro de la Zona

No hay áreas especiales dentro de la Zona.

7. Condiciones para la expedición de permisos

7(i) Condiciones generales de los permisos

Se prohíbe el ingreso en la Zona excepto con un permiso expedido por una autoridad nacional pertinente. Las condiciones para la expedición de un permiso para entrar en la Zona son las siguientes:

- que el permiso se expida por razones científicas urgentes que no puedan atenderse en otro lugar, en especial para el estudio científico de la avifauna y el ecosistema de la Zona, o con fines de gestión esenciales y compatibles con los objetivos del plan, como inspecciones, tareas de mantenimiento o examen;
- que las acciones permitidas no pongan en peligro los valores de la Zona;
- que las acciones permitidas sean compatibles con el Plan de Gestión;

- que el permiso, o una copia de éste, se lleve consigo dentro de la Zona;
- que se presente un informe de la visita a la autoridad que figure en el permiso;
- que el permiso sea expedido por un período determinado; y
- que se avise a la autoridad nacional pertinente sobre cualquier actividad o medida que no estuviera comprendida en el permiso.

7(ii) Acceso a la Zona y circulación dentro de la misma o sobre la misma

Los vehículos y botes que se usen para llegar a las islas deberán permanecer en la costa. Dentro de la Zona se podrá circular a pie solamente.

Los lugares de aterrizaje y desembarco definidos para el acceso por mar y helicóptero a la isla Ardery y la isla Odbert se muestran en el mapa D. En la isla Ardery, el lugar de desembarco preferido es Robertson Landing, donde hay tres rocas a las cuales se pueden amarrar lanchas u otros equipos. El lugar marcado en el mapa D como lugar de desembarco en la isla Ardery se encuentra a menos de 200 m de las colonias de aves marinas. No obstante, es el lugar preferido para desembarcar sin peligro en la isla. Los desembarcos deben efectuarse con cuidado para no perturbar a las aves. Aunque no hay rutas definidas para peatones dentro de la Zona, los peatones deben mantener la distancia y tratar en todo momento de no perturbar a las aves.

Si el acceso a las islas no es posible en bote o en vehículo sobre el hielo marino, se podrán utilizar aeronaves de ala fija o helicópteros de acuerdo con las siguientes condiciones:

- Se deberá tratar en todo momento de no perturbar las colonias con las aeronaves.
- Se deberán promover los aterrizajes en el hielo marino (en los casos en que sea posible).
- Se evitará en todo momento el sobrevuelo de las islas, excepto cuando se considere esencial para fines científicos o de gestión autorizados en un permiso. En tales casos, el sobrevuelo debe hacerse a una distancia vertical u horizontal de 930 m (3050 pies) como mínimo en el caso de las aeronaves monomotores y de 1500 metros (5000 pies) en el caso de las aeronaves bimotores.
- Durante la temporada de cría de los pingüinos y petreles, definida aquí como el período del 1 de noviembre al 1 de abril, se debe reducir al mínimo el movimiento de helicópteros a las islas.
- Se prohíbe usar helicópteros bimotores en la isla Ardery o la isla Odbert.
- La aproximación en helicóptero monomotor a isla Ardery debe hacerse a gran altura desde el sur dado que las densidades más bajas de aves se encuentran en los acantilados del sur (véanse los mapas B y D).
- La aproximación en helicóptero monomotor a la isla Odbert debe hacerse preferentemente desde el sur, evitando las áreas de acantilados debido a los petreles nidificantes (véanse los mapas C y D).
- los lugares para el aterrizaje de helicópteros monomotores marcados en el mapa D son aproximados, y los pilotos deberán cerciorarse de no perturbar las colonias reproductoras.
- Solamente el personal que deba realizar tareas en la Zona debería bajar del helicóptero.
- No se permite el reabastecimiento de combustible en la Zona.

7(iii) Actividades que se llevan a cabo o que se pueden llevar a cabo dentro de la Zona

Se podrán llevar a cabo las siguientes actividades dentro de la Zona si se autorizan en un permiso:

- investigaciones científicas concordantes con el Plan de Gestión de la Zona que no puedan realizarse en otro lugar y que no pongan en peligro los valores por los cuales se ha designado la Zona o los ecosistemas de la Zona;

- actividades indispensables de gestión, incluida la vigilancia; y
- muestreo, que debería limitarse al mínimo necesario para los programas de investigación aprobados.

7(iv) Instalación, modificación o desmantelamiento de estructuras

- No se erigirán estructuras permanentes en la Zona.
- Toda estructura que se erija o instale en la Zona deberá estar especificada en un permiso.
- Los señalizadores y los equipos científicos deberán estar bien sujetos y en buen estado y llevar claramente el nombre del país que otorgó el permiso, el nombre del investigador principal y el año de instalación. Todos estos artículos deberán estar hechos de materiales que presenten un riesgo mínimo de contaminación para la Zona.
- Una de las condiciones para la expedición del permiso será que se retire el equipo asociado a la investigación científica antes del vencimiento del permiso correspondiente. Los detalles de los señalizadores y el equipo que permanezca temporalmente en el lugar (ubicaciones del GPS, descripción, etiquetas, etc., y fecha desmantelamiento prevista) se notificarán a la autoridad que haya expedido el permiso.
- Cuando se permita instalar una cabaña de campaña en la isla Ardery, esta tarea se realizará antes del 1 de noviembre, fecha en que comienza la temporada de cría, y se desmantelará después del 1 de abril, cuando han partido las crías. La instalación y el desmantelamiento deberían realizarse con la ayuda de vehículos sobre el hielo marino a menos que las condiciones del hielo marino lo impidan.

7(v) Ubicación de los campamentos

- Se prohíbe acampar en la isla Odbert salvo en una situación de emergencia.
- Si es necesario para el trabajo de campo, podrá erigirse una cabaña en la isla Ardery en el punto especificado en el mapa D. En este lugar hay ocho rocas sólidas para amarrar. Hay una cabaña de refugio (cabaña del cerro Robinson), en tierra firme, situada en el cerro Robinson (66°22,4'S; 110°35,2'E), a unos 800 m al oeste de la isla Odbert (véase el mapa A).

7(vi) Restricciones relativas a los materiales y organismos que puedan introducirse en la Zona

- Se prohíbe llevar a Zona productos avícolas, entre ellos alimentos desecados que contengan huevo en polvo.
- No se dejarán alimentos u otros suministros en la Zona después de la temporada para la cual se necesiten.
- Está prohibida la introducción deliberada de animales, material vegetal y microorganismos vivos y suelo no estéril en la Zona. Deben tomarse las precauciones más exhaustivas a fin de evitar la introducción accidental en la Zona de animales, material vegetal, microorganismos y suelos no estériles provenientes de otras regiones con características biológicas distintas (dentro de la Antártida o fuera del área comprendida en el Tratado Antártico);
- En el nivel máximo practicable, el calzado y el equipo que se use o se lleve a la Zona (incluidas las mochilas, los bolsos y otros equipos) deberán limpiarse minuciosamente antes de ingresar a la Zona y luego de salir de ella.
- Las botas, los equipos de muestreo e investigación y los señalizadores que entren en contacto con el suelo deben desinfectarse o limpiarse con agua caliente y cloro antes de entrar a la Zona y después de la visita, con el fin de evitar la introducción accidental de animales, material vegetal, microorganismos y suelo no estéril a la Zona. La limpieza se debe llevar a cabo en la cabaña de refugio o en la estación.

- Los visitantes también deben consultar y seguir adecuadamente las recomendaciones incluidas en el Manual sobre especies no autóctonas del Comité para la Protección del Medio Ambiente (CPA, 2011), y el Código de Conducta Ambiental para el desarrollo de actividades científicas de campo en la Antártida (SCAR, 2009).

- No se podrán llevar herbicidas o plaguicidas a la Zona. Cualquier otro producto químico, incluidos los radionúclidos e isótopos estables, que se introduzca para los fines científicos o de gestión especificados en el permiso, deberá ser retirado de la Zona a más tardar cuando concluya la actividad para la cual se haya expedido el permiso.

- No se podrá almacenar combustible en la Zona, a menos que sea necesario para fines indispensables relacionados con la actividad para la cual se haya expedido el permiso. No se permiten los depósitos permanentes de combustible.

- Todos los materiales introducidos en la Zona podrán permanecer allí durante un período determinado únicamente, deberán ser retirados cuando concluya dicho período y deberán ser almacenados y manipulados con métodos que reduzcan al mínimo el riesgo de impacto ambiental.

7(vii) Toma de, o intromisión perjudicial sobre flora y fauna autóctonas

- Se prohíbe la toma de ejemplares de la flora y fauna autóctonas y la intromisión perjudicial en ellas, excepto con un permiso.

- En caso de toma de animales o perturbación perjudicial de los mismos, se debería usar como norma mínima el *Código de Conducta del SCAR para el Uso de Animales con Fines Científicos en la Antártida.*

- Las investigaciones ornitológicas sobre las aves reproductoras presentes en la Zona deberán limitarse a actividades que no sean invasivas y que no las perturben. Se dará prioridad a los relevamientos. Si es necesario capturar ejemplares, la captura debería efectuarse en nidos de la periferia de la Zona si es posible, a fin de reducir la perturbación.

7(viii) Recolección o retiro de materiales que el titular del permiso no haya llevado a la Zona

- Se podrá recolectar o retirar material de la Zona únicamente de conformidad con un permiso y dicho material debería limitarse al mínimo necesario para fines de índole científica o de gestión.

- Todo material de origen humano que pueda comprometer los valores de la Zona, que no haya sido llevado allí por el titular del permiso o que no esté comprendido en otro tipo de autorización, podrá ser retirado salvo que el impacto de su extracción pueda ser mayor que el efecto de dejar el material *in situ*. En tal caso se deberá notificar a la autoridad nacional pertinente y recibir su aprobación antes de retirarlo.

7(ix) Eliminación de desechos

- Todos los desechos, incluidos los desechos humanos, deberán ser retirados de la Zona. Los desechos de expediciones deberán almacenarse de forma tal que la fauna silvestre (por ejemplo, las skúas) no puedan escarbar en la basura hasta que los desechos puedan eliminarse o retirarse de la Zona. Los desechos deberán retirarse a más tardar cuando la expedición se retire del lugar. Se podrán verter desechos humanos y aguas grises en el mar fuera de la Zona.

7(x) Medidas que podrían requerirse para que se puedan seguir cumpliendo las finalidades del Plan de Gestión

Se pueden otorgar permisos de ingreso a la Zona con el fin de:

- realizar actividades científicas de observación e inspección de la Zona, que podrán incluir la recolección de muestras para su análisis o examen;
- erigir o realizar el mantenimiento de postes señalizadores, estructuras o equipos científicos; o
- implementar otras medidas de protección.

Todos los sitios donde se lleven a cabo actividades de vigilancia a largo plazo deberán estar debidamente marcados y se deberá determinar su ubicación mediante el sistema de posicionamiento global (GPS, por sus siglas en inglés) a fin de asentarla en el Sistema del Directorio de Datos Antárticos por medio de la autoridad nacional pertinente.

A fin de mantener los valores ecológicos y científicos de la Zona, los visitantes deberán tomar precauciones especiales para evitar la introducción de especies no autóctonas. Causa especial preocupación la introducción de agentes patógenos, microbios o vegetación provenientes de suelos, flora y fauna de otros lugares de la Antártida, incluidas las estaciones de investigación, o de regiones fuera de la Antártida. A fin de reducir al mínimo el riesgo de introducción de especies no autóctonas, antes de ingresar en la Zona los visitantes deberán limpiar meticulosamente el calzado y todo el equipo que vaya a usarse en la Zona, en especial el equipo de muestreo y los señalizadores.

7(xi) Requisitos relativos a los informes

El titular principal del permiso deberá presentar cuanto antes un informe de cada visita a la Zona a la autoridad nacional correspondiente una vez concluida la visita, y en un plazo no superior a los seis meses. Dichos informes sobre visitas deberán incluir, en la medida de lo posible, la información señalada en el formulario de informe de visita contenido en la *Guía para la Preparación de Planes de Gestión para las Zonas Antárticas Especialmente Protegidas*. Si procede, la autoridad nacional también debería enviar una copia del informe de visitas a la Parte que haya propuesto el Plan de Gestión, a fin de ayudar en la administración de la Zona y en la revisión del Plan de Gestión. Siempre que sea posible, las Partes deberán depositar el informe original, o copias de este en un archivo de acceso público, a fin de llevar un registro del uso que pueda emplearse en las revisiones del Plan de Gestión y en la organización del uso científico de la Zona.

Se enviará una copia del informe a la Parte responsable de la elaboración del Plan de Gestión (Australia) a fin de contribuir a la gestión de la zona y al seguimiento de las poblaciones de aves. Asimismo, los informes de visitas suministrarán información pormenorizada sobre datos censales, ubicación de colonias o nidos nuevos que no se hayan documentado anteriormente, e incluirán un breve resumen de las conclusiones de la investigación y copias de fotografías tomadas de la Zona.

8. Documentación de apoyo

Australian Antarctic Division. 2013. *Environmental Code of Conduct for participants in the Australian Antarctic program*, Australian Antarctic Division.

Baker, S.C. y Barbraud, C. 2000. Foods of the south polar skua Catharacta maccormicki at Ardery Island, Windmill Islands, Antarctica. *Polar Biology* 24: 59-61.

Blight, D.F. y Oliver, R.L. 1977. The metamorphic geology of the Windmill Islands, Antarctica, a preliminary account. *Journal of the Geological Society of Australia*22: 145-158.

Blight, D.F. y Oliver, R.L. 1982. Aspects of the history of the geological history of the Windmill Islands, Antarctica. En: *Antarctic Geoscience* (ed. C.C. Craddock), University of Wisconsin Press, Madison, págs 445-454.

Cowan, A.N. 1979. Ornithological studies at Casey, Antarctica, 1977-1978. *Australian Bird Watcher*, 8:69.

Cowan, A.N. 1981. Size variation in the snow petrel. *Notornis* 28: 169-188.

Creuwels, J.C.S & van Frenker, J.A. 2001. Do two closely related petrel species have a different breeding strategy in Antarctica. *Proceedings of the VIIIth SCA International Biology Symposium,* 27 August-1 September 2001, Vrije Univesiteit, Amsterdam

Creuwels, J.C.S., Poncet S., Hodum, P.J, & van Frenker, J.A. 2007. Distribution and abundance of the southern fulmars *Fulmarus glacialoides*, *Polar Biology* 30: 1083-1097.

Creuwels, J.C.S., van Frenenker, J.a., Doust, S.J., Beinssen A., Harding, B. y Hentschel, O. 2008. Breeding strategies of Antarctic petrels *Thalassoica antarctica* and southern fulmars *Fulmarus glacialoides* in the high Antarctic and implications for reproductive success, *Ibis* 150: 160-171

Croxall, J.P., Steele, W.K., McInnes, S.J. y Prince, P.A. 1995. Breeding distribution of the snow petrel *Pagodroma nivea*. *Marine Ornithology* 23: 69-99.

Filson, R.B. 1974. Studies on Antarctic lichens II: Lichens from the Windmill Islands, Wilkes Land. *Muelleria*, 03:09-36.

Goodwin, I.D. 1993. Holocene deglaciation, sea-level change, and the emergence of the Windmill Islands, Budd Coast, Antarctica. *Quaternary Research* 40: 70-80.

Horne, R. 1983. The distribution of penguin breeding colonies on the Australian Antarctic Territory, Heard Island, the McDonald Islands and Macquarie Island. *ANARE Research Notes* No. 9.

Jouventin, P., & Weimerskirch, H. 1991. Changes in the population size and demography of southern seabirds: management implications. En: *Bird population studies: Relevance to conservation and management.* (eds. C.M. Perrins, J.-D. Lebreton, and G.J.M Hirons) Oxford University Press: págs 297-314.

Keage, P. 1982. Location of Adélie penguin colonies, Windmill Islands. *Notornis*, 29: 340-341.

Lee J.E, Chown S.L. 2009: Breaching the dispersal barrier to invasion: quantification and management. *Ecological Applications* 19: 1944-1959.

Luders, D.J. 1977. Behaviour of Antarctic petrels and Antarctic fulmars before laying. *Emu* 77: 208-214.

McLeod, I.R. y Gregory, C.M. 1967. Geological investigations for along the Antarctic coast between longitudes 108°E and 166°E. Report of the Bureau for Mineral Resources, Geology and. Geophysics. Australia No. 78, págs. 30-31.

Melick, D.R., Hovenden. M.J., y Seppelt, R.D. 1994. Phytogeography of bryophyte and lichen vegetation in the Windmill Islands, Wilkes Land, Continental Antarctica. *Vegetatio* 111: 71-87.

Murray, M.D., Orton, M.N. y Penny, R.L. 1972. Recoveries of silver-grey petrels banded on Ardery Island, Windmill Islands, Antarctica. *Australian Bird Bander* 10, 49-51

Murray M.D. y Luders D.J. 1990. Faunistic studies at the Windmill Islands, Wilkes Land, East Antarctica, 1959-80. *ANARE Research Notes* 73: 1-45.

Orton, M. R. 1963. A brief survey of the fauna of the Windmill Islands, Wilkes Land, Antarctica. *Emu* 63, 14-22.

Paul, E., Stüwe, K., Teasdale, J. y Worley, B. 1995. Structural and metamorphic geology of the Windmill Islands, east Antarctica: field evidence for repeated tectonothermal activity. *Australian Journal of Earth Sciences* 42: 453-469.

Phillpot, H.R. 1967. Selected surface climate data for Antarctic stations. Commonwealth of Australia: Bureau of Meteorology.

Robertson, R. 1961. Geology of the Windmill Islands, Antarctica. *IGY Bulletin* 43: 5-8.

Robertson, R. 1961. Preliminary report on the bedrock geology of the Windmill Islands. En: Reports on the Geological Observations 1956-60. IEY Glaciology Report No. 4, (IEY World Data Centre 4: Glaciology). American Geographical Society, Nueva York.

Schwerdtfeger, W. 1970. The climate of the Antarctic. En: *Climate of polar regions* (ed. S. Orvig), Elsevier págs 253-355 Ámsterdam:

Schwerdtfeger, W. 1984. Weather and climate of the Antarctic, Ámsterdam: Elsevier.

Smit, F.G.A.M. y Dunnet, G.M. 1962. A new genus and species of flea from Antarctica, (Siphonaptera: Ceratophyllidae). Pacific Insect4: 895-903.

van Franeker, J.A, Creuwels, J.C.S., van der Veer, W., Cleland, S. y Robertson, G. 2001. Unexpected effects of climate change on the predation of Antarctic petrels. *Antarctic Science* 13: 430-439.

van Franeker, J.A., Bell, P.J., & Montague, T.L. 1990. Birds of Ardery and Odbert islands, Windmill Islands, Antarctica. Emu 90:74-80.

van Franeker J.A., Gavrilo M., Mehlum F., Veit R.R. & Woehler, E.J. 1999. Distribution and abundance of the Antarctic Petrel. *Waterbirds* 22: 14-28.

Whinam J, Chilcott N, & Bergstrom D.M. 2005: Subantarctic hitchhikers: expeditioners as vectors for the introduction of alien organisms. *Biological Conservation* **121**: 207-219.

Williams, I.S., Compston W., Collerson K.D., Arriens, P.A. y Lovering J.F. 1983. A Reassessment of the age of the Windmill metamorphics, Casey area. En: Antarctic Earth Science (ed. R.L. Oliver, P.R. James y J.B. Jago), Australian Academy of Sciences, Canberra, págs 73-76.

Woehler, E.J. y Croxall, J.P. 1997. The status and trends of Antarctic and subantarctic seabirds. *Marine Ornithology* 25: 43-66.

Woehler, E.J. y Johnstone, G.W. 1991. Status and conservation of the seabirds of the Australian Antarctic Territory. En: Seabird - status and conservation: a supplement. (ed. J.P. ICBP Technical Publication No. 11: 279-308.

Woehler, E.J., Slip, D.J., Robertson, L.M., Fullagar, P.J. y Burton, H.R. 1991. The distribution, abundance and status of Adélie penguins *Pygoscelis adeliae* at the Windmill Islands, Wilkes Land, Antarctica. *Marine Ornithology* 19: 1-17.

Woehler, E.J., Cooper, J., Croxall, J.P., Fraser, W.R., Kooyman, G.L., Miller, G.D., Nel, D.C., Patterson, D.L., Peter, H-U, Ribic, C.A., Salwicka, K., Trivelpiece, W.Z. y Weimerskirch H. 2001. *A Statistical Assessment of the Status and Trends of Antarctic and Subantarctic Seabirds.* SCAR/CCAMLR/NSF.

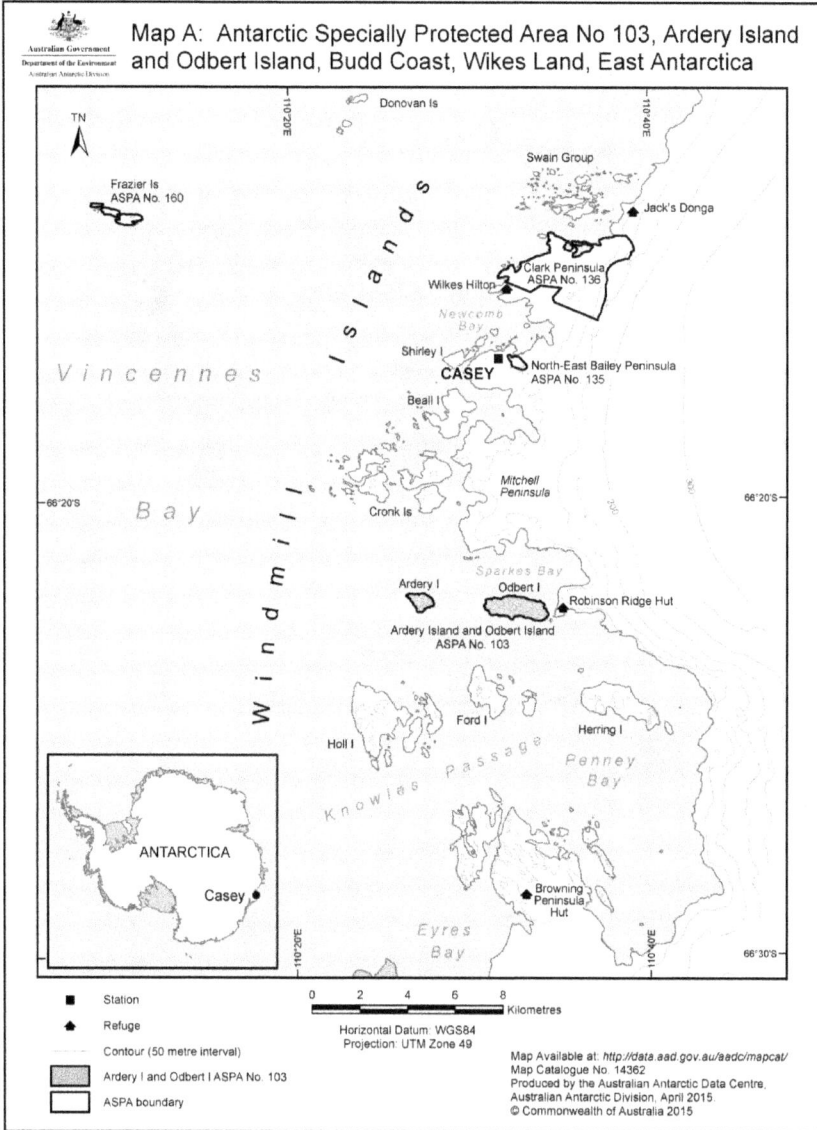

Map A: Antarctic Specially Protected Area No 103, Ardery Island and Odbert Island, Budd Coast, Wikes Land, East Antarctica

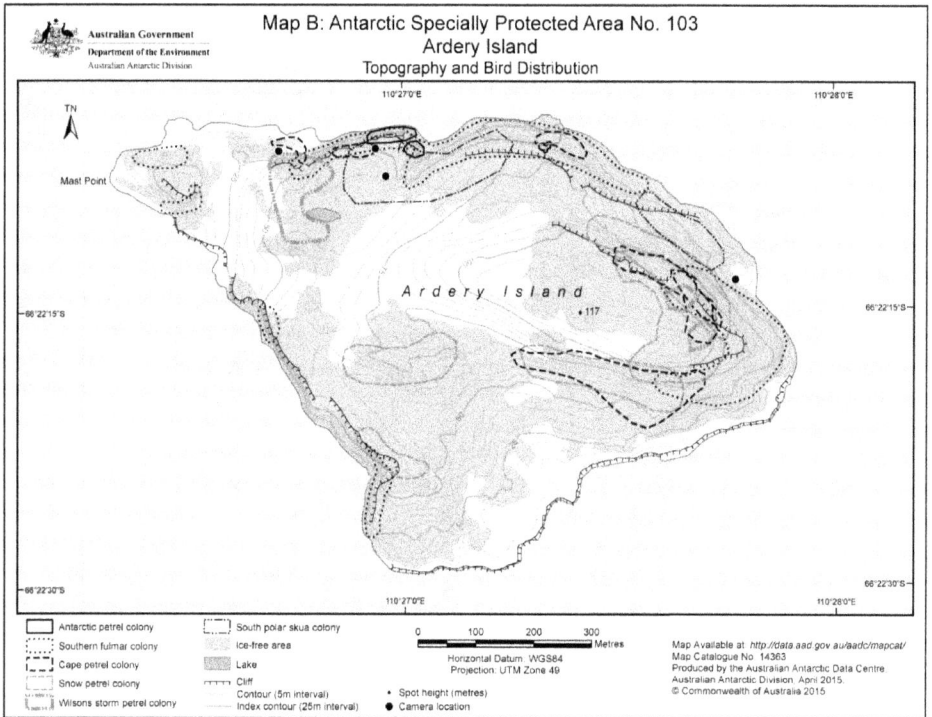

Map B: Antarctic Specially Protected Area No. 103
Ardery Island
Topography and Bird Distribution

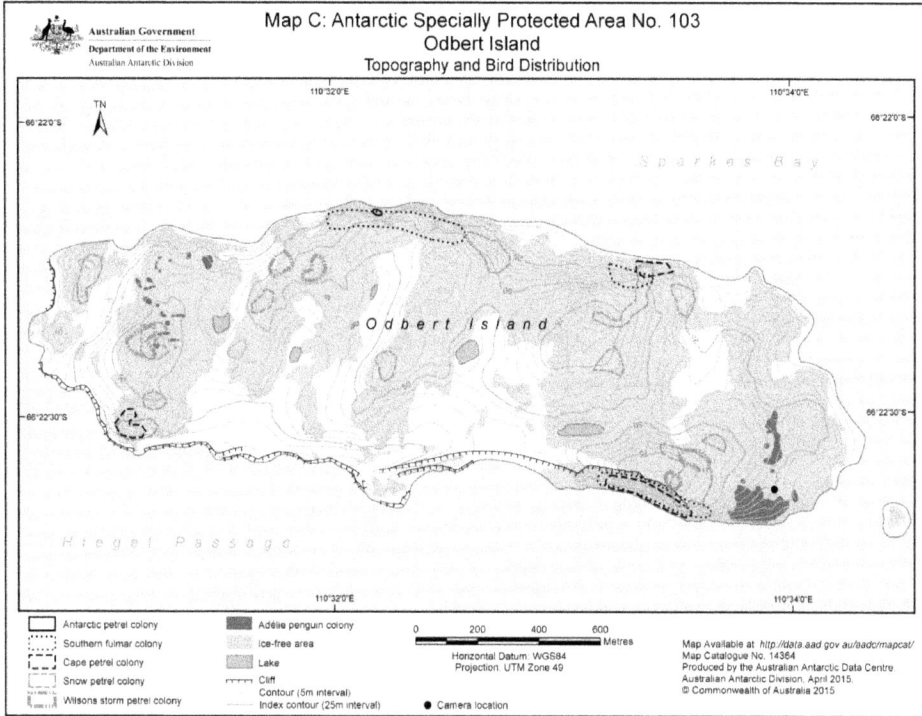

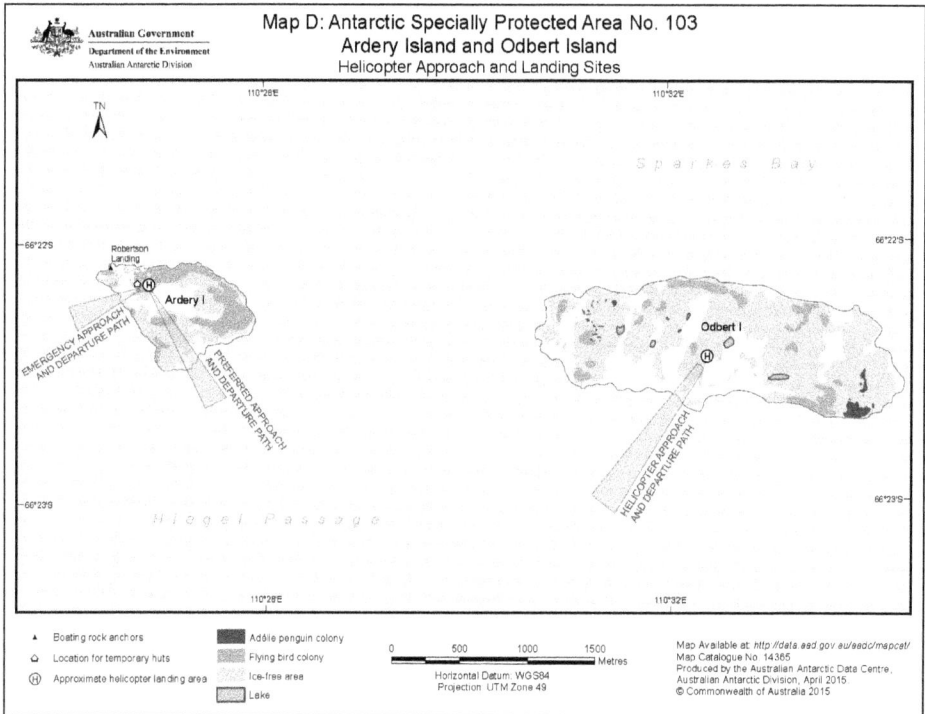

Map D: Antarctic Specially Protected Area No. 103
Ardery Island and Odbert Island
Helicopter Approach and Landing Sites

Plan de Gestión para la
Zona Antártica Especialmente Protegida N° 104
ISLA SABRINA, ISLAS BALLENY, ANTÁRTIDA

1. Descripción de los valores que requieren protección

La isla Sabrina, que forma parte del archipiélago de las islas Balleny, fue designada originalmente Zona Especialmente Protegida (ZEP) No 4 en virtud de la Recomendación IV-4 (1966) debido a que "la fauna y la flora de las islas Balleny, el territorio antártico más septentrional de la región del mar de Ross, reflejan varias distribuciones circumpolares de esta latitud y a que la isla Sabrina en particular proporciona una muestra representativa de esa fauna y flora". El sitio volvió a ser designado como Zona Antártica Especialmente Protegida (ZAEP) N° 104 por medio de la Decisión 1 (2002). En la Medida 3 (2009) se preparó y aprobó un Plan de Gestión que incluía a la isla Sabrina, el "islote Chinstrap" y El Monolito.

La razón principal para que se designara a la isla Sabrina como Zona Antártica Especialmente Protegida es la protección de valores ecológicos sobresalientes, específicamente la biodiversidad única de la región del mar de Ross.

Las islas Balleny, descubiertas en febrero de 1839 por John Balleny, un cazador de focas británico, se ubican a aproximadamente 325 km al norte de las costas Pennell y Oates. El archipiélago consta de tres islas principales, Young, Buckle y Sturge, y de varios islotes más pequeños. Tiene una dirección noroeste-sureste y se extiende unos 160 kilómetros entre los 66° 15'S hasta los 67° 10'S y de los 162° 15'E hasta los 164° 45'E (mapa 1). Las islas Balleny son las únicas islas verdaderamente oceánicas (y no continentales) en el sector antártico del mar de Ross, exceptuando la isla Scott, que se encuentra a aproximadamente 505 kilómetros al noreste del cabo Adare. El archipiélago se ubica dentro de la Corriente Circumpolar Antártica principal, por lo que proporciona un importante hábitat de descanso y reproducción a especies de aves marinas y focas, además de tener un rol significativo en la distribución circumpolar de una variedad de especies (véanse los Cuadros 1 y 2, Apéndice 1).

La isla Sabrina, el "islote Chinstrap" y El Monolito se encuentran a unos 3 kilómetros al sur-sureste de la isla Buckle. Estas islas son el único sitio de reproducción de los pingüinos de barbijo (*Pygoscelis antarctica*) entre las islas Bouvetoya y Peter I (en un área de 264° de longitud), encontrándose la mayoría de las parejas reproductoras en la isla Sabrina. Además, esta población coexiste con una colonia mucho mayor de pingüinos Adelia (*P. adeliae*), cuando en situaciones normales, las áreas de reproducción de ambas especies están totalmente separadas, a no ser en lugares en que las colonias se superponen, cerca puntadle extremo de la Península Antártica, en las islas Shetland del Sur, y más al norte en las islas Orcadas del Sur.

La colonia de pingüinos Adelia de la isla Sabrina reviste especial importancia debido a que es la más grande del archipiélago (y cuenta con la mayoría de las parejas reproductoras de pingüinos de barbijo) y a que se piensa que su población está aumentando. Por su aislamiento y las dificultades que suelen imponer las condiciones meteorológicas y el estado del hielo, las islas Balleny han sufrido muy pocas perturbaciones ocasionadas por los seres humanos, con excepción de las asociadas a las pesquerías del Océano Austral.

2. Finalidades y objetivos

La gestión de la isla Sabrina tiene por objeto las siguientes finalidades:

- evitar la degradación de, o el riesgo importante para, los valores de la Zona impidiendo en ella toda interferencia humana innecesaria;
- evitar o reducir a un mínimo la introducción de plantas, animales y microbios exóticos en la Zona;
- conservar el ecosistema natural como zona de referencia que en gran medida no ha sufrido perturbaciones humanas directas;
- evitar la perturbación, producto del muestreo innecesario, de una colonia de pingüinos de barbijo que es anómala desde el punto de vista de la distribución de la especie;
- permitir la investigación científica en la Zona siempre y cuando esto sea por razones indispensables, que no puedan llevarse a cabo en otro lugar, y que no pongan en riesgo el sistema ecológico natural de dicha Zona;
- permitir visitas con fines de gestión para facilitar la consecución de los objetivos del Plan de Gestión.

3. Actividades de gestión

Se deberán emprender las siguientes actividades de gestión en aras de proteger los valores de la Zona:

- Se facilitarán copias del presente Plan de Gestión a las embarcaciones que operen en las proximidades de la Zona.
- Los programas nacionales deberán garantizar que los límites de la Zona y las restricciones que se aplican en su interior estén marcados en los mapas y cartas náuticas de los cuales son responsables;
- Se visitará la Zona cuando resulte necesario para determinar si esta continúa sirviendo a los fines para los que fue designada y para garantizar que las medidas de gestión sean apropiadas.

4. Período de designación

La designación abarca un período indeterminado.

5. Mapas y fotografías

Mapa 1- ZAEP 104: Isla Sabrina, islas Balleny, Antártida. Mapa regional.
Nivel de referencia: WGS84; Proyección: estereográfica de la Antártida polar; Origen de los datos del mapa principal y del recuadro: Base Digital de Datos Antárticos del SCAR, Versión 6, 2012.

Mapa 2- ZAEP 104: Isla Sabrina, islas Balleny, Antártida. Límite, acceso y características. Nivel de referencia: WGS84; Proyección: UTM Zona 58 Sur; Origen de los datos: Imágenes del satélite Digital Globe, WorldView – 1, adquiridas el 14 de enero de 2011, 50 cm de resolución. Características captadas por el Departamento de Información Territorial de Nueva Zelandia.

Imagen diagonal de recuadro obtenida en diciembre de 2014 por la Real Fuerza Aérea de Nueva Zelandia (RNZAF).

6. Descripción de la Zona

6(i) Coordenadas geográficas, indicadores de límites y rasgos naturales
Ubicación y descripción general:
Las islas Balleny están a unos 325 km al norte de las costas Pennell y Oates (mapa 1). Son la parte visible de una cadena de montes marinos de origen volcánico. Hay tres islas principales y varios islotes más pequeños, así como rocas expuestas. La isla Sabrina, situada a 66°55 S, 163°19 E, a tres kilómetros del extremo sur de la isla Buckle, es la isla del medio de las tres principales. Tiene menos de 2 km de ancho y se eleva aproximadamente 180 m sobre el nivel del mar. Un enclave volcánico de unos 80 m de alto, denominado "El Monolito", está unido al extremo sur de la isla Sabrina por una flecha litoral de roca. Al nordeste de la isla Sabrina hay un islote pequeño, conocido comúnmente como "islote Chinstrap".

Límites:
La ZAEP incluye a la isla Sabrina, El Monolito y el "islote Chinstrap" sobre el nivel del mar, con marea baja (mapa 2). El área marina no se incluye en la ZAEP.

Rasgos naturales:
Alrededor de la cuarta parte de la isla Sabrina está cubierta de hielo y nieve permanentes, y un pie de hielo llega al mar en el extremo septentrional. Una cresta escarpada recorre la isla, con pendientes de escoria en el este y el sur. La mayor parte de la costa de la isla consiste en acantilados que caen a pique, excepto por una playa de guijarros en el sudoeste.

Las pendientes de escoria del este de la cresta central de la isla Sabrina están ocupadas por nidos de pingüinos Adelia y de barbijo. Las aves acceden a sus lugares de nidificación a través de la playa, al sur de la isla. La isla Sabrina alberga la colonia de pingüinos más grande de las islas Balleny, con una cifra de unas 3770 parejas reproductoras de pingüinos Adelia, registrada en 2000, y 202 pingüinos de barbijo adultos y 109 polluelos en 2006. En el "islote Chinstrap" había 2298 parejas reproductoras de pingüinos en el año 2000, mientras que en 1965 y 1984 se observaron unas 10 parejas de pingüinos de barbijo.

Se avistaron petreles dameros (*Daption capense*) anidando en la isla Sabrina en 2006 y en el lado sur de El Monolito en 1965 (aunque eso no se ha confirmado en expediciones más recientes). Se han visto algunos ejemplares de pingüinos macaroni (*Eudyptes chrysolophus*) en la isla Sabrina (1964, posible avistamiento en 1973).

En la isla Sabrina se observaron varias especies de algas, entre ellas mixoficofitas, xantoficeas (*Tribonema spp.*) y cloroficofitas (*Prasiola spp.*), así como bacterias cromógenas (de color amarillo vivo), levaduras, 14 especies de hongos filamentosos, dos especies de hongos termófilos (*Aspergillus fumigatus* y *Chaetomium gracile*), ácaros (*Stereotydeus mollis, Nanorchestes antarcticus, Coccorhgidia* spp.) y nematodos. Hay líquenes que se incrustan en las rocas, principalmente *Caloplaca* o *Xanthoria,* en la parte superior de la cresta principal.

6 (ii) Acceso a la Zona
- La Zona es de difícil acceso debido al ángulo escarpado de los acantilados, al terreno de cada isla, y a las condiciones del hielo en distintas épocas del año. No se ha identificado una ruta

de acceso al "islote Chinstrap", sin embargo, se puede acceder a la isla Sabrina y a El Monolito mediante helicóptero o en lanchas desde la playa de guijarros que se encuentra al suroeste de la isla Sabrina (mapa 2).
- Se aplican restricciones de acceso a la Zona. Las condiciones específicas están establecidas en la Sección 7(ii) a continuación.

6(iii) Ubicación de estructuras dentro de la Zona y adyacentes a la misma
- No se conoce la existencia de estructuras en la Zona o adyacentes a ella.

6(iv) Ubicación de las zonas protegidas en las cercanías
- La zona protegida más cercana a la isla Sabrina es la ZAEP 159: cabo Adare, costa Borchgrevink, ubicada a unos 560 kilómetros al sureste.

6(v) Áreas especiales dentro de la Zona
- No hay áreas especiales dentro de la Zona.

7. Condiciones para la expedición de permisos

7(i) Condiciones generales para los permisos
Se prohíbe el ingreso en la Zona excepto con un permiso expedido por una autoridad nacional pertinente. Las condiciones para la expedición de un permiso para entrar en la Zona son las siguientes:
- que se expida solo para actividades científicas indispensables que no puedan realizarse en otro lugar o con fines de gestión de la Zona;
- que las acciones permitidas sean compatibles con este Plan de Gestión;
- que las actividades permitidas no pongan en peligro el sistema ecológico natural o los valores medioambientales o científicos de la Zona;
- que el permiso se expida por un período determinado; y
- que el permiso, o una copia autorizada de éste, se lleve consigo dentro de la Zona.

7 (ii) Acceso a la zona y desplazamientos en su interior o sobre ella
- El acceso a la isla Sabrina y a El Monolito se realiza por lancha o helicóptero en la playa de guijarros debajo de las pendientes de escoria, al suroeste de la isla Sabrina, 66° 55,166'S, 163° 18,599'E (mapa 2).
- No se ha identificado una ruta de acceso al "islote Chinstrap".
- Se debe evitar sobrevolar la Zona en helicóptero, excepto con fines científicos o de gestión esenciales.
- La operación de aeronaves sobre la Zona debería efectuarse, como requisito mínimo, en conformidad con las 'Directrices para la Operación de Aeronaves cerca de Concentraciones de Aves en la Antártida' contenidas en la Resolución 2 (2004).
- Por lo general, todos los desplazamientos al interior de la zona deberán realizarse a pie. La circulación de peatones deberá mantenerse en el mínimo indispensable para llevar a cabo las actividades permitidas y se deberá hacer todo lo posible para reducir a un mínimo los efectos de las pisadas.

7(iii) Actividades que pueden llevarse a cabo dentro de la zona

Las actividades que pueden llevarse a cabo dentro de la Zona incluyen las siguientes:

- investigaciones científicas indispensables que no puedan emprenderse en otro lugar y que no pongan en peligro el sistema ecológico natural o los valores medioambientales o científicos de la Zona; y
- actividades de gestión esenciales, que incluyen observación e inspecciones.

7(iv) Instalación, modificación o desmantelamiento de estructuras

- No se podrán erigir estructuras (letreros o indicadores de límites, por ejemplo) ni instalar equipo científico en la Zona, salvo para las actividades científicas o de gestión indispensables y durante el plazo de validez preestablecido que se especifique en el permiso.
- Todos los marcadores, estructuras o equipos científicos instalados en la Zona deben estar claramente identificados, indicando el país al que pertenecen, el nombre del investigador principal u organismo investigador, el año de instalación y la fecha prevista para su desmantelamiento.
- Todos estos elementos deberían estar libres de organismos, propágulos (por ejemplo semillas y huevos) y de suelo no estéril, y deberían estar confeccionados con materiales que soporten las condiciones ambientales y que representen el mínimo riesgo posible de contaminación de la Zona.
- El desmantelamiento de estructuras o equipos específicos cuyos permisos hayan expirado será responsabilidad de la autoridad que haya expedido el permiso original y debe ser una condición para el otorgamiento del permiso.

7(v) Ubicación de los campamentos

Si es necesario podrán emplazarse campamentos para las actividades científicas o de gestión autorizadas. El lugar para acampar debería seleccionarse de forma tal que reduzca al mínimo la perturbación de la vida silvestre, y se debería tener cuidado de sujetar bien todo el equipo.

7(vi) Restricciones relativas a los materiales y organismos que puedan introducirse en la Zona

- No se permitirá la introducción deliberada de animales, material vegetal, microorganismos y suelos no estériles a la Zona. Deben tomarse precauciones a fin de evitar la introducción accidental de animales, material vegetal, microorganismos y suelos no estériles provenientes de una región con características biológicas distintas (dentro de la Antártida o fuera del área comprendida en el Tratado Antártico).
- Todo el equipo de muestreo, el calzado, la ropa exterior, las mochilas y demás equipos que se usen o se lleven a la Zona deberán limpiarse minuciosamente antes de entrar en la Zona. Se recomienda cepillar el calzado con una solución desinfectante antes de cada desembarco.
- No se podrán llevar productos avícolas a la Zona, incluidos los alimentos que contengan huevos desecados sin cocinar.
- No se podrán llevar plaguicidas a la Zona. Cualquier otro producto químico que se introduzca con fines científicos indispensables, de gestión o de seguridad especificados en el permiso deberá retirarse de la Zona a más tardar cuando concluya la actividad para la cual se haya expedido el permiso.
- No se podrán almacenar alimentos, combustible u otros materiales en la Zona, a menos que sean necesarios para fines indispensables relacionados con la actividad para la cual se haya expedido el permiso. Todos los materiales introducidos deberán retirarse cuando ya no se necesiten. No se permiten los depósitos permanentes.
- Se deberían llevar materiales para responder en casos de derrames que sean apropiados para la cantidad de combustibles o de otros líquidos peligrosos que se lleven a la Zona. Todo

derrame deberá limpiarse de inmediato, siempre que la respuesta tenga un impacto ambiental menor que el derrame en sí.

7(vii) Toma de, o intromisión perjudicial sobre flora y fauna

- Están prohibidas la toma de flora y fauna autóctonas o su intromisión perjudicial, salvo en conformidad con un permiso expedido de acuerdo con el Anexo II del Protocolo al Tratado Antártico sobre Protección del Medio Ambiente. En caso de toma de animales o intromisión perjudicial, se deberá usar como norma mínima el Código de conducta del SCAR para el uso de animales con fines científicos en la Antártida.

7(viii) Recolección o traslado de materiales que no hayan sido llevados a la Zona por el titular del permiso

- Se podrá recoger o retirar material de la Zona únicamente de conformidad con un permiso, y dicho material deberá limitarse al mínimo necesario para fines de índole científica o de gestión. No se concederán permisos si existe una preocupación razonable en cuanto a que el muestreo propuesto pudiera tomar, eliminar o dañar cantidades tales de suelo, sedimento, microbiota, flora o fauna de forma tal que se vean seriamente afectada su distribución o abundancia en la Zona.
- Todo material de origen humano que pueda comprometer los valores de la Zona y que no haya sido llevado a la Zona por el titular del permiso o que no esté comprendido en otro tipo de autorización, podrá ser retirado salvo que el impacto de su extracción pueda ser mayor que el efecto de dejar el material *in situ*. En tal caso se deberá notificar a las autoridades pertinentes.

7(ix) Eliminación de desechos

- Deberán retirarse de la Zona todos los residuos, incluidos todos los residuos de origen humano.

7(x) Medidas que puedan requerirse para garantizar el continuo cumplimiento de los objetivos y las finalidades del Plan de Gestión

Se pueden otorgar permisos de ingreso a la Zona con el fin de:

- llevar a cabo actividades de inspección y control de la Zona, las cuales pueden implicar la recolección de una cantidad pequeña de muestras o de información para su análisis o examen;
- levantar o mantener postes indicadores, estructuras o equipos científicos;
- o para otros fines de gestión.

7(xi) Requisitos relativos a los informes

El titular principal del permiso presentará a la autoridad nacional correspondiente un informe de cada visita a la Zona, en cuanto sea posible, y antes de los seis meses posteriores a la finalización de la visita. Estos informes de visita deberían incluir, según corresponda, la información identificada en el formulario de informes de visita, contenido en el Apéndice 2 de la Guía para la Preparación de Planes de gestión para las Zonas Antárticas Especialmente Protegidas, anexo a la Resolución 2 (2011), disponible en el sitio Web de la Secretaría del Tratado Antártico, (www.ats.aq).

Si procede, la autoridad nacional también debería enviar una copia del informe de visitas a la Parte que haya propuesto el Plan de Gestión, a fin de ayudar en la administración de la Zona y en la revisión del Plan de Gestión.

Los datos actuales disponibles sobre la Zona son muy limitados. Por lo tanto, Nueva Zelandia, la Parte responsable de la revisión del presente Plan de Gestión, agradecería que se le proporcionaran copias de datos e imágenes que puedan facilitar la gestión futura de la Zona.

8. Documentación de apoyo

Bradford-Grieve, Janet and Frenwick, Graham. Noviembre de 2001. *A Review of the current knowledge describing the biodiversity of the Balleny Islands: Final Research Report for Ministry of Fisheries Research Projects ZBD2000/01 Objective 1 (in part).* NIWA, Nueva Zelandia.

De Lange W., Bell R. 1998. Tsunami risk from the southern flank: Balleny Islands earthquake. *Water and atmosphere.* 6(3), págs. 13 a 15.

Macdonald, J.A., Barton, Kerry J., Metcalf, Peter. 2002. Chinstrap penguins (*Pygoscelis antarctica*) nesting on Sabrina Islet, Balleny Islands, Antarctica. *Polar Biology* 25:443-447

Robertson, CJR, Gilbert, JR, Erickson, AW. 1980. Birds and Seals of the Balleny Islands, Antarctica. *National Museum of New Zealand Reconds* 1(16).pp271-279

Sharp, Ben R. 2006. *Preliminary report from New Zealand research voyages to the Balleny Islands in the Ross Sea region, Antarctica, during January-March 2006.* Ministerio de Pesca, Wellington, Nueva Zelandia.

Smith, Franz. 2006. *Form 3: Format and Content of Voyage Reports: Balleny Islands Ecology Research Voyage.*

Varian, SJ. 2005. *A summary of the values of the Balleny Islands, Antarctica.* Ministerio de Pesca, Wellington (Nueva Zelandia).

Apéndice1

Cuadro 1. Especies de aves encontradas en las islas Balleny

Este cuadro presenta una lista de los avistamientos indicados en informes de expediciones y en publicaciones científicas. La situación de las especies indicadas como reproductoras ha sido confirmada en expediciones recientes (es decir, a partir de 2000); las especies marcadas con una S se reproducen en la misma isla Sabrina.

Nombre común	Especie	Reproductora
Pingüino Adelia	*Pygoscelis adeliae*	✓ S
Fulmar antártico	*Fulmarus glacialoides*	✓
Petrel antártico	*Thalassoica antarctica*	✓
Prion antártico	*Pachyptila desolata*	
Gaviotín ártico	*Sterna paradisea*	
Albatros ceja negra	*Diomedea melanophrys*	
Petrel damero	*Daption capense*	✓ S
Pingüino de barbijo	*Pygoscelis antarctica*	✓ S
Albatros cabeza gris	*Diomedea chrysostoma*	
Albatros manto claro	*Phoebetria palpebrata*	
Pingüino macaroni	*Eudyptes chrysolphus*	
Petrel de las nieves	*Pagodroma nivea*	✓
Pardela oscura	*Puffinus griseus*	
Petrel gigante común	*Macronectes giganteus*	
Skúa polar	*Catharacta maccormicki*	
Skúa parda	*Catharacta antarctica subsp lonnbergi*	
Albatros errante	*Diomedea exulans*	
Petrel de mentón blanco	*Procellaria aequinoctialis*	
Petrel de Wilson	*Oceanites oceanicus*	

Cuadro 2. Especies de focas encontradas en las islas Balleny

Este cuadro presenta una lista de los avistamientos indicados en informes de expediciones y en publicaciones científicas. No se ha confirmado la reproducción de ninguna de estas especies.

Nombre común	Especie
Foca cangrejera	*Lobodon carcinophagus*
Elefante marino	*Mirounga leonine*
Foca leopardo	*Hydrurga leptonyx*
Foca de Weddell	*Leptonychotes weddellii*

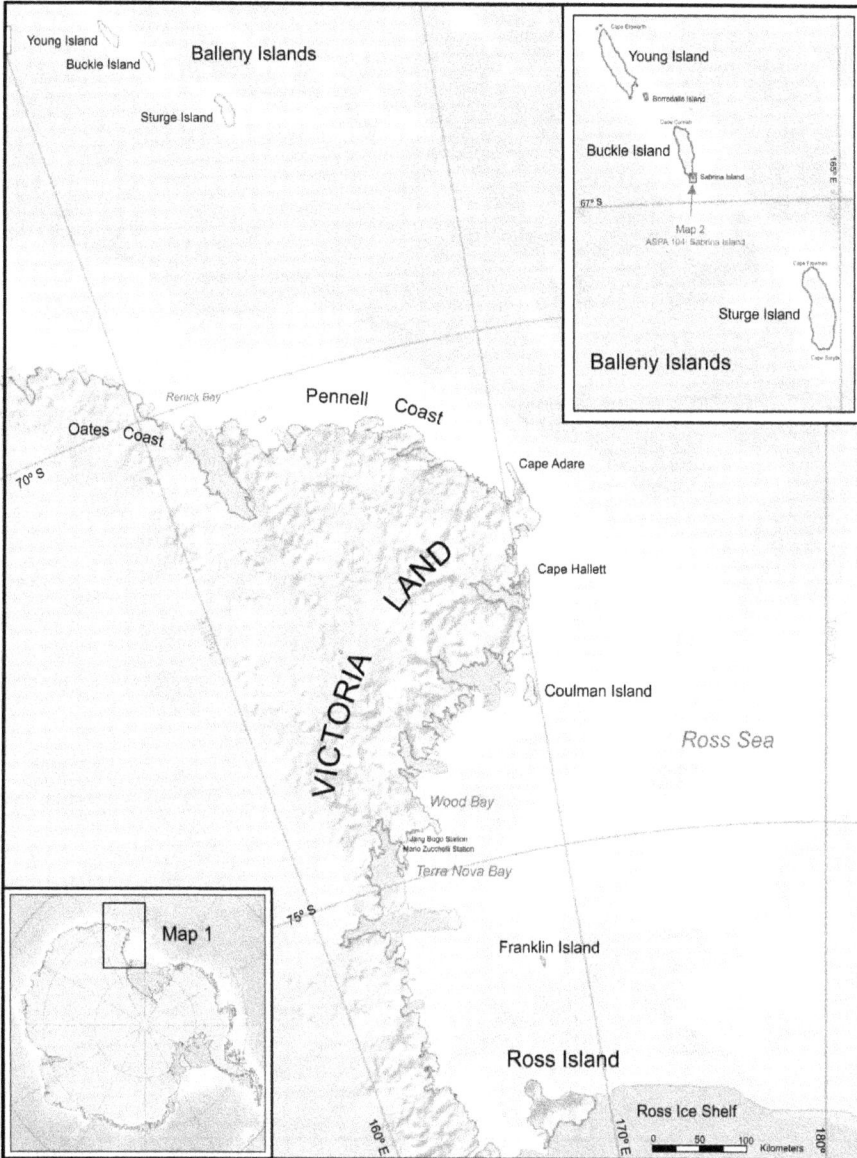

Balleny Islands

Young Island
Buckle Island
Sturge Island

Young Island

Cape Ellsworth

Borradaile Island

Cape Cornish

Buckle Island

Sabrina Island

67° S

Map 2
ASPA 104: Sabrina Island

160° E

Sturge Island

Cape Freeman

Cape Smyth

Balleny Islands

Rennick Bay
Pennell Coast
Oates Coast
70° S

Cape Adare

Cape Hallett

VICTORIA LAND

Coulman Island

Ross Sea

Wood Bay

Jang Bogo Station
Mario Zucchelli Station

Terra Nova Bay

Map 1

75° S

Franklin Island

Ross Island

Ross Ice Shelf

160° E

170° E

180°

0   50   100   Kilometers

Map Information
Source: SCAR Antarctic Digital Database
Version 6.0 Year 2012
Projection: Antarctic Polar Stereographic
Datum: WGS84

True north is coincident with the lines of longitude

Map 1 - ASPA 104: Sabrina Island
Balleny Islands, Antarctica.

Regional Map

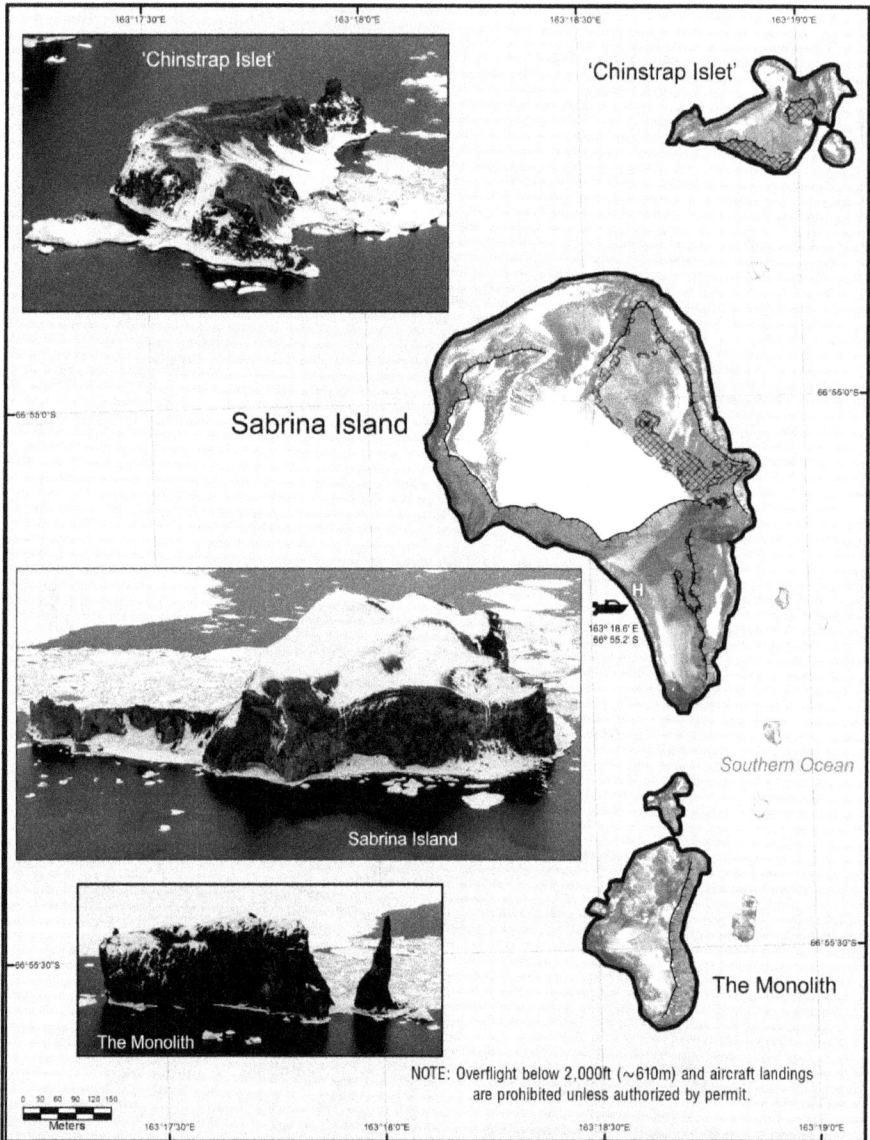

Map 2 - ASPA 104: Sabrina Island
Balleny Islands, Antarctica.

Boundary, Access and Features

Plan de Gestión para la
Zona Antártica Especialmente Protegida N° 105
ISLA BEAUFORT, BAHÍA MCMURDO, MAR DE ROSS

1. Descripción de los valores que requieren protección.

La isla Beaufort fue designada originalmente Zona Especialmente Protegida N° 5 mediante la Recomendación IV–5 (1966) debido a que "tiene una avifauna abundante y variada, es uno de los lugares de reproducción más importantes de la región y debería protegerse para preservar el sistema ecológico natural como zona de referencia". De conformidad con la Decisión 1 (2002), se cambió la designación de la Zona, que pasó a ser la Zona Antártica Especialmente Protegida (ZAEP) N° 105, y se aprobó un Plan de Gestión revisado a través de la Medida 2 (2003) y la Medida 4 (2010). La Zona es una isla en donde ha habido relativamente poca actividad humana, reservada principalmente para proteger los valores ecológicos del sitio evitando la interferencia humana.

La isla Beaufort es el accidente geográfico más septentrional del archipiélago Ross. Está aproximadamente a 30 kilómetros al norte del cabo Bird, isla Ross. Forma parte del borde de un cono volcánico, el resto del cual desapareció debido a la erosión y ahora está sumergido al este de la isla. La isla y el resto de la caldera sumergida bloquean la deriva del pack de hielo y los témpanos que se desprenden de la cercana barrera de hielo Ross principalmente hacia el oeste. Los témpanos quedan varados en estos picos, lo cual, a su vez, facilita el crecimiento de hielo fijo. La isla Beaufort es predominantemente rocosa, pero algunas partes están cubiertas de hielo y nieve. En el lado sudoeste de la isla hay una plataforma ancha, libre de hielo, con terrazas costeras detrás de las cuales se forman lagunas de verano alimentadas por pequeños arroyos de deshielo que desaguan en la costa. Gran parte del lado oeste y norte de la isla está cubierta de campos de hielo en pendiente (a un ángulo de 12° a 15°), pero el hielo ha estado retrocediendo en los últimos años. En el extremo norte de la isla hay un área plana extensa, de menos de 50 m de elevación, donde el casquete glacial de la isla drena en una playa de rocas grandes, bordeando esa parte de la costa. El lado oriental de la isla consiste en acantilados casi verticales que dan al centro de la caldera.

La avifauna es la más variada del sur del mar de Ross. En la plataforma ancha del sudoeste de la isla hay una gran colonia de pingüinos de Adelia (*Pygoscelis adeliae*), y una subcolonia nueva, más pequeña, que se formó en 1995, en la playa de la costa noroeste. La colonia de pingüinos de Adelia tiene 45 000 años de antigüedad. Hay una colonia reproductora de pingüinos emperador (*Aptenodytes forsteri*) en distintos lugares del hielo fijo del norte y el este de la isla, donde los témpanos varados facilitan el establecimiento de hielo fijo. Hay una colonia de skúas polares (*Catharacta maccormicki*) en la costa norte y la costa sur, y se han avistado petreles de las nieves (*Pagodroma nivea*) anidando en cavidades de los acantilados del sur de la isla. Se han extendido los límites de la Zona, que antes no incluían la colonia de pingüinos emperador, a fin de incluir el hielo fijo que podrían ocupar las aves reproductoras. En el hielo fijo junto a los témpanos varados hay focas de Weddell (*Leptonychotes weddellii*), que tienen allí sus crías, y en las proximidades hay focas leopardo (*Hydruga leptonyx*) y orcas del mar de Ross (tipo C), aunque se ven también orcas de la forma conocida como tipo B. Los peces atraen a las orcas del mar de Ross, y los pingüinos y las focas atraen a las focas leopardo y a las orcas tipo B. En las aguas circundantes se han avistado también focas cangrejeras (*Lobodon carcinophagus*), ballenas minke (*Balaenoptera acutorostrata*) y zifios de Arnoux (*Berardius arnuxii*).

La isla Beaufort se encuentra en el Dominio S (McMurdo - geológico de Tierra de Victoria Meridional) de acuerdo al Análisis de Dominios Ambientales para la Antártida (Resolución 3 [2008]) y en la Región 9 (Tierra de Victoria Meridional) conforme a las Regiones Biogeográficas de Conservación Antártica (Resolución 6 [2012]). Otras áreas protegidas dentro del Dominio S son las ZAEP 116, 121, 122, 123, 124, 131, 137, 138, 154, 155, 156, 157, 158, 161, 172 y 175 y la ZAEA 2.

Las aguas abiertas y el hielo permanente alrededor de la isla durante las primeras fases de la estación estival hacen que el acceso sea difícil, por lo que se sabe que la mayor parte del área ha sido visitada esporádicamente. Fuera de los pingüinos, la isla Beaufort no ha sido objeto de un estudio integral y en gran medida no ha sido perturbada por la actividad humana. Sin embargo, recientemente se ha observado un retroceso de los campos de nieve y hielo. Los valores estéticos, ecológicos y científicos resultantes del aislamiento y del impacto relativamente pequeño de la actividad humana son razones importantes para conferir protección especial a la isla Beaufort.

2. Finalidades y objetivos

La finalidad del presente Plan de Gestión es proteger la Zona y sus características a fin de preservar sus valores. Los objetivos del Plan de Gestión son los siguientes:

- evitar la degradación de, o el riesgo importante para, los valores de la Zona impidiendo en ella toda interferencia humana innecesaria;
- conservar el ecosistema natural como zona de referencia que en gran medida no ha sido perturbada directamente por las actividades humanas;
- permitir las investigaciones científicas del ecosistema natural, las comunidades vegetales, la avifauna, las comunidades de invertebrados y los suelos, siempre que sea por razones indispensables y que no puedan realizarse en otro lugar;
- reducir al mínimo las perturbaciones de dichas comunidades causadas por los seres humanos evitando el muestreo excesivo;
- prevenir o reducir al mínimo la posibilidad de introducción de plantas, animales y microbios no autóctonos en la Zona;
- permitir visitas con fines de gestión para cumplir los objetivos del Plan de Gestión.

3. Actividades de gestión

Para proteger los valores de la Zona se llevarán a cabo las siguientes actividades de gestión:

- Se dispondrá de copias de este Plan de Gestión (que establezcan las restricciones especiales que aplican), junto con mapas de la Zona, en las estaciones científicas y de investigación operacionales adyacentes.
- Los señalizadores, carteles o estructuras instalados en la Zona con fines científicos o de gestión deberán estar bien sujetos y en buen estado, y deberán ser retirados cuando ya no sean necesarios.
- Se realizarán las visitas que sean necesarias para determinar si la Zona continúa sirviendo a los fines para los cuales fue designada, y para cerciorarse de que las medidas de gestión y mantenimiento sean apropiadas.
- Los Programas Antárticos Nacionales que operen en la región deberán realizar consultas entre ellos a fin de cerciorarse de que se realicen las actividades de gestión antedichas.

4. Período de designación

Designación con período de vigencia indefinida.

5. Mapas y fotografías

Mapa A: mapa topográfico de la isla Beaufort. Este mapa se elaboró a partir de la ortofotografía utilizada en los mapas B y C, con las especificaciones de dichos mapas. Recuadro: bahía McMurdo, con la isla Ross y la ubicación de la estación McMurdo (Estados Unidos) y de la base Scott (Nueva Zelandia).

Mapa B: ortofotografía norte de la isla Beaufort. Especificaciones ortofotográficas; proyección: cónica conforme de Lambert; primer paralelo estándar: 76.6°S; segundo paralelo estándar: 79.3°S; nivel de referencia: WGS84; incluye material (c) METI y NASA 2006.

Mapa C: ortofotografía sur de la isla Beaufort. Las especificaciones de la ortofotografía son las mismas del mapa B.

6. Descripción de la Zona

6(i) Coordenadas geográficas, indicadores de límites y características naturales
La Zona designada abarca la totalidad de la isla Beaufort (76°56' S, 166°56' E) por encima de la línea media de pleamar e incluye el hielo fijo contiguo ocupado por pingüinos emperador reproductores (mapa A). Las coordenadas son las siguientes:

- desde la costa norte de la isla Beaufort, a 76 ° 55' 44" S, 166° 52' 42" E, hacia el norte, hasta los 76° 55' 30" S, 166° 52' 49" E;
- desde los 76° 55' 30" S, 166° 52' 49" E hacia el este, hasta los 76° 55' 30" S, 167° 00' E;
- desde los 76° 55' 30" S, 167° 00' E, hacia el sur, a lo largo del paralelo de 167° de longitud, hasta la intersección con la costa de la isla Beaufort a 76° 55' 30"S, 167° E (mapa A).

La isla forma parte de las chimeneas volcánicas de fines del período terciario que se formaron en serie a lo largo de una línea de debilidad en el lecho del mar de Ross. La isla consiste en los restos de un cono basáltico de la última era interglacial, aproximadamente, y es una parte de la caldera. Más de tres cuartas partes del cono consisten ahora en una serie circular de picos sumergidos en el este de la isla Beaufort. Estos picos sumergidos, junto con la isla, bloquean la deriva predominantemente hacia el oeste del pack de hielo y ocasionan el varamiento de témpanos, lo cual, a su vez, posibilita el establecimiento de hielo fijo en esta zona. En este hielo fijo se reproducen pingüinos emperador. La ubicación de la colonia reproductora varía según la distribución del hielo fijo. Por lo tanto, se ha extendido el límite de la zona protegida a fin de dar cabida a la ubicación de la colonia en cualquier temporada.

Las características geológicas de la isla son típicas de un complejo basáltico erosionado de origen subaéreo. Pueden verse corrientes de lava y tobas y brechas de explosión. Muchas de las rocas volcánicas presentan intrusiones de diques basálticos tardíos y hay indicios de tobas de ceniza estratificadas y flujos soldados de salpicaduras provenientes de conos locales subsidiarios de cenizas y de hornitos. La isla tiene unos 7 km de largo y 3,2 km de ancho, con una elevación máxima de 771 m en el pico Paton. El lado oeste y noroeste de la isla es predominantemente un campo de hielo con acantilados de hielo a lo largo del borde noroeste, de unos 20 m, sobre la costa, mientras que en los lados este y sur de la isla, libres de hielo en su mayor parte, hay acantilados inaccesibles, casi verticales, que se elevan directamente desde el mar. En la costa sudoeste está la playa Cadwalader, que comprende una playa y una flecha litoral en forma de cúspide, detrás de los cuales se elevan acantilados basálticos escarpados y numerosos conos de deyección. En la playa, una serie de bermas, generalmente ocupadas por pingüinos de Adelia reproductores, dan lugar a lagunas de agua de deshielo y son indicadoras del avance temporal de la playa desde los acantilados debido al levantamiento isostático. En el lado norte de la isla hay una serie de terrazas costeras; en algunas hay rastros (plumas y guano) de una antigua ocupación (de hace 45 000 años) por pingüinos, al parecer sustancial. Al pie de los acantilados del sur, que están muy erosionados, hay plataformas submareales (de abrasión) y grandes rocas. Los acantilados del este caen a pico al mar. La isla Beaufort es relativamente inaccesible por mar, excepto por la costa sur y la costa norte, debido a los acantilados escarpados de la isla, los picos sumergidos y los témpanos varados, por lo que los buques se mantienen a una distancia prudente. En vista del aislamiento de la isla Beaufort y debido a que se navega poco en la región, no se han instalado indicadores de límites ni carteles para marcar la Zona. En cada examen del Plan de Gestión habrá que volver a determinar si resulta necesario instalar indicadores.

En la isla Beaufort hay una colonia principal de pingüinos de Adelia y una subcolonia formada recientemente. La colonia principal, de 70 468 parejas reproductoras (2013/2014), ocupa la parte plana de la playa Cadwalader (mapas A y C). Entre 1981 y 2000 se produjo una tendencia general a la baja en la cantidad de parejas reproductoras en la colonia principal, seguida de una tendencia al alza desde 2001 a 2012. El de 2013/2014 es el conteo de parejas reproductoras más alto registrado en este sitio desde que se comenzó con los conteos en 1981, llegando casi a duplicar el promedio de 30 años (39 391 parejas reproductoras) para este sitio (Lyver et al., 2014). En 1995 se estableció una subcolonia en el extremo occidental de la playa libre de hielo de la costa norte (76° 55' S, 166° 52'E), formada por dos parejas con tres polluelos y entre 10 y 15 aves no reproductoras. La subcolonia ha continuado creciendo, con 525 parejas reproductoras durante la temporada de reproducción 2005-2006, 677 parejas reproductoras durante la temporada 2008-2009 y 989 parejas reproductoras en la temporada 2013/2014. Desde 1996, los científicos de los programas de Estados Unidos y Nueva Zelandia han anillado una muestra de 400 pingüinos de Adelia próximos a concluir su primera muda en la zona de la playa Cadwalader. En la colonia ahora viven algunos cientos de adultos anillados que sobrevivieron la etapa juvenil. Se han avistado pingüinos anillados en el cabo Royds, el cabo Bird y el cabo Crozier, especialmente en la subcolonia de la playa septentrional. No hace mucho tiempo, numerosos pingüinos emigraban desde la isla Beaufort a las colonias de la isla Ross, pero eso ya no ocurre debido al retroceso de los campos de hielo y la mayor disponibilidad de espacio para anidar. Más arriba de la playa, una terraza costera de morrena con núcleo de hielo (de 5 a 20 m de altura y de 2 a 3 metros de ancho en la mayor parte de su extensión, pero ensanchándose hasta 50 metros en el extremo este) se extiende 550 m antes de elevarse más abruptamente hacia los acantilados basálticos inestables que persisten a lo largo de todo el lado oriental de la isla. Se encontraron por lo menos tres depósitos subfósiles de colonias de pingüinos en la terraza de morrena; cada capa está separada verticalmente por unos 50 a 100 cm de grava y arena, lo cual parece indicar que una colonia considerable de pingüinos reproductores ocupó esta parte de la isla.

En el talud detrítico escarpado que se acumula debajo de los acantilados que se elevan detrás de la colonia de pingüinos de Adelia, en la playa Cadwalader, anidan skúas polares (alrededor de 150 parejas, aunque no se sabe con exactitud). Otra población de aproximadamente 50 parejas de skúas (contadas en 1995) se reproduce en la terraza y en las pendientes libres de hielo de la costa norte. Se desconoce la proporción de aves reproductoras en relación con las no reproductoras en esta población, pero en enero de 1995 y 1997 se contaron alrededor de 25 y 50 polluelos, respectivamente. Se han observado también varios petreles de las nieves en los acantilados, por encima de la colonia de pingüinos de Adelia, en la playa Cadwalader.

Todos los años, de abril a enero, aproximadamente, se presenta en el hielo fijo que se extiende desde la costa norte y la costa este de la isla Beaufort, una colonia pequeña de pingüinos emperador (de 1962 a 2012 se contaron entre 131 y 2038 polluelos vivos; y en 2012 se contaron 812 adultos mediante fotografías aéreas). Los recuentos de polluelos representan mínimamente el número de parejas reproductoras. Los conteos de polluelos en la isla Beaufort arrojaron cantidades menores entre 2000 y 2004, cuando el témpano gigante B15A colisionó con la lengua noroeste de la barrera de hielo Ross en cabo Crozier, isla Ross (Kooyman et al., 2007).

Entre 2000 y 2012 los conteos de polluelos y adultos fueron variables. El tamaño de la colonia está limitado por la extensión y el estado del hielo fijo, que influyen en la disponibilidad de sitios de reproducción a sotavento en las pendientes septentrionales de la isla Beaufort. La ubicación precisa de la colonia varía de un año a otro, e incluso durante la temporada de reproducción, pero en general el área ocupada está en el hielo fijo, al pie de los acantilados frente a la esquina nordeste de la isla, tal como se indica en los mapas A y B. Un mayor coeficiente de variación de la abundancia de polluelos en esta pequeña colonia parece indicar que ocupa un hábitat marginal, y que podría ser susceptible a cambios ambientales.

En la terraza de morrenas con núcleo de hielo que está más arriba de la playa en el extremo norte de la isla (mapas A y B) hay vegetación. Es poco lo que puede crecer en la capa gruesa de guano que cubre la playa Cadwalader, y el resto de la isla consiste en acantilados o está cubierta de hielo. En visitas realizadas en enero de 1995 y 1997 se describió un área con vegetación, de 50 metros de ancho, situada entre 5 y 7 metros más arriba de la playa, en el lado norte de la isla, que consistía en un área extensa continua (de alrededor de 2,5 ha) con una sola especie de musgo, *Bryum argenteum*. Entre el *B. argenteum* se encuentra también otra especie de musgo, *Hennediella heimii*. Se sabe que en la comunidad de musgos hay poblaciones importantes de ácaros y colémbolos. Aunque no se ha hecho un estudio detallado de los invertebrados, se ha observado una gran abundancia de *Gomphiocephalus hodgsoni* (colémbolos) y *Stereotydeus mollis* (ácaros) en muestras de musgo tomadas de la isla Beaufort. En análisis genéticos recientes de estas poblaciones se han encontrado haplotipos genéticos de ADN mitocondrial en la isla Beaufort que no se han encontrado en otras poblaciones de invertebrados de la región del mar de Ross.

En este sitio hay una comunidad diversa de algas, que también son prolíficas en la plataforma de la costa meridional. Aunque todavía no se ha hecho un estudio detallado de las algas, se han encontrado varias especies, entre ellas algas de nieve de color rojo *Chlamydomonas sp.*, *Chloromonas sp.* y *Chlamydomonas nivalis*. Este lugar es uno de los más septentrionales donde se han observado algas de nieve de color rojo, y la *Prasiola crispa* es especialmente abundante en el sitio de la playa del norte. Se encontraron varias clorofitas y xantofitas unicelulares (entre ellas especies de *Botrydiopsis* y *Pseudococcomyxa*) y cianobacterias (en particular oscilatorias) mezcladas con *P. crispa*. Las algas de nieve de color verde, que aparecen como una franja verde en los niveles inferiores de los bancos de nieve situados más arriba de la playa y debajo de los acantilados de hielo, comprendían una mezcla de especies de *Chloromonas* y *Klebsormidium*.

6 (ii) Áreas restringidas dentro de la Zona
Ninguna.

6(iii) Estructuras situadas dentro de la Zona y en sus proximidades

La única estructura que se conoce en la isla es un poste sobre una roca prominente en la colonia de pingüinos de Adelia de la playa Cadwalader (mapas A y C). Este poste, erigido en 1959-1960, lleva el nombre y los pueblos de origen de los marineros y el capitán del HMNZS *Endeavour.* El poste, instalado en una base de concreto, se encontraba en buen estado en noviembre de 2008. Podría tener valor histórico y debería permanecer *in situ* a menos que haya razones indispensables para retirarlo, lo cual debería mantenerse bajo revisión.

En el mapa de la isla elaborado en 1960 se muestra una estación de investigación astronómica, pero se desconoce si existe algún indicador permanente. Según los registros, la estación está en el extremo sur de la principal cresta divisoria de la isla, a una altura de 549 m (mapa C).

6(iv) Ubicación de otras zonas protegidas en las cercanías
La zona protegida más cercana a la isla Beaufort es el valle New College, playa Caughley, cabo Bird (ZAEP 116), situada aproximadamente a 30 km al sur, en el cabo Bird, isla Ross. El cabo Royds y la bahía Backdoor (ZAEP 121 y 157) están a otros 35 km al sur, en la isla Ross. El cabo Crozier (ZAEP 124) está alrededor de 40 km hacia el este (véase el recuadro: mapa A).

7. Condiciones para la expedición de permisos

Se prohíbe el ingreso en la Zona excepto con un permiso expedido por una autoridad nacional pertinente. Las condiciones para la emisión de un permiso de ingreso a la zona incluyen:
- que el permiso se expida solamente con fines de gestión esenciales o por razones científicas indispensables que no puedan atenderse en otro lugar;
- que las acciones permitidas no pongan en riesgo los valores ecológicos o científicos de la Zona;
- que todas las actividades de gestión estén orientadas al cumplimiento de los objetivos del Plan de Gestión;
- que las acciones permitidas sean compatibles con este Plan de Gestión;
- que el permiso, o una copia de éste, se lleve consigo dentro de la Zona;
- que se presente un informe de la visita a las autoridades indicadas en el permiso;
- que los permisos se expidan por un período determinado.

7 (i) Acceso a la Zona y desplazamientos en su interior
Se prohíbe el uso de vehículos terrestres en la Zona; el acceso a la misma se hará mediante lancha o aeronaves. Las aeronaves deben aterrizar únicamente en el lugar designado de la isla (166° 52' 31" E, 76° 55' 49" S: mapas A y B) en el gran pie plano de hielo que está en el extremo norte de la isla. Si no se puede aterrizar sin peligro en el lugar designado debido al estado de la nieve en el momento de la visita, se puede usar otro lugar de aterrizaje apropiado para mediados o fines de la temporada en el lugar para acampar que está en el extremo oeste de la playa norte de la isla Beaufort. Es preferible que las aeronaves se aproximen al lugar de aterrizaje y salgan desde el sur o desde el oeste (mapa A). Cuando sea necesario utilizar el lugar alternativo de aterrizaje del campamento de la playa norte, por razones prácticas podría ser necesario aproximarse desde el norte. En ese caso, la aeronave debe tratar de no sobrevolar la zona situada al este de este lugar, que está indicada en los mapas A y B. Se prohíbe el uso de granadas de humo al aterrizar dentro de la Zona, salvo que sea absolutamente necesario por razones de seguridad, en cuyo caso se deberán recuperar todas las granadas. No hay restricciones especiales con respecto a los lugares de acceso a la isla en lancha. Se prohíbe que los pilotos, la tripulación de aeronaves o embarcaciones, o cualquier otra persona que se encuentre en las mismas se alejen a pie de las inmediaciones de los sitios designados para aterrizar y para desembarcar, salvo que cuenten con un permiso.

Normalmente se prohíbe sobrevolar las áreas de reproducción de aves a menos de 750 m (2500 pies) de altura. Las áreas a las que se aplican estas restricciones especiales están indicadas en los mapas A y B. Cuando sea necesario por motivos científicos o de gestión (por ejemplo, fotografías aéreas para determinar el tamaño de la colonia), se permitirá sobrevolar transitoriamente estas áreas a una altitud mínima de 300 m (1000 pies). Estos sobrevuelos deben estar autorizados específicamente en un permiso.

Los visitantes deben tratar de no perturbar innecesariamente a las aves y de no caminar sobre la vegetación visible. La circulación de peatones debería limitarse al mínimo necesario para alcanzar los objetivos de las actividades autorizadas, y se debería hacer todo lo posible para reducir al mínimo los efectos.

7(ii) Actividades que se llevan a cabo o que se pueden llevar a cabo dentro de la Zona y restricciones con respecto del momento y el lugar
- Investigaciones científicas indispensables que no puedan realizarse en otro lugar y que no pongan en peligro al ecosistema de la Zona.
- Actividades indispensables de gestión, incluidas las de vigilancia.

7(iii) Instalación, modificación o desmantelamiento de estructuras
No se podrán erigir estructuras ni instalar equipo científico en la Zona excepto por lo que se especifique en un permiso. Todos los señalizadores, las estructuras y el equipo científico que se instalen en la Zona deberán estar autorizados en un permiso y llevar claramente el nombre del país, el nombre del investigador principal y el año de instalación. Todos estos artículos deberían estar confeccionados con materiales que presenten un riesgo mínimo de contaminación de la Zona. El retiro de todo el equipo específico cuyo permiso haya vencido será una condición para el otorgamiento del permiso.

7(iv) Ubicación de los campamentos
Se permite acampar solamente en dos sitios designados (mapas A y C). El campamento norte está ubicado en la zona plana al norte del lugar de aterrizaje, en un lugar más protegido del extremo noroeste de la playa, a 200 m de donde anidan varias parejas de pingüinos de Adelia y de skúas (si estuvieran presentes). El segundo sitio está a 100 m del borde norte de la gran colonia de pingüinos de Adelia en la playa Cadwalader.

7(v) Restricciones relativas a los materiales y organismos que puedan introducirse en la Zona
No se deben introducir deliberadamente animales, material de plantas o microorganismos en la Zona, y deberán tomarse las precauciones indicadas en la sección 7(ix) para evitar introducciones accidentales. No se deben introducir a la Zona herbicidas ni pesticidas. Cualquier otro producto químico, como por ejemplo, radionucleidos o isótopos estables, que pueda introducirse con fines científicos o de gestión especificados en el Permiso, debe ser retirado de la Zona al concluir la actividad para la que se concedió el Permiso, o antes. No se podrá almacenar combustible en la Zona, a menos que sea necesario para fines indispensables relacionados con la actividad para la cual se haya expedido el permiso. Todos los materiales introducidos podrán permanecer en la Zona durante un período determinado, deberán ser retirados a más tardar cuando concluya dicho período y deberán almacenarse y manipularse con métodos que reduzcan al mínimo el riesgo de introducción en el medio ambiente.

7(vi) Toma de, o intromisión perjudicial sobre flora y fauna autóctonas

Se prohíbe la toma de ejemplares de la flora o la fauna autóctonas y la intromisión perjudicial sobre ellas, excepto con un permiso expedido de conformidad con el artículo 3 del Anexo II por la autoridad nacional pertinente específicamente con ese fin. En caso de toma o intromisión perjudicial con animales, esto debería hacerse, como norma mínima, de conformidad con el *Código de Conducta del SCAR para el Uso de Animales con Fines Científicos en la Antártida*.

7(vii) Toma o traslado de cualquier cosa que el titular del permiso no haya llevado a la Zona
Se podrá recolectar o retirar material de la Zona únicamente de conformidad con un permiso, y dicho material debería limitarse al mínimo necesario para fines de índole científica o de gestión. Cualquier material de origen humano, susceptible de comprometer los valores de la zona, que no haya sido llevado a la misma por el titular del permiso o autorizado de otra manera, puede ser retirado a menos que el impacto de su retiro pueda ser mayor que el de dejar el material en el lugar. En tal caso se debería notificar a las autoridades nacionales pertinentes.

7(viii) Eliminación de desechos
Deberán retirarse de la Zona todos los residuos, incluidos todos los residuos de origen humano.

7(ix) Medidas necesarias para que se puedan seguir cumpliendo los objetivos y las finalidades del Plan de Gestión
Se podrán conceder permisos para ingresar en la Zona a fin de realizar actividades de monitoreo biológico e inspección del sitio que abarquen la recolección de pequeñas muestras para análisis, estudios o medidas de protección.

Todos los sitios donde se lleven a cabo actividades de monitoreo a largo plazo deberán estar debidamente demarcados.

A fin de mantener los valores ecológicos y científicos resultantes del aislamiento y el impacto históricamente pequeño de los seres humanos en la isla Beaufort, los visitantes deberán tomar precauciones especiales para evitar la introducción de especies no autóctonas. Causa especial preocupación la introducción de microbios o plantas provenientes de suelos de otros sitios antárticos, incluidas las estaciones, o de regiones fuera de la Antártica. A fin de reducir al mínimo el riesgo de introducción de especies no autóctonas, los visitantes deberán tomar las medidas siguientes:

a) Todo el equipo de muestreo y los señalizadores que se lleven a la Zona deberán esterilizarse y, en la mayor medida de lo posible, mantenerse en estado estéril antes de utilizarlos en la Zona. En la mayor medida de lo posible, el calzado y demás equipo que se use en la Zona o se lleve allí (incluidas las mochilas, los bolsos de mano, estacas y lonas de las tiendas de campaña y cualquier otro equipo para acampar) deberán limpiarse minuciosamente o esterilizarse y mantenerse en ese estado antes de entrar en la Zona.

b) La esterilización debería efectuarse con un método aceptable, como luz ultravioleta, autoclave o lavando las superficies expuestas con una solución de 70% de etanol en agua.

7(xi) Requisitos relativos a los informes
Las Partes deberían cerciorarse de que el titular de cada permiso presente a las autoridades pertinentes un informe que describa las actividades realizadas. Dichos informes deberían incluir, según corresponda, la información señalada en el Formulario de informes de visitas recomendado por el SCAR. Las Partes deberán llevar un registro de dichas actividades y, en el intercambio anual de información, presentar descripciones resumidas de las actividades realizadas por las personas bajo su jurisdicción, suficientemente pormenorizadas como para que se pueda determinar la eficacia del

Plan de Gestión. Siempre que sea posible, las Partes deberían depositar el informe original o sus copias en un archivo de acceso público, a fin de llevar un registro de uso, que podrá emplearse tanto para las revisiones del Plan de Gestión como para la organización del uso científico de la Zona.

Bibliografía

Ainley, D.G., Ballard, G., Barton, K.J., Karl, B.J., Rau, G.H., Ribic, C.A. y Wilson, P.R. 2003. Spatial and temporal variation of diet within a presumed metapopulation of Adélie penguins. *Condor*, 105, 95-106.

Barber-Meyer, S.M., Kooyman, G.L. y Ponganis, P.J. 2007. Estimating the relative abundance of emperor penguins at inaccessible colonies using satellite imagery. *Polar Biology*, 30, 1565-1570.

Barber-Meyer, S.M., Kooyman, G.L. y Ponganis, P.J. 2008. Trends in western Ross Sea emperor penguin chick abundances and their relationships to climate. *Antarctic Science*, 20 (1), 3-11.

Barry, J.P., Grebmeier, J.M., Smith, J. y Dunbar, R.B. 2003. Oceanographic versus seafloor-habitat control of ebnthic megafaunal communities in the S.W. Ross Sea, Antarctica. *Antarctic Research Series*, 76, 335-347.

Caughley, G. 1960. The Adélie penguins of Ross and Beaufort Islands. *Records of Dominion Museum*, 3 (4), 263-282.

Centro Ricera e Documetazione Polare, Rome, 1998. *Polar News*, 13 (2), 8-14.

Denton, G.H., Borns, H.W. Jr., Grosval's, M.G., Stuiver, M., Nichols, R.L. 1975. Glacial history of the Ross Sea. *Antarctic journal of the United States*, 10 (4), 160-164.

Emslie, S.D., Berkman, P.A., Ainley, D.G., Coats, L. y Polito, M. 2003. Late-Holocene initiation of ice-free ecosystems in the southern Ross Sea, Antarctica. *Marine Ecology Progress Series*, 262, 19-25.

Emslie, S.D., Coats, L., Licht, K. 2007. A 45,000 yr record of Adélie penguins and climate change in the Ross Sea, Antarctica. *Geology*, 35 (1), 61–64.

Harrington, H.J. 1958. Beaufort Island, remnant of Quaternary volcano in the Ross Sea, Antarctica. *New Zealand journal of geology and geophysics*, 1 (4), 595-603.

Kooyman, G.L., Ainley, D.G., Ballard, G. y Ponganis, P.J. 2007. Effects of giant icebergs on two emperor penguin colonies in the Ross Sea, Antarctica. *Antarctic Science*, 19 (1), 31-38.

LaRue, M.A., Ainley, D.G., Swanson, M., Dugger, K.M., Lyver, P.O., Barton, K. y Ballard, G. 2013. Climate change winners: Receding ice fields facilitate colony expansion and altered dynamics in an Adelie penguin metapopulation. PLoS ONE 8(4): e60568. doi:10.1371/journal.pone.0060568.

Lyver, P. O., Barron, M., Barton, K.J., Ainley, D.G., Pollard, A., Gordon, S., McNeill, S., Ballard, G. y Wilson, P.R. 2014. Trends in the breeding population of Adelie penguins in the Ross Sea, 1981-2012: A coincidence of climate and resource extraction effects. PLoS ONE 9(3): e91188. doi:10.1371/journal.pone.0091188

McGaughran, A., Torricelli, G., Carapelli, A., Frati, F., Stevens, M.I., Convey, P. y Hogg, I.D. 2009. Contrasting phylogenetic patterns for spring tails reflect different evolutionary histories between the Antarctic Peninsula and continental Antarctica. *Journal of Biogeography*, doi:10.1111/j.1365-2699.2009.02178.x

McGaughran, A., Hogg, I.D. y Stevens, M.I. 2008. Phylogeographic patterns for springtails and mites in southern Victoria Land, Antarctica suggests a Pleistocene and Holocene legacy of glacial refugia and range expansion. *Molecular Phylogenetics and Evolution,* 46, 606-618.

Schwaller, M.R. Olson, C.E. Jr., Ma, Z., Zhu, Z., Dahmer, P. 1989. Remote sensing analysis of Adélie penguin rookeries. *Remote sensing of environment,* 28, 199-206.

Seppelt, R.D., Green, T.G.A., Skotnicki, M.L. 1999. Notes on the flora, vertebrate fauna and biological significance of Beaufort Island, Ross Sea, Antarctica. *Polarforschung* 66 : 53-59.

Stevens, M.I. y Hogg, I.D. 2002. Expanded distributional records of Collembola and Acari in southern Victoira Land, Antarctica. *Pedobiologia,* 46, 485-495.

Stonehouse, B. 1966. Emperor penguin colony at Beaufort Island, Ross Sea, Antarctica. *Nature,* 210 (5039), 925-926.

Todd, F.S. 1980. Factors influencing Emperor Penguin mortality at Cape Crozier and Beaufort Island, Antarctica. *Biological Sciences,* 70 (1), 37-49.

Map A - Beaufort Island, Antarctic Specially Protected Area 105: Topographic map

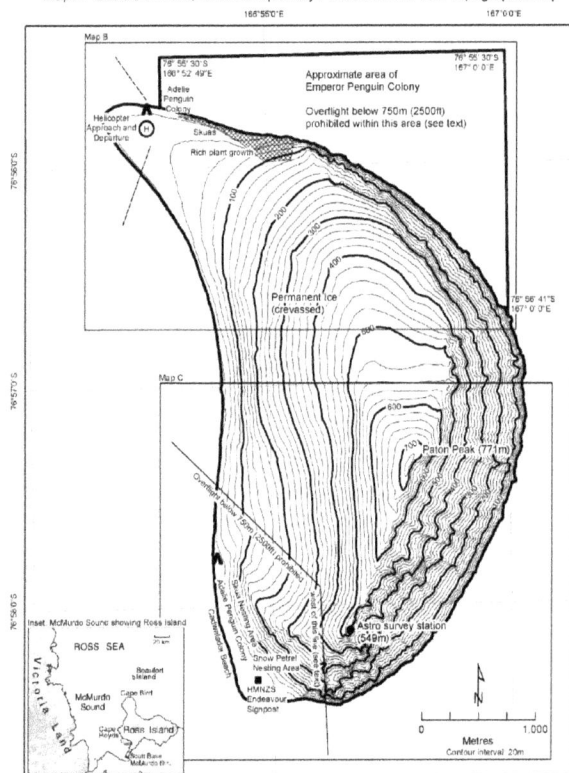

Map B - North Beaufort Island, Antarctic Specially Protected Area 105: Site Orthophotograph

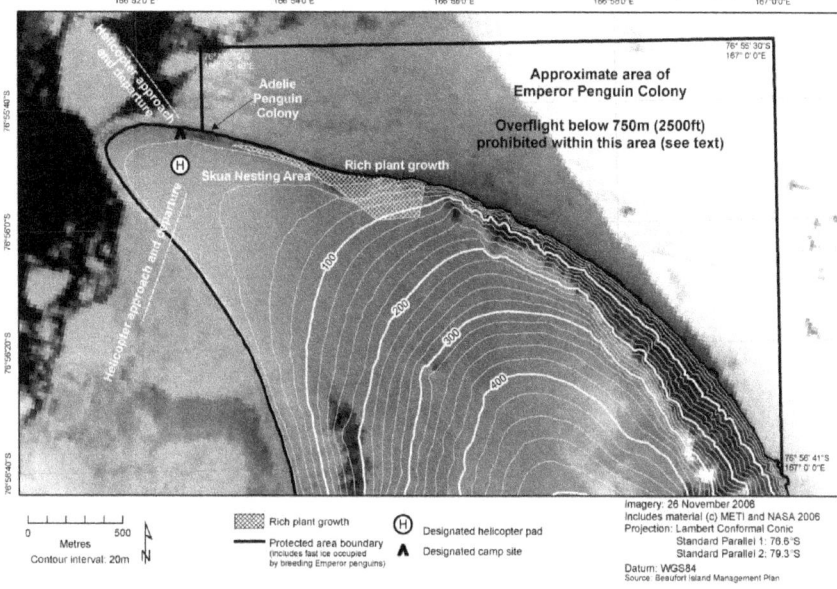

Map C - South Beaufort Island, Antarctic Specially Protected Area 105: Site Orthophotograph

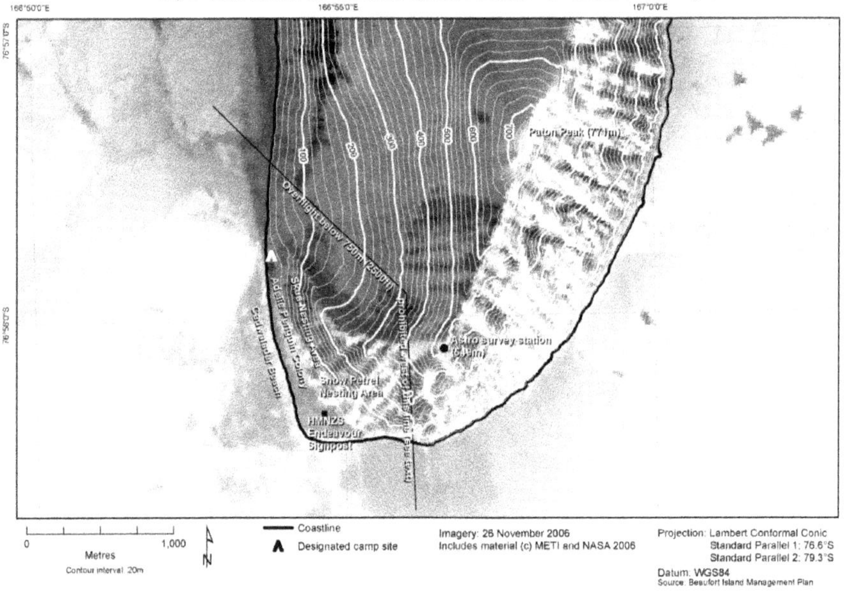

Plan de Gestión para
la Zona Antártica Especialmente Protegida (ZAEP) Nº 106
Cabo Hallett, Tierra Victoria del Norte, mar de Ross
(170° 14' E, 72° 19' S)

Introducción

La Zona Antártica Especialmente Protegida del cabo Hallett está situada en el extremo norte de la península Hallett, en el sector septentrional de la Tierra Victoria, a 170°13'25" E, 72°19'11" S. Tiene una superficie aproximada de 0,53 km². La razón primordial de la designación de la Zona es que constituye un ejemplo sobresaliente de diversidad biológica, en particular de un ecosistema terrestre rico y diverso. Abarca un área pequeña de vegetación particularmente rica que representa un recurso científico valioso para el seguimiento de los cambios en la vegetación de la Antártida. La Zona contiene la comunidad de artrópodos más diversa que se conoce en la región del mar de Ross, la cual reviste interés científico. Asimismo, en la Zona hay una gran colonia reproductora de pingüinos Adelia (*Pygoscelis adeliae*), que tenía unas 64 000 parejas en 2009-2010 y que está recolonizando el sitio donde antes estaba la Estación Hallett (Nueva Zelandia y Estados Unidos), razón por la cual reviste especial interés científico. El cabo Hallett es la única zona protegida en el sector septentrional de la Tierra Victoria que ha sido designada debido a su ecosistema terrestre o que incluye una colonia importante de aves, de modo que constituye una muestra representativa importante del ecosistema de esta región de la Antártida. La Zona fue propuesta por Estados Unidos y adoptada por medio de la Recomendación IV-7 [1966, Zona Especialmente Protegida (ZEP) N° 7]. Se ampliaron sus límites de conformidad con la Recomendación XIII-13 (1985) y posteriormente se cambió el nombre y número de la Zona en virtud de la Decisión 1 (2002), volviendo a extenderse los límites de acuerdo con la Medida 1 (2002) con el fin de incluir la colonia de pingüinos Adelia, con lo cual la superficie de la Zona pasó a ser de 75 hectáreas. En virtud de la Medida 5 (2010) se realizó un ajuste adicional al límite para eliminar el Área administrada y reemplazarla con dos sitios ubicados fuera de la zona protegida, cuya gestión se realizaría conforme a Directrices para Sitios que reciben visitantes del Tratado Antártico. Uno de los sitios donde se permite el acceso de visitantes está en la costa norte y noroeste de Seabee Hook, y el otro está en la costa sudeste. Se realizó una revisión adicional al límite oriental, que estableció que el tamaño de la Zona corresponde a 53 hectáreas. En el Plan de gestión actual no se han cambiado los límites de la Zona, y las bases para su designación se mantienen vigentes.

La ZAEP N° 106 no fue clasificada en función del Análisis de Dominios Ambientales para la Antártida (EDA v.2.0) (Resolución 3 (2008)), si bien un análisis posterior confirmó que la Zona está situada en el "Dominio U, geológico de Tierra Victoria del Norte. Bajo la clasificación de Regiones Biogeográficas de Conservación Antártica (Resolución 6 (2012)), la Zona se encuentra dentro de la RBCA 8 - Tierra Victoria del Norte.

1. Descripción de los valores que requieren protección

Se designó originalmente una superficie de aproximadamente 12 hectáreas en Cabo Hallett en virtud de la Recomendación IV-7 (1966, ZEP N° 7) a raíz de una propuesta de Estados Unidos, porque constituía un notable ejemplo de diversidad biológica, ya que contenía "una pequeña parcela de vegetación particularmente rica y diversa que sustenta una fauna terrestre variada". En la propuesta se mencionaba en particular la rica avifauna de la Zona, señalándose que era de "gran interés científico". Los límites de la Zona se extendieron en la Recomendación XIII-13 (1985) a fin de incluir extensos rodales de vegetación situados al sur y al norte de la Zona, ampliándola a unas 32 hectáreas. Los límites se extendieron aún más en virtud de la Medida 1 (2002) con objeto de incluir los valores científicos relacionados con la colonia de pingüinos Adelia (*Pygoscelis adeliae*) situada en Seabee Hook, aumentando así la superficie de la Zona a 75 hectáreas. Las revisiones de los límites y de la zonificación realizadas en virtud de la Medida 5 (2010) redujeron la superficie a 53 hectáreas.

La parte oriental de la Zona contiene una variedad de hábitats con comunidades de plantas que se consideran importantes porque incluyen los ejemplos más extensos, representativos y sobresalientes que se conocen cerca del extremo septentrional del gradiente latitudinal de la Tierra Victoria y el mar de Ross. En estudios de la vegetación se han encontrado cinco especies de musgos en la Zona, entre las cuales predomina *Bryum subrotundifolium*, y 27 especies de líquenes. Aunque se han identificado pocas especies de algas, se supone que hay numerosas especies presentes. Los hábitats terrestres han sido objeto de extensos estudios. Los más recientes se realizaron en el marco del Proyecto Internacional del Gradiente Latitudinal (LGP), en el cual participaron Nueva Zelandia, Estados Unidos e Italia. Una parcela de vegetación en la parte este de la Zona, particularmente valiosa como recurso científico para el seguimiento de los cambios en la vegetación de la Antártida, ha sido designada Área Restringida. Este sitio fue estudiado a fondo por primera vez en 1961-1962 y constituye un punto de referencia útil para la medición de los cambios en la vegetación a escala detallada.

Se dispone de información detallada sobre la distribución y la abundancia de especies de artrópodos en la Zona, que también constituyen un recurso científico valioso. En cuanto a la riqueza de especies, en el cabo Hallett se encuentra la comunidad de artrópodos más diversa que se conoce en la región del mar de Ross, con ocho especies de ácaros y tres de colémbolos identificadas en la Zona. El cabo Hallett es la localidad tipo de dos de ellos (*Coccorhagidia gressitti* y *Eupodes wisei*).

Durante los primeros estudios científicos realizados en la Zona se colocaron varios señalizadores para marcar sitios donde se realizaban estudios de plantas y aves. Muchos de esos señalizadores permanecen *in situ* y constituyen un recurso muy valioso para los estudios científicos en los cuales se desee repetir mediciones.

La Estación Hallett fue construida por Nueva Zelandia y Estados Unidos en Seabee Hook en 1956 en ocasión del Año Geofísico Internacional y funcionó de manera continua hasta su cierre en 1973. Aunque se han desmantelado todas las estructuras, el sitio sigue poseyendo valores históricos y patrimoniales duraderos relacionados con su uso anterior. En reconocimiento de esos valores, muchas de las estructuras y los objetos de la antigua estación ahora se encuentran en el Museo de Canterbury, en Christchurch. En 2015, el único objeto restante conocido que podría tener valor histórico o científico era los restos bien preservados de un perro husky que murió en 1964, contenidos en una caja de madera cerrada, situada en la parte este de la Zona.

Los pingüinos Adelia han comenzado a recolonizar el sitio donde estaba la estación. Debido a la historia del impacto de los seres humanos en la colonia de pingüinos Adelia y el cierre posterior de la estación, junto con la disponibilidad de datos históricos fidedignos y repetitivos sobre los cambios de la población de pingüinos Adelia, este sitio es único en su género e ideal para el estudio científico de los efectos en la colonia y su recuperación tras una perturbación sustancial del ecosistema. Como tal, el sitio tiene gran valor científico, y para mantener ese valor es conveniente controlar y monitorear cuidadosamente toda futura presencia humana.

Además de los valores ecológicos y científicos descritos, la Zona posee importantes valores estéticos, con su combinación de prolíficos recursos biológicos y el impresionante paisaje circundante de la ensenada Edisto y el monte Herschel (3335 m). Seabee Hook es uno de los pocos sitios de ese tipo que son relativamente accesibles en el norte del mar de Ross. El sitio tiene también un gran valor educativo como ejemplo de una estación que fue cerrada y desmantelada, y que exhibe ahora evidencias de estar recuperándose.

2. Finalidades y objetivos

La gestión del cabo Hallett persigue las siguientes finalidades:

* evitar la degradación de, o el riesgo importante para, los valores de la Zona evitando en ella toda interferencia humana innecesaria;
* permitir la investigación científica, en particular de la ecología terrestre y de las aves marinas, previniendo al mismo tiempo muestreos innecesarios y perturbaciones humanas en la Zona;
* permitir otras investigaciones científicas siempre que no pongan en peligro los valores de la Zona;
* evitar el retiro o la alteración de los señalizadores utilizados en investigaciones científicas anteriores que pudieran ser útiles para estudios comparativos futuros;
* permitir actividades de limpieza y remediación ambiental relacionadas con el cierre y desmantelamiento de la antigua estación Hallett, según se requiera y corresponda, siempre que el impacto de estas actividades no sea mayor que el efecto de dejar el material *in situ*;

- tener en cuenta el potencial histórico y los valores patrimoniales de cualquier artefacto antes de retirarlo o desecharlo, permitiendo al mismo tiempo la realización de actividades apropiadas de limpieza y remediación;
- reducir al mínimo la posibilidad de introducción de plantas, animales y microbios no autóctonos en la Zona; y
- permitir visitas con fines de gestión para facilitar la consecución de los objetivos del Plan de Gestión.

3. Actividades de gestión

- Se deberían colocar señalizadores a fin de indicar las áreas donde se requieran actividades de gestión específicas, como los sitios de observación científica;
- Los señalizadores, los carteles o las estructuras erigidos dentro de la Zona con fines científicos o de gestión estarán bien sujetos, se mantendrán en buen estado, y se los retirará cuando dejen de ser necesarios;
- Los Programas antárticos nacionales que operen en la Zona deberían mantener un registro de todos los nuevos señalizadores, carteles y estructuras erigidos dentro de la Zona;
- Los Programas nacionales deberán asegurar que los límites de la Zona y las restricciones que se aplican en su interior estén marcados en los mapas y cartas de los cuales son responsables;
- En la medida de lo posible, se deberá tratar de retirar los desechos de pequeño tamaño que siguen presentes en la Zona tras el desmantelamiento de la Estación Hallett, aunque ello deberá llevarse a cabo en consulta con las autoridades apropiadas a fin de que no se pierdan los posibles valores históricos o patrimoniales de cualquier artefacto.
- Se realizarán las visitas necesarias a la Zona (preferiblemente una vez cada cinco años como mínimo) para determinar si continúa sirviendo a los fines para los que fue designada y para asegurarse que las medidas de gestión y mantenimiento sean adecuadas;
- Los programas antárticos nacionales que operan en la región se consultarán entre sí a fin de asegurar la aplicación de las disposiciones mencionadas.

4. Período de designación

Designación con período de vigencia indefinida.

5. Mapas

Mapa 1. Zona Antártica Especialmente Protegida N° 106, cabo Hallett: mapa regional.

Especificaciones cartográficas: Proyección: cónica conforme de Lambert. Paralelos normales: primero, 72° 20' S; segundo, 72° 30' S. Meridiano central: 170° 00' E. Latitud de origen: 72° 00'S. Esferoide y nivel de referencia horizontal: WGS84. Intervalos entre curvas de nivel: 200 m.

Mapa 2. Zona Antártica Especialmente Protegida N° 106, cabo Hallett: Orientación sobre el acceso por aire.

Especificaciones cartográficas: Proyección: cónica conforme de Lambert. Paralelos normales: primero, 72° 19' S; segundo, 72° 19' 30" S. Meridiano central: 170° 13' 30" E. Latitud de origen: 72° 00'S. Esferoide: WGS84. Nivel de referencia: USGS estación geodésica Fisher 1989-1990: ITRF93 Coordenadas 170° 12' 39.916" E, 72° 19' 06.7521" S;

Mapa 3. Zona Antártica Especialmente Protegida N° 106, cabo Hallett: mapa topográfico.

Las especificaciones del mapa 3 son las mismas del mapa 2. Equidistancia de las curvas de nivel: 5 m. Las curvas de nivel se obtuvieron de un modelo digital de elevación utilizado para generar una ortofotografía en escala de 1:2500 con una exactitud posicional de ±1 m (horizontal) y ±2 m (vertical) y una resolución de pixeles en tierra de 0,25 m.

Mapa 4. Zona Antártica Especialmente Protegida N° 106, sitio de la antigua Estación Hallett

Las especificaciones del mapa 4 son las mismas del mapa 2.

6. Descripción de la Zona

6(i) Coordenadas geográficas, indicadores de límites y características naturales

Límites y coordenadas

El cabo Hallett está ubicado en el extremo sur de la bahía Moubray, en la sección septentrional de la Tierra Victoria, en la parte occidental del mar de Ross (mapa 1). La zona protegida ocupa la mayor parte del terreno sin hielo de una flecha litoral en forma de cúspide de baja elevación conocida como Seabee Hook e incluye las laderas occidentales adyacentes del extremo norte de la península Hallett, que se extiende hacia el este de la caleta Willett hasta el borde de los glaciares permanentes (mapas 1 y 3).

El límite norte de la Zona se extiende a lo largo de la costa norte de Seabee Hook, desde los 170° 14' 25,5"E, 72° 19' 05,0"S hasta el límite oriental de la colonia de pingüinos Adelia a 170° 14' 19,3" E, 72° 19' 04,9" S (mapa 3). Después, el límite sigue el borde del área de anidación de la colonia de pingüinos Adelia (tal como se definió en 2009), manteniendo una distancia de 5 metros como mínimo de la colonia, hasta llegar a la coordenada de 170° 12' 25,3" E, 72° 19' 07,9" S (mapa 4).

De los 170° 12' 25,3" E, 72° 19' 07,9" S, el límite se extiende 33 m al oeste hasta la costa, a 170° 12' 21,8" E, 72° 19' 07,9" S (mapa 4). Desde este punto en la costa, el límite de la Zona se dirige hacia el sur, siguiendo la línea de la costa oeste y sur de Seabee Hook hasta la posición a 170° 12' 54,3" E, 72° 19' 19,1" S, que está cerca del extremo sudoriental de la flecha litoral (mapa 3). Desde este lugar, el límite se extiende hacia el norte, alrededor del borde del área de anidación, manteniendo una distancia de 5 metros como mínimo de la colonia, en la parte sudeste de Seabee Hook, hasta la posición a 170° 12' 58,7" E, 72° 19' 15,3" S (mapa 3). Desde este punto en la costa, el límite de la Zona se dirige hacia el norte, siguiendo la línea de bajamar a lo largo de la costa este de Seabee Hook, y después sigue la línea de bajamar de la costa de la caleta Willett hasta llegar al límite sur, a 170° 13' 24,9" E, 72° 19' 28,0" S (mapa 3).

De los 170° 13' 24,9" E, 72° 19' 28,0" S, el límite se extiende hacia el este hasta el glaciar Bornmann, siguiendo un curso de agua estacional que desciende del glaciar. Después, el límite oriental de la Zona sigue el glaciar y el borde del hielo permanente hacia el norte, a una elevación de 120 a 150 m, cruzando las escarpadas pendientes occidentales de la península Hallett y siguiendo los afloramientos superiores de una serie de crestas rocosas que cortan la pendiente. Después, el límite desciende hasta llegar a la costa norte de Seabee Hook, en la base de un contrafuerte rocoso a 170° 14' 25,5" E, 72° 19' 05,0" S (mapa 3).

Clima

Seabee Hook está rodeada de hielo marino durante ocho meses del año, aproximadamente. El hielo marino generalmente se rompe todos los años desde fines de diciembre hasta principios de enero y vuelve a formarse a principios de marzo. En verano, la temperatura varía de 4°C a -8°C, con una temperatura media anual de − 15,3°C. Los vientos soplan principalmente desde el sur. Durante el verano son comunes las precipitaciones en forma de nieve. Las precipitaciones anuales ascienden al equivalente en agua de alrededor de 18,3 cm.

Geología, geomorfología, suelos y medioambiente de agua dulce

La topografía de la Zona comprende la gran parte plana de la flecha litoral y las escarpadas laderas adyacentes de derrubios que forman parte de la pendiente occidental de la parte norte de península Hallett. Seabee Hook está formada por material volcánico grueso depositado en una serie de crestas en la playa, con un terreno suavemente ondulado de montículos y depresiones y varias partes planas. Muchas de las depresiones contienen agua de deshielo en el verano y están colonizadas por densos tapetes de algas. En el nordeste de la

Zona hay un pequeño arroyo de deshielo que fluye desde las pendientes occidentales de la península Hallett hasta la caleta Willett. Los suelos del cabo Hallett son más húmedos que los de otros lugares del sur de la Tierra Victoria. Los suelos subsuperficiales generalmente quedan saturados después de las nevadas y durante el verano se acumula agua subterránea a una profundidad de 8 a 80 cm. El permafrost yace bajo los suelos de Seabee Hook a una profundidad de ~1 m (Hofstee *et al.* 2006). Los suelos de las zonas ocupadas por colonias de pingüinos, o bien de aquellas afectadas por la escorrentía que fluye por las colonias, tienen rasgos ornitogénicos y se clasifican como Haplotertheles típicos sobre montículos y Aquortheles típicos entre montículos de acuerdo a Hofstee *et al.* (2006). Fuera de las zonas influenciadas por la presencia de pingüinos, estos autores clasificaron los suelos como Haplotheles típicos, incluido un ejemplo de Haploturbeles típicos en una zona de suelos estructurados.

Vegetación

En las partes más húmedas de la Zona, el componente de algas consiste principalmente en el alga verde laminar *Prasiola crispa* y *Protococcus* sp., asociadas a formas filamentosas y verde azuladas (*Ulothrix* sp.) y cianobacterias (por ejemplo, *Nostoc*). Posiblemente haya otras especies de algas, pero se han identificado pocas.

La vegetación de la Zona, excepto por algas tales como *Prasiola*, está confinada en gran medida al terreno sin hielo que no está ocupado por pingüinos Adelia reproductores, situado al este de la caleta Willett y al sur de los 72° 19' 10" S. Esta área incluye una faja de 100 a 200 m de terreno relativamente plano junto a la caleta Willett y pendientes más escarpadas hasta la cresta de la península Hallett. La faja de terreno plano comprende varios montículos secos de pedregullo hasta una altura de 1,5 m, muchos de los cuales están ocupados por nidos de skúas, y en la parte norte los antiguos depósitos de guano indican la ocupación previa por pingüinos Adelia. Se pueden encontrar pequeños parches de musgo y algas en la base de estos montículos, pero las partes superiores están desprovistas de vegetación. Hay grandes tapetes de musgo que colonizan los llanos estables de grava en la parte norte del terreno plano donde hay una capa freática elevada, mientras que en el sur hay parches dispersos de musgo, algas y líquenes sobre rocas más ásperas, angulares y sueltas. El musgo ralea a medida que el terreno asciende, con la notable excepción de un parche particularmente denso y extenso de alrededor de 3900 m^2, donde el sustrato está cubierto casi por completo, que ocupa un valle poco profundo en una ladera de derrubios en el sur de la Zona (mapa 3). En el mapa 3 se muestran sólo las áreas más prolíficas.

Se han identificado cinco especies de musgo en la Zona (Cuadro 1). *Bryum subrotundifolium* es el musgo predominante en la Zona. Debido a la presencia de *Bryum subrotundifolium* en un área tan enriquecida por las aves, la Zona es un ejemplo excelente de un sitio con vegetación afectada por las aves. Asimismo, la presencia de rodales casi monoespecíficos de *Bryum pseudotriquetrum* en este sitio es inusual en la región.

La ladera escarpada de derrubios junto a la gran área plana está cortada por quebradas poco profundas y crestas pequeñas, con varios afloramientos rocosos prominentes, en los cuales, particularmente en el norte de la Zona, hay grandes rodales de líquenes y musgo disperso que cubren entre 70 y 100% de la superficie en muchos lugares. Se tiene registro de veintisiete especies de líquenes en la Zona (Cuadro 1). Es posible observar especies de líquenes tolerantes al nitrógeno como *Xanthomendoza borealis* y las especies de *Caloplaca*, *Candelariella*, *Physcia* y *Xanthoria* en las inmediaciones de la zona de reproducción de pingüinos (Crittenden *et al.* 2015).

En la Zona se han encontrado ocho especies de ácaros y tres de colémbolos (Cuadro 1) (Sinclair *et al.*, 2006). *F. grisea* se encuentra principalmente en las laderas de derrubios y en las áreas planas contiguas. El colémbolo *C. cisantarcticus* se ve junto con musgos y abunda en terrenos planos, en tanto que *D. klovstadi* abunda debajo de las piedras de las laderas. Se han encontrado cuatro especies de nematodos en la zona de Cabo Hallett (Cuadro 1), de las cuales la más abundante, y en general la más dominante, es *Panagrolaimus davidi* Timm (Raymond *et al.* 2013).

Cuadro 1. Especies de musgos, líquenes e invertebrados documentadas en la ZAEP N° 106, cabo Hallett

Musgos a	Líquenes a, b, c, d	Invertebrados
		Ácaros e
Bryum subrotundifolium	*Acarospora gwynnii*	*Coccorhagidia gressittii*
Bryum pseudotriquetrum	*Amandinea petermannii*	*Eupodes wisei*
Ceratodon purpureus	*Amandinea coniops*	*Maudheimia petronia*
Grimmia sp	*Buellia frigida*	*Nanorchestes* sp.,
Sarconeurum glaciale	*Caloplaca athallina*	*Stereotydeus belli*
	Caloplaca citrina	*S. puncatus*
	Caloplaca saxixola	*Tydeus setsukoae*
	Candelaria murrayi	*T. wadei*
	Candelariella flava	
	Lecanora chrysoleuca	**Tisanuros** e
	Lecanora expectans	*Cryptopygus cisantarcticus*
	Lecanora mons-nivis	*Friesea grisea*
	Lecanora physciella	*Desoria klovstadi*
	Lecidea cancriformis	
	Lecidella greenii	**Nematodes** f
	L. siplei	*Eudorylaimus antarcticus* (Steiner) Yeates
	Physcia caesia	*Panagrolaimus davidi* Timm
	Pleopsidium chlorophanum	*Plectus* sp.
	Rhizocarpon geographicum	*Scottnema lindsayae* Timm
	Rhizoplaca chrysoleuca	
	Rhizoplaca macleanii	
	Rhizoplaca melanophthalma	
	Umbilicaria decussata	
	Usnea sphacelata	
	Xanthomendoza borealis	
	Xanthoria elegans	
	Xanthoria mawsonii	

Fuentes:
a T.G.A. Green, Universidad de Waikato, Nueva Zelandia, y R. Seppelt, División Antártica Australiana, 2002.; b Smykla *et al.* 2011; c Ruprecht *et al.* 2012; d Crittenden *et al.* 2015; e Sinclair *et al.* 2006; f Raymond *et al.* 2013.

Aves

En Seabee Hook se encuentra una de las colonias de pingüinos Adelia más grandes de la región del mar de Ross, con un promedio de 42 628 parejas reproductoras de estos pingüinos (*Pygoscelis adeliae*) informado durante más de 14 temporadas de muestreo entre 1981 y 2012 (Lyver *et al.* 2014). En 2009-2010 había cerca de 63 971 parejas reproductoras (total combinado de conteos directos de nidos, fotografías aéreas oblicuas y de terreno realizados entre el 26 de noviembre y el 3 de diciembre de 2009. Datos inéditos, ERA 2010). En Seabee Hook también estaba la Estación Hallett de Estados Unidos y Nueva Zelandia, que funcionó entre 1956 y 1973. Durante ese período, la estación y la infraestructura conexa ocupaban una superficie de 4,6 ha de terreno que antes había estado ocupada por pingüinos Adelia reproductores. Para emplazar la Estación Hallett en 1956 hubo que desalojar a 7580 pingüinos, incluidos 3318 polluelos, a fin de despejar las 0,83 ha necesarias para aplanar el terreno y construir los edificios. La colonia fue muy afectada por la construcción y el funcionamiento de la Estación Hallett, y la población se redujo desde 62 900 parejas en 1959 a 37 000 en 1968, aunque para 1972 había logrado repuntar, llegando a las 50 156 parejas. Las fluctuaciones de la población posiblemente hayan sido exacerbadas por los cambios en la cobertura de hielo marino documentados para la totalidad de la región. Para 1987, después del cierre de la estación en 1973, la colonia había llegado casi a su población de 1959, pero en ese entonces eran pocas las áreas modificadas por los seres humanos que lograron una recolonización completa. El área que antes ocupaba la estación se ha recolonizado en parte, aunque según los cálculos de 1998-1999 el número de parejas reproductoras era de 39 014, y en un censo aéreo realizado en 2006-2007 como parte de un programa a largo plazo se observaron sólo 19 744 parejas reproductoras (Lyver y Barton, 2008, datos inéditos). El conteo de 63 971 de parejas reproductoras de pingüinos Adelia realizado a fines de 2009 (datos inéditos, ERA 2010) es similar a las cifras registradas en Seabee Hook aproximadamente en la época de la construcción de la estación Hallett.

En la Zona se reproducen skúas polares (*Catharacta maccormicki*), cuya población disminuyó desde 181 parejas reproductoras en 1960-1961 a los 98 individuos reproductores observados tanto en 1968-1969 como en 1971-1972. En enero de 1983 había una población de 247 aves (84 parejas reproductoras y 79 individuos no reproductores). En un reconocimiento realizado entre el 27 de noviembre y el 2 de diciembre de 2009 se contaron 14 parejas reproductoras y 66 individuos solos en Seabee Hook. Además, se contaron 23 parejas reproductoras y 92 individuos solos al este de la caleta Willett, con un total de 37 parejas reproductoras y 158 individuos solos, es decir, un total de 232 aves en 2009-2010. En la Zona hay alrededor de 250 sitios de anidación de skúas marcados y numerados. Estos señalizadores no deberían alterarse ni removerse.

Se han registrado en las proximidades pingüinos emperador (*Aptenodytes forsteri*), a fines de diciembre, y pingüinos de barbijo (*Pygoscelis antarctica*) solitarios a fines de enero y en febrero. Cerca del cabo Hallett, frente a la ensenada Edisto, se reproducen petreles de Wilson (*Oceanites oceanicus*) y petreles de las nieves (*Pagodroma nivea*). En diciembre de 2009 se observaron numerosos petreles de las nieves alrededor de los acantilados de cabo Hallett, lo cual parece indicar que se reproducen en esta área. Se han avistado con frecuencia petreles gigantes del Sur (*Macronectes giganteus*) en las proximidades de la Zona, aunque su número ha disminuido en los últimos años, posiblemente debido a la reducción de las poblaciones más al norte. Es habitual ver focas de Weddell (*Leptonychotes weddellii*), las que se reproducen en la ensenada Edisto y se han avistado en tierra en Seabee Hook. Entre otros mamíferos que se ven comúnmente frente a la costa se encuentran las focas leopardo (*Leptonyx hydrurga*) y las ballenas minke (*Balaenoptera acutorostrata*).

Actividades e impacto de los seres humanos

La Estación Hallett fue construida en Seabee Hook en diciembre de 1956, como parte del Año Geofísico Internacional, por Nueva Zelandia y Estados Unidos. La base, que funcionó continuamente hasta su cierre en febrero de 1973, proporcionó apoyo para diversas actividades, entre ellas la expedición de 1967-1968 al monte Herschel encabezada por Sir Edmund Hilary. La construcción de la estación tuvo un gran impacto ambiental, ya que cerca de 8000 pingüinos Adelia fueron desalojados del sitio. En 1984 se inició la limpieza gradual de la estación, y en 2001 Nueva Zelandia y Estados Unidos elaboraron un plan plurianual conjunto de remediación de la estación y la zona circundante. Las tareas de remediación continuaron en 2003-2004 y 2004-2005, con la demolición y el retiro de la mayoría de las estructuras que quedaban. Los últimos objetos importantes que quedaban fueron retirados a fines de enero de 2010. Muchos de los edificios y artefactos de la antigua Estación Hallett ahora están en el Museo de Canterbury, en Christchurch.

Algunos materiales relacionados con la antigua estación siguen dispersos en toda la Zona, entre ellos, se cuentan trozos pequeños de madera y metal, alambre y bidones metálicos, en su mayoría firmemente incrustados en el terreno. Además, en el este de la Zona (mapa 3) hay una caja de madera cerrada, cubierta de piedras, con los restos bien preservados de un perro husky que murió en 1964.

Como parte de la operación de limpieza, se levantaron montículos dentro de la huella de la antigua estación con el propósito de fomentar la recolonización por pingüinos Adelia, y gran parte de esta área ahora está ocupada (mapa 4). Debido a la historia del impacto de los seres humanos sobre la colonia de pingüinos Adelia y su posterior recuperación, el sitio reviste gran valor científico para las investigaciones sobre el impacto en la colonia y su recuperación tras una perturbación sustancial del ecosistema.

6 (ii) Acceso a la Zona

Se puede llegar a la Zona por aire, por mar y a pie sobre el hielo marino. En el cabo Hallett, el hielo marino generalmente comienza a romperse entre fines de diciembre y principios de enero y se reconstituye a principios de marzo. Al sudoeste de Seabee Hook, en el cierre de la ensenada Edisto, se encuentran áreas de hielo marino que podrían ser más estables y aptas para el aterrizaje de aeronaves. Sin embargo, el hielo marino de la ensenada Edisto puede romperse con rapidez, incluso a principios de la temporada, de modo que debe tenerse cuidado.

La temporada de cría de pingüinos Adelia y skúas en la Zona va de octubre a marzo. Durante este período, y cuando existen condiciones apropiadas de hielo marino apropiado, pueden aterrizar aeronaves de ala fija en cualquier lugar a más de media milla náutica (930 m, aproximadamente), que es la distancia recomendada en la sección 7(i) e indicada en el mapa 2. En los casos en que sea peligroso o no sea factible aterrizar a más de media milla náutica, las aeronaves de ala fija podrán aterrizar en cualquier lugar a más de un cuarto de milla náutica (460 m, aproximadamente) de la colonia de pingüinos Adelia en Seabee Hook. Desde el lugar de aterrizaje de las aeronaves de ala fija se podrá llegar a la Zona en helicóptero o a pie sobre el hielo marino.

Los helicópteros pueden aterrizar en cualquier lugar a más de media milla náutica (930 m, aproximadamente), excepto en los casos en que sea peligroso o no sea factible, en cuyo caso se podrá usar el lugar designado para el aterrizaje de helicópteros dentro de la Zona en la caleta Willett, a 170° 13,579' E, 72° 19,228' S. Los helicópteros deberán aproximarse al lugar designado para el aterrizaje desde el sur y seguir la costa este de la caleta Willett (mapa 2). Ocasionalmente, el lugar designado para aterrizaje de helicópteros en la caleta Willett puede ser susceptible de ser inundado por la marea alta.

Si el acceso a la Zona se hace por mar, las lanchas pueden desembarcar en cualquier lugar de la Zona, aunque los desembarcos de lanchas con el objeto de establecer campamentos deberían hacerse en la caleta Willett. Se ha notificado la presencia de corrientes fuertes y remolinos en el margen de Seabee Hook que da hacia el mar, la cual podría dificultar los desembarcos de pequeñas embarcaciones. El mar generalmente está más calmo en la caleta Willett y en el lado de sotavento de Seabee Hook.

El acceso a la Zona puede realizarse a pie sobre el hielo marino.

6(iii) Ubicación de estructuras dentro de la Zona y adyacentes a la misma

La Estación Hallett se estableció en Seabee Hook en diciembre de 1956 y se cerró en febrero de 1973. Para 1960 los edificios de la Estación Hallett ocupaban 1,8 hectáreas, y los caminos, vertederos de desechos, depósitos de combustible y antenas de radio ocupaban otras 2,8 hectáreas. La estación estuvo ocupada todo el año hasta 1964, y después siguió funcionando hasta su cierre solamente durante el verano. La estación se fue desmantelando paulatinamente luego de 1984, y en 1996 quedaban sólo seis estructuras, entre ellas un gran tanque de combustible de 378 500 litros (100 000 galones). En febrero de 1996 se extrajo el combustible líquido que quedaba en el tanque. En 2003-2004 y 2004-2005 se reanudaron las tareas de limpieza a fin de retirar las estructuras restantes, incluido el tanque de combustible, y extraer la tierra contaminada de la Zona. Todos los demás objetos importantes que quedaban fueron retirados de la Zona el 30 y 31 de enero de 2010.

A unos 50 m al norte del lugar designado para acampar (mapa 3) hay dos estaciones meteorológicas automáticas operadas por Estados Unidos (Investigaciones Ecológicas a Largo Plazo de los Valles Secos de McMurdo) y Nueva Zelandia (Instituto Nacional de Investigaciones Hidrológicas y Atmosféricas), con una separación de 10 m. Dentro de una batea de contención situada a unos 50 m al sur del sitio designado para acampar, Nueva Zelandia mantiene varios bidones de combustible de reserva. Cerca de una roca grande en la parte este de la Zona hay una caja cerrada, cubierta por piedras sueltas, que contiene los restos de un perro husky que murió en 1964 (mapa 3).

La estación geodésica USGS "Fisher" del US Geological Survey (mapas 3 y 4) consiste en una placa estándar de bronce antártico del US Geological Survey con la inscripción "FISHER 1989-90" colocada al ras en la parte superior de un gran bloque de hormigón (2 m x 1 m x 1 m) a una altura de 2,15 m. El punto de referencia está a unos 80 m al sur de los suministros para situaciones de emergencia y a 140 m tierra adentro de la costa noroeste de Seabee Hook. Tras la recolonización del lugar donde antes estaba la estación, el punto de referencia ahora se encuentra dentro de una pequeña subcolonia de pingüinos Adelia. Por lo tanto, es probable que esté rodeado de aves reproductoras durante el verano. En el lugar donde antes estaba la estación (mapa 4) hay una caja grande (de alrededor de 1,5 m2 y 1 m de alto) con la parte superior pintada de rojo brillante, y una caja más pequeña dentro, con suministros para situaciones de emergencia.

En la Zona quedan señalizadores de varios estudios científicos, incluidos los que delinean la parcela de observación de la vegetación en el área restringida. Cabe destacar que no todos los señalizadores históricos se han documentado.

6(iv) Ubicación de otras zonas protegidas en las cercanías

Las zonas protegidas más cercanas al cabo Hallett son el cabo Adare (ZAEP N° 159) 115 km al norte, el monte Rittmann (ZAEP N° 175) aproximadamente 200 km al sur, y el monte Melbourne (ZAEP N° 175) y punta Edmonson (ZAEP N° 165) que se encuentran alrededor de 290 km al sur.

6(v) Zonas especiales al interior del área

Zona Restringida

Un área pequeña que está justo debajo de las laderas de derrubio del nordeste de la Zona ha sido designada área restringida a fin de preservar una parte de la Zona como sitio de referencia para estudios comparativos de la vegetación en el futuro. Se permite entrar en el área restringida solo con fines apremiantes que no puedan llevarse a cabo en otros lugares de la Zona. El resto de la Zona está más disponible en general para programas de investigación y recolección de muestras.

Rudolph (1963) confeccionó un mapa detallado de una parcela de 28 m por 120 m, aproximadamente, en la cual se estaba haciendo un estudio de la vegetación. La parcela de estudio posteriormente fue trasladada y Brabyn *et al.* (2006) elaboraron otro mapa a fin de cuantificar los cambios en la vegetación del sitio durante un período de 42 años. Este sitio establecido por Rudolph es un recurso sumamente útil para observar los cambios en la vegetación. Los señalizadores utilizados en ambos estudios permanecen *in situ* y definen la extensión de la parcela de observación de la vegetación. La esquina nordeste de la parcela está marcada por una roca grande con una pirca de piedras encima, situada a 170°14'2,55" E, 72°19'11,37" S. Rudolph (1963) y Brabyn *et al.* describen la parcela de forma detallada (2006). Rudolph también fotografió piedras colonizadas por líquenes, que Brabyn *et al.* (2006) volvieron a fotografiar a fin de medir las tasas de crecimiento de los líquenes. Uno de estos sitios (que se indica en el mapa 3) está dentro del área restringida y no se debe perturbar.

El área restringida, un rectángulo de 58 m de ancho y 140 m de largo, forma una zona de amortiguación de 20 m en el lado noroeste y de 10 m en los otros tres lados alrededor de la parcela de observación. Las coordenadas de las esquinas del área restringida se indican en el Cuadro 2. Se ha colocado una serie de pircas de piedras (en lo posible sobre piedras que ya estaban allí) a fin de indicar la extensión del área restringida (mapa 3).

Cuadro 2. Coordenadas de las esquinas del área restringida

Esquina	Longitud (E)	Latitud (S)
Nordeste	170°14'4.012"	72°19'11.219"
Noroeste	170°13'58.341"	72°19'10.43"
Sudoeste	170°13'51.901"	72°19'14.479"
Sudeste	170°13'57.338"	72°19'15.299"

7. Términos y Condiciones para los permisos de entrada

7(i) Condiciones generales para la expedición de permisos

Se prohíbe el acceso a la Zona excepto con un permiso expedido por una autoridad nacional competente. Las condiciones para la expedición de permisos son las siguientes:

- Que se haya expedido por razones de índole científica o educativa, que no puedan llevarse a cabo en otro lugar, o por razones que sean esenciales para la gestión de la Zona;
- Que las acciones permitidas se ajusten al Plan de Gestión;
- Que las actividades permitidas brinden la correspondiente consideración, mediante el proceso de Evaluación de impacto medioambiental, a la protección continua de los valores ambientales, científicos, educativos, históricos y estéticos de la Zona;
- Que el permiso sea expedido por un período determinado;
- Que el permiso, o una copia de éste, se lleve consigo dentro de la Zona.

7 (ii) Acceso a la Zona y desplazamientos en su interior

- El ingreso en la Zona deberá efectuarse en lancha, en helicóptero o a pie.
- Se prohíbe la circulación de vehículos dentro de la Zona.
- Se aplican restricciones a las operaciones de aeronaves entre el 1 de octubre y el 31 de marzo. Durante ese período podrán operar y aterrizar aeronaves en la Zona ciñéndose estrictamente a las siguientes condiciones:
    - Se prohíbe sobrevolar la Zona a menos de 2000 pies (610 m, aproximadamente) de altura, salvo con un permiso para fines autorizados en el Plan de Gestión;
    - Se recomienda enfáticamente no sobrevolar ni aterrizar a menos de media milla náutica (930 m, aproximadamente) de la colonia de pingüinos Adelia de Seabee Hook con fines turísticos;
    - En la medida de lo posible, se debería tratar de no aterrizar a menos de media milla náutica (930 m, aproximadamente) de la colonia de pingüinos Adelia de Seabee Hook;
    - Para aterrizar a más de media milla náutica (930 m, aproximadamente) de la colonia de pingüinos Adelia se podrá seleccionar un sitio acorde con las necesidades de la visita y las condiciones locales;
    - El lugar de aterrizaje principal (170° 11,460' E, 72° 19,686' S) que se indica en el mapa 2 es el sitio que está más cerca del lugar designado para acampar, al cual se llega caminando sobre el hielo marino. Se podrá aterrizar en este lugar si las condiciones locales lo permiten; y
    - Si es peligroso o no es factible aterrizar a más de media milla náutica (930 m, aproximadamente) de la colonia de pingüinos Adelia (por ejemplo, si no hay hielo marino o si el hielo marino está en mal estado, si las condiciones meteorológicas son desfavorables o por motivos de logística importantes, como el traslado de equipo pesado), se aplican las siguientes condiciones:

        AERONAVES DE ALA FIJA
        - Podrán aterrizar aeronaves de ala fija a más de un cuarto de milla náutica (460 m, aproximadamente) de la colonia de pingüinos Adelia.
        - No deberían aterrizar aeronaves de ala fija en la caleta Willett.

        HELICÓPTEROS
        - Los helicópteros deberán aterrizar en el lugar designado en la caleta Willett (170° 13,579' E, 72° 19,228' S) (mapa 2), en tierra o en el hielo marino junto al lugar para acampar.
        - Ocasionalmente, el lugar de aterrizaje se inunda con la marea alta, en cuyo caso se podrá aterrizar en terreno seco de las proximidades, evitando los lugares con vegetación, preferiblemente en las playas de gravilla que están al sur del lugar designado para los aterrizajes, lo más cerca posible de la costa. Se deben evitar los aterrizajes más cerca de la colonia de pingüinos Adelia.
        - En la mayor medida de lo posible, los helicópteros deberían seguir la ruta de aproximación designada. La ruta preferida para la aproximación de helicópteros es desde el sur y va desde

el lugar de aterrizaje principal hasta el lugar designado, siguiendo la costa del sur y el este de la caleta Willett (mapa 2).

- No hay restricciones especiales con respecto a los lugares mediante los cuales se puede llegar a la Zona en lanchas, aunque los desembarcos para acampar deberían efectuarse en la caleta Willett a fin de no tener que cruzar la colonia de pingüinos Adelia con equipo para acampar.

- Se permite entrar en el área restringida sólo si median razones imperiosas y para actividades que no puedan llevarse a cabo en otros lugares de la Zona.

- Es importante que todos los visitantes tengan cuidado de limitar sus movimientos alrededor del lugar para acampar, manteniéndose en el área a lo largo de la costa a fin de no pisotear las áreas interiores, estacionalmente húmedas y colonizadas abundantemente por diversas plantas e invertebrados, donde se están llevando a cabo investigaciones.

- En la colonia de pingüinos Adelia, los visitantes no deberían entrar en los subgrupos de pingüinos con nidos salvo que sea necesario con fines de investigación o gestión. Cuando sea posible, los visitantes deberían caminar alrededor de la franja costera de Seabee Hook, alrededor de los subgrupos o entre ellos. Se observan vestigios del antiguo camino de la estación desde la esquina noroeste de la caleta Willett hasta el lugar donde antes estaba la estación, lo cual deja un corredor comparativamente ancho desde el cual los peatones pueden mantenerse a una distancia razonable de las aves que anidan.

- Los visitantes deberían tratar de no caminar en las laderas de derrubios de la parte este de la Zona salvo que sea necesario con fines esenciales de investigación o gestión: los derrubios son un hábitat delicado y fácil de dañar que alberga una comunidad diversa de flora y fauna.

- La circulación de peatones debería limitarse al mínimo necesario para alcanzar los objetivos de las actividades autorizadas y se debería hacer todo lo posible para reducir al mínimo sus efectos. Los visitantes deben tratar de no caminar sobre la vegetación visible. Se debe extremar el cuidado al caminar en terrenos húmedos y sobre derrubios, donde la circulación de peatones puede dañar fácilmente los suelos delicados y las comunidades de plantas allí presentes.

7 (iii) Actividades que pueden llevarse a cabo dentro de la Zona

- Investigaciones científicas que no pongan en peligro los valores de la Zona;

- Actividades de gestión esenciales, entre ellas la evaluación o remediación del impacto y de observación.

- Actividades con fines educativos (como documentales fotográficos, de audio o escritos, producción de recursos o servicios educativos, o capacitación de personal de los programas sobre métodos de limpieza) que no puedan realizarse en otro lugar. Los fines educativos no incluyen el turismo.

- Actividades que tengan por objeto la preservación o protección de los recursos históricos al interior de la Zona.

7(iv) Instalación, modificación o desmantelamiento de estructuras

- No se podrán erigir estructuras en la Zona excepto que se especifique en un permiso.

- Todas las estructuras y el equipo científico que se instale en la Zona deberá estar autorizado en un permiso y llevar claramente el nombre del país, el nombre del investigador principal y el año de instalación. Todos estos artículos deberían estar elaborados con materiales que presenten un riesgo mínimo de contaminación de la Zona.

- La instalación (incluida la selección del sitio), el mantenimiento, la modificación y el desmantelamiento de estructuras deberán realizarse de una forma que reduzca al mínimo la perturbación de la flora y la fauna.

- Se deben usar los suministros para situaciones de emergencia únicamente en una verdadera emergencia y su uso deberá ser notificado a las autoridades pertinentes para que se los pueda reponer; y

- El retiro de equipo específico cuyo permiso haya vencido será responsabilidad de la autoridad que haya expedido el permiso original y será una condición para el otorgamiento del permiso.

7(v) Ubicación de los campamentos

Se prohíben los campamentos permanentes en la Zona. Cuando las condiciones lo permitan, los campamentos temporarios deberían instalarse preferentemente sobre el hielo marino en la caleta Willett, que está fuera de la Zona. Si ello no es factible, se permite acampar temporalmente en un sitio designado en la playa oriental, a 100 m al sur de la entrada de la caleta Willett (72° 19' 13" S, 170° 13' 34" E). Este lugar, donde antes había un camino de la estación (mapa 3), consiste en grava de playa no consolidada y no está colonizado por aves ni por comunidades importantes de plantas (aunque las hay en las cercanías). En el terreno duro y rocoso del lugar para acampar se han colocado estacas para los tensores de las tiendas de campaña, que deberían usarse siempre que sea posible.

El lugar para acampar está justo al lado de áreas con abundante fauna y flora terrestres, y los visitantes deberían restringir sus movimientos alrededor del campamento al área a lo largo de la costa salvo que sea necesario con fines de investigación. En ciertas ocasiones es posible que el sitio se inunde por acción de la marea alta. Si esto ocurriese, el campamento debe trasladarse a un terreno seco, evitando en el mayor grado posible los sitios con vegetación y quedándose preferentemente en las gravas de playa al sur de los sitios designados, tan cerca de la costa como sea posible.

7(vi) Restricciones relativas a los materiales y organismos que puedan introducirse en la Zona

Además de los requisitos del Protocolo al Tratado Antártico sobre Protección del Medio Ambiente, algunas restricciones sobre los materiales y organismos que se pueden introducir en la Zona son:

- La introducción deliberada de animales, material vegetal, microorganismos vivos, y suelo no estéril en la Zona. Deben tomarse precauciones para evitar la introducción accidental de animales, material vegetal, microorganismos y suelo no estéril desde regiones biológicamente distintas (dentro o fuera de la zona del Tratado Antártico).
- Los visitantes deberán cerciorarse de que el equipo de muestreo y los señalizadores llevados a la Zona estén limpios. En la medida de lo posible, antes de ingresar en la Zona se deberá limpiar minuciosamente el calzado y demás equipo que se use en la Zona o que se ingrese a ésta (incluidas las mochilas, los bolsos y las tiendas de campaña). Los visitantes también deben consultar y seguir adecuadamente las recomendaciones incluidas en el Manual sobre especies no autóctonas del Comité para la Protección del Medio Ambiente (CPA, 2011), y el Código de Conducta Ambiental para el desarrollo de actividades científicas de campo en la Antártida (SCAR, 2009).
- En vista de la presencia de colonias de aves reproductoras en el cabo Hallett, no se podrán descargar en la Zona productos avícolas, incluidos los alimentos que contengan huevos desecados sin cocinar y los desechos de tales productos.
- No se podrán llevar plaguicidas a la Zona;
- No se debe almacenar combustible, alimentos, productos químicos u otros materiales en la Zona, a no ser que esté específicamente autorizado por un permiso o estén contenidos en recipientes con suministros para situaciones de emergencia autorizados por autoridades pertinentes, en cuyo caso deberán ser almacenados y manipulados de forma que se reduzca a un mínimo el riesgo de su introducción accidental en el medio ambiente.
- Todo material que se introduzca podrá permanecer solamente por un período establecido y deberá ser retirado a más tardar cuando concluya dicho período.
- Si se producen escapes que puedan comprometer los valores de la Zona, se recomienda retirar el material únicamente si el impacto de dicho retiro no sea mayor que el de dejar el material *in situ*.

7(vii) Toma de, o intromisión perjudicial sobre flora y fauna autóctonas

Están prohibidas la toma de flora y fauna autóctonas o la intromisión perjudicial que pudieran sufrir éstas, salvo en conformidad con un permiso expedido de acuerdo al Artículo 3 del Anexo II del Protocolo al Tratado Antártico sobre Protección del Medio Ambiente. En caso de toma o intromisión perjudicial de fauna, esto debería hacerse, como norma mínima, de conformidad con el Código de Conducta del SCAR para el Uso de Animales con Fines Científicos en la Antártida.

7 (viii) Recolección o retiro de materiales que no hayan sido introducidos a la Zona por el titular del permiso

- Se podrá recolectar o retirar material de la Zona únicamente en conformidad con un permiso, y dicho material deberá limitarse al mínimo necesario para cubrir las necesidades científicas o de gestión. No se otorgarán permisos si existiera una preocupación razonable de que el muestreo propuesto resultaría en la recolección, retiro o daño de una cantidad tal de tierra o ejemplares de la flora o fauna que su distribución o abundancia en la Zona se viera significativamente afectada.

- Se prohíbe retirar o alterar los señalizadores dejados en la Zona como parte de trabajos científicos anteriores, salvo que se autorice específicamente en un permiso.

- A excepción de los señaladores científicos indicados anteriormente, todo material de origen humano que pueda comprometer los valores de la Zona, que no haya sido llevado a la Zona por el titular del permiso y que claramente no posea valor histórico, o que no esté comprendido en otro tipo de autorización, puede ser retirado de la Zona a menos que el impacto ambiental provocado por su retiro sea mayor que los efectos que pueda ocasionar dejar dicho material *in situ*; si este es el caso, se debe notificar a la autoridad nacional correspondiente para obtener aprobación.

- Si se encuentra material que probablemente tenga un gran valor histórico o patrimonial, no se lo debería perturbar, dañar, retirar o destruir. Todos esos artefactos deben registrarse y ser derivados a la autoridad correspondiente para que se decida sobre su conservación o retiro. Si se cuenta con un permiso, se podrán trasladar o retirar objetos con fines de preservación, protección o restablecimiento de la exactitud histórica.

- En la parte oriental de la Zona hay una caja de madera cerrada con los restos bien preservados de un perro husky, que no deberían perturbarse mientras se consideran las opciones para su manejo futuro.

7(ix) Eliminación de residuos

Deberán retirarse de la Zona todos los residuos, incluidos todos los residuos de origen humano.

7 (x) Medidas que puedan requerirse para garantizar el cumplimiento de los objetivos del Plan de Gestión

Se pueden otorgar permisos de ingreso a la Zona con el fin de:

- llevar a cabo actividades de inspección y control de la Zona, las cuales pueden implicar la recolección de una cantidad pequeña de muestras o de información para su análisis o examen.

- levantar o mantener postes indicadores, estructuras o equipos científicos (los sitios que se utilicen para actividades de vigilancia a largo plazo deberán estar debidamente marcados).

- implementar medidas de protección.

7(xi) Requisitos relativos a los informes

- El titular principal del permiso presentará a la autoridad nacional correspondiente un informe de cada visita a la Zona, en cuanto sea posible, y antes de los seis meses posteriores a la finalización de la visita.

- Dichos informes deben incluir, según corresponda, la información señalada en el formulario para Informes de visitas incluido en el Apéndice 2 de la Guía para la Preparación de Planes de Gestión para las Zonas Antárticas Especialmente Protegidas (Resolución 2 (2011). Si procede, la autoridad nacional también debería enviar una copia del informe de visitas a la Parte que haya propuesto el Plan de Gestión, a fin de ayudar en la administración de la Zona y en la revisión del Plan de Gestión.

- Siempre que sea posible, las Partes deberían depositar esos informes originales o sus copias en un archivo de acceso público, a fin de llevar un registro de uso que pueda ser utilizado en las revisiones del Plan de Gestión y en la organización del uso científico de la Zona.

• Se deberá notificar a la autoridad apropiada de cualquier actividad /medida llevada a cabo, cualquier elemento que se haya retirado o cualquier material que se haya vertido y no se haya retirado que no estén incluidos en en el correspondiente permiso.

8. Documentación de apoyo

Brabyn, L., Beard, C., Seppelt, R.D., Rudolph, E.D., Türk, R. y Green, T.G.A. 2006 Quantified vegetation change over 42 years at Cape Hallett, East Antarctica. *Antarctic Science* **18**(4): 561–72.

Brabyn, L., Green, T.G.A., Beard, C. y Seppelt, R.D. 2005. GIS goes nano: Vegetation studies in Victoria Land, Antarctica. *New Zealand Geographer* **61**: 139–47.

Crittenden, P.D., Scrimgeour, C.M., Minnullina, G., Sutton, M.A., Tang, Y.S. y Theobald, M.R. 2015 Lichen response to ammonia deposition defines the footprint of a penguin rookery. *Biogeochemistry* **122**: 295–311. doi:10.1007/s10533-014-0042-7

Hofstee, E. H., Balks, M. R., Petchey, F., y Campbell, D. I. (2006). Soils of Seabee Hook, Cape Hallett, northern Victoria Land, Antarctica. *Antarctic Science* **18**(4): 473-486. doi:10.1017/S0954102006000526

Lyver, P.O'B., Barron, M., Barton, K.J., Ainley, D.G., Pollard, A., Gordon, S., McNeill, S., Ballard G. y Wilson, P.R. 2014. Trends in the breeding population of Adélie penguins in the Ross Sea, 1981–2012: a coincidence of climate and resource extraction effects. *PLoS ONE* **9**(3): e91188. doi:10.1371/journal.pone.0091188

Raymond, M.R., Wharton, D.A. y Marshall, C.J. 2013. Factors determining nematode distributions at Cape Hallett and Gondwana station, Antarctica. *Antarctic Science* **25**(3): 347-57.

Rudolph, E.D. 1963. Vegetation of Hallett Station area, Victoria Land, Antarctica. *Ecology* **44**: 585–86.

Ruprecht, U., Lumbsch, H.T., Brunauer, G., Green, T.G.A. y Türk, R. 2012. Insights into the diversity of Lecanoraceae (Lecanorales, Ascomycota) in continental Antarctica (Ross Sea region). *Nova Hedwigia* **94**(3): 287–306. doi:10.1127/0029-5035/2012/0017

Sinclair, B.J., M.B. Scott, C.J. Klok, J.S. Terblanche, D.J. Marshall, B. Reyers y S.L. Chown. 2006 Determinants of terrestrial arthropod community composition at Cape Hallett, Antarctica. *Antarctic Science* **18**(3): 303-12.

Smykla, J., Krzewicka, B., Wilk, K., Emslie, S.D. y Sliwa, L. 2011. Additions to the lichen flora of Victoria Land, Antarctica. *Polish Polar Research* **32**(2): 123-38.

(Se dispone de una extensa bibliografía como parte del Proyecto del Gradiente Latitudinal en http://www.lgp.aq)

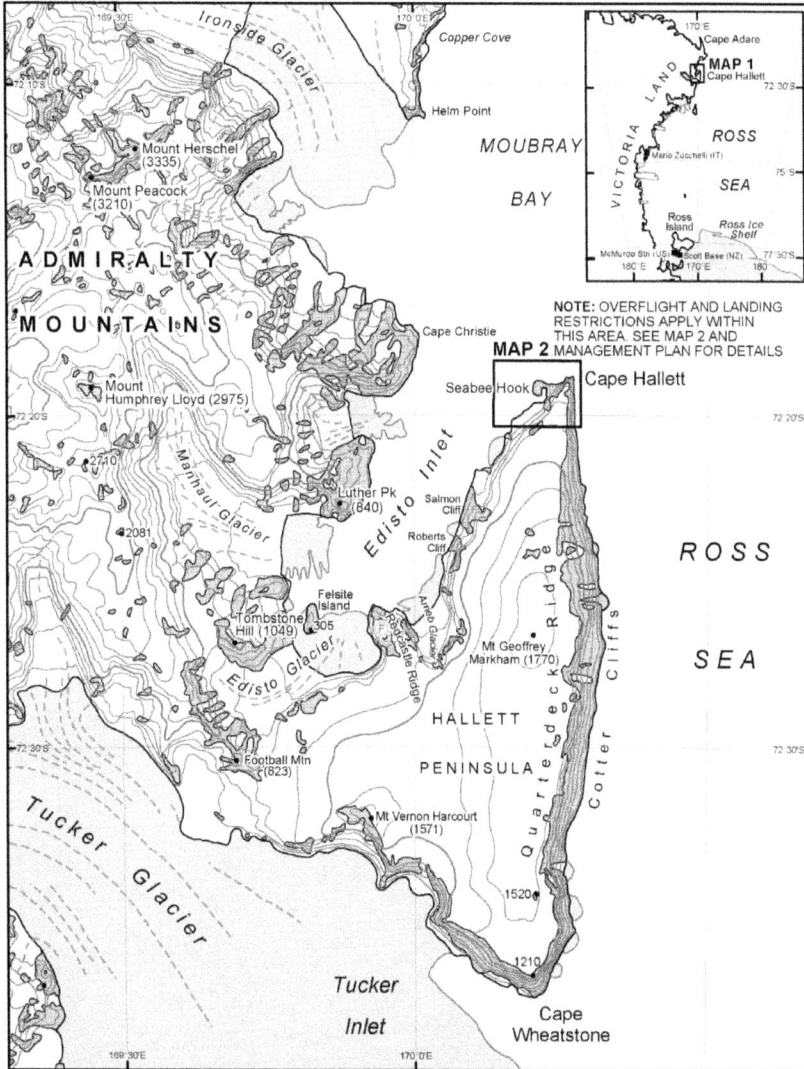

Map 1: ASPA No. 106 - Cape Hallett - Regional Map

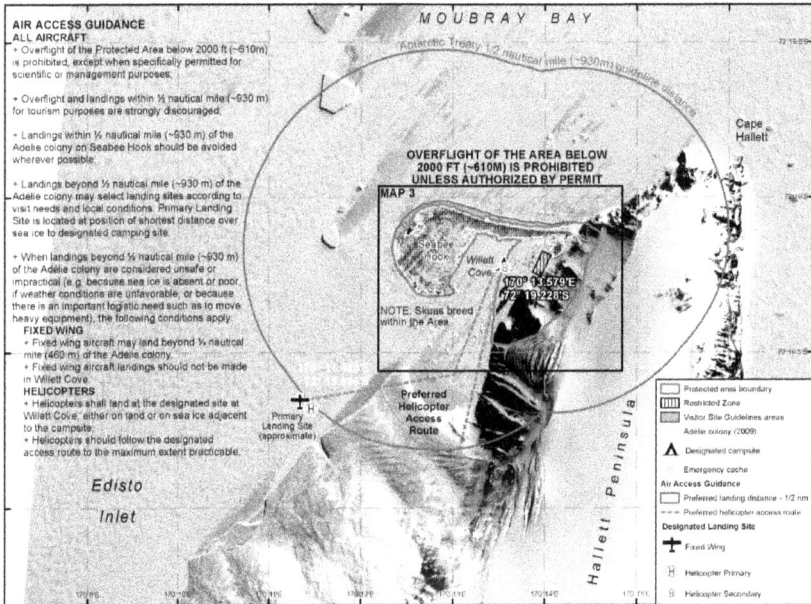

Map 2: ASPA No.106 - Cape Hallett - Air access guidance

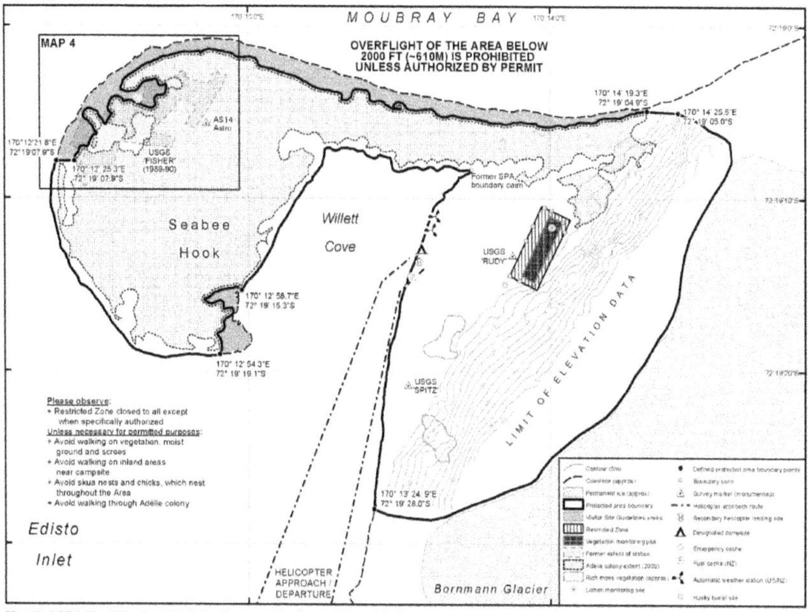

Map 3: ASPA No.106 - Cape Hallett - Topography, boundaries & features

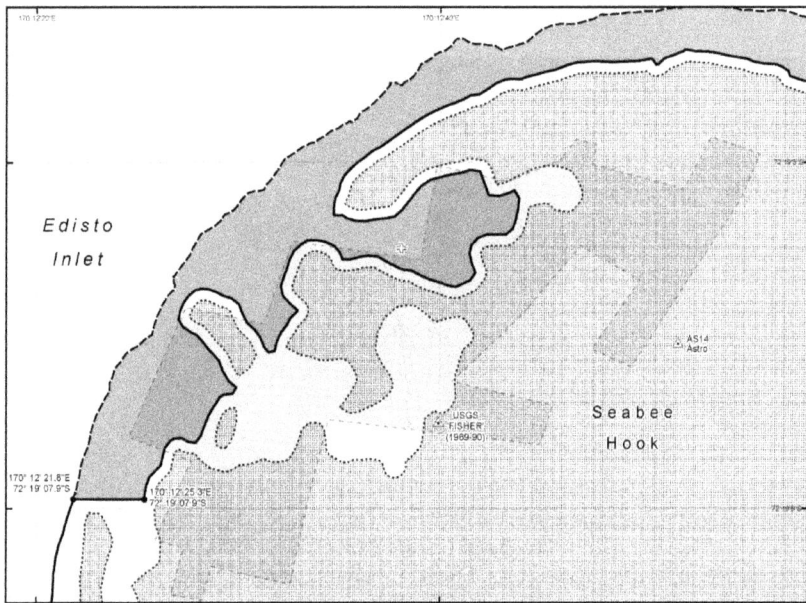

Map 4: ASPA No.106 - Cape Hallett - Former Hallett Station area

Plan de Gestión para la

Zona Antártica Especialmente Protegida (ZAEP) N° 119

VALLE DAVIS Y LAGUNA FORLIDAS,

MACIZO DUFEK, MONTAÑAS PENSACOLA

(51° 05' O, 82° 29' S)

Introducción

La Zona Antártica Especialmente Protegida (ZAEP) del valle Davis y la laguna Forlidas está situada en el macizo Dufek de las montañas Pensacola, a 51°4'53"O, 82°29'21"S. Tiene una superficie aproximada de 55,8 km². La razón primordial de la designación de la Zona es que contiene algunas de las lagunas de agua dulce más australes con vida microbiana autotrófica que se conocen en la Antártida. Estas lagunas constituyen ejemplos poco comunes de ecosistemas de agua dulce casi prístinos y de sus cuencas. Las características geomorfológicas de la Zona constituyen un recurso científico singular para la reconstrucción de eventos glaciales y climáticos anteriores. Como consecuencia de su extrema lejanía e inaccesibilidad, la Zona ha estado expuesta a muy poca actividad humana y se calcula que ha recibido menos de 50 visitantes en total. En consecuencia, tiene un potencial sobresaliente como sitio de referencia científica. Asimismo, posee valores estéticos y de vida silvestres sobresalientes. La Zona es uno de los sistemas de "valles secos" más australes de la Antártida y, a abril de 2015, era la Zona Antártica Especialmente Protegida (ZAEP) más austral de la Antártida. La Zona fue propuesta originalmente por Estados Unidos, y aprobada por medio de la Recomendación XVI-9 [1991, ZEP N° 23]. La Zona original abarcaba la laguna Forlidas (51°16'48"O, 82°27'28"S) y varias lagunas situadas a lo largo del borde de hielo septentrional del valle Davis. Posteriormente, por medio de la Medida 2 (2005) se extendieron los límites de la Zona a fin de incluir la totalidad de la región libre de hielo que está en el centro del valle Davis. Las nuevas imágenes disponibles en 2013 permitieron que dichos límites se ajustasen en el Plan de gestión actual para seguir los márgenes del terreno libre de hielo.

La Zona se sitúa dentro del "Dominio O: capa de hielo antártico occidental" y el "Dominio R: montañas trasantárticas", tal como se define en el Análisis de dominios ambientales para la Antártida (Resolución 3(2008)), y es la única zona protegida designada dentro del Ambiente R. En conformidad con la clasificación de Regiones Biogeográficas de Conservación Antártica (Resolución 6(2012)) la Zona se encuentra dentro de los límites de ACBR10: Montañas trasantárticas, y también es la única Zona que se ha designado dentro de esta bioregión.

1. Descripción de los valores que requieren protección

La laguna Forlidas (51°16'48"O, 82°27'28"S) y varias lagunas situadas a lo largo del borde septentrional del hielo del valle Davis (51°05'O, 82°27'30"S), en el macizo Dufek, montañas Pensacola, fueron designadas originalmente Zona Especialmente Protegida en virtud de la Recomendación XVI-9 (1991, ZEP N° 23) tras una propuesta presentada por Estados Unidos. La Zona fue designada porque "contiene algunas de las lagunas de agua dulce más australes con vida vegetal que se conocen en la Antártida", las cuales "deben protegerse como ejemplos de ecosistemas singulares casi prístinos de agua dulce, junto con sus cuencas". La Zona original comprendía dos secciones separadas por unos 500 m y una superficie combinada de unos 6 km². Abarcaba la laguna Forlidas y las lagunas de deshielo situadas a lo largo del borde de hielo en el límite septentrional del valle Davis. Este lugar ha sido visitado muy pocas veces y hasta hace poco se disponía de escasa información sobre los ecosistemas de la Zona.

El presente Plan de Gestión reafirma el motivo original de la designación de la Zona, reconociendo las lagunas y su vida vegetal asociada como ejemplos prístinos de un hábitat austral de agua dulce. Los valores identificados para protección especial y los límites de la Zona se expandieron, como se describe a continuación, luego de una visita de campo realizada en diciembre de 2003 (Hodgson y Convey, 2004).

El valle Davis y los valles contiguos libres de hielo constituyen uno de los sistemas de "valles secos" más australes de la Antártida y, a marzo de 2015, la Zona Antártica Especialmente Protegida más austral de la Antártida. Aunque tiene una superficie de solo 53 km², es decir, de menos del 1% de la superficie de los valles secos de McMurdo, la Zona contiene el sistema de valles libres de hielo más extenso al sur de los 80°S en la mitad 90°O-0°-90°E de la Antártida. Asimismo, es la única zona conocida de esta parte de la Antártida donde la geomorfología conserva un registro tan detallado de la historia glacial. En algunos lugares libres de hielo alrededor de la región del mar de Weddell hay rocas erráticas dispersas y algunas morrenas, pero la combinación dada por los límites del material de acarreo glaciario, las morrenas y las abundantes rocas erráticas que contienen cuarzo en el valle Davis y los valles asociados son muy poco comunes. Debido a la ubicación del macizo Dufek, cerca de la unión de las capas de hielo de la Antártida occidental y oriental, este sitio también es especialmente útil para recabar datos que puedan utilizarse para delimitar parámetros tales como el espesor y la dinámica de este sector de la capa de hielo antártico en el pasado. Estos datos podrían ser sumamente útiles para comprender la respuesta de la capa de hielo antártico al cambio climático. Por lo tanto, la Zona posee un valor científico excepcional y singular para la interpretación de sucesos glaciales y el clima del pasado en esta parte de la Antártida, y es importante que dicho valor se mantenga.

La ecología terrestre de la Zona es pobre, pero aun así, muy poco común: sus ambientes de lagos y arroyos de deshielo y la biota asociada son poco comunes en un lugar tan austral de la Antártida. Por consiguiente, ofrecen oportunidades singulares para el estudio científico de comunidades biológicas cerca del límite extremo de la presencia de estos ambientes. La vegetación parece limitarse a tapetes de cianobacterias y a la muy escasa presencia de pequeños líquenes crustosos. Los tapetes cianobacterianos terrestres son sorprendentemente extensos y constituyen los mejores ejemplos de este tipo de comunidad que se conocen tan al sur. La comunidad cianobacteriana parece sobrevivir al menos en tres medios diferentes:

- En masas de agua permanentes;
- En lugares terrestres expuestos, especialmente en los límites de polígonos seleccionados; y
- En una serie de antiguos lechos de lagunas, o lechos de lagunas que permanecen secos por temporadas, en el terreno libre de hielo del valle Davis.

Hasta ahora no se han encontrado artrópodos ni nematodos en muestras tomadas en la Zona, y la fauna de invertebrados de la Zona es excepcionalmente escasa. Esta característica distingue a la Zona de los sistemas de valles sin hielo más septentrionales, como los del valle Ablation – cumbres Ganymede (ZAEP N° 147), la isla Alexander y los valles secos de McMurdo (ZAEA N° 2), donde este tipo de comunidades están presentes. Se han extraído rotíferos y tardígrados de muestras tomadas en la Zona, obteniéndose el mayor número en los antiguos lechos de lagunas del valle Davis, aunque su diversidad y abundancia también son extremadamente limitadas en comparación con otros lugares más septentrionales de la Antártida (Hodgson y Convey, 2004). Los análisis adicionales de las muestras obtenidas y la identificación de todos los grupos taxonómicos presentes se hallan publicados (Hodgson *et al.* 2010; Fernández-Carazo *et al.* 2011; Peeters *et al.* 2011, 2012)), y son una importante contribución para comprender las relaciones biogeográficas entre las distintas regiones de la Antártida.

La Zona está sumamente aislada y es de difícil acceso. En consecuencia, muy pocas personas la han visitado. Los informes disponibles indican que pequeños grupos de expedición visitaron la Zona en diciembre de 1957, en las campañas del verano austral de 1965-1966 y 1973-1974, en diciembre de 1978 y en diciembre de 2003. El total de visitantes probablemente sea inferior a 50 y las visitas por lo general se limitaron a unas pocas semanas o días. No se han erigido estructuras o instalaciones en la Zona y, que se sepa, todo el equipo llevado a la Zona fue retirado posteriormente. Aunque Hodgson y Convey (2004) notificaron indicios de un número muy limitado de huellas humanas y varias calicatas antiguas, la Zona ha estado expuesta en pocas oportunidades al impacto humano directo. Se cree que la Zona es uno de los sistemas de valles libres de hielo más prístinos de la Antártida y, por consiguiente, se considera que posee un potencial sobresaliente como zona de referencia para estudios microbiológicos, de modo que es importante que dichos valores sean protegidos a largo plazo.

El sitio posee sobresalientes valores estéticos y de vida silvestre. Los valles secos y meteorizados de color marrón presentes en la Zona , están rodeados de extensos campos de hielo, cuyos bordes forman en los valles orlas de hielo glacial de base seca de un tono azul intenso. Este borde de hielo azul, abrupto e impresionante, contrasta fuertemente con el paisaje rocoso y yermo de los valles libres de hielo, ofreciendo una estética impactante. Uno de los primeros exploradores que llegaron a esta zona en 1957 recuerda "la emoción que sentimos por ser los primeros en llegar y ver este paisaje magnífico y prístino" (Behrendt, 1998: 354). Otros ejemplos de las descripciones de la Zona entregados por visitantes son: "[el hielo azul], de 46 metros, se alzaba frente a nosotros como una gran ola azul. Era como estar en una ola de enormes proporciones que permanecía suspendida mientras caminábamos por debajo..." (Reynolds, notas sobre el terreno, 1978) y "sigo sin encontrar suficientes superlativos para describir las características, grandes o pequeñas, biológicas o físicas... [De los] muchos entornos que ponen a prueba la imaginación...ninguno de los que conozco se compara con el lado norte del macizo Dufek, donde el valle Davis es la joya de la corona" (Reynolds, comunicación personal, 2000); "el [paisaje] más inusitado que he visto en cualquiera de los siete continentes" (Boyer, comunicación personal, 2000); "probablemente sea el lugar más notable que he visto en la Antártida o en el resto del mundo" (Convey, comunicación personal, 2004). Burt (2004) describió la región sencillamente como "inspiradoramente imponente".

Los límites de la Zona incluyen la totalidad de la región libre de hielo centrada en el valle Davis, incluidos los valles contiguos y la laguna Forlidas. En general, los bordes de las capas de hielo circundantes forman el nuevo límite de la Zona, que confiere especial protección a la región como una unidad sin hielo integrada próxima a las cuencas de los valles. Las cuencas completas de los glaciares circundantes que fluyen en estos valles se extienden a gran distancia de la zona libres de hielo y no poseen muchos de los valores relacionados con el propósito de la protección especial, por lo que han sido excluidos de la Zona.

2. Finalidades y objetivos

Las finalidades de la gestión del valle Davis y de la laguna Forlidas son las siguientes:

- evitar la degradación de los valores de la Zona y los riesgos importantes para los mismos, previniendo las perturbaciones innecesarias causadas por los seres humanos;
- conservar el ecosistema como zona que en gran medida ha permanecido intacta;
- conservar el ecosistema casi prístino debido a su potencial como zona biológica de referencia;
- permitir las investigaciones científicas del ecosistema natural y el medio físico de la Zona siempre que sean imperiosas y que no puedan realizarse en otro lugar;
- reducir a un mínimo la posibilidad de introducción de plantas, animales y microbios no autóctonos en la zona; y
- permitir visitas con fines de gestión para facilitar el cumplimiento de los objetivos del Plan de Gestión.

3. Actividades de gestión

Se deberán emprender las siguientes actividades de gestión en aras de proteger los valores de la Zona:

- Los señalizadores, carteles o estructuras instalados en la Zona con fines científicos o de gestión deberán estar bien sujetos y en buen estado, y deberán ser retirados cuando ya no se necesiten.
- Los programas nacionales deberán garantizar que los límites de la Zona y las restricciones que se aplican en su interior estén marcados en los mapas y cartas náuticas y aeronáuticas relevantes;
- Se efectuarán las visitas necesarias para determinar si la Zona continúa sirviendo a los fines para los cuales ha sido designada y para cerciorarse de que las medidas de gestión y mantenimiento sean adecuadas.

4. Período de designación

Designación con período de vigencia indefinida.

5. Mapas

Mapa 1: Valle Davis y laguna Forlidas, ZAEP N° 119, macizo Dufek, montañas Pensacola: Mapa de localización.

Especificaciones cartográficas: Proyección: cónica conforme de Lambert; paralelos de referencia: primero, 82°S; segundo, 83°S; meridiano central: 51°O; latitud de origen: 81°S; esferoide: WGS84.

Recuadro: ubicación de las montañas Pensacola y del mapa 1 en la Antártida.

Mapa 2: Valle Davis y laguna Forlidas, ZAEP N° 119: mapa topográfico y límite de la Zona protegida.

Especificaciones cartográficas: Proyección: cónica conforme de Lambert; paralelos de referencia: primero, 82°S; segundo, 83°S; meridiano central: 51°O; latitud de origen: 81°S; esferoide: WGS84; nivel de referencia vertical: WGS84. Diferencia de altura con el nivel medio del mar usando el Modelo gravitacional de la Tierra, EGM96: –21 m. Intervalo de curvas de nivel: 25 m. Datos topográficos generados con técnicas digitales ortofoto digital y técnicas fotogramétricas a partir de fotografías aéreas del Servicio Geológico de Estados Unidos (TMA400, TMA908, TMA909 (1958) y TMA1498 (1964)) por el Centro de Cartografía e Información Geográfica, British Antarctic Survey (Cziferszky *et al.,* 2004). Estimaciones de exactitud: horizontal: ±1 m; vertical: ±2 m, disminuyendo hacia el sur a medida que aumenta la distancia respecto de los puntos de control terrestres disponibles. El mapa de los campos de hielo circundantes y la zona sin hielo situadas más allá de la cobertura ortofotográfica se preparó a partir de imágenes satelitales WorldView 1 (5 de noviembre de 2013) (© Digital Globe, cortesía del Programa de Imágenes Comerciales de la Agencia Nacional de Inteligencia Geoespacial [NGA, por su siglas en inglés])) con datos de elevación generados a partir de un modelo DEM producido por el Centro Polar Geoespacial (PGC, por sus siglas en inglés) en 2014.

6. Descripción de la Zona

6(i) Coordenadas geográficas, indicadores de límites y características naturales

Descripción general

El valle Davis (51°05'O, 82°28'30"S) y la laguna Forlidas (51°16'48"O, 82°27'28"S) están situados en el nordeste del macizo Dufek, montañas Pensacola, que forman parte de la cadenas de Montes Transantárticos (mapa 1). El macizo Dufek está a mitad de camino, aproximadamente, entre el glaciar Support Force y la corriente de hielo Foundation, dos de los principales glaciares que fluyen hacia el norte desde la meseta polar hasta las barreras de hielo Ronne y Filchner. A unos 60 km al sudeste está el cordón montañoso Forrestal (que también forma parte de las montañas Pensacola), separado del macizo Dufek por el campo de hielo Sallee. El glaciar de piedemonte Ford separa el macizo Dufek de las barreras de hielo Ronne y Filchner, que están a unos 50 km al noroeste y 70 km al nordeste, respectivamente.

El valle Davis tiene alrededor de cinco kilómetros de ancho y siete de largo. El límite septentrional está definido por los lóbulos de hielo azul que forman parte del borde meridional del glaciar de piedemonte Ford (mapa 2). El límite nororiental está formado por la cresta Wujek y el monte Pavlovskogo (1074 m), y el límite suroriental por el monte Beljakova (1240 m), flanqueado en la parte exterior por un glaciar que fluye hacia el norte desde el campo de hielo Sallee hasta el glaciar de piedemonte Ford. El límite occidental del valle Davis está definido por el espolón Clemons, el pico Angels (964 m) y la cresta Forlidas. El glaciar Edge se extiende unos cuatro kilómetros en el valle Davis desde el campo de hielo Sallee. En el sur del valle Davis se destaca el monte Beljakova (1240 m), en el borde noroccidental del campo de hielo Sallee. Hay varios valles más pequeños en la parte occidental de la Zona, junto al prominente espolón Preslik y la cresta Forlidas. Casi el 75% de la región circundada por los grandes campos de hielo está libre de hielo, lo cual representa en total 39 km² de terreno libre de hielo, mientras que el resto de la Zona está cubierto por el glaciar Edge, otras masas permanentes de nieve y hielo y varias lagunas pequeñas.

La laguna Forlidas no tiene salida al mar. Ocupa un valle seco pequeño, sin nombre, separado del valle Davis por una cadena tributaria que se extiende hacia el norte desde la cresta Forlidas. Hay otros lagos y lagunas proglaciales en la Zona a lo largo del borde del hielo azul del glaciar de piedemonte Ford, en el frente del glaciar Edge y a lo largo del borde de hielo al oeste de la cresta Forlidas y el espolón Clemons.

Límites

La Zona comprende la totalidad del valle Davis y los valles libres de hielo inmediatamente adyacentes, entre ellos varios de los glaciares de valle situados en estas cuencas (mapa 2). El límite sigue principalmente los bordes de los campos de hielo circundantes del glaciar de piedemonte Ford y el campo de hielo Sallee, que cercan la zona libre de hielo, considerada de gran valor. El límite septentrional se extiende paralelamente desde el borde meridional del glaciar de piedemonte Ford, 500 metros al norte del mismo, en el valle Davis y en el valle contiguo que contiene la laguna Forlidas, que se extiende desde 51°24'02"O, 82°26'23.4"S en el noroeste hasta 50°52'10"O, 82°26'45.5"S en el noreste. Esto ofrece una zona de amortiguación en torno a las masas de agua dulce importantes a lo largo del borde septentrional del glaciar. El límite oriental sigue el borde de hielo a lo largo de la cresta Wujek, desde el glaciar de piedemonte Ford hasta el monte Pavlovskogo. El límite sudoriental se extiende desde el monte Pavlovskogo, cruza el campo de hielo Sallee y los taludes superiores del glaciar Edge, sigue los afloramientos -donde los hay-, hasta llegar al monte Beljakova. Los límites meridional y occidental de la Zona siguen los bordes de hielo permanente y el punto más austral se encuentra en 51°17'00"O, 82°33'20"S. Los límites encierran una superficie total de 55,8 km².

No se han colocado indicadores de límites en la Zona porque está muy alejada, porque las oportunidades de visitarla son pocas y porque el mantenimiento presenta dificultades prácticas. Asimismo, los bordes de los campos de hielo permanente por lo general están claramente definidos y forman un límite bien visible alrededor de la mayor parte de la Zona.

Meteorología

Se han hecho varias estimaciones de la temperatura media anual del aire de la superficie en la región del macizo Dufek a partir de mediciones realizadas en perforaciones o grietas en el hielo a una profundidad de alrededor de 10 metros. En diciembre de 1957 se obtuvo una medición de –24,96°C a 32 kilómetros al norte de la laguna Forlidas en el glaciar de piedemonte Ford (calicata 12, mapa 1) (Aughenbaugh *et al.*, 1958). En diciembre de 1978 se obtuvo una nueva estimación de -9°C en el valle Enchanted, 26 km al sur (mapa 1), en una grieta a ocho metros de profundidad (Boyer, comunicación personal, 2000).

Datos meteorológicos detallados de la Zona se limitan a registros obtenidos durante dos semanas en 2003. Hodgson y Convey (2004) midieron la temperatura y la humedad relativa en la superficie de la nieve y las rocas en los sitios de muestreo de la Zona entre el 3 y el 15 de diciembre de 2003, registrando datos a intervalos de 30 minutos, aunque los sensores no estaban protegidos con una pantalla Stevenson. La temperatura de la superficie de la nieve se situó entre un máximo de +12,8°C y un mínimo de –14,5°C, con un promedio durante el período de –0,56°C. La temperatura en la superficie de las rocas se situó entre un máximo de +16,0°C y un mínimo de –8,6°C, con un promedio durante el período de +0,93°C (los datos correspondientes a las rocas fueron recopilados únicamente del 3 al 11 de diciembre de 2003). La humedad relativa registrada en la superficie de la nieve se situó entre un máximo de 80,4% y un mínimo de 10,8%, con un promedio durante el período de 42,6%. En la superficie de las rocas (del 3 al 11 de diciembre de 2003), la humedad relativa se situó entre un máximo de 80,9% y un mínimo de 5,6%, con un promedio para el período de 38,7%.

No se dispone de datos medidos directamente sobre la velocidad y la dirección del viento en la Zona, pero los modelos parecen indicar que los vientos cercanos a la superficie soplan principalmente del oeste-noroeste, con una velocidad media en invierno de alrededor de 10 ms[-1] (van Lipzig *et al.* 2004). Aunque las áreas libres de hielo que llevan más tiempo expuestas más arriba del límite del material de acarreo glaciario tienen muchas características relacionadas con una prolongada erosión eólica, hay indicios de que, en la actualidad, los vientos de la localidad no son especialmente fuertes. Por ejemplo, en la mayor parte de la superficie del hielo y la nieve no se observaron detritos transportados por el viento y hay tapetes cianobacterianos terrestres intactos en lugares expuestos del fondo de los valles secos (Hodgson y Convey, 2004). No se dispone de datos sobre las precipitaciones, aunque la superficie yerma del hielo y las rocas, y la baja humedad relativa media registrada por Hodgson y Convey (2004) dan testimonio de que se trata de un medio seco, con pocas precipitaciones. Estas características corresponden a una zona de ablación con predominio del tipo 2, donde la ablación por sublimación se produce al pie de barreras topográficas empinadas donde cada valle de glaciar actúa como puerta de entrada para el drenaje de aire desde la meseta hasta la plataforma de hielo Ronne-Filchner. Las mayores tasas de sublimación se producen en estos glaciares focalizados de las Montañas Transantárticas, donde las áreas de hielo azul están muy difundidas (van den Broeke *et al.*, 2006).

Características geológicas, geomorfológicas y edafológicas

El macizo Dufek se caracteriza por bandas estratificadas de roca acumulada pertenecientes a la intrusión de Dufek, que se cree que es una de las intrusiones estratificadas de gabro más grandes del mundo (Behrendt *et al.*, 1974; 1980; Ferris *et al.* 1998). Ésta se expone en el valle Davis en el gabro Aughenbaugh de textura media, de color gris claro a gris mediano, que constituye la parte expuesta más baja de la intrusión de Dufek del Jurásico medio (Ford *et al.*, 1978).

El valle Davis consiste principalmente de talud detrítico muy poco meteorizado y till glaciario de origen local y exógeno. En particular parecen abundar las rocas erráticas de arenisca de Dover, una de varias capas metasedimentarias perturbadas por la intrusión de Dufek. Es evidente un registro geomorfológico glacial. Estos rasgos incluyen superpuestas morrenas de glaciares de valle, morrenas de mantos de hielo, borde lacustre, canales glaciales laterales, superficies erosionadas por el hielo, suelo estructurado bien desarrollado y rocas erráticas. Boyer (1979) identificó por lo menos tres eventos glaciales y dos interglaciales importantes, en tanto que Hodgson *et al.* (2012) confeccionaron mapas de los rasgos geomorfológicos derivados de hasta siete fases glaciales. Por orden de antigüedad, esas fases son: glaciación alpina del borde del talud, glaciación superpuesta de base húmeda, avance del glaciar hasta un límite superior (760 m), dos avances de la capa de hielo hasta límites próximos y paralelos en los valles, avance del glaciar de salida de la meseta (glaciar Edge) para fusionarse con la capa de hielo y, por último, avance y retroceso del margen de la capa de hielo principal. Se ha tratado de determinar los límites de la edad de algunos de estos eventos glaciales utilizando pares de edades cosmogénicas de exposición a ^{10}Be-^{26}Al en grandes rocas erráticas compuestas de arenisca de Dover. Algunas partes del valle parecen haber estado expuestas durante más de 1,0 a 1,8 Ma y experimentado solamente un avance pequeño de la capa de hielo en el último máximo glacial, lo cual coincide con un conjunto de datos nuevos de los alrededores del borde del mar de Weddell que apunta hacia un engrosamiento bastante moderado del hielo en esa época.

Los suelos de la Zona no están bien desarrollados y por lo general carecen de un componente orgánico importante. Parker *et al.* (1982) tomaron muestras de tierra de color marrón claro, resultante de la meteorización de grava en muscovita. El suelo consiste en arena (81%) con limo (14%) y arcilla (5%), composición que difiere de la de otros sitios de las montañas Pensacola, donde la proporción de arcilla en seis muestras oscila entre 0,4% y 1,6%. La muestra de tierra del valle Davis tenía un pH de 6,4 (Parker *et al.*, 1982).

Lagos, lagunas y arroyos

La laguna Forlidas es una laguna endorreica, redonda y poco profunda, que está siempre congelada y que en 1957 tenía alrededor de 100 metros de diámetro (Behrendt, 1998). Cuando Hodgson y Convey (2004) la midieron en diciembre de 2003, tenía 90,3 metros de diámetro de borde a borde a lo largo de una transección con un acimut de 306° (magnético). En esa oportunidad estaba congelada casi por completo hasta el fondo, con una capa delgada de aguanieve fangosa hipersalina en el fondo y una fosa de agua dulce de deshielo en parte sin hielo y en parte cubierta por 10 a 15 cm de hielo (Hodgson y Convey, 2004). La profundidad era de 1,83 m, y el hielo tenía entre 1,63 y 1,83 m de espesor. La conductividad y la temperatura de la capa de salmuera eran de 142,02 mS cm^{-1} y -7,67°C, respectivamente, en comparación con 2,22 mS cm^{-1} y 0,7°C en el foso de agua dulce (Hodgson *et al.*, 2010). Por lo tanto, la salinidad del agua del fondo de la laguna Forlidas es alrededor de cuatro veces mayor que la del agua de mar. Esta concentración de sales se debe a que la laguna es el remanente de un lago mucho mayor, que se evaporó hace unos 2200 años y puede identificarse por una serie de terrazas lacustres y un nivel de la línea de costa del lago situado 17,7 m por encima del nivel actual (Hodgson, *et al.* 2012).

Hodgson y Convey (2004) también señalan la presencia de restos de un pequeño lago proglacial cerca del borde del glaciar de piedemonte Ford, a 900 metros de la laguna Forlidas. Hay dos lagunas proglaciales de deshielo al oeste de la cresta Forlidas y una serie de lagunas proglaciales de deshielo similares a lo largo del borde de hielo azul del norte del valle Davis, situadas a 51° 05,5' O, 82° 27,5' S y 51° 07' O, 82° 27,55' S. El lago proglacial en el frente del glaciar Edge es el más grande de la Zona, y está congelado permanentemente en el fondo, excepto en los márgenes orientales, donde se ha observado la presencia de agua de deshielo estacional.

En el área libre de hielo se ven cauces de arroyos secos y rasgos creados por erosión hídrica, aunque hasta ahora se ha informado solamente sobre pequeños arroyos de deshielo en el borde este del glaciar Edge que fluyen en diciembre (Hodgson y Convey, 2004). La evidente falta de arroyos de deshielo podría deberse a que todas las visitas hasta la fecha se han realizado en diciembre, posiblemente antes que se intensifique la actividad de los arroyos. La presencia de fosos en los lagos, las temperaturas positivas registradas por Hodgson y Convey (2004) y los indicios biológicos y geomorfológicos, así como las huellas observadas en suelo previamente húmedo (Convey, comunicación personal, 2015) sugieren que es probable que por lo menos algunos arroyos de deshielo estén activos más tarde en la temporada, aunque tal vez no todos los años.

Biología

En la biota visible predominan los tapetes de cianobacterias encontrados tanto en los lagos como en parches en la superficie del terreno libre de hielo, y muy escasos pequeños líquenes crustosos. Neuburg *et al.* (1959) observaron líquenes amarillos y negros, poco densos, que crecían en lugares protegidos del valle Davis, en tanto que Hodgson y Convey (2004) observaron varias formas de líquenes que crecían a gran profundidad en las grietas de rocas grandes. Estos se han identificado como *Lecidea cancrioformis* Dodge y Baker (Hodgson *et al.* 2010, y véase en el Apéndice 1: cuadro A1, la lista de taxones identificados en la Zona). En la base de datos sobre plantas de British Antarctic Survey también se señala la presencia de *Blastenia succinea* Dodge y Baker y de *Xanthoria elegans* (Link) Th. Fr. en muestras obtenidas en otros lugares del macizo Dufek, aunque estos datos no han sido verificados de forma independiente. Informes anecdóticos anteriores de Hodgson y Convey (2004) no lograron verificar informes anteriores de la posible presencia de musgos en la Zona, y es probable que personas que no eran expertas hayan confundido los ricos tapetes cianobacterianos con briofitas. La comunidad cianobacteriana es la biota más abundante y está presente al menos en tres ambientes diferentes:

(1) en los cuerpos asas de agua permanentes, en particular en el foso de la laguna Forlidas y en el fondo y el litoral de las lagunas del valle Davis, así como en el perímetro —humedecido por temporadas— del lago Edge. Estos hábitats presentan una cobertura extensa de tapetes cianobacterianos de color marrón rojizo con activa fotosíntesis, según se infiere de las burbujas de gas atrapadas en la cara inferior del hielo y de las burbujas incorporadas en el hielo. Como los lagos que están cubiertos de hielo permanente tienen concentraciones elevadas de O_2 disuelto en forma gaseosa, los tapetes microbianos que crecen en el fondo pueden desprenderse del fondo y convertirse en tapetes flotantes o incorporarse en la base del hielo del lago cuando el hielo entra en contacto con el fondo. En la laguna Forlidas y en las lagunas del valle Davis, los tapetes desprendidos del fondo y congelados en la base del hielo del lago terminan migrando hacia arriba por el perfil del hielo. En el valle Davis, este proceso parece llevar varios años: cada verano se forma una cavidad de deshielo de 2 a 3 cm como consecuencia del ascenso del terrón por el hielo del lago debido al calentamiento preferencial de la superficie superior. Estos terrones terminan por salir a la superficie, donde son dispersados por el viento en la costa o tierra adentro. También había cianobacterias unicelulares y en forma de copos pequeños en la salmuera hipersalina de la laguna Forlidas. Se aisló una cepa correspondiente a la morfología de *Leptolyngbya antarctica* del fango salino de TM1 (Fernández-Carazo *et al.*, 2011).

(2) en sitios terrestres expuestos, especialmente en el borde de las rocas más grandes y en las grietas que forman el límite de los polígonos seleccionados. Estas comunidades generalmente tienen una forma muy foliosa de color marrón mediano y están más desarrolladas en el borde de las rocas más grandes, alcanzando una profundidad mínima de 10 a 15 cm. Casi todos los terrones estaban completamente secos cuando se los encontró, aunque los que estaban cerca de la nieve fundente estaban húmedos y algunos tenían talos inferiores, a menudo de color verde oscuro. Buenos ejemplos de estos tipos de comunidades se han hallado particularmente en el fondo del centro del valle Forlidas y en el valle Davis (cerca de un gran barranco de nieve donde encuentra la segunda mayor terraza sobre el lago Edge).

(3) En una serie de lechos de lagunas secas en el valle Davis, dos de las cuales tienen hasta 50 m de diámetro, que presentan áreas extensas de tapete cianobacteriano casi continuo en el antiguo fondo de las lagunas. Estos lechos de lagunas y quebradas ocupan depresiones y, por consiguiente, podrían acumular nieve durante el invierno, permitiendo que las cianobacterias aprovechen el entorno protegido y húmedo de los parches de nieve.

Esta forma de tapete se encuentra también en muchos de las pequeñas quebradas contiguas entre polígonos u otros rasgos del terreno formados por crioturbación, que suelen tener el aspecto de canales de drenaje temporales.

Los análisis de la diversidad molecular cianobacteriana de cuatro muestras obtenidas de la laguna Forlidas y sus alrededores muestran un agotamiento de la diversidad, con dos a cinco unidades taxonómicas operacionales por muestra solamente (Hodgson *et al.*, 2010). Eso probablemente se deba al aislamiento geográfico, combinado con varios factores de tensión ambiental, como la salinidad y la desecación estacional, y la radiación ultravioleta. Algunas de las cianobacterias (por ejemplo, las de la salmuera de la laguna Forlidas) están relacionadas con secuencias de otros lagos antárticos hipersalinos, mientras que otras se encuentran casi exclusivamente en regiones glaciales. Las seis unidades taxonómicas operacionales descritas del macizo Dufek están distribuidas en más de un lugar del continente y se las encuentra también fuera de la Antártida.

La fauna de invertebrados de la Zona es igualmente pobre. La diversidad y la abundancia de organismos son extremadamente limitadas en comparación con sitios de menor latitud y del litoral antártico. No se han encontrado nematodos o artrópodos, pero hay tres especies de tardígrados de dos clases: *Echiniscus* (cf) *pseudowendti* Dastych, 1984 (heterotardígrados), *Acutuncus antarcticus* (Richters, 1904) y *Diphascon sanae* Dastych, Ryan y Watkins, 1990 (eutardígrados) y unos pocos rotíferos bdeloides no identificados (Hodgson *et al.* 2010). *Acutuncus antarcticus* es una especie antártica que se encuentra en hábitats que permanecen húmedos o embebidos en agua de forma semipermanente en todo el continente antártico y en las islas subantárticas, pero no se encuentra en ninguno de los continentes más cercanos. Las especies *Echiniscus* (cf) *pseudowendti* y *Diphascon sana*e, encontradas en muestras de la laguna Forlidas, también son endémicas de la Antártida, con áreas de distribución limitadas.

Los lugares más productivos para estos organismos no son el medio acuático de los lagos permanentes, sino el lecho de las antiguas lagunas del valle Davis, lo cual indica que estas áreas son biológicamente productivas, para lo cual necesitan una fuente de agua líquida. En diciembre de 2003 se veía poca nieve en el fondo del valle, de lo cual Hodgson y Convey (2004) dedujeron que la fuente de humedad podría ser un aumento considerable del deshielo que se produce conforme avanza la temporada, fluyendo de la capa de hielo local en el alto valle o de morrenas locales con núcleo de hielo. Aunque no observaron ese proceso durante su visita, las huellas y las calicatas poco profundas que quedaban de una de las expediciones anteriores (con una antigüedad de 25 a 46 años) indicaban que una parte del terreno estaba húmeda o anegada cuando se efectuó la visita anterior. La inundación estacional con agua líquida explicaría la extensión e integridad de esta comunidad cianobacteriana, así como su aparente resistencia a los estragos que pueden causar los vientos polares y la abundancia relativa de invertebrados extraídos de muestras tomadas en estos lugares.

En el suelo se han hallado especies de levaduras viables, junto con las algas *Oscillatoria* sp., *Trebouxia* sp. y *Heterococcus* sp. (Parker *et al.* 1982). Se han encontrado microorganismos casmoendolíticos en rocas del macizo Dufek (Friedmann, 1977), aunque Hodgson y Convey (2004) no encontraron indicios de su presencia en la Zona y señalaron que no abundan los tipos de rocas más propicios para la existencia de organismos endolíticos.

La avifauna es escasa: en diciembre de 2003 se avistó un solo petrel de las nieves (*Pagadroma nivea*) volando alrededor de uno de los picos encima del valle Davis.

Actividades e impacto de los seres humanos

Las visitas a la Zona han sido pocas y se cree que el impacto de los seres humanos es mínimo (cuadro A2, Apéndice 1). Debido a que es un lugar muy alejado y poco visitado, es una de las pocas zonas antárticas libres de hielo donde el registro compilado de la actividad humana en el sitio es casi completo. El estado casi prístino del medio ambiente contribuye al valor extremadamente alto de la Zona y es un motivo importante de su protección especial.

Las características principales de las visitas a la Zona de las cuales se tiene constancia se resumen en el cuadro A2 (Apéndice 1), que debería actualizarse cuando se requiera (véase la sección 7(x)). En el pasado, los campamentos por lo general se emplazaron sobre la capa de hielo fuera de la Zona. Las expediciones anteriores retiraron todos los desechos de la Zona, con la posible excepción de pequeñas cantidades de desechos humanos. En 2003 se retiraron todos los desechos, incluidos los desechos humanos, tanto de la Zona como del sitio contiguo utilizado por expediciones anteriores para acampar en el glaciar de piedemonte Ford (mapa 2). Hodgson y Convey (2004) observaron que, en diciembre de 2003, los indicios de visitas anteriores se limitaban a varias huellas y calicatas poco profundas en el valle Davis.

6 (ii) Acceso a la Zona

Se puede entrar en la Zona únicamente a pie. A los campos de hielo circundantes se puede llegar en aeronave o por rutas terrestres. Se debe entrar en la Zona por un lugar que esté lo más cerca posible del sitio donde vayan a realizarse los estudios, a fin de reducir al mínimo el trayecto que deba recorrerse en la Zona. Debido a las características y las grietas del terreno circundante, las rutas más prácticas para llegar a la Zona son las que parten del glaciar de piedemonte Ford, que está al norte de la Zona.

6(iii) Ubicación de estructuras dentro de la Zona y adyacentes a la misma

No se conoce la existencia de ninguna estructura, instalación o depósito en la Zona.

6(iv) Ubicación de otras zonas protegidas en las cercanías

No hay otras zonas protegidas en las proximidades. La más cercana es el valle Ablation – cumbres Ganymede (ZAEP N° 147), isla Alexander, que está a unos 1300 km al noroeste.

6(v) Zonas especiales al interior del área

No las hay.

7. Condiciones para la expedición de permisos

7(i) Condiciones generales para la expedición de permisos

Se prohíbe el ingreso a la Zona excepto con un permiso expedido por una autoridad nacional pertinente. Las condiciones para la expedición de un permiso de ingreso a la Zona son las siguientes:

- que se haya expedido por razones de índole científica o educativa para actividades que no puedan llevarse a cabo en otro lugar, o por razones que sean esenciales para la gestión de la Zona;
- Que las acciones permitidas son compatibles con el presente Plan de Gestión;
- Que las actividades permitidas brinden la correspondiente consideración, mediante el proceso de Evaluación de impacto medioambiental, a la protección continua de los valores ambientales, científicos, educativos, históricos y estéticos de la Zona, en particular su valor prístino y su potencial como sitio de referencia biológica en gran medida inalterado;
- Que el permiso sea expedido por un período determinado;
- Que el permiso, o una copia de éste, se lleve consigo dentro de la Zona

7 (ii) Acceso y circulación dentro la Zona

- Se prohíben el aterrizaje de aeronaves en la Zona y los sobrevuelos de la Zona a menos de 100 m sobre el nivel del suelo.
- Se prohíbe la circulación de vehículos en la Zona.
- El acceso y circulación dentro de la Zona deberán efectuarse a pie.
- No se aplican restricciones especiales a los medios de acceso o a las rutas aéreas o terrestres utilizadas en los traslados hacia y desde los campos de hielo que rodean los límites de la Zona.
- El acceso a la Zona deberá efectuarse en un punto practicable cerca de los lugares de estudio a fin de reducir al mínimo el trayecto que deba recorrerse en la Zona. Debido al terreno y las grietas, el acceso generalmente es más fácil desde el glaciar de piedemonte Ford, que está al norte de la Zona.
- Las rutas peatonales deben evitar los lagos, las lagunas, los antiguos lechos de lagunas, los lechos de arroyos, los terrenos húmedos y las áreas de sedimentos blandos o rasgos de origen sedimentario. Se debe tener cuidado de no dañar ningún área con tapetes cianobacterianos, en particular las extensas áreas de los antiguos lechos de lagunas del valle Davis (véase el mapa 2).
- La circulación de peatones deberá limitarse al mínimo necesario para alcanzar los objetivos de las actividades autorizadas y se deberá hacer todo lo posible para reducir al mínimo sus efectos.

7 (iii) Actividades que pueden llevarse a cabo dentro de la Zona

- Investigaciones científicas que no puedan realizarse en ningún otro lugar y que no pongan en peligro los valores científicos, medioambientales o estéticos y de vida silvestre de la Zona o su valor prístino y su potencial como sitio de referencia;
- Actividades de gestión esenciales, incluidas las de vigilancia;
- Actividades con fines educativos que se realicen por razones apremiantes y que no puedan llevarse a cabo en otro lugar. Estas actividades podrían consistir, entre otras, en la producción de documentales (fotográficos, de audio o escritos) o de recursos o servicios educativos. Las actividades educativas no deberán comprometer los valores por los cuales se protege la Zona, en particular su valor como sitio de referencia casi prístino. Los objetivos educativos no incluyen el turismo.
- Se deberá avisar a la autoridad pertinente sobre cualquier actividad o medida aprobada que no esté comprendida en el permiso.

7(iv) Instalación, modificación o desmantelamiento de estructuras

- No se podrán erigir estructuras en la Zona excepto por lo que se especifique en un permiso.
- Se prohíben las estructuras permanentes.
- Todo el equipo científico que se instale en la Zona deberá estar autorizado en el permiso.
- Si se prevé dejar el equipo en la Zona durante más de una temporada, deberá llevar claramente el nombre del país, el nombre del investigador principal y el año de instalación. Todos estos artículos deberán estar confeccionados con materiales que presenten un riesgo mínimo de contaminación de la Zona.
- La instalación (incluida la selección del sitio), el mantenimiento, la modificación y el retiro de estructuras deberán realizarse de una forma que reduzca al mínimo la perturbación de los valores físicos, ecológicos, científicos o estéticos y de vida silvestre de la Zona.
- El desmantelamiento de estructuras, equipos o señalizadores para los cuales el permiso haya expirado debe ser una condición para el otorgamiento del permiso. La autoridad que haya expedido el permiso tendrá la responsabilidad de garantizar que dicha condición se incluya en él. En caso de que el portador del permiso no cumpla esta obligación, la autoridad tendrá la responsabilidad de garantizar el desmantelamiento.

7(v) Ubicación de los campamentos

- Se prohíbe acampar en la zona.
- Hay lugares apropiados para acampar al norte y al oeste de la Zona en el glaciar de piedemonte Ford (mapa 2) y en el valle Enchanted (mapa 1).

7(vi) Restricciones relativas a los materiales y organismos que puedan introducirse en la Zona

Además de los requisitos del Protocolo al Tratado Antártico sobre Protección del Medio Ambiente, las restricciones relativas a los materiales y organismos que puedan introducirse en la Zona son las siguientes:

- Se prohíbe la introducción deliberada de animales, material vegetal y microorganismos vivos y suelo no estéril en la Zona. Deben tomarse precauciones a fin de evitar la introducción accidental de animales, material vegetal, microorganismos y suelos no estériles provenientes de otras regiones con características biológicas distintas (dentro de la Antártida o fuera del área comprendida en el Tratado Antártico).
- Los visitantes deberán cerciorarse de que el equipo de muestreo y los señalizadores llevados a la Zona estén limpios. En la medida de lo posible, antes de ingresar en la Zona se deberá limpiar minuciosamente el calzado y demás equipo que se use en la Zona o que se lleve a ésta (incluidas las mochilas, los bolsos y las tiendas de campaña). Los visitantes también deben consultar y seguir adecuadamente las recomendaciones incluidas en el Manual sobre especies no autóctonas del Comité para la Protección del Medio Ambiente (CPA, 2011), y el Código de Conducta Ambiental para el desarrollo de actividades científicas de campo en la Antártida (SCAR, 2009).

- Con el propósito de reducir el riesgo de contaminación bacteriana, las superficies expuestas del calzado, el equipo de muestro y los señalizadores deberían esterilizarse antes de usarlos en la Zona. La esterilización debería efectuarse con un método aceptable, como el lavado con una solución en agua de etanol al 70%.
- No se podrán llevar plaguicidas a la Zona.
- No se almacenarán combustibles, alimentos, productos químicos u otros materiales en la Zona, a no ser que esté específicamente autorizado por un permiso, en cuyo caso dicho material deberá almacenarse y manipularse de forma tal que se reduzca a un mínimo el riesgo de su introducción accidental en el medioambiente.
- Todos los materiales que se introduzcan podrán permanecer durante un período determinado establecido en el Permiso y deben retirarse cuando concluya el periodo establecido o con anterioridad; y
- Si se producen escapes que puedan comprometer los valores de la Zona, se recomienda retirar el material únicamente si el impacto de dicho retiro no sea mayor que el de dejar el material *in situ*.

7(vii) Toma de, o intromisión perjudicial sobre flora y fauna autóctonas

- Están prohibidas la recolección de flora o fauna autóctonas o la intromisión perjudicial que pudieran sufrir éstas, salvo en conformidad con un permiso expedido de acuerdo al Artículo 3 del Anexo II del Protocolo al Tratado Antártico sobre Protección del Medio Ambiente. En caso de toma o intromisión perjudicial de fauna, esto debería hacerse, como norma mínima, de conformidad con el Código de Conducta del SCAR para el Uso de Animales con Fines Científicos en la Antártida.

7 (viii) Recolección o retiro de materiales que no hayan sido introducidos a la Zona por el titular del permiso

- Se podrá recolectar o retirar material de la Zona únicamente de conformidad con un permiso, y dicho material deberá limitarse al mínimo necesario para fines de índole científica o de gestión. No se expedirán permisos si existe una preocupación razonable de que el muestreo propuesto conduzca a la toma, el retiro o el daño de una cantidad tal del suelo o de la flora o fauna autóctonas que su distribución o abundancia en la Zona se vea afectada de forma significativa.
- Los materiales de origen humano susceptibles de comprometer los valores de la Zona y que no hayan sido ingresados a esta por el titular del permiso o autorizados de otro modo, pueden ser retirados de la Zona a menos que el impacto ambiental provocado por su traslado sea mayor que los efectos que pueda ocasionar dejar dicho material en el lugar: si este es el caso, se debe notificar a la autoridad nacional correspondiente y se debe obtener aprobación.

7(ix) Eliminación de residuos

Deberán retirarse de la Zona todos los desechos, incluso el agua para uso humano y los desechos humanos. Las personas y los grupos deberán llevar recipientes apropiados para transportar en forma segura los desechos humanos y aguas grises, a fin de retirarlos de la Zona.

7(x) Medidas necesarias para garantizar el continuo cumplimiento de las finalidades y objetivos del Plan de Gestión

Se pueden otorgar permisos de ingreso a la Zona con el fin de:

- llevar a cabo actividades de inspección y vigilancia de la Zona, las cuales pueden implicar la recolección de una cantidad pequeña de muestras o de información para su análisis o examen;
- implementar medidas de protección;

7(xi) Requisitos relativos a los informes

- El principal titular del permiso presentará a la autoridad nacional correspondiente un informe de cada visita a la Zona, en cuanto sea posible, y antes de los seis meses posteriores a la finalización de la visita.

- Dichos informes deberían incluir, según corresponda, la información señalada en el formulario para Informes de visitas incluido en el Apéndice 2 de la Guía para la Preparación de Planes de Gestión para las Zonas Antárticas Especialmente Protegidas anexo a la Resolución 2 (2011). Si procede, la autoridad nacional también debería enviar una copia del informe de visitas a la Parte que haya propuesto el Plan de Gestión, a fin de ayudar en la administración de la Zona y en la revisión del Plan de Gestión.

- Siempre que sea posible, las Partes deberían depositar el informe original o las copias de los mencionados informes originales en un archivo de acceso público a fin de mantener un registro de uso, para fines de revisión del Plan de Gestión y para fines de la organización del uso científico de la Zona.

- Se debería notificar a la autoridad apropiada sobre cualquier actividad /medida llevada a cabo, cualquier elemento que se haya retirado o cualquier material que se haya vertido y no se haya retirado, y que no estuviera incluido en el correspondiente permiso.

8. Documentación de apoyo

Aughenbaugh, N., Neuburg, H. y Walker P. 1958. Report 825-1-Part I, October 1958, USNC-IGY Antarctic Glaciological Data Field Work 1957 and 1958. Ohio State University Research Foundation. Fuente: World Data Center for Glaciology at Boulder, Colorado. (ftp://sidads.colorado.edu/pub/DATASETS/AGDC/antarctic_10m_temps/ells-filchner_57.txt).

Behrendt, J.C. 1998. *Innocents on the Ice; a memoir of Antarctic Exploration, 1957*. University Press of Colorado, Boulder.

Behrendt, J.C., Drewry, D.J., Jankowski, E., and Grim, M.S. 1980. Aeromagnetic and radio echo ice-sounding measurements show much greater area of the Dufek intrusion, Antarctica. *Science* **209**: 1014-17.

Behrendt, J.C., Henderson, J.R., Meister, L. y Rambo, W.K. 1974. Geophysical investigations of the Pensacola Mountains and Adjacent Glacierized areas of Antarctica. *U.S. Geological Survey Professional Paper* 844.

Boyer, S.J. 1979. Glacial geologic observations in the Dufek Massif and Forrestal Range, 1978-79. *Antarctic Journal of the United States* **14**(5): 46-48.

Burt, R. 2004. Travel Report - Sledge Bravo 2003-2004. SAGES-10K & BIRESA: Field trip to the lakes and dry valleys in the Dufek Massif and the Shackleton Mountains. Unpublished BAS Internal Report Ref. R/2003/K1. British Antarctic Survey, Cambridge

Cziferszky, A., Fox, A., Hodgson, D. y Convey, P. 2004. Mapa de base topográfico sin publicar del Valle Davis Valley, macizo Dufek Massif, montañas Pensacola. Mapping and Geographic Information Centre, British Antarctic Survey, Cambridge.

England, A.W. y Nelson, W.H. 1977. Geophysical studies of the Dufek Instrusion, Pensacola Mountains, Antarctica, 1976-1977. *Antarctic Journal of the United States* **12** (5): 93-94. Fernandez-Carazo, R., Hodgson, D.A., Convey, P. y Wilmotte, A. 2011. Low cyanobacterial diversity in biotopes of the Transantarctic Mountains and Shackleton Range (80-82°S), Antarctica. *FEMS Microbiology Ecology* **77**: 503-17.

Ferris, J., Johnson, A. y Storey, B. 1998. Form and extent of the Dufek intrusion, Antarctica, from newly compiled aeromagnetic data. *Earth and Planetary Science Letters* **154**: 185-202.

Ford, A.B. 1976. Stratigraphy of the layered gabbroic Dufek intrusion, Antarctica. *Contributions to stratigraphy: Geological Survey Bulletin* 1405-D.

Ford, A.B. 1990. *The Dufek intrusion of Antarctica. Antarctic Research Series* **51**. American Geophysical Union, Washington D.C.: 15-32.

Ford, A.B., Schmidt, D.L. y Boyd, W.W. 1978. Geologic map of the Davis Valley quadrangle and part of the Cordiner Peaks quadrangle, Pensacola Mountains, Antarctica. *U.S Geological Survey Antarctic Geological Map A-10*.

Ford, A.B., Carlson, C., Czamanske, G.K., Nelson, W.H. y Nutt, C.J. 1977. Geophysical studies of the Dufek Instrusion, Pensacola Mountains, Antarctica, 1976-1977. *Antarctic Journal of the United States* **12** (5): 90-92.

Friedmann, E.I. 1977. Microorganisms in Antarctic desert rocks from dry valleys and Dufek Massif. *Antarctic Journal of the United States* **12** (5): 26-29.

Hodgson, D. y Convey, P. 2004. Travel Report - Sledge Bravo 2003-2004. BAS Signals in Antarctica of Past Global Changes: Dufek Massif – Pensacola Mountains; Mount Gass – Shackleton Mountains. Datos inéditos del Informe interno del BAS, Ref. R/2003/NT1. British Antarctic Survey, Cambridge.

Hodgson, D.A., Convey, P., Verleyen, E., Vyverman, W., McInnes, W., Sands, C.J., Fernández-Carazo, R., Wilmotte, A., DeWever, A., Peeters, K., Tavernier, I. y Willems, A. 2010. The limnology and biology of the Dufek Massif, Transantarctic Mountains 82° South. *Polar Science* **4**: 197-214.

Hodgson, D.A., Bentley, M.J., Schnabel, C., Cziferszky, A., Fretwell, P., Convey, P. y Xu, S. 2012. Glacial geomorphology and cosmogenic ^{10}Be and ^{26}Al exposure ages in the northern Dufek Massif, Weddell Sea embayment, Antarctica. *Antarctic Science* 24(4): 377–94. doi:10.1017/S0954102012000016

Hodgson, D.A. y Bentley, M.J. 2013. Lake highstands in the Pensacola Mountains and Shackleton Range 4300-2250 cal. yr BP: Evidence of a warm climate anomaly in the interior of Antarctica. *The Holocene* **23**(3): 388-97. doi: 10.1177/0959683612460790

Neuburg, H., Theil, E., Walker, P.T., Behrendt, J.C and Aughenbaugh, N.B. 1959: The Filchner Ice Shelf. *Annals of the Association of American Geographers* **49**: 110-19.

Parker, B.C., Boyer, S., Allnutt, F.C.T., Seaburg, K.G., Wharton, R.A. y Simmons, G.M. 1982. Soils from the Pensacola Mountains, Antarctica: physical, chemical and biological characteristics. *Soil Biology and Biochemistry* **14**: 265-71.

Parker, B.C., Ford, A.B., Allnutt, T., Bishop, B. y Wendt, S. 1977. Baseline microbiological data for soils of the Dufek Massif. *Antarctic Journal of the United States* **12** (5): 24-26.

Peeters, K., Hodgson, D.A., Convey, P. y Willems, A. 2011. Culturable diversity of heterotrophic bacteria in Forlidas Pond (Pensacola Mountains) and Lundström Lake (Shackleton Range), Antarctica. *Microbial Ecology* **62**(2): 399-413.

Peeters, K., Verleyen, E., Hodgson, D.A., Convey, P., Ertz, D., Vyverman, W. y Willems, A. 2012. Heterotrophic bacterial diversity in terrestrial and aquatic microbial mat communities in Antarctica. *Polar Biology* **35**: 543-54.

Schmidt, D.L. y Ford, A.B. 1967. Pensacola Mountains geologic project. *Antarctic Journal of the United States* **2**: 5-179.

Van den Broeke, M., van de Berg, W.J., van Meijgaard, E. y Reijmer, C. 2006 Identification of Antarctic ablation areas using a regional atmospheric climate model. *Journal of Geophysical Research* **111**: D18110. doi: 10.1029/2006JD007127

Van Lipzig, N.P.M., Turner, J., Colwell, S.R. y van Den Broeke, M.R. 2004. The near-surface wind field over the Antarctic continent. *International Journal of Climatology* **24**(15): 1973-82.

Apéndice 1. Cuadro A1. Programa de muestreo biológico de los valles Davis y Forlidas: grupos de taxones identificados y métodos utilizados (Hodgson *et al.*, 2010).

Descripción	Método	N° de muestras	N° de taxones	Taxones
Briofitas	Estudio observacional	0	0	No corresponde
Líquenes	Estudio observacional	1	1	*Lecidea cancriformis* Dodge y Baker
Bacilariofíceas / diatomeas	Estudio con microscopio de luz	2	1	*Pinnularia microstauron* (Ehr.) Cl.††
Cianobacterias	Biblioteca de clones, DGGE + determinación de la secuencia de bandas, aislamiento de cepas + determinación de la secuencia (microscopia)	3	6	Muestra TM1: 16ST63, 16ST14 Muestra TM2: 16ST63, 16ST14, 16ST44, 16ST49, 16ST80 Muestra TM3: 16ST44, 16ST49, 16ST80, 16ST07
Clorofitas / algas verdes	DGGE + determinación de la secuencia de bandas	2	1	*Urospora* sp.
Rizarios / cercozoos	DGGE + determinación de la secuencia de bandas	2	2	Heteromitidae, *Paulinella* sp.
Bacterias	DGGE + determinación de la secuencia de bandas	2	32	Cianobacterias: Nostocales, Oscillatoriales, Chroococcales, Gloeobacteriales** Bacteroidetes: Sphingobacteriales, Flavobacteriales Firmicutes: Clostridiales Gammaproteobacteria: Pseudomonadales, Psychrobacter
Bacterias	Aislamiento de cepas + determinación de la secuencia	1	330 aislamientos	*Firmicutes* 33%, *bacteroidetes* 23%, *alfaproteobacteria* 25%, *actinobacteria* 9%, *betaproteobacteria*. 8%, *Gammaproteobacteria* 1.5%, Deinococci 0.3%
Artrópodos	Tullenberg	50	0	No corresponde
Invertebrados	Extracciones con el método de Baermann	130	3	Véase tardígrados (a continuación)
Tardígrados	Microscopio de luz (molecular†)	14 20	3 1	*Echiniscus* (cf) *pseudowendti* Dastych, 1984 (heterotardígrados), *Acutuncus antarcticus* (Richters, 1904) *Diphascon sanae* Dastych, Ryan y Watkins, 1990 (eutardígrados)
Rotíferos	Tullenberg y microscopio de luz	130	presentes	Rotíferos bdeloides

ZAEP N° 119, Valle Davis y laguna Forlidas, macizo Dufek, montañas Pensacola

Bacterias y algas del suelo	Cultivo (Parker et al., 1982)*	1	3	Cianobacterias: Oscillatoria sp. Algas: Trebouxia sp., Heterococus sp. (levaduras viables presentes)
Avifauna	Observación	No corresponde	1	Petrel blanco (Pagadroma nivea)

*Publicado anteriormente, ** identificación tentativa basada en unas 100 bases, † análisis de muestras morfológicamente congruentes de la cordillera Shackleton, †† no se lo considera como prueba de una comunidad extante.

Apéndice 1. Cuadro A2. Visitas de las que se tiene constancia al valle Davis y los valles contiguos sin hielo de la Zona y sus proximidades

Parte	Nº pers	Organización	Propósito	Fechas	Duración (días)	Lugares visitados	Campamento	Transporte
Aughenbaugh, Behrendt, Neuburg, Thiel, Walker	5	IGY (EE. UU.)	Geología Geofísica	Dic. de 1957	?	FIP, DV, FP, FR	FIP al oeste de FR	Travesía en Sno-Cat hasta el FIP y desde allí a pie
Ford, Schmidt, Nelson, Boyd, Rambo (?)	5	USGS	Geología	Dic. de 1965 – enero de 1966	?	?	Campamento base en la cordillera Neptune	Numerosos aterrizajes de helicópteros en el macizo Dufek
Ford y equipo	?	USGS	Geología	Verano de 1973-1974	?	?	?	?
Ford, Carlson, Czamanske, Nutt, England, Nelson	6	USGS	Geología	30 de nov. al 30 de dic. de 1976 (fechas de la expedición)	?	?	Campamento base cerca del pico Walker (sudoeste del macizo Dufek)	Numerosos aterrizajes de helicópteros en el macizo Dufek. En tierra se usaron toboganes de motor y esquíes.
Equipo ruso encabezado por Shuljatin, O. G. y acompañado de Ford (¿y Grue?) de EE. UU. y Paech de Alemania.	11	Expedición Antártica Soviética (22)	Geología Geofísica	Verano de 1976-1977	49 (expedición completa)	Macizo Dufek y otros lugares de las montañas Pensacola	Campamentos en las montañas Provender, Read y Skidmor. Se usó la Estación Druznaja como campamento base.	Aterrizaje en helicóptero, motonieve Buran y después a pie
Equipo ruso encabezado por Kamenev, E. N.	6	Expedición Antártica Soviética (23)	Geología Geofísica	6 al 17 de feb. de 1978	11	Macizo Dufek	Campamento en las colinas Schmidt Hills. Se usó la Estación Druznaja como campamento base.	Aeroplano, motonieve Buran y después a pie
Boyer, Reynolds	2	USGS	Geología	12 de dic. de 1978	2	FIP, DV	EV	En trineo desde el EV hasta el borde del hielo y desde allí a pie
Ford, Boyer, Reynolds, Carl?	4	USGS	Geología	14 de dic. de 1978	4	FIP, DV, FR, AP	EV	En trineo desde el EV hasta el borde del hielo y desde allí a pie
Hodgson, Convey, Burt	3	BAS (Reino Unido)	Biología, Limnología, Geomorfología de	3 al 15 de dic. de 2003	13	FIP, DV, FP, FR, AP	FIP 1,9 km al norte de FP	En Otter bimotor hasta el FIP y desde allí a pie

ZAEP N° 119, Valle Davis y laguna Forlidas, macizo Dufek, montañas Pensacola

Parte	N° pers	Organizac ión	Propósito	Fechas	Duración (días)	Lugares visitados	Campamento	Transporte
			glaciares					
TOTALES	~30				~40??	(cifras aproximadas porque los datos no están completos)		

Clave: FIP: glaciar de piedemonte Ford; DV: valle Davis; FP: laguna Forlidas; FR: cresta Forlidas; AP: pico Angels; CS: espolón Clemons; PS: espolón Preslik; MB: monte Beljakova; MP: monte Pavlovskogo; EV: valle Enchanted

125

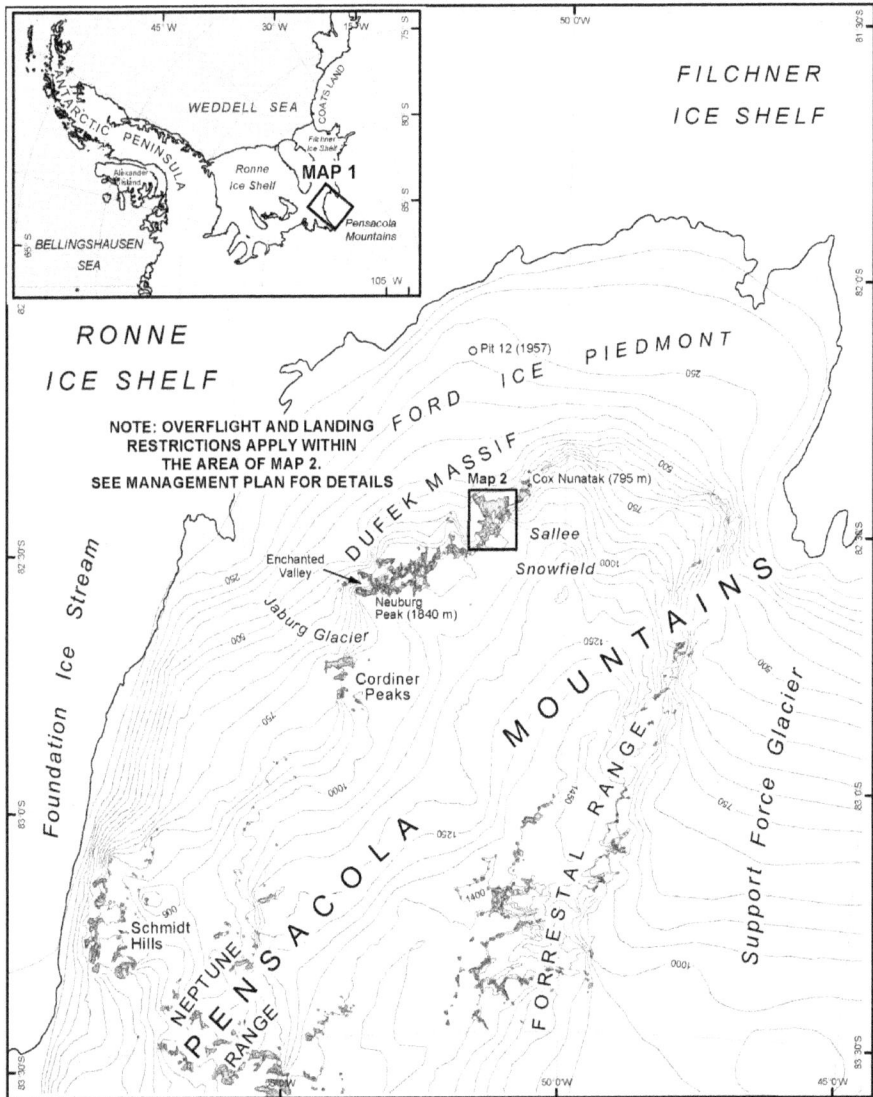

Map 1: ASPA No. 119 - Davis Valley and Forlidas Pond - Location Map

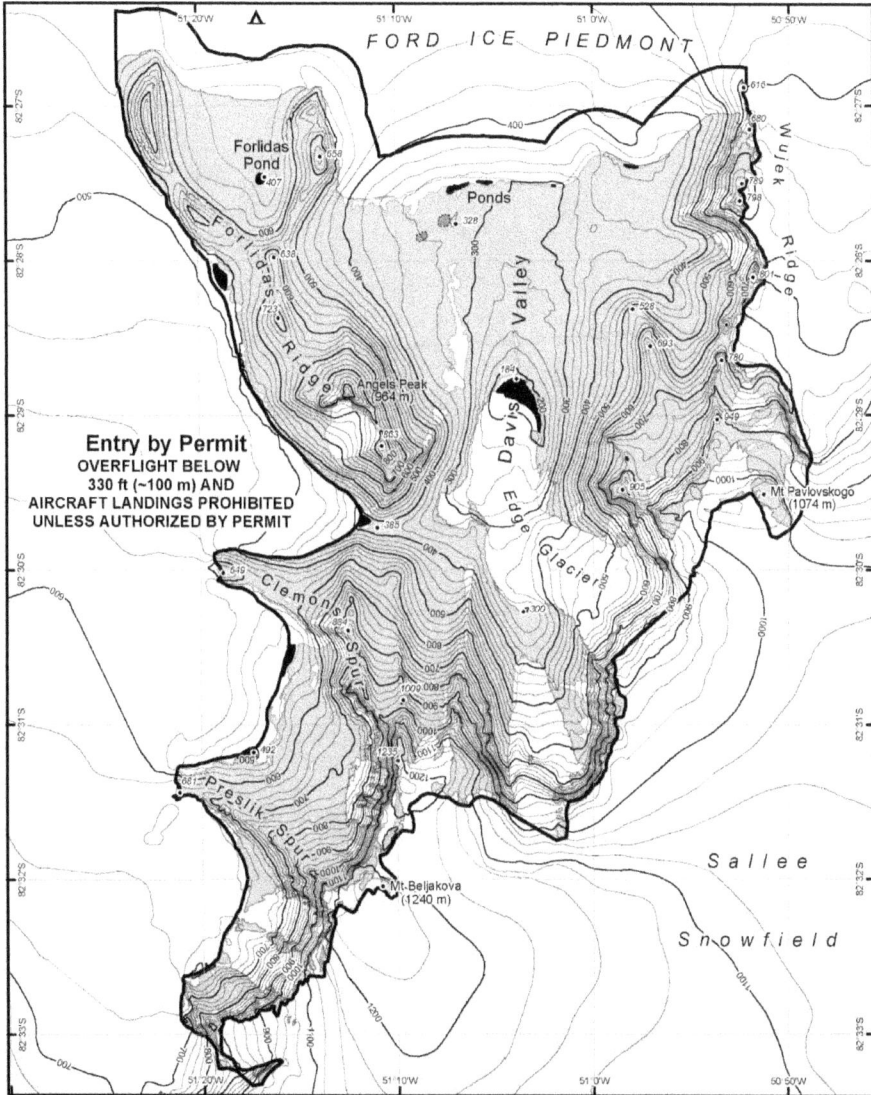

Map 2: ASPA No. 119 - Davis Valley and Forlidas Pond - Topographic Map

13 Mar 2013 (Map ID: 10063.0006.01)
United States Antarctic Program
Environmental Research & Assessment

• Spot elevation	Ice free ground	Lake
Index contour (100 m)	Permanent ice	Relict pond bed
Contour (25 m)	ASPA boundary	▲ Proven campsite

Projection: Lambert Conformal Conic
Spheroid and horizontal datum: WGS84
Data sources: Topographic data supplied by the MAGIC, BAS.
Derived from USGS aerial photography (1956, 1964), satellite
imagery (2002) and field observations (Hodgson and Convey).
Updated by ERA using WorldView imagery and DEM provided by PGC.

Plan de Gestión para la Zona Antártica Especialmente Protegida N° 148

MONTE FLORA, BAHÍA ESPERANZA, PENÍNSULA ANTÁRTICA

Introducción

El motivo principal para designar al monte Flora, Bahía Esperanza, Península Antártica (63°25' de latitud S, 57°01' de longitud O, 0,3 km²) como Zona Antártica Especialmente Protegida (ZAEP) es proteger los valores científicos asociados con la rica flora fósil presente dentro de la Zona.

El monte Flora se designó originalmente como Sitio de Especial Interés Científico en virtud de la Recomendación XV-6 (1989, SEIC N° 31) tras una propuesta del Reino Unido. Había sido designado debido a que "por su flora rica en fósiles, el sitio reviste una importancia científica excepcional". Fue una de las primeras floras fósiles descubiertas en la Antártida y desempeñó un papel significativo en la deducción de la historia geológica de la Península Antártica. Su larga historia como un sitio de fácil acceso y la gran cantidad de detritos fosilíferos que ocurren en la zona de desprendimiento la hacen vulnerable a los recolectores de recuerdos, y la cantidad de material disponible para investigaciones serias se ha agotado considerablemente. El Plan de Gestión pasó por una modificación sustancial en 2002 (Medida 1) que incluye cambios en los límites.

El geólogo Johann Gunnar Andersson descubrió el monte Flora durante la Expedición Antártica Sueca (1901 - 1904), cuya cabaña de piedra original (Sitio y Monumento Histórico N° 39) aún se mantiene cerca de la punta Foca, Bahía Esperanza. El líder de la expedición, Otto Nordenskjöld, acuñó el nombre de monte Flora (como "Flora-Berg") tras las observaciones geológicas de Andersson, reconociéndolo como el primer lugar con presencia significativa de fósiles descubierto en Antártida. Más adelante la zona revistió una enorme importancia científica para interpretar las relaciones geológicas clave en la región.

La zona se encuentra aproximadamente a tres kilómetros al sureste de las estaciones Esperanza (Argentina) y Teniente de Navío Ruperto Elichiribehety (Uruguay).

La Zona calza dentro del contexto más amplio del sistema de Zonas Antárticas Protegidas como una de las pocas ZAEP que protegen principalmente los valores geológicos. La Resolución 3 (2008) recomendaba usar el Análisis de Dominios Ambientales para el continente antártico como modelo dinámico para identificar las zonas antárticas especialmente protegidas aplicando los criterios ambientales y geográficos sistemáticos referidos en el Artículo 3(2) del anexo V del Protocolo (véase también Morgan et al., 2007) Usando este modelo, la ZAEP 148 se encuentra dentro del Dominio ambiental A: Geológico del Norte de la Península Antártica (Morgan et al., 2007). La ZAEP 148 se encuentra dentro de la Región Biogeográfica de Conservación Antártica (RBCA) 1 al nordeste de la Península Antártica.

1. Descripción de los valores que requieren protección.

Tras una visita a la ZAEP por parte de responsables medioambientales de Argentina en enero de 2011 y enero de 2013, se revisaron los valores especificados en la designación anterior y volvieron a ser confirmados. Los valores dentro de la Zona se señalan de la siguiente manera:

- El monte Flora posee valores importantes científicos e históricos asociados con este significativo patrimonio del descubrimiento geológico de Antártida.
- El monte Flora se caracteriza por tres formaciones geológicas diferentes: la Formación Hope Bay (grupo de la península Trinidad), que está separada por una discordancia de los lechos vegetales suprayacentes, levemente inclinados; la Formación Mount Flora (grupo de la bahía Botany), sobre los cuales, a su vez, se superponen las ignimbritas y tobas soldadas de la tercera, la Formación Kenney Glacier (grupo volcánico de la Península Antártica). Las relaciones entre estas formaciones han sido

fundamentales para determinar la edad de los lechos vegetales, lo que ha sido vital para la interpretación de la geología de la Península Antártica.

- Históricamente, el sitio ha desempeñado un papel importante para las comparaciones con otras floras del hemisferio sur.
- Esta flora fósil ha sido importante para proporcionar datos paleoclimáticos del Mesozoico en una región para la cual generalmente se posee escasa información.
- El monte Flora contiene una de las pocas floras conocidas del período Jurásico en la Antártida y es el único sitio que ha sido relativamente bien estudiado y documentado. Las asociaciones de plantas mesozoicas del monte Flora incluyen miembros de las especies esfenofitas, helechos, cicadofitas, (cícadas y benetitas) pteridospermales y coníferas. Las muestras de estos fósiles han servido como fuente principal de referencia para varios estudios sobre paleobotánica de los períodos Jurásico y Cretáceo.

2. Finalidades y objetivos

La gestión del Monte Flora tiene por finalidad:
- evitar la degradación de, o el riesgo importante para, los valores de la Zona impidiendo en ella toda interferencia humana innecesaria y el muestreo de la Zona por el acceso no controlado y la recolección inadecuada de material geológico;
- permitir la investigación científica geológica y paleontológica, al mismo tiempo que se protege la zona de la toma excesiva de muestras;
- permitir otras investigaciones científicas en la Zona siempre que no comprometan los valores por los cuales se protege la Zona;
- permitir las investigaciones científicas en la Zona siempre que sean indispensables y que no puedan realizarse en otro lugar;
- permitir visitas con fines de gestión para facilitar el cumplimiento de los objetivos del Plan de Gestión.

3. Actividades de gestión

Se deberán emprender las siguientes actividades de gestión en aras de proteger los valores de la Zona:
- Se expondrá visiblemente en las estaciones Esperanza (Argentina) y Teniente de Navío Ruperto Elichiribehety (Uruguay) un mapa que señale la ubicación de la zona (mencionando las restricciones que rigen) y se mantendrán allí copias del presente Plan de Gestión;
- Las personas que deseen escalar el Monte Flora deben recibir instrucciones de no entrar a la Zona sin un permiso expedido por la autoridad competente.
- Deberían asegurarse los señalizadores, carteles u otras estructuras erigidas en la Zona con fines científicos o de gestión, y ser mantenidos en buen estado.
- En el mayor grado posible deberá retirarse todo equipo abandonado, siempre y cuando ello no se produzca un impacto negativo en los valores de la Zona.
- Los expertos realizarán las visitas necesarias a la Zona para determinar si continúa sirviendo a los fines para los cuales fue designada y para cerciorarse de que las actividades de gestión y mantenimiento sean apropiadas. Fuera del terreno, también se realizará un trabajo de evaluación para considerar los informes posteriores a las visitas a la ZAEP y la información disponible sobre la recolección de fósiles dentro de la Zona.
- Si el hielo glacial de las cercanías continúa retirándose, tal como ha ocurrido en los últimos años, se espera una exposición creciente de las rocas fosilíferas del monte Flora. Es menester realizar una actualización periódica de los límites a fin de cerciorarse de que cualquier roca fosilífera que quede expuesta sea incluida dentro de la Zona, lo que debiera ser considerado en el momento de la revisión del Plan de Gestión.
- Se mantendrá un registro de la recolección de fósiles del monte Flora basado en los informes sobre visitas, para evaluar de la mejor manera el otorgamiento de permisos y para reducir al mínimo el muestreo excesivo (véase la sección *7(iii), (x)* y *(xi)*).

4. Periodo de designación

Designación con período de vigencia indefinida.

5. Mapas

Mapa 1: ZAEP del Monte Flora N° 148 con relación a la bahía Esperanza, Península Trinidad, y las islas Shetland del Sur, que muestra la ubicación de las zonas protegidas más cercanas. También se muestra la ubicación de las estaciones Esperanza (Argentina) y Teniente de Navío Ruperto Elichiribehety (Uruguay). Recuadro: ubicación del monte Flora en la Península Antártica.

Mapa 2: ZAEP monte Flora N° 148, Bahía Esperanza, mapa topográfico. Especificaciones cartográficas: Proyección: Cónica conforme de Lambert: Paralelos de referencia: primero 76° 40' S; segundo 63° 20' S Meridiano central: 57° 02' O; Latitud de origen: 70° 00' S; Esferoide: WGS84. Nivel de referencia vertical: nivel medio del mar. Intervalo de curvas de nivel: 25 m. Exactitud horizontal y vertical desconocidas. Nota: la topografía y las posiciones se basan en los datos de levantamiento de los años 1950 y se sabe que las posiciones reales son erróneas por hasta 500 m. Los bordes de hielo se proporcionan basados en fotografías aéreas de 1999.

Mapa 3: ZAEP del monte Flora N° 148, mapa geológico, adaptado del "Mapa Geológico de Bahía Esperanza, Antártida" publicado por el Instituto Geológico y Minero de España, y el Instituto Antártico Argentino (Escala 1:10 000).

6. Descripción de la Zona

6 (i) Coordenadas geográficas, señalizadores de límites y características naturales

DESCRIPCIÓN GENERAL
El monte Flora (63° 25' S; 57° 01' O de 0,3 km^2) está situado en el flanco sudeste de la bahía Esperanza en la extremidad septentrional de la península Trinidad, Península Antártica (Mapa 1). La cumbre del monte Flora (520 m) se encuentra aproximadamente a 1 kilómetro de la costa sur de la bahía Esperanza. Hay cuatro glaciares que rodean al monte Flora. El glaciar Flora se extiende desde el circo glacial debajo de la cumbre del monte Flora en dirección noreste a lo largo de un kilómetro antes de penetrar en un glaciar más grande que flanquea las pendientes este y sur del monte Flora y que se extiende hacia el noreste desde La Pirámide (565 m) (Mapa 2). Las laderas occidentales del monte Flora están delimitadas por el glaciar Kenney, que se une al glaciar Depot antes de penetrar en la cabecera de la bahía Esperanza. La Pirámide es un pico característico a 1,5 km al SSE del monte Flora. Al norte de la zona se encuentra el valle libre de hielo Five Lakes y las colinas Scar, y al noreste está el lago Boeckella.

LÍMITES
Los límites establecidos en el Plan de Gestión original fueron rectificados durante la revisión del Plan de Gestión de 2002 a fin de incluir todas los afloramientos conocidos de estratos fosilíferos que se encuentran en las laderas septentrionales del monte Flora. La cresta de la cumbre y el pico más alto del monte Flora (520 m), que anteriormente estaban dentro de los límites, están compuestos de rocas volcánicas no fosilíferas y han sido excluidos de la Zona. Los límites van desde la cima norte del monte Flora (516 m), el punto más alto del límite, en dirección oeste bajando la cresta hacia el glaciar Kenney; el margen este del glaciar Kenney en dirección norte hasta el contorno de 150 m; en dirección este a lo largo del contorno de 150 m hasta el margen noroeste del glaciar Flora; el margen noroeste del glaciar Flora en dirección suroeste hasta la cresta que lleva en dirección oeste hasta la cima del monte Flora. Cuando están presentes, los márgenes del glaciar, los afloramientos más bajos, la cresta occidental y la cima norte del monte Flora, forman características visuales obvias que indican los límites: aparte de esto, la zona no tiene marcas.

Las coordenadas de los límites de la Zona, desde la cima norte del monte Flora y moviéndose hacia la derecha, se muestran en el cuadro 1.

Cuadro 1. Coordenadas de los límites de la ZAEP N° 148, Monte Flora, Bahía Esperanza, Península Antártica

Cantidad	Latitud	Longitud
1	63°25'01,6'' S	057°01'44,6'' O
2	63°24'52,7'' S	057°01'58,4'' O
3	63°24'49,2'' S	057°01'47,5'' O
4	63°24'42,5'' S	057°00'51,8'' O
5	63°24'47,9'' S	057°01'12,0'' O
6	63°24'54,4'' S	057°01'19,4'' O
7.	63°24'54,8'' S	057°01'31,0'' O

CLIMA

No existen datos climáticos para el monte Flora, pero las condiciones locales están indicadas por las de la estación Esperanza. En verano (diciembre, enero y febrero), la temperatura máxima promedio varía entre 2,6 °C y 3,2 °C, mientras la temperatura mínima promedio varía entre -2,9 °C y -1,8 °C. Durante esta estación, la temperatura puede llegar hasta los 14,8 °C, como en 1978, o hasta los -12 °C, como en 1985. En el invierno, las temperaturas máximas promedio son de alrededor de -6 °C, mientras los mínimos promedio son de alrededor de -15 °C. Excepcionalmente, la temperatura puede subir hasta 13 °C, o caer a -32,3 °C, como en 1975. Es muy probable que las temperaturas en el monte Flora sean más bajas debido a su mayor elevación. Los meses con menos viento son diciembre y enero (es decir, velocidad del viento de 20 - 22 km h^{-1}), en comparación a mayo, julio, agosto y septiembre, cuando los vientos son más intensos (es decir, velocidad del viento de >30 km h^{-1}). Se han registrado ráfagas de más de 380 km h^{-1} durante abril y mayo, producto de los vientos catabáticos del glaciar local. Se han observado vientos fuertes (de 43 km h^{-1} o más) a lo largo del año, con una frecuencia promedio de aproximadamente 15 días al mes. La frecuencia anual promedio de días con nevadas es de 181 días al año. A lo largo del año, se producen nevadas, en promedio, durante 13 a 16 días por mes, con un promedio mínimo de 13 días en junio. La frecuencia promedio de días con cielo nublado es alta en el verano (23 días en enero), pero disminuye durante los meses de invierno (aproximadamente 13 días al mes). La frecuencia de días con cielo despejado es baja a lo largo del año, entre 1 y 5 días al mes. (Servicio Meteorológico Nacional, Argentina).

GEOLOGÍA, SUELOS Y PALEONTOLOGÍA

La geología de la Zona consiste en tres formaciones principales: la Formación Hope Bay, la Formación Mount Flora y la Formación Kenney Glacier. En su base, la Formación Hope Bay (grupo de la Península Trinidad) mide más de 1200 m de espesor y está caracterizada por turbiditas silicoclásticas marinas y areniscas. Se ha deducido su edad como permocarbonífera sobre la base de supuestas esporas carboníferas (Grikurov y Dibner 1968) y del método de datación isotópica Rb-Sr de las "gravillas" y pelitas (281 ±16 Ma; Pankhurst 1983), pero las pruebas en cuanto a la edad son escasas y se prestan a interpretaciones ambiguas (Smellie y Millar 1995). La Formación Hope Bay está separada de la Formación Mount Flora suprayacente por una discordancia angular y una largo hiato estratigráfico. La Formación Mount Flora (grupo de la bahía Botany) está compuesta principalmente de areniscas, conglomerados y esquistos y contiene los estratos fósiles más significativos. La Formación Kenney Glacier suprayacente (grupo volcánico de la Península Antártica), que también está separada de la Formación Mount Flora por una discordancia angular, está compuesta de ignimbritas y de tobas soldadas. La edad de la Formación Mount Flora ha sido objeto de debate (Andersson 1906, Halle 1913, Bibby 1966, Thomson 1977, Farquharson 1984, Francis 1986, Gee 1989, Rees 1990); los datos paleobotánicos y radiométricos más recientes apuntan hacia principios o mediados del período Jurásico (Rees 1993a, b, Rees y Cleal 1993, Riley y Leat 1999). Se han observado fallas en la cara norte del Monte Flora (Birkenmajer 1993a) y se confeccionó un mapa que separa el grupo de la Península Trinidad de la Formación Mount Flora (Smellie, comunicación personal, 2000).

La Formación Mount Flora mide 230-270 m de espesor y puede ser subdividida entre un miembro antiguo Five Lakes y un miembro superior, Flora Glacier, el cual contiene los más importantes depósitos fósiles. El miembro Five Lakes mide 170 m de espesor y está compuesto de brechas sedimentarias de grano grueso con plantas, conglomerados y areniscas. La litología predominante, particularmente en la parte inferior de la sucesión, es un conglomerado medio a grueso sustentado en clastos (Farquharson 1984). Esta se encuentra bien expuesta en las laderas norte y noreste del monte Flora entre el glaciar Flora y el valle Five Lakes. El límite inferior de este miembro es una discordancia angular opuesta a la Formación Hope Bay. El contacto entre la Formación Mount Flora y la Formación Hope Bay está cubierto por derrubio. Se supone que unos 50 m de lechos basales del miembro Five Lakes no afloran. Una sección más elevada del miembro Five Lakes aflora bien en un contrafuerte que separa el glaciar Flora del valle Five Lakes (Martín Serrano et al. 2005, Montes et al. 2004)

El miembro Flora Glacier consiste en un conglomerado complejo de areniscas de 60 a 100 m de espesor, superpuesto localmente por un complejo de esquistos de hasta 10 m de espesor, que es la zona fosilífera principal. Aflora mejor en un contrafuerte que separa el circo glacial del glaciar Flora del valle Five Lakes a unos 350 m aproximadamente. En la sección superior del esquisto, cerca del contacto con la Formación Kenney Glacier hay una capa intrusiva de un metro de espesor. La asociación de arenisca está dominada por ciclos que se afinan en forma ascendente (caracterizados por una granulometría descendiente) que varían de 2,5 a 11,5 m de espesor (Farquharson 1984). Aunque en su mayoría son inaccesibles, los buenos afloramientos del miembro del glaciar Flora continúan en las laderas escarpadas del monte Flora arriba del valle Five Lakes, y se extienden en dirección occidental hacia el margen del glaciar Kenney. El espesor de la unidad aumenta, de 50-60 m en el contrafuerte hasta cerca de 100 m en el margen del glaciar. Los depósitos volcanogénicos forman una parte pequeña pero significativa de la Formación Mount Flora. Una sola ignimbrita de 26 m de espesor forma una banda pálida a través de la cara norte del monte Flora, más o menos a mitad de camino subiendo la secuencia sedimentaria (Farquharson 1984). Las rocas volcánicas de la Formación Kenney Glacier son suprayacentes a la Formación Mount Flora que aflora en la parte más alta del monte Flora. También, de manera discordante, se superpone a la Formación Hope Bay en el espolón este de la Pirámide (Smellie, comunicación personal, 2000). Esta formación incompleta es un complejo de evoluciones de lavas riolíticas-dacíticas, ignimbritas, aglomerados y tobas. (Birkenmajer 1993a&b). Farquharson (1984) identificó la presencia de tobas, aglomerados de grano fino y tobas soldadas. Los afloramientos de fósiles más significativos se encuentran en las caras norte y noroeste del monte Flora.

Casi todas las investigaciones se han llevado a cabo a partir de muestras recolectadas en la cara norte, que es relativamente accesible. La flora fósil fue descrita por primera vez en forma amplia por Halle (1913) y desde ese entonces se ha considerado como la norma para los estudios florísticos y bioestratigráficos del Mesozoico de Gondwana (Rees y Cleal 1993). Halle (1913) originalmente describió a 61 especies a partir de los fósiles; esto se modificó a 43 especies (Gee 1989), después a 38 especies (Rees 1990) y, más tarde, a 32 especies (Baldoni, 1986, Morel et al. 1994; Rees y Cleal 2004). Más recientemente, se han descrito 41 taxones (Ociepa 2007; Birkenmajer y Ociepa 2008; Ociepa y Barbacka 2011). También se han estudiado los fósiles de madera de la ZAEP (Torres et al. 2000).

La flora está representada típicamente por las pequeñas hojas parecidas a escamas de la Hepatophyta, tallos y fragmentos de piñas de equisetos (Equisetaceae, *Equisetum*), además del follaje de varias familias de helechos (Dipteridaceae, Matoniaceae, Dicksoniaceae, Osmundaceae) y hojas y madera de gimnospermas (Caytoniales, Cycadales, Bennettitales, pteridosperms y coníferas). También se conservan escamas y semillas de piñas de coníferas y de cicadofitas así como otros tallos, hojas y ramas foliadas no identificables (Taylor, sin fecha; nota personal de Rees, com. personal, 1999). Otros fragmentos florales se han interpretado como frondas de helechos fértiles u órganos de polen de las coníferas, pero aun es incierta la manera en que estas especies se emparentan con otros taxones, ya que, a la fecha, no se han obtenido esporas o polen del material (Ociepa y Barbacka, 2011). Más generalmente, no se pudieron recuperar palinomorfos identificables de los lechos de plantas de la Formación Mount Flora (Rees y Cleal 2004; Ociepa y Barbacka 2011). Se identificaron cuatro élitros (exoesqueletos) de escarabajos (Orden: Coleoptera) en una pequeña muestra de esquisto que también contiene fósiles de plantas, en el monte Flora (Zeuner 1959). Estos se identificaron como Grahamelytron crofti *Grahamelytron crofti* y *Ademosynoides antarctica*. Posiblemente *G. crofti* sea un carábido, aunque se parece a un crisomélido, en tanto que *A. antarctica* se ha denominado como un carábido, tenebriónido, elatérido o la familia fósil de Permosinidae (Zeuner, 1959). No se ha registrado ningún otro ejemplo de fauna fósil. No existen en la zona depósitos conocidos de fósiles de fauna y flora marina.

BIOLOGÍA TERRESTRE Y DE AGUA DULCE

La flora viviente dentro de la zona es escasa y está muy dispersa. Si bien no se ha realizado un levantamiento florístico completo, se ha podido identificar la presencia de varias especies de musgos y de líquenes. Las especies de musgo identificadas son: *Andreaea gainii, Bryum argenteum, Ceratodon purpureus, Hennediella heimii, Pohlia nutans, Sanionia uncinata, Schistidium antarctici* y *Syntrichia princeps*. Las especies de liquen identificadas son: *Acarospora macrocyclos, Buellia anisomera, Buellia* spp., *Caloplaca* spp., *Candelariella vitellina, Cladonia pocillum, Haematomma erythromma, Physcia caesia, Pleopsidium chlorophanum, Pseudephebe minuscula, Rhizocarpon geographicum, Rhizoplaca aspidophora, Stereocaulon antarcticum, Tremolecia atrata, Umbilicaria antarctica, Umbilicaria decussata, Umbilicaria kappeni, Usnea antarctica, Xanthoria candelaria* y *Xanthoria elegans*. No hay arroyos o lagos permanentes dentro de la zona. No existe información sobre las comunidades microbianas o de fauna invertebrada que se encuentran en el monte Flora.

AVES REPRODUCTORAS

Se posee poca información sobre la avifauna presente en el monte Flora, aunque un informe sobre los sitios de anidamiento exactos de algunas especies sugería que es poco probable que las aves se reproduzcan dentro de la Zona (Marshall 1945). No obstante, las aves reproductoras de la bahía Esperanza han sido generalmente bien estudiadas. Por ejemplo, Argentina ha observado las colonias de pingüinos desde principios de los años 1990. Parte de una de las mayores colonias de pingüinos de Adelia (*Pygoscelis adeliae*) en la Península Antártica, la que llega a unas 102 000 parejas, se encuentra a unos 500 m al noreste de la Zona (Santos et al. 2013 (mapa 2). Otras aves que se reproducen en la bahía Esperanza incluyen a unas 500 parejas de pingüinos de pico rojo (*Pygoscelis papua*) (Programa de Observación de Argentina), skúas pardas (*Catharacta loennbergi*), skúa polares (*Catharacta maccormicki*), gaviotín antártico (*Sterna vittata*), petreles de Wilson (*Oceanites oceanicus*), gaviota cocinera (*Larus dominicanus*), y palomas antárticas (*Chionis alba*). Se puede obtener mayor información sobre las aves reproductoras que anidan en las cercanías del monte Flora en Argentina (1997), Santos et al., (2013) y Coria y Montalti (1993).

ACTIVIDADES HUMANAS E IMPACTO

El monte Flora fue descubierto en 1903 por Johann Gunnar Andersson, miembro de la expedición sueca al polo sur de 1901-1904 que exploró y trazó cartográficamente casi toda la parte norte de la Península Antártica. Andersson recolectó especímenes fósiles y mineralógicos en el monte Flora, mientras se encontraba perdido y esperando su rescate en la Bahía Esperanza durante el invierno de 1903. Andersson y sus compañeros pasaron el invierno en una cabaña de piedra (Sitio y Monumento Histórico N° 39). El líder de la expedición era Otto Nordenskjöld, quien acuñó el nombre del monte Flora a raíz de los hallazgos geológicos del monte Flora de Andersson. En 1945, el Reino Unido estableció la base "D" en la bahía Esperanza como parte de su "Operación Tabarin". La estación funcionó hasta febrero de 1964 con una dotación de 7-19 personas durante el invierno. En 1997, la base "D" fue transferida desde el Reino Unido a Uruguay y se le dio el nombre de estación Teniente de Navío Ruperto Elichiribehety. Argentina estableció la estación Esperanza el 31 de diciembre de 1951 y ha operado continuamente la estación desde entonces, con un personal de aproximadamente 50 personas en el invierno y 70 durante el verano, dedicadas al estudio de disciplinas científicas tan diversas como la sismología, la geología, la geomorfología y la observación de diferentes parámetros del ecosistema y la contaminación.

El monte Flora fue designado en 1989 como Sitio de Especial Interés Científico debido a que se temía que los mejores ejemplos de fósiles de la zona estaban siendo recolectados por visitantes esporádicos y que, por ende, se perderían para la ciencia.

6(ii) Acceso a la Zona

Todo acceso a las zonas se debe realizar a pie. Se puede acceder fácilmente a pie a las laderas inferiores del monte Flora desde las estaciones de investigación locales y desde la bahía Esperanza. Sin embargo, llegar al límite de la ZAEP y llegar más allá de este implica una caminata de alta exigencia, debido a la naturaleza empinada del terreno local. Para tener acceso a la Zona se debe seguir el terreno relativamente plano al sur de la estación Esperanza hasta el lago Boeckella. Desde allí, se sigue un sendero que va en dirección sur hacia el extremo este de la ZAEP, donde se puede acceder a través del terreno menos empinado (véase el mapa 2). Están prohibidos los aterrizajes de helicópteros en la Zona, excepto en condiciones de emergencia, cuando se puede considerar el uso de helicópteros bajo las condiciones establecidas en la sección *7 (ii) Acceso a la zona y desplazamientos en su interior o sobre ella.*

6(iii) Ubicación de estructuras dentro de la Zona y adyacentes a la misma
No hay estructuras dentro de la zona. Las estaciones de investigación científica más cercanas son la estación Esperanza (Argentina) (a 63° 24' de latitud S; 56° 59' de longitud O) y la estación Teniente de Navío Ruperto Elichiribehety (Uruguay) (a 63° 24' de latitud S; 56° 59' de longitud O), ambas ubicadas a unos 1,5 km al noreste de la zona. Los restos de la base británica, incendiada en 1948, se encuentran a unos 300 m al noreste de la base uruguaya. Las tumbas de dos británicos que fallecieron durante el incendio están ubicadas en un pequeño promontorio a unos 300 metros al norte de la base uruguaya. Dos refugios, administrados por Argentina, se encuentran ubicados al este del monte Flora (a 63°25'10" de latitud S, 56°59'50" de longitud O y 63°27'36" de latitud S, 57°11'14" de longitud O).

6(iv) Ubicación de otras zonas protegidas en las cercanías
Las zonas protegidas más cercanas al monte Flora son la península Potter (ZAEP N° 132), Costa oeste de la bahía Almirantazgo (ZAEP N° 128), Lions Rump (ZAEP N° 151), y Punta Narębski, península Barton (ZAEP N° 171), que se encuentran ubicadas en la Isla 25 de Mayo (isla Rey Jorge), islas Shetland del sur, a aproximadamente 150 km al oeste (mapa 1). Una cabaña de piedra (Sitio y Monumento Histórico N° 39) construida por miembros de la Expedición antártica sueca y un busto del General San Martín, una gruta con una estatua de la Virgen de Luján y un mástil de bandera erigido por Argentina en 1955, junto a un cementerio con estela en memoria de los miembros de las expediciones argentinas que murieron en la Zona (Sitio y Monumento Histórico N° 40) se encuentran presentes en las cercanías de la estación Esperanza (mapa 2).

6(v) Áreas especiales al interior de la Zona
Ninguna.

7. Términos y condiciones para los permisos de entrada

7(i) Condiciones generales para la expedición de permisos
Se prohíbe el ingreso en la Zona excepto con un permiso expedido por una autoridad nacional pertinente designadas de acuerdo con el artículo 7 del Anexo V del Protocolo al Tratado Antártico sobre Protección del Medio Ambiente.

Las condiciones para la expedición de un permiso de ingreso a la Zona son las siguientes:
- Se expide solo para actividades científicas indispensables que no puedan realizarse en otro lugar o con fines de gestión de la Zona;
- que toda actividad de gestión facilite el cumplimiento de los objetivos del Plan de Gestión;
- las actividades permitidas deberán atenerse a este Plan de Gestión;
- las actividades permitidas darán la correspondiente consideración mediante el proceso de Evaluación del impacto ambiental para garantizar la protección continua de los valores científicos e históricos de la Zona;
- en caso de que el solicitante del permiso propusiera recolectar especímenes de rocas, antes de que se le expida el permiso éste debe demostrar a la autoridad nacional competente que la investigación que se propone llevar a cabo no puede ser cabalmente realizada con las muestras ya recolectadas y conservadas en las distintas colecciones que existen en el mundo;
- se deberá llevar el permiso, o una copia autorizada de este, dentro de la Zona;

- se deberá presentar un informe de la visita a las autoridades indicadas en el permiso;
- los permisos serán expedidos por un período determinado;
- se debería avisar a la autoridad pertinente sobre cualquier actividad o medida que no esté comprendida en el permiso.

7(ii) Acceso a la Zona y desplazamientos en su interior y sobre ella
- El acceso y circulación dentro de la Zona deberán efectuarse a pie.
- Debido a la inclinación del terreno, que complica el aterrizaje de un helicóptero dentro de la Zona, no se permite el acceso de helicópteros, excepto en caso de emergencia. En una emergencia, y si la condición del viento lo permite, un helicóptero puede ingresar a la ZAEP, preferentemente sin aterrizar, para realizar un rescate. Si se considera necesario o útil para el tipo de emergencia en cuestión, el helicóptero puede aterrizar en el glaciar Flora. Si llegara a producirse una emergencia que requiere el uso de un helicóptero, se recomiendan las rutas de vuelo de helicóptero que se muestran en el mapa 2. Asimismo, no se recomiendan los aterrizajes de helicóptero en los alrededores, debido a la alta concentración de aves que anidan en las cercanías del monte Flora. El lugar de aterrizaje recomendado es el helipuerto de la estación Esperanza (véase el mapa 2). También se deben consultar las "Directrices para la operación de aeronaves cerca de las concentraciones de aves" contenidas en la Resolución 2 (2004).
- Se prohíbe la circulación de vehículos terrestres en la Zona.
- El tráfico peatonal debe ser mínimo, conforme a los objetivos de las actividades permitidas y se deberá realizar el máximo esfuerzo para reducir a un mínimo los efectos de las pisadas tales como la rotura de rocas, especialmente las rocas del lugar.

7 (iii) Actividades que pueden llevarse a cabo dentro de la zona
Las actividades que pueden llevarse a cabo dentro de la Zona incluyen las siguientes:
- Investigación científica indispensable que no pueda realizarse en otro lugar.
- Investigaciones científicas que no perjudiquen los valores científicos de la zona.
- Actividades indispensables de gestión, incluida la observación.

Cuando se realice muestreo geológico, este debería, como norma mínima, hacerse de acuerdo con los siguientes principios:
1. El muestreo debe realizarse con la mínima alteración práctica.
2. La toma de muestra debe ser la mínima necesaria para lograr los objetivos de la investigación.
3. Deben dejarse suficientes materiales/especímenes para permitir que los futuros trabajadores entiendan el contexto del material.
4. Los lugares de muestreo deben quedar libres de marcas (pintura, etiquetas, etc.).
5. Los especímenes deben ser conservados en un repositorio reconocido una vez que el proyecto concluya.
6. En los informes sobre visitas presentados a la autoridad nacional correspondiente debe suministrarse en forma pormenorizada información acerca de la ubicación GPS de los sitios de recolección, el volumen/peso, la orientación de la muestra y el tipo de materiales recolectados, y el lugar donde se almacenará el material retirado.
7. Además, debe entregarse una copia de esa información a las Partes proponentes, para facilitar la revisión del Plan de Gestión y para facilitar que se proporcione asesoría a las demás Partes en relación con la existencia de materiales en los repositorios geológicos, con el fin de reducir a un mínimo los nuevos o adicionales muestreos innecesarios.

7(iv) Instalación, modificación o desmantelamiento de estructuras
No se han de erigir estructuras nuevas ni se instalarán equipos científicos al interior de la Zona, salvo por motivos indispensables de investigación científica o motivos de gestión y por un periodo predeterminado, especificados en un permiso. Se prohíbe erigir estructuras permanentes. Todos los marcadores, estructuras o equipos científicos instalados en la Zona deben estar claramente identificados, indicando el país al que pertenecen, el nombre del investigador principal u organismo investigador, el año de instalación y la fecha

prevista para su desmantelamiento. Todos estos elementos deberían estar libres de organismos, propágulos (por ejemplo semillas y huevos) y de suelo no estéril, y deberían estar confeccionados con materiales que soporten las condiciones ambientales y que representen el mínimo riesgo posible de contaminación de la Zona. El retiro de todo el equipo específico cuyo permiso haya vencido será una condición para el otorgamiento del permiso.

7(v) Ubicación de los campamentos
Se prohíben los campamentos dentro de la Zona.

7(vi) Restricciones relativas a los materiales y organismos que puedan introducirse en la Zona
Además de los requisitos del Protocolo al Tratado Antártico sobre Protección del Medio Ambiente, las restricciones relativas a los materiales y organismos que puedan introducirse en la Zona son las siguientes:
- No se permitirá la introducción deliberada de animales, material vegetal, microorganismos y suelos no estériles a la Zona. Deben tomarse precauciones a fin de evitar la introducción accidental de animales, material vegetal, microorganismos y suelos no estériles provenientes de otras regiones con características biológicas distintas (dentro de la Antártida o fuera del área comprendida en el Tratado Antártico). Asimismo todas las herramientas (taladros, picos, palas, martillos geológicos, etc.) se deben limpiar minuciosamente antes de llevarlos a la Antártida, especialmente las herramientas que se han usado anteriormente en zonas de gran altura y latitud fuera de la zona del Tratado Antártico.
- No se deben introducir a la Zona herbicidas ni otros pesticidas.
- Cualquier otro producto químico, como por ejemplo, radionucleidos o isótopos estables, que pueda introducirse con fines científicos o de gestión especificados en el Permiso, debe ser retirado de la Zona al concluir la actividad para la que se concedió el Permiso, o antes.
- No deben almacenarse combustibles ni otros productos químicos en la Zona, salvo que esto se haya autorizado específicamente en las condiciones del permiso. Estos deben almacenarse y manipularse de manera de reducir al mínimo el riesgo de su introducción accidental en el medioambiente.
- Los materiales que se introduzcan en la Zona deberán permanecer en ella sólo por un periodo determinado y deben desmantelarse al concluir el periodo establecido. Si se producen vertimientos que puedan comprometer los valores de la Zona, se recomienda extraer el material únicamente si es poco probable que el impacto de dicho retiro sea mayor que el de dejar el material *in situ*.
- Se deberá informar a la autoridad pertinente sobre la liberación de cualquier material que no se haya retirado y que no esté incluido en el permiso.

7(vii) Toma de, o intromisión perjudicial sobre flora y fauna autóctona
Están prohibidas la toma de flora y fauna autóctonas o su intromisión perjudicial, salvo en conformidad con un permiso expedido de acuerdo al Anexo II del Protocolo al Tratado Antártico sobre Protección del Medio Ambiente. En caso de toma de animales o intromisión perjudicial, se deberá usar como norma mínima el Código de conducta del SCAR para el uso de animales con fines científicos en la Antártida.

7(viii) Toma o traslado de cualquier cosa que el titular del permiso no haya llevado a la Zona
Se puede recolectar o retirar material de la Zona solo en conformidad con un permiso y esto debe limitarse al mínimo necesario para cumplir con las necesidades administrativas o científicas (véanse las secciones *7(iii) Actividades que pueden llevarse a cabo dentro de la zona* y *7(x) Medidas que puedan requerirse para garantizar el continuo cumplimiento de los objetivos y las finalidades del Plan de Gestión*). No se otorgarán permisos si hay razones para pensar que el muestreo propuesto podría tomar, retirar o dañar cantidades tales de rocas fosilíferas que su abundancia en el monte Flora se viera significativamente afectada. Otros materiales de origen humano susceptibles de comprometer los valores de la Zona y que no hayan sido ingresados a esta por el titular del permiso, o que haya sido autorizado de alguna otra manera, pueden ser retirados de la Zona, a menos que el impacto ambiental provocado por su retiro sea mayor que los efectos que pueda ocasionar dicho material en el lugar. Si ese es el caso se debe notificar a la autoridad nacional correspondiente y se debe obtener aprobación.

7(ix) Eliminación de desechos

Todos los desechos, incluso los desechos humanos, deberán ser retirados de la Zona de conformidad con el Anexo III (Gestión y eliminación de los residuos) del Protocolo al Tratado Antártico sobre Protección del Medio Ambiente (1998).

7(x) Medidas que puedan requerirse para garantizar el continuo cumplimiento de los objetivos y las finalidades del Plan de Gestión
En vista del hecho de que el muestreo geológico es permanente y tiene como resultado un impacto acumulativo, se deben tomar las siguientes medidas para salvaguardar los valores científicos de la Zona:
- Los visitantes que piensan llevarse muestras geológicas de la zona deben completar un registro que describa el tipo geológico y la cantidad y ubicación de las muestras recolectadas. Dicho registro como mínimo, debiera de ser depositado en el Centro Nacional de Datos Antárticos y/o en el Directorio Maestro Antártico.
- Para evitar la repetición en la toma de muestras, los visitantes que tienen la intención de recolectar muestras deben demostrar que están familiarizados con las recolecciones anteriores. Existen recolecciones de muestras en repositorios en todo el mundo, a saber:

Repositorios	*Información/sitio web del repositorio*
Museo Argentino de Ciencias Naturales, B. Rivadavia, Buenos Aires, Argentina	http://wander-argentina.com/natural-sciences-museum-buenos-aires/
Museo de Ciencias Naturales, La Plata, Argentina	http://www.welcomeargentina.com/laplata/museum-natural-sciences.html
Museo de Historia Natural de Londres, Londres, Reino Unido	http://www.nhm.ac.uk/visit-us/galleries/green-zone/minerals/index.html
British Antarctic Survey, Cambridge, Reino Unido	http://www.antarctica.ac.uk/bas_research/data/collections/terrestrial_geology.php
Museo Sueco de Historia Natural, Estocolmo	http://www.nrm.se/english.16_en.html
Byrd Polar Research Center Polar Rock Repository, Ohio, EE. UU.	http://bprc.osu.edu/rr/
Instituto de Ciencias Geológicas, Academia Polaca de Ciencias, Cracovia, Polonia	http://www.ing.pan.pl/index_E.htm
Departamento de Geología, Instituto de Geociencias, Universidad Federal de Rio de Janeiro, Brasil	http://www.geologia.ufrj.br/index.php?module=pagemaster&PAGE_user_op=view_page&PAGE_id=50

7(xi) Requisitos relativos a los informes

El titular principal del permiso presentará a la autoridad nacional correspondiente un informe sobre cada visita a la Zona, en cuanto sea posible, y antes de los seis meses posteriores a la finalización de la visita.
Dichos informes deberán incluir, según corresponda, la información identificada en el *Formulario de Informes de Visita a una Zona Antártica Especialmente Protegida* contenido en la *Guía revisada para la Preparación de Planes de Gestión para las Zonas Antárticas Especialmente Protegidas* (Apéndice 2). Entre otros detalles, el informe de visita debe incluir la información solicitada en el punto 6 de la sección *7(iii) Actividades que se pueden llevar a cabo en la Zona* de este Plan de Gestión. Cuando sea posible, la autoridad nacional también debería remitir una copia del informe de visitas a las Partes proponentes, a fin de ayudar en la administración de la Zona y en la revisión del Plan de Gestión. Siempre que sea posible, las Partes deberían depositar el informe de visitas original o sus copias en un archivo de acceso público, a fin de llevar un registro del uso que podrá emplearse en las revisiones del Plan de Gestión y en la organización del uso científico de la Zona.

8. Documentación de apoyo

Andersson, J.G. 1906. On the geology of Graham Land. *Bulletin of the Geological Institution of the University of Upsala* 7:19-71.

Argentina. 1997. Environmental review of Argentine activities at Esperanza (Esperanza) Bay, Antarctic Peninsula. *Documento de información IP 36 de la XXI, RCTA.*

Baldoni, A.M. 1986. Características generales de la megaflora, especialmente de la especie *Ptilophyllum antarcticum*, en el Jurásico Superior-Cretácico Inferior de Antártida y Patagonia, Argentina. *Boletim IG-USP, Instituto de Geociencias, Universidad de Sao Paulo* **17**: 77-87.

Bibby, J.S. 1966. The stratigraphy of part of north-east Graham Land and the James Ross Island group. *British Antarctic Survey Scientific Report* **53**.

Birkenmajer, K. 1992. Trinity Peninsula Group (Permo-Triassic?) at Hope Bay, Antarctic Peninsula. *Polish Polar Research* **13**(3-4):215-240.

Birkenmajer, K. 1993a. Jurassic terrestrial clastics (Mount Flora Formation) at Hope Bay, Trinity Peninsula (West Antarctica). *Informativo de la Academia Polaca de Ciencias: Earth Sciences* **41**(1):23-38.

Birkenmajer, K. 1993b. Geology of late Mesozoic magmatic rocks at Hope Bay, Trinity Peninsula (West Antarctica). *Bulletin of the Polish Academy of Sciences: Earth Sciences* **41**(1):49-62.

Birkenmajer, K. y Ociepa, A.M. 2008. Plant-bearing Jurassic strata at Hope Bay, Antarctic Peninsula (West Antarctica); geology and fossil plant description. En: K. Birkenmajer (ed.) Geological Results of the Polish Antarctic Expeditions, Part 15. *Studia Geologica Polonica* **128**: 5–96.

Coria, N. R., y Montalti, D. 1993. Flying birds at Esperanza Bay, Antarctica. *Polish Polar Research* **14**(4): 433-439.

Croft, W.N. 1946. Notes on the geology of the Hope Bay area. Unpublished report, British Antarctic Survey Archives Ref AD6/2D/1946/G1.

Farquharson, G.W. 1984. Late Mesozoic, non-marine conglomeratic sequences of Northern Antarctic Peninsula (Botany Bay Group). *British Antarctic Survey Bulletin* **65**: 1-32.

Francis, J.E. 1986. Growth rings in Cretaceous and Tertiary wood from Antarctica and their palaeoclimatic implications. *Palaeontology* **29**(4): 665-684.

Gee, C.T. 1989. Revision of the late Jurassic/early Cretaceous flora from Hope Bay, Antarctica. *Palaeontographica* **213**(4-6): 149-214.

Grikurov, G.E. y Dibner, A.F. 1968. Novye dannye o Serii Triniti (C1-2) v zapadnoy Antarktide. [New data on the Trinity Series (C1-2) in West Antarctica.] *Doklady Akademi Nauk SSSR*: **179**, 410-412. (traducción al inglés: *Proceedings of the Academy of Science SSSR (Geological Sciences)* **179**: 39-41).

Halle, T.G. 1913. The Mesozoic flora of Graham Land. *Wissenschaftliche ergebnisse der Schwedischen Südpolar-expedition 1901-1903* **3**(14).

Hathway, B. 2000 Continental rift to back-arc basin: stratigraphical and structural evolution of the Larsen Basin, Antarctic Peninsula. *Journal of the Geological Society of London* **157**: 417-432.

Marshall, N.B. 1945. Informe anual Base D. Biology and Hydrography. Informe inédito, archivos de British Antarctic Survey Ref AD6/1D/1945/N2. Nathorst, A.G. 1906. On the upper Jurassic flora of Hope Bay, Graham Land. *Compte Rendus, 10th International Geological Congress, Mexico* **10**(2):1269-1270.

Martín-Serrano, A., Montes, M., Martín, F. N., y Del Valle, R. (2005). Geomorfología de la costa austral de Bahía Esperanza (Península Antártica). *Geogaceta* **38**: 95-98.

Montes, M. Martin-Serrano, A., Nozal, F. 2005. Geología de la Costa austral de Bahia Esperanza (Península Antártica). *Geogaceta* **38**: 91-94.

Montes, M. J., Martín-Serrano, A., y del Valle, R. A. (2004). Mapa Geológico de la costa austral de Bahía Esperanza y el Monte Flora, Peninsula Antartica. En S. Marenssi (Ed.), 5°1° Simposio Argentino Latinoamericano sobre Investigaciones Antárticas. Buenos Aires: Instituto Antártico Argentino.

Montes, M., Martin-Serrano, A., Nozal, F., Rodríguez Fernández, L. R., y Del Valle, R. 2013. Mapa geológico de Bahía Esperanza. Antártida; escala 01:10,000. 1ª edición. Serie Cartográfica Geocientifica Antártica. Madrid: Instituto Geológico y Minero de España, Buenos Aires: Instituto Antártico Argentino.

Morel, E. M., Artabe, A. E., Ganuza, D. G., y Brea, M. 1994. Las plantas fósiles de la Formación Monte Flora, en Bahía Botánica, Península Antártica, Argentina. 1. Dipteridaceae. *Ameghiniana* **31**: 23-31.

Morgan, F., Barker, G., Briggs, C., Price, R. y Keys, H. 2007. Informe final del Análisis de dominios ambientales para el continente antártico versión. 2.0, Manaaki Whenua Landcare Research New Zealand Ltd, 89 páginas.

Nozal, F., Martin-Serrano, A., Montes, M., y Del Valle, R. 2013. Mapa geológico de Bahía Esperanza. Antártida; escala 01:10 000. 1ª edición. Serie Cartográfica Geocientifica Antártica. Madrid: Instituto Geológico y Minero de España, Buenos Aires: Instituto Antártico Argentino.

Ociepa, A. M. 2007. Jurassic liverworts from Mount Flora, Hope Bay, Antarctic Peninsula. *Polish Polar Research* **28**(1): 31–36.

Ociepa, A. M. y Barbacka, M. 2011. *Spesia antarctica* gen. et sp. nov. – a new fertile fern spike from the Jurassic of Antarctica. *Polish Polar Research* **32**(1): 59-66.

Pankhurst, R.J. 1983. Rb-Sr constraints on the ages of basement rocks of the Antarctic Peninsula. En Oliver, R.L., James, P.R. y Jago, J.B. eds. *Antarctic Earth Science*. Canberra, Australian Academy of Science: 367-371.

Pankhurst, R.J., Leat, P.T., Sruoga, P., Rapela, C.W., Marquez, M., Storey, B.C., y Riley, T.R., 1998. The Chon Aike province of Patagonia and related rocks in West Antarctica: a silicic large igneous province. *Journal of Volcanology and Geothermal Research* **81**: 113-136.

Rees, P. M. 1990. Palaeobotanical contributions to the Mesozoic geology of the northern Antarctic Peninsula region. Tesis de doctorado inédita, Royal Holloway y Bedford New College, University of London.

Rees, P. M. 1993a. Dipterid ferns from the Mesozoic of Antarctica and New Zealand and their stratigraphical significance. *Palaeontology* **36**(3):637-656.

Rees, P. M. 1993b. Caytoniales in early Jurassic floras from Antarctica. *Geobios* **26**(1):33-42.

Rees, P.M., 1993c. Revised interpretations of Mesozoic palaeogeography and volcanic arc evolution in the northern Antarctic Peninsula region. *Antarctic Science* **5**: 77-85

Rees, P.M. y Cleal, C.J. 1993. Marked Polymorphism in *Archangelskya furcata*, a pteridospermous frond from the Jurassic of Antarctica. *Special papers in Palaeontology* **49**:85-100.

Rees, P.M. y Cleal, C.J. 2004. Lower Jurassic floras from Hope Bay and Botany Bay, Antarctica. *Special Papers in Palaeontology* **72**: 5-89.

Riley, T.R y Leat, P.T. 1999. Large volume silicic volcanism along the proto-Pacific margin of Gondwana: lithological and stratigraphical investigations from the Antarctic Peninsula. *Geological Magazine* **136** (1):1-16.

Santos, M.M., Coria, N.R., Barrera-Oro, E. y Hinke, J.T. 2013. Abundance estimation of Adélie penguins colony at Esperanza/Hope Bay. WG- EMM 13/43 CCAMLR, Hobart, Australia.

Smellie, J.L. y Millar, I.L. 1995. New K-Ar isotopic ages of schists from Nordenskjold Coast, Antarctic Peninsula: oldest part of the Trinity Peninsula Group? *Antarctic Science* **7**: 191-96.

Taylor, B.J. [sin fecha]. Middle Jurassic plant material from Mount Flora, Hope Bay. Unpublished report, British Antarctic Survey Archives Ref ES3/GY30/6/1.

Thomson, M.R.A. 1977. An annotated bibliography of the paleontology of Lesser Antarctica and the Scotia Ridge. *New Zealand Journal of Geology and Geophysics* **20** (5): 865-904.

Torres, T., Galleguillos, H., y Philippe, M. 2000. Maderas fósiles en el Monte Flora, Bahía Esperanza, Península Antártica. En Congreso Geológico Chileno, No. 9, Actas, Vol. 2, p. 386-390. Puerto Varas.

Truswell, E.M., 1991. Antarctica: a history of terrestrial vegetation. En Tingey R.J. *The geology of Antarctica*. Oxford: Clarendon Press, 499-537.

Woehler, E.J. (ed.) 1993. The distribution and abundance of Antarctic and sub-Antarctic penguins. SCAR, Cambridge.

Zeuner, F.E. 1959. Jurassic beetles from Graham Land, Antarctica. *Palaeontology* **1**(4):407-409.

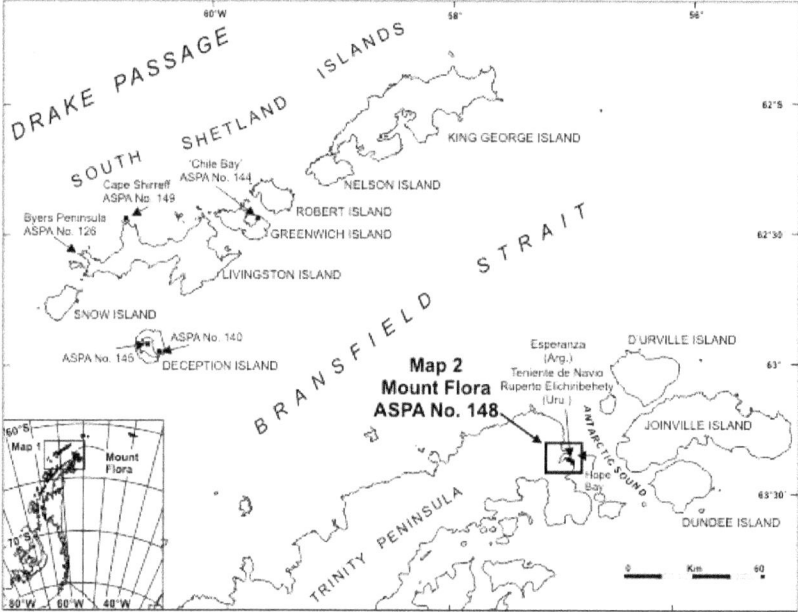

Map 1. Mount Flora (ASPA No. 148), Hope Bay, Antarctic Peninsula, location map.
Inset: location of Mount Flora on the Antarctic Peninsula.

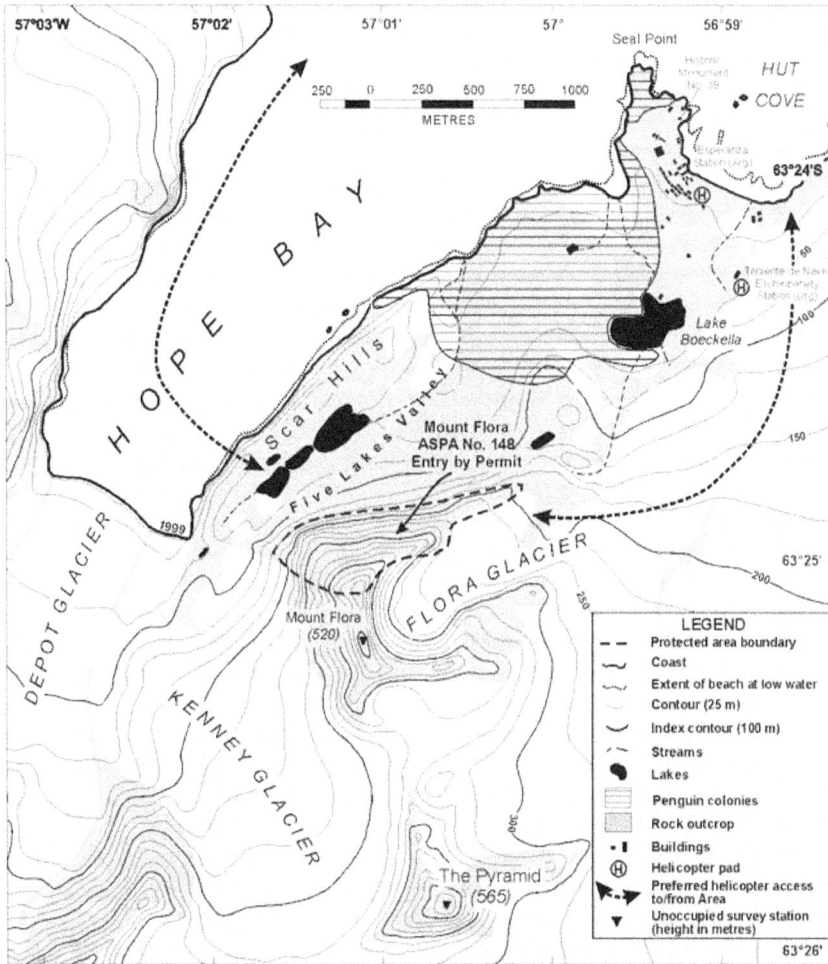

Map 2. Mount Flora (ASPA No. 148), Hope Bay, topographic map.

Mapa 3: ZAEP del monte Flora N° 148, mapa geológico, adaptado del "Mapa Geológico de Bahía Esperanza Antártida" publicado por el Instituto Geológico y Minero de España, y el Instituto Antártico Argentino (Escala 01:10 000). El bosquejo cartográfico se encuentra orientado con el norte en la parte superior del mapa. La zona que se muestra es de aproximadamente 1,5 km en total. Leyenda: 4. Grandes conglomerados de diferentes espesores. 5. Areniscas, conglomerados y esquistos negros con restos vegetales. 5a. Rocas volcánicas fragmentadas. 6. Tobas soldadas con areniscas intercaladas, brechas volcánicas y yacimientos de ignimbritas soldadas. 6a. Contacto térmico rojizo. 7. Brechas, areniscas y limolitas con ignimbritas volcánicas intercaladas. 8a. limolitas volcánicas laminadas, areniscas y capas de lava basáltica volcánica. 8b. Contacto térmico rojizo. 9. Brechas y areniscas con ignimbritas volcánicas intercaladas. 10. Rocas angulares con una matriz arenosa y fina. Till de fondo y morrenas. 11. Rocas angulares. Laderas y conos de detritos. γ: diques ◄: restos paleobotánicos.

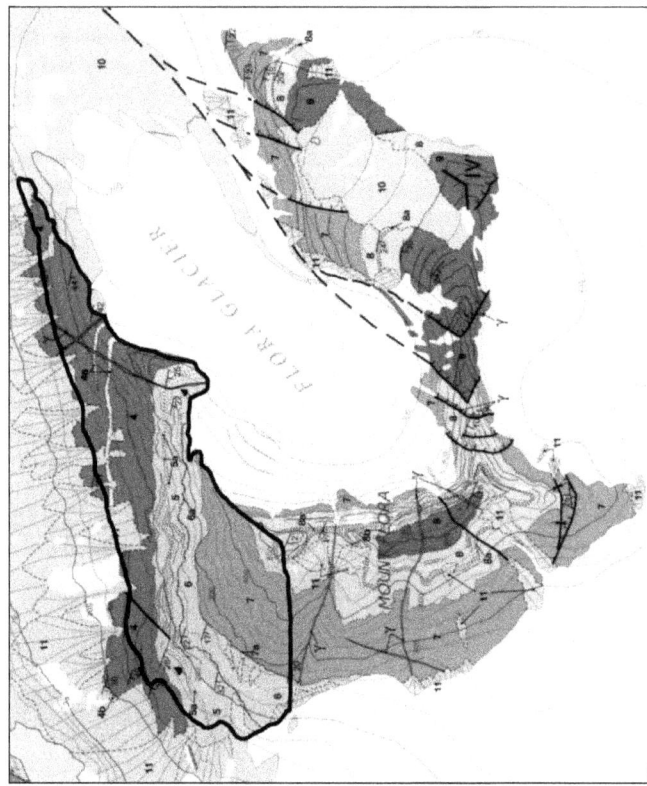

	QUATER.	MESOZOIC	
	HOLOCENE	JURASSIC	
		MIDDLE	LOWER
MEMBER		KE-4 / KE-3 / KE-2 / KE-1	FL-2 / FL-1
FORMATION		KENNEY GLACIER FORMATION	MOUNT FLORA FORMATION
GROUP		ANTARCTIC PENINSULA VOLCANIC GROUP	BOTANY BAY GROUP

Numeración: 13, 14, 15, 12, 11, 10, 9, 8, 8a, 8b, 7, 7a, 6, 6a, 5, 5a, 4, 4a, 4b

FLORA GLACIER — MOUNT FLORA

Plan de Gestión para la
Zona Antártica Especialmente Protegida N° 152
OESTE DEL ESTRECHO DE BRANSFIELD

Introducción

La Zona se ubica frente a las costas occidental y austral de la isla Baja, islas Shetland del sur, entre 63°15'S y 63°30'S; 62°00'O y 62°45'O, y es completamente marina. Tiene una superficie aproximada de 916 km². La designación se basó en que la plataforma poco profunda de esta región cercana a la isla Baja es uno de los apenas dos sitios conocidos en las cercanías de la estación Palmer (Estados Unidos) que son aptos para la pesca de fondo de peces y otros organismos bentónicos (véase también ZAEP N° 153 bahía oriental de Dallmann). El sitio ofrece oportunidades excepcionales para estudiar la composición, la estructura y la dinámica de varias comunidades marinas accesibles. La zona fue propuesta por Estados Unidos: fue aprobada mediante la Recomendación XVI-3 (Bonn, 1991: SEIC N° 35); su fecha de caducidad se prorrogó por medio de la Medida 3 (2001); cambió de nombre y número en virtud de la Decisión 1 (2002); los planes de gestión revisados fueron aprobados a través de la Medida 2 (2003) y de la Medida 10 (2009). La Zona fue aprobada en virtud de la Convención sobre la Conservación de los Recursos Vivos Marinos Antárticos (CCRVMA) de conformidad con la Decisión 9 (2005).

La clasificación dentro del Análisis de Dominios Ambientales para el Continente Antártico (Resolución 3 (2008)) y las Regiones Biogeográficas de Conservación Antártica (Resolución 6 (2012)) se basa en criterios aplicados a zonas terrestres, por lo que su aplicación al medio marino es limitada.

1. Descripción de los valores que requieren protección

La parte occidental del estrecho de Bransfield / Mar de la Flota (entre 63°20'S y 63°35'S y 61°45'O y 62°30'O, con una superficie aproximada de 916 km²), fue designada originalmente Sitio de Especial Interés Científico mediante la Recomendación XVI-3 (1991, SEIC N° 35) a raíz de una propuesta de Estados Unidos. Fue designada debido a que "la plataforma poco profunda al sur de la isla Baja es uno de solo dos sitios conocidos en las proximidades de la Estación Palmer que son apropiados para la pesca de fondo de peces y otros organismos bentónicos con redes de arrastre. Desde el punto de vista ecológico, el sitio de la isla Baja ofrece oportunidades excepcionales para estudiar la composición, la estructura y la dinámica de varias comunidades marinas accesibles. El sitio y, en particular su fauna bentónica, revisten un interés científico excepcional y es necesario protegerlos a largo plazo de toda posible interferencia perjudicial". Junto con el este de la bahía Dallmann (ZAEP N° 153), de esta Zona se obtienen más de 90% de las muestras recolectadas por investigadores estadounidenses que están estudiando activamente las comunidades ícticolas de la región (Detrich, nota personal, 2009 y 2015).

Los límites de la Zona fueron modificados por medio de la Medida 2 (2003), para abarcar la totalidad de la plataforma poco profunda, hasta los 200 m de profundidad, al oeste y sur de la isla Baja, excluyéndose las aguas más profundas del estrecho de Bransfield (Mar de la Flota) en el este. Los límites de la Zona en el oeste del estrecho de Bransfield (Mar de la Flota), situados entre 63°15'S y 63°30'S y entre 62°00'O y 62°45'O, están definidos en el nordeste por la costa de la isla Baja, abarcando una superficie de alrededor de 916 km² (mapa 1).

La Zona continúa siendo importante para estudiar la composición, la estructura y la dinámica de las comunidades marinas, y las razones de la designación original se reafirman en el Plan de Gestión actual. Además, la Zona es reconocida como un desovadero importante para varias especies de peces, como la nototenia negra (*Notothenia coriiceps*) y el draco rayado (*Chaenocephalus aceratus*). Los científicos de la estación Palmer recolectan peces en la Zona desde principios de los años setenta. La Zona está situada dentro del área del Programa de Investigaciones Ecológicas a Largo Plazo (LTER, por sus siglas en inglés) de la estación Palmer. Los peces recolectados en la Zona se usan para estudiar las adaptaciones bioquímicas y fisiológicas a las bajas temperaturas. Algunos de estos peces se han usado para estudios comparativos con el área de Puerto Arthur, donde el impacto es mucho mayor. También se están realizando estudios científicos de las comunidades de fauna bentónica.

2. Finalidades y objetivos

La gestión del oeste del estrecho de Bransfield (Mar de la Flota) tiene por objeto:

- evitar la degradación de, o el riesgo importante para, los valores de la Zona evitando en ella toda interferencia humana innecesaria;
- permitir las investigaciones científicas del medio marino, protegiéndolo al mismo tiempo del muestreo excesivo;
- permitir otras investigaciones científicas en la Zona siempre que no comprometan los valores por los cuales se protege la Zona; y
- permitir visitas con fines de gestión concordantes con los objetivos del Plan de Gestión.

3. Actividades de gestión

Se deberán emprender las siguientes actividades de gestión en aras de proteger los valores de la Zona:

- En la estación Palmer (Estados Unidos) se colocará en un lugar bien visible un mapa que muestre la ubicación de la Zona (con una indicación de las restricciones especiales que se apliquen) y habrá copias disponibles del presente Plan de Gestión.
- Los programas nacionales deberán garantizar que los límites de la Zona y las restricciones que se aplican en su interior estén marcadas en los mapas y cartas náuticas relevantes por las que son responsables.
- Se facilitarán copias del presente Plan de Gestión a las embarcaciones que naveguen en las proximidades de la Zona.
- Las boyas y otros señalizadores o estructuras instalados en la Zona con fines científicos o de gestión deberán estar bien sujetos y en buen estado, y serán desmantelados cuando ya no sean necesarios.
- Se efectuarán las visitas necesarias para determinar si la Zona continúa sirviendo a los fines para los cuales ha sido designada y para garantizar que las medidas de gestión y mantenimiento sean adecuadas.

4. Período de designación

Designación con período de vigencia indefinida.

5. Mapas y fotografías

Mapa 1:   ZAEP Nº 152, mapa batimétrico del oeste del estrecho de Bransfield. Los datos sobre la costa provienen de la Base Digital de Datos Antárticos, versión 6.0 (2012), del SCAR. Los datos batimétricos se obtuvieron de información proporcionada por la Carta Batimétrica Internacional del Océano Austral (IBCSO) v1.0 (2013). Datos sobre aves: ERA (2015). Áreas importantes para la Conservación de las aves: BirdLife International / ERA (Harris *et al*. 2011).

Especificaciones cartográficas: Proyección: Cónica conforme de Lambert; Paralelos de referencia: primero 63°15' S; segundo 63°30' S; meridiano central: 62°00' O; Latitud de origen: 64°00' S; Esferoide y nivel de referencia horizontal: WGS84; Exactitud horizontal: error máximo de ±300 m. Isobata de 200 m.

Recuadro: la ubicación del Mapa 1, ZAEP N° 152, Oeste del estrecho de Bransfield, Península Antártica, con la zona protegida más cercana, ZAEP N° 153, este de la bahía Dallmann.

6. Descripción de la Zona

6(i) Coordenadas geográficas, indicadores de límites y características naturales

Descripción general

El estrecho de Bransfield (Mar de la Flota) es un pasaje de aguas profundas de unos 220 km de largo y 120 km de ancho entre la Península Antártica y las numerosas islas que integran las islas Shetland del Sur. Al norte está el pasaje de Drake y al oeste está el mar de Bellinghausen. El Área está a 80 km aproximadamente al oeste de la Península Antártica, en su mayor parte dentro de la isobata de 200 m, directamente hacia el sur y al oeste de la isla Baja (mapa 1). La isla Baja, situada a 60 km al sudoeste de la isla Decepción y a 25 km al sudeste de la isla Smith, es la más meridional de las islas Shetland del Sur. Al oeste y al sur de la isla Baja, a unos 20 km de la costa, el fondo del mar baja en pendiente suave desde la zona intertidal hasta una profundidad de alrededor de 200 m. Al este de la isla Baja, el fondo del mar desciende en pendiente marcada, llegando a los 1 200 m de profundidad en esta parte del estrecho de Bransfield (Mar de la Flota). Las muestras extraídas en el marco del programa de investigación BENTART durante el verano austral de 2003 y 2006 revelan que el fondo del mar en la Zona se compone generalmente de sedimentos fangosos que contienen grava o piedras pequeñas, con comunidades de epifauna sésil (Troncoso *et al.* 2008) que permanece firmemente adherida al sustrato o que se mueve muy lentamente (Robinson *et al.* 1996).

Límites

Los límites de la Zona en el oeste del estrecho de Bransfield (Mar de la Flota) están definidos en el norte por la línea de 63°15'S y en el sur por la línea de 63°30'S. En el este, el límite es la línea de 62°00'O, y en el oeste, la línea de 62°45'O (mapa 1). El límite nordeste es la costa de la isla Baja, desde 62°00'O, 63°20'S, en el sudeste (a dos kilómetros, aproximadamente, del cabo Hooker) hasta 62°13'30"O, 63°15'S, en el noroeste (cabo Wallace). El límite en la costa oeste y sur de la isla Baja está definido por la línea media de pleamar, y la zona intertidal está incluida en la ZAEP. La Zona tiene 27,6 km como máximo de norte a sur y 37,15 km como máximo de este a oeste, abarcando una superficie aproximada de 916 km². No se han instalado señalizadores de límites, ya que eso no es factible en la zona marina, en tanto que, en la isla Baja, la costa misma es un rasgo claramente definido y visualmente obvio que marca el límite.

Oceanografía, clima y ecología marina

El hielo marino de la región del estrecho de Bransfield (Mar de la Flota) experimenta grandes variaciones de un año a otro, aunque la cobertura parece ser inferior a 100 días al año (Parkinson, 1998). Las tasas de avance y retroceso del hielo marino a lo largo del noroeste de la Península Antártica también son variables. El hielo marino avanza durante unos cinco meses, tras los cuales retrocede durante siete meses, aproximadamente. El aumento del hielo es más rápido en junio y julio, y su desintegración es más rápida en diciembre y enero (Stammerjohn y Smith, 1996). Según mediciones efectuadas en el estrecho de Bransfield (Mar de la Flota) entre el 20 de enero y el 9 de febrero de 2001, la temperatura oceánica en la Zona fue de 1,7 a 1,8 °C en promedio a cinco metros de profundidad y de 0,2 a 0,3°C en la isobata de 150 m (Catalan *et al.*, 2008). La salinidad del agua en la Zona se situó entre 34,04 y 34,06 unidades prácticas de salinidad (ups) a cinco metros de profundidad, mientras que a 150 m la salinidad fue de 34,40 ups.

Los vientos soplan principalmente del nornoroeste, lo cual genera una corriente litoral que fluye hacia el sur a lo largo del oeste de la Península Antártica (Hofman *et al.*, 1996). Esta corriente, sumada al flujo hacia el norte de la corriente circumpolar antártica, produce una circulación oceánica predominantemente hacia la derecha en el estrecho de Bransfield /Mar de la Flota (Dinniman y Klinck, 2004; Ducklow *et al.* 2007), en la que predominan la corriente del estrecho de Gerlache y la corriente del estrecho de Bransfield (Zhou *et al.* 2002 y 2006). Las boyas de deriva desplegadas como parte del programa RACER (Investigación de los ecosistemas y las tasas de la costa antártica) entre 1988 y 1990 indican que la formación de remolinos es mínima en la Zona, y que al sur de la isla Baja se origina un fuerte flujo en dirección nordeste (Zhou *et al.*, 2002). La corriente se bifurca al oeste de la isla Baja: una parte del agua fluye hacia el nordeste hasta mezclarse con la corriente del estrecho de Bransfield y la otra parte fluye hacia el noroeste, en dirección de la isla Smith. En la circulación local influyen también las mareas. Según los registros de mareas de la isla Baja obtenidos durante un período de seis semanas entre diciembre de 1992 y enero de 1993, la variación máxima fue de 1,70 m (López *et al.*, 1994).

Las mediciones sísmicas realizadas en la estación de vigilancia del Experimento Sísmico de la Patagonia y la Antártida (SEPA, por sus siglas en inglés), ubicada en la costa nordeste de la isla Baja, han detectado una actividad sísmica importante en la Zona, que se cree que se debe a la intersección de la zona de fractura Hero con la plataforma Shetland del Sur en la isla Smith (Maurice *et al.*, 2003). Durante la campaña antártica española de 2006-2007, se instaló otra estación de vigilancia sísmica en la costa sur de la isla Baja a fin de extender la vigilancia geodésica en el área del estrecho de Bransfield (Berrocoso *et al.*, 2007).

Biología marina

El sustrato de la Zona, que consiste principalmente de arena blanda, fango y grava, alberga un bentos prolífico con numerosas especies de peces, invertebrados (esponjas, anémonas, anélidos, moluscos, crustáceos, asteroideos, ofiuroideos, equinoideos, holoturoideos, braquiópodos y tunicados) y plantas marinas en varias comunidades definidas.

Entre los peces recolectados comúnmente a una profundidad de entre 80 y 200 m cerca de la isla Baja se encuentran *Chaenocephalus aceratus, Harpagifer bispinis, Notothenia coriiceps, Gobionotothen gibberifrons (anteriormente denominado N. gibberifrons), Parachaenichthys charcoti* and *Trematomus newnesi* (Grove y Sidell 2004; Lau *et al.* 2001). Entre las especies que se encuentran en la isla Baja, aunque en raras ocasiones, se cuentan *Champsocephalus gunnari, Chionodraco rastrospinosus* y *Pseudochaenichthys georgianus*. Además, la plataforma de la isla Baja parece ser un desovadero de varias especies de peces; por ejemplo, draco rayado *Chaenocephalus aceratus* y *N. coriiceps*, con la familia de los nototénidos, representa la mayoría de las larvas y los ejemplares juveniles capturados en la zona (Catalan *et al.* 2008). Entre otras especies de peces juveniles recolectadas cerca de la isla Baja cabe señalar *Trematomus lepidorhynus y Notothenia kempi*. En la Zona se aparean tramas negras (*Notothenia coriiceps*), lo cual se deduce de la presencia de huevos (Kellermann, 1996). Los peces desovan en mayo y junio. Los huevos, de alrededor de 4,5 mm de diámetro, son pelágicos tras la fertilización y ascienden a las aguas superficiales, donde incuban durante el invierno. En la Zona se han encontrado larvas de *Bathylagus antarcticus, Electrona antarctica, Gymnodraco acuticeps, Nototheniops larseni, Notothenia kempi* y *Pleuragramma antarcticum* (Sinque *et al.* 1986; Loeb *et al.* 1993; Morales-Nin *et al.* 1995).

Los especímenes recolectados desde abril a junio de 2008 y 2010 se utilizaron en la investigación del plegamiento proteico en *Gobionotothen gibberifrons* en relación con el calentamiento del océano (Cuellar *et al.* 2014).

En la Zona se han encontrado las siguientes especies de anfípodos bentónicos: *Ampelisca barnardi, A. bouvieri, Byblis subantarctica, Epimeria inermis, E. oxicarinata, E. walkeri, Eusirus antarcticus, E. perdentatus, Gitanopsis squamosa, Gnathiphimedia sexdentata, Jassa* spp., *Leucothoe spinicarpa, Liljeborgia georgiana, Melphidippa antarctica, Oedicteroides calmani, O. lahillei, Orchomenella zschaui, Parharpinia obliqua, Parepimeria bidentata, Podocerus septemcarinatus, Prostebbingia longicornis, Shackeltonia robusta, Torometopa perlata, Uristes georgianus* y *Waldeckia obesa* (Wakabara *et al.* 1995).

Se han analizado conjuntos de moluscos en cuatro sitios de muestreo de la Zona como parte de un estudio integrado del ecosistema bentónico del estrecho de Bransfield (Mar de la Flota) que se llevó a cabo del 24 de enero al 3 de marzo de 2003 (BENTART 03) y del 2 de enero al 17 de febrero de 2006 (BENTART 06) (Troncoso *et al.*, 2008). La especie más abundante en la Zona era el bivalvo *Lissarca notorcadensis*, seguido de lejos por *Pseudamauropsis aureolutea*, la especie más ampliamente distribuida. Se recolectaron también *Marseniopsis conica, Onoba gelida, Yoldiella profundorum, Anatoma euglypta, Chlanidota signeyana* y *Thyasira debilis*.

No se dispone de información sobre el zooplancton o la flora marina de la Zona.

Mamíferos marinos

En los estudios con rastreo por satélite realizados entre enero de 2004 y enero de 2006 se observó el paso de ballenas jorobadas (*Megaptera novaeangliae*) cerca de la Zona, en la cual posiblemente entren en busca de alimento (Dalla Rosa *et al.,* 2008). Se rastreó a los elefantes marinos del sur (*Mirounga leonina*) dentro de la Zona con transmisores por satélite entre diciembre de 1996 y febrero de 1997 (Bornemann *et al.,* 2000).

Aves

En 1987 había alrededor de 325 000 parejas reproductoras de pingüinos de barbijo (*Pygoscelis antarctica*) en ~13 lugares de la costa de la isla Baja o cerca de esta (Shuford y Spear 1988), muchas de las cuales se encuentran en colonias ubicadas a lo largo del límite noreste de la Zona, o cerca de este. Las colonias más grandes están justo al norte de la Zona, en el cabo Wallace y en sus cercanías (entre 129 y 229 mil parejas) y en el cabo Garry (aproximadamente 104 375 parejas) y punta Jameson (entre 20 y 35 mil parejas) o en sus cercanías (mapa 1). Estos sitios de reproducción, así como las cercanías del cabo Hooker, han sido identificados por BirdLife International como Áreas Importantes para Conservación de las Aves debido a sus extensas colonias de pingüinos de barbijo (Harris *et al.* 2011). Se espera que estas grandes colonias de pingüinos de barbijo influyan en la Zona. Se han observado colonias pequeñas de cormoranes antárticos (*Phalacrocorax* [atriceps] *bransfieldensis*) en el cabo Garry, en una isla que está dentro de la Zona, entre el cabo Garry y la punta Jameson, y en una isla a varios kilómetros al nordeste del cabo Wallace (Poncet y Poncet, datos no publicados desde febrero de 1987, en Harris, 2006) (mapa 1).

Actividades e impactos de los seres humanos

Los peces recolectados en la Zona se han usado para diversas investigaciones bioquímicas, genéticas y fisiológicas, entre ellas estudios de las adaptaciones en peces que permiten que las proteínas funcionen a baja temperatura (Detrich *et al.* 2000; Cheng y Detrich 2007); las adaptaciones de la estructura muscular y el metabolismo energético, incluida la elaboración de ácidos grasos a baja temperatura (Hazel y Sidell, 2003; Grove y Sidell, 2004); la transcripción eficiente del genoma en aguas frías (Lau *et al.* 2001; Magnoni *et al.* 1998); la influencia de la presión hidrostática en la función enzimática en el hígado de los peces (Ciardiello *et al.* 1999); y las adaptaciones cardiovasculares del draco rayado para compensar su carencia total de hemoglobina (Sidell y O'Brien 2006).

Los especímenes recolectados con redes de arrastre en marzo y abril de 1991, 1992 y 1993 se usaron para comparar la contaminación por hidrocarburos aromáticos polinucleares de estos peces con la de peces recolectados en el puerto Arthur y para estudiar los efectos del diésel ártico (DFA, por sus siglas en inglés) en *Notothenia gibberifrons* (que ahora se denomina *Gobionotothen gibberifrons*) (McDonald *et al.,* 1995; Yu *et al.* 1995). En el primer estudio se observó que el grado de contaminación de los peces recolectados en la Zona era mucho menor que el de los peces obtenidos en cercanías de los restos del buque *Bahía Paraíso,* que naufragó en el puerto Arthur en 1989. Asimismo, se observó que los peces capturados cerca de estaciones científicas estadounidenses están expuestos, si bien en un bajo nivel, a hidrocarburos aromáticos polinucleares, (McDonald *et al.,* 1992 y 1995). Sin embargo, las concentraciones de estos hidrocarburos en peces recolectados en la Zona fueron más altas de lo que se había previsto, en los que se encontraron niveles similares a los de los peces muestreados cerca de la antigua estación Palmer.

6 (ii) Acceso a la Zona

El acceso a la Zona se hace por lo general en buque desde el estrecho de Bransfield, o en la dirección del pasaje de Drake, o del estrecho de Boyd, que se encuentra hacia el norte, entre las islas Smith y Snow. Las embarcaciones pueden transitar por la Zona, si bien deben evitar fondear salvo en casos de emergencia. El acceso a la Zona podrá realizarse por vía aérea o sobre el hielo marino, siempre que las condiciones lo permitan. No se han definido aún las rutas de acceso hacia la Zona o dentro de esta.

6(iii) Ubicación de estructuras dentro de la Zona o en áreas adyacentes

No hay estructuras conocidas en la Zona o en sus proximidades. Las estaciones científicas más cercanas son Decepción (Argentina) y Gabriel de Castilla (España), ambas a unos 70 km al nordeste, en la isla Decepción.

6(iv) Ubicación de las zonas protegidas en las cercanías

Las zonas protegidas más cercanas a la parte oeste del estrecho de Bransfield son el este de la bahía Dallmann (ZAEP N° 153), que está a unos 45 km al sudsudeste, y Puerto Foster y otras partes de la isla Decepción (ZAEP N° 140 y N° 145 respectivamente), que están a unos 70 km al nordeste (mapa 1, recuadro).

6(v) Áreas especiales al interior de la Zona

Ninguna.

7. Términos y condiciones para los permisos de entrada

7(i) Condiciones generales para la expedición de permisos

Se prohíbe el ingreso a la Zona excepto con un permiso expedido por una autoridad nacional pertinente. Las condiciones para la expedición de un permiso de ingreso a la Zona son las siguientes:

- que se haya expedido por razones convincentes de índole científica o educativa, que no puedan llevarse a cabo en otro lugar, o por razones que sean esenciales para la gestión de la Zona;
- las acciones permitidas deben adherirse al Plan de Gestión.
- se dará a las actividades permitidas la correspondiente consideración a través del proceso de Evaluación de impacto ambiental para la protección continua de los valores ambientales y científicos de la Zona.
- el Permiso debe expedirse por un período determinado;
- se deberá llevar el permiso, o una copia de este, dentro de la Zona.

7 (ii) Acceso a la zona y desplazamientos en su interior o sobre ella

Se puede llegar a la Zona por mar, sobre el hielo marino o por aire. No hay restricciones específicas para las rutas de acceso ni para la circulación dentro de la Zona, aunque los desplazamientos deberían mantenerse en el mínimo necesario para alcanzar los objetivos de las actividades autorizadas. Se debería hacer todo lo posible para reducir al mínimo toda perturbación. Las embarcaciones pueden transitar por la Zona, si bien deben evitar fondear salvo que sea en casos de emergencia. No hay restricciones especiales para los sobrevuelos dentro de la Zona, y pueden aterrizar aeronaves, con permiso, cuando el estado del hielo marino lo permita, si bien los pilotos deberían tener en cuenta las grandes colonias de pingüinos cerca de límite nordeste de la Zona, en la costa de la isla Baja (mapa 1).

7(iii) Actividades que pueden llevarse a cabo dentro de la Zona

- Investigaciones científicas que no pongan en peligro los valores de la Zona;
- Operaciones esenciales de embarcaciones que no pongan en peligro los valores de la Zona, como el tránsito o el estacionamiento dentro de la Zona, con el fin de facilitar las actividades científicas o de otros tipos, incluido el turismo, o para llegar a lugares situados fuera de la Zona.
- Actividades de gestión indispensables, como la de vigilancia.

7(iv) Instalación, modificación o desmantelamiento de estructuras

- No se podrán erigir estructuras en la Zona con excepción de las que se especifiquen en un permiso. Se prohíben las estructuras o instalaciones permanentes.
- Todas las estructuras, el equipo científico o los señalizadores que se instalen en la Zona deberán estar autorizados en un permiso y deben llevar claramente el nombre del país, el nombre del investigador principal y el año de instalación. Todos estos artículos deberían estar confeccionados con materiales que presenten un riesgo mínimo de contaminación de la Zona.
- La instalación (incluida la selección del sitio), el mantenimiento, la modificación o el retiro de estructuras deberán efectuarse de una forma que ocasione una perturbación mínima a la flora y la fauna.

- El retiro de equipos específicos cuyo permiso haya vencido será responsabilidad de la autoridad que haya expedido el permiso original y será una condición para el otorgamiento del permiso.

7(v) Ubicación de los campamentos

Ninguna

7(vi) Restricciones relativas a los materiales y organismos que puedan introducirse en la Zona

Además de los requisitos del Protocolo al Tratado Antártico sobre Protección del Medio Ambiente, las restricciones relativas a los materiales y organismos que puedan introducirse en la Zona son las siguientes:

- La introducción deliberada de animales, material vegetal, microorganismos vivos y suelo no estéril en la Zona. Deben tomarse precauciones para evitar la introducción accidental de animales, material vegetal, microorganismos y suelo no estéril desde otras regiones distintas biológicamente (dentro o fuera de la zona del Tratado Antártico).
- Los visitantes deberán cerciorarse de que el equipo de muestreo y los marcadores llevados a la Zona estén limpios. En la mayor medida de lo posible, el equipo que se use dentro de la Zona deberá limpiarse minuciosamente antes de su ingreso a la Zona. Los visitantes también deben consultar y seguir adecuadamente las recomendaciones incluidas en el Manual sobre especies no autóctonas del Comité para la Protección del Medio Ambiente (CPA, 2011);
- No se podrán llevar plaguicidas a la Zona;
- No se debe almacenar combustibles, alimentos, productos químicos u otros materiales en la Zona, a no ser que esté específicamente autorizado por un permiso, en cuyo caso deberán almacenarse y manipularse de forma tal que se reduzca a un mínimo el riesgo de su introducción accidental en el medioambiente.
- Todos los materiales introducidos en la Zona podrán permanecer en ella únicamente durante el período establecido, y deberán ser retirados a más tardar cuando concluya dicho período; y
- Si se producen escapes que puedan comprometer los valores de la Zona, se recomienda retirar el material únicamente si el impacto de su eliminación no es mayor que el de dejar el material *in situ*.

7(vii) Recolección de flora y fauna autóctona o daños que pueden sufrir éstas

- Está prohibida la recolección de flora o fauna autóctona o la interferencia perjudicial que pudieran sufrir éstas, salvo en conformidad con un permiso expedido de acuerdo al Artículo 3 del Anexo II del Protocolo al Tratado Antártico sobre Protección del Medio Ambiente. En caso de recolección o intromisión perjudicial con los animales, esto debería hacerse, como norma mínima, de conformidad con el Código de Conducta del SCAR para el Uso de Animales con Fines Científicos en la Antártida.

7 (viii) Recolección o retiro de materiales que no hayan sido introducidos a la Zona por el titular del permiso

- Se podrá recolectar o retirar material de la Zona únicamente en conformidad con un permiso, y dicho material debería limitarse al mínimo necesario para cubrir las necesidades científicas o de gestión.
- Los materiales de origen humano susceptibles de comprometer los valores de la Zona, y que no hayan sido ingresados a esta por el titular del permiso o autorizados de algún otro modo, pueden ser retirados de cualquier parte de la Zona a menos que el impacto ambiental provocado por su traslado sea mayor que los efectos que pueda ocasionar dicho material en el lugar: si es el caso, se debe notificar a la autoridad nacional correspondiente y se debe obtener aprobación.

7(ix) Eliminación de residuos

Todos los desechos, incluso los desechos humanos, deberán ser retirados de la Zona.

7 (x) Medidas que puedan requerirse para garantizar el continuo cumplimiento de los objetivos y las finalidades del Plan de Gestión

Se pueden otorgar permisos de ingreso a la Zona con el fin de:

- llevar a cabo actividades de inspección y vigilancia de la Zona, las cuales pueden implicar la recolección de una cantidad pequeña de muestras o de información para su análisis o examen;
- levantar, instalar o mantener estructuras o equipos científicos;
- implementar medidas de protección.

7(xi) Requisitos relativos a los informes

- El principal titular del permiso presentará a la autoridad nacional correspondiente un informe de cada visita a la Zona, y en la medida de lo posible, dentro de los seis meses posteriores a la finalización de la visita.
- Dichos informes deberían incluir, según corresponda, la información señalada en el formulario para Informes de visitas incluido en el Apéndice 2 de la Guía para la Preparación de Planes de Gestión para las Zonas Antárticas Especialmente Protegidas anexo a la Resolución 2 (2011). Si procede, la autoridad nacional también debería enviar una copia del informe de visitas a la Parte que haya propuesto el Plan de Gestión, a fin de ayudar en la gestión de la Zona y en la revisión del Plan de Gestión.
- Siempre que sea posible, las Partes deberían depositar el informe original o copias de este en un archivo al cual el público tenga acceso, a fin de llevar un registro del uso, que pueda utilizarse en las revisiones del Plan de Gestión y en la organización del uso científico de la Zona.
- Se debería avisar a la autoridad apropiada sobre cualquier actividad realizada, medida tomada, todo lo que se retire y/o los materiales vertidos y no extraídos que no estuvieran incluidos en el permiso.

8. Documentación de apoyo

Berrocoso, M., Ramírez, M.E., Fernández-Ros, A., Pérez-Peña, A. y Salamanca, J.M. 2007. Tectonic deformation in South Shetlands Islands, Bransfield Sea and Antarctic Peninsula environment from GPS surveys, in Antarctica: a keystone in a changing world. Online Proceedings of the 10th ISAES X, Cooper A.K. y Raymond C.R. *et al.* (eds) USGS Open-File Report 2007-1047, Extended Abstract **085**: 4.

Bornemann, H., Kreyscher, M., Ramdohr, S., Martinz, T., Carlinp, A.,Sellmann, L. y Plötz, J. 2000. Southern elephant seal movements and Antarctic sea ice. *Antarctic Science* **12**(1): 3-15.

Catalan, I.A., Morales-Nin, B., Company J. B. Rotllant G. Palomera I. y Emelianov M. 2008. Environmental influences on zooplankton and micronekton distribution in the Bransfield Strait and adjacent waters. *Polar Biology* **31**:691–707. [doi 10.1007/s00300-008-0408-1]

Cheng, C.C.H. y Detrich III, H.W. 2007. Molecular ecophysiology of Antarctic notothenioid fishes. *Philosophical Transactions of the Royal Society B* **362** (1488): 2215-32.

Ciardiello, M.A., Schmitt B., di Prisco G. y Hervé, G. 1999. Influence of hydrostatic pressure on l-glutamate dehydrogenase from the Antarctic fish *Chaenocephalus aceratus*. *Marine Biology* **134** (4): 631-36.

Cuellar, J., Yébenes, H., Parker, S.K., Carranza, G., Serna, M., Valpuesta, J.M., Zabala, J.C. y Detrich, H. W. 2014. Assisted protein folding at low temperature: evolutionary adaptation of the Antarctic fish chaperonin CCT and its client proteins. *Biology Open* **3**:261–270. doi:10.1242/bio.20147427Dalla Rosa. L., Secchi, E. R., Maia Y. G., Zerbini A. N. y Heide-Jørgensen, M. P. 2008. Movements of satellite-monitored humpback whales on their feeding ground along the Antarctic Peninsula. *Polar Biology* **31**:771–81.

Detrich III, H.W., Parker, S.K., Williams, R.B. Jr, Nogales, E. y Downing, K.H. 2000. Cold adaptation of microtubile assembly and dynamics. *Journal of Biological Chemistry* **275** (47): 37038–47.

Dinniman, M.S. y Klinck, J.M. 2004. A model study of circulation and cross-shelf exchange on the west Antarctic Peninsula continental shelf. *Deep-Sea Research II* **51**: 2003–22.

Ducklow, H.W., Baker, K., Martinson, D.G., Quetin, L. G., Ross, R.M., Smith, R.C., Stammerjohn, S.E., Vernet, M. *y* Fraser, W. 2007. Marine pelagic ecosystems: the West Antarctic Peninsula. *Philosophical Transactions of the Royal Society B* **362**: 67–94. [doi:10.1098/rstb.2006.1955]

Grove, T.J. y Sidell, B.D. 2004. Fatty acyl CoA synthetase from Antarctic notothenioid fishes may influence substrate specificity of fat oxidation. *Comparative Biochemistry and Physiology* Part B **139**:53–63.

Harris, C.M. 2006 *Wildlife Awareness Manual: Antarctic Peninsula, South Shetland Islands and South Orkney Islands*. Environmental Research and Assessment, Cambridge.

Harris, C.M., Carr, R., Lorenz, K. y Jones, S. 2011. Important Bird Areas in Antarctica: Antarctic Peninsula, South Shetland Islands, South Orkney Islands. Final Report for BirdLife International and UK Foreign & Commonwealth Office. Environmental Research & Assessment, Cambridge.

Hazel, J.R. y Sidell, B.D. 2003. The substrate specificity of hormone-sensitive lipase from adipose tissue of the Antarctic fish *Trematomus newnesi*. *Journal of Experimental Biology* **207**: 897-903.

Hofmann, E.E., Klinck, J.M., Lascara, C.M. y Smith, D.A. 1996. Water mass distribution and circulatuin west of the Antarctic Peninsula and including Bransfield Strait. En Ross, R.M., Hofmann, E.E. y Quetin, L.B. (eds) *Foundations for ecological research west of the Antarctic Peninsula. Antarctic Research Series* **70**: 61-80.

Kellermann, A.K. 1996. Midwater fish ecology. En Ross, R.M., Hofmann, E.E. y Quetin, L.B. (eds) *Foundations for ecological research west of the Antarctic Peninsula. Antarctic Research Series* **70**: 231-56.

Lau, D.T., Saeed-Kothe, A., Parker, S.K. y Detrich III, H.W. 2001. Adaptive evolution of gene expression in Antarctic fishes: divergent transcription of the 59-to-59 linked adult a1- and b-globin genes of the Antarctic teleost *Notothenia coriiceps* is controlled by dual promoters and intergenic enhancers. *American Zoologist* **41**:113–32.

Loeb, V.J., Kellermann, A.K., Koubbi, P., North, A.W. y White, M.G. 1993. Antarctic larval fish assemblages: a review. *Bulletin of Marine Science* **53**(2): 416-49.

López, O., García, M.A. y Arcilla, A.S. 1994. Tidal and residual currents in the Bransfield Strait, Antarctica. *Annales Geophysicae* **12** (9): 887-902.

Magnoni, J.L. 2002. Antarctic Notothenioid fishes do not display metabolic cold adaptation in hepatic gluconeogenesis. Tesis de maestría, Departamento de Biología Marina, Universidad de Maine.

McDonald, S., Kennicutt II, M., Foster-Springer, K. y Krahn, M. 1992. Polynuclear aromatic hydrocarbon exposure in Antarctic fish. *Antarctic Journal of the United States* **27**(5): 333-35.

McDonald, S.J.,. Kennicutt II M. C., Liu H., & Safe S. H. 1995. Assessing aromatic hydrocarbon exposure in Antarctic fish captured near Palmer and McMurdo Stations, Antarctica. *Archives of Environmental Contamination and Toxicology* **29**: 232-40.

Morales-Nin, B., Palomera, I y Schadwinkel, S. 1995. Larval fish distribution and abundance in the Antarctic Peninsula region and adjacent waters. *Polar Biology* **15**: 143-54.

Parkinson, C.L. 1998. Length of the sea ice season in the Southern Ocean, 1988-1994. En Jeffries, M.O. (ed) *Antarctic sea ice: physical processes, interactions and variability. Antarctic Research Series* **74**: 173-86.

Robinson, C.L.K., D. E. Hay, J. Booth & J. Truscott. 1996. Standard methods for sampling resources and habitats in coastal subtidal regions of British Columbia: Part 2 - Review of Sampling with Preliminary Recommendations. *Canadian Technical Report of Fisheries and Aquatic Sciences 2119*.

Robertson Maurice, S.D., Wiens D.A., Shore P.J., Vera E. y Dorman L.M. 2003. Seismicity and tectonics of the South Shetland Islands and Bransfield Strait from a regional broadband seismograph deployment. *Journal of Geophysical Research* **108** (B10): 2461.

Schenke H.W., Dijstra, S., Neiderjasper F., Schone, T., Hinze H. y Hoppman, B. 1998. The new bathymetric charts of the Weddell Sea: AWI BCWS. En Jacobs, S.S. y Weiss, R.F (eds) *Ocean, ice and atmosphere: interactions at the Antarctic continental margin. Antarctic Research Series* **75**: 371-80.

Shuford, W.D., y Spear, L.B. 1988. Surveys of breeding Chinstrap Penguins in the South Shetland Islands, Antarctica. *British Antarctic Survey Bulletin* **81**: 19-30.

Sidell, B.D. y O'Brien, K.M. 2006 When bad things happen to good fish: the loss of hemoglobin and myoglobin expression in Antarctic icefishes. *Journal of Experimental Biology* **209**: 1791-1802.

Sinque, C., Koblitz, S. y Marília Costa, L. 1986. Ichthyoplankton of Bransfield Strait – Antarctica. *Nerítica* **1**(3): 91-102.

Stammerjohn, S.E. y Smith, R.C. 1996. Spatial and temporal variability of western Antarctic Peninsula sea ice coverage. En Ross, R.M., Hofmann, E.E. y Quetin, L.B. (eds) *Foundations for ecological research west of the Antarctic Peninsula. Antarctic Research Series* **70**: 81-104.

Troncoso, J.S. y Aldea, C. 2008. Macrobenthic mollusc assemblages and diversity in the West Antarctica from the South Shetland Islands to the Bellingshausen Sea. *Polar Biology* **31**:1253–65.

Wakabara, Y., Tararam, A.S. y Miyagi, V.K. 1995. The amphipod fauna of the west Antarctic region (South Shetland Islands and Bransfield Strait). *Polskie Archiwum Hydrobiologii* **42** (4): 347-65.

Yu, Y., Wade T. L., Fang J., McDonald S. y Brooks J. M. 1995. Gas chromatographic-mass spectrometric analysis of polycyclic aromatic hydrocarbon metabolites in Antarctic fish (*Notothenia gibberifrons*) injected with Diesel Fuel Arctic. *Archives of Environmental Contamination and Toxicology* **29**: 241-46.

Zhou, M., Niiler, P.P. y Hi, J.H. 2002.Surface currents in the Bransfield and Gerlache Straits,Antarctica. *Deep-Sea Research I* **49**:267–80.

Zhou, M., Niiler, P.P., Zhu, Y. y Dorland, R.D. 2006. The western boundary current in the Bransfield Strait, Antarctica. *Deep-Sea Research I* **53**:1244–52.

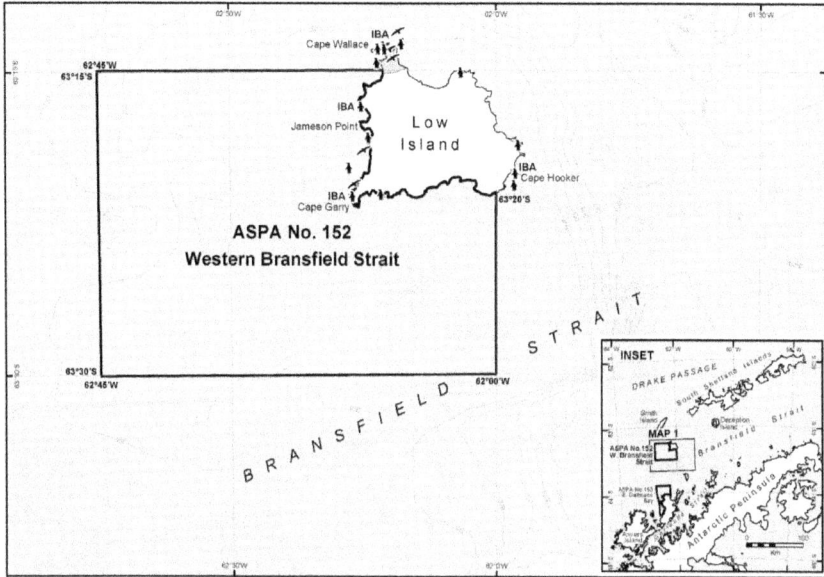

Map 1: ASPA No. 152 - Western Bransfield Strait

Plan de Gestión para
Zona Antártica Especialmente Protegida N° 153,
BAHÍA ORIENTAL DE DALLMANN

Introducción

Esta Zona está frente a las costas oeste y norte de la isla Brabante, que forma parte del archipiélago Palmer, entre 64°00'S y 64°20'S y entre 62°50'O y la costa oeste de la isla Brabante, y es completamente marina. Tiene una superficie aproximada de 610 km². Fue designada debido a que la plataforma poco profunda de esta región cercana a la isla Brabante es uno de sólo dos sitios conocidos en las proximidades de la Estación Palmer (Estados Unidos) que son apropiados para la pesca de fondo de peces y otros organismos bentónicos con redes de arrastre (véase también la ZAEP N° 152, Oeste del Estrecho de Bransfield). La fauna bentónica del sitio reviste un interés científico excepcional y la zona ofrece un hábitat importante para los peces juveniles. La Zona fue propuesta por Estados Unidos y aprobada mediante la Recomendación XVI-3 (Bonn, 1991: SEIC N° 36), en tanto que la fecha de vencimiento se prorrogó en virtud de la Medida 3 (2001). Cambió de nombre y número de conformidad con la Decisión 1 (2002), y el Plan de Gestión revisado se aprobó por medio de la Medida 2 (2003) y la Medida 11 (2009). La Zona se aprobó en virtud de la Convención sobre la Conservación de los Recursos Vivos Marinos Antárticos (CCRVMA) de conformidad con la Decisión 9 (2005).

Las clasificaciones del Análisis de Dominios Ambientales para la Antártida (Resolución 3 [2008]) y de Regiones Biogeográficas de Conservación Antártica (Resolución 6 [2012]) se basan en criterios aplicados a zonas terrestres, por lo que su aplicación al medio marino es limitada.

1. Descripción de los valores que requieren protección

La Bahía oriental de Dallmann (entre 64°00'S y 64°20'S y desde 62°50'O hacia el este, hasta la costa oeste de la isla Brabante, que abarca alrededor de 610 km²), fue designada originalmente Sitio de Especial Interés Científico mediante la Recomendación XVI-3 (1991, SEIC N° 36) tras una propuesta de Estados Unidos. Fue designada debido a que "la plataforma poco profunda de la Bahía oriental de Dallmann es uno de solo dos sitios conocidos en las proximidades de la Estación Palmer (Estados Unidos) que son apropiados para la pesca de fondo de peces y otros organismos bentónicos con redes de arrastre. El sitio y, en particular, su fauna bentónica revisten un interés científico excepcional y es necesario protegerlos a largo plazo de toda interferencia perjudicial". Junto con el Oeste del Estrecho de Bransfield (ZAEP N° 152), de esta Zona se obtienen más de 90% de las muestras recolectadas por investigadores estadounidenses que están estudiando activamente las comunidades ictícolas de la región (Detrich, comunicación personal, 2009 y 2015).

Los límites de la Zona fueron modificados por medio de la Medida 2 (2003), para centrarse más específicamente en la plataforma poco profunda, de 200 m de profundidad al oeste y al norte de la isla Brabante, excluyéndose las aguas más profundas de la parte oeste de la bahía Dallmann. Los límites de la Zona en la bahía Dallmann se encuentran entre 63°53'S y 64°20'S y entre 62°16'O y 62°45'O, y están definidos en el este por la costa de la isla Brabante, abarcando una superficie de alrededor de 610 km² (mapa 1).

La Zona continúa siendo importante para la obtención de muestras científicas de peces y otros organismos bentónicos, y las razones de la designación original se reafirman en el actual Plan de Gestión. Además, la Zona constituye un hábitat importante para peces juveniles de distintas especies, como la trama negra *Notothenia coriiceps* y el draco rayado *Chaenocephalus aceratus*. Los científicos de la Estación Palmer recolectan peces en la Zona desde principios de los años setenta. La Zona está situada dentro del área del Programa de Investigaciones Ecológicas a largo plazo (LTER, por sus siglas en inglés) de la Estación Palmer. Los peces recolectados en la Zona se usan para estudiar las adaptaciones bioquímicas y fisiológicas a las bajas temperaturas. Algunos de estos peces se han usado para estudios comparativos con el área de investigaciones científicas del puerto Arthur, donde el impacto de la actividad humana es mucho mayor. También se están realizando estudios científicos de las comunidades de fauna bentónica.

2. Finalidades y objetivos

La gestión de la Bahía oriental de Dallmann tiene por objeto las siguientes finalidades:

- evitar la degradación de los valores de la Zona y los riesgos importantes para los mismos, previniendo las perturbaciones innecesarias causadas por los seres humanos;
- permitir las investigaciones científicas del medio marino, protegiéndolo al mismo tiempo del muestreo excesivo;
- permitir otras investigaciones científicas en la Zona siempre que no comprometan los valores por los cuales se protege la Zona;
- permitir visitas con fines de gestión concordantes con los objetivos del Plan de Gestión.

3. Actividades de gestión

Se deberán emprender las siguientes actividades de gestión en aras de proteger los valores de la Zona:

- En la Estación Palmer (Estados Unidos) se colocará en un lugar bien visible un mapa que muestre la ubicación de la Zona (con una indicación de las restricciones especiales que se apliquen), y habrá copias disponibles del presente Plan de Gestión;
- Los programas nacionales deberán garantizar que los límites de la Zona y las restricciones que se aplican en su interior estén marcados en los mapas y cartas náuticas de los cuales son responsables;
- Se facilitarán copias del presente Plan de Gestión a las embarcaciones que naveguen en las proximidades de la Zona;
- Las boyas y otros señalizadores o estructuras instalados en la Zona con fines científicos o de gestión deberán estar bien sujetos y en buen estado, y deberán desmantelarse cuando ya no sean necesarios;
- Se realizarán las visitas necesarias para determinar si la Zona continúa sirviendo a los fines para los cuales fue designada, y para cerciorarse de que las medidas de gestión y mantenimiento sean apropiadas.

4. Período de designación

Designación con período de vigencia indefinida.

5. Mapas y fotografías

Mapa 1: ZAEP N° 153, mapa batimétrico de la Bahía oriental de Dallmann. Los datos sobre la costa y las curvas de nivel terrestres provienen de la Base de Datos Digitales sobre la Antártida, versión 6.0 (2012), del SCAR. Los datos batimétricos se obtuvieron de información proporcionada por la Carta Batimétrica Internacional del Océano Austral (IBCSO) v1.0 (2013). Datos sobre aves: ERA (2015). Áreas Importantes para la Conservación de las aves: BirdLife International/ERA (Harris *et al* .2011). Sitios y Monumentos Históricos: STA, actualizado por ERA (2014).

Especificaciones cartográficas: Proyección: Cónica conforme de Lambert; Paralelos de referencia: primero 64°00' S; segundo 64°30' S; meridiano central: 62°30' O; Latitud de origen: 65°00' S; Esferoide y nivel de referencia horizontal: WGS84; Exactitud horizontal: error máximo de ±300 m. Intervalo vertical: 100 m Exactitud vertical: ±50 m Isobata de 200 m.

Recuadro: ubicación del mapa 1, ZAEP N° 153, Bahía oriental de Dallmann, Península Antártica, con la zona protegida más cercana, ZAEP N° 152, Oeste del Estrecho de Bransfield / Mar de la Flota.

6. Descripción de la Zona

6(i) Coordenadas geográficas, indicadores de límites y características naturales

Descripción general

La bahía Dallmann (situada entre 64°00'S y 64°20'S y entre 63°15'O hacia el este hasta la costa oeste de la isla Brabante) está aproximadamente a 65 km al oeste de la Península Antártica, entre las islas Brabante y Anvers/Amberes, con el Estrecho de Bransfield / Mar de la Flota al norte y el estrecho de Gerlache al sur (mapa 1). En la isla Brabante, que está cubierta de hielo en su mayor parte, hay una cordillera elevada, en dirección norte-sur, que llega a los 2520 m de altura en el monte Parry y cae abruptamente al mar en la costa oeste (Smellie *et al.* 2006). La costa oeste consiste en acantilados de roca y hielo y promontorios libre de hielo, intercalados con playas angostas de pedregullo y grandes peñascos empinados. Durante la marea baja, en varios lugares al norte de la punta Driencourt (mapa 1) quedan expuestas plataformas de roca que, según los reconocimientos topográficos realizados en enero de 2002, forman parte de un afloramiento mucho mayor de roca volcánica que se extiende alrededor de 10 km desde la isla Brabante y que se formó en dos fases de vulcanismo freatomagmático durante el Cuaternario tardío (Smellie *et al.*, 2006). Hay unos cuantos islotes rocosos a varios kilómetros de la costa, entre ellos del monolito Astrolabe Needle (104 m), a un kilómetro de la costa, y a dos kilómetros al sur de la punta Claude. Al oeste de la isla Brabante, el fondo del mar baja en pendiente moderada desde la zona intertidal hasta una profundidad de alrededor de 200 m, y de allí desciende en pendiente suave hasta una profundidad de 400 a 500 m, pasando el límite occidental de la Zona. El gradiente desde la costa hasta los 200 m baja en una pendiente más suave en el norte de la Zona, la cual se encuentra en su mayor parte dentro de la isobata de 200 m al oeste y al norte de la isla Brabante (mapa 1). El fondo del mar en la Zona consiste en general en una matriz de arena blanda, fango y grava.

Límites

La Zona designada está definida en el sur por una línea de dos kilómetros que parte de 64°20'S en la punta Fleming y va en dirección oeste hasta 62°40'O. Desde este lugar, el límite occidental se extiende 18,5 km hacia el norte por la línea de 62°40'O hasta 64°10'S, en el sudsudoeste del monolito Astrolabe Needle. Desde allí, el límite occidental se extiende al nornoroeste casi 19 km hasta llegar a 62°45'O, 64°00'S, y de allí sigue alrededor de 13 km hacia el norte por la línea de 62°45'O hasta llegar a 63°53'S, en el límite septentrional de la Zona, el cual se extiende aproximadamente 23,4 km por la línea de 63°53'S desde 62°45'O hasta 62°16'O. El límite oriental se extiende alrededor de 16 km hacia el sur desde 62°16'O, 63°53'S hasta el extremo oriental de la península Pasteur, en la isla Brabante, a 62°16'O, 64°02'S. Desde allí, el límite oriental está definido por la línea media de pleamar de la costa norte y oeste de la isla Brabante, que incluye el área intertidal al interior de la Zona. La Zona tiene 50 km de norte a sur y 23,4 km como máximo de este a oeste. Al oeste de la isla Brabante, el ancho de la Zona varía de 10 km (en la bahía Guyou) a 1,5 km (cerca de la punta Claude). La superficie total es de unos 610 km^2.

Oceanografía, geología marina y clima

Los vientos regionales soplan principalmente del nornoroeste, lo cual genera una corriente litoral que fluye hacia el sur a lo largo del oeste de la Península Antártica (Hofmann *et al.*, 1996). Esta corriente, sumada al flujo hacia el norte de la Corriente Circumpolar Antártica, produce una circulación oceánica generalmente en el sentido de las agujas del reloj a lo largo del oeste de la Península Antártica

(Dinniman y Klinck, 2004; Ducklow *et al.*, 2007). En el Estrecho de Bransfield / Mar de la Flota predomina una circulación ciclónica, con dos corrientes principales (la corriente del estrecho de Gerlache y la corriente del estrecho de Bransfield) que parten del sur de la isla Brabante (Zhou *et al.*, 2002, 2006). Las boyas de deriva desplegadas como parte del programa RACER (Investigación de los ecosistemas y las tasas de la costa antártica) entre 1988 y 1990 indican un flujo este-oeste en el sector norte de la Zona y la formación de remolinos entre la punta Metchnikoff y el monolito Astrolabe Needle (Zhou *et al.* 2002). La variación de la marea en la isla Brabante es de casi dos metros, y las observaciones efectuadas en el curso de la pesca indican la presencia de corrientes fuertes cerca de la costa (Furse, 1986).

Según las mediciones efectuadas entre el 20 de enero y el 9 de febrero de 2001, la temperatura oceánica en la Zona era de 1,8 a 1,9 °C a cinco metros de profundidad y de 0,3 a 0,45 °C a 150 m (Catalan *et al.*, 2008). Las mediciones llevadas a cabo entre el 11 de junio y el 16 de julio de 2001 indicaron que la temperatura del agua en la Zona oscilaba entre –0,8 y –1,1 °C entre los 100 y los 200 m de profundidad (Eastman y Lannoo, 2004).La salinidad del agua en la Zona se situaba entre 33,84 y 34,04 unidades prácticas de salinidad (ups) a cinco metros de profundidad, mientras que a 150 m la salinidad era de 34,42 a 34,45 ups (Catalán *et al.*, 2008). La cobertura del hielo marino se mantiene en promedio 140 días al año en la Bahía oriental de Dallmann y persiste durante aproximadamente 82 % del período invernal (Stammerjohn *et al.*, 2008). La concentración del hielo marino presenta una considerable variabilidad interanual, que se ha atribuido a cambios de fase en el Fenómeno El Niño/Oscilación Sur (ENOS) y el Modo Anular del Hemisferio Sur (Stammerjohn *et al.* 2008).

Las mediciones sísmicas realizadas por medio de la red de monitoreo geodésico del Experimento Sísmico de la Patagonia y la Antártida (SEPA, por sus siglas en inglés) indican una actividad sísmica importante en la Zona, particularmente al norte de la isla Brabante, que se cree que se debe a la intersección de la zona de fractura Hero con la plataforma Shetland del Sur en la isla Smith (Maurice *et al.*, 2003).

Biología marina

En la Zona hay una rica comunidad bentónica integrada por numerosas especies de peces, invertebrados y plantas marinas. La Zona es un hábitat importante para peces juveniles. Entre los peces recolectados comúnmente a una profundidad de 80 a 200 m en la Bahía oriental de Dallmann se encuentran *Gobionotothen gibberifrons (anteriormente Notothenia gibberifrons), Chaenocephalus aceratus, Champsocephalus gunnari, Pseudochaenichthys georgianus* y *Chionodraco rastrospinosus* (Eastman y Lannoo 2004; Dunlap *et al.*2002). Entre el 15 de junio y el 4 de julio de 2001 se recolectaron con redes de arrastre numerosos especímenes de *Lepidonotothen larseni, Lepidonotothen nudifrons, Notothenia rossii* y *Notothenia coriiceps*, así como ejemplares de *Parachaenichthys charcoti, Chaenodraco wilsoni, Dissostichus mawsoni, Trematomus eulepidotus* y *Lepidonotothen squamifrons*, además de peces de otras especies más comunes (Eastman y Sidell, 2002; Grove y Sidell, 2004). En la Zona se han recolectado ocasionalmente especímenes de *Trematomus newnesi* y *Gymnodraco acuticeps* (Hazel y Sidell 2003; Wujcik *et al.* 2007), y se han encontrado larvas de *Artedidraco skottsberg, Gobionotothen gibberifrons, Lepidonotothen. nudifrons* y *Pleuragramma antarcticum* (Sinque *et al.* 1986; Loeb *et al.* 1993).

Entre los invertebrados recolectados en la Zona se encuentran diversos tipos de esponjas, anémonas, anélidos, moluscos, crustáceos, asteroides, ofiuroideos, equinoideos, holoturoideos y tunicados. Se usaron ecosondas para medir las agregaciones de krill antártico (*Euphausia superba*) en la Zona durante los cruceros realizados en 1985 y 1988 (Ross *et al.*, 1996). En general, se encontraron agregaciones en los 120 m superiores de la columna de agua. Las menores agregaciones se observaron a principios de la primavera, y su número fue aumentando hasta llegar al máximo a fines del verano y principios del invierno. El desove se produce entre noviembre y marzo (Zhou *et al.*, 2002). La Zona ofrece un criadero con abundantes alimentos para el krill, que puede ser arrastrado en la Zona por las corrientes de los remolinos.

Aves

Se han encontrado dos colonias de pingüinos de barbijo (*Pygoscelis antarctica*) en la costa noroeste de la isla Brabante, contigua a la Zona. Se contaron alrededor de 5000 parejas reproductoras en la punta Metchnikoff y unas 250 parejas en la punta Claude en 1985 (Woehler, 1993). Se han observado colonias de fúlmares antárticos (*Fulmaris glacialoides*) en tres lugares a lo largo de la costa de la isla Brabante (Poncet y Poncet, datos no publicados, en Harris, 2006) y se calcula que anidaban 1000 parejas reproductoras en los acantilados del cabo Cockburn en 1987, en el límite nordeste de la Zona (Creuwels *et al.*, 2007). Se han observado cormoranes antárticos (*Phalacrocorax* [atriceps] *bransfieldensis)* en nidos en cuatro lugares a lo largo de la costa oeste de la isla Brabante (Poncet y Poncet, datos no publicados de enero y febrero de 1987, en Harris, 2006). Otras aves que se reproducen en la costa oeste de la isla Brabante y frecuentan la Zona son gaviotines antárticos (*Sterna vittata*), golondrinas de mar de vientre negro (*Fregetta tropica*), skúas pardas (*Catharacta antarctica*), petreles dameros (*Daption capense*), palomas antárticas (*Chionis alba*), gaviotas cocineras (*Larus dominicanus*), petreles de las nieves (*Pagodroma nivea*), skúas antárticas (*Catharacta maccormicki*) y petreles de Wilson (*Oceanites oceanicus*) (Parmelee y Rimmer, 1985; Furse, 1986). En la Zona suelen buscar alimento petreles antárticos (*Thalassoica antarctica*), albatros de ceja negra (*Diomedea melanophris*) y petreles gigantes comunes (*Macronectes giganteus*) (Furse, 1986).

Mamíferos marinos

Se observaron numerosos mamíferos marinos en la bahía Dallmann entre enero de 1984 y marzo de 1985 (Furse, 1986). Las ballenas jorobadas (*Megaptera novaeangliae*) fueron la especie de ballena avistada con más frecuencia, y posiblemente se hayan avistado orcas (*Orcinus orca*) frente a la punta Metchnikoff en mayo y junio de 1985. El rastreo por satélite de ballenas jorobadas entre enero de 2004 y enero de 2006 indicó que numerosos animales pasaban por la Zona en procura de alimento. Se señaló que la región del estrecho de Gerlache era una zona de alimentación importante para las ballenas jorobadas (Dalla Rosa *et al.* 2008). Se han avistado ballenas minke en la Zona, en el norte de la isla Brabante, durante el verano austral (de diciembre a febrero) (Scheidat *et al.* 2008).

Desde la punta Metchnikoff se observaron en la Zona focas cangrejeras (*Lobodon carcinophagus*), elefantes marinos del Sur (*Mirounga leonina*), numerosos lobos finos antárticos (*Arctocephalus gazella*), focas leopardo (*Hydrurga leptonyx*) y focas de Weddell (*Leptonychotes weddellii*) (Furse 1986).

Actividades humanas / impactos

Numerosos cruceros de investigación realizados a lo largo del oeste de la Península Antártica han incluido estaciones de muestreo en la Zona para estudios oceanográficos y biológicos. Los peces recolectados se han usado para diversas investigaciones bioquímicas, genéticas y fisiológicas. Las investigaciones de los procesos bioquímicos del draco rayado han incluido estudios de las adaptaciones en los peces que permiten que las proteínas funcionen a baja temperatura (Dunlap *et al.* 2002; Cheng y Detrich, 2007), las adaptaciones de la estructura muscular y el metabolismo energético, incluida la elaboración de ácidos grasos a baja temperatura (Hazel y Sidell, 2003; Grove y Sidell, 2004; O'Brien *et al.* 2003); la influencia de la presión hidrostática en la función enzimática en el hígado de los peces (Ciardiello *et al.* 1999) y la transcripción eficiente del genoma en aguas de baja temperatura (Lau *et al.* 2001; Magnoni *et al.* 2002). Se han hecho numerosos estudios de la morfología del draco rayado, entre ellos las adaptaciones cardiovasculares para compensar su carencia total de hemoglobina (Wukcik *et al.* 2007; Sidell y O'Brien, 2006), la histología y anatomía de los órganos sensoriales y el cerebro (Eastman y Lannoo, 2004) y la flotación neutral en relación con su ciclo biológico y estructura esquelética (Eastman y Sidell 2002).

Los especímenes recolectados con redes de arrastre en marzo y abril de 1991, 1992 y 1993 se usaron para comparar la contaminación de estos peces por hidrocarburos aromáticos polinucleares con los peces recolectados en el puerto Arthur y estudiar los efectos del diésel ártico en *Notothenia gibberifrons* (que ahora se denomina *Gobionototothen gibberifrons*) (McDonald *et al.*, 1995; Yu *et al.* 1995). En el primer estudio se observó que el grado de contaminación de los peces recolectados en la Zona era mucho menor que el de los peces obtenidos de los alrededores de los restos del buque *Bahía*

Paraíso, que naufragó en el puerto Arthur en 1989. Asimismo, se observó que los peces capturados cerca de estaciones científicas estadounidenses están expuestos a hidrocarburos aromáticos polinucleares, aunque en bajos niveles (McDonald *et al.,* 1992 y 1995). Sin embargo, las concentraciones de estos hidrocarburos fueron más altas de lo previsto en peces recolectados en la Zona, en los cuales se encontraron niveles similares a los de los peces muestreados cerca de la antigua Estación Palmer.

Durante los últimos años regularmente se han recolectado especímenes (2008, 2009, 2010, 2011) para realizar estudios adicionales relacionados con los procesos bioquímicos del draco rayado (Cuellar *et al.* 2014, Devor 2013, Mueller *et al.* 2011, Mueller *et al.* 2012, Teigen 2014).

Una Expedición de las Fuerzas Conjuntas del Reino Unido, de 35 integrantes, pasó un año en la isla Brabante, de enero de 1984 a marzo de 1985 (Furse 1986). Se instalaron varios campamentos y depósitos de víveres a lo largo de la costa oeste, entre ellos el campamento principal de la punta Metchnikoff. Algunas de las estructuras, equipos y víveres de los campamentos fueron abandonados cuando concluyó la expedición, aunque no se conoce su situación en 2015. Tampoco se conoce el impacto de la expedición en el medio marino contiguo.

La región de las islas Brabante y Anvers/Amberes es un popular destino turístico. Los datos sobre visitas de turistas compilados por la Fundación Nacional de Ciencias de Estados Unidos muestran que, desde la designación original de la Zona en 1991, varias embarcaciones de turismo han visitado la bahía Dallmann y, más específicamente, la punta Metchnikoff. En el cuadro 1 se resume la actividad turística en las proximidades desde la designación original. No resulta claro en qué parte de la bahía Dallmann se efectuaron las visitas turísticas notificadas, aunque se cree que se navega principalmente en la parte oeste de la bahía Dallmann, específicamente a lo largo de la costa de la isla Anvers/Amberes y cerca de las islas Melchior (Crosbie, comunicación personal, 2008). En febrero de 2010 un buque colisionó con una ballena jorobada, lesionándola, durante un acercamiento a la bahía Dallmann (Liggett *et al.* 2010). Sin embargo, sigue siendo necesario atravesar la Zona para llegar a la punta Metchnikoff por mar.

Cuadro 1. Actividad turística en las proximidades de la ZAEP N° 153, Bahía oriental de Dallmann, de 1991–1992 a 2007–2008. Los números entre paréntesis se refieren a las actividades en la punta Metchnikoff.

Año	Cant. de buques	Cant. total de visitantes	Paseos en lanchas pequeñas (pasajeros)	Desembarcos de lanchas pequeñas (pasajeros)	Vuelos en helicóptero	Kayakismo	Buceo
1991-1992	(1)		(12)				
1992-1993							
1993-1994	1		84				
1994-1995							
1995-1996	2		104				
1996-1997	1		70				
1997-1998	(1)		(55)				
1998-1999	(1)		(2)				
1999-00	2		102				
2000/2001	0		0				
2001-2002	(1)		0 (96)				
2002-2003	0		0				
2003-2004	0	0	0	0	0	0	0
2004-2005	1	56	0	0	0	0	0
2005-2006	7	1399	467	0	0	107	0
2006-2007	8	1232	318	0	0	101	0
2007-2008	8	10 068	61	0	0	0	0
2008-2009	9	6545	170	0	0	0	0
2009-2010	9.	13 759	107	0	0	0	0
2010-2011	9.	2402	103	0	26	0	14
2011-2012	4	2131	78	0	0	0	0
2012-2013	8.	3715	0	4	0	0	0

| 2013-2014 | 9. | 3558 | 29 | 0 | 0 | 0 | 0 |

6 (ii) Acceso a la Zona

El acceso a la zona normalmente es por buque desde el Estrecho de Bransfield / Mar de la Flota, o bien desde el estrecho de Gerlache hacia el sur, o bien desde el pasaje de Drake en el oeste a través de la bahía Dallmann. En la Zona pueden transitar embarcaciones, si bien deberán evitar fondear salvo en situaciones de emergencia. Se puede llegar a la Zona por aire o sobre el hielo marino cuando las condiciones sean favorables. No se han definido las rutas de acceso a la Zona ni la circulación en su interior.

6(iii) Ubicación de estructuras dentro de la Zona y en zonas adyacentes a la misma

No hay estructuras conocidas en la Zona. Posiblemente queden estructuras y otros materiales de la Expedición de las Fuerzas Conjuntas del Reino Unido a la isla Brabante (de enero de 1984 a marzo de 1985) en la costa oeste de la isla, especialmente en la punta Metchnikoff. Las estaciones más cercanas son Presidente González Videla (Chile), a unos 55 km al sur en el puerto Paraíso; Puerto Lockroy (Reino Unido), a unos 75 km al sudoeste en la isla Goudier; Yelcho (Chile), a unos 80 km al sudoeste en la isla Doumar; y Palmer (Estados Unidos), a unos 90 km al sudoeste en la isla Anvers/Amberes.

6(iv) Ubicación de las zonas protegidas en las cercanías

La zona protegida más cercana a la Bahía oriental de Dallmann es el Oeste del Estrecho de Bransfield (ZAEP N° 152), que está a unos 45 km al norte. La Zona Antártica Especialmente Administrada N° 7, sudoeste de la isla Anvers/Amberes y cuenca Palmer, está a 80 km al sudoeste, aproximadamente, en la costa sur de la isla Anvers/Amberes (mapa 1).

6(v) Zonas especiales al interior del área

Ninguno.

7. Términos y Condiciones para los permisos de entrada

7(i) Condiciones generales para la expedición de permisos

Se prohíbe el ingreso a la Zona excepto con un permiso expedido por una autoridad nacional pertinente. Las condiciones para la expedición de un permiso de ingreso a la Zona son las siguientes:

- que se haya expedido por razones convincentes de índole científica o educativa, que no puedan llevarse a cabo en otro lugar, o por razones que sean esenciales para la gestión de la Zona;
- que las acciones permitidas sean compatibles con este Plan de Gestión;
- que se dé a las actividades permitidas la correspondiente consideración a través del proceso de Evaluación de impacto ambiental para la protección continua de los valores ambientales y científicos de la Zona.
- que el Permiso se expida por un período determinado;
- que el permiso, o una copia de éste, se lleve consigo dentro de la Zona.

7 (ii) Acceso a la zona y desplazamientos en su interior o sobre ella

Se puede llegar a la Zona por mar, sobre el hielo marino o por aire. No hay restricciones específicas para las rutas de acceso o a la circulación en la Zona, aunque los desplazamientos deberían mantenerse en el mínimo necesario para alcanzar los objetivos de las actividades autorizadas. Se debería hacer todo lo posible para reducir al mínimo toda perturbación. En la Zona pueden transitar embarcaciones, si bien deberán evitar fondear salvo en situaciones de emergencia. No hay restricciones especiales para los sobrevuelos, y podrán aterrizar aeronaves, con permiso, cuando el estado del hielo marino lo permita, aunque los pilotos deberían tener en cuenta las colonias reproductoras que existen a lo largo del límite oriental de la Zona, en la cosa de la isla Brabante (mapa 1).

7 (iii) Actividades que pueden llevarse a cabo dentro de la Zona

- Investigaciones científicas que no pongan en peligro los valores de la Zona.
- Operaciones esenciales de embarcaciones que no pongan en peligro los valores de la Zona, como el tránsito o el estacionamiento en la Zona, para facilitar las actividades científicas u otras actividades, incluido el turismo, o para llegar a lugares situados fuera de la Zona.
- Actividades indispensables de gestión, incluido el monitoreo.

7(iv) Instalación, modificación o desmantelamiento de estructuras

- No se podrán erigir estructuras en la Zona excepto por las que se especifiquen en un permiso. Se prohíben las estructuras o instalaciones permanentes.
- Todas las estructuras, el equipo científico y los señalizadores que se instalen en la Zona deberán estar autorizados en un permiso y llevar claramente el nombre del país, el nombre del investigador principal y el año de instalación. Todos estos artículos deberían estar confeccionados con materiales que presenten un riesgo mínimo de contaminación de la Zona.
- La instalación (incluida la selección del sitio), el mantenimiento, la modificación o el retiro de estructuras deberán efectuarse de forma tal que ocasione una perturbación mínima a la flora y la fauna.
- El retiro de equipo específico cuyo permiso haya vencido será responsabilidad de la autoridad que haya expedido el permiso original y será una condición para el otorgamiento del permiso.

7(v) Ubicación de los campamentos

Ninguno.

7(vi) Restricciones relativas a los materiales y organismos que puedan introducirse en la Zona

Además de los requisitos del Protocolo al Tratado Antártico sobre Protección del Medio Ambiente, las restricciones relativas a los materiales y organismos que puedan introducirse en la Zona son las siguientes:

- Está prohibida la introducción deliberada de animales, material vegetal y microorganismos vivos y suelo no estéril en la Zona. Deben tomarse precauciones para evitar la introducción accidental de animales, material vegetal, microorganismos y suelo no estéril desde otras regiones distintas biológicamente (dentro o fuera de la zona del Tratado Antártico).
- Los visitantes deberán cerciorarse de que el equipo de muestreo y los señalizadores llevados a la Zona estén limpios. En la mayor medida de lo posible, el equipo que se use o se lleve a la Zona deberá limpiarse minuciosamente antes de su ingreso a la Zona. Los visitantes también deben consultar y seguir adecuadamente las recomendaciones incluidas en el Manual sobre especies no autóctonas del Comité para la Protección del Medio Ambiente (CPA, 2011).
- No se podrán llevar plaguicidas a la Zona.
- No se debe almacenar combustibles, alimentos, productos químicos u otros materiales en la Zona, a no ser que esté específicamente autorizado por un permiso y deben ser almacenados y manipulados de forma tal que se reduzca a un mínimo el riesgo de su introducción accidental en el medioambiente.
- Todos los materiales introducidos podrán permanecer en la Zona durante un período expreso únicamente, y deberán ser retirados a más tardar cuando concluya dicho período; y

- Si se produjeran escapes que pudieran comprometer los valores de la Zona, se recomienda retirar el material únicamente si el impacto de dicho retiro no resultara mayor que el de dejar el material *in situ.*

7(vii) Toma de, o intromisión perjudicial sobre la flora y fauna autóctona

- Está prohibida la toma de flora o fauna autóctona o la intromisión perjudicial que pudieran sufrir éstas, salvo en conformidad con un permiso expedido de acuerdo al Artículo 3 del Anexo II del Protocolo al Tratado Antártico sobre Protección del Medio Ambiente. En caso de toma o intromisión perjudicial con animales, esto debería hacerse, como norma mínima, de conformidad con el Código de Conducta del SCAR para el Uso de Animales con Fines Científicos en la Antártida.

7(viii) Recolección o retiro de materiales que no hayan sido ingresados a la Zona por el titular del permiso

- Se podrá recolectar o retirar material de la Zona únicamente de conformidad con un permiso y dicho material deberá limitarse al mínimo necesario para fines de índole científica o de gestión.
- Todo material de origen humano que pueda comprometer los valores de la Zona y que no haya sido llevado a la Zona por el titular del permiso, o que no esté comprendido en otro tipo de autorización, podrá ser retirado de cualquier parte de la Zona, salvo que el impacto de su extracción pueda ser mayor que el efecto de dejar el material *in situ.* Si ese es el caso se debe notificar a la autoridad correspondiente para obtener aprobación.

7(ix) Eliminación de residuos

Deberán retirarse de la Zona todos los desechos, incluidos los desechos de origen humano.

7 (x) Medidas que puedan requerirse para garantizar el continuo cumplimiento de los objetivos y las finalidades del Plan de Gestión

Se pueden otorgar permisos de ingreso a la Zona con el fin de:

1. Llevar a cabo actividades de inspección y control de la Zona, las cuales pueden implicar la recolección de una cantidad pequeña de muestras o de información para su análisis o examen;
2. Erigir, instalar, o mantener estructuras o equipos científicos;
3. Implementar medidas de protección.

7(xi) Requisitos relativos a los informes

- El titular principal del permiso presentará a la autoridad nacional correspondiente un informe de cada visita a la Zona tan pronto como sea factible, y siempre que sea posible, en un plazo de seis meses a partir de la finalización de la visita.
- Dichos informes deberían incluir, según corresponda, la información señalada en el Formulario para informes de visitas incluido en el Apéndice 2 de la Guía para la Preparación de Planes de Gestión para las Zonas Antárticas Especialmente Protegidas (Resolución 2 (2011). Si procede, la autoridad nacional también debería enviar una copia del informe de visitas a la Parte que haya propuesto el Plan de Gestión, a fin de ayudar en la administración de la Zona y en la revisión del Plan de Gestión.
- Siempre que sea posible, las Partes deberán depositar el informe original, o copias de este, en un archivo de acceso público, a fin de llevar un registro del uso que podrá utilizarse en las revisiones del Plan de Gestión y en la organización del uso científico de la Zona.

- En los casos en que ello no estuviera incluido en el permiso, se debería notificar a las autoridades pertinentes sobre toda actividad realizada, medida adoptada, cualquier elemento que se retire y/o cualquier material vertido que no se haya retirado.

8. Documentación de apoyo

Catalan, I.A., Morales-Nin, B., Company J. B. Rotllant G. Palomera I. *y* Emelianov M. 2008. Environmental influences on zooplankton and micronekton distribution in the Bransfield Strait and adjacent waters. *Polar Biology* **31**: 691–707.

Cheng, C.C.H. *y* Detrich III, H.W. 2007. Molecular ecophysiology of Antarctic notothenioid fishes. *Philosophical Transactions of the Royal Society B* **362** (1488): 2215-32.

Ciardiello, M.A., Schmitt B., di Prisco G. *y*. Hervé G. 1999. Influence of hydrostatic pressure on l-glutamate dehydrogenase from the Antarctic fish *Chaenocephalus aceratus*. *Marine Biology* **134** (4): 631-36.

Creuwels, J.C.S., Poncet, S., Hodum, P.J. *y* van Franeker. J.A. 2007. Distribution and abundance of the southern fulmar *Fulmarus glacialoides*. *Polar Biology* **30**: 1083–97. [doi 10.1007/s00300-007-0276-0]

Cuellar, J., Yébenes, H., Parker, S.K., Carranza, G., Serna, M., Valpuesta, J.M., Zabala, J.C. y Detrich, H. W. 2014. Assisted protein folding at low temperature: evolutionary adaptation of the Antarctic fish chaperonin CCT and its client proteins. *Biology Open* **3**:261–270. [doi:10.1242/rstb.20147427]

Dalla Rosa. L., Secchi, E.R., Maia Y.G., Zerbini A.N. *y* Heide-Jørgensen, M.P. 2008. Movements of satellite-monitored humpback whales on their feeding ground along the Antarctic Peninsula. *Polar Biology* **31**: 771–81. [doi 10.1007/s00300-008-0415-2]

Detrich III, H.W., Parker, S.K., Williams, R.B. Jr, Nogales, E. *y* Downing, K.H. 2000. Cold adaptation of microtubile assembly and dynamics. *Journal of Biological Chemistry* **275** (47): 37038–47.

Devor, D.P. 2013. Effects of hyperoxia on thermal tolerance and indicators of hypoxic stress in Antarctic fishes that differ in expression of oxygen-binding proteins. Tesis de Magister sin publicar. Universidad de Ohio, EE. UU.

Dinniman, M.S. y Klinck, J.M. 2004. A model study of circulation and cross-shelf exchange on the west Antarctic Peninsula continental shelf. *Deep-Sea Research II* **51**: 2003–22.

Ducklow, H.W., Baker, K., Martinson, D.G., Quetin, L. G., Ross, R.M., Smith, R.C., Stammerjohn, S.E., Vernet, M. *y* Fraser, W. 2007. Marine pelagic ecosystems: the West Antarctic Peninsula. *Philosophical Transactions of the Royal Society B* **362**: 67–94. [doi:10.1098/rstb.2006.1955]

Dunlap, W.C., Fujisawa A., Yamamoto, Y., Moylan, T.J. *y* Sidell, B.D. 2002. Notothenioid fish, krill and phytoplankton from Antarctica contain a vitamin E constituent (a-tocomonoenol) functionally associated with cold-water adaptation. *Comparative Biochemistry and Physiology Part B* **133**: 299–305.

Eastmann, J.T. *y* Lannoo, M.J. 2004. Brain and sense organ anatomy and histology in hemoglobinless Antarctic icefishes (Perciformes: Notothenioidei: Channichthyidae). *Journal of Morphology* **260**: 117–40.

Eastman, J.T. *y* Sidell, B.D. 2002.Measurements of buoyancy for some Antarctic notothenioid fishes from the South Shetland Islands. *Polar Biology* **25**: 753–60. [doi 10.1007/s00300-002-0398-3]

Furse, C. 1986. *Antarctic year: Brabant Island expedition*. Croom Helm, Australia.

Grove. T.J. *y* Sidell, B.D. 2004. Fatty acyl CoA synthetase from Antarctic notothenioid fishes may influence substrate specificity of fat oxidation. *Comparative Biochemistry and Physiology, Part B* **139**: 53–63.

Hazel, J.R. *y* Sidell, B.D. 2003. The substrate specificity of hormone-sensitive lipase from adipose tissue of the Antarctic fish *Trematomus newnesi*. *Journal of Experimental Biology* **207**: 897-903.

Harris, C.M. 2006. *Wildlife Awareness Manual: Antarctic Peninsula, South Shetland Islands and South Orkney Islands*. Environmental Research and Assessment, Cambridge.

Harris, C.M., Carr, R., Lorenz, K. y Jones, S. 2011. Important Bird Areas in Antarctica: Antarctic Peninsula, South Shetland Islands, South Orkney Islands. Final Report for BirdLife International and UK Foreign & Commonwealth Office. Environmental Research and Assessment, Cambridge.

Hofmann, E.E., Klinck, J.M., Lascara, C.M. y Smith, D.A. 1996. Water mass distribution and circulation west of the Antarctic Peninsula and including Bransfield Strait. En Ross, R.M., Hofmann, E.E. y Quetin, L.B. (eds) *Foundations for ecological research west of the Antarctic Peninsula. Antarctic Research Series* **70**: 61-80.

Lau, D.T., Saeed-Kothe, A., Paker, S.K. y Detrich III, H.W. 2001. Adaptive evolution of gene Expression in Antarctic fishes: divergent transcription of the 59-to-59 linked adult a1- and b-globin genes of the Antarctic teleost *Notothenia coriiceps* is controlled by dual promoters and intergenic enhancers. *American Zoologist* **41**: 113–32.

Liggett, D., McIntosh, A., Thompson, A., Gilbert, N. y Storey, B. 2011. From frozen continent to tourism hotspot? Five decades of Antarctic tourism development and management, and a glimpse into the future. *Tourism Management* **32**: 357–66. doi:10.1016/j.tourman.2010.03.005

Loeb, V.J., Kellermann, A.K., Koubbi, P., North, A.W. y White, M.G. 1993. Antarctic larval fish assemblages: a review. *Bulletin of Marine Science* **53**(2): 416-49.

Magnoni, J.L. 2002. Antarctic notothenioid fishes do not display metabolic cold adaptation in hepatic gluconeogenesis. Tesis de maestría no publicada, Departamento de Biología Marina, Universidad de Maine.

McDonald, S., Kennicutt II, M., Foster-Springer, K. y Krahn, M. 1992. Polynuclear aromatic hydrocarbon exposure in Antarctic fish. *Antarctic Journal of the United States* **27**(5): 333-35.

McDonald, S.J., Kennicutt II, M.C., Liu, H. y Safe S.H. 1995. Assessing Aromatic Hydrocarbon Exposure in Antarctic Fish Captured near Palmer and McMurdo Stations, Antarctica. *Archives of Environmental Contamination and Toxicology* **29**: 232-40.

Mueller, I.A., Grim, J.M., Beers, J.M., Crockett, E.L., & O'Brien, K.M. 2011. Inter-relationship between mitochondrial function and susceptibility to oxidative stress in red- and white-blooded Antarctic notothenioid fishes. *Journal of Experimental Biology* **214**: 3732–41. [doi:10.1242/rstb.062042]

Mueller, I.A., Devor, D.P., Grim, J.M., Beers, J.M., Crockett, E.L., & O'Brien, K.M. 2012. Exposure to critical thermal maxima increases oxidative stress in hearts of white- but not red-blooded Antarctic notothenioid fishes. *Journal of Experimental Biology* **215**: 3655–64. [doi:10.1242/rstb.071811]

O'Brien, K.M, Skilbeck, C., Sidell, B.D. y Egginton, S. 2002. Muscle fine structure may maintain the function of oxidative fibres in haemoglobinless Antarctic fishes. *Journal of Experimental Biology* **206**: 411-21.

Parmelee, D.F. y Rimmer, C.C. 1985. Ornithological observations at Brabant Island, Antarctica. *British Antarctic Survey Bulletin* **67**: 7-12.

Robertson Maurice, S.D., Wiens D.A., Shore P.J., Vera E. y Dorman L.M. 2003. Seismicity and tectonics of the South Shetland Islands and Bransfield Strait from a regional broadband seismograph deployment. *Journal of Geophysical Research* **108**(B10) 2461. [doi:10.1029/2003JB002416]

Ross, R.M. y Quetin, L.B. 1996. Distribution of Antarctic krill and dominant zooplankton west of the Antarctic Peninsula. En Ross, R.M., Hofmann, E.E. y Quetin, L.B. (eds) *Foundations for ecological research west of the Antarctic Peninsula. Antarctic Research Series* **70**: 199-217.

Scheidat, M., Bornemann, H., Burkahardt, E., Flores, H., Friedlaender, A. Kock, K.-H, Lehnert, L., van Franekar, J. y Williams, R. 2008. Antarctic sea ice habitat and minke whales. Conferencia Anual de Ciencias de Halifax, 22 al 26 de septiembre de, 2008, Halifax (Canadá).

Schenke H. W., S. Dijstra, F. Neiderjasper, T. Schone, H. Hinze, y B. Hoppman. 1998. The new bathymetric charts of the Weddell Sea: AWI BCWS. En Jacobs, S.S. y Weiss, R.F. (eds). *Ocean, ice and atmosphere: interactions at the Antarctic continental margin. Antarctic Research Series* **75**: 371-80.

Sidell, B.D. y O'Brien, K.M. 2006. When bad things happen to good fish: the loss of hemoglobin and myoglobin expression in Antarctic icefishes. *Journal of Experimental Biology* **209**: 1791-1802.

Smellie J.L., McIntosh W.C. y Esser, R. 2006. Eruptive environment of volcanism on Brabant Island: Evidence for thin wet-based ice in northern Antarctic Peninsula during the Late Quaternary. *Palaeogeography, Palaeoclimatology, Palaeoecology* **231**: 233–52.

Sinque, C., Koblitz, S. y Marília Costa, L. 1986. Ichthyoplankton of Bransfield Strait – Antarctica. *Nerítica* **1**(3): 91-102.

Stammerjohn, S.E., Martinson, D.G, & Iannuzzi, R.A. 2008. Sea ice in the Western Antarctic Peninsula region: spatio-temporal variability from ecological and climate change perspectives. *Deep-Sea Research II* **55**: 2041–58.

Teigen, L.E. 2014. Induction of heat shock proteins in cold-adapted and cold-acclimated fishes. Tesis de Magister sin publicar. Universidad de Alaska, Fairbanks, EE. UU.

Woehler, E.J. (ed.) 1993. *The distribution and abundance of Antarctic and sub-Antarctic penguins.* Cambridge, SCAR.

Wujcik, J.M. Wang, G., Eastman, J.T. *y* Sidell, B.D. 2007. Morphometry of retinal vasculature in Antarctic fishes is dependent upon the level of hemoglobin in circulation. *Journal of Experimental Biology* **210**: 815-24.

Yu, Y., Wade T. L., Fang J., McDonald S. *y* Brooks J. M. 1995. Gas chromatographic – mass spectrometric analysis of Polycyclic Aromatic Hydrocarbon metabolites in Antarctic fish *(Notothenia gibberifrons)* injected with Diesel Fuel Arctic. *Archives of Environmental Contamination and Toxicology* **29**: 241-46.

Zhou, M., Niiler, P.P. *y* Hi, J.H. 2002.Surface currents in the Bransfield and Gerlache Straits, Antarctica. *Deep-Sea Research I* **49**: 267–80.

Zhou, M., Niiler, P.P., Zhu, Y. *y* Dorland, R.D. 2006. The western boundary current in the Bransfield Strait, Antarctica. *Deep-Sea Research I* **53**: 1244–52.

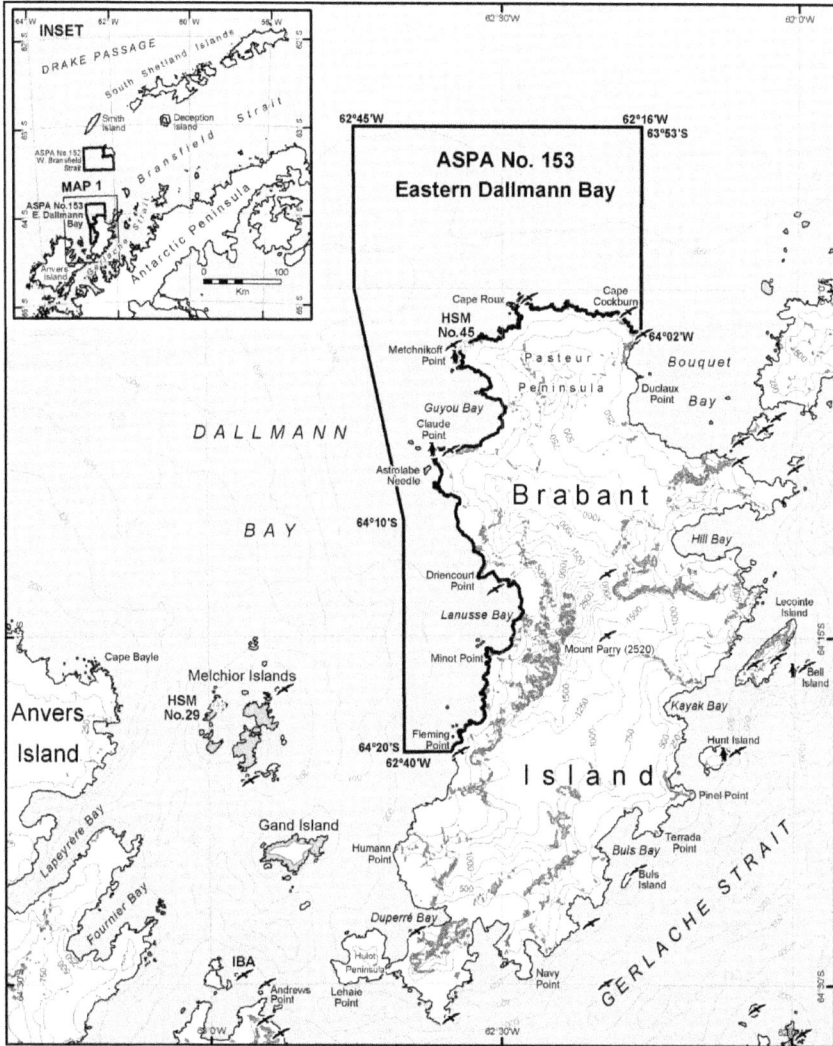

Map 1: ASPA No. 153 - Eastern Dallmann Bay

Informe final de la XXXVIII RCTA

Plan de Gestión para la
Zona Antártica Especialmente Protegida N° 155
CABO EVANS, ISLA ROSS

(incluidos los Sitios y Monumentos Históricos N° 16 y 17, Cabaña histórica *Terra Nova* del Capitán Robert Falcon Scott, junto con sus recintos, y la cruz del cerro Wind Vane)

1. Descripción de los valores protegidos.

El gran valor histórico de esta Zona fue reconocido oficialmente con la designación de los Sitios y Monumentos Históricos N° 16 y 17 mediante la Recomendación 9 (1972). Un área conteniendo ambos sitios fue designada como Zona Especialmente Protegida N° 25 por medio de la Medida 2 (1997), y fue nuevamente designada, esta vez como Zona Antártica Especialmente Protegida N° 155, por medio de la Decisión 1 (2002).

La cabaña *Terra Nova* (Sitio y Monumento Histórico N° 16) es la mayor de las cabañas históricas de la región del mar de Ross. Fue construida en enero de 1911 por la expedición británica a la Antártida *Terra Nova* de 1910-1913, dirigida por el Capitán Robert Falcon Scott, de la Marina Británica. Con posterioridad fue utilizada como base por el Grupo del Mar de Ross durante la Expedición Transantártica Imperial de Sir Ernest Shackleton de 1914-1917.

El Sitio y Monumento Histórico N° 17 contiene la cruz del cerro Wind Vane erigida en memoria de los tres miembros del Grupo del Mar de Ross de la expedición de Shackleton que murieron en 1916. Además, en el sitio hay dos anclas del buque *Aurora* de la Expedición Transantártica Imperial, dos cobertizos para instrumentos (uno en el cerro Wind Vane y otro cerca de la cabaña *Terra Nova*), varios depósitos de suministros y numerosos artefactos dispersos.

El cabo Evans es uno de los principales lugares de las primeras actividades humanas en la Antártida. Es un importante símbolo de la "época heroica" de la exploración antártica y, como tal, tiene mucha trascendencia histórica. Algunos de los primeros avances en el estudio de las ciencias de la Tierra, meteorológicos, y estudios de flora y la fauna de la Antártida están asociados a la Expedición *Terra Nova*, cuya base estaba en este sitio. Los datos entonces recolectados pueden servir de referencia para comparar las mediciones actuales. La historia de estas actividades y sus aportes a la comprensión y el conocimiento de la Antártida contribuyen a los grandes valores científicos, estéticos e históricos aportados por esta Zona.

Por medio de la Medida 2 (2005) se aprobó una versión modificada del Plan de Gestión, y los cambios en el acceso y en las disposiciones sobre los desplazamientos fueron aprobados mediante las Medidas 12 (2008) y 8 (2010).

El cabo Evans se encuentra en el Dominio S (McMurdo - Geológico de Tierra de Victoria Meridional) de acuerdo al Análisis de Dominios Ambientales para la Antártida (Resolución 3 [2008]) y en la Región 9 (Tierra de Victoria Meridional) conforme a las Regiones Biogeográficas de Conservación Antártica (Resolución 6 [2012]). Otras áreas protegidas dentro del Dominio S son las ZAEP 105, 116, 121, 122, 123, 124, 131, 137, 138, 154, 156, 157, 158, 161, 172 y 175 y la ZAEA 2.

2. Finalidades y objetivos

La finalidad del presente Plan de Gestión es proteger la Zona y sus características a fin de preservar sus valores. Los objetivos del Plan de Gestión son los siguientes:
- evitar la degradación de los valores de la Zona y su exposición a riesgos considerables;
- mantener los valores históricos de la Zona mediante un trabajo planificado de conservación que podría incluir:
  a. un programa anual de mantenimiento *in situ*,
  b. un programa de vigilancia del estado de los artefactos y las estructuras, así como de los factores que los afectan, y
  c. un programa de conservación de artefactos *in situ* y en otros lugares;
- permitir actividades de gestión que faciliten la protección de los valores y las características de la Zona, entre ellas:
  a. la preparación de mapas y la documentación de la disposición de objetos históricos en los alrededores de la cabaña,
  b. la documentación de otros datos históricos pertinentes; y
- evitar las perturbaciones humanas innecesarias de la Zona, sus características y artefactos mediante un acceso controlado a la cabaña *Terra Nova*.

3. Actividades de gestión

Para proteger los valores de la Zona se llevarán a cabo las siguientes actividades de gestión:
- Se llevará a cabo en la Zona un programa regular de conservación de la cabaña *Terra Nova* y los artefactos asociados.
- Se visitará la Zona, según sea necesario, para llevar a cabo la labor de gestión.
- Se iniciará un seguimiento sistemático a fin de evaluar el impacto de los actuales límites al número de visitantes, y sus resultados, junto a toda recomendación conexa relativa a la gestión, se incluirán en las revisiones del presente Plan de Gestión.
- Los Programas Antárticos Nacionales que operen en la Zona o que tengan interés en la misma deberán celebrar consultas para garantizar que se realicen las actividades de gestión antedichas.
- Se dispondrá de copias de este Plan de Gestión, junto con mapas de la Zona, en las estaciones científicas y de investigación operacionales adyacentes.

4. Período de designación

Designación con período de vigencia indefinida.

5. Mapas

Mapa A. Mapa de la región del cabo Evans. Este mapa muestra los límites de la Zona, y sus rasgos topográficos importantes, sitios de campamento y sitios para el aterrizaje de helicópteros. También muestra la ubicación aproximada de objetos históricos importantes en la Zona. Recuadro: La isla Ross, que muestra los sitios en que se encuentran las zonas protegidas y estaciones de las cercanías.

Mapa B. Mapa del sitio de cabo Evans. Este mapa muestra la ubicación aproximada de determinados artefactos y sitios históricos en la Zona.

6. Descripción de la Zona

6 (i) Coordenadas geográficas, señalizadores de límites y rasgos naturales
El cabo Evans es una zona pequeña, de forma triangular y libres de hielo, situada en el sudoeste de la isla Ross, a 10 kilómetros al sur del cabo Royds y a 22 kilómetros al norte de la península Hut Point en la isla Ross. El área libre de hielo consiste en un lecho de roca de basalto cubierto de morrenas de fondo. La Zona designada se ubica en la costa noroeste del cabo Evans junto a la playa Home, y centrada en la cabaña *Terra Nova* de Scott. Los límites de la ZAEP son:

- Sur: una línea que se extiende al este desde un punto a 77° 38' 15,47" S, 166° 25' 9,48" E, situado 20 metros al sur de la cruz del cerro Wind Vane;
- Sudoeste: una línea desde el anterior punto de referencia que se extiende a lo largo de la cresta del pequeño cordón montañoso que desciende en dirección noroeste hasta el borde costero a 77° 38' 11,50" S, 166° 24' 49,47" E;
- Noroeste: a lo largo del borde costero de la playa Home;
- Nordeste: sigue la línea del arroyo de desagüe del lago Skua hasta la playa Home a 77° 38' 4,89" S, 166° 25' 13,46" E;
- Este: por la línea que se extiende hacia el sur desde la orilla occidental del lago Skua a 77° 38' 5,96" S, 166° 25' 35,74" E, cruzando el límite sur a 77° 38' 15,48" S, 166° 25' 35,68" E.

En el cabo Evans anidan skúas (*Catharacta maccormicki*) y es posible que pingüinos de Adelia (*Pygoscelis adeliae*) de la colonia del cabo Royds transiten ocasionalmente por la Zona. También se han visto focas de Weddell (*Leptonychotes weddellii*) en tierra en la playa Home.

6(ii) Acceso a la Zona
Los vehículos podrán aproximarse a la Zona cruzando el hielo marino cuando las condiciones lo permitan. Se prohíbe el ingreso de vehículos en la Zona, salvo que cuenten con autorización para llevar a cabo actividades de gestión de acuerdo con el apartado 7(i), a continuación. Cuando no haya hielo, se podrán efectuar desembarcos en lancha justo frente a la cabaña en la playa Home. Podrán aterrizar helicópteros en cualquiera de los dos sitios designados para ese fin que se indican en los mapas A y B. Uno de los sitios está a aproximadamente 100 metros al norte de la cabaña, justo fuera de la Zona. El otro sitio se ubica junto a la cabaña refugio de Nueva Zelandia, unos 250 metros más allá del límite occidental de la Zona.

6(iii) Ubicación de estructuras dentro de la Zona y adyacentes a la misma
Todas las estructuras situadas dentro de la Zona son de origen histórico, si bien alrededor de la cabaña magnética todavía hay una moderna cerca provisoria de protección. Uno de los elementos importantes de la Zona es la cabaña *Terra Nova* de Scott, que está ubicada en la costa noroeste del cabo Evans en la playa Home. La cabaña está rodeada por una variedad de reliquias históricas, que incluyen las dos anclas del *Aurora*, esqueletos de perros, un cobertizo para instrumentos, dos cuerdas para atar perros, una pantalla meteorológica, un depósito de combustible, una cabaña magnética, depósitos de carbón, un mástil y la cabaña de piedra para

experimentos y vertedero de basura, estructura histórica de piedra que guarda relación con "El peor viaje del mundo" al cabo Crozier (1911) y que contiene una pequeña colección de artefactos. En el cerro Wind Vane hay una cruz que se erigió en memoria de los tres integrantes del Grupo del Mar de Ross de la expedición de Shackleton de 1914-1917. Todos estos objetos están dentro de los límites de la Zona.

Aproximadamente a 250 metros al sudoeste de la Zona hay una cabaña de refugio de Nueva Zelandia, un lugar para acampar y un lugar para el aterrizaje de helicópteros.

La antigua Base del Parque Mundial de Greenpeace, que funcionaba todo el año, estaba al nordeste de la cabaña *Terra Nova* de Scott de 1987 a 1992. No quedan signos visibles de la base.

6(iv) Ubicación de otras zonas protegidas en las cercanías
- La ZAEP N° 121 (anteriormente SEIC N° 1), Cabo Royds y
- la ZAEP 157 (ZEP N° 27), Bahía Backdoor, Cabo Royds, se encuentran 10 kilómetros al norte del cabo Evans.
- La ZAEP N° 122 (SEIC N° 2), Alturas de Arrival y la
- ZAEP N° 158 (ZEP N° 28), Punta Hut, están aproximadamente 22 kilómetros al sur del cabo Evans en la península Punta Hut.
- La ZAEP N° 130 (SEIC N° 11), Cresta Tramway, está 20 kilómetros al este del cabo Evans.

Todos los sitios están ubicados en la isla Ross.

6(v) Áreas especiales dentro de la Zona
No hay áreas especiales dentro de la Zona.

7. Términos y condiciones para los permisos de entrada

Se prohíbe el ingreso a la Zona excepto con un permiso. Los permisos serán expedidos únicamente por las autoridades nacionales pertinentes y podrán contener condiciones tanto generales como específicas. La autoridad nacional podrá expedir un permiso que abarque varias visitas en una temporada. Las Partes que operen en la Zona deberán consultar entre sí y con los grupos y organizaciones interesados en visitar la Zona para que no se exceda el número permitido de visitantes. Se podrán expedir permisos para entrar en el sitio durante un período determinado para:
- realizar actividades con fines de conservación, investigación o vigilancia;
- realizar actividades de gestión para facilitar el cumplimiento de los objetivos de este Plan de Gestión;
- realizar actividades educativas o recreativas, incluido el turismo, siempre que no estén en conflicto con los objetivos de este Plan; y
- cualquier otra actividad que se disponga específicamente en este plan.

7(i) Acceso a la Zona y desplazamientos en su interior y sobre ella
- Es necesario controlar la circulación dentro de la Zona para prevenir los daños que podrían ocasionar apiñamiento de gente en torno a sus múltiples elementos

vulnerables. El número máximo de personas que podrán estar en la Zona al mismo tiempo (incluidos los guías y las personas que estén dentro de la cabaña) será de **40.**

- Es necesario controlar el número de personas dentro de la cabaña para prevenir los daños que podrían ocasionar apiñamiento de gente alrededor de sus múltiples elementos vulnerables. El número máximo de personas que podrán estar dentro de la cabaña simultáneamente (incluidos los guías) será de **8.**

- Es necesario fijar un límite anual para el número de visitantes a fin de evitar el impacto acumulativo en el interior de la cabaña. Los efectos del número actual de visitantes (en promedio 1042 personas por año entre 1998 y 1999, y entre 2013 y 2014) indican que un incremento considerable podría causar graves daños. El número máximo anual de visitantes será de **2000.**

- Se han fijado estos límites teniendo en cuenta el actual nivel de visitantes y el mejor asesoramiento disponible de organismos consultores sobre conservación (que incluyen conservadores, arqueólogos, historiadores, museólogos y otros profesionales especializados en la protección del patrimonio). Los límites se basan en la hipótesis de que todo incremento importante del nivel actual en la cantidad de visitantes sería perjudicial para los valores que requieren protección. Se necesita un programa de vigilancia continua para evaluar el efecto de los visitantes, que sirva de base para las revisiones futuras del Plan de Gestión, en particular para determinar si los límites actuales del número de visitantes son apropiados.

- Se necesita una supervisión adecuada de las visitas a la Zona a fin de prevenir los daños ocasionados por apiñamiento de gente y por actos incompatibles con el código de conducta de la sección 7(vii). Todas las visitas de turismo, educación y recreación deben ser supervisadas por un guía con experiencia designado por el operador (véase la Sección 7[ix]).

- Se prohíbe el aterrizaje de helicópteros en la Zona, ya que podría dañar el sitio al hacer volar escoria y partículas de hielo y acelerar la abrasión de la cabaña y los artefactos de los alrededores. Véanse en la sección 6(ii) las rutas de aproximación recomendadas y los lugares de desembarco y de aterrizaje.

- Se prohíbe el ingreso de vehículos en la Zona excepto cuando sea necesario utilizarlos para actividades de gestión, que podrían incluir, entre otras, remover nieve y hielo que se consideren como una amenaza para la cabaña histórica u otros artefactos. En todos esos casos habrá que considerar lo siguiente:
  - i. usar un vehículo del tamaño mínimo necesario para la tarea;
  - ii. procurar que el conductor del vehículo esté plenamente capacitado y conozca las disposiciones de este Plan, así como la vulnerabilidad del sitio frente a las maniobras del vehículo;
  - iii. planificar cuidadosamente y vigilar todos los movimientos del vehículo en el sitio a fin de no dañar la cabaña o los artefactos enterrados en la nieve y el hielo acumulados.

7(ii) Actividades que se pueden llevar a cabo dentro de la Zona
Las actividades que pueden llevarse a cabo dentro de la Zona incluyen las siguientes:
- visitas con fines de conservación;
- visitas educativas o recreativas, incluido el turismo; y
- actividades científicas que no menoscaben los valores de la Zona.

Los visitantes deberán ceñirse al siguiente Código de conducta, excepto en los casos en que las actividades de conservación, investigación, vigilancia o gestión especificadas en el permiso requieran otra cosa:

- Para reducir la abrasión del piso, se debe quitar minuciosamente de las botas la arenisca, la escoria, el hielo y la nieve con los cepillos proporcionados antes de entrar en la cabaña y se usarán solamente trípodes o monópodos con patas con extremos planos recubiertos de goma, en lugar de los que tienen puntas de metal, que pueden dañar el piso;
- Quitarse la ropa mojada con agua salada y los cristales de hielo marino de las botas, ya que las partículas de sal aceleran la corrosión de los objetos metálicos;
- No tocar, mover o sentarse sobre ningún objeto o mueble de las cabañas. Los artefactos se dañan con la manipulación;
- No se deben llevar mochilas en el interior, ya que el espacio es reducido, y se puede llevar accidentalmente por delante los artefactos, se debe evitar el uso de trípodes o monópodos cuando dentro de la cabaña se haya alcanzado el número máximo de visitantes (12) simultáneamente;
- Al circular por los sitios, se debe tener mucho cuidado de no pisar objetos que puedan estar cubiertos por la nieve, y de no salirse de los senderos establecidos;
- Se prohíben estrictamente los faroles de combustión, las llamas y fumar en la cabaña o sus alrededores debido al gran riesgo de incendio; y
- Se debe dejar constancia de las visitas en el libro de registro correspondiente, de manera que se pueda correlacionar el horario de las visitas y el número de visitantes con los datos sobre temperatura y humedad que se registran automáticamente en el interior de la cabaña.

7(iii) Instalación, modificación o desmantelamiento de estructuras

- No se podrán erigir estructuras nuevas ni instalar equipo científico en la Zona salvo para actividades científicas o de conservación que se especifican en la Sección 1.
- No deberá retirarse de la Zona ninguna estructura histórica, salvo que ello se especifique en un permiso otorgado de conformidad con las disposiciones de la Sección 7(vii).

7(iv) Ubicación de los campamentos

- No se permite el uso de la cabaña histórica como vivienda. En ninguna circunstancia se permite acampar en la Zona.
- Hay un sitio para acampar asociado a los dos refugios de campo de Nueva Zelandia situados a 250 metros al sudoeste de la Zona, que deberá ser utilizado por todas las Partes que tengan la intención de acampar en esta zona. Hay otro sitio para acampar al norte de la Zona, cerca del lugar de aterrizaje de helicópteros de la playa Home (mapas A y B).

7(v) Restricciones relativas a los materiales y organismos que pueden introducirse en la Zona

- No se deberán introducir en la Zona animales vivos, material de plantas, microorganismos o tierra. No se deberán llevar alimentos a la Zona.
- Se podrán introducir productos químicos sólo para fines científicos o de conservación permitidos. Los productos químicos (incluido el combustible) u otros materiales no deberán dejarse en la Zona salvo que ello sea indispensable para la conservación de las estructuras históricas o las reliquias conexas.

- Todos los materiales introducidos deberán retirarse cuando ya no se necesiten, y antes de la fecha indicada en el permiso pertinente.

7(vi) Toma de, o intromisión perjudicial sobre flora y fauna

- Se prohíbe esta actividad excepto con un permiso otorgado específicamente para ese fin por la autoridad nacional pertinente de conformidad con el artículo 3 del Anexo II al Protocolo sobre Protección del Medio Ambiente.
- En caso de toma o intromisión perjudicial con animales, esto debería hacerse, como norma mínima, de conformidad con el Código de Conducta del SCAR para el Uso de Animales con Fines Científicos en la Antártida.

7(vii) Toma o traslado de cualquier cosa que el titular del permiso no haya llevado a la Zona

- Se podrá recolectar y retirar material de la Zona por motivos científicos o de conservación que sean compatibles con los objetivos del presente Plan de Gestión únicamente cuando se lo especifique en un permiso expedido por la autoridad nacional pertinente.
- Los materiales que constituyan una amenaza para el medio ambiente o la salud humana podrán retirarse de la Zona para su eliminación, de conformidad con un permiso, en los casos en que se ciñan por lo menos a uno de los criterios siguientes:
  i.   el artefacto constituya una amenaza para el medio ambiente, la fauna y la flora silvestres o la salud y la seguridad humanas;
  ii. esté en tan mal estado que no sea razonable pensar que pueda ser conservado;
  iii. no represente una contribución importante a la comprensión de la cabaña, sus ocupantes o la historia de la Antártida;
  iv. no realce ni menoscabe las cualidades visuales del sitio o la cabaña; o
  v.   no sea un objeto singular o poco común;

y en los casos en que tal acción:

  i.   sea realizada por Partes con las pericias apropiadas en materia de conservación del patrimonio; y
  ii. forme parte de un plan general de trabajos de conservación en el sitio.

- Las autoridades nacionales deberán cerciorarse de que el retiro de artefactos y la aplicación de los criterios precedentes sean efectuados por personal con las pericias apropiadas en materia de conservación del patrimonio.
- Los artefactos que se considere que poseen un gran valor histórico y que no puedan conservarse *in situ* con las técnicas actuales podrán ser retirados de conformidad con un permiso a fin de almacenarlos en un medio controlado hasta que puedan ser devueltos sin peligro a la Zona.
- Excepto por cualquier parte o contenido de un Sitio o Monumento Histórico, se podrán tomar muestras de suelo y otros materiales naturales con fines científicos. Dicho retiro se hará de conformidad con un permiso apropiado.

7(viii) Eliminación de desechos
Deberán retirarse de la Zona todos los desechos humanos, aguas grises y demás desechos generados por cuadrillas de trabajo o visitantes.

7(ix) Medidas que podrían requerirse para garantizar el continuo cumplimiento de las finalidades y objetivos del Plan de Gestión

- El permiso, o una copia autorizada de éste, deberá llevarse consigo dentro de la Zona.
- Se deberá informar a todos los visitantes sobre los requisitos de este Plan de Gestión.
- Todos los visitantes deberán cumplir el código de conducta de la Sección 7(ii) excepto cuando se requiera otra cosa con fines de conservación, investigación, vigilancia o gestión.
- Antes del comienzo de la temporada de verano, los operadores que faciliten las visitas educativas y recreativas (incluido el turismo) a la Zona deberán designar personas con conocimientos básicos de la Zona y el Plan de Gestión para que sirvan de guías durante las visitas.
- Todas las visitas educativas y recreativas (incluido el turismo) deberán ser supervisadas por un guía designado, quien se encargará de informar a los visitantes sobre el Código de conducta y los requisitos de este Plan de Gestión y de velar por su cumplimiento.
- Las Partes deberán consultarse y coordinar sus actividades a fin de adquirir conocimientos prácticos y recursos, especialmente en lo que concierne a técnicas de conservación, a fin de colaborar en la protección de los valores de la Zona.

7(x) Requisitos relativos a los informes

Las Partes deberán cerciorarse de que el titular principal de cada permiso expedido presente a la autoridad pertinente un informe en el cual se describan las actividades realizadas. Dichos informes deberán incluir, según corresponda, la información señalada en el Formulario para informes de visitas que figura en el apéndice 4 de la Resolución 2 (1998). Asimismo, se deberá detallar el retiro de materiales de conformidad con la Sección 7(viii), indicando el motivo del retiro y la localización actual de los objetos o la fecha de su eliminación. Se deberá informar también sobre la devolución de tales objetos al sitio.

Las Partes deberán llevar un registro de las actividades que se realicen en la Zona y presentar descripciones resumidas de las actividades realizadas por personas bajo su jurisdicción en el intercambio anual de información. Dichas descripciones deberán ser suficientemente detalladas como para que pueda evaluarse la eficacia del presente Plan de Gestión. Siempre que sea posible, las Partes deberían depositar el informe original o sus copias en un archivo de acceso público a fin de llevar un registro de las visitas que podrá utilizarse para revisar el presente Plan de Gestión y administrar las visitas del sitio.

Map A - Cape Evans, Ross Island, Antarctic Specially Protected Area 155: Regional Map

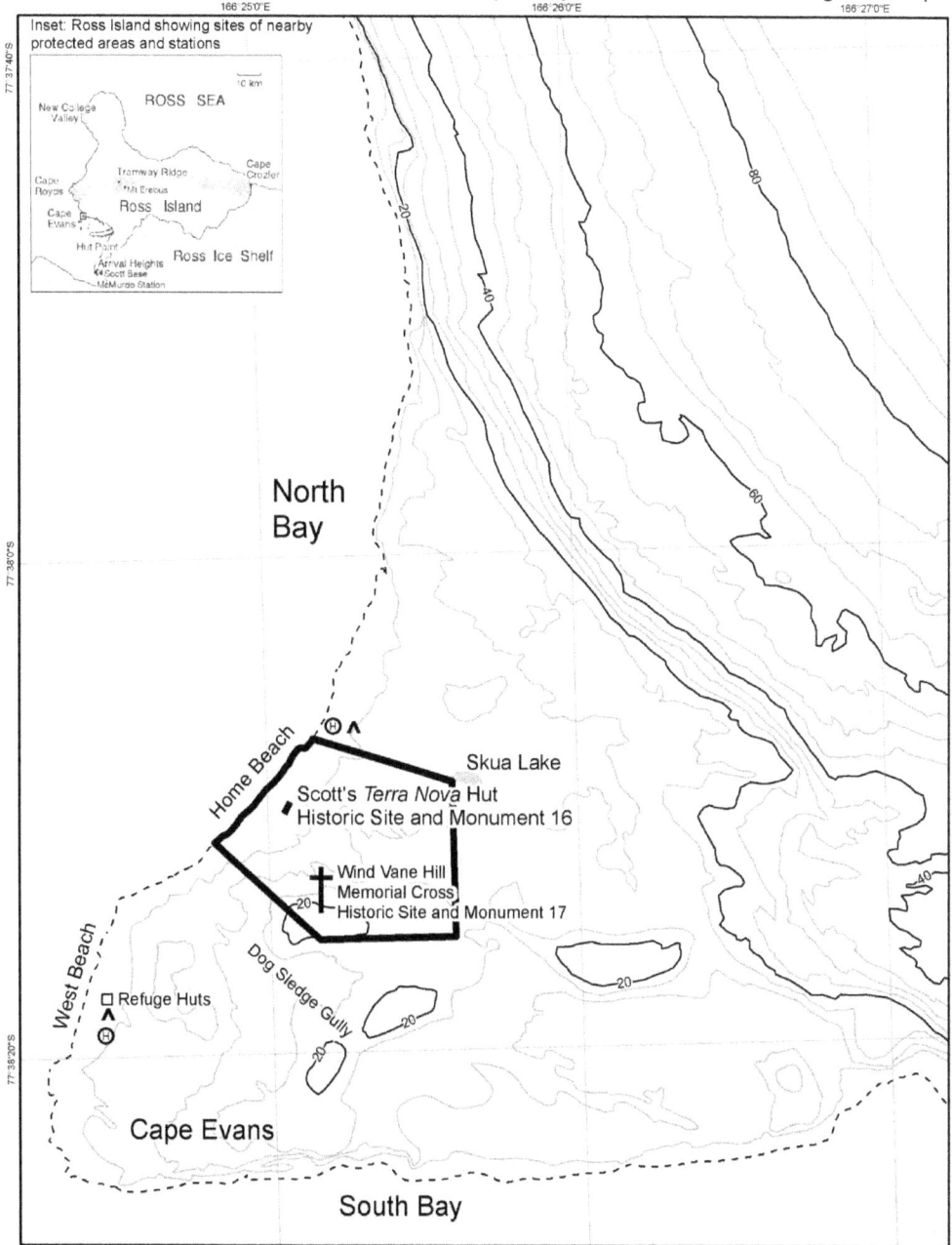

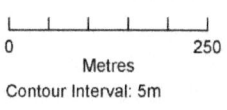

North
Bay

Skua Lake

Scott's *Terra Nova* Hut
Historic Site and Monument 16

Wind Vane Hill
Memorial Cross
Historic Site and Monument 17

Home Beach

West Beach

Dog Sledge Gully

☐ Refuge Huts

Cape Evans

South Bay

Inset: Ross Island showing sites of nearby protected areas and stations

ROSS SEA

New College Valley

Ross Island

Cape Royds

Cape Evans

Hut Point

Arrival Heights

Scott Base

McMurdo Station

Tramway Ridge

Mt Erebus

Cape Crozier

Ross Ice Shelf

0 ——————— 250
Metres
Contour Interval: 5m

- - - Estimated position of coastline
——— Protected area boundary
■ Historic structures
⊕ Helicopter pad
Λ Campsite

Projection: Lambert conformal conic
Standard Parallel 1: 76.6°S
Standard Parallel 2: 79.3°S
Spheroid: WGS84

Source: Cape Evans historic area management plan

179

Map B - Cape Evans, Ross Island, Antarctic Specially Protected Area 155: Site Map

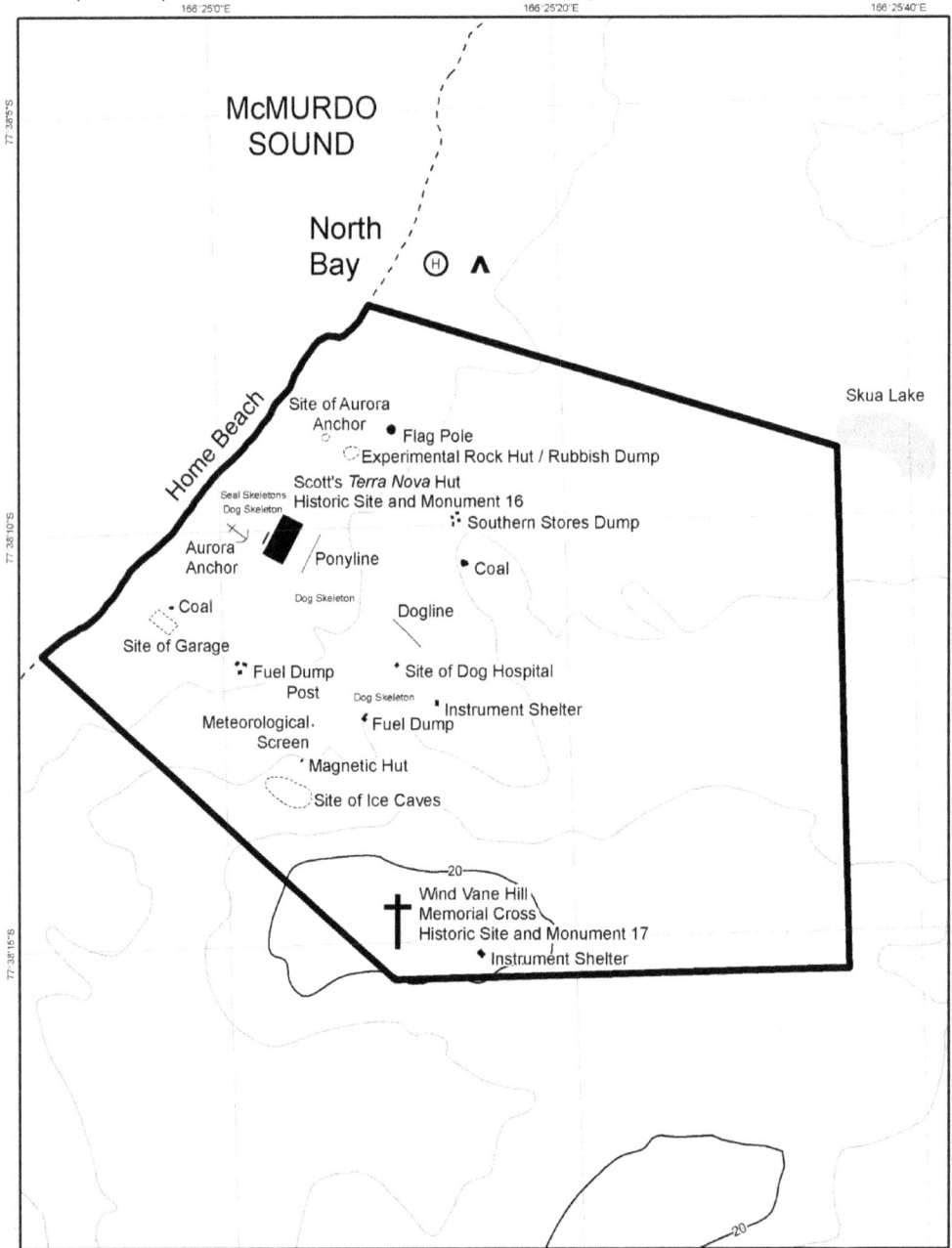

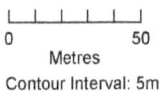

166°25'0"E 166°25'20"E 166°25'40"E

McMURDO
SOUND

North
Bay Ⓗ ∧

Skua Lake

Site of Aurora
Anchor
Home Beach ● Flag Pole
⌂Experimental Rock Hut / Rubbish Dump
Scott's *Terra Nova* Hut
Seal Skeletons Historic Site and Monument 16
Dog Skeleton ∴ Southern Stores Dump
Aurora
Anchor ╱Ponyline ● Coal
✕ Dog Skeleton
● Coal Dogline
Site of Garage
∴ Fuel Dump ● Site of Dog Hospital
Post Dog Skeleton ■ Instrument Shelter
Meteorological. ⸰Fuel Dump
Screen
• Magnetic Hut
⌂Site of Ice Caves

—20—
Wind Vane Hill
✝ Memorial Cross
Historic Site and Monument 17
● Instrument Shelter

—20—

Metres
0   50
Contour Interval: 5m

N

- - - Estimated position of coastline
━━ Protected area boundary
■ Historic structures
Ⓗ Helicopter pad
∧ Campsite 80

Projection: Lambert conformal conic
Standard Parallel 1: 76.6°S
Standard Parallel 2: 79.3°S
Spheroid: WGS84

Source: Cape Evans historic area
management plan

Plan de Gestión para la
Zona Antártica Especialmente Protegida N° 157
BAHÍA BACKDOOR, CABO ROYDS, ISLA ROSS
(incluyendo el Sitio y Monumento Histórico Nº 15, Cabaña histórica de Sir
Ernest Shackleton, y sus recintos)

1. Descripción de los valores que requieren protección.

El gran valor histórico de esta Zona fue reconocido oficialmente con la designación del Sitio y Monumento Histórico N° 15 por medio de la Recomendación 9 (1972). El sitio fue designado originalmente como Zona Especialmente Protegida N° 27 mediante la Medida 1 (1998) y volvió a designarse como Zona Antártica Especialmente Protegida N° 157 mediante la Decisión 1 (2002). El Plan de Gestión fue modificado y la versión revisada, que contiene disposiciones adicionales sobre la gestión de los visitantes, fue aprobada por medio de la Medida 2 (2005) y la Medida 9 (2010).

La cabaña (Sitio y Monumento Histórico Nº 15) en la cual se centra esta Zona fue construida en febrero de 1908 por la expedición británica a la Antártida *Nimrod* de 1907-1909, dirigida por Sir Ernest Shackleton. También fue utilizada periódicamente por el Grupo del Mar de Ross durante la Expedición Transantártica Imperial de Sir Ernest Shackleton de 1914-1917.

Entre las estructuras relacionadas con la cabaña se encuentran establos, caniles, una letrina y un garaje construido para el primer vehículo motorizado que se llevó a la Antártida. Otras importantes reliquias de la Zona son un cobertizo para instrumentos, depósitos de suministros y un vertedero de basura. Hay muchos más artefactos dispersos en la Zona.

El cabo Royds es uno de los lugares principales de las primeras actividades humanas en la Antártida. Es un importante símbolo de la Época Heroica de la exploración antártica y, como tal, tiene mucha trascendencia histórica. Algunos de los primeros avances en el estudio de las ciencias de la Tierra, meteorología, y estudios sobre la flora y la fauna de la Antártida están asociados a la Expedición *Nimrod,* que instaló su base en este sitio. La historia de estas actividades y sus aportes a la comprensión y el conocimiento de la Antártida contribuyen a los grandes valores científicos, estéticos e históricos de esta zona.

El cabo Royds se encuentra en el Dominio S (McMurdo - Geológico de Tierra de Victoria Meridional) de acuerdo al Análisis de Dominios Ambientales para la Antártida (Resolución 3 (2008)) y en la Región 9 (Tierra de Victoria Meridional) conforme a las Regiones Biogeográficas de Conservación Antártica (Resolución 6 [2012]). Otras áreas protegidas dentro del Dominio S son las ZAEP 105, 116, 121, 122, 123, 124, 131, 137, 138, 154, 155, 156, 158, 161, 172 and 175 y la ZAEA 2.

2. Finalidades y objetivos

La finalidad del presente Plan de Gestión es proteger la Zona y sus características a fin de preservar sus valores. Los objetivos del Plan de Gestión son los siguientes:
- evitar la degradación de los valores de la Zona y su exposición a riesgos considerables;

- mantener los valores históricos de la Zona mediante un trabajo planificado de conservación que podría incluir:
  a. un programa anual de mantenimiento *in situ*,
  b. un programa de vigilancia del estado de los artefactos y las estructuras, así como los factores que los afectan, y
  c. un programa de conservación de artefactos *in situ* y en otros lugares;
- permitir actividades de gestión que faciliten la protección de los valores y las características de la Zona, entre ellas:
  a. la preparación de mapas y la documentación de la disposición de los objetos históricos en los alrededores de la cabaña, y
  b. la documentación de otros datos históricos pertinentes;
- evitar las perturbaciones humanas innecesarias de la Zona, sus características y artefactos mediante un acceso controlado a la cabaña *Nimrod*.

3. Actividades de gestión

Se llevarán a cabo las siguientes actividades de gestión para proteger los valores de la Zona:
- Se llevará a cabo en la Zona un programa regular de conservación de la cabaña *Nimrod* y los artefactos asociados.
- Se visitará la Zona, según sea necesario, para llevar a cabo la labor de gestión.
- Se iniciará un seguimiento sistemático a fin de evaluar el impacto de los límites actuales para el número de visitantes, y los resultados y toda recomendación conexa relativa a la gestión se incluirán en las revisiones del presente Plan de Gestión.
- Los Programas Antárticos Nacionales que operen en la Zona o que tengan interés en la misma deberán celebrar consultas para garantizar que se realicen las actividades de gestión antedichas.
- Se dispondrá de copias de este Plan de Gestión, junto con mapas de la Zona, en las estaciones científicas y de investigación operacionales adyacentes, y se les proporcionarán a las embarcaciones que visiten la Zona y sus proximidades.

4. Período de designación

Designación con período de vigencia indefinida.

5. Mapas

Mapa 1: ZAEP N° 157, mapa topográfico de la región de la bahía Backdoor.
Proyección: Cónica conforme de Lambert; paralelos de referencia: 1ero 77° 33' 30" S, 2do 77° 33' 30" S: Meridiano central: 166° 10' 00" E; Latitud de origen: 78° 00' 00" S: esferoide: WGS84.
Fuentes de datos:
El mapa base y las curvas de nivel están derivados de una ortofotografía mediante imágenes aéreas adquiridas por USGS/DoSLI (SN7847) el 16 de noviembre de 1993, elaborada con una escala de 1:2500, con una exactitud posicional de ±1,25 m (horizontal) y ±2,5 m (vertical) y una resolución espacial de 0,4 m. Poste señalizador: UNAVCO (enero de 2014). Límite de la ZAEP: ERA (enero de 2014). Marcas de levantamientos: LINZ (2011). Miradores y EMA (aprox.): ERA (enero de 2014). Zona aproximada de anidación de

pingüinos, digitalizada a partir de imágenes aéreas con referencias geográficas, adquiridas el 19 enero de 2005 y proporcionadas por P. Lyver, Landcare Research, marzo de 2014. Las curvas de nivel (intervalo 10 metros) y otras infraestructuras fueron proporcionados por Gateway Antarctica (2009).
Recuadro 1: Región del Mar de Ross, que muestra la ubicación del Recuadro 2.

Recuadro 2 Región de la isla Ross, que muestra la ubicación del mapa 1 y de la Estación McMurdo (EE. UU.) y la Base Scott (NZ).

Mapa 2: ZAEP N° 157, mapa topográfico del sitio de la bahía Backdoor. Especificaciones cartográficas iguales a las del mapa 1, excepto que el intervalo de curvas de nievl es de 2 m.

6. Descripción de la Zona

6(i) Coordenadas geográficas, indicadores de límites y características naturales
El cabo Royds es un área libre de hielo hielo en el extremo occidental de la isla Ross, situado unos 40 kilómetros al sur del cabo Bird y 35 kilómetros al norte de la península Hut Point en la isla Ross. El área libre de hielo consiste en un lecho de roca de basalto cubierto de morrenas de fondo. La zona designada está situada al nordeste del cabo Royds, junto a la bahía Backdoor. Está justo al este de la ZAEP 121, que alberga una colonia de pingüinos de Adelia. La Zona se centra en la cabaña de la Expedición *Nimrod* de Shackleton.

Los límites este y sur se componen del borde de la costa este de cabo Royds, desde un punto sin marcar en la bahía Backdoor (77° 33' 07,5" S, 166° 10' 32,6" E) hasta un punto sin marcar en la bahía Arrival (77° 33' 15,8" S, 166° 10' 06,6" E).

El límite oeste sigue el límite de la ZAEP 121, desde el borde de la costa de la bahía Arrival (77° 33' 15,8" S, 166° 10' 06.6" E), 18 metros hacia el noroeste, hasta un poste señalizador ubicado en el extremo sur de la zona del mirador de pingüinos (77°33´ 15,2" S, 166° 10´ 05,7" E), 74 metros adicionales hasta un poste señalizador (77° 33' 12,9" S, 166° 10' 01,9" E) ubicado en el extremo norte de la zona del mirador de pingüinos y 42 metros más, hasta un poste señalizador (77° 33' 11,8" S, 166° 09' 59,0" E) ubicado al este del lago Pony.

El límite se extiende, luego, hacia el noroeste desde el poste señalizador del lago Pony (77° 33' 11,8" S, 166° 09' 59,0" E), a lo largo de un barranco que lleva a un punto sin marcar (77° 33' 07,5" S, 166° 10' 12,9" E), que está junto a la cabaña de refugio de Nueva Zelandia.

El límite norte se extiende hacia el este desde el refugio de Nueva Zelandia (desde el punto sin marcar en 77° 33' 07,5" S, 166° 10' 12,9" E) hasta el borde de la costa de la bahía Backdoor (77° 33' 07,5" S, 166° 10' 32.6" E).

En las proximidades de la Zona anidan skúas (*Catharacta maccormicki*) y con frecuencia transitan por la Zona pingüinos de Adelia (*Pygoscelis adeliae*) de la colonia contigua del cabo Royds.

6(ii) Acceso a la Zona
El acceso a la Zona es a pie desde la bahía Backdoor o desde los lugares para el aterrizaje de helicópteros, para lo cual se utilizarán las rutas indicadas en el mapa 2. Se podrán efectuar desembarcos en lancha (cuando no haya hielo) en la bahía Backdoor, o se podrá llegar hasta

allí en vehículos (cuando las condiciones del hielo marino lo permitan). Se debe tener cuidado de evitar la parte marina de la ZAEP 121 (véanse los mapas 1 y 2).

Los helicópteros deben aterrizar todo el año en el sitio principal de aterrizaje (166°10,38' E, 77°33,06' S), al norte de la cabaña de refugio de Nueva Zelandia (mapa 2). En 166°10,24'E, 77°33,11'S se encuentra un sitio de desembarque secundario, a aproximadamente 100 m al suroeste del sitio de desembarque principal, el cual debe evitarse cuando esté ocupado por la colonia de pingüinos (desde el 1 de noviembre hasta el 1 de marzo).

6(iii) Ubicación de estructuras dentro de la Zona y adyacentes a la misma
Excepto por una placa del Tratado, todas las estructuras situadas dentro de la Zona son de origen histórico. Uno de los elementos principales de la Zona es la cabaña de la Expedición *Nimrod* de Shackleton, situada en una cuenca protegida. La cabaña está rodeada de muchas otras reliquias históricas, entre ellas un cobertizo para instrumentos, depósitos de suministros y un vertedero de basura. Hay muchos más artefactos dispersos por el sitio.

En la esquina noroeste de la ZAEP hay una cabaña refugio de Nueva Zelandia y un lugar para acampar.

6(iv) Ubicación de otras zonas protegidas en las cercanías
*   La ZAEP N° 121 (que antes era el SEIC N° 1), Cabo Royds, está inmediatamente contiguo a esta zona.
*   La ZAEP N° 122 (SEIC N° 2), Alturas de Arrival y la
*   ZAEP N° 158 (ZEP N° 28), Punta Hut, están aproximadamente 35 kilómetros al sur del cabo Royds en la península Hut Point.
*   La ZAEP N° 130 (SEIC N° 11), Cresta Tramway, está 20 kilómetros al este del cabo Royds.
*   La ZAEP N° 116 (SEIC N° 10 y la ZEP N° 20), valle New College, está 35 kilómetros al norte, cerca del cabo Bird.
*   La ZAEP N° 155 (ZEP N° 25), Cabo Evans, está 12 kilómetros al sur.
*   La ZAEP N° 156 (ZEP N° 26), Bahía Lewis, está 36 kilómetros al nordeste.

Todos los sitios están ubicados en la isla Ross.

6(v) Áreas especiales dentro de la Zona
No hay áreas especiales dentro de la Zona.

7. Condiciones para la expedición de permisos

Se prohíbe el ingreso a la Zona excepto con un permiso. Los permisos serán expedidos únicamente por las autoridades nacionales pertinentes y podrán contener condiciones tanto generales como específicas. La autoridad nacional podrá expedir un permiso que abarque varias visitas en una temporada. Las Partes que operen en la Zona deberán consultar entre ellas y con los grupos y las organizaciones que estén interesados en visitar la Zona para que no se exceda el número permitido de visitantes.

Se podrán expedir permisos para entrar en el sitio durante un período determinado para:
*   realizar actividades con fines de conservación, investigación o vigilancia;

- realizar actividades de gestión para facilitar el cumplimiento de los objetivos de este Plan de Gestión; y
- realizar actividades educativas o recreativas, incluido el turismo, siempre que no estén en conflicto con los objetivos de este Plan de Gestión.

7(i) Acceso a la Zona y circulación dentro de la Zona a o sobre la misma
- Es necesario controlar la circulación dentro de la Zona para prevenir los daños que podrían ocasionar el apiñamiento de gente en torno a sus múltiples elementos vulnerables. El número máximo de personas que podrán estar en la Zona al mismo tiempo (incluidos los guías y personas dentro de la cabaña) será de **40.**
- Es necesario controlar el número de personas dentro de la cabaña para prevenir los daños que podrían ocasionar el apiñamiento de gente alrededor de sus múltiples elementos vulnerables. El número máximo de personas que podrán estar dentro de la cabaña al mismo tiempo (incluidos los guías) será de **8.**
- Es necesario fijar un límite anual para el número de visitantes, a fin de evitar el impacto acumulativo en el interior de la cabaña. Los efectos del número actual de visitantes (en promedio 767 personas por año entre 1998 a 1999 y 2013 a 2014) indican que si estos aumentan de manera considerable podrían generarse graves daños. El número máximo de visitantes será de **2000 por año.**
- Se han fijado estos límites teniendo en cuenta el número actual de visitantes y el mejor asesoramiento disponible de organismos consultores sobre conservación (que incluyen conservadores, arqueólogos, historiadores, museólogos y otros profesionales especializados en la protección del patrimonio). Los límites se basan en la hipótesis de que todo incremento importante en el número actual de visitantes sería perjudicial para los valores que deben ser protegidos. Se necesita un programa de vigilancia continua para evaluar los efectos de los visitantes, que sirva de base para las revisiones futuras del Plan de Gestión, en particular, para determinar si los límites actuales del número de visitantes son apropiados.
- Se necesita una supervisión adecuada de las visitas a la Zona a fin de prevenir los daños ocasionados por el apiñamiento de gente y por actos incompatibles con el código de conducta de la sección 7(vii). Todas las visitas de turismo, educación y recreación deben ser supervisadas por un guía con experiencia designado por el operador (véase la sección 7[ix]).
- Se prohíbe el aterrizaje de helicópteros en la Zona, ya que podría dañar el sitio al hacer volar escoria y partículas de hielo y acelerar la abrasión de la cabaña y los artefactos de los alrededores. Se prohíbe la circulación de vehículos en la Zona. Véanse en la sección 5(ii) las rutas de aproximación recomendadas y los sitios para los desembarcos y aterrizajes que están cerca de la Zona.

7(ii) Actividades que se pueden llevar a cabo dentro de la Zona
Las actividades que pueden llevarse a cabo dentro de la Zona incluyen las siguientes:
- visitas con fines de conservación;
- visitas educativas o recreativas, incluido el turismo; y
- actividades científicas que no desmedren los valores de la Zona.

Los visitantes deberán ceñirse al siguiente Código de conducta, excepto en los casos en que las actividades de conservación, investigación, vigilancia o gestión especificadas en el permiso indiquen otra cosa:
- Para reducir la abrasión del piso, se debe quitar minuciosamente de las botas la arenisca, la escoria, el hielo y la nieve con los cepillos proporcionados antes de entrar

en la cabaña y se usarán solamente trípodes o monópodos con patas con extremos planos recubiertos de goma, en lugar de los que tienen puntas de metal, que pueden dañar el piso;
- Quitarse la ropa mojada con agua salada y los cristales de hielo marino de las botas, ya que las partículas de sal aceleran la corrosión de los objetos metálicos;
- No tocar, mover o sentarse sobre ningún objeto o mueble de las cabañas. Los artefactos se dañan con la manipulación;
- No se deben llevar mochilas en el interior, ya que muchos espacios son reducidos, y se puede llevar accidentalmente por delante los artefactos. Se debe evitar el uso de trípodes o monópodos cuando dentro de la cabaña se haya alcanzado el número máximo de visitantes (8) simultáneamente.
- Al circular por los sitios, se debe tener mucho cuidado de no pisar objetos que puedan estar tapados por la nieve y de no salirse de los senderos establecidos;
- Se prohíben los faroles de combustión, las llamas y fumar dentro de la cabaña o en sus alrededores, debido al gran riesgo de incendio.
- Se debe dejar constancia de las visitas en el libro de registro correspondiente. De esta forma se pueden correlacionar el horario de las visitas y el número de visitantes con los datos sobre temperatura y humedad que se registran automáticamente en el interior de la cabaña.

7(iii) Instalación, modificación o desmantelamiento de estructuras
- No se podrán erigir estructuras nuevas ni instalar equipo científico en la Zona salvo para actividades científicas o de conservación que no disminuyan los valores de la Zona especificados en la sección 1.
- No deberá retirarse de la Zona ningún artículo histórico, salvo que ello se especifique en un permiso expedido de conformidad con las disposiciones de la sección 7(vii).

7(iv) Ubicación de los campamentos
- No se permite el uso de la cabaña histórica como vivienda. En ninguna circunstancia se permite acampar en la Zona.
- Hay un sitio para acampar y un refugio de Nueva Zelandia en el límite noroeste de la Zona (véase el mapa 2).

7(v) Restricciones relativas a los materiales y organismos que pueden introducirse en la Zona
- No se deberán introducir animales vivos, material de plantas, microorganismos o tierra en la Zona. No se deberán llevar alimentos a la Zona.
- Se podrán introducir productos químicos sólo para fines científicos o de conservación permitidos. No deberán dejarse en la Zona productos químicos (incluido el combustible) ni otros materiales, salvo que ello sea indispensable para la conservación de las estructuras históricas o las reliquias conexas.
- Todos los materiales introducidos deberán retirarse cuando ya no sean necesarios, y a más tardar en la fecha indicada en el permiso pertinente.

7(vi) Toma de, o intromisión perjudicial sobre la flora y fauna autóctonas
- Se prohíbe esta actividad excepto con un permiso otorgado específicamente para ese fin por la autoridad nacional pertinente de conformidad con el artículo 3 del Anexo II al Protocolo sobre Protección del Medio Ambiente.

- En caso de toma o intromisión perjudicial con los animales, esto debería hacerse, como norma mínima, de conformidad con el Código de Conducta del SCAR para el Uso de Animales con Fines Científicos en la Antártida.

7(vii) Toma o retiro de materiales que el titular del permiso no haya llevado a la Zona
- Se podrá recoger y retirar material de la Zona por motivos de conservación o científicos que sean compatibles con los objetivos del presente Plan de Gestión únicamente cuando se especifique en un permiso expedido por la autoridad nacional pertinente.
- Los materiales que constituyan una amenaza para el medio ambiente o para la salud humana podrán retirarse de la Zona para su eliminación, de conformidad con un permiso, en los casos en que se ciñan por lo menos a uno de los criterios siguientes:
  i.   el artefacto constituya una amenaza para el medio ambiente, la fauna y la flora silvestres o la salud y la seguridad humanas;
  ii. esté en tan mal estado que no sea razonable pensar que pueda ser conservado;
  iii. no represente una contribución importante a la comprensión de la cabaña, sus ocupantes o la historia de la Antártida;
  iv. no realce ni menoscabe las cualidades visuales del sitio o la cabaña; y/o
  v.   no sea un objeto singular o poco común;

y en los casos en que tal acción:

  i. sea realizada por Partes con pericia apropiada en materia de conservación del patrimonio; y
  ii. forme parte de un plan general de trabajo de conservación en el sitio.

- Las autoridades nacionales deberán cerciorarse de que el retiro de artefactos y la aplicación de los criterios precedentes sean efectuados por personal con pericia apropiada en materia de conservación del patrimonio.
- Los artefactos que se considere que poseen un gran valor histórico y que no puedan conservarse in situ con las técnicas actuales podrán ser retirados de conformidad con un permiso a fin de almacenarlos en un medio controlado hasta que puedan ser colocados de vuelta en la Zona sin peligro.
- Se podrán tomar muestras de tierra y otros materiales naturales con fines científicos solo de conformidad con un permiso apropiado.

7(viii) Eliminación de desechos
Deberán retirarse de la Zona todos los desechos humanos, aguas grises y demás desechos generados por cuadrillas de trabajo o visitantes.

7(ix) Medidas que podrían requerirse para garantizar el continuo cumplimiento de las finalidades y objetivos del Plan de Gestión
- El permiso, o una copia autorizada de éste, deberá llevarse consigo dentro de la Zona
- Se deberá informar a todos los visitantes sobre los requisitos de este Plan de Gestión.
- Todos los visitantes deberán cumplir con el código de conducta de la Sección 8(ii), excepto cuando se requiera otra cosa con fines de conservación, investigación, vigilancia o gestión.
- Antes del comienzo de la temporada estival, los operadores que faciliten las visitas educativas y recreativas (incluido el turismo) a la Zona deberán designar personas con

conocimientos básicos sobre la Zona y el Plan de Gestión para que sirvan de guías durante las visitas.
- Todas las visitas educativas y recreativas (incluido el turismo) deberán ser supervisadas por un guía designado, quien se encargará de informar a los visitantes sobre el Código de conducta y los requisitos de este Plan de Gestión y de velar por su cumplimiento.
- Las Partes deberán consultarse y coordinar sus actividades a fin de adquirir conocimientos prácticos y recursos, especialmente en lo que concierne a técnicas de conservación, a fin de colaborar en la protección de los valores de la Zona.

7(xi) Requisitos relativos a los informes

Las Partes deberán cerciorarse de que el titular principal de cada permiso expedido presente a la autoridad pertinente un informe en el cual se describan las actividades realizadas. Dichos informes deberán incluir, según corresponda, la información señalada en el formulario para informes de visitas que figura en el apéndice 4 de la Resolución 2 (1998). Asimismo, se deberá detallar el retiro de materiales de conformidad con la Sección 7(vii), indicando el motivo del retiro y la localización actual de los objetos o la fecha de su eliminación. Se deberá informar también sobre la devolución de tales objetos al sitio.

Las Partes deberán llevar un registro de las actividades que se realicen en la Zona y, en el intercambio anual de información, deberán presentar descripciones resumidas de las actividades realizadas por personas bajo su jurisdicción. Dichas descripciones deberán ser suficientemente detalladas como para que pueda evaluarse la eficacia del presente Plan de Gestión. Siempre que sea posible, las Partes deberán depositar el informe original, o copias de este, en un archivo de acceso público a fin de llevar un registro de las visitas que podrá utilizarse para revisar el presente Plan de Gestión y administrar las visitas del sitio.

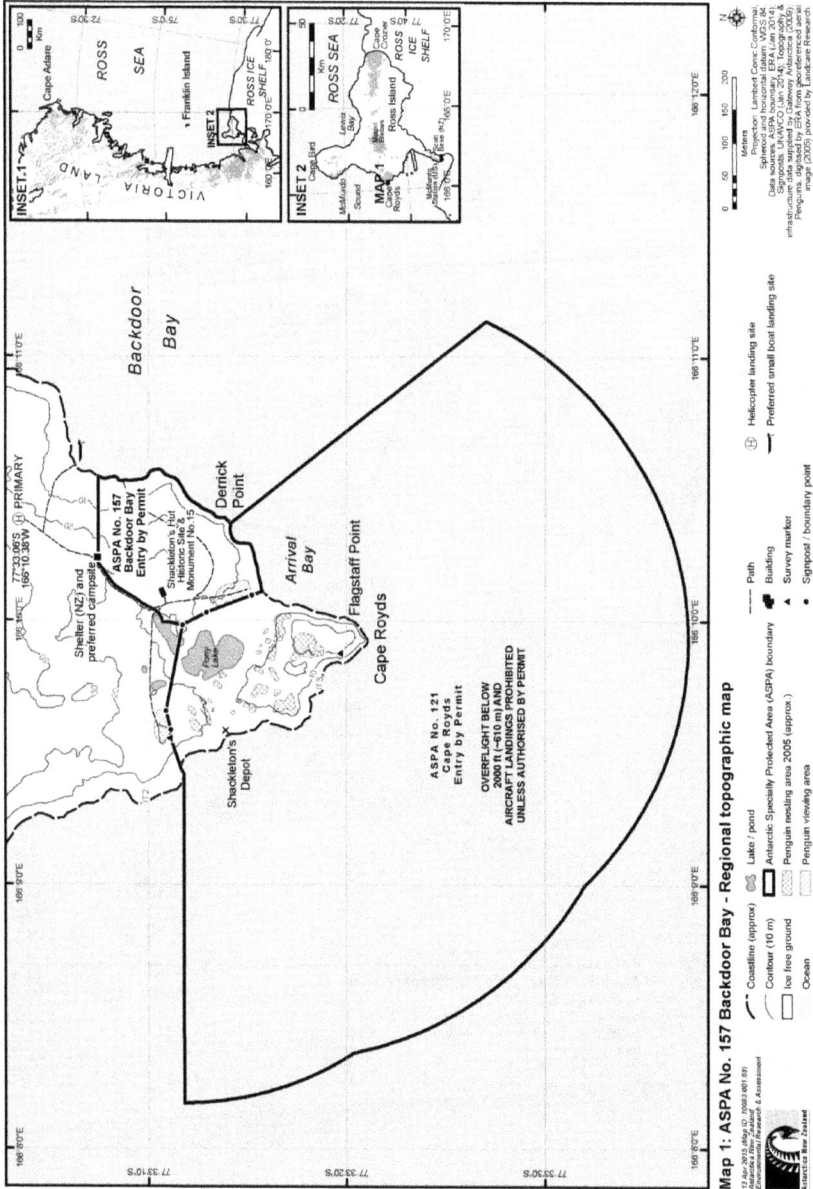

Map 1: ASPA No. 157 Backdoor Bay - Regional topographic map

189

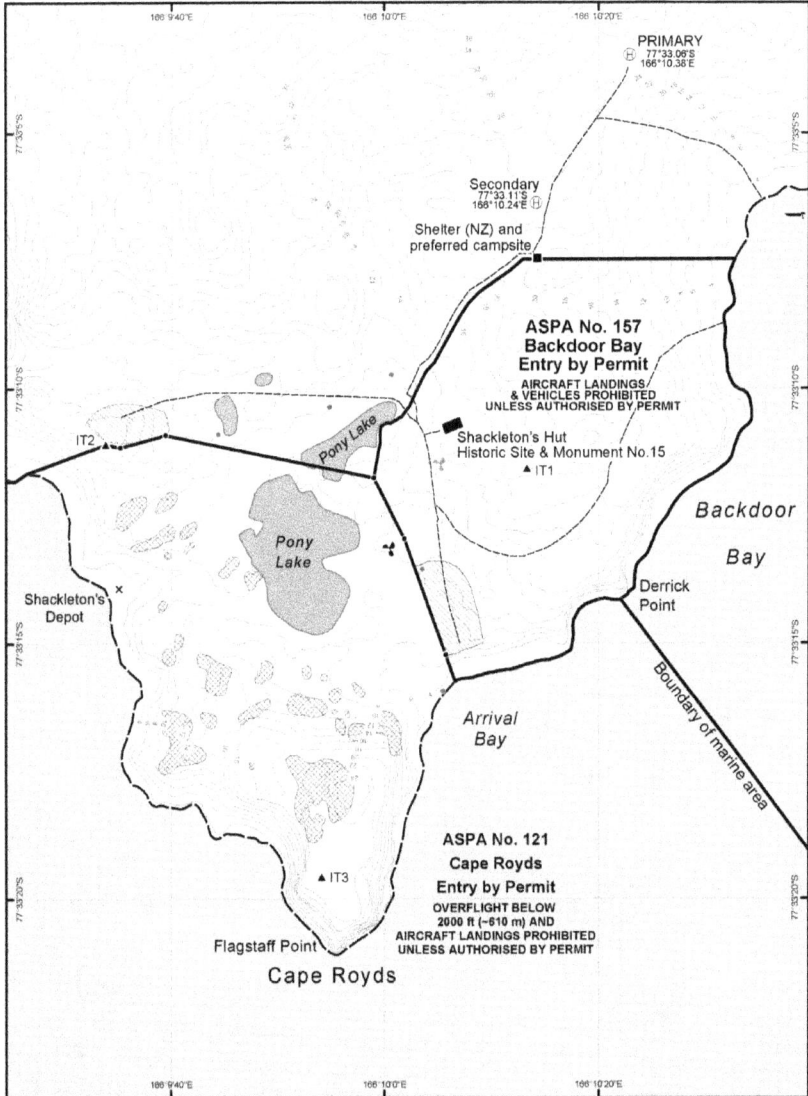

Map 2: ASPA No. 157 Backdoor Bay - Site topographic map

Plan de Gestión para la
Zona Antártica Especialmente Protegida N° 158
PUNTA HUT, ISLA ROSS
(incluyendo el Sitio y Monumento Histórico N° 18, Cabaña histórica *Discovery* del capitán Robert Falcon Scott)

1. Descripción de los valores que requieren protección

El gran valor histórico de esta Zona fue reconocido oficialmente con su designación como Sitio y Monumento Histórico N° 18 mediante la Recomendación 9 (1972). El sitio fue designado como Zona Especialmente Protegida N° 28 por medio de la Medida 1 (1998) y vuelto a designar como Zona Antártica Especialmente Protegida N° 158 por medio de la Decisión 1 (2002). El Plan de Gestión fue modificado, y la versión revisada, que contiene disposiciones adicionales para la gestión de los visitantes, fue aprobada por medio de la Medida 2 (2005), y la Medida 10 (2010).

La cabaña fue construida en febrero de 1902 durante la Expedición Antártica Nacional *Discovery* de 1901-1904, dirigida por el Capitán Robert Falcon Scott, a quien posteriormente le resultó útil como base de escala de avanzada para las exploraciones de la "Barrera" durante su expedición de 1910-1913. Fue utilizada también por Sir Ernest Shackleton durante la expedición británica *Nimrod* a la Antártida de 1907-1909 y posteriormente por el Grupo del Mar de Ross, que se perdió durante la Expedición Transantártica Imperial de 1914-1917. Este edificio fue prefabricado en Australia, con galerías en tres lados, diseño típico del interior de Australia.

El sitio de punta Hut es uno de los lugares principales de las primeras actividades humanas en la Antártida. Es un importante símbolo de la "época heroica" de la exploración antártica y, como tal, tiene mucha trascendencia histórica. Algunos de los primeros avances en el estudio de las ciencias de la tierra, la meteorología, la flora y la fauna de la Antártida están asociados a la Expedición *Discovery,* que instaló su base en este sitio. La historia de estas actividades y sus aportes a la comprensión y el conocimiento de la Antártida contribuyen a los grandes valores científicos, estéticos e históricos aportados por esta Zona.

Según el Análisis de Dominios Ambientales para la Antártida (Resolución 3 [2008]), la punta Hut se encuentra en el Dominio S (McMurdo - geológico de Tierra de Victoria Meridional), y en la Región 9 (Tierra de Victoria Meridional) en lo que respecta a las Regiones Biogeográficas de Conservación Antártica (Resolución 6 [2012]). Otras áreas protegidas dentro del Dominio S son las ZAEP 105, 116, 121, 122, 123, 124, 131, 137, 138, 154, 155, 156, 157, 161, 172 y 175 y la ZAEA 2.

2. Finalidades y objetivos

La finalidad del presente Plan de Gestión es proteger la Zona y sus características a fin de preservar sus valores. Los objetivos del Plan de Gestión son los siguientes:

- evitar la degradación de los valores de la Zona y su exposición a riesgos considerables;

- mantener los valores históricos de la Zona mediante un trabajo planificado de conservación que podría incluir:
  a. un programa anual de mantenimiento *in situ*,
  b. un programa de seguimiento del estado de los artefactos y las estructuras, así como de los factores que los afectan, y
  c. un programa de conservación de artefactos *in situ* y en otros lugares;
- permitir actividades de gestión que faciliten la protección de los valores y las características de la Zona, incluida la documentación de datos históricos pertinentes; y
- evitar las perturbaciones humanas innecesarias de la Zona, sus características y artefactos mediante un acceso controlado a la cabaña *Discovery*.

3. Actividades de gestión

Para proteger los valores de la Zona se llevarán a cabo las siguientes actividades de gestión:

- Se llevará a cabo en la Zona un programa regular de conservación de la cabaña *Discovery* y de los artefactos asociados;
- Se visitará la Zona, según sea necesario, para llevar a cabo la labor de gestión.
- Se iniciará una vigilancia sistemática a fin de evaluar el impacto de los límites actuales para el número de visitantes, y sus resultados, junto a toda recomendación conexa relativa a la gestión, se incluirán en las modificaciones del presente Plan de Gestión.
- Los Programas Antárticos Nacionales que operen en la Zona o que tengan interés en la misma deberán celebrar consultas para garantizar que se realicen las actividades de gestión antedichas.
- Se pondrán a disposición copias de este Plan de Gestión, incluidos mapas de la Zona, en las estaciones de campo e investigación operativas adyacentes, y se proporcionarán copias a los buques que visiten la zona y sus proximidades.

4. Período de designación

Designación con período de vigencia indefinida.

5. Mapas

Mapa A. Mapa topográfico de la región de la punta Hut. Este mapa muestra los alrededores de la Zona, los accidentes topográficos importantes y la contigua estación McMurdo de Estados Unidos. Recuadro: muestra la ubicación del sitio en relación con otros sitios protegidos en la isla Ross.

Mapa B. Mapa topográfico del sitio de la punta Hut. Este mapa muestra la ubicación de la cabaña histórica, la cruz de Vince y otra información acerca de los alrededores.

6. Descripción de la Zona

6(i) Coordenadas geográficas, indicadores de límites y características naturales

La punta Hut es una zona pequeña libre de hielo que sobresale hacia el sudoeste de la península Punta Hut. Está al oeste de la estación McMurdo de Estados Unidos. La Zona designada consiste únicamente en la estructura de la cabaña (77° 50'S, 166° 37'E), que está cerca del extremo sudoeste de la punta Hut.

6(ii) Acceso a la Zona
No hay sitios designados para el aterrizaje de helicópteros en las proximidades de la cabaña, ya que los helicópteros podrían dañar el sitio al hacer volar escoria y partículas de hielo, y acelerar la abrasión de la cabaña y los artefactos de los alrededores. Podrán aproximarse vehículos a la cabaña por el camino que va desde la estación McMurdo, o desde el hielo marino cuando las condiciones lo permitan. Cuando no haya hielo, se podrán efectuar desembarcos en lancha al norte de la cabaña.

6(iii) Ubicación de estructuras dentro de la Zona y adyacentes a la misma
La Zona designada consiste únicamente en la estructura de la cabaña histórica *Discovery* (Sitio y Monumento Histórico N° 18). El Sitio y Monumento Histórico N° 19, que es una cruz en memoria de George T. Vince (integrante de la Expedición *Discovery* que falleció cerca de allí), está situado a unos 75 metros al oeste de la cabaña.

6(iv) Ubicación de otras zonas protegidas en las cercanías
- ZAEP N° 121 (anteriormente SEIC N° 1), Cabo Royds y
- ZAEP 157 (ex ZEP N° 28), Bahía Backdoor, Cabo Royds, 32 kilómetros al norte de punta Hut.
- ZAEP N° 122 (ex SEIC N° 2), alturas de Arrival, 2 km al norte de punta Hut en la Península punta Hut.
- ZAEP 155 (ex ZEP N° 25), Cabo Evans, 22 kilómetros al norte de punta Hut.

Todos los sitios están ubicados en la isla Ross.

6(v) Áreas especiales dentro de la Zona
No hay áreas especiales dentro de la Zona.

7. Condiciones para la expedición de permisos

Se prohíbe el ingreso a la Zona excepto con un permiso. Los permisos serán expedidos únicamente por las autoridades nacionales pertinentes y podrán contener condiciones tanto generales como específicas. La autoridad nacional podrá expedir un permiso que abarque varias visitas en una temporada. Las Partes que operen en la Zona deberán consultar entre ellas y con los grupos y las organizaciones que estén interesados en visitar la Zona para que no se exceda el número permitido de visitantes.

Se podrán expedir permisos para entrar en el sitio durante un período determinado para:
- realizar actividades con fines de conservación, investigación o vigilancia;
- realizar actividades de gestión para facilitar el cumplimiento de los objetivos del Plan de Gestión; y
- realizar actividades educativas o recreativas, incluido el turismo, siempre que no estén en conflicto con los objetivos de este Plan de Gestión.

7(i) Acceso a la Zona y circulación dentro de la Zona a o sobre la misma

- Es necesario controlar el número de personas dentro de la cabaña para prevenir los daños que podría ocasionar el apiñamiento de gente alrededor de sus múltiples elementos vulnerables. El número máximo de personas que podrán estar dentro de la cabaña simultáneamente (incluidos los guías) será de **8.**
- Es necesario fijar un límite anual para el número de visitantes a fin de evitar el impacto acumulativo en el interior de la cabaña. Los efectos del número actual de visitantes (en promedio 1015 personas por año entre 1998 y 1999, y entre 2013 y 2014) indican que un incremento considerable podría causar graves daños. El número máximo de visitantes será de **2,000 por año.**
- Se han fijado estos límites teniendo en cuenta el número actual de visitantes y el mejor asesoramiento disponible de organismos consultores sobre conservación (que incluyen conservadores, arqueólogos, historiadores, museólogos y otros profesionales especializados en la protección del patrimonio). Los límites se basan en la hipótesis de que todo incremento importante del número actual de visitantes sería perjudicial para los valores que requieren protección. Se necesita un programa de vigilancia continua con el propósito de evaluar los efectos de los visitantes que sirva de base para las futuras revisiones del Plan de Gestión y, en particular, para determinar si los límites actuales del número de visitantes en la Zona son apropiados.
- Se necesita una supervisión adecuada de las visitas a la Zona a fin de prevenir los daños ocasionados por el apiñamiento de gente y los actos incompatibles con el código de conducta de la sección 7(vii). Todas las visitas de turismo, educación y recreación deben ser supervisadas por un guía con experiencia designado por el operador (véase la sección 7(ix)).
- Los vehículos deberían evitar aproximarse a la Zona a menos de 50 metros de la estructura del edificio, excepto con fines de gestión.

7(ii) Actividades que se pueden llevar a cabo dentro de la Zona

Entre las actividades que se pueden llevar a cabo dentro de la Zona se encuentran las siguientes:
- visitas con fines de conservación;
- visitas educativas o recreativas, incluido el turismo; y
- actividades científicas que no menoscaben los valores de la Zona.

Los visitantes deberán ceñirse al siguiente Código de conducta, excepto en los casos en que las actividades de conservación, investigación, vigilancia o gestión especificadas en el permiso requieran otra cosa:
- Para reducir la abrasión del piso, se debe quitar minuciosamente de las botas la arenisca, la escoria, el hielo y la nieve con los cepillos proporcionados antes de entrar en la cabaña y se usarán solamente trípodes o monópodos con patas con extremos planos recubiertos de goma, en lugar de los que tienen puntas de metal, que pueden dañar el piso;
- Quitarse la ropa mojada con agua salada y los cristales de hielo marino de las botas, ya que las partículas de sal aceleran la corrosión de los objetos metálicos;
- No tocar, mover o sentarse sobre ningún objeto o mueble de las cabañas. Los artefactos se dañan con la manipulación;
- No se deben llevar mochilas en el interior, ya que el espacio es reducido, y se puede llevar accidentalmente por delante los artefactos. Se debe evitar el uso de trípodes o monópodos cuando dentro de la cabaña se haya alcanzado el número máximo de visitantes (8) simultáneamente;

- Al circular por los sitios, se debe tener mucho cuidado de no pisar objetos que puedan estar cubiertos por la nieve, y de no salirse de los senderos establecidos;
- Se prohíben los faroles de combustión, las llamas y fumar en la cabaña o sus alrededores debido al gran riesgo de incendio; y
- Se debería dejar constancia de las visitas en el libro de registro correspondiente, de manera que se pueda correlacionar el horario de las visitas y el número de visitantes con los datos sobre temperatura y humedad que se registran automáticamente en el interior de la cabaña.

7(iii) Instalación, modificación o desmantelamiento de estructuras
- No se podrá alterar la estructura, salvo para actividades científicas o de conservación que no menoscaben los valores de la Zona, los cuales se especifican en la sección 1.
- No deberá retirarse de la Zona ningún elemento histórico, salvo que ello se especifique en un permiso expedido de conformidad con las disposiciones de la sección 7(vii).

7(iv) Ubicación de los campamentos
No se permite el uso de la cabaña histórica como vivienda.

7(v) Restricciones relativas a los materiales y organismos que pueden introducirse en la Zona
- No se deberán introducir en la Zona animales vivos, material de plantas, microorganismos o tierra. No se deberán llevar alimentos a la Zona.
- Se podrán introducir productos químicos sólo para los fines científicos o de conservación permitidos. Los productos químicos (incluido el combustible) u otros materiales no deberán dejarse en la Zona salvo que ello sea indispensable para la conservación de las estructuras históricas o las reliquias conexas.
- Todos los materiales introducidos deberán retirarse cuando ya no se necesiten, y antes de la fecha indicada en el permiso pertinente.

7(vi) Toma de, o intromisión perjudicial sobre la flora y fauna
No hay flora o fauna autóctonas en la Zona designada.

7(vii) Toma o retiro de materiales que el titular del permiso no haya llevado a la Zona
- Se podrá recoger y retirar material de la Zona por motivos científicos o de conservación que sean compatibles con los objetivos del presente Plan de Gestión únicamente cuando se lo especifique en un permiso expedido por la autoridad nacional pertinente.
- Los materiales que constituyan una amenaza para el medioambiente o la salud humana podrán retirarse de la Zona para su eliminación, de conformidad con un permiso, en los casos en que se ciñan por lo menos a uno de los criterios siguientes:
  i.   el artefacto constituya una amenaza para el medioambiente, la fauna y la flora silvestres o la salud y la seguridad humanas;
  ii. esté en tan mal estado que no sea razonable pensar que pueda ser conservado;
  iii. no represente una contribución importante a la comprensión de la cabaña, sus ocupantes o la historia de la Antártida;
  iv. no realce ni menoscabe las cualidades visuales del sitio o la cabaña; y/o
  v.   no sea un objeto singular o poco común;

y en los casos en que tal acción:

     i. sea realizada por las Partes con la pericia apropiada en materia de conservación del patrimonio; y

    ii. forme parte de un plan general de trabajos de conservación en el sitio.

- Las autoridades nacionales deberán cerciorarse de que el retiro de artefactos y la aplicación de los criterios precedentes sean efectuados por personal con pericia apropiada en materia de conservación del patrimonio.
- Los artefactos que se considere que poseen un gran valor histórico y que no puedan conservarse *in situ* con las técnicas actuales, podrán ser retirados de conformidad con un permiso, a fin de almacenarlos en un medio controlado hasta que puedan ser devueltos a la Zona sin peligro.

7(viii) Eliminación de desechos

Deberán retirarse de la Zona todos los desechos humanos, aguas grises y demás desechos generados por cuadrillas de trabajo o visitantes.

7(ix) Medidas que podrían requerirse para garantizar el continuo cumplimiento de las finalidades y objetivos del Plan de Gestión

- El permiso, o una copia autorizada de éste, deberá llevarse consigo dentro de la Zona.
.
- Se deberá informar a todos los visitantes sobre los requisitos de este Plan de Gestión.
- Todos los visitantes deberán cumplir el Código de conducta de la sección 7(ii), excepto cuando se requiera otra cosa con fines de conservación, investigación, vigilancia o gestión.
- Antes del comienzo de la temporada de verano, los operadores que faciliten las visitas educativas y recreativas (incluido el turismo) a la Zona deberán designar personas con conocimientos básicos sobre la Zona y el Plan de Gestión para que sirvan de guías durante las visitas.
- Todas las visitas educativas y recreativas (incluido el turismo) deberán ser supervisadas por un guía designado, quien se encargará de informar a los visitantes sobre el Código de conducta y los requisitos de este Plan de Gestión, y de velar por su cumplimiento.
- Las Partes deberán consultarse y coordinar sus actividades a fin de adquirir conocimientos prácticos y recursos, especialmente en lo que concierne a técnicas de conservación, a fin de colaborar en la protección de los valores de la Zona.

7(x) Requisitos relativos a los informes

Las Partes deberán cerciorarse de que el titular principal de cada permiso expedido presente a la autoridad pertinente un informe en el cual se describan las actividades realizadas. Dichos informes deberán incluir, según corresponda, la información señalada en el formulario para informes de visitas que figura en el apéndice 4 de la Resolución 2 (1998). Asimismo, se deberá informar en detalle sobre el retiro de materiales, de conformidad con la sección 7(vii), indicando el motivo del retiro y la localización actual de los objetos o la fecha de su eliminación. Se deberá informar también sobre la devolución de tales objetos al sitio.

Las Partes deberán llevar un registro de las actividades que se realicen en la Zona y presentar descripciones resumidas de las actividades realizadas por personas bajo su jurisdicción durante el intercambio anual de información. Dichas descripciones deberán ser suficientemente detalladas como para que pueda evaluarse la eficacia del presente Plan de

Gestión. Siempre que sea posible, las Partes deberán depositar el informe original, o copias de este, en un archivo de acceso público a fin de llevar un registro de las visitas que podrá utilizarse para revisar el presente Plan de Gestión y administrar las visitas del sitio.

Map A - Historic Hut, Hut Point, Ross Island, Antarctic Specially Protected Area 158:
Regional Topographic Map

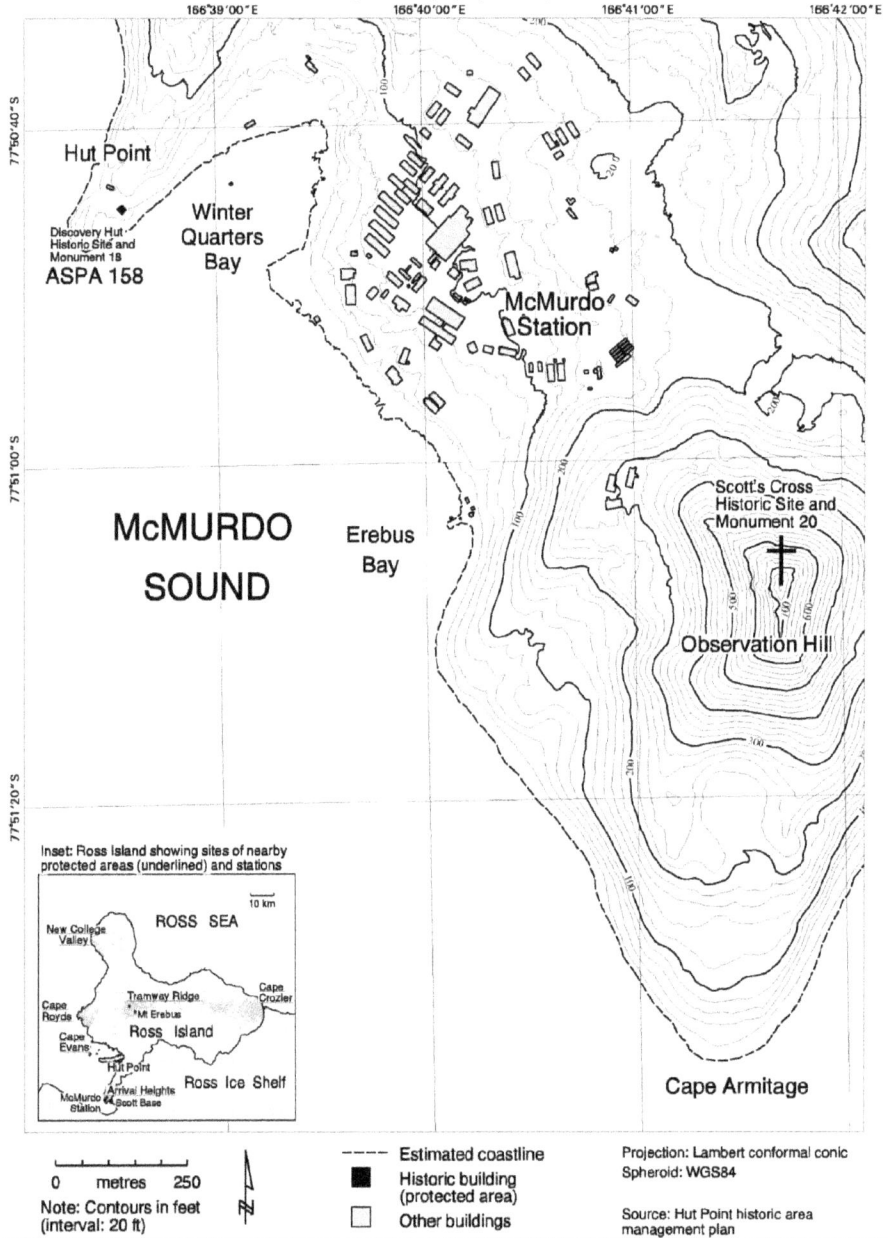

Map B - Historic Hut, Hut Point, Ross Island, Antarctic Specially Protected Area 158:
Site Topographic Map

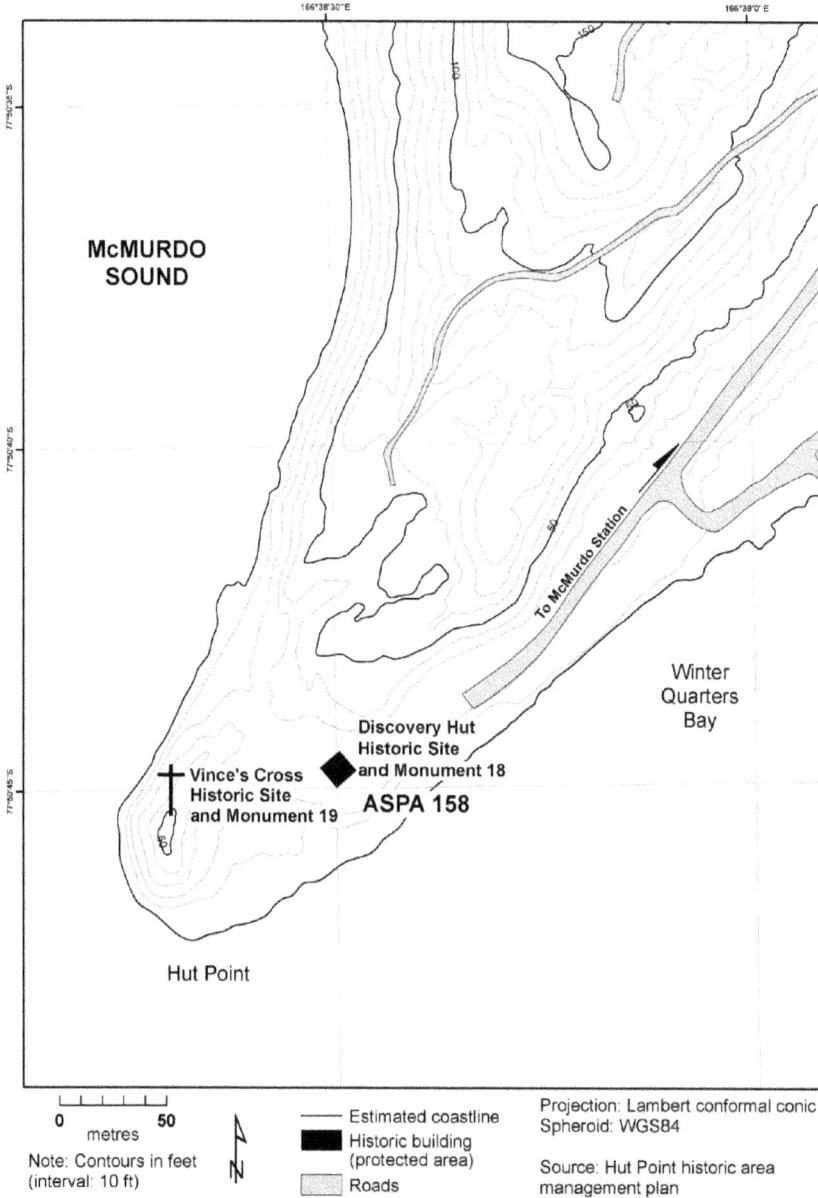

McMURDO
SOUND

To McMurdo Station

Winter
Quarters
Bay

Discovery Hut
Historic Site
and Monument 18

Vince's Cross
Historic Site
and Monument 19

ASPA 158

Hut Point

0   50
metres

Note: Contours in feet
(interval: 10 ft)

N

——— Estimated coastline

Historic building
(protected area)

Roads

Projection: Lambert conformal conic
Spheroid: WGS84

Source: Hut Point historic area
management plan

Plan de Gestión para la
Zona Antártica Especialmente Protegida N° 159,
CABO ADARE, COSTA BORCHGREVINK
(incluyendo el Sitio y Monumento Histórico Nº 22, Cabañas históricas de Carsten Borchgrevink y el equipo norte de Scott, y sus recintos)

1. Descripción de los valores que requieren protección

El valor histórico de esta Zona fue reconocido oficialmente con la designación del Sitio y Monumento Histórico N° 22 en virtud de la Recomendación VII-9 (1972). El sitio fue designado originalmente como Zona Especialmente Protegida N° 29 mediante la Medida 1 (1998) y vuelto a designar como Zona Antártica Especialmente Protegida N° 159 por medio de la Decisión 1 (2002). El Plan de Gestión fue modificado, y la versión revisada fue aprobada por medio de la Medida 2 (2005) y la Medida 11 (2011).

Hay tres estructuras principales en la Zona. Dos cabañas fueron construidas en febrero de 1899 durante la Expedición Británica a la Antártida *Southern Cross* dirigida por Carston E. Borchgrevink (1898-1900). Las cabañas fueron utilizadas por las primeras personas que pasaron el invierno en el continente antártico, utilizándose una de ellas como vivienda y la otra como depósito. Los vestigios de una tercera cabaña, construida en febrero de 1911 para el equipo norte encabezado por Victor L.A. Campbell, de las expediciones British Antarctic *Terra Nova* de Robert Falcon Scott (1910-1913), se encuentran situados a 30 metros al norte de la cabaña de Borchgrevink. El Grupo Norte invernó en esta cabaña en 1911.

Además de estos objetos, hay muchas otras reliquias históricas en la Zona. Entre estas se incluyen depósitos, una letrina, dos anclas del buque *Southern Cross*, un ancla de hielo del buque *Terra Nova* y suministros de briquetas de carbón. Hay otros objetos históricos en la Zona enterrados en guano. En su conjunto, las tres cabañas y las reliquias históricas conexas han sido designadas Sitio y Monumento Histórico N° 22.

El cabo Adare es uno de los principales lugares en que se realizaron las primeras actividades humanas en la Antártida, ya que allí se encuentra el primer edificio erigido en el continente. Es un importante símbolo de la "época heroica" de la exploración antártica y, como tal, tiene mucha trascendencia histórica. Algunos de los primeros avances en el estudio de las ciencias de la tierra, la meteorología, la flora y la fauna de la Antártida están asociados a las dos primeras expediciones que instalaron su base en este sitio. La historia de estas actividades, y la contribución que han hecho a la comprensión y el conocimiento de la Antártida, le otorgan a esta Zona un significativo valor científico, estético e histórico.

Según el Análisis de Dominios Ambientales para el Continente Antártico (Resolución 3 [2008]), el cabo Adare se encuentra en el Dominio U (Geológico de Tierra Victoria del Norte), y con respecto de las Regiones Biogeográficas de Conservación Antártica (Resolución 6 [2012]), se encuentra en la Región 8 (Tierra Victoria del Norte). Otras zonas protegidas dentro del Dominio U incluyen a las ZAEP 106, 165, 173 y 175.

2. Finalidades y objetivos

La finalidad del presente Plan de Gestión es proteger la Zona y sus características a fin de preservar sus valores. Los objetivos del plan son los siguientes:

- evitar la degradación de los valores de la Zona y su exposición a riesgos considerables;
- mantener los valores históricos de la Zona mediante un trabajo planificado de conservación que podría incluir:
    a. un programa anual de mantenimiento *in situ*,
    b. un programa de vigilancia del estado de los artefactos y las estructuras, así como los factores que los afectan, y
    c. un programa de conservación de artefactos *in situ* y en otros lugares;
- permitir actividades de gestión que faciliten la protección de los valores y las características de la Zona, entre ellas:
    a. la preparación de mapas y la documentación de la disposición de objetos históricos en los alrededores de la cabaña, y
    b. la documentación de otros datos históricos pertinentes;
- evitar las perturbaciones humanas innecesarias de la Zona, sus características y artefactos mediante un acceso controlado a la cabaña de Borchgrevink.

3. Actividades de gestión

- Se llevará a cabo en la Zona un programa de conservación de las cabañas históricas y de las estructuras y artefactos conexos.
- Se visitará la Zona, según sea necesario, para llevar a cabo la labor de gestión.
- Se iniciará un seguimiento sistemático a fin de evaluar el impacto de los actuales límites al número de visitantes, y sus resultados, junto a toda recomendación conexa relativa a la gestión, se incluirán en las revisiones del presente Plan de Gestión.
- Los Programas Antárticos Nacionales que operen en la Zona, o que tengan interés en la misma, deberán celebrar consultas para garantizar que se realicen las actividades de gestión antedichas.
- Se pondrán a disposición copias de este Plan de Gestión, incluidos mapas de la Zona, en las estaciones de campo e investigación operativas más cercanas, y se proporcionarán copias a los buques que visiten la zona y sus proximidades.

4. Período de designación

Designación con período de vigencia indefinida.

5. Mapas

Mapa A. Mapa de la región del cabo Adare. Este mapa muestra la región del cabo Adare y los límites de la Zona, así como los accidentes topográficos importantes. También muestra la ubicación aproximada de objetos históricos importantes en la Zona.

Mapa B. Mapa del sitio de cabo Adare. Este mapa muestra la ubicación aproximada de determinadas reliquias y estructuras históricas en la Zona.

6. Descripción de la Zona

6(i) Coordenadas geográficas, indicadores de límites y características naturales
El cabo Adare es un promontorio volcánico, en su mayor parte libre de hielo, situado en el extremo septentrional de la Tierra de Victoria, que marca las rutas de aproximación al mar de Ross por el oeste. La Zona está al sudoeste del cabo en el borde meridional de la playa Ridley, que encierra una gran zona plana y triangular de guijarros.

La totalidad de la zona plana y la parte inferior de las laderas occidentales de la península Adare están ocupadas por una de las colonias de pingüinos de Adelia (*Pygoscelis adeliae*) más grandes de la Antártida. Los pingüinos prácticamente han ocupado la Zona y la necesidad de no perturbarlos suele restringir el acceso a las cabañas.

Los límites de la ZAEP son:
- norte: una línea de este a oeste trazada 50 metros al norte de la cabaña del Grupo Norte;
- este: una línea de norte a sur trazada 50 metros al este de la cabaña de Borchgrevink destinada a depósito. La esquina nordeste del límite está a 71° 18,502'S, 170° 11,735'E, y la esquina sudeste, a 71° 18,633'S 170°11,735'E;
- oeste: una línea de norte a sur trazada 50 metros al oeste de la cabaña de Borchgrevink destinada a vivienda. La esquina noroeste del límite está a 71° 18,502'S, 170° 11,547'E, y la esquina sudoeste, a 71° 18,591'S, 170° 11,547'E; y
- sur: la línea de pleamar de la playa Ridley.

En las proximidades anidan skúas (*Catharacta maccormicki*) y en la playa suelen permanecer focas de Weddell (*Leptonychotes weddellii*).

6(ii) Acceso a la Zona
No hay lugares designados para el aterrizaje de helicópteros en las proximidades de la Zona. Se deben evitar los aterrizajes de helicópteros, ya que durante la mayor parte del verano es difícil utilizar estos vehículos sin perturbar a los pingüinos y las skúas. Se pueden efectuar desembarcos en lancha, o bien se puede llegar en vehículos por el hielo marino directamente a la playa siempre que el estado del hielo y el oleaje lo permitan. Desde la playa, el acceso se hará a pie. Se debe tener cuidado de no dañar los artefactos de la Zona y de no perturbar las aves que anidan en las estructuras y en sus alrededores.

6(iii) Ubicación de estructuras dentro de la Zona y adyacentes a la misma
Excepto por una placa del Tratado, todas las estructuras situadas dentro de la Zona son de origen histórico. Entre los elementos principales de la Zona se encuentran la cabaña de la Expedición *Southern Cross* de Borchgrevink destinada a vivienda y la cabaña sin techo utilizada como depósito. La cabaña del Grupo Norte de Scott, situada 30 metros al norte de la cabaña de Borchgrevink destinada a vivienda, está en ruinas.

Además de estas estructuras, en la Zona hay dispersas muchas otras reliquias históricas. Entre estas se incluyen depósitos, una letrina, dos anclas del buque *Southern Cross*, un ancla de hielo del buque *Terra Nova* y suministros de carbón. Muchos de estos objetos están cubiertos de forma parcial o completa por guano de pingüinos de Adelia, que también ocupan la Zona.

La tumba (Sitio y Monumento Histórico N° 23) de Nicolai Hanson (biólogo de la expedición *Southern Cross*), se encuentra a aproximadamente 1,5 km al nordeste de las cabañas históricas. Está marcada por una piedra grande con una cruz de hierro, una placa de bronce y una cruz blanca de guijarros de cuarzo.

6(iv) Ubicación de otras zonas protegidas en las cercanías
La zona protegida más cercana es la ZAEP 106 (anteriormente ZEP N° 7), aproximadamente 115 km al sur, al lado oeste del cabo Hallett.

6(v) Áreas especiales dentro de la Zona
No hay áreas especiales dentro de la Zona.

7. Condiciones para la expedición de permisos

Se prohíbe el ingreso a la Zona excepto con un permiso. Los permisos serán expedidos únicamente por las autoridades nacionales pertinentes y podrán contener condiciones tanto generales como específicas. La autoridad nacional podrá expedir un permiso que abarque varias visitas en una temporada. Las Partes que operen en la Zona deberán consultar entre ellas y con los grupos y las organizaciones que estén interesados en visitar la Zona para que no se exceda el número permitido de visitantes.

Se podrán expedir permisos para entrar en el sitio durante un período determinado para:
- realizar actividades con fines de conservación, investigación o vigilancia;
- realizar actividades de gestión para facilitar el cumplimiento de los objetivos del Plan de Gestión; y
- realizar actividades educativas o recreativas, incluido el turismo, siempre que no estén en conflicto con los objetivos de este Plan de Gestión.

7(i) Acceso a la Zona y circulación dentro de la misma
- Es necesario controlar la circulación dentro de la Zona para prevenir la perturbación de la fauna silvestre y los daños que podría ocasionar el apiñamiento de gente alrededor de los numerosos elementos históricos vulnerables de la Zona. El número máximo de personas que podrán estar en la Zona al mismo tiempo (incluidos los guías y las personas que estén dentro de la cabaña) será de **40.**
- Es necesario controlar el número de personas dentro de la cabaña de Borchgrevink para prevenir los daños que podría ocasionar el apiñamiento de gente alrededor de sus múltiples elementos vulnerables. El número máximo de personas que podrán estar dentro de la cabaña al mismo tiempo (incluidos los guías) será de: **4.**
- Es necesario fijar un límite anual para el número de visitantes, a fin de evitar el impacto acumulativo en el interior de la cabaña de Borchgrevink. El número de visitantes de la cabaña varía mucho de un año a otro (181 al año en promedio entre 1998 y 1999, y entre 2013 y 2014), pero los efectos del número de visitantes en otras cabañas históricas de la región del mar de Ross indican que se deberían establecer límites similares. El número máximo de visitantes será de **2000 por año.**
- Se han fijado estos límites teniendo en cuenta el número actual de visitantes y el mejor asesoramiento disponible de organismos consultores sobre conservación (que incluyen conservadores, arqueólogos, historiadores, museólogos y otros profesionales

especializados en la protección del patrimonio). Los límites se basan en la hipótesis de que todo incremento importante del número actual de visitantes sería perjudicial para los valores que requieren protección. Se necesita un programa de vigilancia continua con el propósito de evaluar los efectos de los visitantes que sirva de base para las revisiones futuras del Plan de Gestión y, en particular, para determinar si los actuales límites al número de visitantes son apropiados.

- Se necesita supervisión adecuada de las visitas a la Zona a fin de prevenir los daños ocasionados por el apiñamiento de gente y por actos incompatibles con el Código de conducta establecido en la Sección 7(vii). Todas las visitas de turismo, educación y recreación deben ser supervisadas por un guía con experiencia designado por el operador (véase la Sección 7[ix]).
- Se prohíbe el aterrizaje de helicópteros en la Zona.
- Las operaciones de aeronaves en la Zona o en sus proximidades deben realizarse, como requisito mínimo, en conformidad con las "Directrices para la operación de aeronaves en las cercanías de concentraciones de aves" contenidas en la Resolución 2 (2004).
- Se prohíbe el uso de vehículos en la Zona.

7(ii) Actividades que se pueden llevar a cabo dentro de la Zona
Entre las actividades que se pueden llevar a cabo dentro de la Zona se encuentran las siguientes:
- visitas con fines de conservación;
- visitas educativas o recreativas, incluido el turismo; y
- actividades científicas que no menoscaben los valores de la Zona.

Los visitantes deberán ceñirse al siguiente Código de conducta, excepto en los casos en que las actividades de conservación, investigación, vigilancia o gestión especificadas en el permiso requieran otra cosa:
- Para reducir la abrasión del piso, se debe quitar minuciosamente de las botas la arenisca, la escoria, el hielo y la nieve con los cepillos proporcionados antes de entrar en la cabaña y se usarán solamente trípodes o monópodos con patas con extremos planos recubiertos de goma, en lugar de los que tienen puntas de metal, que pueden dañar el piso;
- Quitarse la ropa mojada con agua salada y los cristales de hielo marino de las botas, ya que las partículas de sal aceleran la corrosión de los objetos metálicos;
- No tocar, mover o sentarse sobre ningún objeto o mueble de las cabañas. Los artefactos se dañan con la manipulación;
- No se deben llevar mochilas en el interior, ya que el espacio es reducido, y se puede llevar accidentalmente por delante los artefactos. Se debe evitar el uso de trípodes o monópodos cuando dentro de la cabaña se haya alcanzado el número máximo de visitantes (4) simultáneamente;
- Al circular por los sitios, se debe tener mucho cuidado de no pisar objetos que puedan estar cubiertos por la nieve y de no salirse de los senderos establecidos;
- Se prohíben los faroles de combustión, las llamas y fumar en las cabañas o en sus alrededores debido al gran riesgo de incendio; y
- Se debe dejar constancia de las visitas en el libro de registro correspondiente, de manera que se pueda correlacionar el horario de las visitas y el número de visitantes con los datos sobre temperatura y humedad que se registran automáticamente en el interior de la cabaña.

7(iii) Instalación, modificación o desmantelamiento de estructuras
- No se podrán erigir estructuras nuevas ni instalar equipo científico en la Zona salvo para actividades científicas o de conservación que no menoscaben los valores de la Zona que se especifican en la Sección 1.
- No deberá retirarse de la Zona ningún elemento histórico, salvo que ello se especifique en un permiso otorgado de conformidad con las disposiciones de la Sección 7(vii).

7(iv) Ubicación de los campamentos
- No se permite el uso de la cabaña histórica u otras estructuras de la Zona como vivienda.
- En ninguna circunstancia se permite acampar en la Zona.

7(v) Restricciones relativas a los materiales y organismos que pueden introducirse en la Zona
- No se deberán introducir en la Zona animales vivos, material vegetal, microorganismos o tierra en la Zona.
- No se deberán llevar alimentos a la Zona.
- Se podrán introducir productos químicos sólo para fines científicos o de conservación permitidos. Los productos químicos (incluido el combustible) u otros materiales no deberán dejarse en la Zona salvo que ello sea indispensable para la conservación de las estructuras históricas o de las reliquias conexas.
- Todos los materiales introducidos deberán retirarse cuando ya no se necesiten, y antes de la fecha indicada en el permiso pertinente.

7(vi) Toma de, o intromisión perjudicial sobre la flora y fauna autóctonas
- Se prohíbe esta actividad excepto con un permiso otorgado específicamente para ese fin por la autoridad nacional pertinente de conformidad con el artículo 3 del Anexo II al Protocolo sobre Protección del Medio Ambiente.
- En caso de toma de animales o intromisión perjudicial sobre los mismos, se deberá usar como norma mínima el Código de conducta del SCAR para el uso de animales con fines científicos en la Antártida.

7(vii) Toma o retiro de materiales que el titular del permiso no haya llevado a la Zona
- Se podrá recolectar y retirar material de la Zona por motivos científicos o de conservación que sean compatibles con los objetivos del presente Plan de Gestión únicamente cuando se lo especifique en un permiso expedido por la autoridad nacional pertinente.
- Los materiales que constituyan una amenaza para el medio ambiente o la salud humana podrán retirarse de la Zona para su eliminación, de conformidad con un permiso, en los casos en que se ciñan por lo menos a uno de los criterios siguientes:
  i. el artefacto constituya una amenaza para el medio ambiente, la fauna y la flora silvestres o la salud y la seguridad humanas;
  ii. esté en tan mal estado que no sea razonable pensar que pueda ser conservado;
  iii. no represente una contribución importante a la comprensión de la cabaña, sus ocupantes o la historia de la Antártida;
  iv. no realce ni menoscabe las cualidades visuales del sitio o la cabaña; o
  v. no sea un objeto singular o poco común;

y en los casos en que tal acción:

    i. sea realizada por Partes con las pericias apropiadas en materia de conservación del patrimonio; y

    ii. forme parte de un plan general de trabajos de conservación en el sitio.

- Las autoridades nacionales deberán cerciorarse de que el retiro de artefactos y la aplicación de los criterios precedentes sean efectuados por personal con las pericias apropiadas en materia de conservación del patrimonio.
- Los artefactos que se considere que poseen un gran valor histórico y que no puedan conservarse *in situ* con las técnicas actuales podrán ser retirados de conformidad con un permiso a fin de almacenarlos en un medio controlado hasta que puedan ser devueltos sin peligro a la Zona.

7(viii) Eliminación de desechos
Deberán retirarse de la Zona todos los desechos humanos, aguas grises y demás desechos generados por cuadrillas de trabajo o visitantes.

7(ix) Medidas que podrían requerirse para garantizar el continuo cumplimiento de las finalidades y objetivos del Plan de Gestión
- El permiso, o una copia autorizada de éste, deberá llevarse consigo dentro de la Zona.
- Se deberá informar a todos los visitantes sobre los requisitos de este Plan de Gestión.
- Todos los visitantes deberán cumplir el código de conducta de la Sección 7(ii) excepto cuando se requiera otra cosa con fines de conservación, investigación, vigilancia o gestión.
- Antes del comienzo de la temporada de verano, los operadores que faciliten las visitas educativas y recreativas (incluido el turismo) a la Zona deberán designar personas con conocimientos básicos sobre la Zona y el Plan de Gestión para que sirvan de guías durante las visitas.
- Todas las visitas educativas y recreativas (incluido el turismo) deberán ser supervisadas por un guía designado, que se encargará de informar a los visitantes sobre el código de conducta y de velar por su cumplimiento.
- Las Partes deberán consultarse y coordinar sus actividades a fin de adquirir conocimientos prácticos y recursos, especialmente en lo que concierne a técnicas de conservación, a fin de colaborar en la protección de los valores de la Zona.

7(x) Requisitos relativos a los informes
Las Partes deberán cerciorarse de que el titular principal de cada permiso expedido presente a la autoridad pertinente un informe en el cual se describan las actividades realizadas. Dichos informes deberán incluir, según corresponda, la información señalada en el formulario para informes de visitas que figura en el apéndice 4 de la Resolución 2 (1998). Asimismo, se deberá detallar el retiro de materiales de conformidad con la Sección 7(vii), indicando el motivo del retiro y la localización actual de los objetos o la fecha de su eliminación. Se deberá informar también sobre la devolución de tales objetos al sitio.

Las Partes deberían llevar un registro de las actividades que se realicen en la Zona y presentar descripciones resumidas de las actividades realizadas por personas bajo su jurisdicción en el intercambio anual de información. Dichas descripciones deberían ser suficientemente detalladas como para que pueda evaluarse la eficacia del presente Plan de Gestión. Siempre que sea posible, las Partes deberán depositar los originales o copias de tales informes en un archivo de acceso público a fin de llevar un registro de las visitas que podrá utilizarse para revisar el presente Plan de Gestión y administrar las visitas del sitio.

Map A - Historic Hut, Cape Adare, Antarctic Specially Protected Area 159: Regional Map

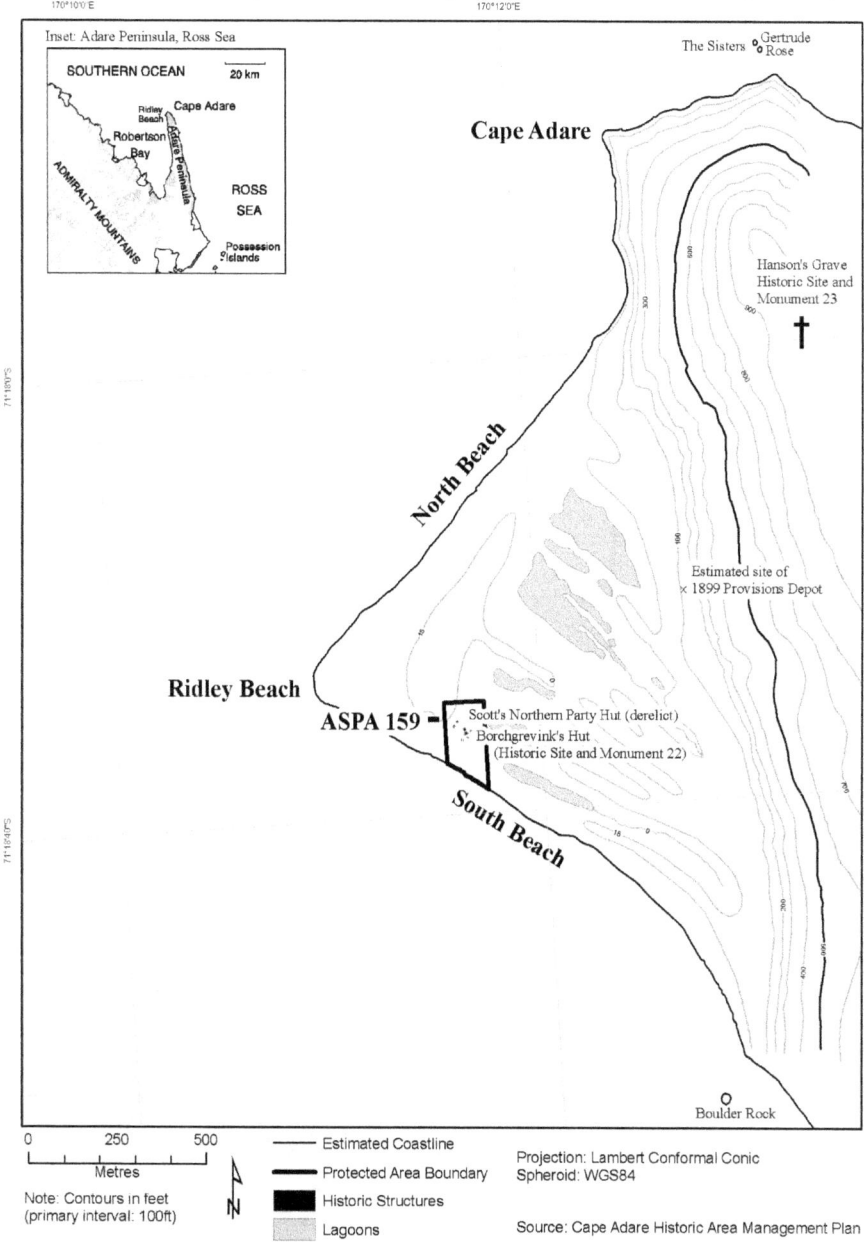

Map B - Historic Hut, Cape Adare, Antarctic Specially Protected Area 159: Site Map

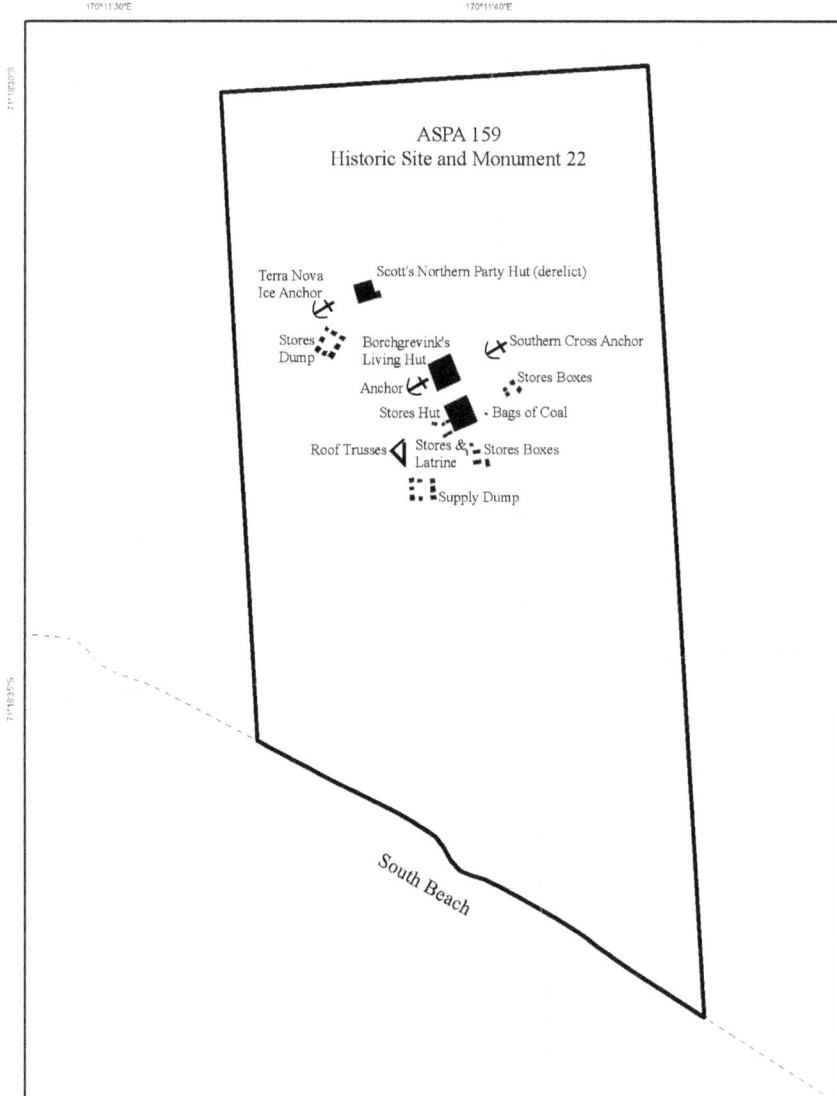

ASPA 159
Historic Site and Monument 22

Terra Nova Ice Anchor
Scott's Northern Party Hut (derelict)
Stores Dump
Borchgrevink's Living Hut
Southern Cross Anchor
Anchor
Stores Boxes
Stores Hut
Bags of Coal
Roof Trusses
Stores & Latrine
Stores Boxes
Supply Dump

South Beach

0 ____ 20 Metres	--- Estimated Coastline
	━━ Protected Area Boundary
	▓ Historic Structures

Projection: Lambert Conformal Conic
Spheroid: WGS84

Source: Cape Adare Historic Area Management Plan

Plan de Gestión de la Zona Antártica Especialmente Protegida N° 163

GLACIAR DAKSHIN GANGOTRI, TIERRA DE LA REINA MAUD

Introducción

En la XXV RCTA, la India presentó un Documento de Trabajo (Documento de Trabajo WP 47) sobre un borrador de Plan de Gestión para un Sitio de Especial Interés Científico que se proponía establecer en el pie del glaciar Dakshin Gangotri, colinas Schirmacher, en la Tierra de la Reina Maud. El Comité señaló que antes que recibir una designación como SEIC, debería recibir la designación como ZAEP.
Consiguientemente, durante la XXVI RCTA, India presentó un borrador de Plan de Gestión para la Zona Antártica Especialmente Protegida (Documento de Trabajo WP-38 de la XXVI RCTA) y posteriormente presentó el Plan de Gestión revisado durante la XXVII RCTA (Documento de Trabajo WP 33). El Plan de Gestión recibió la aprobación en virtud de la Medida 2 (2005) y la designación como ZAEP 163 durante la XXVIII RCTA (Documento de Trabajo WP 25). El Plan de Gestión se volvió a examinar transcurridos cinco años, aplicándosele modificaciones menores, y fue presentado a la XXXIII RCTA (Documento de Trabajo WP 055 rev1.) y aprobado en virtud de la Medida 12 (2010).

El glaciar Dakshin Gangotri tiene gran valor para el seguimiento del retroceso de los glaciares. El pie del glaciar se ha estado observando desde 1983 a fin de comprender el efecto del cambio climático en el glaciar. Esta zona también es importante para el estudio de algas, musgos, cianobacterias y líquenes, que están muy difundidos en las colinas Schirmacher y especialmente al interior de la ZAEP. Las cianobacterias contribuyen en forma importante a la fijación del nitrógeno, y hasta ahora se han identificado muchas especies que provienen de esta zona. Según un estudio realizado desde 2003, también se han identificado muchas especies de líquenes.

1. Descripción de los valores que requieren protección

Valor histórico

El glaciar Dakshin Gangotri es una pequeña lengua de la capa de hielo polar continental que recubre las colinas Schirmacher en la región central de la Tierra de la Reina Maud. Fue identificado por la segunda Expedición Antártica de la India en 1982-1983 y desde entonces se vigila su pie regularmente en lo que respecta a retrocesos y avances.

Valor científico

Con la gran cantidad de datos disponibles durante las dos últimas décadas, se ha convertido en un sitio valioso para observar los cambios en el movimiento de la capa de hielo antártico como consecuencia del calentamiento de la Tierra. La Zona es sumamente importante desde el punto de vista científico para los glaciólogos y los expertos en medio ambiente. Debido a sus valores científicos y a la naturaleza de la investigación, se confirió protección a la Zona a través de su designación como Zona

Antártica Especialmente Protegida de conformidad con los artículos 2, 3, 5 y 6 del Anexo V del Protocolo al Tratado Antártico sobre Protección del Medio Ambiente, con el propósito de evitar la interferencia en investigaciones científicas previstas y en curso.

Durante el verano austral de 2003-2004 se realizaron campañas con base en el Sistema de Posicionamiento Global (GPS) con el propósito de obtener información sobre la velocidad y la distribución de la velocidad de deformación en el borde de la capa de hielo continental que recubre la parte sur de las colinas Schirmacher en la región central de la Tierra de la Reina Maud. Durante dos años se recopilaron datos de GPS en 21 sitios y se los analizó para calcular los puntos de referencia de las coordenadas del sitio y las velocidades. Las velocidades horizontales de los glaciares se sitúan entre 1,89±0,01 y 10,88±0,01 m a-1 hacia el nornordeste, con una velocidad media de 6,21±0,01 m a-1. Las tasas de deformación principales proporcionan una medición cuantitativa de las tasas de extensión, que van de $(0,11±0,01) \times$ 10-3 a $(1,48±0,85) \times$ 10-3 a-1, y de las tasas de acortamiento, que van de $(0,04±0,02) \times$ 10-3 a $(0,96±0,16) \times$ 10-3 a-1 (Sunil et al., 2007).

Valor medioambiental

En la Zona designada, la exploración demostró una abundante diversidad en la fauna de invertebrados terrestres que viven en los musgos. Las colinas Schirmacher constituyen asimismo una zona importante en cuanto a la diversidad de algas y cianobacterias. Los musgos terrestres están bastante difundidos en las colinas Schirmacher y colonizan una amplia gama de hábitats. Debido a su naturaleza poiquilohídrica y la estrategia alternativa de adaptación, los musgos constituyen uno de los pocos grupos de plantas que crecen en la Antártida. Los musgos desempeñan una función en la modificación del hábitat, el ciclo de nutrientes y el suministro de refugio y seguridad a animales invertebrados asociados. Los estudios de los musgos en las colinas Schirmacher revelaron que su distribución es importante en la parte central y en la zona designada, en comparación con las partes oriental y occidental.

Se ha estudiado la distribución de las algas, las cianobacterias y la flora en arroyos de agua dulce del oasis en la zona de estudio designada. Las especies reportadas fueron *G.magma, Chaemosiphon subglobosus, Oscillatoria limosa, O.limnetica, P. frigidum, P. autumnale, Nostoc commune, N.punctiforme, Calothrix gracilis, C.brevissima, Uronema sp. y Cosmarium leave*. Entre las cianobacterias encontradas en el arroyo de las colinas Schirmacher, el aporte de especies fijadoras de nitrógeno podría repercutir considerablemente en la economía del nitrógeno del ecosistema a través de su fijación. En las colinas Schirmacher se estudiaron también las skúas polares y se informó que anidan y se reproducen en los alrededores del lugar designado.

Los estudios anteriores sobre los líquenes efectuados entre 2003 y 2004 dentro de la zona protegida revelaron la presencia de especies como; *Acarospora geynnii*, C.W.Dodge y E.D.Rudolph, *Acarospora williamsii*, Filson, *Amandinea punctata*, (Hoffm.) Coppins y Scheid, *Buellia frigida*, Darb., *Buellia grimmiae*, Filson, *Candelaria murrayi*, Poelt, *Candelariella flava*, (C.W.Dodge y G.E. Baker), Castello y Nimis, *Carbonea vorticsa*, (Florke) Hertel, *Lecanora expectans*, Darb., *Lecanora fuscobrunnea*, C.W. Dodge y G.E. Baker, *Lecanora geophila* (Th. Fr.) Poelt, *Lecidea andersonii*, Filson, *Lecidea cancriformis*, C.W.Dodge y G.E. Baker, *Lecidella siplei*, (C.W. Dodge y G.E. Baker) May., *Lepraria cacuminum*, (A. Massal.) Lohtander,

Physcia caesia, (Hoffm.) Furnr., *Pseudephebe minuscule*, (Nyl. Ex Arnold) Brodo y D. Hawksw., y *Rhizoplaca melanophtalma*, (Ram.) Luckert y Poelt (Olech et al. 2010).

2. Finalidades y objetivos

La gestión del glaciar Dakshin Gangotri tiene por objeto las siguientes finalidades:

- evitar la degradación de los valores de la Zona impidiendo perturbaciones innecesarias causadas por seres humanos
- permitir la investigación científica sobre los glaciares y el medioambiente, protegiendo al mismo tiempo la exactitud de las observaciones frente a todo tipo de alteraciones producidas por el ser humano
- cerciorarse de que los puntos periféricos a lo largo del pie del glaciar no sean afectados adversamente por la actividad humana en la Zona
- mantener la Zona como indicador de referencia para el estudio de los patrones de movimiento de esta parte de la capa de hielo antártico afectada por el calentamiento de la Tierra
- permitir las visitas con fines de gestión para cumplir los objetivos del Plan de Gestión de la Zona
- reducir al mínimo la posibilidad de introducción de plantas, animales y microbios no autóctonos en la Zona

3. Actividades de gestión

Para proteger los valores de la Zona se realizarán las siguientes actividades de gestión:

- En las estaciones de investigación Maitri (India) y Novolazarevskaya (Rusia) se colocará, en un lugar bien visible, un mapa detallado que muestre la ubicación y los límites de la Zona, así como las restricciones especiales que apliquen. En ambas estaciones se dispondrá también de copias de este Plan de Gestión.
- En rocas prominentes cerca de ambos puntos de ingreso al valle (el extremo este y el extremo sudeste) se colocarán dos letreros que señalen la ubicación y los límites de la Zona y una explicación clara de las restricciones al ingreso a fin de evitar el ingreso accidental.
- Se suministrarán copias de este Plan de Gestión, junto con mapas de la ubicación y los límites de la Zona, a las embarcaciones y las aeronaves que visiten el lugar.
- Los señalizadores, letreros, montículos y otras estructuras instalados en la Zona con fines científicos o de gestión deberán estar bien sujetos y en buen estado, y deberán ser retirados cuando ya no se necesiten.
- Se realizarán las visitas necesarias a la Zona (por lo menos una vez cada dos años) para determinar si la Zona continúa sirviendo a los fines para los cuales fue designada y para cerciorarse de que las medidas de gestión y mantenimiento sean apropiadas.
- El Plan de Gestión será revisado al menos una vez cada cinco años y se actualizará según sea necesario.

4. Período de designación

La designación de la ZAEP abarca un período indeterminado.

5. Mapas y fotografías

Se adjuntan los mapas y las fotografías siguientes para ilustrar la Zona y el plan propuesto:

Mapa 1. Ubicación de las colinas Schirmacher en la región central de la Tierra de la Reina Maud, Antártida oriental.

Mapa 2: Mapa de las colinas Schirmacher, que muestra la ubicación de la estación de investigación Maitri (India) y la estación de investigación Novolazarevskaya (Rusia).

Mapa 3: Clasificación y numeración de los lagos de las colinas Schirmacher (según Ravindra et al, 2001).

Mapa 4: Mapa topográfico de la Zona (intervalo de contorno vertical: 10 m).

Mapa 5: Trayectorias de los glaciares fósiles en las colinas Schirmacher. (según Beg et al, 2000).

Mapa 6. Vista aérea del pie del glaciar Dakshin Gangotri.

Figura 1. Imagen de los indicadores de los límites de la ZAEP

6. Descripción de la Zona

i. *Coordenadas geográficas, indicadores de límites y características naturales*

Las colinas Schirmacher son una cadena de cerros rocosos, de unos 17 km de largo en el sentido E-O (con límites a 11° 22' 40" y 11° 54' 20" de longitud Este) y unos 0,7 a 3,3 km de ancho, aproximadamente (con límites a 70° 43' 50" y 70° 46' 40" de latitud Sur). Su elevación oscila entre 0 m y 228 m sobre el nivel medio del mar. Forma parte de la región central de la Tierra de la Reina Maud en la Antártida oriental. La Zona propuesta es un fragmento de la sección occidental de las colinas Schirmacher.

Los límites de la zona propuesta se encuentran a 11° 33' 30" y 11° 36' 30" de longitud Este y 70° 44' 10" y 70° 45' 30" de latitud Sur. La Zona tiene 4,53 km2 de extensión aérea. Las esquinas nordeste y noroeste de la Zona se encuentran sobre hielo de barrera, mientras que el extremo sudoeste se encuentra en la capa de hielo polar. El extremo sudeste está en un afloramiento rocoso.

Desde el punto de vista topográfico, la Zona puede dividirse en cuatro unidades diferenciadas: la capa de hielo continental del sur, las laderas de los cerros rocosos, un vasto lago proglaciar central (lago B7, lago Sbrosovoye) y la capa septentrional de hielo ondulatorio.

La capa de hielo en el extremo sur está formada por "hielo azul" desnudo, que desciende de la curva de nivel de 180 m a la curva de nivel de 10 m en el pie del glaciar. Está fisurada y la cruzan fracturas de NE-SO a NNE-SSO. Dos arroyos supraglaciares pequeños y efímeros fluyen sobre el pie del glaciar en dirección NNE.

El terreno rocoso es desparejo, con una anchura mínima de las colinas Schirmacher, en el pie del glaciar, de menos de 50 m. Las laderas orientales y occidentales de los cerros descienden hacia el pie del glaciar, formando un ancho valle. Las curvas de nivel descienden desde 150 m hasta el nivel medio del mar en el borde septentrional de los afloramientos rocosos.

La parte central de la Zona está ocupada por el lago B7. Es un lago de origen glacial. Las dimensiones del lago son de 500 m x 300 m.

La parte norte de la Zona comprende hielo de barrera con lomos de presión, fracturas y fisuras. El contacto entre el hielo de barrera y las laderas rocosas orientales está marcado por un lineamiento prominente de 3 km de longitud en dirección NNE-SSO. Las fracturas en el hielo son paralelas también a este lineamiento.

Las colinas Schirmacher presentan un terreno metamórfico con facies que van de granulitas a anfibolitas. Los tipos de rocas están representados por charnoquitas, enderbitos, gneis de granate-silimanita, gneis de granate-biotita, gneis lenticular cuarzofeldespático con algunos lamprófidos foliados, anfibolitas, metagabro y metabasalto. Los conjuntos rocosos son predominantemente grenvilleanos (1000 Ma) y panafricanos (550 Ma). Se distinguen tres fases de deformación.

La Zona comprende principalmente rocas de tipo charnoquita-khondalita (gneis de cuarzo-granate-silimanita-pertita±grafito) con algunas capas intermedias de cuarcitas de silimanita granate, gneis calcosilicatado y granulitas máficas. Dos grupos de fallas (N30E y N50E) son bastante prominentes. Una de estas fallas principales se extiende desde el extremo nordeste de la Zona y atraviesa las tres unidades geomorfológicas: el hielo de barrera, las rocas y la capa de hielo continental.

Los datos meteorológicos de la cercana estación de investigación Maitri, de la India, revelan que el clima de la Zona es polar seco. Las temperaturas extremas de los meses más cálidos y más fríos oscilan entre 7,4 y -34,8°°C. La temperatura media anual es –10,2°°C. Diciembre fue el mes más cálido y agosto fue el mes más frío. Las ventiscas de nieve alcanzan una velocidad de 90 a 95 nudos; la velocidad media anual del viento es de 18 nudos. Predominan los vientos en dirección E-SE. Las nevadas son bastante frecuentes durante los meses de invierno, pero los vendavales limpian las superficies rocosas y se deposita mucha nieve en la cara de sotavento de las lomas.

Entre 1983 y 1996 se realizaron observaciones glaciológicas desde dos puntos fijos (puntos "G" y "H") por medio de mediciones electromagnéticas de distancia o teodolito. Los resultados revelaron que el glaciar está retrocediendo constantemente, año tras año, a una tasa de recesión media de 70 cm por año.

En 1996, con el propósito de aumentar la exactitud de las observaciones, se marcaron 19 puntos periféricos en torno al pie del glaciar. La recesión anual media de 1997 a 2002 fue de 48,7 cm, 74,9 cm, 69,5 cm, 65,8 cm y 62,7 cm, respectivamente. Esto se traduce en una recesión media general de 65,3 cm por año para el período 1996-2002, lo cual coincide con las observaciones del período anterior (1983-1996) de una tasa de recesión de siete metros por década.

Los datos obtenidos a partir del seguimiento subsiguiente revelaron que el retroceso anual medio para 2003, 2004, 2005 y 2006 aumentó gradualmente a 68,0, 69,4, 71,3, y 72,8 centímetros al año. Sin embargo, en 2006-2007, el retroceso medio del frente de hielo polar de Dakshin Gangotri fue de solo 0,6 m, si bien los datos recopilados en el borde occidental de las colinas Schirmacher mostraron un retroceso anual medio de alrededor de 1,4 m en 2006-2007. El retroceso anual medio del pie del glaciar Dakshin Gangotri fue de alrededor de 1 m en 2008, mientras que el retroceso anual medio de la extensión occidental del frente de hielo fue de 2 m, aproximadamente. El retroceso máximo se observó en el punto de observación 14, donde se registró un retroceso acumulativo de 17,21 metros en diez años (1996 a 2006).

Desde 2008-2009 hasta la fecha se realizan observaciones anuales. Los resultados permiten calcular que el retroceso anual del pie del glaciar corresponde a 1,1 m, 0,26 m, 0,59 m, 0,33 m, 0,92 m, 0,29 m y 1,31 m, respectivamente. Los valores de retroceso calculados entre 1996 y 1997 indican que el menor retroceso tuvo lugar entre 2009 y

2010, con 0,26 metros, mientras que el mayor retroceso tuvo lugar entre 2014 y 2015, con 1,31 metros.

Se establecieron 19 puntos de observación a lo largo de la periferia del Glaciar Dakshin Gangotri en febrero de 1996. Utilizando estos puntos como referencia, fue posible registrar el movimiento del glaciar con una precisión de 1 cm. También se dispone de seguimiento con una precisión de centímetros para el período entre los años 1996 y 2002. Se debería restringir el acceso a esta área. A fin de proteger la exactitud de las observaciones científicas se propone limitar el acceso en un radio de 100 m alrededor de la periferia del glaciar.

ii.   Ubicación de estructuras dentro de la Zona y en sus proximidades

No hay estructuras en la Zona, con excepción de dos montículos ("G" y "H") que señalan los sitios utilizados para estudios glaciológicos y topográficos.

En el futuro se instalarán algunos letreros y montículos que adviertan sobre la condición de Zona protegida.

iii.   Ubicación de otras zonas protegidas en las cercanías

En las colinas Schirmacher no hay otras zonas protegidas.

7.   Condiciones para la expedición de permisos

i.   Acceso y circulación dentro la Zona

El ingreso a la Zona está prohibido, excepto con un permiso expedido por una autoridad nacional pertinente designada de conformidad con el artículo 7 del Anexo V del Protocolo al Tratado Antártico sobre Protección Ambiental.

El permiso de ingreso a la Zona sólo puede expedirse con fines de investigación científica o con fines de gestión esenciales congruentes con los objetivos y las disposiciones del Plan de Gestión, a condición de que las actividades permitidas no pongan en peligro los valores científicos y ambientales de la Zona y no interfieran en los estudios científicos en curso. Se permite entrar en la Zona solamente a pie, y se prohíbe el ingreso de vehículos terrestres y el aterrizaje de helicópteros en la Zona.

ii.   Actividades que se llevan a cabo o que se pueden llevar a cabo dentro de la Zona y restricciones con respecto al momento y el lugar

Se podrán llevar a cabo las siguientes actividades dentro de la Zona:

• Investigaciones científicas concordantes con el Plan de Gestión y con los valores por los cuales se ha designado la Zona, que no puedan realizarse en otro lugar y que no pongan en peligro el ecosistema de la Zona; y

• Actividades indispensables de gestión, incluidas las de vigilancia.

iii.   Instalación, modificación o desmantelamiento de estructuras

No se erigirán estructuras en la Zona excepto de conformidad con lo especificado en un permiso. No se instalarán equipos, con excepción de aquellos que sean esenciales para la investigación científica o para las actividades de gestión, los cuales deberán estar autorizados en un permiso. El equipo científico que se instale en la Zona deberá llevar claramente el nombre del país, el nombre del investigador principal, el año de instalación y la fecha prevista de terminación del estudio. En el informe sobre la visita se debe proporcionar esta información. Todos estos artículos deberían estar confeccionados con materiales que presenten un riesgo mínimo de contaminación de la

Zona y deberán retirarse en cuanto concluya el estudio. El retiro de todo el equipo específico cuyo permiso haya vencido será una condición para el otorgamiento del permiso.

iv.   Ubicación de los campamentos

Se prohíbe acampar en la Zona. Las expediciones pueden acampar al este del "Lago Kalika" en "VK-Ground" o fuera del límite occidental de la Zona.

v.   e) Restricciones relativas a los materiales y organismos que puedan introducirse en la Zona

• Se prohíbe la introducción deliberada de animales vivos, material de plantas o microorganismos en la Zona y se deben tomar precauciones para evitar su introducción accidental.

• No se introducirán plaguicidas, herbicidas, sustancias químicas ni radioisótopos en la Zona, con excepción de aquellos permitidos para fines científicos o de gestión. Estos agentes autorizados se retirarán de la Zona cuando concluya la actividad.

• Los visitantes también deben consultar y seguir adecuadamente las recomendaciones incluidas en el Manual sobre especies no autóctonas del Comité para la Protección del Medio Ambiente (CPA, 2011), y el Código de Conducta Ambiental para el desarrollo de actividades científicas de campo en la Antártida (SCAR, 2009).

• No se podrá almacenar combustible en la Zona, salvo que se utilice para una actividad autorizada. No se construirán depósitos permanentes en la Zona.

• Todo el material que se introduzca en la Zona podrá permanecer durante un período determinado únicamente y deberá ser retirado a más tardar cuando concluya dicho período.

vi.   Toma de, o intromisión perjudicial sobre flora y fauna autóctonas

Toda intromisión en la flora y fauna autóctonas de la Zona se realizará de conformidad con las disposiciones del Protocolo al Tratado Antártico sobre Protección Ambiental, 1991, Anexo II, artículo 3. En caso de toma de animales o intromisión perjudicial en los mismos, se deberá usar como norma mínima el Código de conducta del SCAR para el uso de animales con fines científicos en la Antártida.

vii.   Recolección o retiro de materiales que el titular del permiso no haya llevado a la Zona

Se podrá recolectar o retirar material de la Zona únicamente de conformidad con un permiso, y dicho material deberá limitarse al mínimo necesario para fines de índole científica o de gestión.

Podrá retirarse todo el material de origen humano que no haya sido llevado a la Zona por el titular del permiso, pero que pueda comprometer los valores de la Zona, salvo que el impacto de su extracción pueda ser mayor que el efecto de dejar el material *in situ*. En tal caso se deberá notificar a las autoridades nacionales pertinentes.

viii.   Eliminación de desechos

 Deberán retirarse de la Zona todos los desechos, incluidos los desechos de origen humano.

ix.   Medidas que podrían requerirse para garantizar el continuo cumplimiento de los objetivos y las finalidades del Plan de Gestión

- Se podrán conceder permisos para ingresar en la Zona a fin de realizar actividades de monitoreo biológico e inspección de la Zona.
- Todos los sitios donde se lleven a cabo actividades de monitoreo a largo plazo deberán estar debidamente marcados y se deberá determinar su ubicación con el Sistema de Posicionamiento Global (GPS) a fin de asentarlos en el Sistema del Directorio de Datos Antárticos por medio de la autoridad nacional pertinente.

x. *Requisitos relativos a los informes*

El titular principal del permiso debería presentar a la autoridad nacional pertinente un informe de la visita en el cual se describan las actividades realizadas por las personas a quienes se haya expedido el permiso. Dichos informes deberán presentarse cuanto antes tras el vencimiento del permiso, y deberán incluir los tipos de información señalados en el formulario para informes sobre visitas del SCAR o los dispuestos por las leyes nacionales. La autoridad llevará un registro de dichas actividades y este se pondrá a disposición de las partes interesadas.

8. Bibliografía

ASTHANA R., GAUR M.P., CHATURVEDI, A. (1996): Notes on Pattern of Snow Accumulation/ablation on ice shelf and Secular Movement of Dakshin Gangotri Glacier Snout in Central Dronning Maud Land, East Antarctica. *En: scientific Report of the Twelfth Indian Scientific Expedition to Antarctica,* Tech. Pub. No. 10 D.O.D., Govt. of India, New Delhi, pp.111-122.

BEG M.J., PRASAD A.V.K., CHATURVEDI, A. (2000): (2000): Interim Report on Glaciological Studies in the Austral Summer of 19th Indian Antarctic Expedition. En: *Scientific Report of Nineteenth Indian Expedition to Antarctica,* Tech. Pub. No. 17 D.O.D., Gob. de India, Nueva Delhi, pp. 121-126.

BEJARNIYA B.R., RAVIKANT V., KUNDU A. (2000): (2000): Glaciological Studies in Schirmacher Hill and on Ice Shelf during XIV Antarctica Expedition. En: *Scientific Report of Nineteenth Indian Expedition to Antarctica,* Tech. Pub. No. 14 D.O.D., Gob. de India, Nueva Delhi, pp. 121-126.

CHATURVEDI A., SINGH A., GAUR M.P., KRISHNAMURTHY, K.V., BEG M.J. (1999): A confirmation of Polar Glacial Recession by Monitoring the Snout of Dakshin Gangotri Glacier in Schirmacher Range. En: *Scientific Report of Nineteenth Indian Expedition to Antarctica,* Tech. Pub. No. 13 D.O.D., Gob. de India, Nueva Delhi, pp. 321-336.

D'SOUZA M.J., KUNDU A. (2000): Glaciological studies during the Seventeenth Antarctic Expedition. En: *Scientific Report of Nineteenth Indian Expedition to Antarctica,* Tech. Pub. No. 15 D.O.D., Gob. de India, Nueva Delhi, pp.67-72.

KASHYAP A.K. (1988.): Studies on Algal flora of Schirmacher Oasis, Dronning Maud land, Antarctica. En: *Proceedings of Workshop on Antarctic Studies,* D.O.D., CSIR, Gob. de India, Nueva Delhi, pp.435-439.

KAUL M.K., CHAKRABORTY S.K., RAINA V.K. (1985): (1985): A Note on the snout of the Dakshin Gangotri Glacier, Antarctica. En: *Scientific Report of Nineteenth Indian Expedition to Antarctica,* Tech. Pub. No. 2 D.O.D., Gob. de India, Nueva Delhi, pp. 91-93.

KAUL M.K., SINGH R.K., SRIVASTAVA D., MUKERJI S., JAYARAM S. (1998): Observations on the Changes in the Snout of Dakshin Gangotri Glacier, Antarctica. En: *Scientific Report of the Fifth Indian Expedition to Antarctica,* Tech. Pub. No. 5 D.O.D., Gob. de India, Nueva Delhi, pp. 205-209.

MUKERJI S., RAVIKANT V., BEJARNIYA B.R., OBEROI L.K., NAUTIYAL S.C. (1995): A Note on the Glaciological Studies Carried Out During Eleventh Indian Expedition to Antarctica. En: *Scientific Report of Nineteenth Indian Expedition to Antarctica,* Tech. Pub. No. 9 D.O.D., Gob. de India, Nueva Delhi, pp. 153-162.

OLECH M., SINGH S.M. Lichens and Lichenicolous Fungi of Schirmacher Oasis, Antarctica. *Monograph*, National Centre for Antarctic and Ocean Research, India. NISCAIR, Nueva Delhi (en impresión).

PANDEY K.D., KASHYAP A.K. (1995): Diversity of Algal Flora in Six Fresh Water Streams of Scirmacher Oasis, Antarctica. En: *Scientific Report of Nineteenth Indian Expedition to Antarctica,* Tech. Pub. No. 8 D.O.D., Gob. de India, Nueva Delhi, pp. 218-229.

RAVINDRA R., CHATURVEDI A. Y BEG M.J. (2001): Melt Water Lakes of Schirmacher Oasis - Their Genetic Aspects and Classification. En: *Advances in Marine and Antarctic Science,* Ed. Sahu, DB y Pandey, PC, Dariyaganj, Nueva Delhi, pp. 301-313.

RAVINDRA R., SRIVASTAVA V.K., SHARMA B.L., DEY A., BEDI, A.K. (1994): Monitoring of Icebergs in Antarctic Waters and a Note on the Secular Movement of Dakshin Gangotri Glacier. En: *Scientific Report of Ninth Indian Expedition to Antarctica,* Tech. Pub. No. 6 D.O.D., Gob. de India, Nueva Delhi, pp. 239-250.

RAVINDRA, R. (2001): Geomorphology of Schirmacher Oasis, East Antarctica. *Proc. Symp. on Snow, Ice and Glaciers*, Geol. Sur. India, Spl. Pub. No. 53, págs. 379-390.

SINGH D.K., SEMWAL R.C. (2000): Bryoflora of Schirmacher Oasis, East Antarctica: A Preliminary Study. En: *Scientific Report of Nineteenth Indian Expedition to Antarctica,* Tech. Pub. No. 14 D.O.D., Gob. de India, Nueva Delhi, pp.173-186.

SUNIL P.S., REDDY C.S., PONRAJ M., DHAR A., JAYAPAUL D. (2007): GPS Determination of the Velocity and Strain-Rate Fields on Schirmacher Glacier, Central Dronning Maud Land, Antarctica. *Journal of Glaciology*, vol. 53, págs. 558-564.

VENKATARAMAN K. (1998): Studies on Phylum Tardigrada and Other Associated Fauna, South Polar Skua and Bird and Mamal Ligging during 1994-1995 Expedition. En: *Scientific Report of Fourteenth Indian Expedition to Antarctica,* Tech. Pub. No. 12 D.O.D., Gob. de India, Nueva Delhi, pp.220-243.

Figure 1: Images of Secured Markers at two Locations at the Boundary of ASPA-163

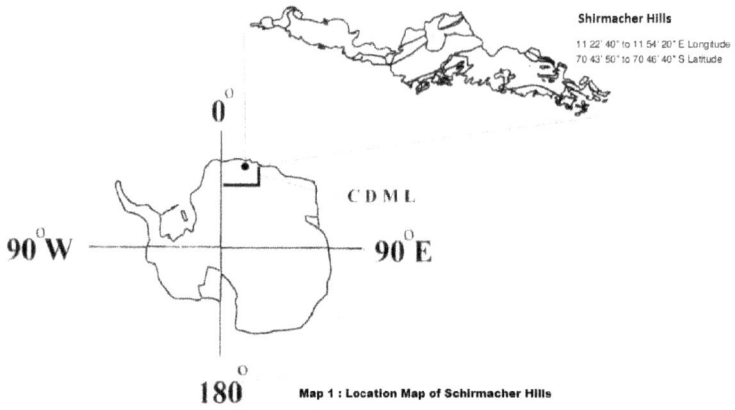

Map 1 : Location Map of Schirmacher Hills

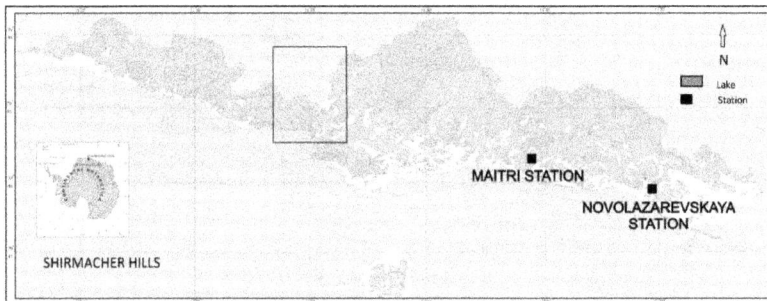

MAP 2: MAP SHOWING LOCATION OF MAITRI AND NOVOLAZAREVSKAYA STATION

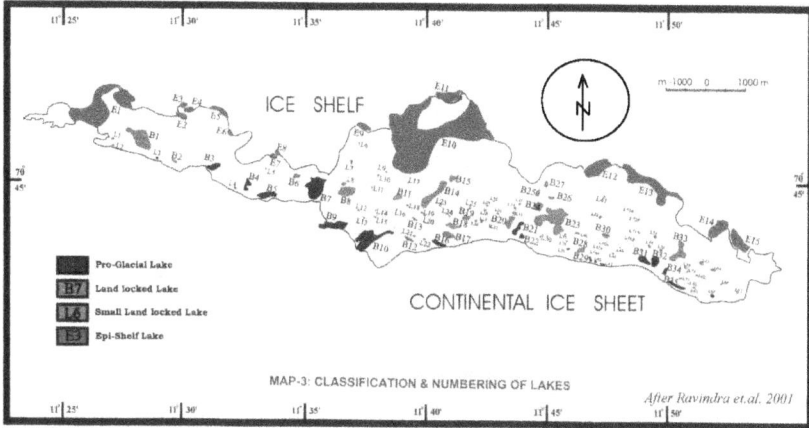

MAP-3: CLASSIFICATION & NUMBERING OF LAKES

After Ravindra et.al. 2001

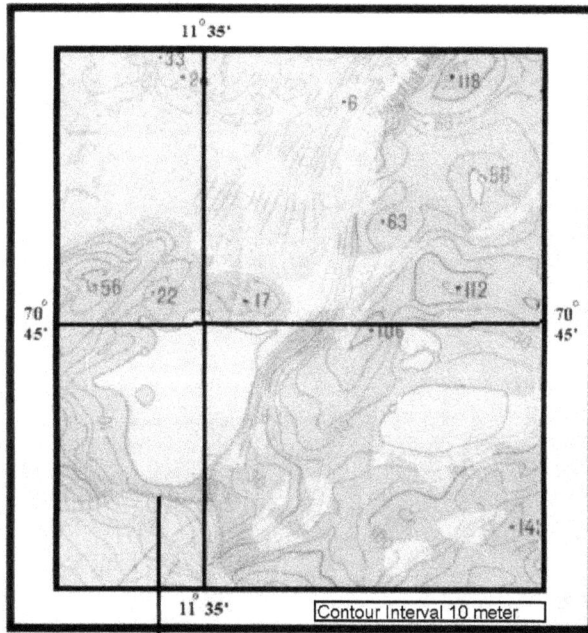

Contour Interval 10 meter

Plate - 4

Dakshin Gangotri Snout

MAP-4: TOPOGRAPHIC MAP OF THE AREA

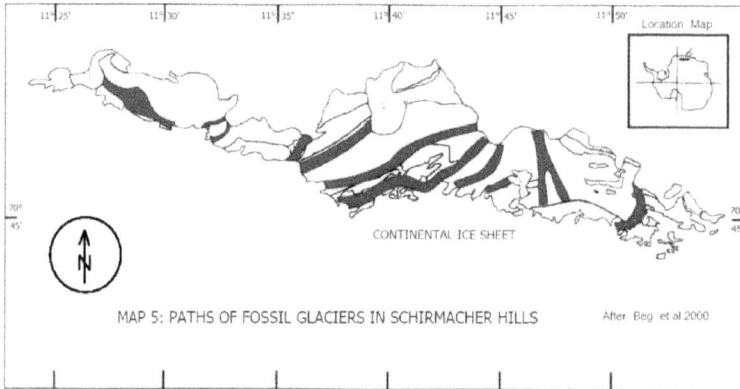

MAP 5: PATHS OF FOSSIL GLACIERS IN SCHIRMACHER HILLS

MAP-6: DAKSHIN GANGOTRI SNOUT (MARCH 2013)

Plan de Gestión para la Zona Antártica Especialmente Protegida Nº 164

MONOLITOS SCULLIN Y MURRAY, TIERRA DE MAC.ROBERTSON

Introducción

El monolito Scullin (67°47'37"S, 66°43'8"E) y el monolito Murray (67°47'3"S, 66°53'17"E) (mapa A) fueron designados Zona Antártica Especialmente Protegida (ZAEP) Nº 164 de conformidad con la Medida 2 (2005), a raíz de una propuesta presentada por Australia. Se aprobó un Plan de Gestión revisado para la Zona en virtud de la Medida 13 (2010). La Zona se designó para proteger la mayor concentración de colonias reproductoras de aves marinas de la Antártida oriental. Son siete las especies que habitan en la Zona: cinco especies de petreles (petreles antárticos *[Thalassoica antarctica]*, petreles dameros *[Daption capense]*, fulmares australes *[Fulmarus glacialoides]*, petreles de las nieves *[Pagodroma nivea]*, petreles de Wilson *[Oceanites oceanicus])*, una especie de pingüino (pingüinos Adelia *[Pygoscelis adeliae]*) y un lárido (skúa antártica) *[Catharacta maccormicki]*).

En comparación con otros sitios de la Antártida oriental, los monolitos Scullin y Murray son visitados con poca frecuencia y, con la única excepción conocida, todas las visitas han sido breves (se han extendido por menos de un día). Los monolitos Scullin y Murray fueron visitados por primera vez el 13 de febrero de 1931, durante el segundo viaje de la Expedición de Investigaciones Antárticas de Gran Bretaña, Australia y Nueva Zelandia (BANZARE) de 1930-1931. Durante esta visita, Sir Douglas Mawson nombró a ambos monolitos. El monolito Murray lleva el nombre de Sir George Murray, presidente de la Corte Suprema de Australia Meridional, rector de la Universidad de Adelaida y patrocinador de la expedición, mientras que el monolito Scullin lleva el nombre de James H. Scullin, que fue Primer Ministro de Australia de 1929 a 1931.

El 26 de febrero de 1936 los tripulantes del buque de investigación RRS William Scoresby desembarcaron brevemente en el monolito Scullin, realizando un ascenso de varios cientos de metros. El noruego Lars Christensen desembarcó el 30 de enero de 1937 y visitó el monolito Scullin. El personal del Programa Antártico Australiano ha realizado ocasionales visitas a la Zona desde la estación Mawson, que está unos 160 kilómetros al oeste. La única estadía en la Zona de la cual se tiene constancia fue una visita de seis días (desde el 1 al 6 de febrero de 1987) durante la cual se realizaron extensos estudios ornitológicos. La primera visita de un buque turístico comercial a la zona se realizó el 10 de diciembre de 1992, y en años subsiguientes se realizaron algunas visitas breves.

1. Descripción de los valores que requieren protección.

La Zona se designó principalmente para proteger los valores ecológicos y científicos sobresalientes relacionados con el importante conjunto de aves marinas que se encuentran en los monolitos Scullin y Murray.

Con 160 000 parejas como mínimo, la colonia de petreles antárticos del monolito Scullin es la segunda más grande después de la colonia de Svarthameren, en Mühlig Hofmannfjella, Tierra de la Reina Maud (ZAEP 142). Por lo tanto, alrededor de un tercio de la población mundial, que se estima en medio millón de parejas aproximadamente, se reproduce en el monolito Scullin.

La parte inferior de las laderas de ambos monolitos está ocupada por colonias de pingüinos Adelia que se extienden casi hasta la anteplaya. El reconocimiento más reciente, realizado en diciembre de 2010, registró alrededor de 43 000 aves en el monolito Scullin y otras 80 000 parejas en el monolito Murray (en esta etapa de la temporada de reproducción [durante la incubación] el número de aves presente será cercano al número de parejas reproductoras). Esto representa aproximadamente un 5% de la población reproductora de pingüinos Adelia en la Antártida oriental y alrededor de un 2% de la población mundial.

Muchas de las laderas de ambos monolitos que dan al mar están ocupadas por otras especies de petreles. Hay grandes colonias reproductoras en muchas de las pendientes más escarpadas y a mayor altitud de ambos monolitos. En toda la Zona anidan skúas polares, que aprovechan la gran densidad de aves marinas reproductoras como presa durante la temporada de cría.

En otros lugares de la Antártida oriental (como el Grupo Rauer) hay algunas colonias grandes de aves marinas. Sin embargo, la población reproductora combinada, que según un cálculo moderado es de 230 000 parejas, y la gran diversidad de especies en dos áreas muy pequeñas libres de hielo de los monolitos Scullin y Murray (1,9 y 0,9 km^2, respectivamente), hacen que los monolitos contengan la mayor concentración de aves marinas reproductoras, y sean uno de los lugares de reproducción de aves marinas con la mayor diversidad en la Antártida oriental (Apéndice 1).

Además de los extraordinarios valores ecológicos y científicos, la Zona posee excelentes valores estéticos en la geomorfología de los dos monolitos y el espectacular telón de fondo de los glaciares que bajan de la meseta Continental y fluyen alrededor de los monolitos, desembocando en glaciares que rompen formando témpanos.

El conjunto de aves marinas reproductoras, muy grande y diverso, en un marco de grandes valores estéticos y silvestres, justifica el mayor grado posible de protección.

2. Finalidades y objetivos

La gestión de los monolitos Scullin y Murray tiene por objeto las siguientes finalidades:

- evitar la degradación de, o riesgos importantes para los valores de la Zona, impidiendo en ella toda interferencia humana innecesaria;
- mantener la naturaleza prístina de la Zona a fin de que pueda usarse más adelante como zona de referencia;
- permitir el desarrollo de investigaciones científicas del ecosistema y de los valores de la Zona, siempre que sean por razones indispensables que no puedan atenderse en otro lugar, y que no afecten los valores de la Zona, particularmente los valores ornitológicos;
- otorgar gran prioridad a la recopilación de datos censales sobre aves marinas de áreas que constituyan muestras representativas, de grupos reproductores de referencia, o de poblaciones reproductoras en su totalidad. Estos datos censales serán importantes como factores determinantes de las revisiones futuras de la estrategia para la gestión de la Zona y contribuirán a dichas revisiones;
- asignar gran prioridad a la recopilación de otros datos para estudios biológicos, en particular estudios de la flora y de los invertebrados. Estos datos de estudios se incorporarán en las revisiones futuras de la estrategia de gestión de la Zona;
- permitir visitas con fines de gestión en respaldo de los objetivos del Plan de Gestión; y
- reducir al mínimo la posibilidad de introducción de plantas, animales y microorganismos no autóctonos, particularmente agentes patógenos aviares.

3. Actividades de gestión

Se realizarán las siguientes actividades de gestión para proteger los valores de la Zona:

- cuando sea factible, se efectuarán las visitas necesarias a la Zona, preferiblemente con una frecuencia no inferior a cinco años, a fin de realizar censos de las poblaciones reproductoras de aves marinas, incluida la elaboración de mapas de colonias y lugares de nidificación;
- se facilitará información sobre la ZAEP de los monolitos Scullin y Murray, así como las copias del presente Plan de Gestión, en las estaciones Davis y Mawson y a todos los visitantes.
- los Programas Antárticos Nacionales que operen en las proximidades o que tengan la intención de visitar la Zona deberán consultar con otros programas nacionales para que los proyectos de investigación no se superpongan ni entren en conflicto; y
- cuando sea factible, se efectuarán visitas de gestión a fin de retirar materiales que se encuentren innecesariamente en la Zona.

4. Período de designación

La designación abarca un período indeterminado.

5. Mapas y fotografías

- **Mapa A**: Zona Antártica Especialmente Protegida N° 164, monolitos Scullin y Murray, Tierra de Mac.Robertson, Antártida oriental. El mapa del recuadro muestra la ubicación en relación con el continente antártico.
- **Mapa B**: Zona Antártica Especialmente Protegida N° 164, monolito Scullin: topografía y distribución de las aves.
- **Mapa C**: Zona Antártica Especialmente Protegida N° 164, monolito Murray: topografía y distribución de las aves.
- **Mapa D**: Zona Antártica Especialmente Protegida N° 164: monolito Scullin: aproximación de los helicópteros y lugar de aterrizaje.

Especificaciones para todos los mapas: Nivel de referencia horizontal: WGS84; Nivel de referencia vertical: nivel medio del mar.

6. Descripción de la Zona

6(i) Coordenadas geográficas, indicadores de límites y características naturales

Los monolitos Scullin (67°47'37"S, 66°43'8"E) y Murray (67° 47'3"S, 66°53'17"E) están situados en la costa de la Tierra de Mac.Robertson, unos 160 kilómetros al este de la estación Mawson (mapa A). Los monolitos están aproximadamente a siete kilómetros de distancia uno de otro y en contacto con el mar en el borde de la capa de hielo continental. La costa al oeste y al este de los monolitos, y entre ellos, consiste en acantilados de hielo de 30 a 40 metros de altura. La meseta de hielo antártico se eleva abruptamente desde allí hacia el sur. El monolito Scullin es un macizo en forma de media luna con una elevación máxima de 443 metros sobre el nivel del mar. Encierra una caleta amplia que da al norte, con una entrada de alrededor de 1 km de ancho. La parte superior de las laderas del monolito está cortada a pico, pero en los 100 metros inferiores las laderas tienen varias partes menos escarpadas, con numerosas rocas y piedras de gran tamaño. El resto de la parte inferior de las laderas cae a pico al mar, y en algunos sectores de las laderas hay conos de derrubio glacial.

Las laderas del monolito Murray se elevan desde el mar hasta una cima en forma de cúpula situada a 340 metros sobre el nivel del mar. En el lado occidental del monolito Murray, la parte inferior de la ladera llega a una plataforma costera. La Zona abarca todas las áreas libres de hielo asociadas a los dos monolitos e incluye una parte del hielo continental contiguo y la montaña Torlyn al suroeste del monolito Murray (que se eleva a aproximadamente 400 metros sobre el nivel del mar). No hay indicadores de límites del sitio.

La ZAEP de los monolitos Scullin y Murray abarca dos sectores (véanse los mapas B y C):

- Monolito Scullin: el límite comienza en una coordenada en la costa a 67°46'59"S, 66°40'30"E, sigue hacia el sur hasta una coordenada a 67°48'03"S, 66°40'26"E, hacia el este hasta una coordenada a 67°48'06"S, 66° 44'33"E, hacia el norte hasta una coordenada en la costa a 67°46'41"S, 66°44'37"E y después hacia el oeste a lo largo de la costa por la marca de bajamar hasta la coordenada a 67°46'59"S,66° 40'30"E.

- Monolito Murray: el límite comienza en la costa a 67°46'36"S, 66°51'01"E, sigue hacia el sur hasta una coordenada a 67°48'03"S, 66° 50'55"E, hacia el este hasta una coordenada a 67°48'05"S, 66°53'51"E, hacia el norte hasta una coordenada a 67°46'38"S, 66°54'00"E, y después hacia el oeste a lo largo de la costa por la marca de bajamar hasta la coordenada a 67°46'36"S, 66°51'01"E.

Aves

Son siete las especies que habitan en la Zona: cinco especies de petreles (petreles antárticos *[Thalassoica antarctica]*, petreles dameros *[Daption capense]*, fulmares australes *[Fulmarus glacialoides]*, petreles de las nieves *[Pagodroma nivea]*, petreles de Wilson *[Oceanites oceanicus]*), una especie de pingüino (pingüinos Adelia *[Pygoscelis adeliae]*) y un lárido (skúa polar) *[Catharacta maccormicki]*. En el monolito Scullin se encuentra la segunda colonia más grande de petreles antárticos, con una población de 160 000 parejas como mínimo e importantes colonias de pingüinos Adelia. Es menos lo que se sabe sobre la diversidad de especies del monolito Murray. Sin embargo, se observaron alrededor de 8000 pingüinos Adelia en el período 2010-2011 (Apéndice 1).

Solo hubo un intento (en 1986-1987) para calcular la población de todas las especies en la Zona. Un reconocimiento aéreo realizado en 2010-2011 se centró solo en pingüinos Adelia. Por consiguiente, el pingüino Adelia es la única especie de la que hay datos disponibles sobre cambios en su población. Los cálculos de la población de pingüinos Adelia en el monolito Scullin fueron similares en ambas oportunidades (aproximadamente 50 000 y 43 000 parejas), y probablemente la diferencia esté dentro del margen de error. Los cálculos para el monolito Murray difieren de manera sustancial (aproximadamente 20 000 y 8000 parejas), pero la base para el cálculo inicial no se describe claramente y es posible que el valor no sea confiable. Es probable que en el censo de 1986-1987 se haya subestimado la población reproductora de petreles antárticos, en vista de que el censo se hizo a fines de la temporada de cría.

Características geológicas

Las características geológicas de los monolitos no se comprenden muy bien, ya que nunca han sido objeto de un estudio exclusivo ni se han elaborado mapas geológicos específicos del lugar. Estas características geológicas parecen ser similares en general a las de los alrededores de la estación Mawson. Las rocas consisten principalmente en gneis de origen metasedimentario con facies ricas en granulita, entre ellas algunas rocas con zafirina. El metamorfismo se produjo en condiciones anhidras, probablemente hace mil millones de años. Se ha documentado una gama de edades de hasta 1254 millones de años y apenas 625 millones de años para los gneises del monolito Scullin. El metamorfismo afectó a rocas sedimentarias inicialmente de la era proterozoica. Estas rocas de basamento metamórficas sufrieron la intrusión, hace 920-985 millones de años, de la charnoquita de Mawson, un tipo de granito que se caracteriza por la presencia de ortopiroxeno, y que es común en esta región y conforma las paredes de los monolitos. La edad registrada de 433 y 450 millones de años podría reflejar una influencia posterior del "evento panafricano o de 500 Ma" registrado ampliamente en toda Gondwana. Los bordes de los monolitos contienen sedimentos transportados por la capa de hielo y depositados por la fusión del hielo. No se puede especificar la fuente, pero esos sedimentos podrían contener material reciclado del interior de la región y tal vez podrían proporcionar indicios de algunas de las características geológicas del terreno que subyace a la capa de hielo.

Dominios medioambientales y Regiones biogeográficas de conservación antártica

Según el Análisis de Dominios Ambientales de la Antártida (Resolución 3 [2008]), los Monolitos Scullin y Murray se encuentran en el ambiente D, *geológico del litoral de la Antártida oriental*, y L, *Capa de hielo del litoral continental*. Según las Regiones Biogeográficas de Conservación Antártica (Resolución 6 [2012]), la Zona no tiene asignada una Región Biogeográfica.

Vegetación

La flora observada en el monolito Scullin se describe en el apéndice 3, sobre la base de las visitas realizadas en 1972 y 1987. Todas las especies de líquenes y musgos encontradas en el monolito Scullin se encuentran también en otros lugares de la Tierra de Mac.Robertson (Apéndice 2). En el monolito Scullin, la vegetación se limita principalmente a la meseta occidental y los nunataks asociados. Las laderas costeras en general están desprovistas de vegetación debido a la gran cantidad de guano de aves marinas. En la distribución de la vegetación de la meseta occidental influye la microtopografía, que determina la magnitud de la exposición y la disponibilidad de humedad. Es probable que la vegetación del monolito Murray sea similar a la del monolito Scullin, pero eso no se ha documentado.

Otros tipos de biota

No se han realizado estudios exhaustivos de los invertebrados en los monolitos Scullin y Murray. Durante una visita realizada en 1936 se avistó una foca leopardo *(Hydrurga leptonyx)* y durante algunas visitas de 1997 y 1998 se observaron varias focas de Weddell *(Leptonychotes weddellii).* No se han notificado otros tipos de biota.

6 (ii) Acceso a la Zona

Se puede llegar a la Zona en lanchas pequeñas, en vehículos para nieve o hielo o en aeronave, de conformidad con la sección 7(ii) de este plan.

6(iii) Ubicación de estructuras dentro de la Zona y en sus proximidades

En el momento en que se preparó este Plan (marzo de 2015), había un refugio "Apple" de fibra de vidrio en la cresta sudoeste de la cima del monolito Scullin (a 67°47'24"S, 66°41'38"E, aproximadamente) (mapas B y D). También hay cuatro barriles de 200 litros de combustible para helicópteros, un barril de 200 litros vacío y, según se informa, restos de provisiones (de 1985-1986). Se planea retirar todos estos materiales de la Zona en cuanto se presente una oportunidad.

6(iv) Ubicación de otras zonas protegidas en las cercanías

Hay dos ZAEP al oeste de los monolitos Scullin y Murray: la ZAEP N° 102, de las islas Rookery (67°36'36" S, 62°32'01" E), está a unos 180 km al oeste (unos 20 km al oeste de Mawson) y la ZAEP N° 101, de la pingüinera Taylor (67°27'S; 60°53'E), está a unos 70 km al oeste de la ZAEP N° 102.

6(v) Zonas especiales al interior del Zona

No hay áreas especiales al interior de la Zona.

7. Condiciones para la expedición de permisos

7(i) Condiciones generales de los permisos

Se prohíbe el ingreso a la Zona excepto con un permiso expedido por una autoridad nacional pertinente. Las condiciones para la expedición de un permiso de acceso a la Zona son las siguientes:

- que el permiso se expida por razones científicas indispensables que no puedan atenderse en otro lugar, en especial para el estudio científico de la avifauna y del ecosistema de la Zona, o con fines de gestión esenciales y compatibles con los objetivos del plan, como inspecciones, tareas de mantenimiento o examen;
- que las acciones permitidas sean compatibles con el Plan de Gestión y no pongan en peligro los valores de la Zona;
- que el permiso sea expedido por un período determinado;
- que se autorice la entrada a la Zona a no más de 10 personas por vez durante la temporada de cría de las aves marinas y a no más de 15 personas por vez durante el resto del año;
- que el permiso, o una copia autorizada de éste, se lleve consigo dentro de la Zona.
- que se presente un informe de la visita a la autoridad nacional pertinente cuando concluya la actividad autorizada; y
- que se avise a la autoridad nacional pertinente sobre cualquier actividad o medida que no estuviera comprendida en el permiso.

7(ii) Acceso a la Zona y desplazamientos en su interior y sobre ella

- Se puede llegar a la Zona en lancha, en vehículos para nieve o hielo o en aeronave.
- Al desplazarse dentro de la Zona y en sus alrededores se debe mantener las distancias mínimas especificadas respecto de la fauna silvestre (Apéndice 3). Será posible acercarse a menor distancia si ello se autoriza específicamente en el permiso.
- Los visitantes podrán desplazarse dentro de la Zona solamente a pie.
- Las lanchas que se usen para llegar a la Zona deberán desplazarse a cinco nudos como máximo cuando se encuentren a menos de 500 m de la costa.
- Se recomienda que los visitantes que no tengan permiso para entrar en la Zona no se acerquen a menos de 50 m de la costa.
- A fin de reducir la perturbación de la fauna silvestre, se deberá mantener el nivel de ruido en un mínimo, incluida la comunicación verbal. Durante la temporada estival de cría (del 1 de octubre al 31 de marzo) no se permitirá el uso de herramientas de motor ni cualquier otra actividad que pueda producir ruidos fuertes y así perturbar las aves que estén anidando en la Zona.

Se podrán usar aeronaves para entrar en la Zona con las siguientes condiciones:

- se deberá tratar en todo momento de no perturbar las colonias con las aeronaves;
- durante la temporada de cría (del 1 de octubre al 31 de marzo) no se podrá sobrevolar la Zona a menos de 1500 m (5000 pies) de altura en el caso de helicópteros bimotores, y a menos de 930 m (3050 pies) en el caso de helicópteros monomotores y de aeronaves de ala fija;
- los aterrizajes dentro de la Zona podrán efectuarse solamente en el lugar designado en el monolito Scullin (mapa D). Podrán aterrizar helicópteros monomotores únicamente;
- los helicópteros monomotores deberán aproximarse al lugar de aterrizaje desde el sudoeste (tal como se indica en el corredor de vuelo aprobado que figura en el mapa D);

- durante la temporada de cría, no deberán aterrizar, despegar o volar helicópteros bimotores a menos de 1500 m (5000 pies) de la Zona;

- durante la temporada de cría, no deberán aterrizar o despegar aeronaves de ala fija a menos de 930 m (3050 pies) ni volar a menos de 750 m (2500 pies) de la Zona;

- en ningún caso se permitirá que vuelen aeronaves en el anfiteatro del monolito Scullin durante la temporada de cría;

- fuera de la temporada de cría (del 1 de octubre al 31 de marzo) podrán aterrizar helicópteros bimotores en el lugar designado; y

- no se permite el reabastecimiento de combustible en la Zona.

7(iii) Actividades que se llevan a cabo o que se pueden llevar a cabo dentro de la Zona y restricciones relativas al momento y el lugar

Se podrán llevar a cabo las siguientes actividades dentro de la Zona si se autorizan en un permiso:

- investigaciones científicas indispensables, que no puedan realizarse en otro lugar, incluido el inicio o la continuación de programas de monitoreo continuo; y

- otras actividades de investigación científica, y actividades de gestión esenciales concordantes con este Plan de Gestión, que no afecten los valores de la Zona ni la integridad de su ecosistema.

7(iv) Instalación, modificación o desmantelamiento de estructuras

No se podrán erigir estructuras ni instalar equipo científico en la Zona salvo para las actividades científicas o de gestión indispensables, y durante el plazo de validez preestablecido especificado en el permiso. Los señalizadores y los equipos científicos deberán estar bien sujetos y en buen estado y llevar claramente el nombre del país que otorgó el permiso, el nombre del investigador principal, y el año de instalación. Todos estos artículos deberían estar confeccionados con materiales que presenten un riesgo mínimo de daños para la fauna y la flora o de contaminación de la Zona.

Una de las condiciones para la expedición del permiso será que el equipo relacionado con la actividad aprobada deberá ser retirado al concluir la actividad o antes. Los detalles de los señalizadores y el equipo que permanezca temporalmente en el lugar (ubicaciones del GPS, descripción, etiquetas, etc., y fecha desmantelamiento prevista) se notificarán a la autoridad que haya expedido el permiso.

7(v) Ubicación de los campamentos

Se permite instalar campamentos temporarios de expediciones en la Zona, lo más lejos posible de las colonias de aves marinas y de los lugares de nidificación, sin comprometer la seguridad de los visitantes. Los campamentos podrán permanecer el tiempo mínimo que sea necesario para realizar las actividades aprobadas y no podrán permanecer de una temporada de cría de aves marinas hasta la siguiente.

7(v) Restricciones relativas a los materiales y organismos que pueden introducirse en la Zona

- Se permite llevar una cantidad pequeña de combustible a la Zona para cocinar mientras haya expediciones presentes. Si no es así, no se podrá almacenar combustible en la Zona.

- Se prohíbe llevar a Zona productos avícolas, entre ellos alimentos desecados que contengan huevo en polvo.

- No se podrán llevar herbicidas o plaguicidas a la Zona.

- Todos los productos químicos que se necesiten para realizar investigaciones deberán estar aprobados en un permiso, y deberán retirarse cuando concluya la actividad permitida para la cual se usen, o con anterioridad. Se prohíbe la importación y el uso de radionúclidos e isótopos estables en la Zona.

- Se prohíbe la introducción deliberada de animales, material vegetal y microorganismos vivos y suelo no estéril en la Zona. Deben tomarse las precauciones más exhaustivas a fin de evitar la introducción accidental en la Zona de animales, material vegetal, microorganismos y suelos no estériles provenientes de otras regiones con características biológicas distintas (dentro de la Antártida o fuera del área comprendida en el Tratado Antártico).

- En el nivel máximo practicable, el calzado y el equipo que se use o se lleve a la Zona (incluidas las mochilas, los bolsos y otros equipos) deberán limpiarse minuciosamente antes de ingresar a la Zona y luego de salir de ella.

- Las botas, los equipos de muestreo e investigación, y los señalizadores que entren en contacto con el suelo, deben desinfectarse o limpiarse con agua caliente y blanqueador antes de entrar a la Zona y al salir de esta con el fin de evitar la introducción accidental a la Zona de animales, material vegetal, microorganismos y suelo no estéril. La limpieza se debe llevar a cabo dentro de la estación.

- Los visitantes también deben consultar y seguir adecuadamente las recomendaciones incluidas en el Manual sobre especies no autóctonas del Comité para la Protección del Medio Ambiente (CPA, 2011), y el Código de Conducta Ambiental para el desarrollo de actividades científicas de campo en la Antártida (SCAR, 2009).

7(vii) Toma de, o intromisión perjudicial sobre flora y fauna autóctonas

Se prohíbe la toma de ejemplares de la flora y fauna autóctonas y la intromisión perjudicial sobre ellas, excepto con un permiso. En caso de toma de animales o intromisión perjudicial, se deberá usar como norma mínima el Código de conducta del *SCAR para el uso de animales con fines científicos en la Antártida.* Se deberá evitar en todo momento la perturbación de la fauna y la flora silvestres.

7(viii) Recolección o retiro de materiales que el titular del permiso no haya llevado a la Zona

Podrá ser retirado todo material de origen humano que pueda comprometer los valores de la Zona, que no haya sido llevado allí por el titular del permiso, o que no esté comprendido en otro tipo de autorización, a menos que el impacto de su extracción pueda ser mayor que el efecto de dejar el material *in situ.* En tal caso se deberá notificar a la autoridad que haya expedido el permiso, si es posible mientras la expedición todavía se encuentre en la Zona.

Se podrán tomar o retirar especímenes de materiales naturales de la Zona de conformidad con un permiso, y estos deberán limitarse al mínimo necesario para las necesidades científicas o de gestión.

7(ix) Eliminación de residuos

Deberán retirarse de la Zona todos los desechos, incluidos los desechos de origen humano. Los desechos de expediciones deberán almacenarse de forma tal que la fauna silvestre (por ejemplo, las skúas) no pueda escarbar en la basura hasta que los desechos puedan eliminarse o retirarse de la Zona. Los desechos deberán retirarse a más tardar cuando la expedición abandone el lugar. Se podrán verter desechos humanos y aguas grises en el mar fuera de la Zona.

7(x) Medidas que podrían ser necesarias para garantizar el continuo cumplimiento de los objetivos y las finalidades del Plan de Gestión

- Se podrán conceder permisos para ingresar en la Zona a fin de realizar actividades de monitoreo biológico e inspección de la Zona que abarquen la recolección de muestras para análisis o examen.

- Se dará alta prioridad a los estudios ornitológicos, incluidas las fotografías aéreas para censos de población.

- Todos los datos de GPS, reconocimientos y censos recopilados por las expediciones que visiten la Zona deberán proporcionarse a la autoridad que expida el permiso y a la Parte que se encargue de la formulación del Plan de Gestión (si se trata de una entidad diferente).

- Estos datos serán incorporados en el Directorio Maestro Antártico.

- Los visitantes deberán tomar precauciones especiales para evitar la introducción de organismos no autóctonos en la Zona. Causa especial preocupación la introducción de agentes patógenos, microbios o vegetación provenientes de suelos, flora y fauna de otros lugares de la Antártida, incluidas las estaciones de investigación, o de regiones fuera de la Antártida. A fin de reducir al mínimo el riesgo de introducción de especies no autóctonas, antes de ingresar en la Zona, los visitantes deberán limpiar meticulosamente el calzado y todo el equipo que vaya a usarse en la Zona, en especial el equipo de muestreo y los señalizadores.

7(xi) Requisitos relativos a los informes

El titular principal del permiso presentará a la autoridad nacional correspondiente un informe de cada visita a la Zona, en cuanto sea posible, y antes de los seis meses posteriores a la finalización de la visita. Dichos informes sobre visitas deberán incluir, en la medida de lo posible, la información señalada en el formulario de informe de la visita contenido en la *Guía para la Preparación de Planes de Gestión para las Zonas Antárticas Especialmente Protegidas*. Si procede, la autoridad nacional también debería enviar una copia del informe de visitas a la Parte que haya propuesto el Plan de Gestión, a fin de ayudar en la administración de la Zona y en la revisión del Plan de Gestión. Las Partes deberían, de ser posible, depositar los informes de visita originales, o sus copias, en un archivo de acceso público, a fin de mantener un registro del uso, para fines de revisión del Plan de Gestión y también para fines de la organización del uso científico de la Zona.

Se enviará una copia del informe a la Parte responsable de la elaboración del Plan de Gestión (Australia) a fin de contribuir a la gestión de la Zona y el monitoreo de las poblaciones de aves.

8. Documentación de apoyo

Alonso J.C., Johnstone G.W., Hindell M., Osborne P. y Guard R. (1987): Las aves del Monolito Scullin, Antártida oriental (67° 47'S, 66° 42'E). En: Castellvi J (ed) *Actas del Segundo symposium Español de estudios antarcticos*, pp. 375-386, Madrid.

Bergstrom, D.M., Seppelt, R.D. (1990): The lichen and bryophyte flora of Scullin Monolith Mac.Robertson Land. *Polar Record* 26, 44

Christensen L. (1938): My last expedition to the Antarctic 1936 - 1937. JG Tanum, Oslo. Christensen L 1939. Charting the Antarctic. *Polar Times* 8, 7-10.

Filson R.B. (1966): The lichens and mosses of Mac.Robertson Land. *ANARE Scientific Reports* B(II) Botany.

Funaki, M., Saito, K. (1992): Paleomagnetic and Ar-40/Ar-39 dating studies of the Mawson charnockite and some rocks from the Christensen Coast., En Y. Yoshida (ed) *Recent progress in Antarctic earth science*. pp191-201, Terra Scientific Publishing Company, Tokyo.

Lee J.E, Chown S.L. 2009: Breaching the dispersal barrier to invasion: quantification and management. *Ecological Applications* **19**: 1944-1959.

Johnstone, G. (1987): Visit to Scullin Monolith. *ANARE News*, Junio de 1987, 3.

Klages, N. T.W., Gales, R., Pemberton, D. (1990): The stomach contents of Antarctic petrels Thalassoica antarctica feeding young chicks at Scullin Monolith, Mawson Coast, Antarctica. *Polar Biology* 10, 545-547

Rayner, G.W. y Tilley C.E. (1940): Rocks from Mac Robertson Land and Kemp Land, Antarctica. *Discovery Reports*, XIX, 165-184.

Southwell, C.J. y Emmerson, L.M. (2013) New counts of Adélie penguin populations at Scullin and Murray monoliths, Mac. Robertson Land, East Antarctica. *Antarctic Science* 25: 381-384.

Takigami, Y., Funaki M. y Tokieda K. (1992): 40Ar-39Ar geochronological studies on some paleomagnetic samples of East Antarctica. En: Y. Yoshida et al. (editors) *Recent Progress in Antarctic Earth Science*, pp 61-66, Tokyo, Terra Scientific Publishing Co.

Tingey R.J. (1991): The regional geology of Archaean and Proterozoic rocks in Antarctica. En Tingey R.J. (ed) *The Geology of Antarctic*, pp 1-73, Oxford, Oxford Science Publications.

Whinam J, Chilcott N, Bergstrom D.M. 2005: Subantarctic hitchhikers: expeditioners as vectors for the introduction of alien organisms. *Biological Conservation* **121**: 207-219.

van Franeker J.A., Gavrilo M., Mehlum F., Veit R.R. y Woehler E.J. (1999): (1999): Distribution and abundance of the Antarctic Petrel. *Waterbirds* 22, 14-28.

Apéndice 1: Estimaciones de las poblaciones reproductoras (parejas) de aves marinas en los monolitos Scullin y Murray

Especie	Monolito Scullin	Monolito Murray
Pingüino Adelia *Pygoscelis adeliae*	43 000	8 000
Fulmar austral *Fulmarus glacialoides*	1350	150
Petrel antártico *Thalassoica antarctica*	157 000	3500
Petrel damero *Daption capense*	14	ND
Petrel de las nieves *Pagodroma nivea*	1200	ND
Petrel de Wilson *Oceanites oceanicus*	ND	ND
Skúa polar *Catharacta maccormicki*	30	ND

Nota: ND indica que no hay disponibles datos de censo

Apéndice 2: Flora observada en el monolito Scullin

Se obtuvieron ejemplares de los siguientes grupos taxonómicos en el monolito Scullin en 1972 (R. Seppelt) y 1987 (D. Bergstrom), sobre los cuales publicaron un trabajo Bergstrom y Seppelt (1990).

LÍQUENES **Acarosporaceae**	**Teloschistaceae**	
Biatorella cerebriformis (Dodge) Filson	*Caloplaca citrina* (Hoffm.) Th. Fr.	
*Acarosporagwynii*Dodge&Rudolph	*Xanthoriaelegans*(Link.)Th.Fr.	
Lecanoraceae *Lecanora expectans* Darb *Rhizoplaca melanophthalma* (Ram.) Leuck.	*Xanthoria mawsonii* Dodge **Candelariaceae** *Candellariella hallettensis* Murray	
Lecideaceae	**Umbilicariaceae**	
Lecidea phillipsiana Filson	*Umbilicaria decussata* (Vill.) Zahlbr.	
Lecidea woodberryi Filson **Physciaceae** *Physcia caesia* (Hoffm.) Hampe	**Usneaceae** *Usnea antarctica* Du Rietz *Pseudophebe miniscula* (Nyl. Ex Arnold) Brodo et Hawksw.	
Buellia frigida Darb		
Buellia grimmiae Filson *Buellia lignoides* Filson	**BRIOFITAS**	
Rinodina olivaceobrunnea Dodge y Baker	**Grimmiaceae** *Grimmia lawiana* Willis **Pottiaceae** *Sarconeurum glaciale (C.* Muell.) Card. Et Bryhn	

Apéndice 3: Guía de distancias de aproximación: distancias mínimas (en metros) que deberán mantenerse al acercarse a la fauna silvestre sin un permiso.

Especie	Personas a pie	En esquíes Quad o motonieve	Vehículos tipo Hagglund
Petrel gigante común	100	150	250
Pingüinos emperador en colonias	30		
Otros pingüinos en colonias Pingüinos en fase de muda Focas con cachorros Cachorros de foca solos Priones y petreles en nidos Skúa polar	15		
Pingüinos en hielo marino Focas adultas no reproductoras	5		

Notas:

1. Estas distancias constituyen una orientación solamente. Si usted nota que su actividad está perturbando a la fauna, mantenga una distancia mayor.

2. "Priones y petreles" incluye a los petreles dameros, petreles antárticos, petreles de Wilson, petreles de las nieves y fulmares australes.

Informe Final de la XXXVIII RCTA

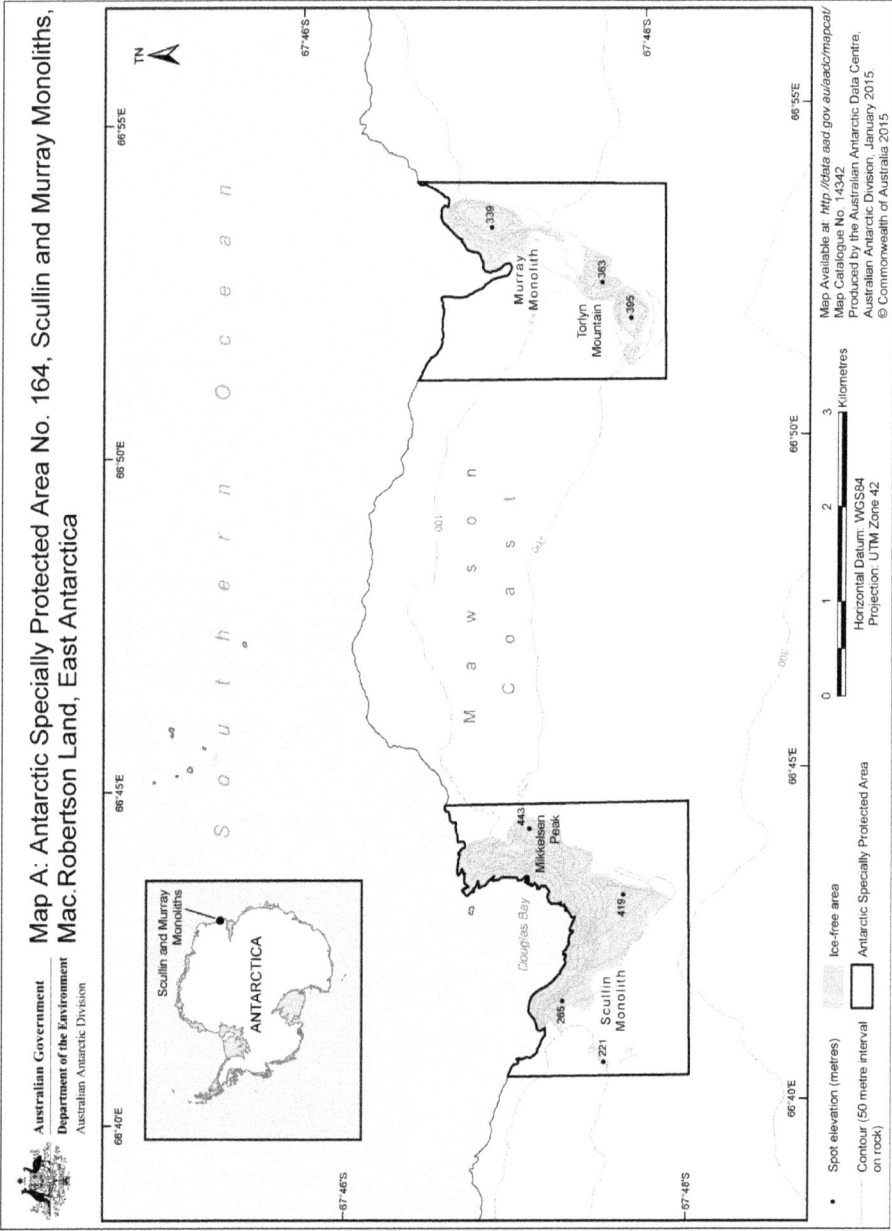

Map A: Antarctic Specially Protected Area No. 164, Scullin and Murray Monoliths, Mac.Robertson Land, East Antarctica

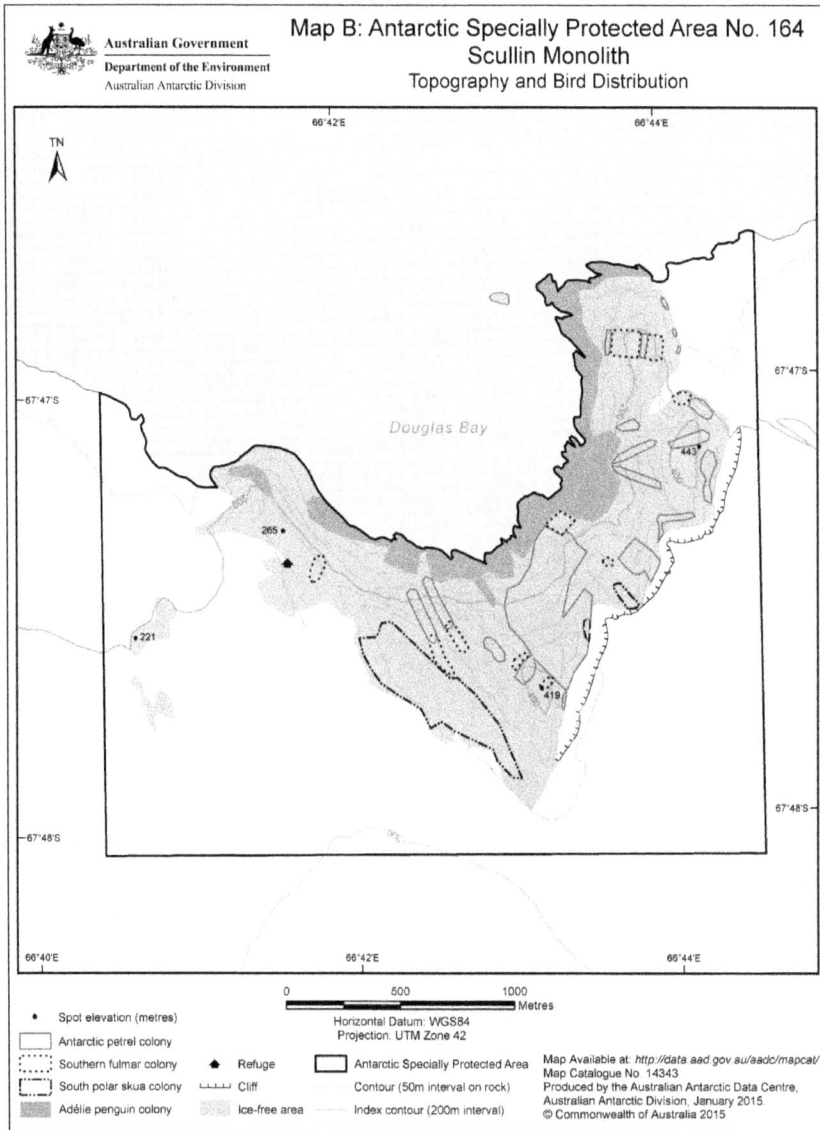

Map B: Antarctic Specially Protected Area No. 164
Scullin Monolith
Topography and Bird Distribution

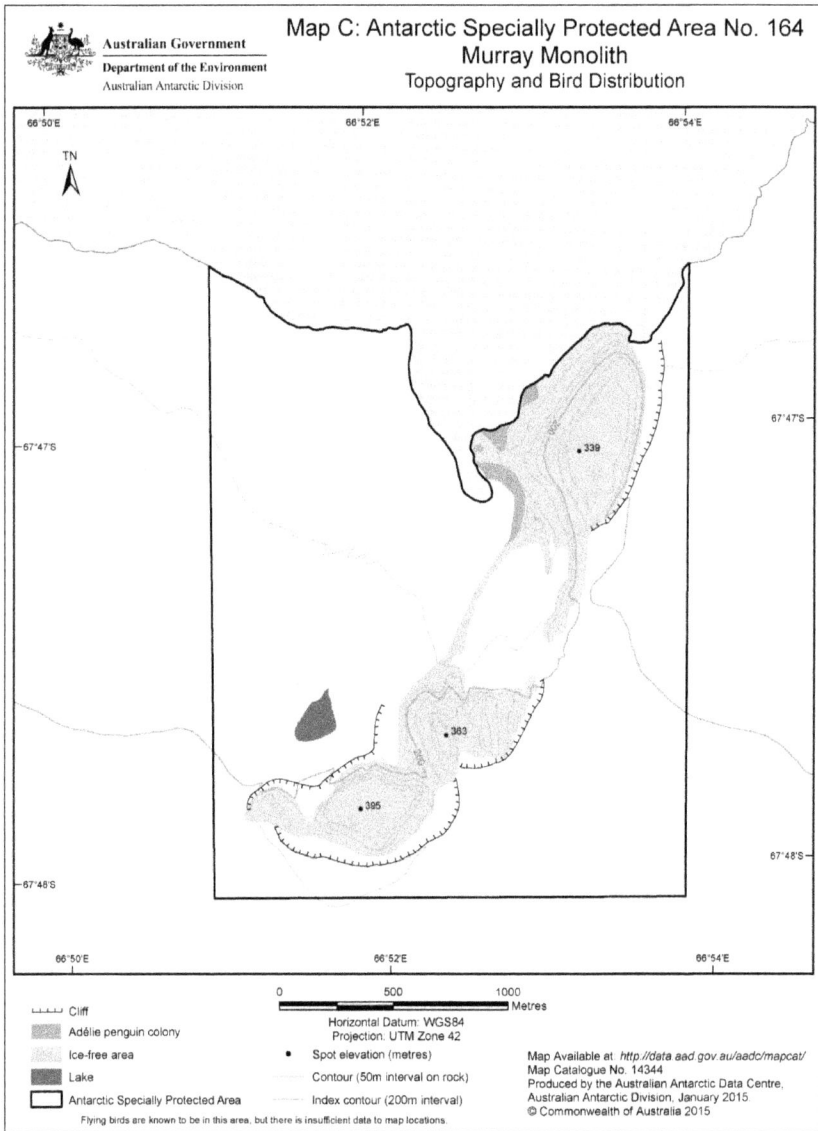

Map C: Antarctic Specially Protected Area No. 164
Murray Monolith
Topography and Bird Distribution

Australian Government
Department of the Environment
Australian Antarctic Division

Cliff
Adélie penguin colony
Ice-free area
Lake
Antarctic Specially Protected Area
Flying birds are known to be in this area, but there is insufficient data to map locations.

Spot elevation (metres)
Contour (50m interval on rock)
Index contour (200m interval)

Horizontal Datum: WGS84
Projection: UTM Zone 42

Map Available at: http://data.aad.gov.au/aadc/mapcat/
Map Catalogue No. 14344
Produced by the Australian Antarctic Data Centre,
Australian Antarctic Division, January 2015
© Commonwealth of Australia 2015

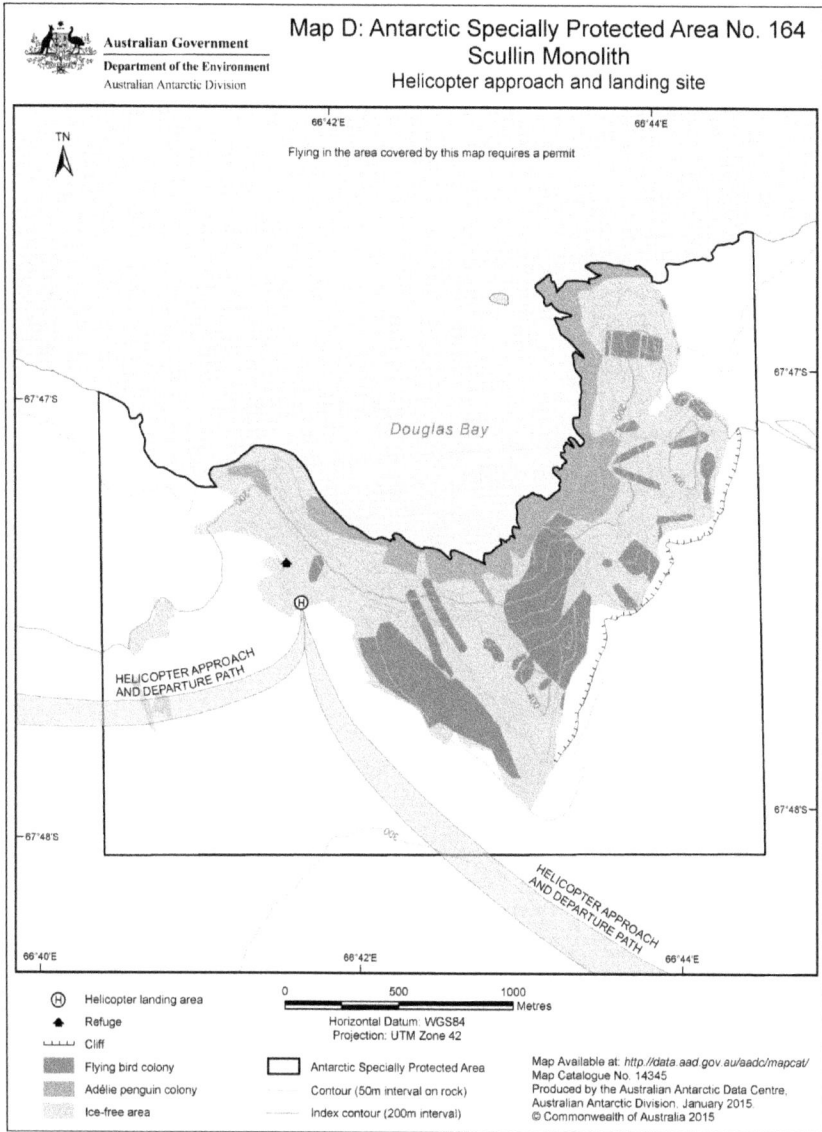

Map D: Antarctic Specially Protected Area No. 164
Scullin Monolith
Helicopter approach and landing site

Plan de Gestión para Zona Antártica Especialmente Protegida Nº 168

MONTE HARDING, MONTAÑAS GROVE, ANTÁRTIDA ORIENTAL

Introducción

Las montañas Grove (72°20'-73°10'S, 73°50'-75°40'E) están situadas a unos 400 km tierra adentro (al sur) de las colinas de Larsemann, en la Tierra de la Princesa Isabel, Antártida oriental, en el banco oriental de la falla de Lambert Rift (mapa A). El monte Harding (72°51' - 72°57' S, 74°53' -75°12' E), el más grande de la región de las montañas Grove, está en la parte central de las montañas Grove, que presenta fisiognomías de cresta-valle que consisten en nunataks que se extienden de nornordeste a sudsudoeste, y se eleva 200 m sobre la superficie del hielo azul (mapa B).

La razón primordial de la designación de la Zona Antártica Especialmente Protegida es proteger los singulares rasgos geomorfológicos de la Zona a fin de realizar investigaciones científicas de la historia evolutiva de la capa de hielo de la Antártida oriental, ampliando al mismo tiempo esta categoría en el sistema de zonas antárticas protegidas.

La investigación de la historia evolutiva de la capa de hielo de la Antártida oriental desempeña un papel importante en la reconstrucción de la evolución paleoclimática a escala mundial. Hasta ahora, una limitación fundamental de la comprensión del comportamiento de la capa de hielo de la Antártida oriental sigue siendo la falta de pruebas directas de los niveles de la superficie de la capa de hielo para constreñir los modelos de la capa de hielo durante los máximos y mínimos glaciales conocidos en el período posterior a los 14 Ma.

Los vestigios de la fluctuación de la superficie de la capa de hielo preservados alrededor del monte Harding probablemente proporcionen las preciadas pruebas directas para reconstruir el comportamiento de la capa de hielo de la Antártida oriental. Hay fisiognomías de erosión glacial y eólica de índole poco común y sumamente vulnerables, como la pirámide con núcleo de hielo, el ventifacto, etc. Estos accidentes geológicos glaciales tienen no sólo valor científico, sino también valores silvestres y estéticos fuera de lo común, y una actividad humana no controlada podría dañarlos de forma permanente e irreparable.

La Expedición China de Investigaciones Antárticas (CHINARE) visitó las montañas Grove en varias ocasiones entre 1998 y 2014, además de planear visitar la zona en la próxima temporada 2015/2016, concentrándose en la investigación de la tectónica geológica, la geología y el paisaje glaciales, la meteorología, el desplazamiento del casquete glacial y el balance de masas, levantamientos topográficos y cartografía, especialmente de las fluctuaciones de la superficie del casquete glacial antártico desde el Plioceno, llevando esas investigaciones a algunos descubrimientos.

El Programa Antártico Australiano también ha visitado las montañas Grove en diversas oportunidades para realizar una serie de investigaciones en los campos de las geociencias y la glaciología, así como actividades de apoyo. Actualmente mantiene una estación de GPS que funciona continuamente en la cresta Tianhe y prevé que continuará los viajes a la región con fines operacionales y de investigación. Asimismo, la Expedición Rusa de Investigaciones Antárticas realizó viajes cortos a la región en 1958 y 1973, pero no resulta claro si llegó a arribar a la Zona.

1. Descripción de los valores que requieren protección.

La Zona del monte Harding designada como zona especialmente protegida (mapa A) tiene las preciadas fisiognomías de la erosión glacial preservada en la capa de hielo del interior de la Antártida, que reviste un gran valor científico, estético y de vida silvestre. La finalidad de esta zona protegida es preservar sus valores científicos, estéticos y de vida silvestre.

1(i) Valores científicos

En el monte Harding subsisten muchos vestigios del avance y el retroceso de la capa de hielo que constituyen prueba directa del enfriamiento y el calentamiento del planeta desde el Plioceno. En esta Zona los científicos han encontrado suelos poco comunes propios de un desierto de frío extremo, rocas sedimentarias formadas en el Neógeno que no se han consolidado por completo y conjuntos valiosos de esporas y polen en los paleosuelos y las rocas sedimentarias. Todo eso implica que se produjo un evento de clima cálido en esta zona, el cual probablemente haya causado un retroceso en gran escala de la capa de hielo de la Antártida oriental, cuyo borde podría estar incluso al otro lado de las montañas Grove, 400 km al sur del borde actual de la capa de hielo de la Antártida oriental.

Entre los inusuales rasgos geomorfológicos de esta Zona se encuentran restos geológicos y geomórficos y una serie de formaciones de fisiognomía especial, como la pirámide con núcleo de hielo, los ventifactos, la morrena con núcleo de hielo (morrena frontal y morrena lateral), suelo de desierto frío, rocas sedimentarias erráticas, charca de agua de deshielo, rocas estriadas, etc.

1(ii) Valores estéticos y de vida silvestre

Se observa en la Zona geomorfología de campo de hielo erosionado, lo que es poco común en la Naturaleza, como la charca de agua de deshielo, el dique de morrena colgante, la pirámide con núcleo de hielo, el ventifacto, etc. (fotografías 1 a la 6). Estos paisajes geológicos y glaciales contrastan bien con las extensiones de hielo azul, de extremada importancia y belleza para conformar valores altamente estéticos y de vida silvestre.

6. Finalidades y objetivos

La gestión de la Zona de Monte Harding, montañas Grove, Antártida oriental apunta a:

• facilitar las investigaciones científicas de largo plazo, evitando al mismo tiempo los daños directos o acumulativos de los rasgos geomorfológicos vulnerables;

• permitir la investigación científica en la Zona siempre y cuando esto sea por razones convincentes, que no puedan llevarse a cabo en otro lugar y que no arriesgarán los valores de la Zona;

• permitir la investigación científica en la Zona, que sea consistente con las finalidades y objetivos de gestión, y que no ponga en riesgo los valores de la Zona;

• permitir visitas con fines de gestión en respaldo de los objetivos del Plan de Gestión;

• reducir a un mínimo la introducción de plantas, animales y microbios no autóctonos en la Zona.

1. Actividades de gestión

• Se deben poner a disposición las copias del Plan de Gestión (con mapas adjuntos) en las estaciones Zhongshan (China), Davis (Australia) y Progress (Rusia), y el mapa de la zona protegida se debe colocar en lugares visibles de las estaciones antes mencionadas. El personal en las proximidades de la Zona, que acceda a ella o que vuele sobre la misma debe estar específicamente instruido por su programa nacional en cuanto a las disposiciones y el contenido del Plan de Gestión.

• Los Programas Antárticos Nacionales que operen en la Zona deben realizar consultas entre sí para garantizar que se implementen las actividades de gestión mencionadas.

• Deberán realizarse las visitas necesarias a la Zona, por lo menos una vez cada cinco años, para determinar si continúa sirviendo a los fines para los que fue designada y garantizar que las medidas de gestión sean apropiadas.

• El Plan de Gestión será revisado con una frecuencia no inferior a cinco años y actualizado o modificado cuando resulte necesario.

• Si la capa de hielo de la Antártida continúa retrocediendo, dejando expuestos nuevos vestigios de su avance y retroceso en las proximidades de la zona protegida y ampliando la extensión de estos vestigios, los límites de la zona protegida deberían actualizarse periódicamente a fin de incluir los vestigios recién expuestos del avance y retroceso del casquete glacial en la zona, lo cual debería tenerse en cuenta en la revisión del Plan de Gestión.

2. Periodo de designación

Designación con período de vigencia indefinida.

3. Mapas y fotografías

• Mapa A, A1: ubicación de las montañas Grove. A2: Región de las montañas Grove, Antártida

• Mapa B, Zona protegida alrededor del monte Harding, montañas Grove, Antártida

• Mapa C, Ubicación de los nunataks alrededor del monte Harding, montañas Grove, Antártida, y dirección del flujo del hielo

•Fotografía 1, ventifacto

•Fotografía 2, ventifacto

•Fotografía 3, pirámide con núcleo de hielo

•Fotografía 4, morrena colgante

•Fotografía 5, charca de agua de deshielo

•Fotografía 6, rocas estriadas

4. Descripción de la Zona

6(i)   Coordenadas geográficas, indicaciones de límites y rasgos naturales

La Zona es de forma irregular, aproximadamente rectangular, con unos 10 km de ancho de este a oeste, alrededor de 12 km de largo de sur a norte y una superficie total de alrededor de 120 km^2 (mapa A).

El límite de la ZAEP propuesta se definió con el propósito de conferir protección especial al conjunto de los rasgos geomorfológicos singulares formados como consecuencia del avance y el retroceso de la capa de hielo en el monte Harding.

Coordenadas geográficas

La Zona Antártica Especialmente Protegida del monte Harding, montañas Grove, abarca la zona abierta de hielo azul desde la morrena en el lado oeste del monte Harding hasta el lado este de la cresta Zakharoff, así como varios nunataks, la zona de detritos, la morrena, etc., que se encuentran en la Zona (mapa B). Sus coordenadas geográficas son: 72°51' -72°57' S, 74°53' - 75°12' E.

Indicadores de límites

El límite occidental de la Zona es la morrena situada en el lado oeste del monte Harding. Del extremo norte vira hacia el este, hacia la zona abierta de detritos de hielo azul en el lado este de la cresta Zakharoff por el flanco norte de la cresta norte del monte Harding y el extremo norte de la cresta Zakharoff, después vira hacia el sur hasta el extremo norte de los nunataks Davey y después vira hacia el oeste hasta el extremo sur de la morrena del lago Xi, cerrando así toda la Zona. Las coordenadas geográficas de los nueve puntos de control situados en el límite son, hacia la izquierda: 1. 74°57'E, 72°51' S, 2. 74°54'E, 72°53' S, 3.74°53'E, 72°55' S, 4. 74°54'E, 72°57' S, 5. 75°00'E, 72°57' S, 6.75°10'E, 72°57' S, 7. 75°12'E, 72°55' S, 8. 75°11'E, 72°52' S, 9. 75°08'E, 72°51' S.

Actualmente no hay señalizadores ni carteles para indicar los límites.

Condiciones climáticas generales en el verano

Con una altitud media de más de 2 000 metros en las montañas Grove, la gama diaria de temperaturas y la frecuencia de los vientos fuertes son mayores que en la Estación Zhongshan.

Cuando influye la corriente cálida y húmeda del norte, nieva constantemente en esta zona, mientras que, cuando predomina la corriente del este, el clima es principalmente soleado. La tendencia de la variación diaria de la velocidad del viento es mayor que la observada en la Estación Zhongshan, donde la velocidad máxima del viento se registra aproximadamente a las 05:00 a.m. y la velocidad mínima del viento se presenta alrededor de las 17:00 p.m. por lo general. La media diaria de la velocidad del viento es de 7,5 m/s desde diciembre de 1998 hasta enero de 1999. Al igual que en la Estación Zhongshan, en el área de las montañas Grove influyen los vientos catabáticos, pero con mayor fuerza que en la Estación Zhongshan.

Entre diciembre de 1998 y enero de 1999, las temperaturas máxima y mínima del aire en la zona de las montañas Grove fue de -13,1° y -22,6°C en promedio, respectivamente, y se calcula que la gama de la temperatura diaria media podría ser de -9,5°C. En esta zona, en enero en particular, la temperatura del aire y de la nieve presenta un cambio obvio durante el día, donde la temperatura media del aire es de -18,5 y la temperatura de la superficie de la nieve es de alrededor de -17,9, lo cual significa que la temperatura media de la nieve es superior a la temperatura media del aire.

Fisiognomía

El monte Harding, situado en la parte central de las montañas Grove, tiene forma de una media luna abierta hacia el noroeste. Los extremos norte y sur son crestas escarpadas que sobresalen unos 200 m sobre la superficie del hielo reciente. El segmento central de la línea de la cresta entre las dos cumbres desciende gradualmente hasta llegar a la superficie del hielo en el col central, con una lengua de hielo relíctica que cuelga en el lado de sotavento. Dentro de la media luna hay una laguna de hielo azul estancado, de decenas de km^2 de ancho. Estas formaciones, con los reflejos del vasto hielo azul, constituyen el magnífico y bello paisaje de la geomorfología de campo de hielo erosionado.

Los nunataks de la zona podrían dividirse en dos grupos. El grupo del oeste abarca los nunataks altos representados por el monte Harding; el otro es una parte pequeña del área que incluye la cadena baja y lineal de nunataks de la cresta Zakharoff. Las pendientes de barlovento de los nunataks rocosos muestran una roca subyacente lisa por el desgaste, con parches de morrenas de fondo de rocas erráticas. Las laderas de sotavento y laterales de los nunataks generalmente presentan farallones escarpados resultantes de la acción de abrasión y el desmoronamiento del hielo a lo largo de grietas subverticales de las rocas. Los nunataks dejan un par de "estelas" de detritos superglaciales de decenas de kilómetros de largo en la superficie del hielo que marcan el trayecto actual del flujo de hielo local.

La parte superior de los nunataks más altos generalmente consiste en crestas recortadas con ventifactos bien desarrollados en la cima que dan al viento predominante del sudeste. La escasez de impresiones erosivas glaciales, incluso a varios metros de profundidad en la roca dura erosionada por fuertes vientos, indica que estas pendientes más altas están libres de hielo desde hace mucho tiempo. En cambio, las partes más bajas de las pendientes, situadas a aproximadamente 100 m sobre la superficie del hielo, presentan características de erosión glacial reciente, como líneas en la pared de los valles que indican el paso de un glaciar y rocas erráticas frescas.

Algunos de los nunataks pequeños son típicas rocas estriadas como consecuencia del antiguo paso de la corriente de hielo. Se considera que esta divisoria regional entre erosión eólica y glacial representa la altura anterior de la superficie del hielo desde una fase determinada, probablemente las glaciaciones del Cuaternario inferior, y que las elevaciones posteriores de la superficie del hielo no excedieron este límite.

El monte Harding es el mayor nunatak grande de las montañas Grove. En el lado oeste de la cresta en forma de media luna hay una gran área llana de hielo azul estancado en forma de lago (lago Kunming, lago Xi) y se observa una docena de pirámides con núcleo de hielo (conos con núcleo de hielo) en la línea de unión del hielo del lago con el pie de los nunataks rocosos.

Los fenómenos y paisajes geológicos y glaciales que merecen protección especial son los siguientes (mapa C)：el ventifacto (fotografías 1 y 2): como consecuencia de los fuertes vientos y su efecto erosivo, hay varios ventifactos grandes de forma peculiar alrededor de la cima meridional del monte Harding.

Estos ventifactos, típica fisiognomía de erosión eólica rara vez vista en la Tierra, están expuestos a daños irreversibles por actividades humanas no reguladas.

Pirámides con núcleo de hielo (conos con núcleo de hielo, fotografía 3): a lo largo de los bordes septentrional y meridional del lago Kunming hay una docena de pirámides con núcleo de hielo. Estas pirámides de forma cónica tienen entre 20 y 40 m de altura y un diámetro de 50 a 80 m en la base. Estas pirámides son los mejores indicadores para medir directamente la neumatólisis del hielo azul y revisten gran importancia para la investigación del balance de materia y la historia evolutiva de la capa de hielo de la Antártida oriental. Son sumamente vulnerables y todo intento de escalarlas llevará a su alteración y destrucción irremediables.

Morrena colgante (fotografía 4): en el lado noroeste de la charca de hielo azul estancado hay una morrena lineal flotante. Estas morrenas tienen unos 100 m de ancho, de 25-35 m de altura y 1 km de largo. En la superficie de la morrena hay un lecho de grava de 50 a 100 cm de espesor, debajo del cual se encuentra el hielo azul. Estas masas de rocas exóticas son una fuente valiosa de material para estudiar la tectónica de las rocas de base subyacentes de la capa de hielo de la Antártida oriental. Los conjuntos de esporas y polen contenidos en las rocas sedimentarias erráticas son la prueba clave del evento de retroceso en gran escala de la capa de hielo de la Antártida oriental durante el Plioceno. Todo intento de subir a estas morrenas o caminar sobre ellas probablemente les ocasione daños irreparables.

Suelo de desierto frío: en la ladera meridional del monte Harding se encontraron varios parches de suelo propios de un desierto frío por encima del límite regional de erosión de alrededor de 100 m. La existencia de estos suelos indica también que la fluctuación del hielo nunca sobrepasó este límite después de la formación de los suelos, pues toda elevación mayor del hielo los habría arrasado y destruido.

Conjuntos de microfósiles en las rocas erráticas sedimentarias: se han identificado más de 25 especies de microfósiles de plantas del Neógeno en estas rocas sedimentarias aluviales. Los conjuntos de esporas y polen proporcionan información útil sobre la evolución de la capa de hielo de la Antártida oriental porque provienen de un conjunto de estratos glaciógenicos ocultos debajo de la capa de hielo de la Antártida oriental. La mayor parte del polen y las esporas proviene de fuentes locales en forma de conjuntos *in situ* que representan una flora continental.

Charca de agua de deshielo (fotografía 5): al pie del lado de sotavento de los enormes nunataks suelen formarse charcas de agua de deshielo, grandes o pequeñas, con una superficie que va de varias docenas a miles de metros cuadrados. El hielo de la superficie de estas charcas es sumamente liso y transparente, con abundantes burbujas de aire que suben desde el fondo. La presencia de la charca de agua de deshielo sugiere la existencia de un evento megatérmico.

Acantilado de hielo azul: en el lado este de la zona protegida hay acantilados o precipicios de hielo azul de varios miles de metros de largo, generalmente de 30 a 50 m de alto, con una pendiente de 40 a 70°.

Rocas estriadas (fotografía 6): en los lados este y sur de la zona protegida hay rocas estriadas por los glaciares. Estas rocas de forma peculiar tienen numerosas huellas del flujo de hielo en la superficie y poseen un gran valor de vida silvestre, estético y científico.

Cuenca paleosedimentaria (borde anterior de la capa de hielo): se infiere que hay una cuenca de erosión paleoglacial con el estrato sedimentario marginal, en el borde frontal de la capa de hielo del Plioceno, debajo de la cuenca de hielo azul en el lado oeste del monte Harding. Probablemente constituya un nuevo tipo de lagos subglaciales. La exploración de estas cuencas paleosedimentarias podría llevar a la obtención de valiosísimos registros sedimentarios de los cambios paleoclimáticos y ambientales que se produjeron durante el Plioceno en esta zona.

Características geológicas

Estos nunataks consisten principalmente en rocas metamórficas con facies de anfibolita superior a facies de granulita, granito sinorogénico a orogénico tardío, y aplita y pegmatita granodioríticas postectónicas. La ausencia de estructuras activas y actividad sísmica , así como de vulcanismo cenozoico, parece indicar que esta región, junto con la bahía Prydz, ha permanecido geológicamente estable al menos desde el Mesozoico superior. Las nuevas pruebas geológicas obtenidas de esta zona muestran que, en el interior de la Antártida oriental, hay una enorme área orogénica de la etapa "panafricana" desde la bahía Prydz a las montañas Grove y las montañas Príncipe Carlos, que debería ser la última zona de sutura segmentada de la tierra de Gondwana.

6(ii)   Acceso a la Zona

Se puede llegar a la Zona por tierra en vehículo o en aeronave, aterrizando en los lugares cubiertos de nieve y hielo en la Zona o en sus inmediaciones.

6(iii) Ubicación de estructuras dentro de la Zona y adyacentes a la misma

Australia mantiene una estación de GPS que funciona continuamente en la cresta Tianhe, a 72°54'29.17479" S,74°54'36.43606" E. La estación consiste en una antena de GPS montada en un pilar de reconocimiento geodinámico, tres cajas resistentes con baterías y receptores de GPS, un bastidor con cuatro paneles solares y una turbina eólica. Además, hay tres marcas de referencia para reconocimientos topográficos alrededor del pilar del GPS, a unos 20 m de distancia.

CHINARE mantiene un punto de control geodésico en la Zona mediante el uso de receptores GPS de frecuencia doble (N°: Z003) a 72°53'55.07437" S, 75°02'14.00782" E para satisfacer los requisitos de cartografía por imagen satelital.

6(iv)   Ubicación de las zonas protegidas en las cercanías

No hay otras zonas protegidas en las cercanías.

6(v)   Áreas especiales al interior de la Zona

No hay áreas especiales dentro de la Zona.

7. Términos y condiciones para los permisos de entrada

7(i)   Condiciones generales de los permisos

Se prohíbe el ingreso a la Zona excepto con un permiso expedido por una autoridad nacional pertinente.

Las condiciones para la expedición de un permiso de ingreso a la Zona son las siguientes:

• se expide solo para actividades científicas indispensables que no puedan realizarse en otro lugar o para los fines de gestión de la Zona. Antes de que se le otorgue el permiso, el solicitante deberá demostrar a las autoridades competentes apropiadas que las muestras que se hayan recolectado hasta el momento en otros lugares del mundo no satisfacen plenamente las necesidades de investigación propuestas.

• las actividades permitidas deberán atenerse a este Plan de Gestión;

• las actividades permitidas darán la correspondiente consideración mediante el proceso de Evaluación del impacto ambiental para la protección continua de los valores científicos y estéticos y de vida silvestre de la Zona;

• se deberá llevar el permiso, o una copia válida de este, dentro de la Zona;

• el permiso será expedido por un período determinado;

• se deberá presentar un informe de las actividades a las autoridades nacionales a cargo de asuntos polares que expidan el permiso.

7(ii)   Acceso a la zona y desplazamientos en su interior o sobre ella

• Al ingresar en vehículos terrestres tales como motonieves y en aeronaves, se debería tratar de no destruir la línea de equilibrio local que separa la zona de ablación neta de la zona interior de acumulación neta, la zona de distribución de paleosuelos, los ventifactos, el acantilado de hielo azul, la pirámide con núcleo de hielo y otras fisiognomías geológicas y naturales de gran valor ambiental y para la investigación científica;

• Como en esta zona hay muchas grietas en el hielo, si se usan motonieves se recomienda seguir la ruta que la Expedición China ha marcado en ambos lados con postes de colores por motivos de seguridad;

• En las operaciones de aeronaves en la Zona se debería tener en cuenta el terreno montañoso;

• Se prohíbe estrictamente subir a las pirámides y caminar sobre la morrena flotante y las rocas estriadas por glaciares.

7(iii)   Actividades que pueden llevarse a cabo dentro de la Zona

• Investigación científica indispensable que no pueda realizarse en ningún otro lugar y que no ponga en peligro el valor de la Zona;

• Actividades importantes de gestión, incluidas las de vigilancia, inspecciones, mantenimiento o revisión;

• Actividades operacionales en apoyo de la investigación científica o de las actividades administrativas al interior de la Zona o fuera de ella, incluyendo visitas con objeto de evaluar la eficacia del Plan de Gestión y de las actividades de gestión;

7(iv) Instalación, modificación o desmantelamiento de estructuras

• No se levantarán en la Zona estructuras ni equipos científicos, excepto con fines científicos o por motivos de gestión;

• Todas las instalaciones que se emplacen en la Zona deberán especificarse en el permiso expedido por la autoridad competente del país correspondiente. En lo posible, al emplazar tales instalaciones se deberán evitar los rasgos geomorfológicos delicados;

• Todas las instalaciones en la Zona deben estar claramente identificadas por país, nombre del investigador o agencia principal y año de instalación. Todos estos elementos deberían estar confeccionados con materiales que presenten un riesgo mínimo de contaminación de la Zona. Se deben desmantelar estas instalaciones cuando ya no se necesiten, al igual que, en la medida de lo posible, todo el equipo o material adicional que haya sido abandonado.

7(v)   Ubicación de los campamentos

Por razones de seguridad, los lugares para acampar deben elegirse de forma tal que no se destruya o afecte a la fisiognomía geológica y natural especial.

Se permite acampar en la Zona cuando sea necesario con fines compatibles con el presente Plan de Gestión y cuando se autorice en un permiso, a condición de que esto no ocasione la destrucción de la fisiognomía geológica y natural del lugar y sus alrededores. En esta zona, se preferirá acampar en el campamento que está cerca del monte Harding (No 9) y en el campamento que está cerca de la cresta Zakharoff (No 8), que se muestran en el mapa B. Se debe acampar sobre nieve, hielo o roca a fin de evitar los vestigios de la capa de hielo.

7(vi) Restricciones relativas a los materiales y organismos que puedan introducirse en la Zona

• No se podrán dejar en la Zona depósitos de alimentos u otros suministros una vez concluido el período o la actividad;

• Se prohíbe la introducción deliberada de animales, material vegetal o microorganismos vivos en la Zona. Deberán tomarse todas las precauciones necesarias para evitar su introducción accidental;

• Todos los materiales introducidos podrán permanecer en la Zona durante un período determinado, deberán ser retirados a más tardar cuando concluya dicho plazo y deberán ser almacenados y manipulados con métodos que reduzcan al mínimo el riesgo de impacto ambiental.

7(vii) Toma de, o intromisión perjudicial sobre la flora y fauna autóctonas

En la Zona no hay presencia de flora y fauna autóctonas.

7(viii) Recolección o retiro de materiales que no haya sido llevado a la Zona por el titular del permiso

• Se podrá recolectar o retirar material de la Zona únicamente de conformidad con un permiso y dicho material deberá limitarse al mínimo necesario para fines de índole científica o de gestión.

• Podrá ser retirado todo material de origen humano que probablemente comprometa los valores de la Zona y que no haya sido llevado a la Zona por el titular del permiso o que no esté comprendido en otro tipo de autorización, salvo que el impacto de su extracción sea probablemente mayor que el efecto de dejar el material *in situ*. Si es el caso, se debe notificar a la autoridad nacional correspondiente y se debe obtener aprobación.

7(ix)   Eliminación de desechos

Como mínimo, todos los desechos, incluidos todos los residuos humanos, deberían tratarse de acuerdo con el Anexo III y no verterse en arroyos o lagos de agua dulce, en áreas libres de hielo o en áreas con nieve o hielo que drenen hacia áreas de intensa ablación.

7 (x) Medidas que puedan requerirse para garantizar el continuo cumplimiento de los objetivos y las finalidades del Plan de Gestión

Ninguno.

7(xi) Requisitos relativos a los informes

• El titular principal del permiso presentará a la autoridad nacional correspondiente un informe de cada visita a la Zona, en cuanto sea posible, y antes de los seis meses posteriores a la finalización de la visita.

• Dichos informes deberán incluir, según corresponda, la información señalada en el formulario de informe de visita contenido en la Guía para la Preparación de Planes de Gestión para las Zonas Antárticas Especialmente Protegidas. Si es necesario, la autoridad nacional también debería entregar una copia del informe de visitas a la Parte que haya propuesto el Plan de Gestión, a fin de ayudar en la administración de la Zona y en la revisión del Plan de Gestión.

• Las Partes deberían, de ser posible, depositar los originales o copias de los mencionados informes originales de visita en un archivo de acceso público a fin de mantener un registro de uso, para fines de revisión del Plan de Gestión y también para fines de la organización del uso científico de la Zona.

5. Documentación de apoyo

Liu Xiaochun, Zhao Yue, Hu Jianmin, Liu Xiaohan, Qu Wei (2013). The Grove Mountains: A Typical Pan-African Metamorphic Terrane in the Prydz Belt, East Antarctica. Chinese Journal of Polar Research 25(1):7-24.

Xiaohan Liu, Feixin Huang, Ping Kong, Aimin Fang, Xiaoli Li, Yitai Ju (2010). History of ice sheet elevation in East Antarctica: Paleoclimatic implications. Earth and Planetary Science Letters 290 (2010): 281–288.

Xiaochun Liu, Jianmin Hu, Yue Zhao, Yuxing Lou, ChunjingWei, Xiaohan Liu (2009). Late Neoproterozoic /Cambrian high-pressure mafic granulites from the Grove Mountains, East Antarctica: *P–T–t* path, collisional orogeny and implications for assembly of East Gondwana. Precambrian Research 174 (2009) 181–199.

Australian Antarctic Division (AAD, 2007): Australian Antarctic Programme Approved Science Projects for season 2006/07, *http://its-db.aad.gov.au/proms/public/projects/ projects_by_program.cfm?season=0607&PG_ID=5*.

Report on the 22nd CHINARE Scientific Activity [2005/2006] (2006), Chinese Arctic and Antarctic Administration.

Liu Xiaochun; Jahn Bor-ming, Zhao Yue, Li Miao, Li, Huimin; Liu Xiaohan (2006). Late Pan-African granitoids from the Grove Mountains, East Antarctica: Age, origin and tectonic implications. Precambrian Research, 145: 131-154.

Zhang Shengkai, E Dongchen, LiFei, et al (2006). The establishment of GPS network in Grove Mountains, East Antarctica. Chinese Journal of Polar Science 17(2):111-116.

ASPA 168: MOUNT HARDING

CHENG Xiao, ZHANG Yan-mei (2006). Detecting Ice Motion with Repeat-pass ENVISAT ASAR Interferometry over Nunataks Region in Grove Mountain, East Antarctic – The Preliminary Result, Journal of Remote Sensing 10(1):118-122.

IPY-ACE core program, 2006.

Dongchen E, Chunzia Zhou, Mingsheng Liao (2005). Application of SAR interferometry in Grove Mountains, East Antarctica. Informe del SCAR, 2005, 23: 42-46.

Dongchen E., Shengkai Zhang, Li Yan, Fei Li (2005). The establishment of GPS control network and data analysis in the Grove Mountains, East Antarctica. Informe del SCAR, 2005, 23: 46-49.

Aimin Fang, Xiaohan Liu, Xiaoli Li, Feixin Huang, Liangjun Yu (2005). Cenozoic glaciogenic sedimentary record in the Grove Mountains of East Antarctica. Antarctic Science 17(2): 237-240.

J. Taylor, M. J. Siegert, A.J. Payne, M.J. Hambrey, P.E. O'Brien, A.K. Cooper, y G. Leitchenkov (2004). Topographic controls on post-Oligocene changes in ice-sheet dynamics, Prydz Bay,

East Antarctica, Geology 32 (3):197-200.

Fang Aimin, Liu Xiaohan, Lee Jong Ik, Li Xiaoli, Huang Feixin (2004). Sedimentary environments of the Cenozoic sedimentary debris found in the moraines of the Grove Mountains, East

Antarctica and its climatic implications. Progress in Natural Science 14:3-223.

Huang Feixin, Liu Xiaohan, Kong Ping; Ju Yitai, Fang Aimin, Li Xiaoli, Na Chunguang (2004). Bedrock exposure ages in the Grove Mountains, interior East Antarctica. Chinese Journal Polish Polar Research 16(1): 22-28.

Fang Aimin, Liu Xiaohan, Wang Weiming, Yu Liangjun, Li Xiaoli, Huang Feixin (2004). Preliminary study on the spore-pollen assemblages found in the cenozoic sedimentary rocks in Grove Mountains, East Antarctica. Quaternary Sciences 24(6):645-653.

Report on the 19th CHINARE Scientific Activity [2002/2003](2003), Chinese Arctic and Antarctic Administration.

X.H. Liu, Y, Zhao, X.C. Liu, y L.J. Yu, (2003) Geology of the Grove Mountains in East Antarctica-New Evidence for the Final Suture of Gondwana Land, Science in China (D), 46 (4): 305-319.

Zhao Y, Liu X H, Liu X C, Song B (2003). Pan-African events in Prydz Bay, East Antarctica, and their implications for East Gondwana tectonics. En: Yoshida M, Windley B F, Dasgupta S.

(eds) Proterozoic East Gondwana: Supercontinent Assembly and Breakup. Geological Society, London, Special Publications, 206: 231-245.

Liu X, Zhao Z, Zhao Y, Chen J y Liu XH (2003). Pyroxene exsolution in mafic granulites from the Grove Mountains, East Antarctica: constraints on the Pan-African metamorphic conditions. European Journal of Mineralogy 15:55-65.

X.L. Li, X.H. Liu, Y.T. Ju y F.X. Huang(2003). Properties of soils in Grove Mountains, East Antarctica, Science in China (D) ÿ46 (7):683-693.

Qin Xiang (2003). A brief introduction to research on the snow and ice of the Grove Mountains, Antarctica, during the Third Chinese research expedition. Bingchuan Dongtu, 25 (4): 477-478.

Cheng Xiao, Li Zhen, Massonnet, Didier [chairperson], Yu Shao, Zhang Yanmei (2003). Blue-ice domain discrimination using interferometric coherence in Antarctic Grove Mountains. 2003 EEE international geoscience and remote sensing symposium: July 21-25, 2003: Toulouse, France;

International Geoscience and Remote Sensing Symposium, 2003, Volume 4: 2599-2601.

Fang Aimin, Liu Xiaohan, Lee Jong Ik, Li Xiaoli, Huang Feixin (2003). The significance of Cenozoic sedimentary rocks found in Grove Mountains, East Antarctica. Chinese Journal of Polar Research 15(2):138-150.

LI Xiaoli, LIU Xiaohan, FANG Aimin, JU Yitai, YAN Fuhua (2003). Pliocene sporopollen in the Grove Mountains, East Antarctica, Marine geology & Quaternary geology 23(1):35-39.

Johnston, Gary, Digney, Paul, Manning, John [director] (2002).Extension of the Australian Antarctic geodetic network in Grove Mountains. Tercer simposio de geodesia de la Antártida: 18 al 20 de julio de

2001, San Petersburgo, Federación de Rusia; Informe del SCAR 21: 34-37.

Whitehead J M and McKelvey BC (2002). Cenozoic glacigene sedimentation and erosion at the

Menzies Range, southern Prince Charles Mountains, Antarctica. Journal of Glaciology 48 (2): 207-247.

Liu Xiaochun, Zhao Yue (2002). Geological aspects of the Grove Mountains, East Antarctica – New evidence for the final suture of Gondwana Land. Royal Society of New Zealand, Informativo 35: 161-166.

Liu XH, Zhao Y, Liu XC, Yu LZ (2002). Geological aspects of the Grove Mountains, East Antarctica. Science in China (Series D) 32(6): 457-468.

Yu Liangjun, Liu Xiaohan, Zhao Yue, Ju Yitai (2002). Preliminary study on metamorphic mafic rocks in the Grove Mountains, East Antarctica. Chinese Journal of Polar Research 14 (2): 93-104.

Mikhalsky, E. V., Sheraton, J. W., Beliatsky, B. V.(2001). Preliminary U-Pb dating of Grove Mountains rocks: implications for the Proterozoic to Early Palaeozoic tectonic evolution of the Lambert Glacier-Prydz Bay area (East Antarctica). Terra Antarctica 8 (1): 3-10.

B.C. McKelvey, M.J. Hambrey, D.M. Harwood (2001). The Pagodroma Group - a Cenozoic record of the East Antarctic ice sheet in the northern Prince Charles Mountains, Antarctic Science, 13 (4):455-468.

Liu X, Zhao Y y Liu XH (2001). The Pan-African granulite facies metamorphism and syn-tectonic magmatism in the Grove Mountains, East Antarctica. Journal of Conference Abstracts, Cambridge Publications, Cambridge, United Kingdom, 6:379.

Sun Jiabing, HuoDongmin, ZhouJunqi and SunZhaohui (2001). The digital mapping of satellite images by free of ground control and the analysis of land form blue ice and meteorites distribution in the Grove Mountains. Chinese Journal of Polar Science 13(1).

Report on the 16th CHINARE Scientific Activity [1999/2000](2000), Chinese Arctic and Antarctic Administration.

Cheng Yanjie, Lu Longhua,Bian Lingen,Liu Xiaohan (2000). Summer weather characteristics on the Grove Mountain of Antarctica. Chinese Journal of Polar Science11 (2): 123-130.

Report on the 15th CHINARE Scientific Activity [1998/1999](1999), Chinese Arctic and Antarctic Administration.

Cheng Yanjie,Lu Longhua,Bian Lingen,Liu Xiaohan (1999). Summer weather characteristics of Grove Mountain area in East Antarctica. Chinese Journal of Polar Research 11(4):291-300.

Cheng Yanjie, Lu Longhua and Bian Lingen (1999).Summer weather characteristics of Grove Mountain area in East Antarctica Chinese Journal of Polar Science 14(1):291-300.

Guía para la Preparación de Planes de Gestión para las Zonas Antárticas Especialmente Protegidas: Anexo a la Resolución 2 (1998).

Domack E, et al (1998). Late Quaternary sediment facies in Prydz Bay, East Antarctica and their relationship to glacial advance onto the continental shelf. Antarctic Science 10(3):236^ÿ246.

Barker PF, et al. (1998). Ice sheet history from Antarctic continental margin sediments: The ANTOSTRAT approach. Terra Antarctica, 5:737-760.

D.E. Sugden, D.R. Marchant, Jr. N. Potter, R.A. Souchez, G.H. Denton, C.C. Swisher III, J.L. Tison (1995). Preservation of Miocene glacier ice in East Antarctica, Nature 376(3):412-414.

D.E. Sugden, D.R. Marchani, y G.H. Destos, The case for a stable East Antarctic Ice Sheet the background, Geografiska Annaler, 75A, (1993) 151-153.

Mapa A1. Ubicación de las montañas Grove

Referencias del mapa: proyección: estereográfica normal Datum horizontal:WGS-84

Autor: Chinese Antarctic Centre of Surveying and Mapping, Universidad de Wuhan

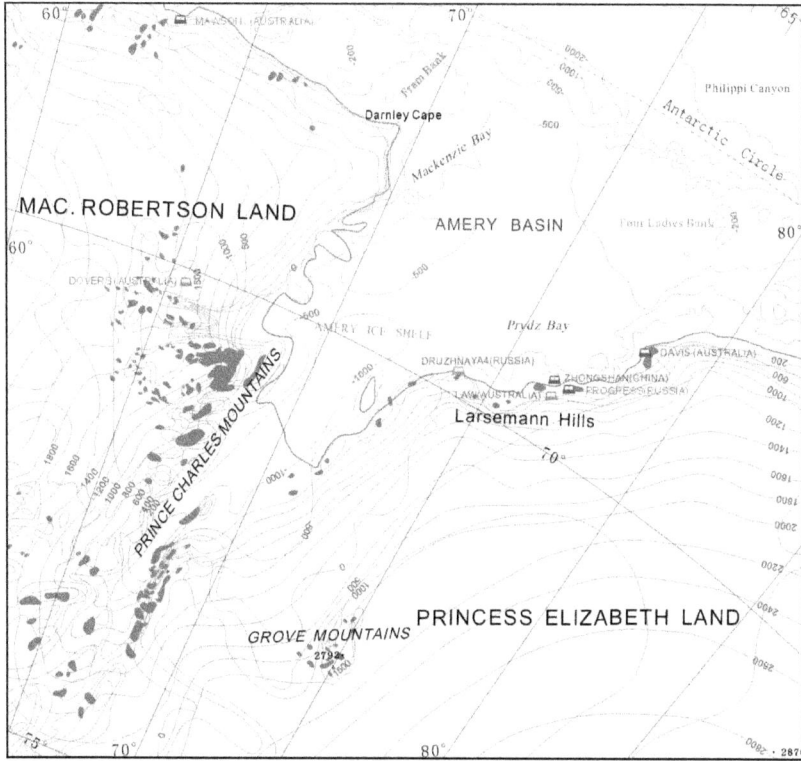

Mapa A2. Área de las montañas Grove, Antártida

Referencias del mapa: proyección: TM, Datum horizontal: WGS-84

Autor: Chinese Antarctic Centre of Surveying and Mapping, Universidad de Wuhan

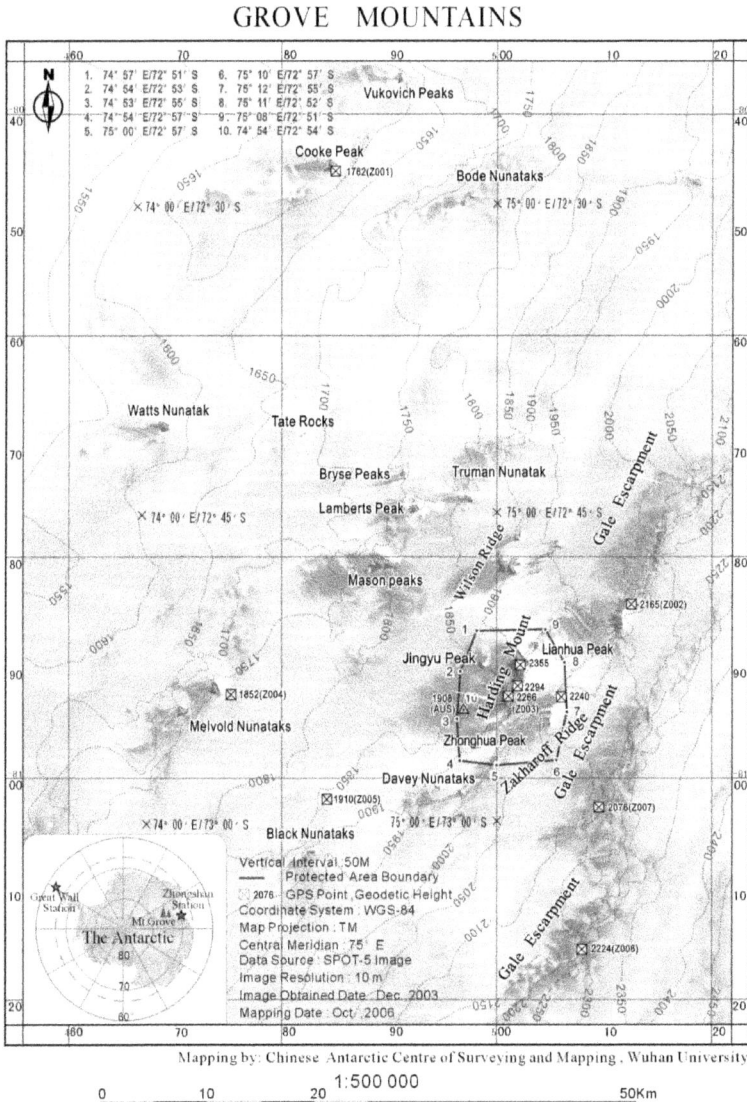

GROVE MOUNTAINS

Mapa B. Zona protegida alrededor del monte Harding, montañas Grove, Antártida

Referencias del mapa: proyección: TM, Datum horizontal: WGS-84

Autor: Chinese Antarctic Centre of Surveying and Mapping, Universidad de Wuhan

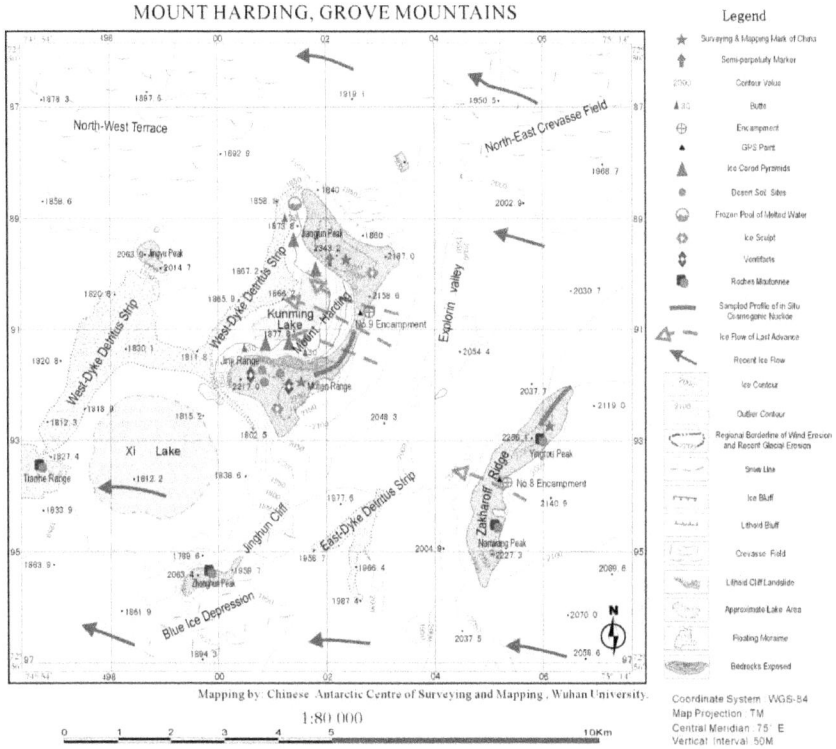

MOUNT HARDING, GROVE MOUNTAINS

1:80 000

Mapa C. Ubicación de los nunataks y dirección del flujo del hielo alrededor del monte Harding, montañas Grove, Antártida.

Referencias del mapa: proyección: TM, Datum horizontal: WGS-84

Autor: Instituto de Geología y Geofísica, Academia china de ciencias

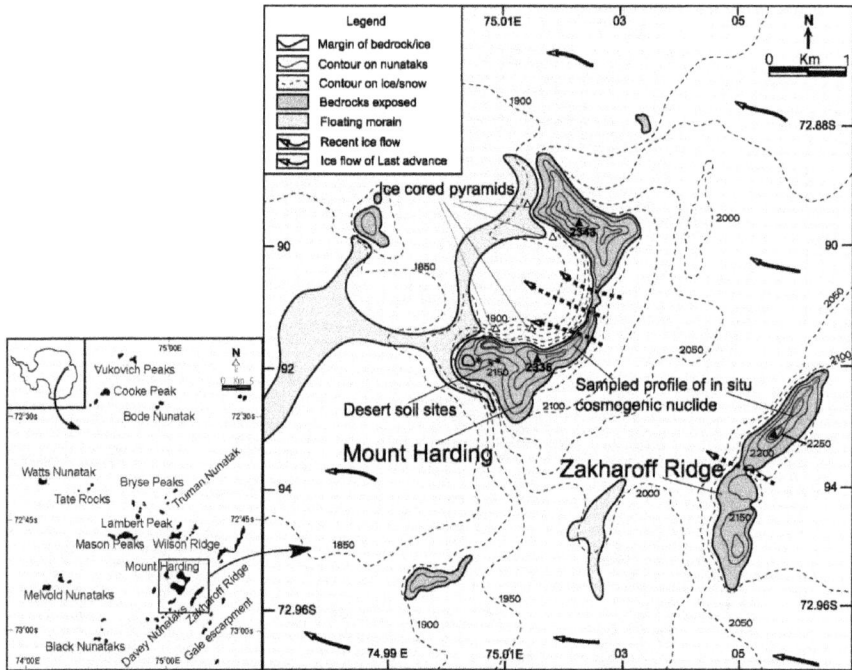

Fotografía 1: Ventifacto, tomada el 13 de enero, 2003

Fotografía 2: Ventifacto, tomada el 13 de enero, 2003

Fotografía 3: Ventifacto, tomada el 12 de enero, 2003

Fotografía 4: Morrena colgante, tomada el 14 de enero, 2003

Fotografía 5: Charca de agua de deshielo, tomada el 14 de enero de 2003

Fotografía 6: Rocas estriadas por los glaciares, tomada el 12 de enero, 2003

Plan de Gestión para la
Zona Antártica Especialmente Administrada Nº 2

VALLES SECOS DE MCMURDO, TIERRA DE VICTORIA MERIDIONAL

Introducción

Los Valles Secos de McMurdo son la región relativamente sin hielo más extensa de la Antártida, con aproximadamente treinta por ciento de su superficie terrestre en gran medida libre de hielo y nieve. La región abarca un ecosistema de desierto frío, cuyo clima no sólo es frío y extremadamente árido (en el Valle Wright la temperatura anual promedio es de −19.8°C y las precipitaciones anuales son inferiores a 100 mm de su equivalente en agua), sino que además es ventoso. El paisaje de la Zona contiene cadenas montañosas, nunataks, glaciares, valles libres de hielo, litoral costero, lagos cubiertos de hielo, pequeñas lagunas, arroyos de deshielo, suelos áridos estructurados y permafrost, médanos, y cuencas hidrográficas interconectadas. Estas cuencas tienen influencia regional sobre el ecosistema marino de la bahía McMurdo. La ubicación de la Zona, en la que ocurren cambios estacionales de gran escala en la fase del agua, tiene gran importancia para el estudio de los cambios climáticos. Como consecuencia de los cambios en el equilibrio entre hielo y agua a lo largo del tiempo, que producen la contracción y expansión de rasgos hidrológicos y la acumulación de gases traza sobre nieves de tiempos remotos, el terreno de los Valles Secos de McMurdo contienen además registros de cambios climáticos ocurridos en el pasado. El clima extremo de la región representa una importante analogía de las condiciones de la Tierra en el pasado y del actual planeta Marte, donde este tipo de clima ha sido determinante en la evolución del paisaje y la biota.

La Zona fue propuesta conjuntamente por Estados Unidos y Nueva Zelandia, y su aprobación se efectuó por medio de la Medida 1 (2004). Este Plan de Gestión se propone garantizar la protección a largo plazo de este medioambiente único, y salvaguardar sus valores para el desarrollo de investigación científica, para la educación y para otras formas más generales de reconocimiento y deleite. El Plan de Gestión establece los valores, objetivos y normas generales de conducta dentro de la región, e incluye una variedad de mapas y apéndices que proporcionan directrices más específicas para ciertas actividades particulares y zonas designadas dentro de la Zona, y se presenta de acuerdo con la siguiente estructura:

Contenido

APÉNDICE A: Código de conducta ambiental para los Valles Secos de McMurdo

APÉNDICE B: Código de conducta ambiental para la investigación científica

APPENDIX C: Lista de las Zonas de instalaciones

APÉNDICE D: Directrices para las Zonas científicas

APÉNDICE E: Directrices para las Zonas restringidas

APÉNDICE F: Directrices para las Zonas de visitantes

1. Valores que requieren protección y actividades que requieren gestión

Los Valles Secos de McMurdo se caracterizan por sus ecosistemas únicos de biodiversidad macrobiótica por lo general baja y cadena alimentaria de reducida complejidad, si bien estudios más recientes han demostrado evidencia de una rica diversidad de comunidades microbianas en áreas relativamente pequeñas, así como también entre los valles. Además, al ser la región sin hielo más extensa de la Antártida, los Valles secos de McMurdo contienen también hábitats relativamente diversos en comparación con otras áreas sin hielo. La Zona contiene micro hábitats y comunidades biológicas poco comunes (tales como sistemas endolíticos y crioconitas) así como también rasgos glaciológicos y geológicos excepcionales (por ejemplo, un lago subglacial con alto contenido de salmuera, lagos de superficies híper salinizadas, depósitos marinos únicos y pavimentos del desierto inalterados). Estos rasgos glaciológicos y geológicos son valiosos debido a que contienen un registro extremadamente extenso de eventos naturales. Los Valles Secos de McMurdo contienen indicadores de cambios climáticos presentes y pasados en la región, así como además algunos rasgos que juegan un papel importante en cuanto a influir sobre el cambio climático local. Se estableció un sitio de Investigación Ecológica de Largo Plazo (LTER, por sus siglas en inglés) en el Valle Taylor en 1993, y durante casi veinte años el programa ha realizado investigaciones sustanciales en cada temporada, no sólo en el valle Taylor sino más generalmente, en toda la zona de los Valles secos de McMurdo. Los conjuntos de datos ambientales de largo plazo que se han recabado mediante este programa y a través de una gama de otras iniciativas de investigación en los Valles Secos de McMurdo están entre los más extensos en la Antártida. Estos valores científicos tienen importancia global y regional.

La Zona es un valioso recurso para comprender los procesos de formación del paisaje y la estabilidad de la capa de hielo antártico. Los Valles Secos de McMurdo contienen depósitos de superficie únicos que incluyen sedimentos depositados y modificados por los glaciares, médanos, pavimento desértico, sedimentos glacio-lacustres, y sedimentos de fiordos marinos que contienen valiosos registros del cambio planetario. Los sistemas de suelo, roca, agua, y hielo, junto a su biota asociada, son de valor científico como ecosistemas modelo que permiten una comprensión profunda de los procesos naturales que operan en la biósfera. Por último, las especies que habitan en los Valles Secos de McMurdo proporcionan un recurso biológico para entender la adaptación a ambientes extremos, y son verdaderos miembros distales de un proceso ecológico continuo.

El aislamiento de los Valles Secos de McMurdo y su ambiente extremo lo han protegido en general de la introducción por el ser humano de especies ajenas a la Antártida. Muchos sectores de la Zona son visitados sólo en forma excepcional, y uno de ellos (la zona protegida de los Valles de Barwick y Balham) se ha distinguido como zona de referencia en la cual se ha restringido el ingreso en forma muy rigurosa durante casi 40 años y cuyo sobrevuelo está prohibido. La condición relativamente prístina de los Valles Secos de McMurdo y su relativa ausencia de especies establecidas al interior de la Zona son algo escasamente observado en otros lugares del mundo y tiene valor científico y ecológico, en especial para estudios comparativos.

También se han tomado en cuenta sitios de valor histórico originados durante las primeras exploraciones de la Zona, como por ejemplo la 'Granite House' en Bahía Botany, Puerto Granite, construida por los miembros de la Expedición Antártica Británica de 1910-1913 y que fue designada como Sitio y Monumento Histórico N° 67.

Los Valles Secos de McMurdo son valorados además por sus cualidades estéticas y de vida silvestre. Representan un ambiente casi prístino que en general no ha sido alterado ni contaminado por los seres humanos. Su paisaje espectacular formado por escarpadas montañas, crestas elevadas y majestuosos valles que imponen formaciones geológicas estratificadas de oscura dolerita contra pálidas areniscas, y el contraste entre los suelos libres de hielo y el terreno cubierto por glaciares ofrecen perspectivas singulares de un gran valor estético.

Las actividades llevadas a cabo en la zona incluyen una variedad de investigación científica, operaciones en apoyo de la ciencia, medios, artes y educación, y presencia de otros visitantes oficiales de Programas Nacionales, además del turismo.

La zona necesita una gestión especial para garantizar que se protejan sus valores científicos, medioambientales, ecológicos, históricos, estéticos y de vida silvestre, incluyendo el que los conjuntos de datos recolectados durante los últimos 100 años continúen manteniendo su alto valor. La creciente actividad humana ligada a intereses potencialmente conflictivos han obligado a realizar una gestión más eficaz y a coordinar las actividades dentro de la Zona.

2. Finalidades y objetivos

El objetivo de este Plan de Gestión es conservar y proteger el medioambiente único y sobresaliente de los Valles secos de McMurdo al gestionar y coordinar las actividades humanas en la Zona de manera tal que se protejan y mantengan en el largo plazo los valores de los Valles Secos de McMurdo, especialmente el valor de los extensos conjuntos de datos científicos que se han recabado.

Los objetivos de gestión específicos de la Zona son los siguientes:

- Facilitar la investigación científica sin dejar de vigilar el medioambiente;
- Asistir en la planificación y la coordinación de las actividades humanas en los Valles Secos de McMurdo para administrar conflictos reales o posibles entre los distintos valores (incluidos aquellos pertenecientes a disciplinas científicas diferentes), actividades y operadores;
- Asegurar la protección a largo plazo de los valores científicos, ecológicos, estéticos, de vida silvestre, además de otros valores de la Zona, reduciendo al mínimo la alteración o degradación de esos valores, incluyendo la alteración de las características naturales y de la flora y fauna, y reduciendo al mínimo los impactos ambientales acumulativos de las actividades humanas;

- Evitar la introducción accidental de especies no autóctonas en la Zona, y reducir al mínimo, en la medida de lo posible, el transporte de especies autóctonas dentro de la Zona;
- Reducir al mínimo las huellas dejadas por las instalaciones y por los experimentos científicos establecidos en la Zona, incluyendo la proliferación de campamentos;
- Reducir al mínimo la alteración física, la contaminación y los desechos producidos dentro de la Zona, y tomar todas las medidas prácticas para contener, tratar, eliminar o reparar estos daños, ya sea que se hayan producido en el curso de actividades normales o por accidente;
- Fomentar dentro de la Zona el uso de sistemas de energía y medios de transporte que produzcan el menor impacto ambiental y reducir, en la medida de lo posible, el uso del combustible de origen fósil para llevar a cabo las actividades en la zona;
- Mejorar la comprensión de los procesos naturales y del impacto humano en la Zona, incluso mediante la realización de programas de vigilancia; y
- Alentar la comunicación y la cooperación entre los usuarios de la Zona, en particular mediante la difusión de información sobre la Zona y sobre las disposiciones que sean pertinentes.

3. Actividades de gestión

Para alcanzar los objetivos y finalidades de este plan se deberán llevar a cabo las siguientes actividades de gestión:

- Los Programas Nacionales que operen en la zona deberían coordinar, según se necesite, y al menos en forma anual, un Grupo de Gestión para los Valles Secos de McMurdo (en adelante, el Grupo de Gestión) para supervisar la coordinación de las actividades en la Zona, incluyendo:
    - facilitar y garantizar la comunicación efectiva entre aquellos que trabajan en la Zona o que la visiten;
    - proporcionar un espacio para resolver cualquier conflicto real o posible sobre su uso;
    - ayudar a reducir al mínimo la duplicación de actividades;
    - mantener un registro de las actividades, y, si resultase factible, de los impactos en la Zona;
    - formular estrategias para detectar y tratar los impactos acumulativos;
    - difundir información sobre la Zona, en particular sobre actividades que se estén realizando y las medidas administrativas que apliquen al interior de la Zona, incluso mediante el mantenimiento electrónica de esta información en http://www.mcmurdodryvalleys.aq/;
    - revisar las actividades actuales y futuras y evaluar la efectividad de las medidas administrativas; y
    - formular recomendaciones sobre la aplicación del presente Plan de Gestión.
- Los Programas Nacionales que operen en la Zona dispondrán de copias de la versión actualizada del Plan de Gestión y de la documentación de apoyo en las estaciones e instalaciones de investigación apropiadas, y las pondrán a disposición de todas las personas que haya en la Zona, así como también en medios electrónicos en http://www.mcmurdodryvalleys.aq/;
- Los Programas Nacionales que operen en la Zona, así como los operadores turísticos que la visiten, deben cerciorarse de que su personal (incluyendo cuerpo administrativo, tripulación, pasajeros, científicos y cualquier otro visitante) haya sido informado y esté enterado de los requisitos de este Plan de Gestión y en particular del *Código de conducta ambiental (Apéndice A)* vigente en la Zona;

- Los operadores de turismo y cualquier otro grupo o persona responsable de planificar y/o realizar actividades no gubernamentales dentro de la Zona debe coordinar por adelantado dichas actividades con los Programas Nacionales que operen en la Zona para garantizar que sus actividades no conlleven riesgos para los valores de la Zona y que cumplan con los requisitos del Plan de Gestión;

- Los Programas Nacionales que operen dentro de la Zona deberían aspirar a elaborar prácticas recomendables con el propósito de lograr los objetivos del Plan de Gestión, y de intercambiar sin restricciones dichos conocimientos e información;

- Los carteles señalizadores y/o los marcadores deben erigirse donde sea necesario y apropiado para mostrar la ubicación o los límites de las distintas áreas, lugares de investigación, zonas de aterrizaje o desembarco o campamentos al interior de la Zona. Los marcadores y carteles señalizadores deben estar firmemente sujetos y mantenidos en buenas condiciones, y deben ser desmantelados cuando ya no sean necesarios;

- Se efectuarán las visitas que sean necesarias (no menos de una vez cada cinco años) para evaluar la efectividad del Plan de Gestión así como para garantizar que las medidas administrativas sean las adecuadas. El Plan de Gestión, el Código de conducta y las Directrices deberán revisarse y actualizarse según sea necesario; y

- Los Programas Nacionales que operen en la Zona tomarán las medidas que sean necesarias y factibles para asegurar que se cumplan los requisitos del Plan de Gestión.

4. Periodo de designación

Designación con periodo de vigencia indefinida.

5. Mapas y fotografías

Cuadro 1: Lista de mapas que se incluyen en el Plan de Gestión

Mapa	Título	Escala de origen	Margen de error (+/- m)
Visión general			
Mapa 1	Visión general – ZAEA No.2, Valles Secos de McMurdo: Límites y áreas	1:900 000	200
Mapa 2	Visión general-Valles Secos centrales	1:400 000	200
Zona de Instalaciones			
Mapa 3	Caleta Explorers, New Harbor	1:25 000	2
Recuadro:	Zona de instalaciones del campamento New Harbor	1:3000	2
Mapa 4	Lago Fryxell – Glaciar Commonwealth	1:25 000	2
Recuadro:	Zona de instalaciones del campamento F-6	1:3000	2
Mapa 5	Lago Fryxell – Glaciar Canadá	1:25 000	2
	Zona de instalaciones del campamento del lago		2
Recuadro:	Fryxell	1:3000	
Mapa 6	Lago Hoare, Glaciar Canadá	1:25 000	2
Mapa 7	Zona de instalaciones del campamento del lago Hoare	1:3000	2
Mapa 8	Lago Bonney, Valle Taylor	1:35 000	2
Recuadro 1:	ZAEP N° 172, Cataratas de Sangre		2
Recuadro 2:	Zona de instalaciones del campamento del lago Bonney	1:10 000 1:3000	2
Mapa 9	Monte Newall, Cordón montañoso Asgard	1:25 000	50
	Zona de instalaciones del Repetidor de radio		2
Recuadro:	Newall	1:3000	

Mapa	Título	Escala de origen	Margen de error (+/- m)
Mapa 10	Punta Marble, Bahía McMurdo	1:35 000	5
Recuadro:	Zona de instalaciones de la estación de reaprovisionamiento de combustible de Punta Marble	1:5000	2
Mapa 11	Valle Lower Wright	1:25 000	50
	Zona de instalaciones de la cabaña de Lower		2
Recuadro:	Wright	1:3000	
Mapa 12	Lago Vanda, Valle Wright	1:25 000	50
Recuadro 1:	Zona de instalaciones de la cabaña del lago Vanda	1:3000	2
Recuadro 2:	Zona de instalaciones de la cabaña Bull Pass	1:3000	2
Mapa 13	Cabo Roberts, Puerto Granite	1:10 000	10
Recuadro:	Zona de instalaciones de la cabaña de Cabo Roberts	1:3000	10

Zonas Científicas

Mapa	Título	Escala de origen	Margen de error (+/- m)
Mapa 14	Zona científica de la caleta Explorers	1:3000	2
Mapa 15	Pavimento Boulder, Valle Wright	1:30 000	50
Recuadro:	Zona científica del Pavimento Boulder	1:10 000	50

Zonas Restringidas

Mapa	Título	Escala de origen	Margen de error (+/- m)
Mapa 16	Zona restringida de la cuenca del lago Trough	1:70 000	10
Mapa 17	Monte Feather – Valle Beacon	1:130 000	50
Recuadro:	Zona restringida del depósito Sirius del monte Feather	1:25 000	50
Mapa 18	Estanque Don Juan, Valle Wright	1:50 000	50
Recuadro:	Zona restringida del estanque Don Juan	1:10 000	2
Mapa 19	Quebrada Argo, Valle Wright	1:30 000	50
Recuadro:	Zona restringida de la quebrada Argo	1:3000	15
Mapa 20	Meseta Prospect, Valle Wright	1:30 000	50
Recuadro:	Zona restringida de la meseta Prospect	1:5000	50
Mapa 21	Glaciar Hart, Valle Wright	1:25 000	50
Recuadro:	Zona restringida del depósito de Hart Ash	1:3000	50
Mapa 22	Zona restringida de los médanos del valle de Victoria	1:50 000	50
Mapa 23	Zona restringida del promontorio Battleship	1:50 000	50

Zonas de visitantes

Mapa	Título	Escala de origen	Margen de error (+/- m)
Mapa 24	Valle Taylor, Lago Fryxell	1:25 000	2
Recuadro:	Zona de visitantes del valle Taylor	1:5000	2

6. Descripción de la Zona

Los valles secos de McMurdo están ubicados en la parte meridional de la Tierra de Victoria Meridional a lo largo de la costa occidental de la bahía McMurdo, Mar de Ross meridional, aproximadamente a 77°30'S, 162°00'E. Se ha designado como Zona Antártica Especialmente Administrada un área de aproximadamente 17 500 km^2 (en adelante la 'Zona') para administrar las actividades humanas en la región con objeto de proteger sus valores científicos, medioambientales, ecológicos, históricos, estéticos y de vida silvestre.

Basándose en el Análisis de Dominios Ambientales para el continente Antártico (Resolución 3[2008]) los Valles Secos de McMurdo están ubicados al interior del Dominio ambiental S – McMurdo – Geológico de Tierra Victoria Meridional. Bajo la clasificación de las Regiones

Biogeográficas de Conservación Antártica (Resolución 6 [2012]), la Zona se encuentra dentro de la RBCA 8 - Tierra Victoria del Norte.

6(i) Coordenadas geográficas, indicaciones de límites y rasgos naturales

Todas las coordenadas geográficas se presentan en este Plan de Gestión en formato de grados y minutos decimales (dd mm.mm).

Los límites de la Zona han sido definidos principalmente en función de las cuencas hidrológicas de los Valles Secos de McMurdo, incluido todo el terreno sin hielo y las zonas adyacentes dentro de estas cuencas, todo el cordón Convoy por el norte, limitando al Sur con el glaciar Koettlitz (Mapa 1). Las islas mar

adentro, salvo la isla Tripp en el norte y la isla Heald en el sur, no están incluidas en la Zona. Partiendo de la esquina noreste y en el sentido de las agujas del reloj, el límite se define de la siguiente manera:

Desde el extremo noreste de la Isla Tripp (76°38.09'S, 162°42.90'E) el límite se extiende hacia el sur a lo largo de la costa siguiendo el nivel medio de la bajamar hasta Punta DeMaster (ubicada al este del Valle Marshall a 78°04.20'S, 164°25.43'E), una distancia de aproximadamente 170 km. A partir de ahí, el límite recorre el margen noroeste del glaciar Koettlitz en dirección suroeste una distancia de aproximadamente 25 km hasta la bahía Walcott y el lago Trough, incluyendo dentro de la Zona todos los arroyos y lagos a lo largo del margen del glaciar (Mapa 16). Desde allí el límite continúa cerca de la línea de anclaje meridional del glaciar Koettlitz en la bahía Walcott, siguiendo hacia el este hacia The Bulwark y abarcando todo el lago Trough. El límite sigue luego a lo largo del arroyo Bulwark aproximadamente 1,5 km hacia el extremo norte de The Bulwark. A partir de ahí el límite recorre 3 km en línea recta en dirección noreste hacia la costa noroeste de la isla Heald, siguiendo en torno a la costa norte hacia el extremo oriental de la isla a 78°15.00'S, 163°57.80'E.

El límite se extiende desde la isla Heald por aproximadamente 14,8 km en dirección sudoeste hasta la cima de La Pirámide (854 m) (78°20.64'S, 163°29.95'E). Desde ahí, continúa en dirección sudoeste aproximadamente 13,3 km hasta el pie del cordón Highway (78°23.97'S, 162°58.57'E), desde donde sigue por el cordón en dirección noroeste aproximadamente 3,8 km hasta la cima de Shark Fin (2242 m) (78°22.11'S, 162°54.66'E). El límite se extiende desde Shark Fin por aproximadamente 6,7 km en dirección noroeste hasta la cima del monte Kempe (3004 m) (78°19.35'S, 162°43.18'E). El límite continúa al noroeste en línea recta desde la cima del monte Kempe aproximadamente 83 km hacia la cima del monte Wisneski (2320 m) (77°57.65'S, 159°33.73'E), que es la cumbre más austral de las montañas Lashley.

Desde el monte Wisneski, el límite se extiende hacia el norte aproximadamente 8,7 km hacia el monte Crean (2550 m) (77°53.00'S, 159°30.66'E), la cumbre más elevada de las montañas Lashley. El límite sigue 5,6 km hacia el norte hacia la cumbre del monte Koger (2450 m) (77°50.05'S, 159°33.09'E), la cumbre más septentrional de las montañas Lashley.

Desde ahí el límite se extiende en dirección noreste, aproximadamente 15,3 km hacia el nunatak Depot (1980 m) (77°44.88'S, 160°03.19'E), y desde ahí, en dirección noroeste aproximadamente 19,6 km hacia el extremo oeste del terreno sin hielo de la montaña Horseshoe (77°34.52'S, 159°53.72'E). El límite continua en dirección norte aproximadamente 40 km hacia la cima del monte DeWitt (2190 m) (77°13.05'S, 159°50.30'E), y desde ahí hacia el noroeste por aproximadamente 38,4 km hacia la cima del nunatak Carapace (2321 m) (76°53.31'S, 159°23.76'E), y sigue 39 km más hacia el norte hasta la cima del nunatak Battlements (2128 m) (76°32.27'S, 159°21.41'E).

Desde el nunatak Battlements el límite se extiende hacia el este por aproximadamente 51 km hacia la cima del monte Douglas (1750 m) (76°31.25'S, 161°18.64'E), y desde ahí aproximadamente 18 km en dirección sudeste hacia la cima del monte Endeavour (1870 m)

(76°32.49'S, 161°59.97'E). El límite se extiende hacia el sudeste desde el monte Endeavour por aproximadamente 21,3 km hacia el extremo noreste de la isla Tripp.

La base principal para las coordenadas descritas antes es la imagen satelital del mapa USGS / LINZ 1:50 000, un mapa de base digital preparado para los Valles Secos de McMurdo, con un margen de error de +/- 50 m. Debido a que este mapa no se extiende para cubrir el límite occidental, las coordenadas en esas zonas son de un mapa USGS 1:250 000, que tiene un margen de error de +/- 200 m. Una cartografía exacta, con un margen de error máximo de +/- 2 m está disponible para una cantidad limitada de sitios dentro de la Zona (véase el Cuadro 1), en su mayor parte en el valle Taylor, y hay disponibles coordenadas GPS exactas que describen los límites sólo parcialmente. La serie 1:50 000 se seleccionó como base cartográfica principal de las coordenadas de límites a fin de garantizar que se proporcionen utilizando una referencia cartográfica definida con respecto a una norma consistente para la mayor parte de la Zona. Por este motivo, es probable que las coordenadas GPS para límites difieran respecto de las coordenadas entregadas anteriormente en hasta 50 m, o en el oeste en hasta ~200 m.

6(ii) *Áreas restringidas y áreas administradas en la Zona*

En el presente Plan de Gestión se establecen cuatro tipos de áreas dentro de la Zona: Zonas de instalaciones, científicas, restringidas y de visitantes. Los objetivos administrativos de esta zonificación se presentan en el Cuadro 2. Los mapas 1 y 2 muestran la ubicación de los diferentes tipos de zonas, y los mapas 3 a 24 (que figuran en los apéndices correspondientes) muestran cada zona en el contexto de su entorno geográfico y las características en detalle o infraestructura presente en cada sitio (por lo general mostrado al interior de un recuadro). El Grupo de Gestión podrá considerar un nuevo tipo de zonas en caso de que fuese necesario, y aquellos que ya no se necesiten podrán eliminarse de la lista. Se deben considerar especialmente las actualizaciones de la zonificación al momento de revisar los Planes de gestión.

Cuadro 2: Zonas de gestión designadas dentro de la Zona y sus objetivos específicos.

Zonas de gestión	Objetivos Específicos de la Zona	Apéndice del Plan
Zona de instalaciones	Asegurar que las instalaciones de apoyo científico dentro de la Zona, y las actividades humanas asociadas a estas, estén contenidas y sean administradas al interior de las áreas designadas.	C
Zona científica	Garantizar que aquellos que planifican asuntos científicos o logísticos dentro de la Zona estén debidamente informados de la investigación científica en curso o de largo plazo que puedan ser vulnerables a las alteraciones o que tengan instalados equipos científicos sensibles, de modo que puedan tenerse en cuenta durante la planificación y realización de actividades al interior de la Zona.	D
Zona restringida	Restringir el acceso hacia un sector en particular de la Zona y/o a las actividades que se realicen en su interior a causa de una variedad de motivos, por ejemplo, debido a valores científicos o ecológicos especiales, a causa de la vulnerabilidad, de la presencia de riesgos, o para limitar las emisiones o construcciones en un sitio en particular. El acceso a las Zonas Restringidas debiera ser normalmente por razones convincentes que no pueden cumplirse en otros lugares dentro	E

Zonas de gestión	Objetivos Específicos de la Zona	Apéndice del Plan
	de la Zona.	
Zona de visitantes	Proporcionar un medio para gestionar las actividades de los visitantes, incluyendo personal del programa y/o turistas, de modo que puedan contenerse los impactos y, según corresponda, ser vigilados y administrados.	F

Las políticas generales aplicables al interior de las zonas se presentan en las siguientes secciones, en tanto que las directrices para la realización de actividades específicas a los sitios de cada zona se encuentran en los Apéndices D a F.

Zona de Instalaciones

Se han establecido zonas de instalaciones para contener instalaciones temporarias y semipermanentes en áreas preestablecidas y así controlar su distribución e impronta. Las zonas de instalaciones pueden ser aquellas donde la presencia humana sea semipermanente o por un periodo determinado durante el cual se realice una actividad significativa. También se puede tratar de zonas donde se prevea que la presencia humana será periódica o reiterada, como por ejemplo, los campamentos. El establecimiento de nuevas instalaciones debe diseñarse de forma tal que se reduzca a un mínimo la huella de las instalaciones y sus materiales conexos.

Las siguientes disposiciones deben tenerse en cuenta en las zonas de instalaciones:

- Las instalaciones con un uso sustancial o reiterado, los campamentos, helipuertos y los materiales / bodegas de acopio deben ubicarse al interior de los límites de las zonas de instalaciones;
- La infraestructura existente, los lugares de campamentos y de almacenaje al interior de las Zonas de instalaciones deben ser reutilizadas en la medida de lo posible;
- Las disposiciones para el almacenamiento y manipulación de combustibles dentro de la Zona de instalaciones deben tener en cuenta los requisitos estipulados en el *Código de conducta ambiental para los valles secos McMurdo* (Apéndice A) mediante el uso de un contenedor secundario, de equipo adecuado para las operaciones de reaprovisionamiento, decantación o reparación, almacenamiento seguro y mecanismos de respuesta adecuados en caso de derrames;
- En la planificación y mantenimiento de las actividades al interior de las Zonas de instalaciones deberá contemplarse el uso de fuentes de energía alternativas y de empleo eficiente de energía;
- En la planificación y mantenimiento de las actividades al interior de las Zonas de instalaciones deberá contemplarse la gestión de los desechos, reduciéndolos a un mínimo, y todo desecho deberá almacenarse en forma segura para luego eliminarse; y
- Si corresponde, se elaborarán planes de contingencia para situaciones de emergencia que tengan en cuenta las necesidades especiales de las zonas de instalaciones específicas.

Las Zonas de instalaciones no deberán estar ubicadas en las Zonas restringidas o en las Zonas Antárticas Especialmente Protegidas (ZAEP) o en sitios que pudieran exponer al peligro los valores de la Zona.

Las zonas de instalaciones figuran en el Apéndice C con su ubicación, descripción de límites e infraestructura, zonas designadas para aterrizaje y desembarco y mapas.

Zonas Científicas

Las Zonas científicas que figuran en el Apéndice D han sido designadas para sensibilizar a los visitantes respecto de los sitios específicos donde se lleva a cabo experimentación científica en curso o sobre una base sostenida con el fin de ayudar a garantizar que importantes valores científicos o experimentos no sean perturbados. No hay restricciones generales para el acceso que apliquen al interior de las Zonas científicas, si bien los visitantes deberían familiarizarse con las disposiciones establecidas en el Apéndice D antes de visitar o de planificar trabajos en estas zonas.

Zonas Restringidas

Se ha designado algunas Zonas restringidas en lugares que son particularmente sensibles a la intervención humana. Las Zonas restringidas se presentan en el Apéndice E, con una breve descripción de sus límites, características del sitio, impactos y todas las directrices específicas relativas al acceso y a las actividades. El acceso a las Zonas restringidas debería hacerse por razones convincentes que no pudieran llevarse a cabo en otro lugar dentro de la Zona, y cuando se realicen visitas debería observarse rigurosamente toda medida adicional que asegure su protección tal como se especifica en el Apéndice E.

Zonas de visitantes

Se designó una Zona para visitantes del valle Taylor con objeto de gestionar las visitas de turistas o de expediciones no gubernamentales a la Zona dentro de un área definida en donde pueden apreciarse los excepcionales valores estéticos y de vida silvestre de los Valles Secos de McMurdo, asegurando al mismo tiempo que se reduzca al mínimo el riesgo de posibles impactos de los turistas sobre los demás valores presentes, en especial los valores científicos y medioambientales de la Zona.

La Zona para Visitantes del Valle Taylor se ubica en el Valle Taylor cerca del extremo del glaciar Canadá (mapa 24), en un lugar de acceso relativamente fácil y seguro y se pueden garantizar los desplazamientos con un mínimo impacto para las actividades científicas o para el medioambiente. Este sitio se seleccionó luego de una consulta entre los Programas Antárticos Nacionales que operan en la Zona, los operadores de turismo y la Asociación Internacional de Operadores de Turismo Antártico (IAATO, por sus siglas en inglés). En el Apéndice F se presentan las directrices específicas para la realización de actividades dentro de la Zona de visitantes bajo el nombre de "Directrices para sitios que reciben visitantes del Tratado Antártico: Valle Taylor, Tierra de Victoria Meridional, Mar de Ross".

6(iii) Estructuras situadas dentro de la zona y en sus proximidades

Las principales estructuras de la Zona se encuentran ubicadas en la Zona de instalaciones designada al interior de los Valles Secos centrales de McMurdo (mapas 2 y 13). En el Valle Taylor hay cinco campamentos semipermanentes (mapas 3 a 8), y en el Valle Wright hay otros tres campamentos semipermanentes (mapas 11 y 12). Las estructuras más importantes se encuentran en la Instalación de reaprovisionamiento de combustible de punta Marble (mapa 10), y hay otros edificios ubicados en monte Newall (mapa 9) y en cabo Roberts (mapa 13).

Hay una variedad de lugares donde hay instalados instrumentos científicos y de operación ubicados en toda la Zona al exterior de la zona de instalaciones, constando los más importantes en la lista que figura en el Cuadro 3. Otras estructuras que no aparecen en la lista incluyen diversas Estaciones Meteorológicas Automáticas (AWS, por sus sigles en inglés), estaciones repetidoras de radio (monte Cerverus, monte JJ Thompson), presas de arroyos y aparatos de balance de masa de glaciar.

Cuadro 3: Estructuras al interior de la Zona y fuera de las áreas de instalaciones.

Nombre:	PR[1]	Ubicación[2]	Descripción de la ubicación	Estructuras
Estación repetidora de Monte Coates	EE. UU.	77° 47.16'S 161° 58.23'E	Cerca de la cima del monte Coates (1894 m), cerros Kukri. ~14 km de la Zona de instalaciones del lago Bonney, Valle Taylor.	Repetidor de Radio y equipos asociados, contenidos en dos cajas plásticas de color naranjo. En el sitio hay una antena.
Estación repetidora del cerro Hjorth	EE. UU.	77° 30,97'S 163° 37,22'E	Cerca de la cima del cerro Hjorth (790 m) ~ 6 km de cabo Bernacchi, al noreste de caleta Explorers y del Valle Taylor.	Repetidor de Radio y equipos asociados en una pequeña cabaña (2,4m x 2,6m). La antena está instalada sobre la cabaña.

1. Parte responsable del mantenimiento
2. Coordenadas aproximadas

Además hay varios sitios en los Valles Secos de McMurdo en donde se han sacado de servicio y desmantelado algunos campamentos semipermanentes (Cuadro 4).

Cuadro 4: Sitios conocidos de campamentos semi permanentes fuera de servicio en la Zona.

Sitio fuera de servicio	PR[1]	Coordenadas geográficas[2]
Cabaña Asgard	NZ	77° 35'S, 161° 36'E
Cabaña Brownworth	NZ	77° 27'S, 162° 53'E
Cabaña de Bull Pass (las estructuras norteamericanas en las instalaciones de la cabaña Bull Pass se mantienen)	NZ	77° 31,01'S, 161° 51,08'E
Campamento del glaciar Meserve	EE. UU.	77° 30,8'S, 162° 17'E
Cabaña del valle Miers	NZ	78° 08'S, 163° 50'E
Antigua cabaña del lago Bonney	EE. UU.	77° 42,2'S, 162° 30,6'E
Cabaña del lago Fryxell	NZ	77° 37'S, 163° 03'E
Estación Vanda (algunas estructuras fueron reubicadas en la Zona de instalaciones de la cabaña del lago Vanda)	NZ	77° 31,6'S, 161° 40,1'E
Campamento del glaciar Commonwealth	NZ	77° 34.94'S, 163° 35.81'E
Antiguo campamento de New Harbor	EE. UU.	77° 34,5'S, 163° 29,9'E
Campamento del glaciar Odell	EE. UU.	76° 40,86'S, 159° 54,8'E

1. Parte responsable
2. Coordenadas aproximadas

Ocho sitios dentro de la Zona fueron objeto de perforación, varios de ellos con múltiples pozos, como parte del proyecto de perforación de los valles secos de McMurdo (DVDP) realizado entre los años 1971 y 1975. Los sitios de perforación del proyecto están situados en el lago Vanda (DVDP 4) (perforado a 85,8 m bajo la superficie del hielo), Estanque Don Juan (DVDP 5, 3,4 m; DVDP 13, 75 m), cráter North Fork del valle Wright (DVDP 14, 78 m), lago Vida (DVDP 6, 305,8 m; tapado y cerrado permanentemente por el programa de EE. UU en 2006-07, y en la actualidad a varios metros bajo la superficie del lago), lago

Fryxell (DVDP 7, 11,1 m), New Harbor (DVDP 8, 157,5 m; DVDP 9, 38,3 m; DVDP 10, 187 m), glaciar Commonwealth (DVDP 11, 328 m), y lago Hoare (DVDP 12, 185 m).

6(iv) Ubicación de las zonas protegidas dentro de la Zona

El ingreso a una Zona Antártica Especialmente Protegida (ZAEP) está prohibido a menos que se haga en conformidad con un permiso expedido por una autoridad nacional. Cuatro son las ZAEP designadas dentro de la Zona (mapas 1 y 2):

ZAEP N° 123, Valles Barwick y Balham, Tierra de Victoria Meridional (mapas 1 y 2);

ZAEP N° 131, Glaciar Canadá, Lago Fryxell, Valle Taylor, Tierra de Victoria (mapas 2, 5 y 24);

ZAEP N° 138, Terraza Linnaeus, Cordón Asgard, Tierra de Victoria (mapas 2 y 18);

ZAEP N° 154 Bahía Botany, Cabo Geology, Tierra de Victoria (mapa 1);

ZAEP N° 172, Glaciar Taylor inferior y Cataratas de Sangre, valle Taylor, Valles Secos de McMurdo, Tierra de Victoria (Mapas 1, 2, 8, 17).

7. Código de conducta

El código de Conducta de esta sección constituye el instrumento principal para la gestión de las actividades de la Zona. Contiene los principios administrativos y las operaciones generales para la Zona.

Además, se proporciona orientación adicional en el *Código de conducta ambiental para los Valles Secos de McMurdo* (Apéndice A), el *Código de conducta ambiental para la investigación científica* (Apéndice B), y en la Lista de instalaciones de la Zona (Apéndice C), Zonas científicas (Apéndice D), Zonas restringidas (Apéndice E), y la Zona de visitantes (Apéndice F). Todas las personas que visiten los Valles Secos de McMurdo deben estar informadas, como mínimo, sobre las *Directrices medioambientales generales* que figuran en el Apéndice A antes de ingresar a la Zona.

7 (i) Acceso a la Zona y desplazamientos en su interior

La Zona es vasta y tiene numerosos puntos posibles de acceso. Normalmente se llega a la Zona en helicóptero desde la isla Ross o por hielo marino desde New Harbor o punta Marble. De ser factible, el aterrizaje de helicópteros se deberá realizar en los helipuertos designados, los cuales figuran en una lista y se muestran en los mapas de los Apéndices C y F, que describen las zonas de gestión. Los sitios designados para aterrizaje dentro de las ZAEP se definen y constan en los mapas de sus Planes de gestión relevantes. Cuando los sitios designados no estuvieran disponibles, se elegirán para el aterrizaje, de ser posible, aquellos sitios utilizados con anterioridad. Cuando se prevea que se utilizarán helicópteros para el acceso reiterado a un lugar en particular, deberá considerarse la posibilidad de establecer un sitio designado para aterrizajes. Dichas sugerencias deberán remitirse al Grupo de Gestión. Están vigentes las restricciones a los sobrevuelos de la ZAEP N° 123 en los valles de Barwick y Balham, la ZAEP N° 131 en el glaciar Canadá y la ZAEP N° 154 en la bahía Botany, y sobre las zonas restringidas del estanque Don Juan y de los médanos del valle de Victoria.

Las rutas de acceso para peatones y los movimientos dentro de la Zona deberán realizarse de forma tal que se reduzca a un mínimo la alteración del suelo y de las superficies con vegetación. Hay varios caminos peatonales en la zona. En el Valle Taylor, estos comprenden las rutas entre el campamento F-6 y el campamento del lago Fryxell, entre el campamento F-6 y el campamento del lago Hoare, entre el campamento del lago Hoare y el campamento del lago Fryxell, y entre el campamento del lago Hoare y el campamento del lago Bonney. También hay una ruta desde el borde del lago Fryxell hasta la presa del arroyo Canadá. También hay rutas fuera de las proximidades de los campamentos F-6, lago Fryxell, lago Bonney y lago Hoare. Se definió una ruta para el desplazamiento de peatones al interior de la

Zona de visitantes del Valle Taylor (Apéndice F). En el valle Wright hay una ruta entre la presa Vanda y las cabañas Vanda. Hay una ruta poco definida que bordea el río Onyx entre el lago Vanda y el lago Brownworth, y en algunos lugares todavía quedan huellas de vehículos terrestres que transitaron por esta ruta en los años setenta.

En algunos lugares en los que se han realizado actividades en forma sostenida, se han desarrollado senderos peatonales en los suelos sueltos de las morrenas, tales como las que pueden encontrarse en las cercanías de la Zona de instalaciones y en sitios como los que están en el margen norte del glaciar Taylor inferior. En tales casos los peatones deben utilizar de preferencia los senderos ya existentes, salvo que se haga evidente que hacerlo sea inseguro o pueda producir un impacto mayor que el uso de una ruta alternativa.

El uso de vehículos dentro de la Zona deberá restringirse al hielo lacustre o marino salvo que se autorice específicamente su circulación en tierra en punta Marble (mapa 11), New Harbor (mapas 3 y 14), y cabo Roberts (mapa 13), donde los vehículos podrán circular por los senderos que ya existen.

El acceso a las Zonas restringidas deberá evitarse, a menos que así lo impongan motivos convincentes, deberá coordinarse con los Programas Nacionales que operen en la Zona.

El acceso de turistas y expediciones no gubernamentales deberá limitarse a la Zona de visitantes del valle Taylor de conformidad con las directrices aprobadas en el Apéndice F, y deberá coordinarse por adelantado con los Programas Nacionales que operen en la Zona.

7 (ii) Actividades que pueden llevarse a cabo dentro de la zona

Las actividades que se pueden realizar en la Zona comprenden la investigación científica, operaciones en apoyo de la ciencia, medios de comunicación, artes, educación o la presencia de otros visitantes oficiales de Programas Nacionales; actividades de gestión, incluido el mantenimiento o el retiro de instalaciones, y visitas turísticas dentro de la zona de visitantes, donde estas actividades no pongan en peligro los valores de la Zona.

Todas las actividades dentro de los valles secos de McMurdo deberán llevarse a cabo de forma tal que se reduzca a un mínimo el impacto en el medioambiente. En lo posible se deberán utilizar fuentes de energía alternativas (por ejemplo, energía solar, eólica, celdas de combustibles) a fin de reducir a un mínimo el uso de combustible fósil. En los Apéndices A-E se proporcionan directrices específicas para la realización de actividades en la Zona.

Las expediciones de turísticas y no gubernamentales deberán además garantizar que sus actividades reduzcan a un mínimo el impacto en las actividades científicas que se estén realizando en la Zona, y que se realicen de conformidad con las "Directrices para sitios que reciben visitantes del Tratado Antártico: Valle Taylor" (Apéndice F).

7(iii) Instalación, modificación o desmantelamiento de estructuras

Al determinar la ubicación de instalaciones y al emplazarlas se deberá tener cuidado para reducir a un mínimo su impacto en el medioambiente. Se deberá contemplar el máximo aprovechamiento de las instalaciones existentes o el compartir las de otros programas antes de construir nuevas instalaciones, reduciéndose al mínimo posible la huella de las instalaciones. Los sitios destinados a instalaciones previas deberán reutilizarse cuando sea posible y resulte adecuado. En general, no deberán instalarse estructuras permanentes o semipermanentes fuera de las Zonas de instalaciones, salvo que sean de tamaño pequeño y no representen una amenaza grave a los valores de la Zona (por ejemplo, una estación meteorológica automática (AWS) o un pequeño repetidor de radio solar, y a batería, con mínima infraestructura asociada).

Todas las instalaciones deberán recibir mantenimiento mientras se mantengan en uso, y deberán desmantelarse cuando ya no sean necesarias. Los Programas Nacionales responsables de las instalaciones deberán identificarlas, poniendo además en ellas el nombre del investigador principal y su año de instalación. Los tipos de instalación y sus coordenadas deben registrarse, con información proporcionada al Programa Nacional responsable y luego esa información deberá compartirse con el Grupo de Gestión.

Los Programas Nacionales deberán intercambiar información sobre propuestas para nuevas instalaciones por medio del Grupo de Gestión antes de su construcción, con objeto de coordinar actividades y reducir al mínimo la necesidad de instalaciones nuevas, repetidas, o con potencial destructivo.

7(iv) Campamentos

En Valles Secos de McMurdo, se entiende por campamento un campamento pequeño y provisorio instalado para realizar investigaciones durante una temporada, y que está compuesto por lo general de cierto número de tiendas e incluye refugios transitorios para el trabajo de laboratorio o de cocina. Estos campamentos deben por lo general instalarse sólo cuando el trabajo que se proponen apoyar no puede cumplirse en la práctica mediante el acceso al lugar desde una de las Zonas de instalaciones.

Al determinar la ubicación de campamentos y al emplazarlos se deberá tener cuidado para reducir a un mínimo su impacto en el medio ambiente. Se deberá contemplar el máximo aprovechamiento de campamentos existentes o el compartir los de otros programas antes de levantar nuevos campamentos, reduciéndose al mínimo posible la huella de su instalación.

Todos los campamentos deberán recibir mantenimiento mientras se mantengan en uso, y deberán desmantelarse cuando ya no sean necesarios. Se debe tener especial cuidado en asegurar que el equipo de campamento no sea dispersado por el viento.

Las coordenadas de los sitios de los campamentos deben registrarse, proporcionándose esa información al Programa Nacional responsable, y compartiéndose luego esa información con el Grupo de Gestión.

En el cuadro 5 se enumeran los sitios designados para campamentos fuera de las Zonas de instalaciones o en otras áreas de la Zona.

Cuadro 5: Sitios designados para campamentos fuera de las Zonas de instalaciones o en otras áreas de la Zona.

Nombre:	PR[1]	Ubicación	Descripción de la ubicación	Descripción del terreno del campamento
Campamento de Cataratas de Sangre	EE. UU.	77°43.24' S 162°16.29' E 1 helipuerto en la ubicación anterior	Costa noroeste del lago Bonney ~100 m del fin del glaciar Taylor y las Cataratas de Sangre (véase el Recuadro 1, Mapa 8).	Laderas que se extienden ~100 m hacia arriba sobre el borde costa lacustre y ~200 m en dirección noreste desde Lawson Creek hasta una cota de sondeo de referencia permanente (TP02) a ~20 m del borde lacustre. Marcados con círculos de piedras hay sitios para tiendas. El helipuerto designado se ubica en las cercanías de un conjunto de sitios para tiendas en el sector sudoeste del sitio para campamentos.

1. Parte responsable del mantenimiento

7(v) Toma o intromisión perjudicial de la flora y fauna autóctonas

Se prohíbe la toma de ejemplares de la flora o la fauna autóctonas así como su intromisión perjudicial, excepto con un permiso especial en conformidad con el Artículo 3 del Anexo II al

Protocolo, expedido por la autoridad nacional correspondiente específicamente para ese propósito. La toma de animales o la intromisión perjudicial sobre ellos deberían, como norma mínima, estar en concordancia con el Código de conducta para el uso de animales con fines científicos en la Antártida del Comité Científico para la Investigación Antártica (SCAR).

A fin de mantener los valores ecológicos y científicos de la Zona los visitantes deben tener precauciones especiales relativas a la introducción de especies no autóctonas. Causa especial preocupación la introducción de especies provenientes de otros lugares de la Antártida, incluidas las estaciones, o provenientes de regiones fuera de la Antártida. Los visitantes deberán tomar precauciones para garantizar que los equipos de muestreo y los señalizadores ingresados a la Zona estén limpios. Los visitantes deben limpiar exhaustivamente todo su equipo (incluidas las mochilas, maletas y tiendas), y su vestimenta y calzado antes de ingresar a la Zona. Los visitantes deben también estar conscientes del riesgo que conlleva el traslado de especies entre un sector de Valles Secos y otro, lo cual puede además afectar los valores de la Zona. En particular, los visitantes deben aspirar a reducir a un mínimo el traslado de suelo entre un sector y otro al interior de Valles Secos, limpiando sus equipos (por ejemplo, equipo de campamento y de toma de muestras, vehículos y calzado) antes de trasladarse hacia otro lugar.

7(vi) Recolección o retiro de material encontrado en la Zona

Se podrá tomar o retirar de la zona material que no esté comprendido en el párrafo 7(v) sólo con fines científicos o educativos o por razones esenciales de gestión, y ello deberá limitarse al mínimo indispensable para cubrir dichas necesidades. Todo meteorito tomado deberá ser recolectado y curado de conformidad con las normas científicas aceptadas y se deberá poner a disposición de fines científicos. Todo material de origen humano que pueda comprometer los valores de la Zona deberá ser retirado, salvo que el impacto de dicho retiro pueda ser mayor que el de dejar el material en el lugar. En ese caso, se deberá notificar a las autoridades pertinentes.

7(vii) Gestión de los desechos

Todo material introducido a la Zona deberá recolectarse y retirarse en la mayor medida de lo posible cuando ya no sea necesario. El agua para uso humano, incluida el agua para usos científicos, deberá ser retirada o tratada en un evaporador de aguas residuales (y se deberán retirar sus residuos). Todos los desechos humanos deberán ser retirados de la Zona, incluidos los residuos de la incineración.

De conformidad con el artículo 4, Anexo III, del Protocolo, no se verterán residuos en zonas sin hielo, en sistemas de agua dulce o en la nieve o en fosas de hielo que desaguan en zonas libres de hielo o de alto índice de ablación.

7(viii) Requisitos relativos a los informes

En la medida de lo posible, el grupo coordinador de la gestión deberá preparar informes de las actividades en la Zona y ponerlos a disposición de todas las Partes.

De conformidad con el artículo 10 del Anexo V del Protocolo, se tomarán las medidas necesarias para recolectar e intercambiar informes de visitas de inspección y de todo cambio o daño significativo observado dentro de la Zona.

Los operadores turísticos deberán llevar un registro de sus visitas a la Zona, incluido el número de visitantes, fechas e incidentes observados en la Zona, y remitir dichos datos de conformidad con los procedimientos de informes sobre expediciones aprobado por las Partes del Tratado Antártico y la IAATO.

8. Disposiciones relativas al intercambio de información previo a las actividades propuestas

Además del intercambio normal de información por medio de los informes anuales nacionales a las Partes al Tratado Antártico, al SCAR y al Consejo de Administradores de Programas Antárticos (COMNAP), las Partes que operen en la zona deberán intercambiar información a través del Grupo de Gestión.

9. Documentación de apoyo

Información electrónica

Los Programas Nacionales que operan en la Zona han establecido un sitio Web con el propósito de proporcionar información adicional sobre los Valles Secos de McMurdo, incluyendo documentos de gestión actualizados, planes de gestión de zonas protegidas, mapas, descripciones y políticas. Esta información puede encontrarse en http://www.mcmurdodryvalleys.aq

Planes de gestión

Plan de Gestión para la Zona Antártica Especialmente Protegida Nº 123, Valles Barwick y Balham, Tierra de Victoria Meridional.

Plan de Gestión para la Zona Antártica Especialmente Protegida Nº 131, Glaciar Canadá, Valle Taylor, Tierra de Victoria.

Plan de Gestión para la Zona Antártica Especialmente Protegida Nº 138, Terraza Linnaeus, Cordón Asgard, Tierra de Victoria

Plan de Gestión para la Zona Antártica Especialmente Protegida Nº 154, Bahía Botany, Cabo Geology, Tierra de Victoria

Plan de Gestión para la Zona Antártica Especialmente Protegida Nº 172, Glaciar Taylor inferior y Cataratas de Sangre, valle Taylor, Valles Secos de McMurdo, Tierra de Victoria.

APÉNDICE A:

Código de conducta ambiental para los Valles Secos de McMurdo

¿Por qué se consideran tan importantes los Valles Secos de McMurdo? El ecosistema de los Valles Secos de McMurdo contiene rasgos geológicos y biológicos que datan de hace miles de millones de años. Muchas de estos antiguos rasgos podrían ser fácil e irreversiblemente dañados por la acción humana. Otras características que vuelven singulares a los Valles Secos de McMurdo incluyen la presencia de algunas comunidades inusuales de formas microscópicas de vida, escasa biodiversidad, cadenas alimentarias simples con limitada competencia trófica, severo estrés térmico, aridez y nutrientes limitados.. Este antiguo paisaje desértico y sus comunidades biológicas tienen muy poca capacidad natural para recuperarse de las alteraciones. La investigación en dichos sistemas debe tratar de reducir al mínimo los impactos a fin de proteger el ambiente para futuras generaciones.

Antes de viajar a la Zona:

- Se debe comprobar que las actividades planificadas cumplan con los requisitos del Código de Conducta del Plan de Gestión, el Código de Conducta contenido en los Apéndices A y B, y con todas las directrices específicas con vigencia dentro de las Zonas de gestión (Apéndices C a F).

- Se debe planificar todas las actividades tales como viajes, instalación de campamentos, gestión y contención secundaria de combustible, y manejo (y reducción al mínimo) de desechos, con el objetivo de reducir al mínimo los impactos al medioambiente. A los efectos de su seguridad, las personas o grupos deben garantizar que se lleve a la Zona suficiente equipo y material de supervivencia, o que estos estén disponibles en el sitio.

- Para contribuir a evitar la introducción accidental de especies no autóctonas a los Valles Secos de McMurdo, antes de viajar a la Zona se debe limpiar minuciosamente todo el equipo (incluso las mochilas, los bolsos y las tiendas), la vestimenta y el calzado.

Viajes y actividades dentro de la Zona:

- Para reducir el riesgo de transferir especies de una parte a otra de los Valles Secos, se debe limpiar el equipo, los vehículos, la vestimenta y el calzado antes de trasladarse de lugar.

- Se debe tener presentes las directrices específicas del sitio en los Apéndices C al F y evitar las Zonas restringidas a menos que sea necesario el acceso a estas por una razón convincente que no se pueda atender en otra parte dentro de la Zona.

- Debe evitarse cruzar los arroyos. Cuando sea necesario hacerlo, deben usarse siempre que sea posible los puntos de cruce designados.

- Se debe evitar nadar o bucear en los lagos, a menos que lo autorice un Programa Nacional para fines científicos.

- Se debe evitar disturbar focas o aves momificadas.

- No deben construirse montículos de piedras en la Zona, a menos que lo autorice un Programa Nacional.

- No se debe dejar abandonado ningún equipo de viaje (por ejemplo tornillos y pitones para hielo).

Desplazamientos a pie:

- Algunas comunidades biológicas y formaciones geológicas son especialmente frágiles, incluso cuando están ocultas por la nieve; se debe estar alerta y evitar dichos rasgos durante los traslados dentro de la Zona. Por ejemplo, se debe evitar caminar sobre áreas con vegetación, en los arroyos o en sus márgenes, en las dunas, encima de experimentos de largo plazo en el suelo, en superficies de delta elevado, en formaciones rocosas delicadas o sobre otros rasgos sensibles.
- De ser factible, se deben seguir los senderos designados o establecidos. Para obtener mayor orientación, véanse las directrices específicas elaboradas para cada sitio para las distintas zonas (Apéndices C al F).

Uso de vehículos:

- El uso de vehículos debe restringirse a las superficies con hielo, a menos que se autorice específicamente actuar de otro modo, o bien en punta Marble, cabo Roberts, y New Harbor.
- Los vehículos deben seguir los senderos establecidos dondequiera que los haya.
- Los vehículos deben estacionarse siempre sobre una unidad de contención secundaria o bandeja de goteo.
- Los vehículos deben usarse sobre el hielo lacustre solamente cuando resulte indispensable y, durante el período de fusión estival, deben estacionarse en el hielo lacustre permanente en vez de en hielo de fosa.

Uso de helicópteros:

- Si existieran, deben usarse las plataformas de helipuerto designadas para los aterrizajes de helicópteros. Si no las hubiera, deben usarse, en la medida de lo posible, sitios de aterrizaje conocidos utilizados en anteriores ocasiones. Las plataformas de helipuerto designadas se enumeran en los Apéndices C al F, y se muestran en los Mapas 3 a 24.
- Las plataformas de helipuerto designadas deben estar marcadas a fin de ser claramente visibles desde el aire. Los marcadores utilizados deben estar bien asegurados y ser durables.
- En la medida de lo posible, deben evitarse los aterrizajes de helicópteros en los lagos.
- Las operaciones en helicóptero no deben usar bombas de humo, salvo para propósitos esenciales de seguridad.
- Se debe tener cuidado de comprobar que la carga eslingada de los helicópteros esté correctamente sujeta. Estas operaciones deben ser supervisadas por personal capacitado.

Campamentos: ubicación e instalación

- Se deben usar los campamentos antiguos, actuales, y designados, o, en la medida de lo posible, se deben compartir aquellos campamentos pertenecientes a otros programas antes de considerar el establecimiento de nuevos campamentos.
- Se debe reducir a un mínimo la huella de cada uno de los campamentos.
- Para evitar daños o contaminación, los campamentos se deben ubicar tan lejos como sea factible de las márgenes de los lagos, lechos fluviales y experimentos de largo plazo.. No acampe en los lechos fluviales, aun cuando estén secos.
- Las piedras que se trasladen hacia nuevos campamentos o destinadas a otras actividades en áreas que no hayan sido alteradas deben reponerse después de la actividad en su ubicación original, si fuera posible, y como mínimo deben colocarse con el lado incrustado de sal hacia abajo. Si el campamento está destinado a una actividad plurianual, deben pedirse otras orientaciones al Programa Nacional de apoyo.

- Debe registrarse la ubicación de los campamentos, y dicha información debe enviarse al Programa Nacional de apoyo.
- Se debe comprobar que el equipo y los suministros estén correctamente sujetos en todo momento, a fin de evitar su dispersión por los vientos fuertes.

Uso de energía:

- Hasta donde sea practicable, deben usarse al interior de la Zona sistemas de energía y modos de desplazamiento que tengan el menor impacto en el medioambiente, y que reduzcan al mínimo el uso de combustibles fósiles.

Uso de materiales:

- Todo elemento llevado a la Zona debe retirarse de ella y ser devuelto a la estación del Programa Nacional correspondiente para su apropiada manipulación.
- Deben evitarse las actividades que pudieran producir una dispersión de materiales exógenos (por ejemplo, el uso pintura en aerosol para marcar las rocas). Si fuera indispensable, esto debería realizarse dentro de una cabaña o tienda (por ejemplo, todas las actividades de corte, aserrado y desempaque).
- No deben usarse explosivos dentro de la Zona, a menos que un Programa Nacional apruebe su uso en apoyo de propósitos científicos o administrativos esenciales.
- De ser posible, se debe comprobar que no se haya dejado nada congelado, que pueda fundirse o evaporarse causando posteriormente contaminación, en los glaciares, en la nieve o en el hielo lacustre.

Combustible y productos químicos:

- En la medida de lo posible, se debe evitar todo derrame de combustible y productos químicos.
- Se deben tomar medidas para evitar el escape accidental de productos químicos, incluidos los reactivos de laboratorio e isótopos (estables o radiactivos). Los productos químicos de todo tipo deben dosificarse sobre bandejas de goteo u otro medio de contención. Si está permitido usar radioisótopos, deben observarse exactamente las instrucciones de seguridad y de manejo.
- Al usar productos químicos o combustibles, debe comprobarse que se dispone de equipo antiderrame y de unidades de contención secundaria apropiadas al volumen de la sustancia. Quienes trabajen con productos químicos y combustibles deben estar familiarizados con su uso y con los correspondientes procedimientos de respuesta ante derrames.
- Los recipientes de productos químicos y combustible deben ubicarse y taparse de manera segura, particularmente sobre el hielo lacustre.
- Todos los tambores de combustible deben almacenarse con contención secundaria.
- Al reabastecer los generadores se deben usar bidones para combustible con válvula.
- Los generadores y vehículos se deben reabastecer sobre bandejas de goteo, usando paños absorbentes para derrames.
- El aceite de los vehículos no debe cambiarse excepto sobre una bandeja de goteo.

Desechos y derrames:

- El agua usada para CUALQUIER propósito humano debe retirarse y/o tratarse en un evaporador de aguas grises (y los residuos deben retirarse de la Zona).
- Todos los desechos humanos se deben recoger y retirar.

- Las personas o grupos deben llevar siempre los recipientes apropiados para desechos humanos y aguas grises, de modo que estos se puedan transportar de manera correcta y segura para su eliminación.

- Se debe limpiar todo derrame y/o escape en la máxima medida posible e informar al Programa Nacional correspondiente sobre su ubicación, incluyendo las coordenadas.

APÉNDICE B:

Código de conducta ambiental para la investigación científica

Las actividades científicas en los Valles Secos de McMurdo incluyen investigación sobre el clima, glaciares, arroyos, lagos, suelos, geología y geomorfología locales. El siguiente Código de conducta ambiental para la investigación científica está destinado a reducir el impacto de las actividades específicas de investigación de algunos ambientes claves en la Zona. Estas directrices se basan en el informe Lagos de los Valles Secos de McMurdo: Impactos de las actividades de investigación (Wharton, R.A. Doran, P.T., 1998), que fue el producto de un taller internacional de científicos que realizaban investigaciones en la Zona.

Requisitos generales

- No se deben recolectar ni cambiar de sitio especímenes de ninguna índole, incluidos los fósiles, excepto con un permiso para fines científicos y educativos asociados.
- Se debe registrar la ubicación de los sitios de extracción de muestras (incluidos los de transectas biológicas), de perforaciones y excavación de suelos, así como de cualquier otra instalación (por ejemplo estructuras e instrumentación de control de flujo), y se deben enviar sus coordenadas al Programa Nacional de apoyo.
- Las instalaciones y el equipo deben presentar un riesgo mínimo de emisiones dañinas al medioambiente (por ejemplo, uso de celdas de gel u otras baterías antiderrame).
- Se debe comprobar que todas las instalaciones, materiales y equipo estén almacenados de manera segura cuando no estén en uso y que se retiren cuando ya no se requieran.
- Todo marcador instalado debe ser durable y estar firmemente sujeto.
- Los registros de meta datos que describen los datos recopilados se deben enviar al Programa Nacional de apoyo, e incluirse dentro del Directorio Antártico Maestro.

Sitios de extracción de muestras y experimentación

- Todo el equipo científico, particularmente el equipo usado para muestreo y perforaciones, debe estar limpio antes de su ingreso a la Zona, y debe limpiarse antes de su transporte a otros sitios para su reutilización dentro de la Zona.
- Amarre firmemente todo el equipo de muestreo, si existe un riesgo razonable de que pueda perderse irremediablemente,.
- Los tamaños de las muestras de todos los materiales de biomasa y no biológicos deben limitarse al mínimo indispensable para una efectiva realización de los análisis y archivos planificados.
- Los sitios de muestreo (por ejemplo sobre hielo lacustre, glaciares o suelos) se deben mantener limpios.
- Debe reducirse al mínimo, y en lo posible evitar, el uso de líquidos para perforación.
- Los sitios de experimentación o de monitoreo destinados a usarse durante más de una temporada se deben identificar claramente por país, nombre del investigador principal y año de instalación.

Instalaciones científicas

Para las instalaciones científicas, incluidas las estaciones meteorológicas, monumentos naturales, repetidores de comunicaciones, sistemas de monitoreo de lagos y registradores de nivel:

- Las instalaciones deben estar cuidadosamente ubicadas, deben ser fácilmente recuperables cuando así se requiera, y deben estar apropiadamente sujetas en todo momento a fin de evitar su dispersión por vientos fuertes.
- Todas las instalaciones en la Zona deben estar claramente identificadas por país, nombre del investigador principal y año de instalación.
- Las instalaciones deben ser tan energéticamente eficientes como sea posible y se deben usar fuentes de energía renovable dondequiera que sea factible.
- Las instalaciones deben presentar un riesgo mínimo de emisiones dañinas al medio ambiente (por ejemplo, se debe usar celdas de gel u otras baterías antiderrame).
- Debe evaluarse periódicamente el deterioro, la utilidad y el posible desmantelamiento de las instalaciones. La frecuencia de la evaluación puede depender de las características de la instalación y del sitio, aunque en general es probable que sea necesario evaluar por lo menos una vez cada 3 a 5 años.
- Las instalaciones deben estar diseñadas y construidas para que se puedan retirar de servicio y retirar de la Zona cuando ya no se utilicen.

Equipo científico, combustibles y materiales

- Debe reducirse a un mínimo el uso del equipo alimentado con combustibles fósiles; en la medida de lo posible, se usarán dispositivos manuales y alimentados con energía solar.
- Los generadores deben ajustarse adecuadamente para reducir al mínimo sus emisiones, y deben usarse solamente cuando sea necesario. Siempre se colocarán los generadores y los bidones de combustible sobre bandejas de goteo.
- Se manipularán cuidadosamente los combustibles, el glicol, los desechos químicos y todos los demás líquidos para evitar derrames.
- El reabastecimiento de combustible se hará siempre usando bandejas de goteo.
- Se debe comprobar que el sitio disponga en todo momento de equipo antiderrame si hubiera presencia de combustibles o de desechos líquidos (incluidos los productos químicos y el agua extraída de los lagos).
- Se evitará el uso de materiales que puedan fracturarse a baja temperatura, por ejemplo muchos plásticos en base a polietileno. Se evitarán los componentes de madera y tela en las estructuras semipermanentes, dado que están sujetos a la abrasión causada por el viento y a fallas ocasionales.

Arroyos

- Se usarán canales de distribución en lugar de presas.
- En la medida en que sea factible, deben usarse materiales locales para construir estructuras de medición y control del agua.
- Se limitará la cantidad de experimentos manipulativos y con trazadores. Siempre que sea posible, se usarán métodos de modelado para extender la aplicación de los resultados experimentales a otras cuencas de arroyos y lagos.
- Se usarán solamente trazadores que existan en la naturaleza y se documentará su uso.
- Se diseñarán los experimentos con trazadores a fin de limitar el movimiento del trazador en los lagos. El flujo incremental del experimento debe ser apropiadamente pequeño en proporción al flujo anual total promedio de ese soluto de los arroyos. Se escogerá un sitio para la experimentación con extensión suficiente de modo que las reacciones se completen al final de la extensión.
- Se establecerán sitios específicos para la toma de muestras de biomasa y se documentarán sus lugares geográficos, así como la magnitud y frecuencia del muestreo.

- Se desarrollarán y aplicarán métodos (por ejemplo análisis espectral) que no dependan del retiro de muestras para cuantificar los cambios en la biomasa en los arroyos.

Lagos

- Deberá reducirse al mínimo la extensión y la duración en el tiempo de las estructuras que se instalen sobre el hielo. Al instalar estructuras sobre el hielo cercano a la orilla, estas se pondrán sobre hielo perenne y no en el hielo de fosa (este último es altamente susceptible a fundirse con rapidez). Se documentará la ubicación geográfica del emplazamiento de estructuras sobre el hielo.

- Se usarán barreras (por ejemplo bandejas de goteo) entre el equipo (por ejemplo motores y herramientas) y el hielo, a fin de reducir al mínimo la posible introducción de hidrocarburos en el hielo, así como la fusión física de la superficie del hielo.

- Se documentará el área y el grado en que se ha excavado el hielo lacustre, y se registrarán sus coordenadas geográficas. Las áreas que se hayan utilizado para muestreo o acceso al lago deben reutilizarse en la mayor medida posible.

- El uso de vehículos motorizados deberá reducirse a un mínimo. Los vehículos todo terreno con motores de cuatro tiempos son preferibles a las motonieves con motores de dos tiempos (la combustión menos eficiente en los motores de dos tiempos causa un aumento en la liberación de hidrocarburos y partículas).

- Al manejar vehículos motorizados, se tendrá extremo cuidado para evitar volcar el vehículo o fracturar la capa de hielo.

- Los materiales extraídos por debajo del hielo deberán retirarse. No deben descargarse ni depositarse sobre el hielo lacustre muestras de agua y sedimento.

- Una vez que las superficies de hielo comiencen a fundirse, reduzca los sobrevuelos de helicópteros y mantenga en el mínimo los aterrizajes sobre lagos.

- Se evitará almacenar materiales en la superficie helada de los lagos.

- A fin de evitar contaminación cruzada, se usarán para cada lago distintos equipos de muestreo (por ejemplo colectores de agua, redes para plancton) e instrumentos. Los equipos de muestreo e instrumentos que se vayan a usar en más de un lago deberán limpiarse minuciosamente (esterilizar, si es posible) antes de usarlos en otro lago.

- Para evitar derrames, debe manipularse cuidadosamente el agua gris extraída de los lagos.

- Se considerarán alternativas de laboratorio ante los experimentos *in situ* que involucren radioisótopos, isótopos estables u otro trazador, con miras a la futura integridad de las propiedades químicas y biológicas de los lagos. Se realizarán cálculos preliminares para determinar el posible impacto de los experimentos con isótopos. Debe documentarse y registrarse toda introducción.

- A fin de reducir al mínimo la contaminación por metales de los lagos, se incorporará en los protocolos de muestreo cuerdas de arrastre y recipientes para muestreo libres de metales (como las botellas Go-Flo).

- Se promoverá el uso de un sustituto ecológico del glicol (por ejemplo un anticongelante biodegradable) para fundir orificios de acceso.

- Deberá reducirse al mínimo la cantidad de agua gris desechada, recogiendo el volumen mínimo posible de agua y sedimento indispensable para fines de investigación.

- Se debe instruir a las personas que trabajan sobre el hielo lacustre sobre cómo reducir la pérdida del equipo a través de los orificios en el hielo.

- Se capacitará adecuadamente a los buzos de investigación y a los equipos de apoyo de modo que los impactos al ambiente lacustre se reduzcan al mínimo.

- Antes de realizar operaciones de buceo o de robots submarinos no tripulados (ROV, por sus siglas en inglés) en un lago en particular, se considerará el historial de buceos previos en el sitio de investigación propuesto, la proximidad de otras áreas de interés y la vulnerabilidad a la perturbación de la columna de agua y del bentos. Estas consideraciones también deben aplicarse a otras actividades de muestreo y medición.

- Se elaborarán y mantendrán los registros de las actividades de buceo y de ROV, incluyendo cronometraje, intensidad y duración.
- Se usarán avances tecnológicos (por ejemplo aparatos recirculadores de aire exhalado, sistemas de bomba osmótica) que mitiguen los impactos ambientales del buceo.

Suelos

- En la mayor medida posible, deberá reducirse al mínimo la alteración de la superficie y subsuperficie.
- Al completar el trabajo, se restituirán a su estado natural las superficies alteradas tanto como sea posible. En las excavaciones a gran escala (más de 1 m²), se deberá tomar fotografías antes de disturbar el terreno, a fin de tener una base para la restauración. Se registrará la ubicación del sitio reparado.
- Durante la toma de muestras de suelos, se depositará la tierra excavada sobre esteras o tela impermeable aislante.
- La tierra extraída se repondrá aproximándose al contorno original y, de ser posible, se repondrá también el pavimento desértico. Antes de excavar, el pavimento desértico puede tomarse de la superficie y guardarse aparte para su reposición.
- Se realizará una completa evaluación ambiental de los experimentos de enmienda exógena propuestos.
- Debe limitarse el uso de equipo mecánico (por ejemplo taladros Cobra, barrenas de tierra).

Glaciares

- Deberá reducirse al mínimo el uso de agua líquida (por ejemplo, con taladros de agua caliente).
- Se evitará usar productos y soluciones químicos sobre el hielo.
- Si se ponen estacas u otros marcadores en un glaciar, se usará la menor cantidad indispensable para satisfacer las necesidades de investigación; de ser posible, se etiquetarán con el número del evento y la duración del proyecto.
- Siempre que sea posible, para las operaciones de aserrado a gran escala se usarán sierras de cadena eléctricas impulsadas por un generador de cuatro tiempos (dado que contaminan menos que los motores de dos tiempos). Al cortar hielo frío, evite usar de lubricantes para la hoja de la sierra de cadena.
- Al concluir un proyecto de investigación, todos los materiales (madera, metal y sensores) que estén incrustados en el hielo deberán retirarse a fin de reducir al mínimo la contaminación.

APÉNDICE C:

Directrices para las Zonas de Instalaciones

Las Zonas de instalaciones incluyen un área designada alrededor de las siguientes instalaciones operadas en la Zona por los Programas Nacionales:

- Campamento New Harbor, valle de Taylor;
- Campamento F-6, valle de Taylor;
- Campamento del lago Fryxell, valle de Taylor;
- Campamento del lago Hoare, valle de Taylor;
- Campamento del lago Bonney, valle de Taylor;
- Repetidora de radio de Monte Newall, cordillera Asgard;
- Estación de reabastecimiento de combustible de punta Marble, punta Marble;
- Campamento Lower Wright, valle Wright;
- Cabaña del lago Vanda, valle Wright;
- Cabaña de Bull Pass, valle Wright;
- Campamento del cabo Roberts, puerto Granite.

En la Tabla C-1 se enumeran las ubicaciones, límites, sitios para aterrizaje de helicópteros e infraestructura en las Zonas de instalaciones, junto con una identificación de la Parte a cargo, seguida por mapas de las Zonas de instalaciones y su contexto geográfico local (Mapas 3 al 13).

Zona de instalaciones	Map a N°	Descripción del límite	Coordenadas de los límites	Coordenadas de los sitios para aterrizaje de helicópteros	PR[1]	Estructuras en la Zona
Campamento New Harbor	3	El límite va desde un punto al noroeste del cobertizo para generadores (en el borde del banco), al sudoeste después del área de carga eslingada, al este hasta un punto al sur de la plataforma de helipuerto, al nordeste hasta un punto al este del módulo principal Jamesway, al noroeste hasta un punto al norte del laboratorio, al sudoeste hasta un punto justo al norte del antiguo pozo, y al sudoeste a lo largo del borde del banco hasta volver al punto junto al cobertizo para generadores.	77° 34,66'S, 163° 31,05'E 77° 34,71'S, 163° 30,98'E 77° 34,70'S, 163° 31,19'E 77° 34,67'S, 163° 31,34'E 77° 34,63'S, 163° 31,19'E 77° 34,64'S, 163° 31,11'E	77° 34,692'S, 163° 31,165'E Una plataforma para aterrizaje de helicópteros más área de carga eslingada.	EE. UU.	El edificio principal consta de dos módulos Jamesway conectados por un pasillo de madera, uno de ellos de 42 m² (448 pies cuadrados) y otro de 30 m² (320 pies cuadrados). Junto al edificio principal, hay un cobertizo para almacenamiento de 3 m² (32 pies cuadrados) y un retrete externo de 1,5 m² (16 pies cuadrados). El campamento además incluye un módulo Jamesway de 21 m² (224 pies cuadrados) que cumple las funciones de laboratorio, un cobertizo para generadores de 8,9 m² (96 pies cuadrados) y una caja para almacenar equipo de buceo de 1,5 m² (16 pies cuadrados). Una caja de supervivencia oculta y una torre de generador eólico.
Campamento F-6	4	El límite va desde un punto al sudoeste de la plataforma de helipuerto, al nordeste hasta un punto justo al este del caché de emergencia (caja de supervivencia), al norte alrededor del sitio de tiendas en el extremo nororiental, al oeste hasta un punto al noroeste de los sitios de tienda (junto al lago), al sur alrededor de la presa del arroyo, y al sudeste hasta el punto original junto a la plataforma de helipuerto.	77° 36,53'S, 163° 15,32'E 77° 36,50'S, 163° 15,43'E 77° 36,46'S, 163° 15,46'E 77° 36,46'S, 163° 15,40'E 77° 36,46'S, 163° 15,21'E 77° 36,50'S, 163° 15,19'E	77° 6,514'S, 163° 15,343'E Una plataforma para aterrizaje de helicópteros	EE. UU.	Un edificio principal de 42 m² (448 pies cuadrados) con retrete externo adyacente. Caché de emergencia.

Zona de instalaciones	Mapa N°	Descripción del límite	Coordenadas de los límites	Coordenadas de los sitios para aterrizaje de helicópteros	PR[1]	Estructuras en la Zona
Campamento del lago Fryxell	5	El límite sigue el borde del lago en la esquina sudeste hasta un punto al sudoeste de la plataforma de helipuerto, hasta la pequeña meseta debajo de una colina, detrás del sitio de tiendas más lejano en la esquina noroeste, al este hasta el arroyo, al sudeste a lo largo de la ribera del arroyo, hasta la tienda más oriental y al sur hasta volver al punto original cerca del lago.	77° 36,38'S, 163° 07,60'E 77° 36,40'S, 163° 07,37'E 77° 36,34'S, 163° 07,31'E 77° 36,34'S, 163° 07,26'E 77° 36,29'S, 163° 07,27'E 77° 36,29'S, 163° 07,51'E 77° 36,31'S, 163° 07,59'E 77° 36,38'S, 163° 07,60'E	77° 36,33'S, 163° 07,428'E	EE. UU.	Un módulo Jamesway (edificio principal) de 62.7 m² (675 pies cuadrados), cuatro laboratorios de 13,9 m² (150 pies cuadrados) y un edificio de generadores de 13,9 m² (150 pies cuadrados). Torre de generadores eólicos, panel solar y un retrete externo. Caché de emergencia. Se muestran los sitios propuestos para el edificio, la torre de generadores eólicos y los paneles solares.
Campamento del lago Hoare	6 y 7	El límite va desde el sudeste del área rocosa de las plataformas de helipuerto, al norte alrededor del caché de emergencia, al nordeste hasta una roca al noroeste del sitio de tiendas más occidental, al nordeste hasta un punto al norte de otro sitio de tiendas, al nordeste de nuevo hasta el sitio de tiendas más nororiental, al sur a lo largo del arroyo/glaciar hasta un punto al este de las antiguas instalaciones del lago Hoare (edificios de almacenamiento de buceo y duchas), al sudoeste hasta el extremo del banco de arena, al noroeste hasta la playa debajo del edificio principal, y al noroeste hasta el punto original cerca de las plataformas de helipuerto.	77° 37,40'S, 162° 53,87'E 77° 37,39'S, 162° 53,86'E 77° 37,35'S, 162° 53,87'E 77° 37,31'S, 162° 53,96'E 77° 37,26'S, 162° 54,28'E 77° 37,26'S, 162° 54,35'E 77° 37,39'S, 162° 54,40'E 77° 37,47'S, 162° 54,34'E 77° 37,41'S, 162° 54,05'E	77° 37,372'S, 162° 53,989'E Dos plataformas para aterrizaje de helicópteros más área de carga eslingada. La plataforma secundaria está a 46 m al SO de la plataforma principal.	EE. UU.	Un edificio principal de 55,7 m² (600 pies cuadrados), tres laboratorios de 13,9 m² (150 pies cuadrados), un edificio de generadores (96 pies cuadrados), un cobertizo para herramientas (96 pies cuadrados), y tres retretes externos: dos de 2,2 m² (24 pies cuadrados) y uno de 1,7 m² (18 pies cuadrados), un módulo Jamesway de 49,3 m² (530 pies cuadrados). Paneles solares y una caja de suministros para situaciones de emergencia.

Zona de instalaciones	Map a N°	Descripción del límite	Coordenadas de los límites	Coordenadas de los sitios para aterrizaje de helicópteros	PR[1]	Estructuras en la Zona
Campamento del lago Bonney	8	El límite va desde un punto al oeste del cobertizo para generadores cerca del lago, al sudeste hasta un peñasco detrás de un sitio de tiendas, al nordeste hasta una colina encima de un sitio de tiendas, al nordeste hasta un punto al nordeste del sitio de tiendas más oriental, al oeste hasta la costa, al sudoeste a lo largo de la costa pasando al norte de la plataforma de aterrizaje de helicópteros, continuando al sudoeste a lo largo de la orilla del lago hasta un punto al noroeste de la estación meteorológica y hasta volver al punto original debajo del cobertizo para generadores.	77° 42,96'S, 162° 27,37'E 77° 42,99'S, 162° 27,56'E 77° 42,97'S, 162° 27,79'E 77° 42,95'S, 162° 27,93'E 77° 42,90'S, 162° 27,73'E 77° 42,92'S, 162° 27,61'E	77° 42,95'S, 162° 27,65'E Una plataforma para aterrizaje de helicópteros	EE. UU.	Un módulo Jamesway de 55,7 m² (600 pies cuadrados), un retrete exterior de 2,2 m2 (24 pies cuadrados) un edificio de generadores de 8,9 m² (96 pies cuadrados), un laboratorio científico de 11 m² (118 pies cuadrados) y un laboratorio RAD. Paneles solares y una caja de suministros para situaciones de emergencia.
Repetidora de radio de Monte Newall	9	El límite va desde el punto más nororiental al nordeste del refugio verde de suministros, al sudoeste a lo largo del lado sudeste de la cresta alrededor del refugio verde de suministros, el repetidor de NZ, la turbina eólica, la cabaña AFTEC, la antena, la cabaña del campamento de supervivencia, el caché de supervivencia, alrededor de la plataforma para aterrizaje de helicópteros, al nordeste a lo largo del lado noroccidental de la cresta alrededor de la cabaña del campamento, la antena, la cabaña AFTEC, la turbina eólica, el repetidor de NZ y el refugio verde de	77° 30,23'S, 162° 37,60'E 77° 30,25'S, 162° 37,60'E 77° 30,26'S, 162° 37,55'E 77° 30,27'S, 162° 37,52'E 77° 30,27'S, 162° 37,52'E 77° 30,29'S, 162° 37,46'E 77° 30,31'S, 162° 37,33'E 77° 30,29'S, 162° 37,28'E 77° 30,28'S, 162° 37,40'E	77° 30,295'S, 162° 37,340'E Una plataforma para aterrizaje de helicópteros	EE.U U. / NZ	El sitio incluye un repetidor de radio de EE.UU. y uno de NZ. En Monte Newall hay tres cabañas, incluida una cabaña de supervivencia de 8,9 m² (96 pies cuadrados), un cobertizo de 22,3 m² (240 pies cuadrados) que contiene un sistema eléctrico híbrido (ambos de EE.UU.) y un refugio verde de suministros de 2,2 m² (24 pies cuadrados) que aloja el repetidor de NZ. El equipo repetidor estadounidense está contenido en dos cajas plásticas anaranjadas. En el sitio hay dos antenas (una de EE. UU. y una de NZ) y una

292

Zona de instalaciones	Mapa N°	Descripción del límite	Coordenadas de los límites	Coordenadas de los sitios para aterrizaje de helicópteros	PR[1]	Estructuras en la Zona
		suministros hasta volver al punto original.	77° 30,26'S, 162° 37,49'E 77° 30,23'S, 162° 37,56'E			turbina eólica (de EE. UU.).
Estación de reabastecimiento o de combustible de punta Marble	10	El límite va desde el punto más oriental (al este de las calicatas), al noroeste alrededor del área principal de instalaciones, al noroeste alrededor de los tanques de almacenamiento de combustible y tubería, al noroeste a lo largo del camino, al sudoeste alrededor del fin del camino y del área de almacenamiento temporal, al sudeste a lo largo del camino y alrededor de las plataformas de helipuerto, al sudeste alrededor del estanque y al nordeste hasta volver al punto al este de las calicatas.	77° 24,86'S, 163° 41,41'E 77° 24,82'S, 163° 41,22'E 77° 24,81'S, 163° 41,02'E 77° 24,80'S, 163° 40,81'E 77° 24,71'S, 163° 40,25'E 77° 24,74'S, 163° 40,15'E 77° 24,86'S, 163° 40,74'E 77° 24,89'S, 163° 41,27'E	77° 24,82'S, 163° 40,76'E Cuatro plataformas para aterrizaje de helicópteros. Las cuatro plataformas se encuentran en estrecha proximidad (a unos 25 a 30 m de distancia). Se dan las coordenadas de la plataforma central (segunda desde los tanques de combustible principales).	EE. UU.	Un edificio principal de 69,7 m² (750 pies cuadrados), un barracón de 41,8 m2 (450 pies cuadrados), un barracón de 55,7 m2 (600 pies cuadrados), una cabaña de combustible de 7,4 m2 (80 pies cuadrados) 6 tanques de almacenamiento de combustible (de 25 000 galones cada uno), un retrete externo e incinerador de desechos sólidos de 2,2 m2 (24 pies cuadrados) un cobertizo de almacenamiento de 1,9 m2 (20 pies cuadrados), un cobertizo para generadores de 21 m2 (224 pies cuadrados), un taller y edificio de almacenamiento de 27 m2 (288 pies cuadrados) y una estación meteorológica ASOS de 7 m2 (76 pies cuadrados). La estación de reabastecimiento de combustible incluye un cobertizo para combustible y un retrete externo.
Cabaña de Lower Wright	11	El límite abarca la cabaña, un sitio demarcado para aterrizaje de helicópteros y una caja de emergencia. Está limitado por cuestas ascendentes en sus lados occidental y oriental, una gran grieta en el	77° 26,56'S, 162° 39,04'E 77° 26,53'S, 162° 39,02'E 77° 26,53'S, 162° 39,13'E	77° 26,537'S, 161° 39,070'E Una plataforma para aterrizaje de helicópteros	NZ	Una cabaña pequeña con alojamiento para dos personas con un área de piso de 6 m² (65 pies cuadrados). Cache de emergencia.

Zona de instalaciones	Map a N°	Descripción del límite	Coordenadas de los límites	Coordenadas de los sitios para aterrizaje de helicópteros	PR[1]	Estructuras en la Zona
		pavimento al extremo sur y áreas rocosas en el extremo norte. Fuera de la zona pero a corta distancia a pie del sitio hay una garita meteorológica y una presa.	77° 26,55'S, 162° 39,15'E			
Cabaña del lago Vanda	12 Recuadro 1	El límite sigue el borde del área llana en que se encuentran las cabañas, la Estación meteorológica automática (AWS, por sus siglas en inglés), el sitio demarcado para aterrizaje de helicópteros y los sitios de tiendas.	77° 31,42'S, 161° 41,15'E 77° 31,40'S, 161° 41,17'E 77° 31,34'S, 161° 41,45'E 77° 31,34'S, 161° 41,51'E 77° 31,36'S, 161° 41,51'E 77° 31,41'S, 161° 41,25'E	77° 31,361'S, 161° 41,442'E Una plataforma para aterrizaje de helicópteros	NZ	Tres cabañas interconectadas con un área de piso total de 30 m² (323 pies cuadrados). Estación meteorológica automática.
Cabaña de Bull Pass	12 Recuadro 2	El límite abarca la superficie plana guijarrosa en que se sitúan las cabañas y los sitios de tiendas y está limitado por un gran peñasco al norte, pequeñas crestas rocosas al este y oeste, y una línea entre los extremos de la cresta al sur. Hay una estación meteorológica automática bastante hacia el oeste del límite de la Zona.	77° 31,09'S, 161° 51,23'E 77° 31,07'S, 161° 50,96'E 77° 30,98'S, 161° 51,11'E 77° 31,00'S, 161° 51,35'E	77° 31.056'S, 161° 51.048'E Una plataforma para aterrizaje de helicópteros	EE. UU.	En este sitio hay dos refugios: un refugio para equipo y un refugio ambiental de aproximadamente 28.7 m² (290 pies cuadrados) que aloja un sistema eléctrico híbrido. Caché de emergencia.
Campamento del cabo Roberts	13	El límite abarca toda la superficie plana entre las playas norte y sur del cabo Roberts, incluidas las dos cabañas y el estante de combustible. La esquina sudeste de la Zona está donde se encuentra en el estante de combustible y el límite continúa	77° 2,08'S, 163° 10,73'E 77° 2,08'S, 163° 10,79'E 77° 2,09'S, 163° 10,84'E 77° 2,16'S, 163° 10,79'E	No hay plataformas para aterrizaje de helicópteros.	NZ	Dos cabañas en el área libre de hielo del cabo Roberts con alojamiento para cuatro personas (aproximadamente 10 m²), así como una cabaña-habitación de 19 m² (205 pies cuadrados). El sitio también contiene un estante de

Zona de instalaciones	Map a N°	Descripción del límite	Coordenadas de los límites	Coordenadas de los sitios para aterrizaje de helicópteros	PR[1]	Estructuras en la Zona
		al norte a lo largo del borde de una pendiente con grandes guijarros, al oeste a lo largo del borde de un área rocosa y al sur detrás de las cabañas a lo largo del borde de otra pendiente rocosa. La Zona está limitada al sur por la costa de una pequeña bahía.				almacenamiento para tambores de combustible.

APÉNDICE D:

Directrices para las Zonas Científicas

Los siguientes sitios dentro de la Zona han sido designados como Zonas científicas:

- Caleta Explorers, New Harbor, valle de Taylor.
- Pavimento Boulder, valle Wright.

Se adjuntan breves descripciones del sitio, directrices para las actividades dentro de cada Zona científica y los mapas 14 y 15, que muestran los límites de la zona.

Zona científica
Caleta Explorers
Ubicación: New Harbor, valle de Taylor
Dos componentes centrados en:
Charcas de marea norte (490 m²):
77° 34.57' S, 163° 30.79' E; y
Charcas de marea sur (4360 m²):
77° 34.66' S, 163° 31.82' E.
Propósito
Evitar la alteración de la ecología y el medioambiente marino locales que están siendo sometidos a estudios científicos de largo plazo.
Descripción

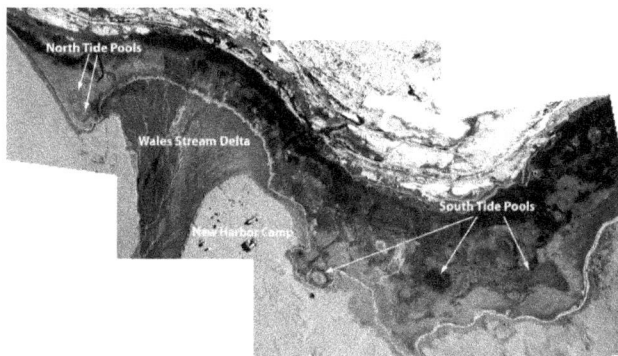

Superficie de la Zona: 4850 m²

Fotomontaje: S. Bowser, USAP (28 de enero de 2005)

La Zona científica comprende dos sistemas de charcas de marea en la costa de la caleta Explorers, los dos ubicados cerca de la Zona de instalaciones Campamento New Harbor y que abarcan unos 75 a 100 m mar adentro (mapa 14). El componente sur queda inmediatamente el este del Campamento New Harbor, extendiéndose a lo largo de la costa unos 500 m. El componente norte, de menor tamaño, queda a unos 200 m al noroeste del Campamento New Harbor, inmediatamente al oeste del delta del arroyo Wales, y se extiende unos 100 m a lo largo de la costa. Estas planicies arenosas inundadas por la marea se caracterizan por charcas de marea que contienen tapetes bénticos de diatomeas y cianobacterias, una significativa fuente de nutrientes para el ecosistema marino costero de caleta Explorers.

Límites
El límite costero de ambas charcas de marea sigue la marca de la pleamar media, mientras que el límite mar adentro se extiende paralelo a la costa siguiendo la línea aproximada de conexión a tierra de las crestas de presión del hielo marino (de haberlas), lo que ocurre unos 75 a 100 m mar adentro (véase el Mapa 14).
Charcas de marea sur: el límite occidental se extiende 100 m al NE desde la costa en la esquina NE de la Zona de instalaciones del Campamento New Harbor. La extensión oriental de la Zona científica está marcada sobre la orilla de un pequeño promontorio costero, unos 500 m al este de la Zona de instalaciones, mediante una pequeña pirca, desde la cual el límite oriental se extiende hacia el norte unos 30 m mar adentro.
Charcas de marea norte: el límite occidental se extiende 100 m a lo largo de la costa desde una pequeña ensenada al oeste del delta del arroyo Wales. Desde allí, el límite norte se extiende unos 80 m hacia el este desde la costa, mientras que el límite oriental se extiende 70 m hacia el norte desde la costa al borde del delta del arroyo Wales.

Impactos
IMPACTOS CONOCIDOS	Ninguno.
POSIBLES IMPACTOS	Los sedimentos de la costa son blandos y se alteran fácilmente cuando no están congelados.

Requisitos para el acceso
ACCESO EN HELICÓPTERO	Se debe usar el sitio designado para aterrizaje de helicópteros en la Zona de instalaciones de New Harbor: 77° 34,692' S, 163° 31,165' E.
ACCESO POR SUPERFICIE	El acceso a la Zona de instalaciones de New Harbor sobre el hielo marino puede atravesar el componente sur de la Zona científica.

Orientación especial para el sitio
- Debe evitarse caminar en la Zona a menos que se estén realizando investigaciones científicas, especialmente cuando el hielo se ha fundido.
- Se debe esterilizar todo el equipo de muestreo antes de tomar muestras en el sitio, a fin de no introducir especies no autóctonas.

Principales referencias

Gooday, A.J., Bowser, S.S. y Bernhard, J.M., 1996. Benthic foraminiferal assemblages in Explorers Cove, Antarctica: A shallow-water site with deep-sea characteristics. *Progress in Oceanography* **37***: 117-66.*

Mapa del sitio – Mapa 14.

Zona científica
Pavimento Boulder

Ubicación: Río Onyx, valle Wright central, 4 km al este y río arriba del lago Vanda:
77° 31,33' S; 161° 54,58' E

Propósito
Evitar la alteración de la ecología y de los amplios tapetes microbianos que están siendo sometidos a estudios científicos de largo plazo.

Pavimento Boulder: N. Biletnikoff, USAP (29 de enero de 2009)

Descripción

Superficie de la Zona: 0,47 km²

La Zona científica comprende una parte del río Onyx que se abre en abanico y fluye lentamente a través de un área extensa y relativamente plana de guijarros, donde las condiciones son favorables para el crecimiento de algas y cianobacterias, formando los tapetes microbianos más extensos del valle Wright y un biofiltro para el lago Vanda.

Límites
La Zona científica se extiende hasta el perímetro del extenso pavimento de cantos rodados planos típicamente inundado por el río Onyx, que comprende un área de unos 0,8 km de ancho y 1,5 km de largo (Mapa 15).

Impactos

IMPACTOS CONOCIDOS	Ninguno.
POSIBLES IMPACTOS	El pisoteo puede dañar los tapetes microbianos. Puede que sea difícil identificar los tapetes cuando el sitio está congelado. Las actividades dentro de la zona aumentan el riesgo de introducir especies no autóctonas.

Requisitos para el acceso

ACCESO EN HELICÓPTERO	Deben evitarse los aterrizajes de helicópteros dentro de la Zona científica. Si es factible, los visitantes deben usar los sitios designados para aterrizaje de helicópteros en la Zona de instalaciones de la Cabaña del lago Vanda (77° 31,361' S; 161° 41,442' E) o en la Zona de instalaciones de la Cabaña de Bull Pass (77° 31,056' S 161° 51,048' E) (Mapas 12 y 15).
ACCESO POR SUPERFICIE	Debe accederse a pie a la Zona. Se debe evitar caminar en esta Zona a menos que sea necesario para propósitos científicos o de gestión.

Orientación especial para el sitio

- Se debe evitar atravesar la Zona científica, a menos que sea necesario para propósitos científicos, como muestreo.
- Se caminará solamente sobre las piedras y se evitará pisar los tapetes microbianos.
- Se debe evitar introducir especies no autóctonas, por lo que se esterilizará todo el equipo de muestreo antes de usarlo en este sitio.

Principales referencias

Howard-Williams, C., Vincent, C.L., Broady, P.A. y Vincent, W.F. 1986. Antarctic stream ecosystems: variability in environmental properties and algal community structure. *International Revue der gesamten Hydrobiologie und Hydrographie 71(4): 511-44.*

Howard-Williams, C., Hawes, I., Schwarz, A.M. y Hall, J.A. 1997. Sources and sinks of nutrients in a polar desert stream, the Onyx River, Antarctica. En: Lyons, W.B., Howard-Williams, C. y Hawes, I. (Eds) *Ecosystem processes in Antarctic ice-free landscapes.* Proceedings of an International Workshop on Polar Desert Ecosystems, Christchurch, New Zealand: 155-70.

Green, W.J., Stage, B.R., Preston, A., Wagers, S., Shacat, J. y Newell, S. 2005. Geochemical processes in the Onyx River, Wright Valley, Antarctica: major ions, nutrients, trace metals. *Geochimica et Cosmochimica Acta 69(4): 839-50.*

Mapa del sitio – Mapa 15.

APÉNDICE E:

Directrices para las Zonas Restringidas

Los siguientes sitios dentro de la Zona han sido designados como Zonas restringidas:

- Cuenca del lago Trough, Cuenca de La Pirámide, Cordón montañoso Royal Society;
- Depósito Sirius del monte Feather, monte Feather;
- Estanque Don Juan, bifurcación sur, valle Wright
- Quebrada Argo, lago Vanda, valle Wright;
- Meseta Prospect, valle Wright;
- Depósito Hart Ash, valle Wright;
- Médanos del valle Victoria, valle Victoria;
- Promontorio Battleship, valle Alatna, cordón montañoso Convoy.

Se adjuntan breves descripciones del sitio, directrices para las actividades dentro de cada Zona restringida y mapas que muestran los límites de la Zona (Mapas 16 a 23).

Zona restringida
Cuenca del lago Trough

Ubicación
Cuenca del lago Trough, Cordón montañoso Royal Society, varios km al noroeste del glaciar Koettlitz y al sudoeste de la bahía Walcott: 78° 18,17' S, 163° 20,57' E

Propósito
Evitar la alteración de una cuenca hidrológica intacta y de su ecología, y garantizar que se mantengan los valores estéticos y naturales de la Zona.

Pyramid Trough: C. C. Harris, ERA / USAP (9 de diciembre de 2009)

Descripción   **Superficie de la Zona: 79,8 km²**

La cuenca del lago Trough está limitada por el monte Dromedary (2485 m), La Pirámide (854 m), The Bulwark (~ 600 m) y Seahorse (1008 m), y comprende una red de cuatro sistemas principales de drenaje que desembocan en el lago Trough (Mapa 16). El piso del valle de Pirámide Trough contiene un importante sistema de humedales que comprende una variedad de hábitats de estanque y arroyo en un área confinada que sostiene varias ricas comunidades biológicas que son representativas de la región. Están presentes algunas comunidades dispersas de briofitas y líquenes. La cuenca también contiene algunas características singulares, entre las cuales la más notable es la presencia de algunos grupos de cianobacterias que son raras en otros sistemas de humedales en la región. Específicamente, además de las cianobacterias Oscillatoria comunes, los tapetes microbianos en estanques y arroyos contienen *Dichothrix* and *Schizothrix*, así como varios grupos taxonómicos cocoides. La cuenca del lago Trough ha sido visitada con escasa frecuencia si se compara con los demás Valles Secos, y el ecosistema se considera casi intacto.

Límites
El límite de la Zona restringida está definido por la cuenca del lago Trough. En el sentido de las agujas del reloj desde La Pirámide, el límite cruza una pequeña lengua del glaciar Koettlitz que se extiende al interior de la cuenca, sigue desde allí la cresta Backdrop hasta un pico innominado (de 1618 m) en la cima de la cresta West Aisle, desde allí al noroeste siguiendo la cresta del monte Dromedary, siguiendo desde allí una cresta al nordeste hasta Seahorse. Desde allí el límite sigue una cresta hacia el este y desciende a la bahía Walcott. El límite sigue hacia el este a unos 800 m de la costa de la bahía Walcott hasta aproximadamente la línea de anclaje del glaciar Koettlitz, y desde allí sigue el límite de la ZAEA hasta el arroyo Bulwark y el pie de la cresta nordeste de The Bulwark. El límite continúa hacia el sur siguiendo la cresta de The Bulwark, cruza la cabecera del río Upper Alph y sigue el margen del glaciar Koettlitz para ascender la cresta nororiental de La Pirámide.

Impactos

IMPACTOS CONOCIDOS	En el campamento se han trasladado rocas hasta donde hay un marcador topográfico de hierro instalado en una loma pequeña a: 78° 17,17' S, 163° 27,83' E (18 m). Se han tomado muestras en varios lagos de la cuenca.
POSIBLES IMPACTOS	Alteración de los cuerpos de agua, ecología terrestre y suelos sensibles mediante muestreo o pisadas. Introducción de especies no autóctonas.

Requisitos para el acceso

ACCESO EN HELICÓPTERO	Los helicópteros deberían aterrizar en el sitio designado en: 78° 17.16' S, 163° 27.84' E (11 m).
ACCESO POR SUPERFICIE	Los traslados dentro de la Zona generalmente deben ser a pie. Pueden usarse helicópteros para viajes esenciales a sitios a los que sería impracticable acceder a pie desde el campamento.

Orientación especial para el sitio
- Las visitas a esta cuenca se deben reducir al mínimo y no deben instalarse estructuras semipermanentes dentro de la zona.
- Se debe evitar la introducción de especies no autóctonas, esterilizando todo el equipo de muestreo antes de visitar este sitio.
- Debe acamparse dentro de la Zona restringida en el sitio usado previamente, que está adyacente al sitio designado para aterrizaje de helicópteros a 78° 17.15' S, 163° 27.79' E (11 m).

Principales referencias

Chinn, T.J.H. 1993. Physical hydrology of Dry Valleys lakes. *Antarctic Research Series* **59**: 1 –51.

Hendy, C.H. y Hall, B.L. 2006 The radiocarbon reservoir effect in proglacial lakes: examples from Antarctica. *Earth and Planetary Science Letters* **241**: 413-21.

Hawes, I., Webster-Brown, J., Wood, S. y Jungblut, A. 2010. A brief survey of aquatic habitats in the Pyramid Trough region, Antarctica. Informe inédito preparado para USAP sobre ecología del agua de la cuenca del lago Trough.

Mapa del sitio – mapa 16

Zona restringida
Depósito Sirius del monte Feather

Ubicación
Flanco nordeste del monte Feather (3011 m) entre el glaciar Lashley y la zona superior del glaciar Ferrar:
77° 56,05' S, 160° 26,30' E

Propósito
Evitar alteraciones o daños en un área de los Depósitos Sirius, que tienen alto valor científico.

Mount Feather: C. Harris, ERA / USAP (11 de diciembre de 2009)

Descripción   Superficie de la Zona: 0,57 km²

La diamictita del monte Feather es un área de depósitos glacigénicos semilitificados que se han incluido dentro del Grupo Sirius en la zona superior del glaciar Ferrar, unos 3 km al NE del monte Feather (3011 m) (mapa 17). Los depósitos se encuentran a una elevación de entre aproximadamente 2400 y 2650 m, extendiéndose sobre un terreno de pendiente relativamente suave cerca de la cima de la cresta y aflorando también en los empinados acantilados orientales del macizo del monte Feather sobre el valle de Friedmann y el glaciar Ferrar. La superficie de la diamictita tiene distinguibles chorrillos de agua de fusión cerca de su perímetro y en las pendientes más pronunciadas. Los depósitos, que se extienden sobre un área de unos 1,5 km x 1 km, contienen microfósiles y otras evidencias de alta importancia científica para la interpretación de la historia glacial del Neógeno de los Valles Secos y de la capa de hielo del Antártico Oriental en su conjunto.

Límites
El límite de la Zona restringida (Mapa 17) está definido en base a la magnitud de la diamictita del monte Feather, según los mapas de Wilson *et al.* (2002: Fig.1). Debido a las limitaciones en la precisión de los mapas disponibles en la región, el límite se considera aproximado, con una precisión estimada de por lo menos +/- 100 m.

Impactos

IMPACTOS CONOCIDOS	Se han recogido muestras rocosas. Se han recuperado del sitio por lo menos cuatro testigos poco profundos (de 3,2 m de profundidad o menos), aunque no se emplearon líquidos para perforación.
POSIBLES IMPACTOS	Operaciones de perforación, especialmente las que emplean líquidos para perforación. Muestreo y alteración de las secuencias sedimentarias.

Requisitos para el acceso

ACCESO EN HELICÓPTERO	Las operaciones en helicóptero en este lugar pueden ser difíciles debido a la altitud y a los vientos, y todavía no se ha designado ningún sitio de aterrizaje específico.
ACCESO POR SUPERFICIE	Los desplazamientos dentro de la Zona restringida deben ser a pie.

Orientación especial para el sitio

- No se deben trasladar sedimentos, rocas ni guijarros a menos que sea necesario para propósitos científicos. Se evitará perturbar o alterar las secuencias sedimentarias y los chorrillos de agua de fusión.
- Debe acamparse en el sitio usado previamente en las superficies nevadas adyacentes en: 77 ° 55,93' S, 160 ° 25,66' E.

Principales referencias

Wilson, G.S., Barron, J.A., Ashworth, A.C., Askin, R.A., Carter, J.A., Curren, M.G., Dalhuisen, D.H., Friedmann, E.I., Fyodorov-Davidov, D.G., Gilichinsky, D.A., Harper, M.A., Harwood, D.M., Hiemstra, J.F., Janecek, T.R, Licht, K.J., Ostroumov, V.E., Powell, R.D., Rivkina, E.M., Rose, S.A., Stroeven, A.P., Stroeven, P., van der Meer, J.J.M., y Wizevich M.C. 2002. The Mount Feather Diamicton of the Sirius Group: an accumulation of indicators of Neogene Antarctic glacial and climatic history. *Palaeogeography, Palaeoclimatology, Palaeoecology* **182**: 117-31.

Mapa del sitio – mapa 17

Zona restringida
Estanque Don Juan

Ubicación

Al pie de un glaciar rocoso en South Fork, valle Wright, en una depresión cerrada a una elevación de 118 m por debajo de The Dais, a unos 7,5 km del lago Vanda:

77° 33,77' S, 161° 11,32' E

Propósito

Proteger contra perturbaciones y daños un ecosistema hipersalino raro y sensible de alto valor científico.

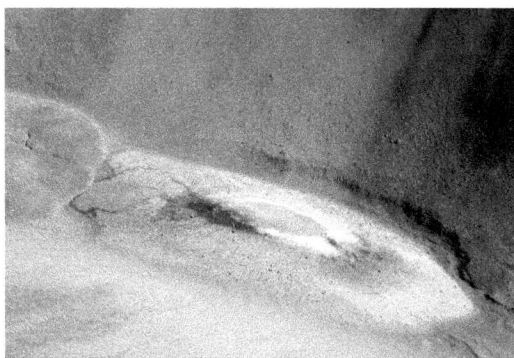

Don Juan Pond: C. Harris, ERA / USAP (14 de diciembre de 2009)

Descripción   Superficie de la Zona: 23 ha

El estanque Don Juan es un pequeño lago hipersalino actualmente de unos 400 x 150 m que contiene una salmuera rica en cloruro de calcio con un nivel de salinidad de alrededor de un 40%, lo cual lo convierte en el cuerpo de agua natural más salino conocido en la Tierra. Los niveles de agua han fluctuado con el tiempo, aunque recientemente el estanque ha tenido una profundidad de unos 10 centímetros. Si bien los niveles de agua varían, la Zona restringida se extiende hasta el perímetro de los depósitos salinos del piso del estanque (Mapa 18). En el estanque hay vida microbiana, que incluye numerosas bacterias heterotróficas y una levadura. Al borde del estanque, donde las concentraciones de cloruro de calcio son menores, se encuentra un tapete de material mineral y detrito consolidados con materia orgánica, llamado Depósitos Salinos del Estanque Don Juan. El estanque Don Juan es también el sitio donde por primera vez se identificó la antarticita ($CaCl_2$ 6H20), un mineral higroscópico incoloro de formación natural .

Límites

El límite de la Zona restringida está definido por el margen externo de los Depósitos Salinos del Estanque Don Juan, que se extienden hasta el borde del piso del estanque de la depresión, ocupando un área de unos 750 x 315 m (mapa 18).

Impactos

IMPACTOS CONOCIDOS	El Proyecto de perforación de los Valles Secos perforó dos pozos en el estanque Don Juan: DVDP 5 (3,5 m de profundidad) y DVDP 13 (75 m de profundidad), situados dentro del área del depósito salino a unos 60 y 110 m respectivamente al este del glaciar rocoso. El DVDP 13 sigue en evidencia como un tubo de hierro (tapado) que sobresale cerca de 1 m por sobre el piso del estanque seco (Mapa 18). En diciembre de 2009 se observaron pequeñas cantidades de desechos (por ejemplo latas oxidadas) en los suelos a unos 50 a 100 m al sur y al este de la Zona restringida, probablemente originarios de los primeros campamentos establecidos cerca del sitio.
POSIBLES IMPACTOS	Alteración del cuerpo de agua, de los depósitos salinos y de los suelos sensibles mediante muestreo o pisadas.

Requisitos para el acceso

ACCESO EN HELICÓPTERO	Los helicópteros deberían aterrizar en el lugar **principal** de aterrizaje de helicópteros (HLS), demarcado por un círculo de piedras, ~180 m al este de los depósitos salinos del Estanque Don Juan, en 77° 33,783' S, 161° 12,930' E. Los desembarcos pueden hacerse en el HLS secundario (mapa 18) solamente en apoyo de fines científicos o de gestión que no puedan satisfacerse desde el HLS principal. Los helicópteros deben evitar los sobrevuelos por debajo de los 50 m sobre el nivel del suelo dentro de la Zona restringida.
ACCESO POR SUPERFICIE	El acceso a la Zona restringida y el desplazamiento en su interior deben ser a pie.

Orientación especial para el sitio

- Se evitará atravesar el estanque y los depósitos salinos adyacentes a menos que sea necesario para propósitos científicos o administrativos.
- Se debe caminar cuidadosamente para reducir al mínimo la alteración de los depósitos salinos, suelos blandos y pendientes sensibles circundantes.
- Ninguna roca puede cambiarse de sitio.
- No se permite acampar dentro de la Zona restringida. Se debe acampar en el sitio designado, a ~40 m al sur del HLS principal, demarcado por círculos de piedras, a 77° 33,795' S, 161° 12,950' E.

Principales referencias

Harris, H.J.H. y Cartwright, K. 1981. Hydrology of the Don Juan Basin, Wright Valley, Antarctica. *Antarctic Research Series* **33:** 161-84.

Chinn, T.J. 1993. Physical hydrology of the Dry Valley lakes. *Antarctic Research Series* **59:** 1-51.

Samarkin, V.A., Madigan, M.T., Bowles, M.W., Casciotti, K.L., Priscu, J.C., McKay, C.P. y Joye, S.B. 2010. Abiotic nitrous oxide emission from the hypersaline Don Juan Pond in Antarctica. *Nature Geoscience* Online: 25 de abril de 2010. DOI: 10.1038/NGEO847.

Mapa del sitio – Mapa 18

Zona restringida
Quebrada Argo

Ubicación
Costa nororiental del lago Vanda, valle Wright, debajo del monte Jason, a una elevación entre los 104 y 235 m:
77° 31,09'S, 161° 38,77'E

Propósito
Evitar daños a los depósitos fosilíferos marinos estratificados expuestos dentro de la barranca, que tienen un alto valor científico.

Argo Gully: K. K. Pettway, USAP (31 de enero de 2011)

Descripción
Superficie de la Zona: 4800 m²

Una parte del límite inferior de un prominente canal en la quebrada Argo, debajo del monte Jason (1920 m), cordón montañoso Olympus (Mapa 19), contiene estratos expuestos (de hasta 2,8 metros de espesor) de extensos limos glaciales que contienen un abundante sedimento que yace sobre material de diatomeas y silicoflagelados marinos. Según informes recibidos, en los centímetros superiores del depósito se han encontrado fragmentos de conchas de pectén. Los estratos poseen estratificación horizontal, lo que contrasta con los sedimentos subyacentes. Los depósitos que yacen por encima están formados por limos, gravas y arenas deltaicas, depositados por el arroyo de la quebrada Argo. Los depósitos son indicativos de que el valle Wright era anteriormente un fiordo marino poco profundo, y han sido datados como pertenecientes al Mioceno Medio. Se desconoce la total extensión de los depósitos bajo el sedimento superior, y las exposiciones intermitentes a lo largo del canal cambian con el tiempo como resultado de la erosión natural.

Límites
La Zona restringida se extiende desde la primera terraza costera prominente (elevación de 104 m) hacia arriba de la costa del lago Vanda y unos 140 metros desde esta, remontando durante 175 metros el canal hasta una elevación de unos 135 m. La Zona se extiende 25 metros a cada lado del canal (Mapa 19).

Impactos
IMPACTOS CONOCIDOS	Ninguno.
POSIBLES IMPACTOS	El depósito se encuentra dentro del permafrost, pero la superficie se deprime continuamente al fundirse el permafrost. La superficie del depósito se desintegra al tacto.

Requisitos para el acceso
ACCESO EN HELICÓPTERO	Los helicópteros deben aterrizar en el sitio designado en la Zona de instalaciones de la Cabaña del lago Vanda, aproximadamente a 1,2 km al este a: 77° 31,361' S, 161° 41,442' E.
ACCESO POR SUPERFICIE	El acceso a la Zona restringida y el desplazamiento en su interior deben ser a pie.

Orientación especial para el sitio
- Se debe evitar caminar por los bordes del barranco o sobre los afloramientos expuestos.
- Deberá reducirse al mínimo la alteración de los sedimentos que rodean a los depósitos.
- Se debe evitar tocar los afloramientos expuestos a menos que se esté realizando una investigación científica.

Principales referencias
Brady, H.T. 1980. Palaeoenvironmental and biostratigraphic studies in the McMurdo and Ross Sea regions, Antarctica. Tesis de doctorado inédita, Universidad Macquarie, Australia.
Brady, H.T. 1979. A diatom report on DVDP cores 3, 4a, 12, 14, 15 and other related surface sections. En: Nagatta, T. (Ed) *Proceedings of the Seminar III on Dry Valley Drilling Project, 1978.* Memoirs of National Institute of Polar Research, Special Issue 13: 165-75.

Mapa del sitio – Mapa 19.

Zona restringida
Meseta Prospect

Ubicación
Debajo de Bull Pass, unos 250 m al norte del río Onyx, valle Wright:
77° 31,33' S; 161° 54,58' E

Propósito
Evitar daños a un depósito frágil de conchas de pectén (ostión) marino extinto fosilizado de una sola especie.

Prospect Mesa: C. C. Harris, ERA / USAP (15 de diciembre de 2009)

Descripción
Superficie de la Zona: 4,76 ha

La meseta Prospect es un depósito de gravas fosilíferas que yace sobre aluviones glaciales que contienen una alta densidad de conchas bien conservadas del extinto pectén (ostión) marino de la especie *Chlamys (Zygochlamys) tuftsensi*, perteneciente a la familia Pectinidae. No se ha encontrado esta especie en ningún otro sitio. Una capa estratificada de aluviones glaciales apoyados sobre arena y grava queda expuesta en un barranco cortado por un arroyo que fluye desde Bull Pass, a algunos cientos metros de distancia de su unión con el río Onyx (Mapa 20). Se desconoce la edad precisa del depósito, aunque la presencia de conchas articuladas, la abundancia de conchas completas, la falta de abrasión, la similitud de la matriz interna y externa, la ausencia de una buena segregación por tamaños y una clasificación generalmente muy deficiente de los clastos sugieren que los fósiles se depositaron *in situ* en un fiordo marino. También se encuentran espículas de esponjas, radiolarios y algunos fragmentos de ostrácodos, pero son los foraminíferos el grupo de microfósiles más abundante y diverso presente.

Límites
El límite de la Zona restringida se define alrededor de dos rasgos mesetiformes adyacentes. La meseta más pequeña se encuentra a unos 100 m al norte de la mayor. El límite sigue el bien definido banco al NE del arroyo que desciende de Bull Pass en el SO de la Zona, y luego sigue alrededor de la base de las pendientes que definen estos dos rasgos (Mapa 20).

Impactos

IMPACTOS CONOCIDOS	En la pendiente sudoeste de la meseta (véase la fotografía) existe una excavación de una de las primeras investigaciones, marcada por un poste en su base.
POSIBLES IMPACTOS	Es extremadamente difícil aislar fragmentos de pectén íntegros. La alteración o daño a los sedimentos puede dañar los fósiles.

Requisitos para el acceso

ACCESO EN HELICÓPTERO	Los helicópteros no deben aterrizar dentro de la Zona restringida. Se debe usar el sitio designado para aterrizaje de helicópteros en la Zona de instalaciones de la Cabaña de Bull Pass a: 77° 31,056'S, 161° 51,048'E
ACCESO POR SUPERFICIE	El acceso a la Zona restringida y el desplazamiento en su interior deben ser a pie.

Orientación especial para el sitio
- Se debe evitar caminar sobre la meseta.
- Los peatones deben caminar cuidadosamente para reducir al mínimo la alteración de las estructuras sedimentarias, depósitos y pendientes frágiles.
- No se permite acampar dentro de la Zona restringida.

Principales referencias
Turner, R.D. 1967. A new species of fossil Chlamys from Wright Valley, McMurdo Sound, Antarctica. *New Zealand Journal of Geology and Geophysics* **10**: 446-55.

Vucetich, C.G. y Topping, W.W. 1972. A fjord origin for the pecten deposits, Wright Valley, Antarctica. *New Zealand Journal of Geology and Geophysics* **15**(4): 660-73.

Webb, P.N. 1972. Wright fjord, Pliocene marine invasion of an Antarctic Dry Valley. *Antarctic Journal of the United States* **7**: 227-34.

Prentice, M.L., Bockheim, J.G., Wilson, S.C., Burckle, L.H., Jodell, D.A., Schluchter, C. y Kellogg, D.E. 1993. Late Neogene Antarctic glacial history: evidence from central Wright Valley. *Antarctic Research Series* **60**: 207-50.

Mapa del sitio – mapa 20

Zona restringida
Depósito Hart Ash

Ubicación
En una pendiente relativamente carente de rasgos distintivos entre los glaciares Goodspeed y Hart, valle Wright, a una elevación cercana a los 400 m: 77° 29,76'S, 162° 22,35'E

Propósito
Evitar daños a un depósito *in situ* de tefra de ceniza volcánica que tiene alto valor científico.

Hart Ash deposit: J. Aislabie
Colección pictórica antártica de Nueva Zelanda (2005)

Descripción

Superficie de la Zona: 1,8 ha

El depósito Hart Ash es un depósito preservado *in situ* de tefra de ceniza volcánica, protegido por una capa superficial de grava de amplia extensión espacial. Hart Ash no es inmediatamente visible a menos que se retire la grava superficial, lo cual dificulta la identificación en terreno. Por ello se desconoce la extensión total del depósito Hart Ash, aunque su extensión máxima ha sido estimada en unos 100 x 100 m (Mapa 21). El depósito Hart Ash, cuya data se estima en 3,9 ± 0,3 millones de años, tiene gran importancia científica para interpretar el paleoclima de los Valles Secos de McMurdo.

Límites
Debido a la falta de hitos superficiales prominentes, el límite de la Zona restringida se define como un área de 150 m x 120 m siguiendo las líneas de latitud y longitud (Mapa 21) que se extienden a partir de las coordenadas:
Arriba izquierda: 77°29,72' S, 162°22,2' E
Abajo derecha: 77 29,8' S, 162 22,5' E

Impactos
IMPACTOS CONOCIDOS	Ninguno.
POSIBLES IMPACTOS	El depósito está cubierto por un delgado pavimento desértico de grava, que se altera fácilmente al caminar. Si se alterara el pavimento desértico, los depósitos de ceniza serían rápidamente erosionados por acción eólica.

Requisitos para el acceso
ACCESO EN HELICÓPTERO	Los helicópteros deben evitar aterrizajes y sobrevuelos por debajo de los 50 m sobre el nivel del suelo dentro de la Zona restringida. Los aterrizajes de helicópteros deben realizarse por lo menos a 100 m del límite.
ACCESO POR SUPERFICIE	El acceso a la Zona restringida y el desplazamiento en su interior deben ser a pie.

Orientación especial para el sitio
- Se debe evitar caminar sobre el pavimento desértico que cubre los depósitos de ceniza a menos que sea necesario para propósitos científicos o de gestión esenciales. En ese caso, camine cuidadosamente para reducir al mínimo la alteración.
- Si se retira el pavimento desértico para propósitos científicos esenciales, se debe comprobar que el material sea repuesto a fin de proteger el rasgo.
- No se permite acampar dentro de la Zona restringida.

Principales referencias
Hall, B.L., Denton, G.H., Lux, D.R. y Bockheim, J. 1993. Late tertiary Antarctic paleoclimate and ice-sheet dynamics inferred from surficial deposits in Wright Valley. *Geografiska Annaler* **75A**(4): 239-67.

Morgan, D.J., Putkonen, J., Balco, G. y Stone, J. 2008. Colluvium erosion rates in the McMurdo Dry Valleys, Antarctica. Proceedings of the American Geophysical Union, Fall Meeting, 2008.

Schiller, M., Dickinson, W., Ditchburn, R.G., Graham, I.J. y Zondervan, A. 2009. Atmospheric 10Be in an Antarctic soil: implications for climate change. *Journal of Geophysical Research* **114**, FO1033.

Mapa del sitio – mapa 21

Zona restringida
Médanos del valle Victoria
Ubicación
En dos grupos principales entre el lago Vida y la zona inferior del glaciar Victoria, cerca de 1 km al sur de la zona terminal del glaciar Packard, valle Victoria: 77° 22,19'S, 162° 12,45'E

Propósito
Evitar daños al sistema de médanos, que es frágil y tiene alto valor científico.

Médanos del valle Victoria (grupo oriental debajo del glaciar Packard)
H. McGowan, Antarctica NZ Pictorial Collection (Dec 2004).

Descripción

Superficie de la Zona: 3,16 km²

El extenso sistema de médanos del valle Victoria consta de dos áreas características compuestas de dunas con forma de media luna, transversales y de lomo de ballena, además de numerosos montículos de arena (Mapa 22). El mayor grupo de dunas en el oeste se extiende más de 6 km y alcanza los 200 a 800 m de ancho, con un área total cercana a 1,9 km². El menor grupo de dunas en el este, bisecado por el arroyo Packard y limitado al sur por el arroyo Kite, se extiende más de 3 km y alcanza los 300 a 600 m de ancho, con un área total cercana a 1,3 km². Las fuentes del sedimento son la superficie y los bordes de la zona inferior del glaciar Victoria y la morrena de fondo, que son transportados hacia el oeste en dirección al lago Vida por los vientos predominantes que soplan desde el este y por los cursos de agua de fusión. Es la única área de la Antártida donde ocurren importantes formas deposicionales eólicas de arena. Las dunas difieren de las habituales formaciones desérticas y costeras porque la arena de las dunas está interestratificada con nieve compacta y contiene permafrost.

Límites
El límite de la Zona restringida está definido por el margen externo del sistema principal de dunas de arena en el Valle de Victoria, que se extiende en dos grupos a lo largo de aproximadamente 9 km, con un ancho que oscila entre los 200 y 800 m (Mapa 22).

Impactos

IMPACTOS CONOCIDOS	Ninguno.
POSIBLES IMPACTOS	Una delgada capa superficial de los médanos es móvil y dinámica. El daño o alteración del permafrost interno de las dunas puede afectar la integridad estructural del médano.

Requisitos para el acceso

ACCESO EN HELICÓPTERO	Los helicópteros deben evitar el aterrizaje dentro de la Zona restringida, como también el sobrevuelo por debajo de los 50 m sobre el nivel del suelo. En 77° 22,077' S, 162° 12,292' E, hay un sitio designado para aterrizaje de helicópteros, en el campamento del arroyo Packard.
ACCESO POR SUPERFICIE	El acceso a la Zona restringida y el desplazamiento en su interior deben ser a pie.

Orientación especial para el sitio
- Se debe evitar atravesar las dunas a menos que sea necesario para propósitos científicos o administrativos.
- Se caminará cuidadosamente para reducir al mínimo la alteración de las vulnerables superficies de dunas y pendientes. Se evitará alterar el permafrost interno y la estructura de los médanos.
- No se permite acampar dentro de la Zona restringida. Se debe acampar en el sitio designado, en el arroyo Packard, al norte del grupo oriental de los médanos, demarcado por un círculo de piedras, a 77° 22,077' S, 162° 12,292' E.

Principales referencias
Lindsay, J.F. 1973. Reversing barchans dunes in Lower Victoria Valley, Antarctica. *Geological Society of America Bulletin* **84**: 1799-1806.

Calkin, P.E. y Rutford, R.H. 1974. The sand dunes of Victoria Valley, Antarctica. *The Geographical Review* **64**(2): 189-216.

Selby, M.J., Rains, R.B. y Palmer, R.W.P. 1974. Eolian deposits of the ice-free Victoria Valley, Southern Victoria Land, Antarctica. *New Zealand Journal of Geology and Geophysics* **17**(3): 543-62.

Speirs, H.C., McGowan, J.A. y Neil, D.T. 2008. Meteorological controls on sand transport and dune morphology in a polar-desert: Victoria Valley, Antarctica. *Earth Surface Processes and Landforms* **33**: 1875-91.

Mapa del sitio – mapa 22

Zona restringida
Promontorio Battleship

Ubicación
Sudoeste del valle Alatna, cadena Convoy, alrededor de 1 km al oeste del glaciar de Benson:
76° 55,17' S, 161° 02,77' E

Propósito
Evitar daños a las frágiles formaciones de piedra arenisca que alojan comunidades microbianas y garantizar que se mantengan los valores estéticos y naturales del sitio.

a) Vista aérea desde el valle Alatna. b) desde el estanque Cargo.
C. Harris, ERA / USAP (16 de diciembre de 2009)

Descripción   Superficie de la Zona: 4,31 km²

El promontorio Battleship es un área de espectaculares afloramientos de piedra arenisca que surgen del piso sudoeste del valle Alatna, cerca del estanque Cargo (Mapa 23). La formación del acantilado tiene unos 5 km de longitud y se extiende sobre un área que tiene entre 0,4 y 1,2 km de ancho. El promontorio tiene unos 300 m de altura, a una elevación aproximada de entre 900 a 1200 m en el oeste y de 1050 a 1350 m en el este. Los afloramientos de piedra arenisca castaño rojiza y blanca están profundamente meteorizados en llamativas formaciones de espirales, de estantes sobre el acantilado y de quebradas erodadas, en las que se han acumulado oscuros guijarros y sedimentos provenientes de la dolerita suprayacente a medida que se erosiona desde la parte superior. El ambiente aloja algunas ricas comunidades microbianas, incluidos líquenes, cianobacterias, bacterias no fotosintéticas y hongos, con la biodiversidad microbiana más alta que se haya registrado en los Valles Secos. Las comunidades microbianas criptoendolíticas viven en los espacios porosos dentro de la piedra arenisca y comprenden líquenes y cianobacterias que crecen a profundidades de hasta 10 mm debajo de la superficie. Estas comunidades tienen un crecimiento extremadamente lento y las rocas en que viven son susceptibles a quebrarse.

Límites
Los límites de la Zona restringida abarcan el área principal de afloramientos de piedra arenisca en el promontorio Battleship, extendiéndose desde varios lagos pequeños al pie de la formación e incluyéndolos, hasta su máxima extensión superior (Mapa 23).

Impactos

IMPACTOS CONOCIDOS	Anteriormente se han instalado en las rocas algunos instrumentos pequeños de medición *in situ* y se ha recogido una pequeña cantidad de muestras de roca. El sitio designado para aterrizaje de helicópteros está marcado por banderas de tela sujetas con rocas, algunas de las cuales fueron seleccionadas para asegurarse de que no fueran usadas posteriormente por científicos, dado que fueron modificadas por uno de los primeros experimentos (E. Friedmann, comunicación personal, 1994). En el sitio se han empleado bombas de humo de seguridad, una práctica discontinuada en los años noventa que causó una contaminación localizada.
POSIBLES IMPACTOS	Ruptura de las frágiles formaciones de piedra, muestreo excesivo, introducción de especies no autóctonas.

Requisitos para el acceso

ACCESO EN HELICÓPTERO	Los helicópteros deberían aterrizar en el sitio designado en: 76° 55,35' S, 161° 04,80' E (1296 m). Si se requiere acceder a la base de los acantilados o a algunas partes de la Zona a las que no es práctico llegar a pie, los helicópteros deben evitar el aterrizaje en las superficies de piedra arenisca o en los lagos o estanques.
ACCESO POR SUPERFICIE	Los desplazamientos dentro de la Zona restringida deben ser a pie.

Orientación especial para el sitio
- Se debe caminar cuidadosamente para reducir al mínimo la alteración, evite trasladar piedras y guijarros y no romper las frágiles formaciones de piedra arenisca.
- Debe acamparse dentro de la Zona restringida en el sitio usado previamente, que está adyacente al sitio designado para aterrizaje de helicópteros a 76° 55,31' S, 161° 04,80' E (1294 m).

Principales referencias
Friedmann, E.I., Hua, M.S., Ocampo-Friedmann, R. 1988. Cryptoendolithic lichen and cyanobacterial communities of

the Ross Desert, Antarctica. *Polarforschung* **58**: 251-59.

Johnston, C.G. y Vestal, J.R. 1991. Photosynthetic carbon incorporation and turnover in Antarctic cryptoendolithic microbial communities: are they the slowest-growing communities on Earth? *Applied & Environmental Microbiology* **57**(8): 2308-11.

Mapa del sitio – mapa 23

APÉNDICE F:

Directrices para las Zonas de Visitantes

Dentro de la Zona, el siguiente sitio está designado como Zona de visitantes:

- Valle Taylor

La Zona de visitantes se encuentra en la zona inferior del valle de Taylor, cerca del glaciar Canadá. En el Mapa 24 se muestran la ubicación, límites, sitio para aterrizaje de helicópteros y características de la Zona de visitantes.

El límite de la Zona de visitantes se define como sigue: yendo en el sentido de las agujas del reloj desde el límite norte de la zona en una colina baja a 77° 37.523' S, 163° 03.189' E, el límite se extiende 225 m al sudeste, más allá del sitio designado para aterrizaje de helicópteros, hasta un punto en el suelo de la morrena a 77° 37.609' S, 163° 03.585' E, desde allí se extiende 175 m hacia el sur ascendiendo la cima de una pequeña colina (con una elevación de 60 m) a 77° 37,702' S, 163° 03,512' E. Desde esta pequeña colina, el límite se extiende al noroeste 305 m hacia y pasando otra pequeña colina (con una elevación de la cima de 56 m, marcada en los alrededores con un montículo de piedras y un antiguo marcador topográfico), siguiendo una línea unos 30 m al sur de la cresta principal que une las dos colinas, directamente hasta un punto en la cresta occidental de la segunda pequeña colina a 77° 37,637' S, 163° 02,808' E. Desde esta cresta, el límite se extiende al nordeste 80 m directamente hasta la cara occidental de un prominente canto rodado que se encuentra a 77° 37,603' S, 163° 02,933' E, que está a unos 70 m al noroeste del montículo de piedras en la colina. Desde allí el límite se extiende al nordeste 130 m, descendiendo en paralelo con el sendero peatonal designado (que sigue una cresta baja de la morrena) hasta un punto cerca de Bowles Creek a 77° 37,531' S, 163° 03,031' E. Aquí se encuentra una foca momificada (desecada), adyacente a una pequeña área de musgos. El límite se extiende desde allí 65 m hacia el este para volver al límite norte de la zona a 77° 37,523' S, 163° 03,189' E.

Las directrices especiales para las actividades dentro de la Zona de visitantes son:

- Los operadores turísticos deben garantizar que todos los visitantes a la Zona de visitantes de los cuales son responsables tengan botas y equipo limpios antes de visitar el sitio;
- Los aterrizajes de helicópteros de las expediciones turísticas deben hacerse en el sitio de aterrizaje designado a 77° 37,588' S, 163° 03,419' E (elevación de 34 m);
- Los operadores turísticos deben garantizar que los senderos peatonales dentro de la Zona de visitantes estén claramente marcados y que los visitantes se mantengan en esas rutas. Los marcadores usados para marcar las rutas turísticas y sitios de interés deben estar instalados firmemente y deben ser retirados al final de cada visita;
- Por razones de salud y seguridad solamente se deben montar tiendas en el sitio de tiendas designado, y los grupos turísticos no deben acampar en la Zona de visitantes salvo por razones de seguridad;
- El desplazamiento de los turistas dentro de la Zona de visitantes debe realizarse en pequeños grupos guiados;
- Deben evitarse los lechos de arroyos y estanques; y
- Las actividades planificadas para la Zona de visitantes y realizadas dentro de estas deben conformarse a la Recomendación 1 de la XVIII RCTA.

Otras directrices específicas del sitio para realizar actividades dentro de la Zona de visitantes se adjuntan como Guía para sitios que reciben visitantes del Tratado Antártico: valle Taylor, Tierra de Victoria Meridional, Mar de Ross (disponible en el sitio web de la Secretaría del Tratado Antártico en http://www.ats.aq/siteguidelines/documents/Taylor_e.pdf y en http://www.mcmurdodryvalleys.aq).

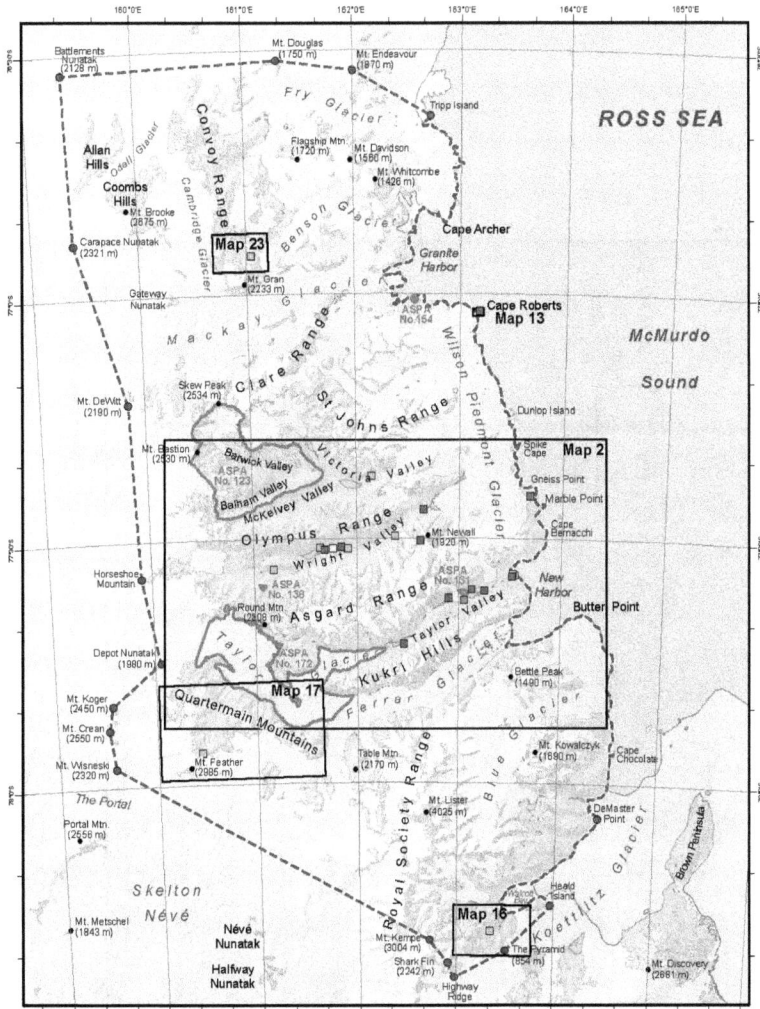

Map 1: Overview
ASMA No. 2 McMurdo Dry Valleys: boundary & zones

Issued 29 Apr 2015 (Map ID: 10068.011.11)
Environmental Research & Assessment

Legend:
- Coastline — Mountain peak — Facilities Zone
- Lake / Ocean — ASMA boundary point — Restricted Zone
- Permanent ice — ASMA boundary — Scientific Zone
- Ice free ground — ASPA boundary — Visitor Zone

Projection: Lambert Conformal Conic
Spheroid & Datum: WGS84
Contours: derived from SCAR ADD v6 ST 57-60 (2007)
Land feature: SCAR ADD v6 ST 57-60 (2007)
Hillshade: derived from ASTER GDEM provided by METI and NASA;
Boundaries & zones: USAP / Antarctica NZ

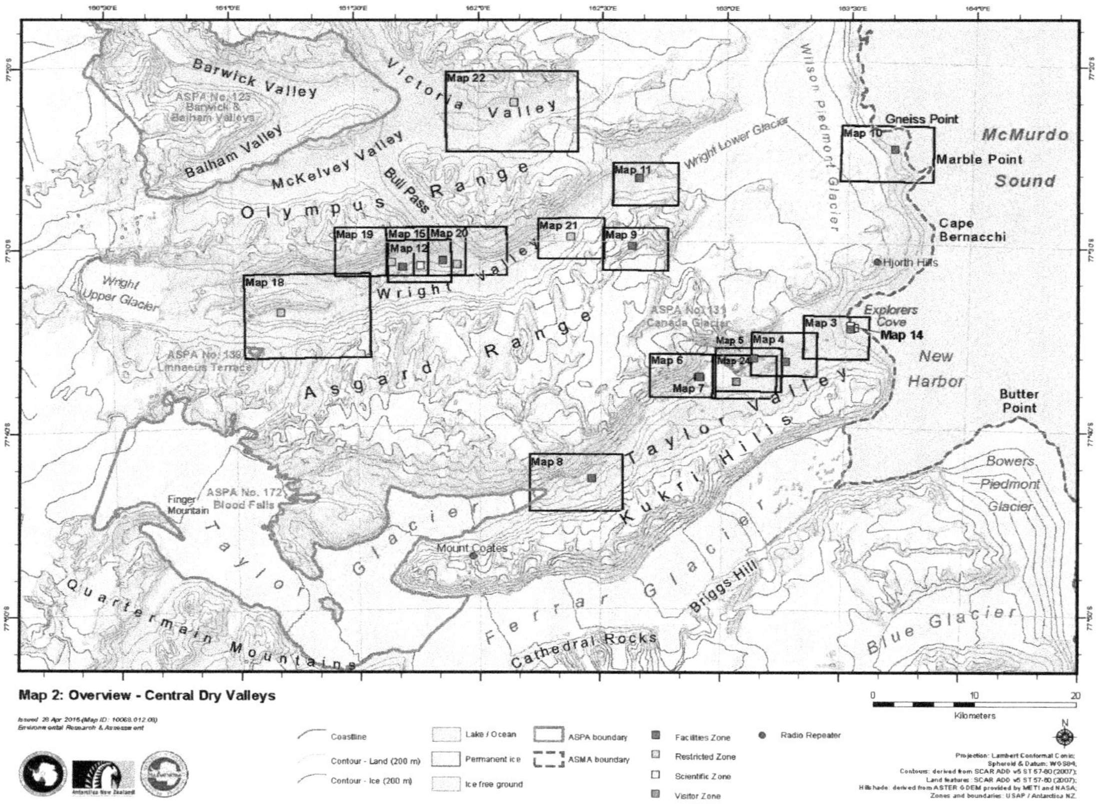

Informe Final de la XXXVIII RCTA

Map 2: Overview - Central Dry Valleys

318

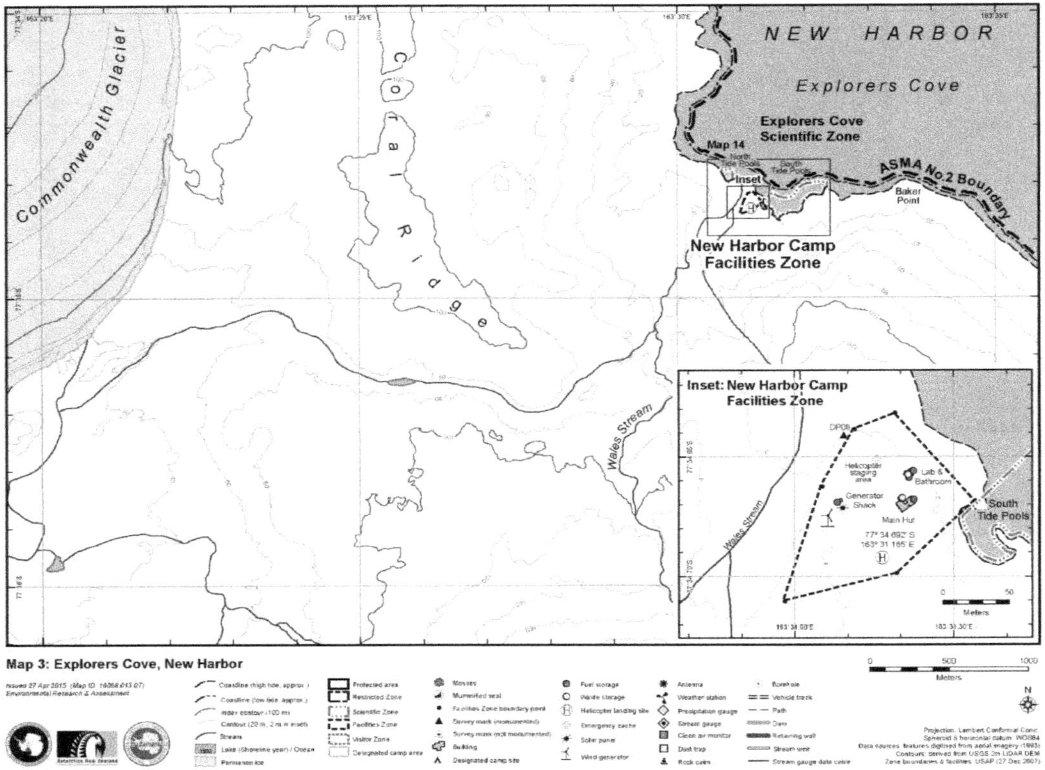

Map 3: Explorers Cove, New Harbor

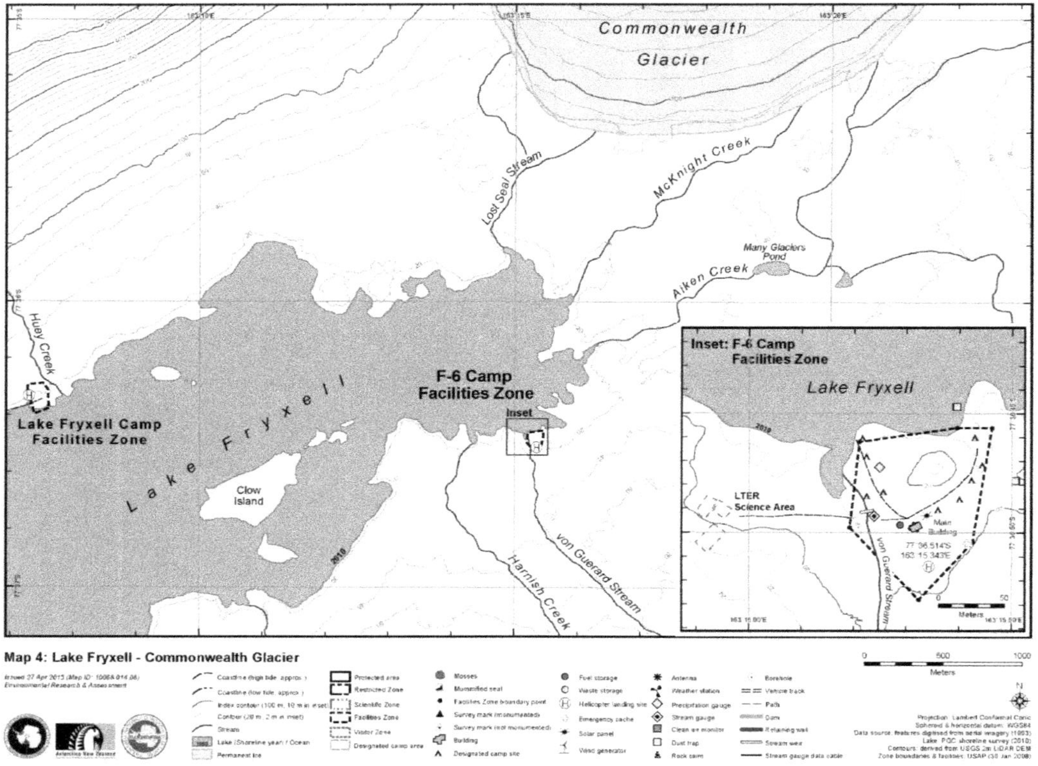

Map 4: Lake Fryxell - Commonwealth Glacier

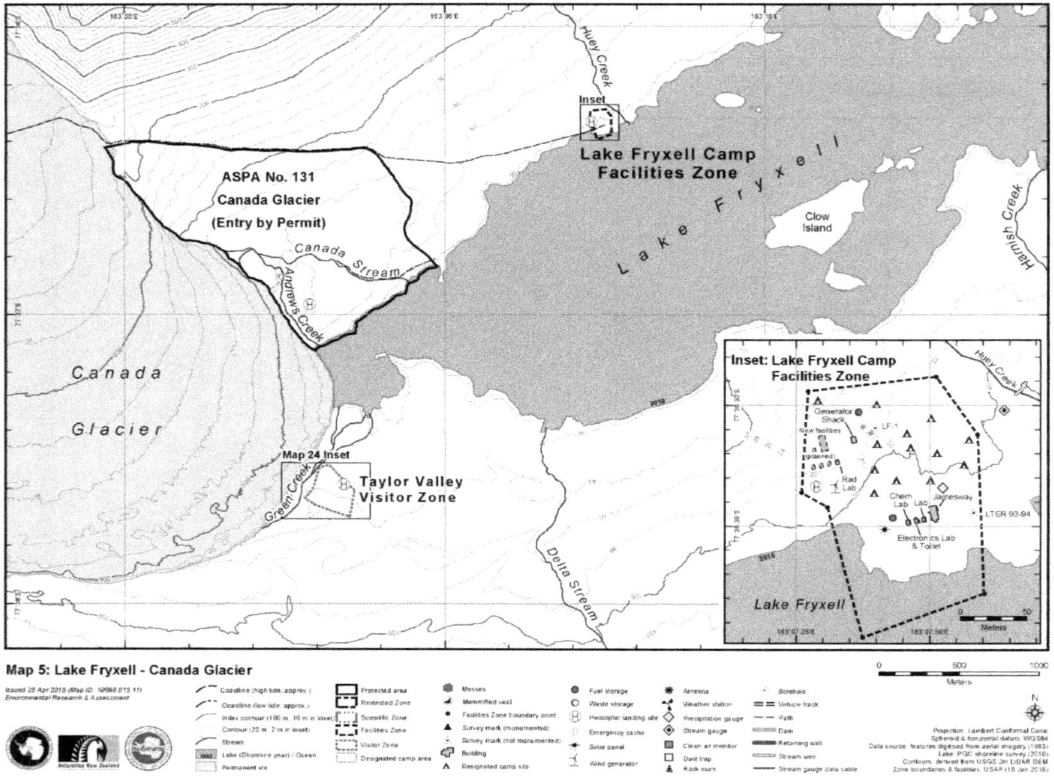

Hamish Creek

Lake Fryxell Camp
Facilities Zone

Clow Island

L a k e   F r y x e l l

Huey Creek

Inset

Delta Stream

ASPA No. 131
Canada Glacier
(Entry by Permit)

Canada Stream

Andrew's Creek

Taylor Valley
Visitor Zone

Map 24 Inset

Green Creek

C a n a d a   G l a c i e r

Inset: Lake Fryxell Camp Facilities Zone

Huey Creek

LTER 93-94

Observation
Shaw

Chem
Lab

Electronics Lab
& Toilet

Rad
Lab

Lake Fryxell

Meters
0   500   1000

Map 5: Lake Fryxell - Canada Glacier

Issued 28 Apr 2015 eMap ID: WRM4 015 11
Environmental Research & Assessment

N

Projection: Lambert Conformal Conic
Spheroid & horizontal datum: WGS84
Data source: features digitised from aerial imagery (1992)
Lake (IPVE) volume survey (2010)
Contours: derived from USGS 2m LIDAR DEM
Zone boundaries & facilities: USAP-US Jan 2014)

Meters

Legend symbols:
- Moraine
- Weather station
- Precipitation gauge
- Stream gauge
- Clean-air monitor
- Dust trap
- Solar panel
- Wind generator

- Fuel storage
- Waste storage
- Helicopter parking site
- Emergency cache
- Building
- Designated camp site

- Boreholes
- Vehicle track
- Path
- Dam
- Refuelling well
- Stream weir
- Stream gauge data cable

- Moraines
- Metamorphised rock
- Survey mark (monumented)
- Survey mark (not monumented)

- Protected area
- Restricted Zone
- Scientific Zone
- Facilities Zone
- Visitor Zone
- Designated camp area

- Coastline (high tide approx.)
- Coastline (low tide, approx.)
- Index contour (100 m, 50 m in inset)
- Contour (20 m, 2 m in inset)
- Stream
- Lake (Glaciers) (Ocean)
- Permanent ice

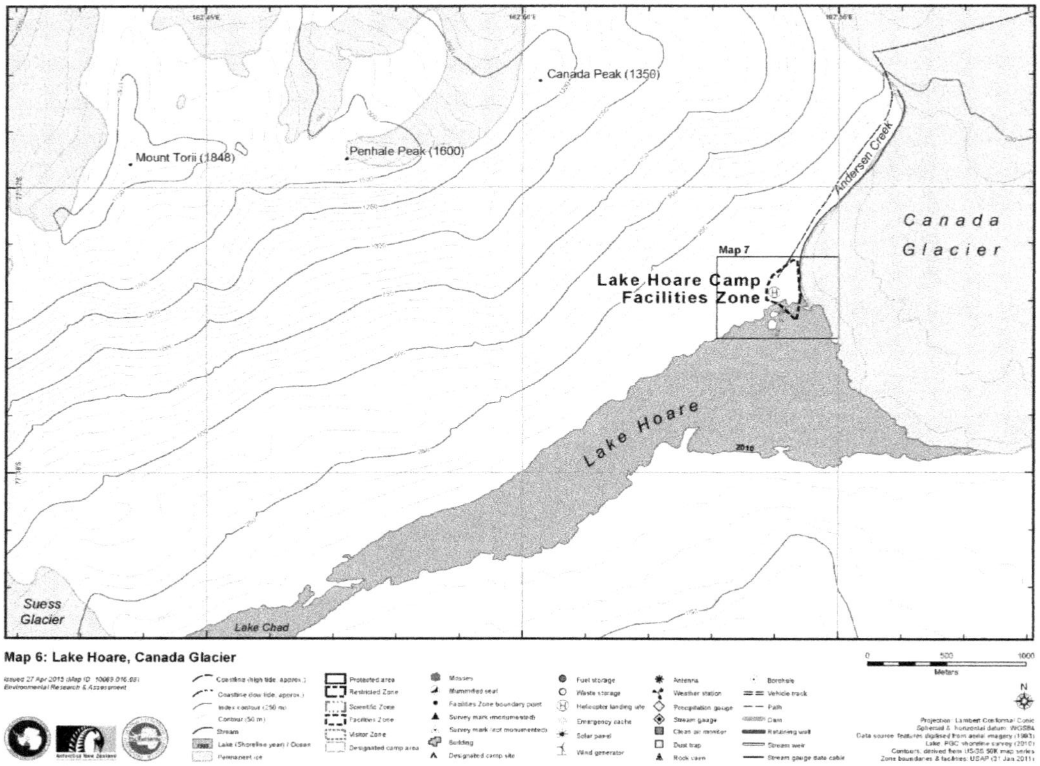

Map 6: Lake Hoare, Canada Glacier

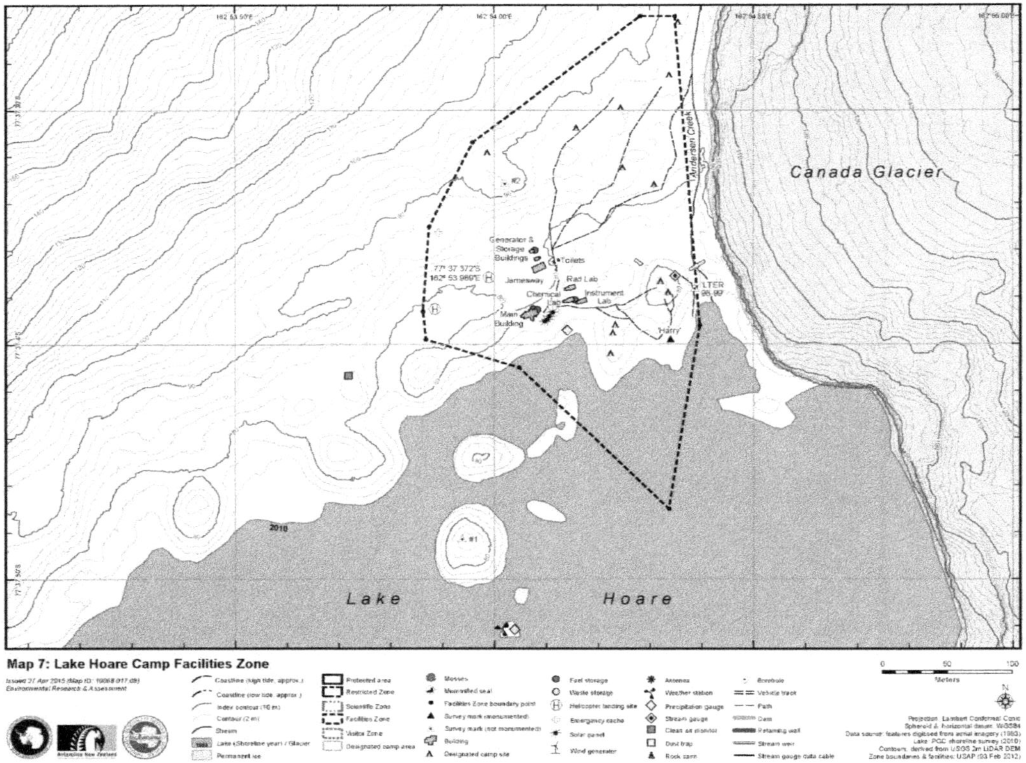

Map 7: Lake Hoare Camp Facilities Zone

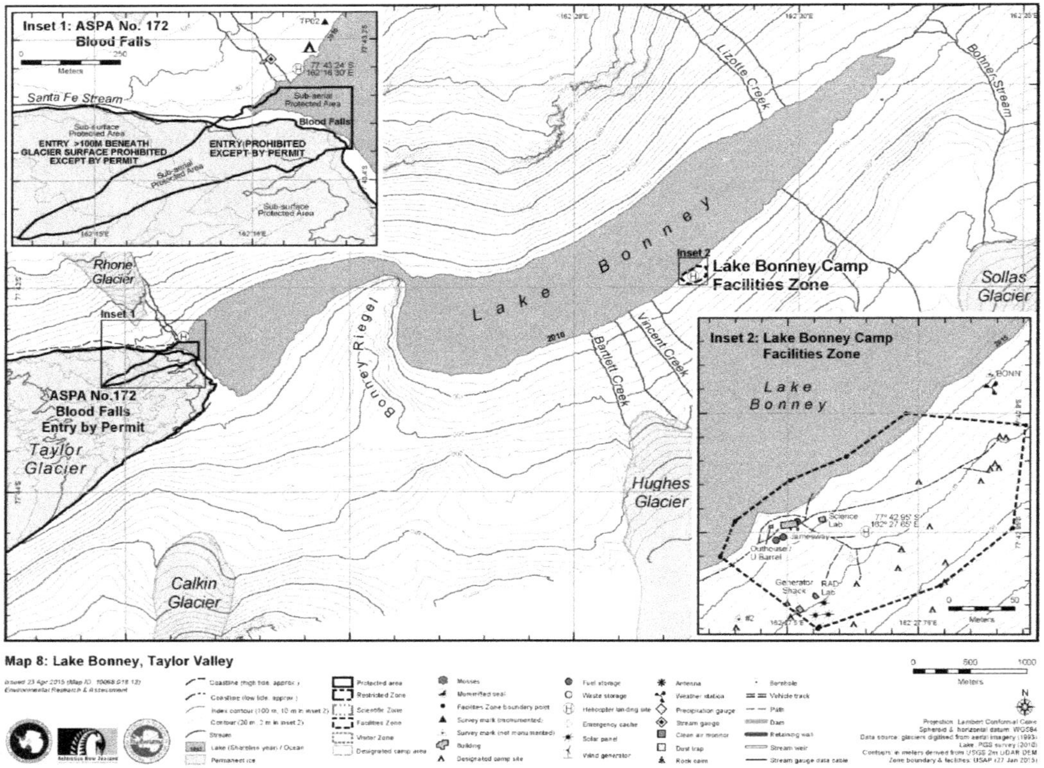

Informe Final de la XXXVIII RCTA

Map 8: Lake Bonney, Taylor Valley

324

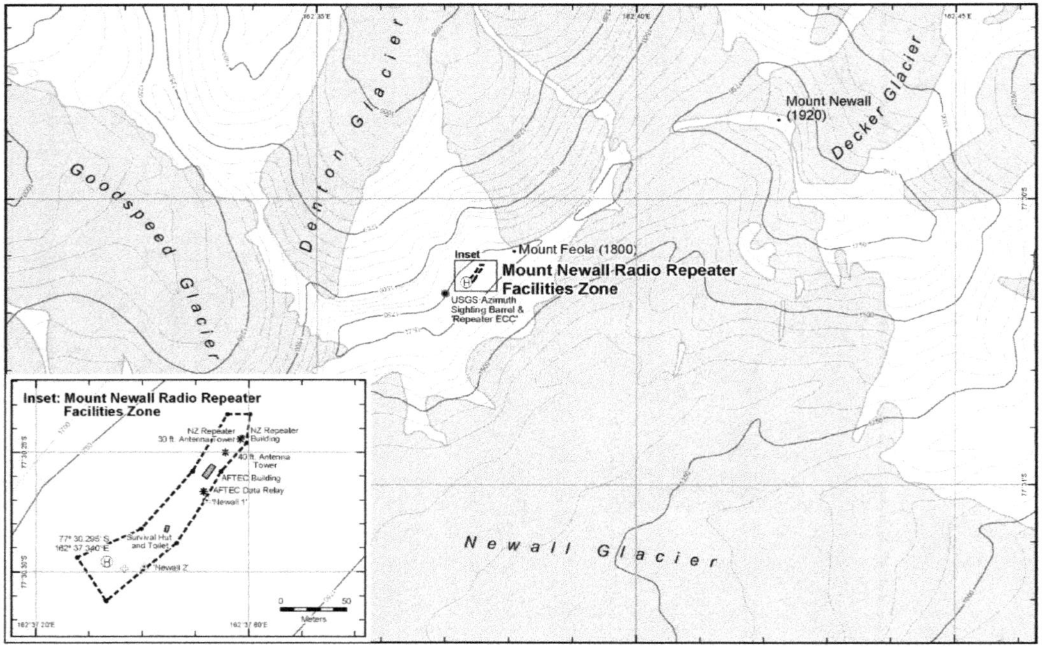

Decker Glacier

Mount Newall
(1920)

Denton Glacier

Goodspeed Glacier

Newall Glacier

Mount Feola (1800)

Mount Newall Radio Repeater
Facilities Zone

Inset

USGS Azimuth
Sighting Barrel &
Repeater ECC

Inset: Mount Newall Radio Repeater Facilities Zone

NZ Repeater
30 ft. Antenna
Tower

Antenna
Tower

AFTEC Data Relay

AFTEC Building

"Newall 1"

Survival Hut
and Tower

"Newall 3"

"Newall 2"

77° 30.266' S
162° 37.040' E

162° 37.690' E

77° 30.575' S

77° 30.523' S

Meters

Map 9: Mount Newall, Asgard Range

Issued 17 Apr 2015 (Rev 02) N5B6:019:07:I
Environmental Research & Assessment

Protected area
Restricted Zone
Scientific Zone
Facilities Zone
Visitor Zone
Designated camp area

Monument
Monumented seal
Facilities Zone boundary point
Survey mark (monumented)
Survey mark (not monumented)
Building
Designated camp site

Coastline (high tide; approx.)
Coastline (low tide; approx.)
Index contour (250 m)
Contour (50 m)
Stream
Lake (freshwater only) / Ocean
Permanent ice

Fuel storage
Waste storage
Helicopter landing site
Emergency cache
Solar panel
Wind generator

Antenna
Weather station
Transponder garage
Stream gauge
Clean air monitor

Borehole
Vehicle tracks
Path
Retaining wall
Stream weir
Stream gauge data cable

N

Meters

Projection: Lambert Conformal Conic
Spheroid & horizontal datum: WGS84
Data source: 1:10,000 1:50K map series
Zone boundaries & borders: USGS (0.1 m; 2006)

325

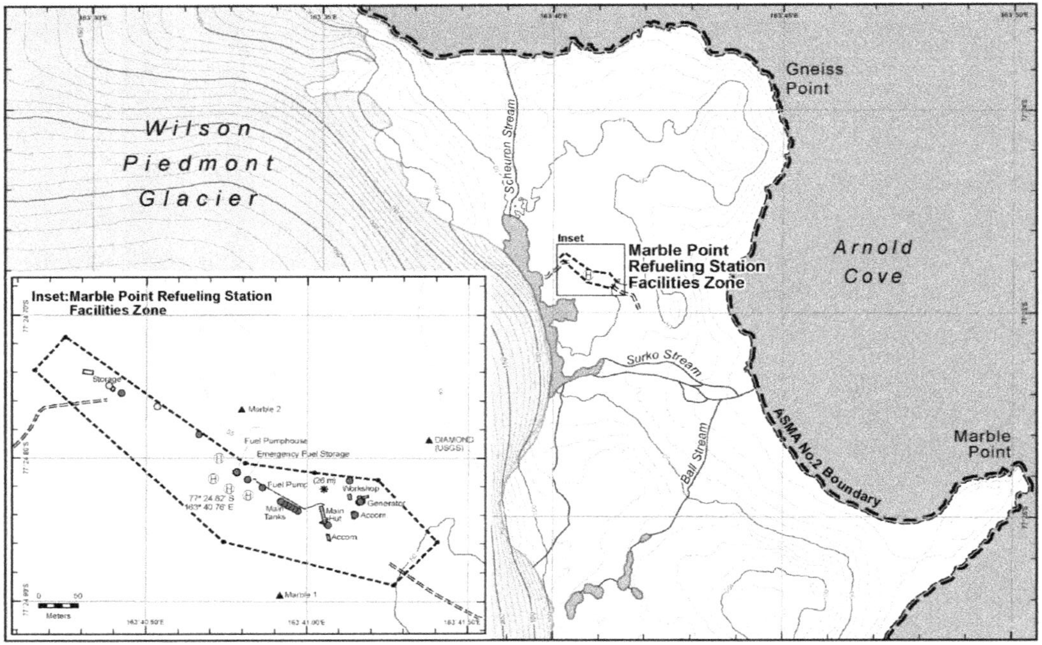

Informe Final de la XXXVIII RCTA

Map 10: Marble Point, McMurdo Sound

Inset: Marble Point Refueling Station Facilities Zone

326

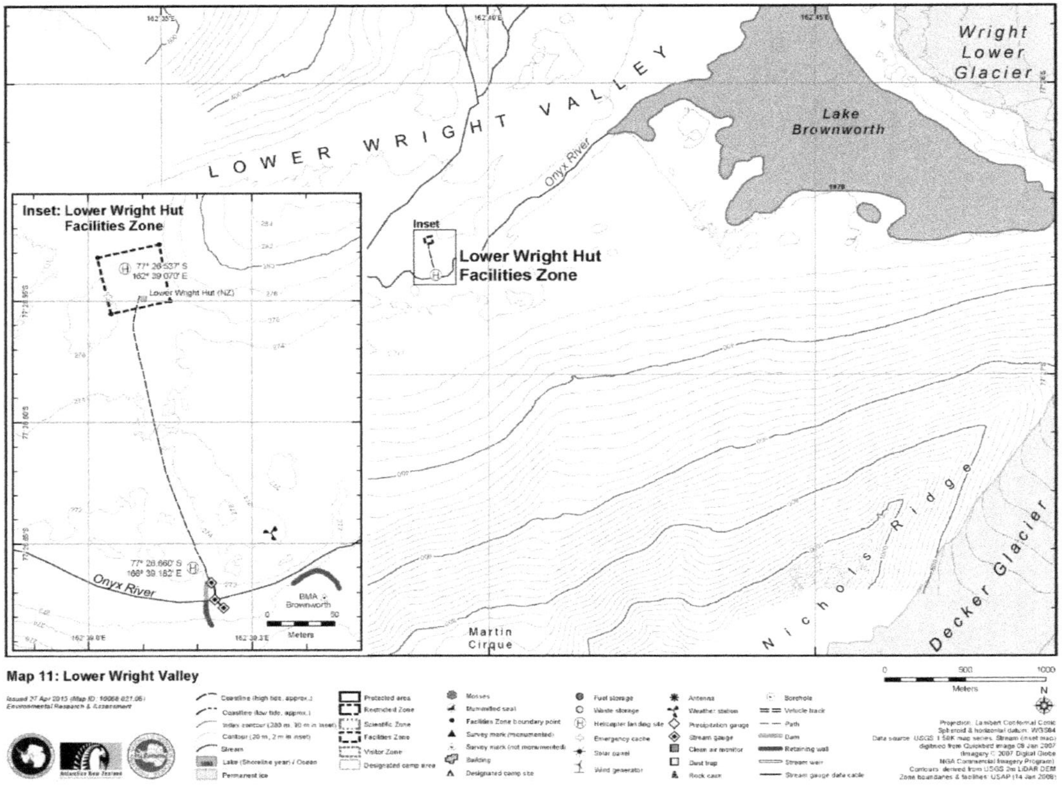

ZAEA N° 2, Valles Secos de McMurdo

Map 11: Lower Wright Valley

327

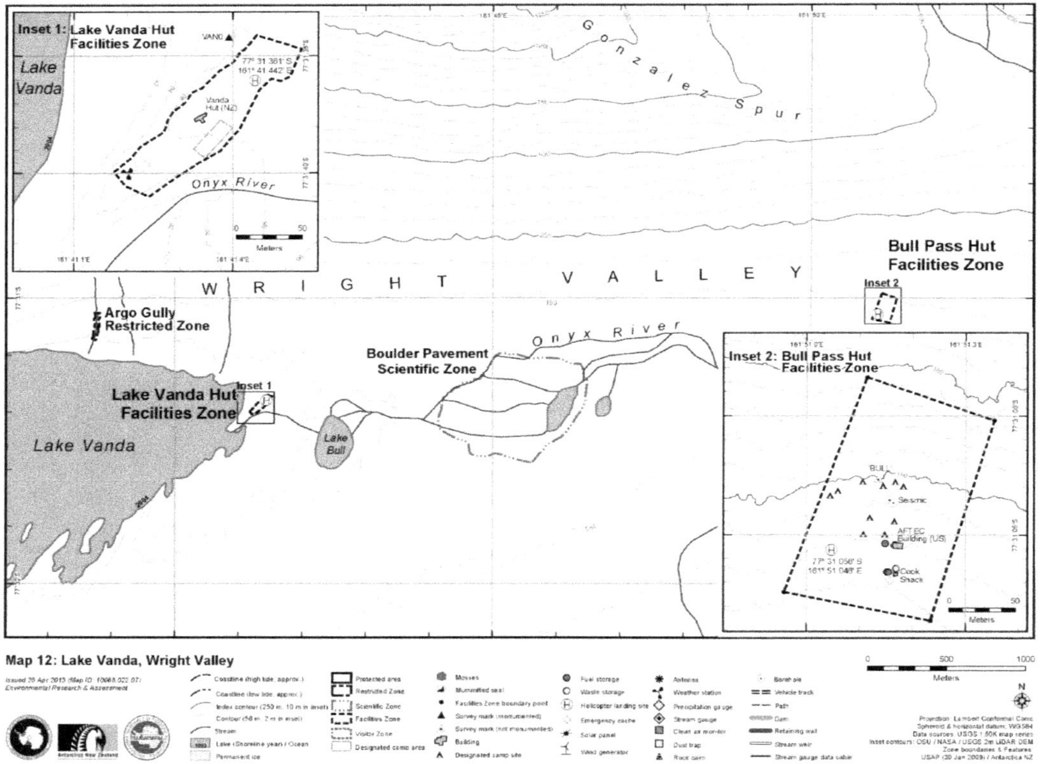

Informe Final de la XXXVIII RCTA

Map 12: Lake Vanda, Wright Valley

328

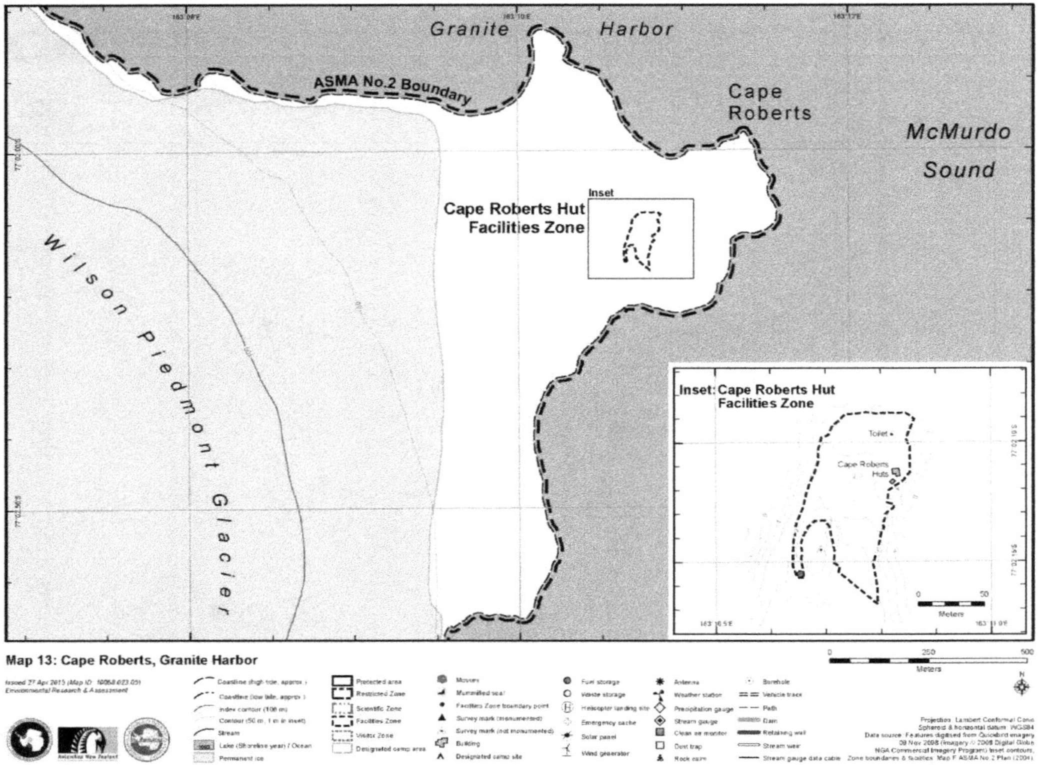

McMurdo Sound

Cape Roberts

Granite Harbor

ASMA No.2 Boundary

Cape Roberts Hut
Facilities Zone

Inset

Wilson Piedmont Glacier

Inset: Cape Roberts Hut Facilities Zone

Cape Roberts
Hut
Toilet

Map 13: Cape Roberts, Granite Harbor

Informe Final de la XXXVIII RCTA

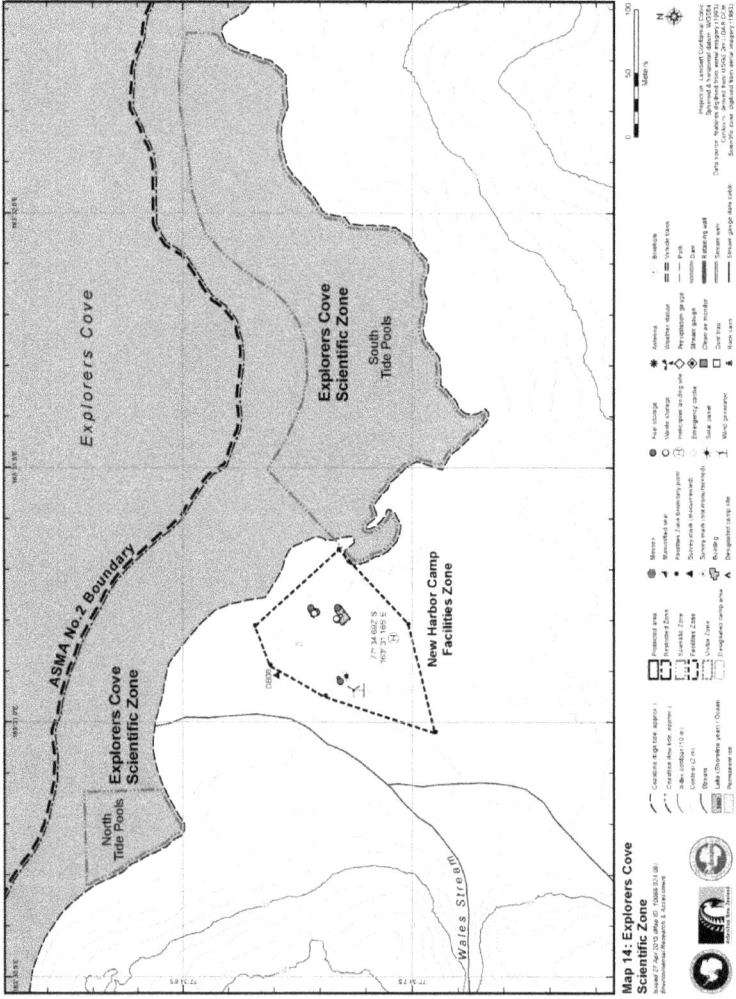

Map 14: Explorers Cove
Scientific Zone

330

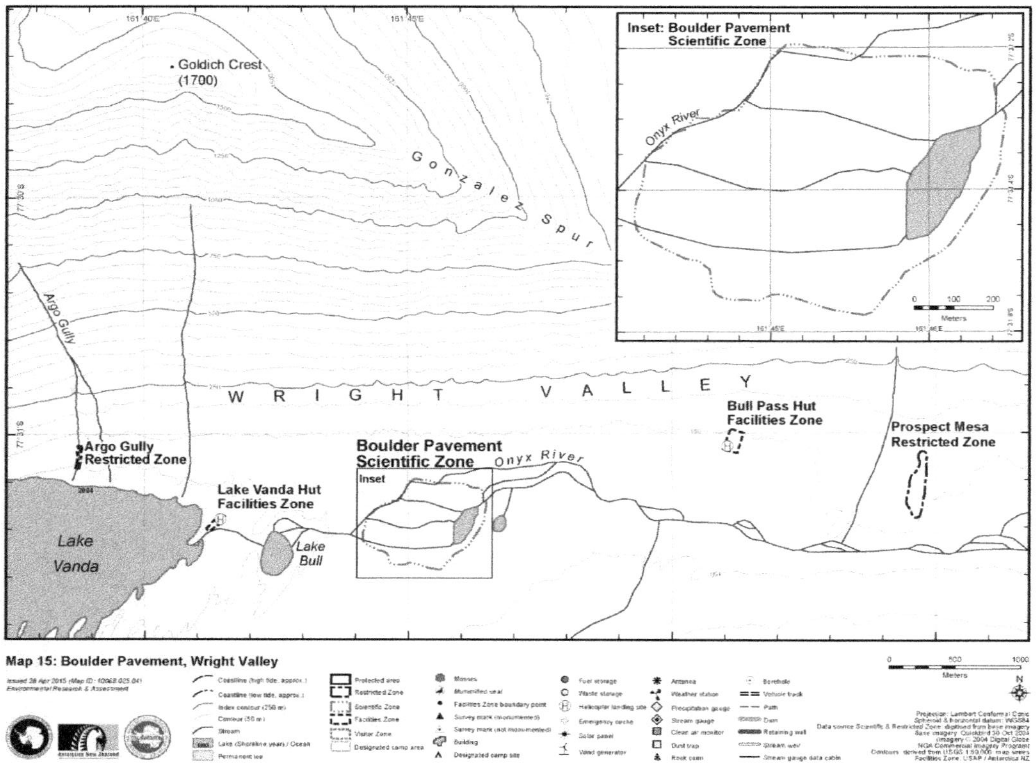
Inset: Boulder Pavement Scientific Zone
Onyx River
Goldich Crest (1700)
Gonzalez Spur
Argo Gully
WRIGHT VALLEY
Argo Gully Restricted Zone
Lake Vanda Hut Facilities Zone
Lake Vanda
Lake Bull
Boulder Pavement Scientific Zone
Inset
Onyx River
Bull Pass Hut Facilities Zone
Prospect Mesa Restricted Zone
Map 15: Boulder Pavement, Wright Valley
Meters

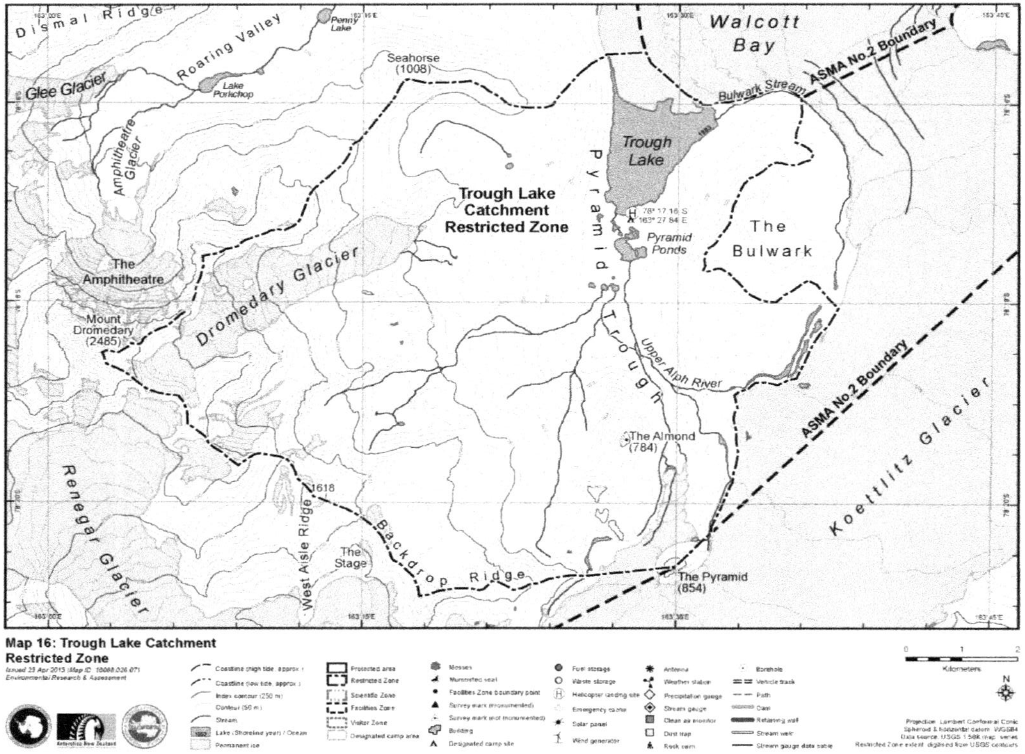

Map 16: Trough Lake Catchment Restricted Zone

Issued 23 Apr 2015 (Map ID: 10088.026.07)
Environmental Research & Assessment

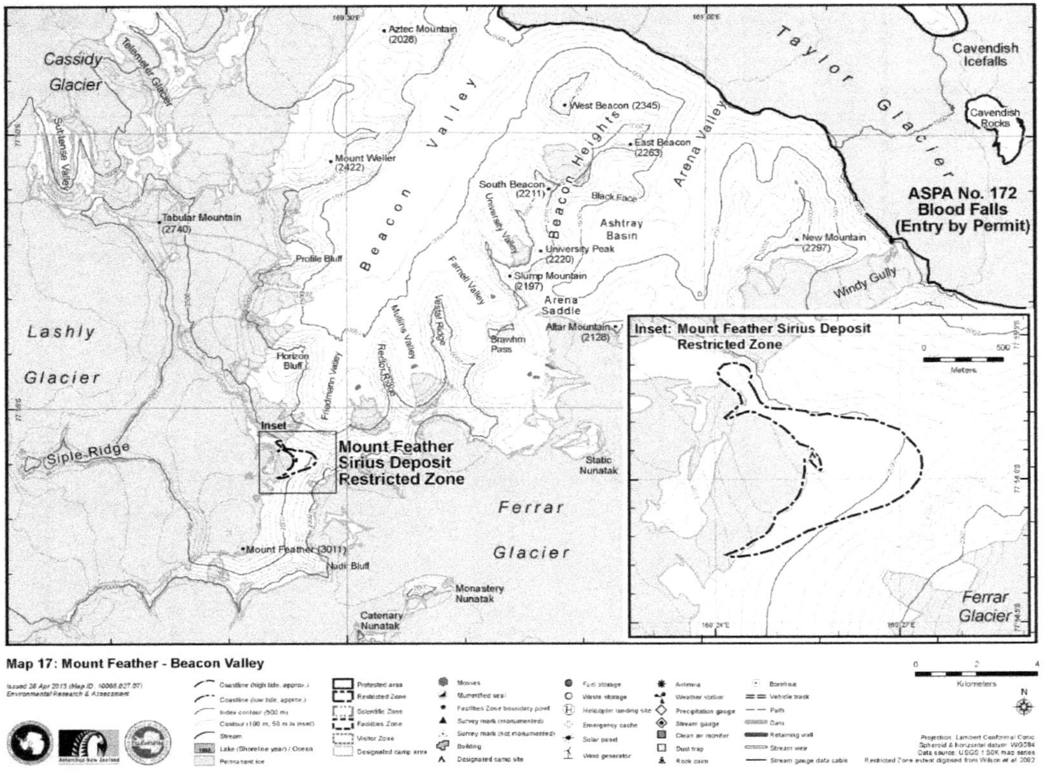

Map 17 : Mount Feather - Beacon Valley

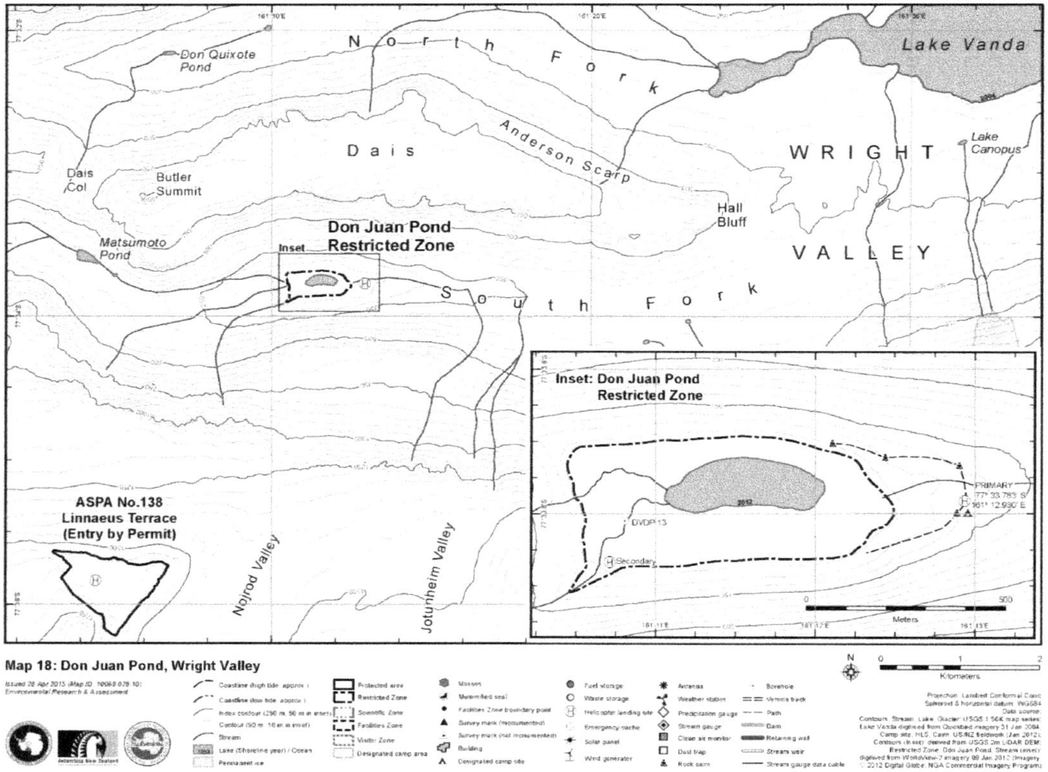
Lake Vanda
Don Quixote Pond
North Fork
Dais
Anderson Scarp
WRIGHT VALLEY
Lake Canopus
Dais Col
Butler Summit
Hall Bluff
Matsumoto Pond
Don Juan Pond Restricted Zone
Inset
South Fork
Inset: Don Juan Pond Restricted Zone
PRIMARY
77° 33.783' S
161° 12.930' E
DVDP 13
Secondary
Meters
ASPA No.138
Linnaeus Terrace
(Entry by Permit)
Nojrod Valley
Jotunheim Valley
Map 18: Don Juan Pond, Wright Valley
Kilometers

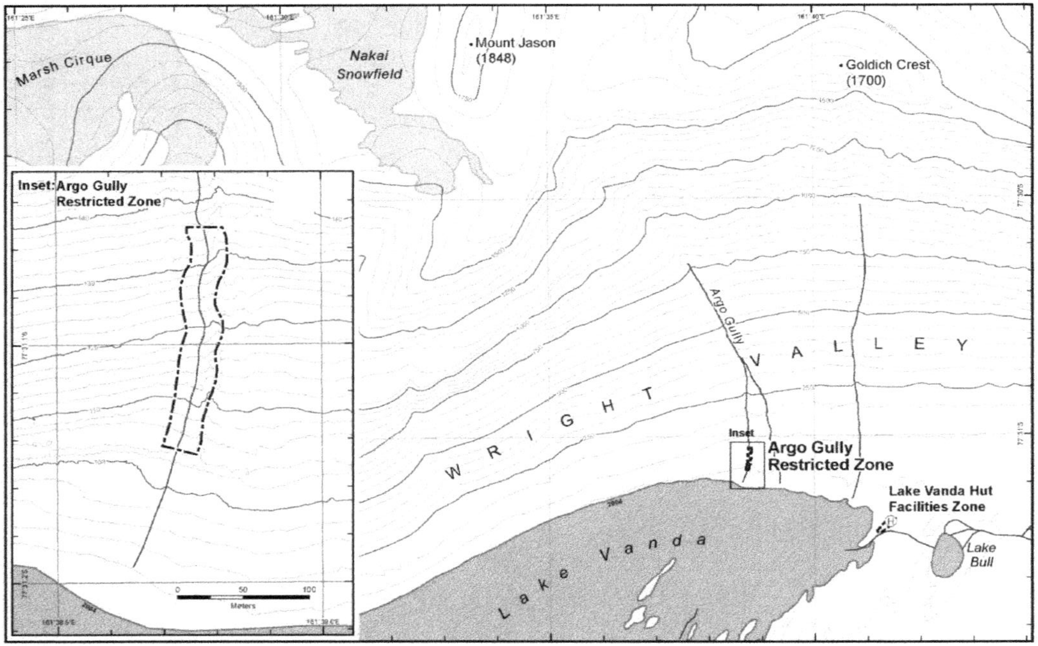

ZAEA Nº 2, Valles Secos de McMurdo

Map 19: Argo Gully, Wright Valley

335

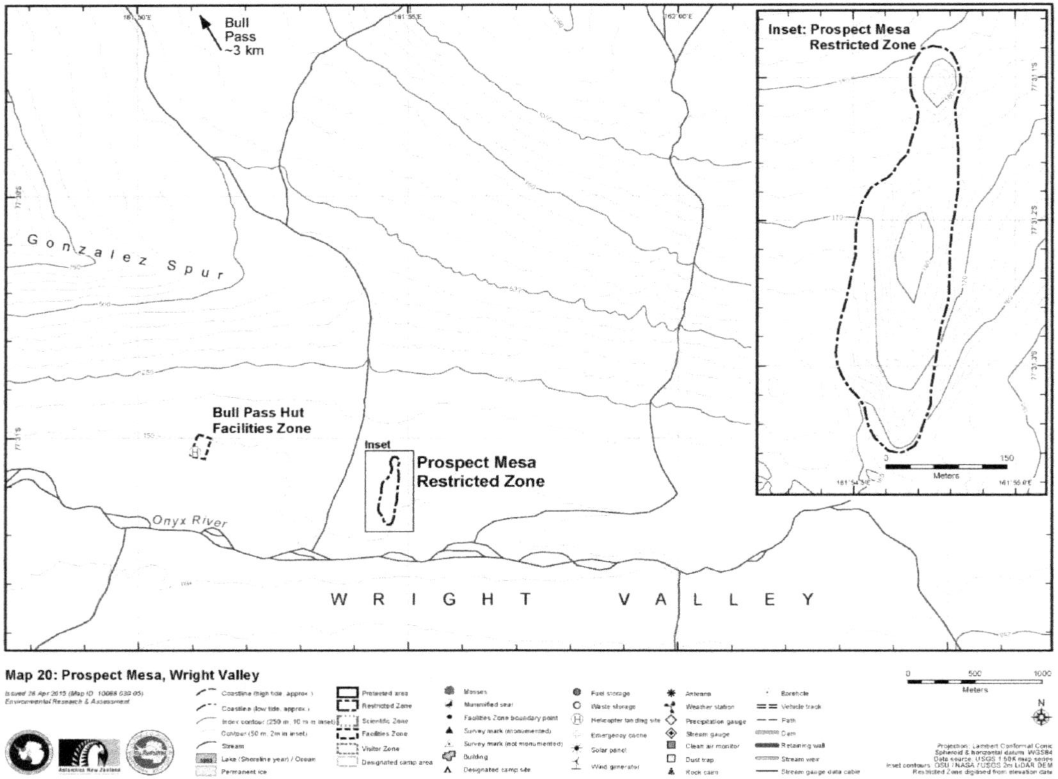

Informe Final de la XXXVIII RCTA

Map 20: Prospect Mesa, Wright Valley

336

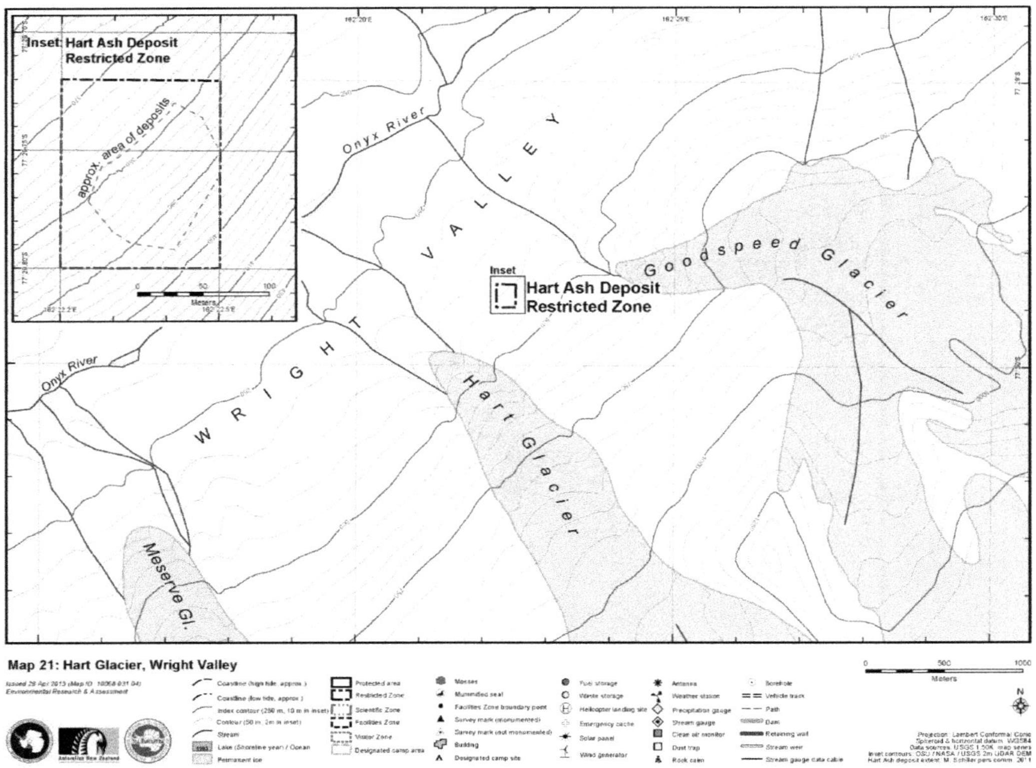
Inset: Hart Ash Deposit Restricted Zone
approx. area of deposits
Onyx River
Onyx River
WRIGHT VALLEY
Inset
Hart Ash Deposit Restricted Zone
Goodspeed Glacier
Hart Glacier
Meserve Gl.
Map 21: Hart Glacier, Wright Valley
Meters
N

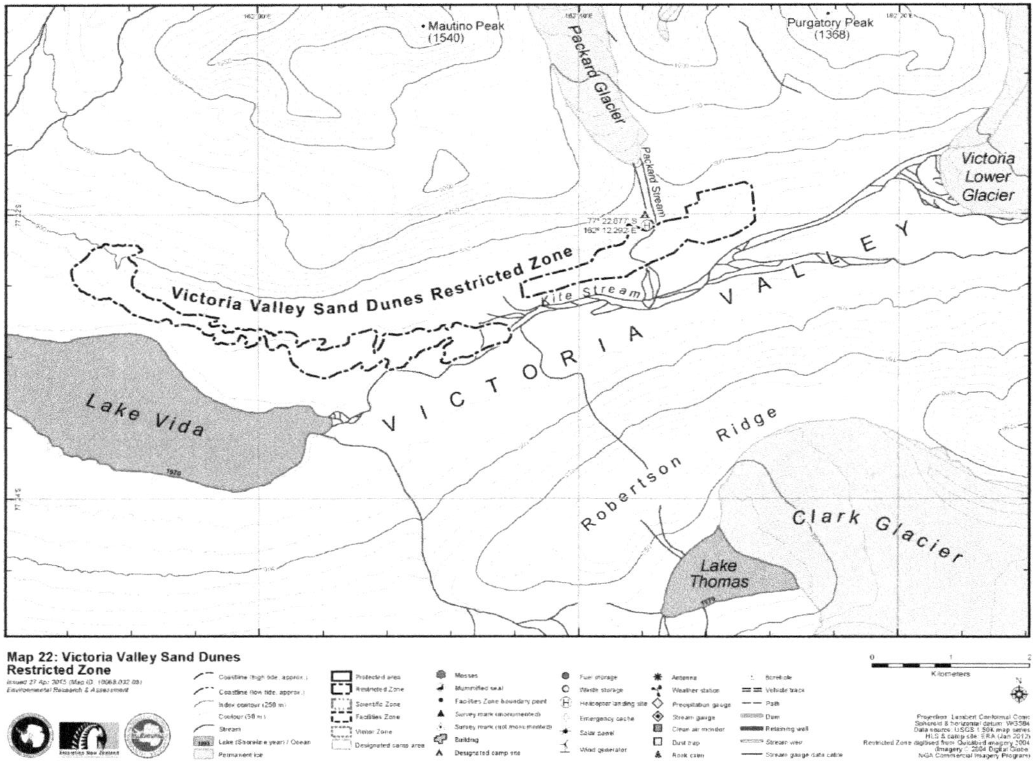
Mautino Peak (1540)
Packard Glacier
Purgatory Peak (1368)
Packard Stream
Victoria Lower Glacier
77° 22.077' S
162° 12.292' E
Victoria Valley Sand Dunes Restricted Zone
Kite Stream
VICTORIA VALLEY
Lake Vida
Robertson Ridge
Clark Glacier
Lake Thomas
Map 22: Victoria Valley Sand Dunes Restricted Zone
Kilometers
0
1
2

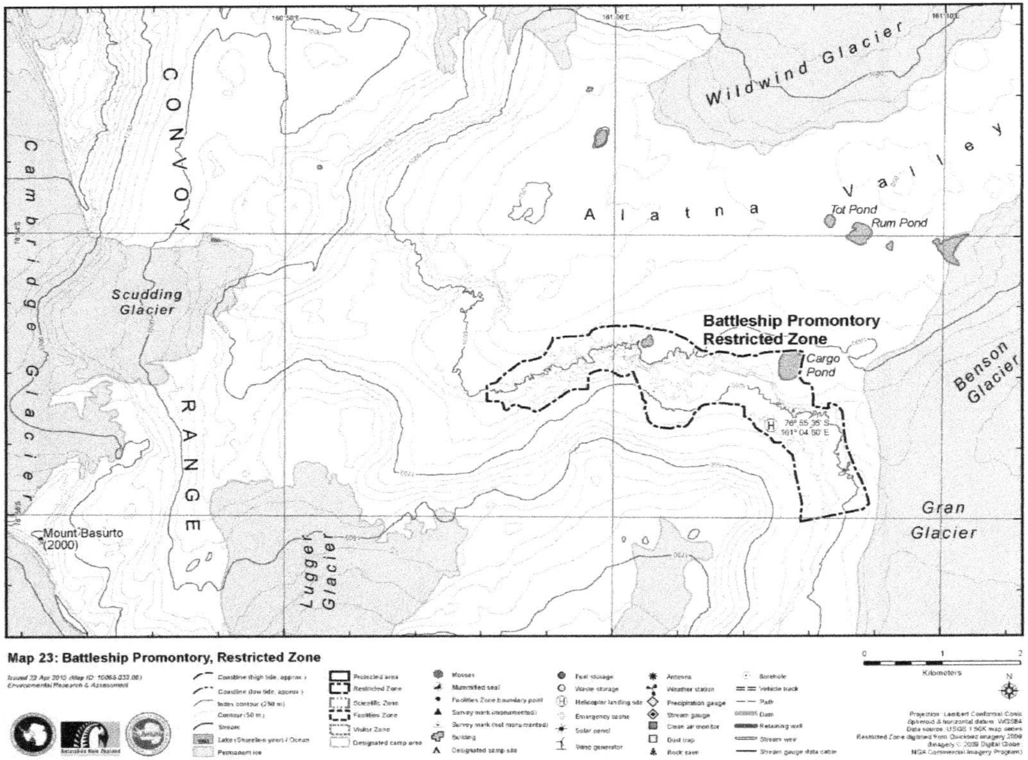

ZAEA N° 2, Valles Secos de McMurdo

Map 23: Battleship Promontory, Restricted Zone

339

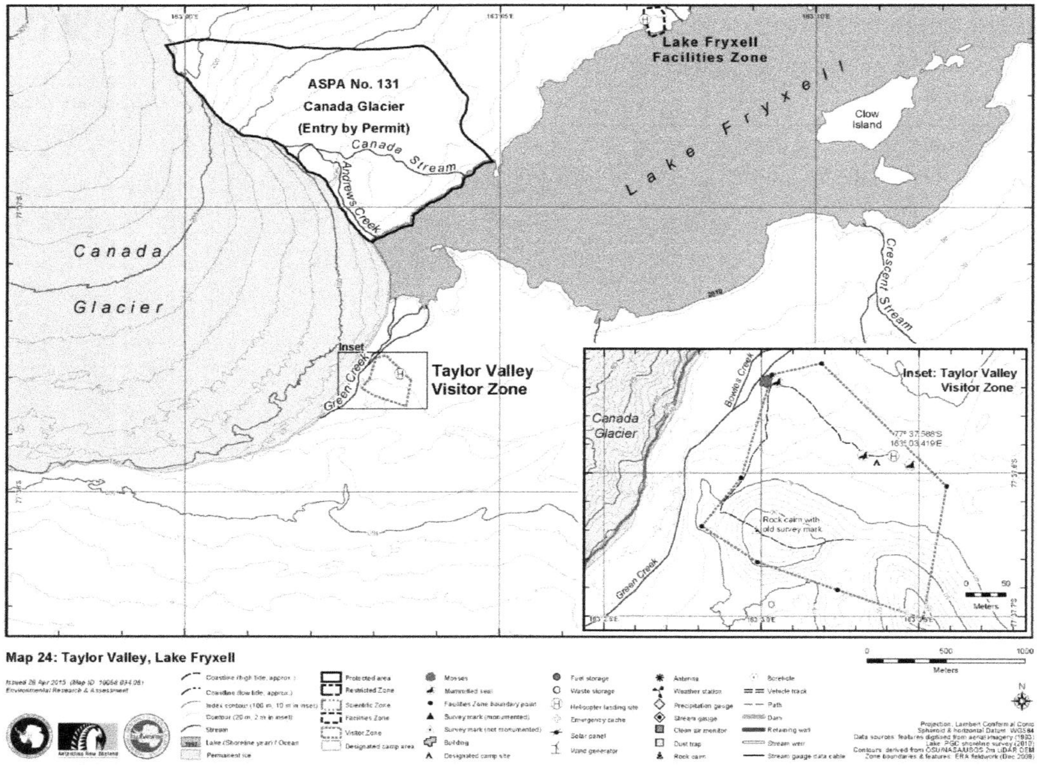

ASPA No. 131
Canada Glacier
(Entry by Permit)
Canada Stream
Andrews Creek
Lake Fryxell
Facilities Zone
Lake Fryxell
Clow Island
Crescent Stream
Canada
Glacier
Inset
Green Creek
Taylor Valley
Visitor Zone
Inset: Taylor Valley
Visitor Zone
Canada
Glacier
Bowles Creek
Green Creek
Rock cairn with
old survey mark
Meters
Map 24: Taylor Valley, Lake Fryxell

PARTE III

Informes y discursos de apertura y cierre

1. Discursos de apertura y clausura

Discurso de bienvenida del Presidente de Bulgaria
Sr. Rosen Plevneliev

1 de junio, Palacio Nacional de Cultura, Sofía

Estimado Sr. Raychev,

Señoras y Señores Ministros,

Excelencias,

Señoras y Señores Representantes,

Estimados investigadores:

Les doy la bienvenida a Bulgaria. Bienvenidos al país de las rosas y del más saludable de los yogures, al país donde hay personas talentosas y acogedoras, que estableció hace más de 1300 años uno de los estados más antiguos de Europa. Para nosotros es un honor ser los anfitriones de este foro. Nuestro país ratificó en 1978 el Tratado Antártico, y se ha mantenido desde 1998 como miembro de pleno derecho. Me llena de orgullo el que Bulgaria sea uno de los pocos países de Europa Oriental que tiene una base científica propia en el Continente helado. Nuestra base se encuentra en la isla Livingston, la cual es compartida cada temporada por nuestros investigadores y muchos otros investigadores de otros países.

La 38ª Reunión Consultiva, que se inicia hoy en Sofía, se realiza apenas un par de meses luego de las celebraciones del 55 aniversario de la firma del Tratado Antártico. Este es un tratado internacional que tiene importancia histórica para la preservación de una de las reservas más valiosas para la humanidad, la Antártida. Los Países que adhieren al Tratado tienen diferentes sistemas legales y formas de gobiernos, así como tradiciones nacionales, religiosas y culturales diversas. Sin embargo, estamos todos unidos en un objetivo común: el de realizar, libremente, actividades científicas en la Antártida con el fin de satisfacer los intereses científicos y de garantizar la prosperidad en todo nuestro mundo.

Los documentos internacionales aprobados por el Sistema del Tratado Antártico y sus organismos especializados con objeto de regir las actividades tuvieron éxito en la creación de algo único: la capacidad de dirigir de la manera más eficaz el sistema de investigación científica, un sistema que está abierto a los proyectos científicos de los equipos de cada una de las esferas de la ciencia de manera tal que pueden compartir los resultados obtenidos. Al mismo tiempo debiera establecerse una red de intercambio científico y de trabajo conjunto, lo que ofrecería la oportunidad de realizar descubrimientos revolucionarios: la base para el desarrollo de nuevas tecnologías basadas en audaces decisiones y visiones y en los resultados de los proyectos. Deberían llevarse a cabo en el continente helado actividades que garanticen un Planeta Tierra sostenible y espléndido.

El Sistema Antártico es uno de los mejores ejemplos de una correcta cooperación internacional. Los valores fundamentales del Tratado Antártico incluyen su uso con fines pacíficos por encima de todo, la desmilitarización de la región del Polo Sur y la cooperación internacional, lo que garantizará la plena libertad y el intercambio de información en la investigación científica y creará el único continente en nuestro planeta en el cual no se llevan a cabo actividades militares y que en su mayor parte está consagrado a la investigación científica, para proteger el medioambiente y sus singulares ecosistemas.

El cambio climático se encuentra entre los primeros puntos en la agenda mundial, junto con la escasez de recursos y la implementación de nuevas tecnologías que sean armónicas con la

345

naturaleza. La naturaleza nos recuerda constantemente que ha llegado el momento de tomar medidas. Deberíamos armonizar nuestras prioridades con el planeta, y con nuestros descendientes. En el otoño de 2014, en ocasión de la Asamblea Mundial de las Naciones Unidas, cité las palabras de un sabio: "No heredamos esta Tierra de nuestros ancestros, la tomamos prestada de nuestros hijos". Esas palabras cobran hoy en día mayor vigencia que nunca. Enfrentamos graves problemas y no deberíamos esperar, ni aplazar, ni depositar la responsabilidad en el próximo gobierno ni en la siguiente generación. Podremos lograr un desarrollo sostenible únicamente si cooperamos, aunamos nuestros esfuerzos y compartimos una voluntad común.

La Antártida es una región estratégica. La gran parte de los estados miembros del Tratado Antártico son los países en donde la economía, la industria y la ciencia están más desarrolladas. La contribución que realiza cada país, más allá de su tamaño, y más allá de la solidez de su economía, es importante, y es invalorable en el logro de nuestro propósito común: hacer posible la preservación de un medioambiente limpio, y el preservar las especies animales y la vida vegetal con innovadores métodos.

La cooperación, desde hace algún tiempo, ya no es asunto de opciones, sino de necesidad. No hay una sola nación, independientemente de su voluntad política y de de su fortaleza económica, que pueda lidiar por sí sola con los problemas y desafíos globales. Para fortalecer la cooperación, son necesarios esa visión y objetivos de largo plazo compartidos. Los foros conjuntos, tales como la Reunión Consultiva de las Naciones del Tratado Antártico, así como la reunión del Comité de Protección del Medio Ambiente, no solo tienen el potencial, sino también la energía para aportar soluciones buenas y aceptables para todos.

La República de Bulgaria es un activo miembro pleno del Tratado Antártico. Los equipos de 23 expediciones polares búlgaras han trabajado junto a investigadores de países pioneros en la firma del Tratado desde aquel lejano año 1959. Nuestro país goza de una buena reputación y es un asociado fiable en todos los programas científicos internacionales.

En la base polar científica búlgara St. Kliment Ohridski se lleva a cabo no solo la investigación que realiza el Instituto Antártico de Bulgaria. Investigadores provenientes de España, Portugal, Alemania, Corea del Sur, Japón, Argentina, Chile, Estados Unidos, Canadá, Mongolia, Turquía, Luxemburgo y la República de Macedonia han trabajado en nuestra base junto a sus contrapartes búlgaras en proyectos internacionales conjuntos.

Los resultados de los proyectos científicos gestionados por ellos no solo son importantes para el presente, sino también para el futuro de nuestro planeta. Los descubrimientos realizados en el marco de los proyectos científicos en el estudio del cambio climático mundial son valiosos para abordar las prioridades en los diferentes ámbitos científicos. En un contexto internacional, también son importantes los resultados que atañen a los cambios climáticos locales. La investigación sismológica y geomorfológica realizada en la base búlgara ofreció la oportunidad de aportar nuevas regularidades generales acerca de la evolución geológica del continente de Gondwana. Se han publicado muchos artículos en renombradas revistas y publicaciones científicas. Una gran cantidad de geólogos, geomorfólogos, geofísicos, biólogos y glaciólogos búlgaros han participado en proyectos de investigación nacionales e internacionales relacionados fundamentalmente con el cambio climático. Los investigadores búlgaros contribuyen en la resolución de problemas científicos mundiales.

Es para mí un enorme privilegio y responsabilidad, como Presidente, asignar nombres a sitios en el continente helado. Más de 535 sitios geográficos en la Antártida llevan nombres búlgaros. Una gran parte de estos son lugares únicos.

Tienen suma importancia no solo para los búlgaros sino también para el montañismo mundial el ascenso y la medición exacta realizados durante la última temporada antártica de las alturas del pico Great Needle, en la montaña Tangra, isla Livingston. La misma importancia tuvieron el ascenso y medición exacta de la altura de un pico que recibió el nombre de la capital de Bulgaria, la hermosa ciudad de Sofía, por los montañistas Doichin Boyanov, Nikolay Petkov y Alexander Shopov durante la 23ª expedición búlgara al continente helado. Los resultados obtenidos por esa expedición (2014-2015) en el marco del proyecto internacional sobre el estudio del suelo helado representan un paso adelante en el conocimiento sobre el cambio climático.

En mi calidad de Jefe de Estado, respaldo de manera activa el programa científico antártico búlgaro. Comprometido con la causa de un mayor desarrollo de nuestro país y de la región, respaldo a los investigadores y a las instituciones que trabajan en la solución de los problemas mundiales. Me complace ver a tantos ministros jóvenes, competentes y ambiciosos, quienes representan al gobierno búlgaro y a su visión y voluntad de respaldar esta investigación, reunidos este día junto a ustedes. Las misiones de los participantes en las expediciones polares búlgaras cuentan con el pleno respaldo de la institución que dirijo, como también cuentan con el respaldo de las principales instituciones del estado. Orgulloso de los logros de nuestros investigadores, cada otoño realizo el traspaso de la bandera nacional al profesor Pimpirev para la próxima expedición.

Estimados Señores y Señoras:

La República de Bulgaria ampliará su cooperación con otros equipos científicos y continuará participando activamente en el programa científico antártico. Nos impusimos la prioridad de garantizar la estrecha cooperación con todos los demás países en respaldo de los objetivos del Tratado Antártico en ayuda de la ciencia, de la investigación científica y del desarrollo sostenible.

Creo que todos nosotros compartimos una causa común, la de preservar este continente único. Es por eso que me enorgullece que Bulgaria sea el anfitrión del presente foro. Esto último es también un reconocimiento del éxito del programa científico antártico búlgaro y del valor de los resultados logrados. Este foro además ha hecho realidad el sueño de uno de los grandes investigadores polares búlgaros, el profesor Pimpirev, presidente y fundador del Instituto Antártico de Bulgaria y líder de las expediciones antárticas búlgaras. Un gran investigador, con un gran corazón puesto al servicio del Planeta Tierra, y de su notable y hermoso continente helado.

¡Les deseo éxito y un fructífero trabajo!

2. Informes de Depositarios y Observadores

Informe del Gobierno depositario del Tratado Antártico y su Protocolo de conformidad con la Recomendación XIII-2

Documento de información presentado por Estados Unidos

Este informe abarca los acontecimientos con respecto al Tratado Antártico y su Protocolo al Tratado Antártico sobre protección del medio ambiente.

Durante el año pasado, se produjeron dos adhesiones al Tratado y dos adhesiones al Protocolo. Con respecto del Tratado, Kazajstán depositó su instrumento de adhesión el 27 de enero de 2015, y Mongolia depositó su instrumento de adhesión el 23 de marzo de 2015. Con respecto del Protocolo, Venezuela depositó su instrumento de adhesión el 1 de agosto de 2014, y Portugal depositó su instrumento de adhesión el 10 de septiembre de 2014. En total hay cincuenta y dos (52) Partes al Tratado Antártico y treinta y siete (37) Partes al Protocolo.

Los siguientes países han notificado que han designado personas declaradas como árbitros de conformidad con el Artículo 2 (1) del programa del Protocolo:

Bulgaria	Sra. Guenka Beleva	30 de julio de 2004
Chile	Emb. María Teresa Infante	Junio 2005
	Emb. Jorge Berguño	Junio 2005
	Dr. Francisco Orrego	Junio 2005
Estados Unidos	Prof. Daniel Bodansky	1 de mayo de 2008
	Sr. David Colson	1 de mayo de 2008
Finlandia	Emb. Holger Bertil Rotkirch	14 de junio de 2006
India	Prof. Upendra Baxi	6 de octubre de 2004
	Sr. Ajai Saxena	6 de octubre de 2004
	Dr. N. Khare	6 de octubre de 2004
Japón	Juez Shunji Yanai	18 de julio de 2008
Rep. de Corea	Prof. Park Ki Gab	21 de octubre de 2008

Se adjuntan los listados de las partes al Tratado, al Protocolo y de las Recomendaciones/Medidas y sus aprobaciones.

Fecha de la actividad más reciente: 23 de marzo de 2015

El Tratado Antártico

Elaborado en: Washington; 1 de diciembre de 1959

Entrada en vigor: 23 de junio, 1961
En conformidad con el Artículo XIII, el Tratado estaba sujeto a la ratificación por parte de los Estados signatarios y abierto a la adhesión de cualquier Estado que sea miembro de las Naciones Unidas, o de cualquier otro Estado que pueda ser invitado a adherirse al Tratado con el consentimiento de todas las Partes Contratantes cuyos representantes estén facultados a participar en las reuniones previstas en el artículo IX del Tratado; los instrumentos de ratificación y de adhesión serán depositados ante el Gobierno de los Estados Unidos de América. Una vez depositados los instrumentos de ratificación por todos los Estados signatarios, el presente Tratado entrará en vigencia para dichos Estados y para los Estados que hayan depositado sus instrumentos de adhesión. En lo sucesivo, el Tratado entra en vigencia para cualquier Estado adherente una vez que deposite su instrumento de adhesión.

Leyenda: (sin marcas) = ratificación; a = adhesión; d = sucesión; w = renuncia o acción equivalente

Participante	Firma	Consentimiento vinculante		Otra acción	Notas
Alemania		5 de febrero, 1979	a		i
Argentina	1 de diciembre, 1959	23 de junio, 1961			
Australia	1 de diciembre, 1959	23 de junio, 1961			
Austria		25 de agosto, 1987	a		
Belarús		27 de diciembre, 2006	a		
Bélgica	1 de diciembre, 1959	26 de julio, 1960			
Brasil		16 de mayo, 1975	a		
Bulgaria		11 de septiembre, 1978	a		
Canadá		4 de mayo, 1988	a		
Chile	1 de diciembre, 1959	23 de junio, 1961			
China		8 de junio, 1983	a		
Colombia		31 de enero, 1989	a		
Corea (RDC)		28 de noviembre, 1986	a		
Corea (RDPC)		21 de enero, 1987	a		
Cuba		16 de agosto, 1984	a		
Dinamarca		20 de mayo, 1965	a		
Ecuador		15 de septiembre de 1987	a		
España		31 de marzo, 1982	a		
Estados Unidos	1 de diciembre, 1959	18 de agosto, 1960			
Estonia		17 de mayo, 2001	a		
Federación de Rusia	1 de diciembre, 1959	2 de noviembre, 1960			ii
Finlandia		15 de mayo, 1984	a		
Francia	1 de diciembre, 1959	16 de septiembre, 1960			
Grecia		8 de enero, 1987	a		
Guatemala		31 de julio, 1991	a		
Hungría		27 de enero, 1984	a		
India		19 de agosto, 1983	a		

Italia		18 de marzo, 1981	a		
Japón	1 de diciembre, 1959	4 de agosto, 1960			
Kazajstán		27 de enero, 2015	a		
Malasia		31 de octubre, 2011	a		
Mónaco		31 de mayo, 2008	a		
Mongolia		23 de marzo, 2015	a		
Noruega	1 de diciembre, 1959	24 de agosto, 1960			
Nueva Zelandia	1 de diciembre, 1959	1 de noviembre, 1960			
Países Bajos		30 de marzo, 1967	a		iii
Pakistán		1 de marzo de 2012	a		
Papúa Nueva Guinea		16 de marzo, 1981	d		iv
Perú		10 de abril, 1981	a		
Polonia		8 de junio, 1961	a		
Portugal		29 de enero, 2010	a		
Reino Unido	1 de diciembre, 1959	31 de mayo, 1960			
República Checa		1 de enero, 1993	d		v
República de Eslovaquia		1 de enero, 1993	d		vi
Rumania		15 de septiembre, 1971	a		vii
Sudáfrica	1 de diciembre, 1959	21 de junio, 1960			
Suecia		24 de abril, 1984	a		
Suiza		15 de noviembre, 1990	a		
Turquía		24 de enero, 1996	a		
Ucrania		28 de octubre, 1992	a		
Uruguay		11 de enero, 1980	a		viii
Venezuela		24 de marzo, 1999	a		

---

i La Embajada de la República Federal de Alemania en Washington transmitió al Departamento de Estado norteamericano una nota diplomática fechada el 02 de octubre de 1990 que dice lo siguiente:

"La Embajada de la República Federal de Alemania saluda al Ministerio de Relaciones Exteriores y tiene el honor de informar al Gobierno de Estados Unidos de Norteamérica, en su calidad de Gobierno depositario del Tratado Antártico, que, a través de la adhesión de la República democrática Alemana a la República Federal Alemana que entrara en vigor el 03 de octubre de 1990, ambos estados alemanes habrán de unirse para formar un solo estado soberano que, en su calidad de Parte Contratante del Tratado Antártico, seguirá vinculado por las cláusulas del Tratado y sujeto a aquellas recomendaciones aprobadas en las quince reuniones consultivas aprobadas por la República Federal de Alemania. A partir de la fecha de la unificación de Alemania, la República Federal de Alemania fungirá bajo la denominación "Alemania" en el marco del Sistema Antártico.
"La Embajada agradecerá al gobierno de los Estados Unidos de Norteamérica que tenga a bien informar del contenido de la presente nota a todas las Partes Contratantes del Tratado Antártico.
"La Embajada de la República Federal de Alemania aprovecha esta oportunidad para renovar al Ministerio de Relaciones Exteriores de los Estados Unidos de Norteamérica su más alta consideración."

Antes de la unificación, el 19 de noviembre de 1974, la República Democrática Alemana depositó un instrumento de adhesión al Tratado, acompañado por una declaración con una traducción al inglés del Ministerio de Relaciones Exteriores norteamericano que dice lo siguiente:

"La República Democrática Alemana considera que el Artículo XIII, párrafo 1, del Tratado no es congruente con el principio de que todos los Estados que se orientan en sus políticas por los propósitos y principios de la Carta de las Naciones Unidas tienen el derecho de ser Parte a los tratados que afectan los intereses de todos los Estados".

Por consiguiente, el 5 de febrero de 1979 la República Federal de Alemania depositó un instrumento de adhesión acompañado de una declaración y su traducción al inglés proporcionada por la Embajada de la República Federal de Alemania, que dice lo siguiente:

"Estimado Sr. Ministro:
"En conexión con el depósito con fecha de hoy, del instrumento de adhesión al Tratado Antártico suscrito en Washington el 1 de diciembre de 1959, tengo el honor de declarar en representación de la República Federal de Alemania que con efecto a partir del día en que el Tratado entre en vigor para la República Federal de Alemania aplicará también para Berlín (Occidental) sujeto a los derechos y responsabilidades de la Republica de Francia, el Reino Unido de Gran Bretaña e Irlanda del Norte y los Estados Unidos de Norteamérica incluyendo aquellos relacionados con el desarme y desmilitarización.
"Acepte, Excelencia, la expresión de mi más alta consideración".

ii El tratado fue suscrito y ratificado por la ex Unión de Repúblicas Soviéticas Socialistas. Mediante una nota fechada el 13 de enero de 1992, la Federación de Rusia informó al gobierno de los Estados Unidos que "sigue gozando de los derechos y cumpliendo con las obligaciones derivadas de los acuerdos internacionales firmados por la Unión de Repúblicas Soviéticas Socialistas".

iii El instrumento de adhesión al Tratado de los Países Bajos, establece que el acceso es para el Reino en Europa, Suriname y las Antillas Holandesas.

Suriname se convirtió en un estado independiente el 25 de noviembre de 1975.

La Real Embajada de los Países Bajos en Washington transmitió al Departamento de Estado una nota diplomática, con fecha del 9 de enero de 1986, que dice lo siguiente:

"La Embajada del Reino de los Países Bajos saluda al Departamento de Estado y tiene el honor de solicitar la atención del Departamento sobre lo siguiente, en relación con la capacidad del Departamento como depositario [del Tratado Antártico].
"Efectivo el 1 de enero de 1986, la isla de Aruba –anteriormente parte de las Antillas Holandesas– obtuvo autonomía interna como país dentro del Reino de los Países Bajos. Por consiguiente, el Reino de los Países Bajos a partir del 1 de enero de 1986 consiste en tres países, a saber: Holanda, propiamente tal, las Antillas Holandesas y Aruba.
"Puesto que el evento mencionado anteriormente afecta solo a un cambio en las relaciones constitucionales al interior del Reino de los Países Bajos, y que el Reino como tal, de acuerdo con la legislación internacional, seguirá siendo el sujeto con el que se pacten los tratados, el cambio anteriormente mencionado no tendrá consecuencias en la legislación internacional relativa a tratados pactados por el Reino, cuya aplicación se extienda a las Antillas Holandesas, incluida Aruba.
"Estos tratados, por lo tanto, seguirán siendo aplicables para Aruba en su nuevo estado como país autónomo dentro del Reino de los Países Bajos, efectivo el 1 de enero de 1986".
"Consecuentemente el [Tratado Antártico] del que forma parte el Reino de los Países Bajos, y que [ha] sido ampliado a las Antillas Holandesas, se aplicará a partir del 1 de enero de 1986 a los tres países del Reino de los Países Bajos.
"La Embajada apreciaría que las otras partes interesadas sean notificadas de lo anterior.
"La Embajada del Reino de los Países Bajos aprovecha esta oportunidad para renovar al Departamento de Estado las garantías de su mayor consideración."

La Embajada del Reino de los Países Bajos en Washington transmitió al Departamento de Estado una nota diplomática, con fecha del 6 de octubre de 2010, que en la parte correspondiente dice o siguiente:

"El Reino de los Países Bajos consiste actualmente de tres partes: Holanda, las Antillas Holandesas y Aruba. Las Antillas Holandesas son las islas de Curazao, San Martín, Bonaire, San Eustaquio y Saba.
"Con efecto a partir del 10 de octubre de 2010, las Antillas Holandesas dejan de existir como parte del Reino de los Países Bajos. Desde esa fecha en adelante, el Reino consistirá en cuatro partes: Holanda, Aruba, Curazao y San Martín. Curazao y San Martín disfrutarán de un gobierno interno autónomo dentro del Reino, al igual que Aruba y hasta el 10 de octubre de 2010, las Antillas Holandesas.
"Estos cambios son una modificación de las relaciones constitucionales internas en el Reino de los Países Bajos. El Reino de los Países Bajos permanecerá en consecuencia como sujeto de legislación internacional con el que se concluirán los acuerdos. La modificación de la estructura del Reino no afectará por lo tanto la validez de los acuerdos internacionales ratificados por el Reino para las Antillas Holandesas; y estos acuerdos seguirán aplicándose a Curazao y San Martín.

"Las otras islas que hasta ahora han formado parte de las Antillas Holandesas –Bonaire, San Eustaquio y Saba– serán parte de los Países Bajos, constituyendo así "la parte caribeña de los Países Bajos". Los acuerdos que se aplican actualmente a las Antillas Holandesas seguirán aplicándose a estas islas, no obstante, el gobierno de los Países Bajos será ahora responsable de implementar estos acuerdos."

[iv] Fecha de depósito de notificación de sucesión por Papúa Nueva Guinea; vigente a partir de 16 de septiembre de 1975, fecha de su independencia.

[v] Fecha efectiva de sucesión de la República Checa. Checoslovaquia depositó un instrumento de adhesión al Tratado el 14 de junio de 1962. El 31 de diciembre de 1992, a la medianoche, Checoslovaquia dejó de existir y fue sucedida por dos estados separados e independientes, la República Checa y la República de Eslovaquia.

[vi] Fecha efectiva de sucesión de la República de Eslovaquia. Checoslovaquia depositó un instrumento de adhesión al Tratado el 14 de junio de 1962. El 31 de diciembre de 1992, a la medianoche, Checoslovaquia dejó de existir y fue sucedida por dos estados separados e independientes, la República Checa y la República de Eslovaquia.

[vii] El instrumento de adhesión al Tratado de Rumania fue acompañado por una nota del Embajador de la República Socialista de Rumania a los Estados Unidos de Norteamérica, fechada el 15 de septiembre de 1971, que dice lo siguiente: Estimado Sr. Ministro:
"Al presentarle el instrumento de adhesión de la República socialista de Rumania al Tratado Antártico, firmado en Washington el 1 de diciembre de 1959, tengo el honor de informar a usted lo siguiente:
'El Consejo de Estado de la República Socialista de Rumania señala que las cláusulas contenidas en el primer párrafo del Artículo XIII del Tratado Antártico no son conformes con el principio según el cual los tratados multilaterales cuyos objetivos y propósito atañen a la comunidad internacional en su conjunto deberían quedar abiertos a la participación universal".
"Solicito a usted tenga la gentileza, Sr. Ministro, de trasmitir a las partes interesadas el texto del instrumento de adhesión de Rumania al Tratado Antártico así como también el texto de la presente carta que contiene la declaración del gobierno rumano mencionada anteriormente.
"Aprovecho esta oportunidad para reiterar a usted, Sr. Ministro, las garantías de su mayor consideración".

El Secretario de Estado de Estados Unidos hizo circular copias de la carta del embajador y del instrumento de adhesión al Tratado por parte de Rumania a las partes al Tratado Antártico con una nota circular fechada el 01 de octubre de 1971.

[viii] El instrumento de adhesión al Tratado por parte de Uruguay vino acompañado por una declaración con una traducción al inglés del Departamento de Estado norteamericano que dice lo siguiente:
"El gobierno de la República Oriental del Uruguay considera que, a través de su adhesión al Tratado Antártico firmado en Washington (Estados Unidos de Norteamérica) el 01 de diciembre de 1959, colabora en afirmar los principios por los cuales se usa a la Antártida exclusivamente con fines pacíficos, de prohibir toda explosión nuclear o eliminación de desechos radioactivos en la zona, el respeto por la libertad de la investigación científica en la Antártida al servicio de la humanidad y el principio de la cooperación internacional para lograr estos objetivos, los cuales han quedado fijados en dicho Tratado.
"En el contexto de estos principios Uruguay propone, a través de un procedimiento basado en el principio de igualdad jurídica, el establecimiento de un estatuto general y definitivo sobre la Antártida en el cual, respetando los derechos de los Estados tal como han quedado conformados en derecho internacional, los intereses de todos los Estados participantes y de la comunidad internacional en su conjunto se consideren equitativamente.
"La decisión del Gobierno uruguayo de adherir al Tratado Antártico está basada no solamente en los intereses que, al igual que todos los miembros de la comunidad internacional, tiene Uruguay en la Antártida, sino también en un interés especial directo y sustantivo que surge de su ubicación geográfica, del hecho de que su línea costera atlántica se encuentra frente al continente Antártico, de la influencia resultante en su clima, ecología y biología marina, de los vínculos históricos que se remontan a las primeras expediciones que fueran a explorar ese continente y sus aguas y de sus obligaciones asumidas de conformidad con el Tratado interamericano de asistencia recíproca, el cual incluye una parte del territorio Antártico en la zona descrita en el Artículo 4, en virtud del cual Uruguay comparte la responsabilidad de defender la región.
"Al comunicar su decisión de adherir al Tratado Antártico, el gobierno de la República Oriental del Uruguay declara que hace una reserva de sus derechos en la Antártida de conformidad con el derecho internacional."

Informe Final de la XXXVIII RCTA

PROTOCOLO AL TRATADO ANTÁRTICO SOBRE PROTECCIÓN DEL MEDIO AMBIENTE

Suscrito en Madrid el 4 de oct. de 1991*

Estado	Fecha de Firma	Fecha del depósito de la ratificación, Aceptación (A) o Aprobación (AA)	Fecha del depósito de Adhesión	Fecha de entrada en vigor	Fecha Aceptación ANEXO V**	Fecha de entrada en vigor del Anexo V
PARTES CONSULTIVAS						
Alemania	oct. 4, 1991	nov. 25, 1994		ene. 14, 1998	nov. 25, 1994 (A) / sept. 1, 1998 (B)	may. 24, 2002
Argentina	oct. 4, 1991	oct. 28, 1993 [3]		ene. 14, 1998	sept. 8, 2000 (A) / ago. 4, 1995 (B)	may. 24, 2002
Australia	oct. 4, 1991	abr. 6, 1994		ene. 14, 1998	abr. 6, 1994 (A) / jun. 7, 1995 (B)	may. 24, 2002
Bélgica	oct. 4, 1991	abr. 26, 1996		ene. 14, 1998	abr. 26, 1996 (A) / oct. 23, 2000 (B)	may. 24, 2002
Brasil	oct. 4, 1991	ago. 15, 1995		ene. 14, 1998	may. 20, 1998 (B)	may. 24, 2002
Bulgaria			abr. 21, 1998	may. 21, 1998	may. 5, 1999 (AB)	may. 24, 2002
Chile	oct. 4, 1991	ene. 11, 1995		ene. 14, 1998	mar. 25, 1998 (A)	may. 24, 2002
China	oct. 4, 1991	ago. 2, 1994		ene. 14, 1998	ene. 26, 1995 (AB)	may. 24, 2002
Ecuador	oct. 4, 1991	ene. 4, 1993		ene. 14, 1998	may. 11, 2001 (A) / nov. 15, 2001 (B)	may. 24, 2002
España	oct. 4, 1991	jul. 1, 1992		ene. 14, 1998	dic. 8, 1993 (A) / feb. 18, 2000 (B)	may. 24, 2002
Estados Unidos	oct. 4, 1991	abr. 17, 1997		ene. 14, 1998	abr. 17, 1997 (A) / may. 6, 1998 (B)	may. 24, 2002
Federación de Rusia	oct. 4, 1991	ago. 6, 1997		ene. 14, 2001	jun. 19, 1998 (B)	may. 24, 2002
Finlandia	oct. 4, 1991	nov. 1, 1996 (A)		ene. 14, 1998	nov. 1, 1996 (A) / abr. 2, 1997 (B)	may. 24, 2002
Francia	oct. 4, 1991	feb. 5, 1993 (AA)		ene. 14, 1998	abr. 26, 1995 (B) / nov. 18, 1998 (A)	may. 24, 2002
India	jul. 2, 1992	abr. 26, 1996		ene. 14, 1998	may. 24, 2002 (B)	may. 24, 2002
Italia	oct. 4, 1991	mar. 31, 1995		ene. 14, 1998	may. 31, 1995 (A) / feb. 11, 1998 (B)	may. 24, 2002
Japón	sept. 29, 1992	dic. 15, 1997 (A)		ene. 14, 1998	dic. 15, 1997 (AB)	may. 24, 2002
Nueva Zelandia	oct. 4, 1991	dic. 22, 1994		ene. 14, 1998	oct. 21, 1992 (B)	may. 24, 2002
Noruega	oct. 4, 1991	jun. 16, 1993		ene. 14, 1998	oct. 13, 1993 (B)	may. 24, 2002
Países Bajos	oct. 4, 1991	abr. 14, 1994 (A) [6]		ene. 14, 1998	mar. 18, 1998 (B)	may. 24, 2002
Perú	oct. 4, 1991	mar. 8, 1993		ene. 14, 1998	mar. 8, 1993 (A) / mar. 17, 1999 (B)	may. 24, 2002
Polonia	oct. 4, 1991	nov. 1, 1995		ene. 14, 1998	sept. 20, 1995 (B)	may. 24, 2002
República Checa [1,2]	ene. 1, 1993	ago. 25, 2004 [4]		sept. 24, 2004	abr. 23, 2014 (B)	
Rep. de Corea	jul. 2, 1992	ene. 2, 1996		ene. 14, 1998	jun. 5, 1996 (B)	may. 24, 2002
Reino Unido	oct. 4, 1991	abr. 25, 1995 [5]		ene. 14, 1998	may. 21, 1996 (B)	may. 24, 2002
Sudáfrica	oct. 4, 1991	ago. 3, 1995		ene. 14, 1998	jun. 14, 1995 (B)	may. 24, 2002

Informe Final de la XXXVIII RCTA

Suecia	oct. 4, 1991	mar. 30, 1994	ene. 14, 1998	mar. 30, 1994 (A) abr. 7, 1994 (B)	may. 24, 2002
Ucrania		may. 25, 2001	jun. 24, 2001	may. 25, 2001 (A)	may. 24, 2002
Uruguay	oct. 4, 1991	ene. 11, 1995	ene. 14, 1995	may. 15, 1995 (B)	may. 24, 2002

**Lo siguiente denota fechas relacionadas ya sea con la aceptación del Anexo V o la aprobación de la Recomendación XVI-10
(A) aceptación del Anexo V   (B) Aprobación de la Recomendación XVI-10

Estado	Fecha de Firma	Ratificación Aceptación o Aprobación	Fecha del depósito de adhesión	Fecha de entrada en vigor	Fecha de Aceptación ANEXO V**	Fecha de en vigor del Anexo V
PARTES NO CONSULTIVAS						
Austria	oct. 4, 1991					
Belarús			jul. 16, 2008	ago. 15, 2008		
Canadá	oct. 4, 1991	nov. 13, 2003		dic. 13, 2003		
Colombia	oct. 4, 1991					
Cuba	jul. 2, 1992					
Dinamarca						
Estonia	oct. 4, 1991					
Grecia	oct. 4, 1991	may. 23, 1995		ene. 14, 1998		
Guatemala						
Hungría						
Malasia						
Mónaco			jul. 1, 2009	jul. 31, 2009		
Pakistán			mar. 1, 2012	mar. 31, 2012)		
Papúa Nueva Guinea						
Portugal			sept. 10, 2014	oct. 10, 2014		
República de Eslovaquia[1,2]	ene. 1, 2011.					
República Democrática de Corea	oct. 4, 1991	oct. 4, 1991				
Rumania	oct. 4, 1991	feb. 3, 2003		mar. 5, 2003	feb. 3, 2003	mar. 5, 2003
Suiza	oct. 4, 1991					
Turquía						
Venezuela			ago. 1, 2014	ago. 31, 2014		

---

* Suscrito en Madrid el 4 de oct. de 1991; en lo sucesivo en Washington hasta el 3 de oct. de 1992.
El Protocolo entrará en vigor inicialmente el trigésimo día siguiente a la fecha de depósito de los instrumentos de ratificación, aceptación, aprobación o adhesión de todos los Estados que sean Partes Consultivas del Tratado Antártico en la fecha en que se adopte Protocolo. (Artículo 23)

** Aprobado en Bonn el 17 de oct. de 1991 en la XVI Reunión de las Partes Consultivas del Tratado Antártico.

1. Suscrito por las Repúblicas Federales Checa y Eslovaca el 2 de oct. de 1992 – Checoslovaquia acepta la jurisdicción de la Corte Internacional de Justicia y Tribunal arbitral para la resolución de disputas en conformidad con lo estipulado en el Artículo 19, párrafo 1. El 31 de dic. de 1992, a la medianoche, Checoslovaquia dejó de existir y fue sucedida por dos estados separados e independientes, la República Checa y la República de Eslovaquia.

2. Fecha efectiva de sucesión con respecto a la firma por Checoslovaquia, sujeta a ratificación por parte de las Repúblicas Checa y Eslovaca.

Informe Final de la XXXVIII RCTA

3. Acompañada de una declaración con traducción informal proporcionada por la Embajada de Argentina, que reza así: "La República de Argentina declara que dado que el Protocolo al Tratado Antártico sobre Protección del Medio Ambiente es un Acuerdo Complementario del Tratado Antártico, y que su Artículo 4 respeta totalmente lo dispuesto por el Artículo IV inciso 1, párrafo A) de dicho Tratado, ninguna de sus estipulaciones deberá interpretarse o aplicarse como afectando sus derechos, fundados en títulos jurídicos, actos de posesión, contigüidad y continuidad geológica en la región comprendida al sur del paralelo 60, en la que ha proclamado y mantiene su soberanía."

4. Acompañada de una declaración con traducción informal proporcionada por la Embajada de la República Checa, que reza así: "La República Checa acepta la jurisdicción de la Corte Internacional de Justicia y el Tribunal de Arbitraje para el establecimiento de disputas de acuerdo con el Artículo 19, párrafo 1 del Protocolo al Tratado Antártico sobre Protección del Medio Ambiente, celebrado en Madrid el 4 de oct. de 1991."

5. Ratificación a nombre del Reino Unido de Gran Bretaña e Irlanda del Norte, el Bailiazgo de Jersey, el Bailiazgo de Guernsey, la Isla de Man, Anguilla, Bermuda, el Territorio Antártico Británico , las Islas Caimán, las Islas Falkland , Montserrat, Santa Santa Helena y sus dependencias, Georgia del Sur e Islas Sándwich del Sur, Islas Turcas y Caicos y las Islas Vírgenes Británicas.

6. La aceptación es para el Reino en Europa. Al momento de la aceptación, el Reino de los Países Bajos declaró que escoge ambos medios para la resolución de las disputas mencionados en el Artículo 19, párrafo 1 del Protocolo, esto es, La Corte internacional de Justicia y el Tribunal de Arbitraje.

El 27 de oct. de 2004, el Reino de los Países Bajos depositó un instrumento fechado el 15 de oct. en la que declara que el Reino de los Países Bajos acepta el Protocolo para las Antillas Holandesas con una declaración que confirma que escoge ambos medios mencionados en el Artículo 19, párrafo 1 del Protocolo para la resolución de disputas.

La Embajada del Reino de los Países Bajos en Washington transmitió al Departamento de Estado una nota diplomática, con fecha del 6 de oct. de 2010, que en la parte correspondiente dice lo siguiente:

"El Reino de los Países Bajos consiste actualmente de tres partes: Holanda, las Antillas Holandesas y Aruba. Las Antillas Holandesas son las islas de Curazao, San Martín, Bonaire, San Eustaquio y Saba. "Con efecto a partir del 10 de oct. de 2010, las Antillas Holandesas dejan de existir como parte del Reino de los Países Bajos. Desde esa fecha en adelante, el Reino consistirá en cuatro partes: Holanda, Aruba, Curazao y San Martín. Curazao y San Martín disfrutarán de un gobierno interno autónomo dentro del Reino, al igual que Aruba y hasta el 10 de oct. de 2010, las Antillas Holandesas.

"Estos cambios son una modificación de las relaciones constitucionales internas en el Reino de los Países Bajos. El Reino de los Países Bajos permanecerá en consecuencia como sujeto de legislación internacional con el que se concluirán los acuerdos. La modificación de la estructura del Reino no afectará por lo tanto la validez de los acuerdos internacionales ratificados por el Reino para las Antillas Holandesas; y estos acuerdos seguirán aplicándose a Curazao y San Martín.

"Las otras islas que hasta ahora han formado parte de las Antillas Holandesas –Bonaire, San Eustaquio y Saba– serán parte de los Países Bajos, constituyendo así "la parte caribeña de los Países Bajos". Los acuerdos que se aplican actualmente a las Antillas Holandesas seguirán aplicándose a estas islas, no obstante, el gobierno de los Países Bajos será ahora responsable de implementar estos acuerdos."

El 16 de oct. de 2014, el Reino de los Países Bajos depositó un instrumento fechado el 3 de sept. De 2014 en la que declara que el Reino de los Países Bajos aprueba el Anexo V al Protocolo en lo que se refiere a la parte caribeña de los Países Bajos (las islas Bonaire, San Eustaquio y Saba).

Departamento de Estado,
Washington, 3 de abril de 2015.

360

Aprobación, notificada al Gobierno de los Estados Unidos de Norteamérica, de las medidas relativas a la promoción de los principios y objetivos del Tratado Antártico

	16 Recomendaciones aprobadas en la Primera Reunión (Canberra 1961) **Aprobada**	10 Recomendaciones aprobadas en la Segunda Reunión (Buenos Aires 1962) **Aprobada**	11 Recomendaciones aprobadas en la Tercera Reunión (Bruselas 1964) **Aprobada**	28 Recomendaciones aprobadas en la Cuarta Reunión (Santiago 1966) **Aprobada**	9 Recomendaciones aprobadas en la Quinta Reunión (Paris 1968) **Aprobada**	15 Recomendaciones aprobadas en la Sexta Reunión (Tokio 1970) **Aprobada**
Alemania (1981)+	TODAS	TODAS	TODAS excepto 8	TODAS excepto 16-19	TODAS excepto 6	TODAS excepto 9
Argentina	TODAS	TODAS	TODAS	TODAS	TODAS	TODAS
Australia	TODAS	TODAS	TODAS	TODAS	TODAS	TODAS
Bélgica	TODAS	TODAS	TODAS	TODAS	TODAS	TODAS
Brasil (1983)+	TODAS	TODAS	TODAS	TODAS	TODAS	TODAS excepto 10
Bulgaria (1998)+						
Chile	TODAS	TODAS	TODAS	TODAS	TODAS	TODAS
China (1985)+	TODAS	TODAS	TODAS	TODAS	TODAS	TODAS excepto 10
Ecuador (1990)+						
EE.UU.	TODAS	TODAS	TODAS	TODAS	TODAS	TODAS
España (1988)+	TODAS	TODAS	TODAS	TODAS	TODAS	TODAS
Finlandia (1989)+						
Francia	TODAS	TODAS	TODAS	TODAS	TODAS	TODAS
India (1983)+	TODAS	TODAS	TODAS excepto 8***	TODAS excepto 18	TODAS	TODAS excepto 9 y 10
Italia (1987)+	TODAS	TODAS	TODAS	TODAS	TODAS	TODAS
Japón	TODAS	TODAS	TODAS	TODAS	TODAS	TODAS
Noruega	TODAS	TODAS	TODAS	TODAS	TODAS	TODAS
Nueva	TODAS	TODAS	TODAS	TODAS	TODAS	TODAS

Informe Final de la XXXVIII RCTA

	TODAS excepto 11 y 15	TODAS excepto 3, 5, 8 y 10	TODAS excepto 3, 4, 6 y 9	TODAS excepto 20, 25, 26 y 28	TODAS excepto 1, 8 y 9	TODAS excepto 15
Zelandia						
Países Bajos (1990)+	TODAS excepto 11 y 15	TODAS excepto 3, 5, 8 y 10	TODAS excepto 3, 4, 6 y 9	TODAS excepto 20, 25, 26 y 28	TODAS excepto 1, 8 y 9	TODAS excepto 15
Perú (1989)+	TODAS	TODAS	TODAS	TODAS	TODAS	TODAS
Polonia (1977)+	TODAS	TODAS	TODAS	TODAS	TODAS	TODAS
Reino Unido	TODAS	TODAS	TODAS	TODAS	TODAS	TODAS
Rep. Checa (2014)+	1-7, 10 y 12-14	1, 4, 6-7 y 9	1-2, 7 y 11	14-15, 18, 21-24 y 27	2-3 y 6-7	1, 3, 5-7 y 10-13
Rep. de Corea (1989)+	TODAS	TODAS	TODAS	TODAS	TODAS	TODAS
Rusia	TODAS	TODAS	TODAS	TODAS	TODAS	TODAS
Sudáfrica	TODAS	TODAS	TODAS	TODAS	TODAS	TODAS
Suecia (1989)+						
Uruguay (1985)+	TODAS	TODAS	TODAS	TODAS	TODAS	TODAS

* IV-6, IV-10, IV-12, y V-5 rescindidas por VIII-2

*** Aceptada como directriz interina

+ Año en que obtuvo carácter Consultivo. Dicho Estado necesita aceptar las Recomendaciones o Medidas para que entren en vigor a partir de ese año.

Aprobación, notificada al Gobierno de los Estados Unidos de Norteamérica, de las medidas relativas a la promoción de los principios y objetivos del Tratado Antártico

	9 Recomendaciones aprobadas en la Séptima Reunión (Wellington 1972) **Aprobada**	14 Recomendaciones aprobadas en la Octava Reunión (Oslo 1975) **Aprobada**	6 Recomendaciones aprobadas en la Novena Reunión (Londres 1977) **Aprobada**	9 Recomendaciones aprobadas en la Décima Reunión (Washington 1979) **Aprobada**	3 Recomendaciones aprobadas en la Undécima Reunión (Buenos Aires 1981) **Aprobada**	8 Recomendaciones aprobadas en la Duodécima Reunión (Canberra 1983) **Aprobada**
Alemania (1981)+	TODAS excepto 5	TODAS excepto 2 y 5	TODAS	TODAS	TODAS	TODAS
Argentina	TODAS	TODAS	TODAS	TODAS	TODAS	TODAS
Australia	TODAS	TODAS	TODAS	TODAS	TODAS	TODAS
Bélgica	TODAS	TODAS	TODAS	TODAS	TODAS	TODAS
Brasil (1983)+	TODAS excepto 5	TODAS	TODAS	TODAS	TODAS	TODAS
Bulgaria (1998)+						
Chile	TODAS	TODAS	TODAS	TODAS	TODAS	TODAS
China (1985)+	TODAS excepto 5	TODAS	TODAS	TODAS	TODAS	TODAS
Ecuador (1990)+						
EE.UU.	TODAS	TODAS	TODAS	TODAS	TODAS	TODAS
España (1988)+	TODAS	TODAS	TODAS	TODAS excepto 1 y 9	TODAS excepto 1	TODAS
Finlandia (1989)+						
Francia	TODAS	TODAS	TODAS	TODAS excepto 1 y 9	TODAS	TODAS
India (1983)+	TODAS	TODAS	TODAS	TODAS excepto 1 y 9	TODAS	TODAS
Italia (1987)+	TODAS excepto 5	TODAS	TODAS			

País					
Japón	TODAS	TODAS	TODAS	TODAS	TODAS
Noruega	TODAS	TODAS	TODAS	TODAS	TODAS
Nueva Zelandia	TODAS	TODAS	TODAS	TODAS	TODAS
Países Bajos (1990)+	TODAS	TODAS excepto 3	TODAS excepto 9	TODAS excepto 2	TODAS
Perú (1989)+	TODAS	TODAS	TODAS	TODAS	TODAS
Polonia (1977)+	TODAS	TODAS	TODAS	TODAS	TODAS
Reino Unido	TODAS	TODAS	TODAS	TODAS	TODAS
Rep. Checa (2014)+	4 y 6-8	1-4, 6, 10, 12 y 14	1 y 2	1-3 y 8	TODAS excepto 2
Rep. de Corea (1989)+	TODAS	TODAS	TODAS	TODAS	TODAS excepto 3-5
Rusia	TODAS	TODAS	TODAS	TODAS	TODAS
Sudáfrica	TODAS	TODAS	TODAS	TODAS	TODAS
Suecia (1989)+	TODAS	TODAS	TODAS	TODAS	TODAS
Uruguay (1985)+	TODAS	TODAS	TODAS	TODAS	TODAS

* IV-6, IV-10, IV-12, y V-5 rescindidas por VIII-2

*** Aceptada como directriz interina

+ Año en que obtuvo carácter Consultivo. Dicho Estado necesita aceptar las Recomendaciones o Medidas para que entren en vigor a partir de ese año.

Aprobación, notificada al Gobierno de los Estados Unidos de Norteamérica, de las medidas relativas a la promoción de los principios y objetivos del Tratado Antártico

	16 Recomendaciones aprobadas en la Decimotercera reunión (Bruselas 1985) **Aprobada**	10 Recomendaciones aprobadas en la Decimocuarta Reunión (Río de Janeiro 1987) **Aprobada**	22 Recomendaciones aprobadas en la Decimoquinta Reunión (París 1989) **Aprobada**	13 Recomendaciones aprobadas en la Decimosexta Reunión (Bonn 1991) **Aprobada**	4 Recomendaciones aprobadas en la Decimoséptima Reunión (Venecia 1992) **Aprobada**	1 Recomendación aprobada en la Decimoctava Reunión (Kioto 1994) **Aprobada**
Alemania (1981)+	TODAS	TODAS	TODAS excepto 3,8,10,11 y 22	TODAS	TODAS	TODAS
Argentina	TODAS	TODAS	TODAS	TODAS	TODAS	TODAS
Australia	TODAS	TODAS	TODAS	TODAS	TODAS	TODAS
Bélgica	TODAS	TODAS	TODAS	TODAS	TODAS	TODAS
Brasil (1983)+	TODAS	TODAS	TODAS	TODAS	TODAS	TODAS
Bulgaria (1998)+				XVI-10		
Chile	TODAS	TODAS	TODAS	TODAS	TODAS	TODAS
China (1985)+	TODAS	TODAS	TODAS	TODAS	TODAS	TODAS
Ecuador (1990)+				XVI-10		
EE.UU.	TODAS	TODAS	TODAS excepto 1-4, 10 y 11)	TODAS	TODAS	TODAS
España (1988)+	TODAS	TODAS	TODAS	TODAS	TODAS	TODAS
Finlandia (1989)+			TODAS			
Francia	TODAS	TODAS	TODAS	TODAS	TODAS	TODAS
India (1983)+	TODAS	TODAS	TODAS	TODAS	TODAS	TODAS

Informe Final de la XXXVIII RCTA

País						
Italia (1987)+	TODAS	TODAS	TODAS	TODAS	TODAS	TODAS
Japón	TODAS	TODAS	TODAS	TODAS excepto 1, 3-9, 12 y 13	TODAS excepto 1, 2 y 4	TODAS
Noruega	TODAS	TODAS	TODAS	TODAS	TODAS	TODAS
Nueva Zelandia	TODAS	TODAS	TODAS	TODAS	TODAS	TODAS
Países Bajos (1990)+	TODAS excepto 9	TODAS	TODAS excepto 22	TODAS	TODAS	TODAS
Perú (1989)+	TODAS	TODAS	TODAS excepto 22	TODAS excepto 13	TODAS	TODAS
Polonia (1977)+	TODAS	TODAS	TODAS	TODAS	TODAS	TODAS
Reino Unido	1-3, 5-6, 8, 11 y 15-16	TODAS excepto 2	TODAS excepto 3, 4, 8, 10 y 11	TODAS excepto 4, 6, 8 y 9	TODAS	TODAS
Rep. Checa (2014)+	1, 3, 5, 7-8 y 10	TODAS	2, 5, 12-19 y 21	TODAS	TODAS excepto 2	TODAS
Rep. de Corea (1989)+	TODAS	TODAS	TODAS excepto 1-11, 16, 18 y 19	1, 2, 5-6 y 10-12	TODAS excepto 1	TODAS
Rusia	TODAS	TODAS	TODAS	TODAS excepto 12	TODAS	TODAS
Sudáfrica	TODAS	TODAS	TODAS	TODAS	TODAS	TODAS
Suecia (1989)+	TODAS	TODAS	TODAS	TODAS	TODAS	TODAS
Uruguay (1985)+	TODAS	TODAS	TODAS	TODAS	TODAS	TODAS

* IV-6, IV-10, IV-12, y V-5 rescindidas por VIII-2

*** Aceptada como directriz interina

+ Año en que obtuvo carácter Consultivo. Dicho Estado necesita aceptar las Recomendaciones o Medidas para que entren en vigor a partir de ese año.

Aprobación, notificada al Gobierno de los Estados Unidos de Norteamérica, de las medidas relativas a la promoción de los principios y objetivos del Tratado Antártico

	5 Medidas aprobadas en la Novena Reunión (Seúl 1995) **Aprobada**	2 Medidas aprobadas en la Vigésima Reunión (Utrecht, 1996) **Aprobada**	5 Medidas aprobadas en la Vigésimo primera Reunión (Christchurch, 1997) **Aprobada**	2 Medidas aprobadas en la Vigésimo Segunda Reunión (Tromso, 1998) **Aprobada**	1 Medida aprobadas en la Vigésimo Tercera Reunión (Lima, 1999) **Aprobada**
Alemania (1981)+	TODAS	TODAS	TODAS	TODAS	TODAS
Argentina	TODAS	TODAS	TODAS	TODAS	TODAS
Australia	TODAS	TODAS	TODAS	TODAS	TODAS
Bélgica	TODAS	TODAS	TODAS	TODAS	TODAS
Brasil (1983)+	TODAS	TODAS	TODAS	TODAS	TODAS
Bulgaria (1998)+					
Chile	TODAS	TODAS	TODAS	TODAS	TODAS
China (1985)+	TODAS	TODAS	TODAS	TODAS	TODAS
Ecuador (1990)+					
EE. UU.	TODAS	TODAS	TODAS	TODAS	TODAS
España (1988)+	TODAS	TODAS	TODAS	TODAS	TODAS
Finlandia (1989)+	TODAS	TODAS	TODAS	TODAS	TODAS
Francia	TODAS	TODAS	TODAS	TODAS	TODAS
India (1983)+	TODAS	TODAS	TODAS	TODAS	TODAS
Italia (1987)+	TODAS	TODAS	TODAS	TODAS	TODAS
Japón	TODAS excepto 2 y 5	TODAS excepto 1	TODAS excepto 1-2 y 5		
Noruega	TODAS	TODAS	TODAS	TODAS	
Nueva	TODAS	TODAS	TODAS	TODAS	TODAS

Informe Final de la XXXVIII RCTA

Zelandia				
Países Bajos (1990)+	TODAS	TODAS	TODAS	TODAS
Perú (1989)+	TODAS	TODAS	TODAS	TODAS
Polonia (1977)+	TODAS	TODAS	TODAS	TODAS
Reino Unido	TODAS	TODAS	TODAS	TODAS
Rep. Checa (2014)+	TODAS excepto 1 y 2	TODAS excepto 1	TODAS excepto 1 y 2	TODAS excepto 1
Rep. de Corea (1989)+	TODAS	TODAS	TODAS	TODAS
Rusia	TODAS	TODAS	TODAS	TODAS
Sudáfrica	TODAS	TODAS	TODAS	TODAS
Suecia (1989)+	TODAS	TODAS	TODAS	TODAS
Uruguay (1985)+	TODAS	TODAS	TODAS	TODAS

"+Año en que obtuvo carácter Consultivo. Dicho Estado necesita aceptar las Recomendaciones o Medidas para que entren en vigor a partir de ese año".

2. Informes de Depositarios y Observadores

Aprobación, notificada al Gobierno de los Estados Unidos de Norteamérica, de las medidas relativas a la promoción de los principios y objetivos del Tratado Antártico

	2 Medidas aprobadas en la Duodécima Reunión Especial (La Haya 2000) Aprobada	3 Medidas aprobadas en la Vigésimo cuarta Reunión San Petersburgo 2001 Aprobada	1 Medida aprobada en la Vigésimo quinta Reunión (Varsovia 2002) Aprobada	3 Medidas aprobadas en la Vigésimo sexta Reunión (Madrid 2003) Aprobada	4 Medidas aprobadas en la Vigésimo séptima Reunión (Ciudad de Cabo 2004) Aprobada
Alemania (1981)+	TODAS	TODAS	TODAS	TODAS	XXVII-1 *, XXVII-2 *, XXVII-3 ** , XXVII-1 *, XXVII-2 *, XXVII-3 ** , XXVII-4
Argentina		TODAS	*	XXVI-1, XXVI-2 *, XXVI-3 **	XXVII-1 *, XXVII-2 *, XXVII-3 ** , XXVII-4
Australia	TODAS	TODAS	TODAS	XXVI-1, XXVI-2 *, XXVI-3 **	TODAS
Bélgica	TODAS	TODAS	TODAS	TODAS	TODAS
Brasil (1983)+	TODAS	TODAS	TODAS	TODAS	XXVII-1, XXVII-2, XXVII-3
Bulgaria (1998)+	TODAS		*	XXVI-1, XXVI-2 *, XXVI-3 **	XXVII-1 *, XXVII-2 *, XXVII-3 **
Chile	TODAS	TODAS	TODAS	TODAS	TODAS
China (1985)+	TODAS	TODAS	TODAS	TODAS	XXVII-1 *, XXVII-2 *, XXVII-3 **
Ecuador (1990)+			*	XXVI-1, XXVI-2 *, XXVI-3 **	XXVII-1 *, XXVII-2 *, XXVII-3 **
EE.UU.	TODAS	TODAS	*	XXVI-1, XXVI-2 *, XXVI-3 **	XXVII-1 *, XXVII-2 *, XXVII-3 **
España (1988)+	TODAS	TODAS	*	XXVI-1, XXVI-2 *, XXVI-3 **	XXVII-1 *, XXVII-2 *, XXVII-3 ** , XXVII-1 *, XXVII-2 *, XXVII-3 ** ,
Finlandia (1989)+	TODAS	TODAS	*	XXVI-1, XXVI-2 *, XXVI-3 **	XXVII-1 *, XXVII-2 *, XXVII-3 **, XXVII-4
Francia	TODAS excepto RCETA XII-2	TODAS	*	XXVI-1, XXVI-2 *, XXVI-3 **	XXVII-4
India (1983)+	TODAS	TODAS	TODAS	TODAS	XXVII-1 *, XXVII-2 *, XXVII-3 **
Italia (1987)+	TODAS		*	XXVI-1, XXVI-2 *, XXVI-3 **	XXVII-1 *, XXVII-2 *, XXVII-3 ** , XXVII-1 *, XXVII-2 *, XXVII-3 ** , XXVII-4
Japón	TODAS	TODAS	*	TODAS	
Noruega	TODAS	TODAS	*	XXVI-1, XXVI-2 *, XXVI-3 **	XXVII-1 *, XXVII-2 *, XXVII-3 **
Nueva Zelandia	TODAS	TODAS	TODAS	TODAS	XXVII-1 *, XXVII-2 *, XXVII-3 **,

Informe Final de la XXXVIII RCTA

					XXVII-4
Países Bajos (1990)+	TODAS	TODAS	TODAS	TODAS	TODAS
Perú (1989)+	TODAS	TODAS	XXVI-1, XXVI-2 *, XXVI-3 **	TODAS	XXVII-1 *, XXVII-2 *, XXVII-3 **
Polonia (1977)+	TODAS	TODAS	TODAS	TODAS	XXVII-1 *, XXVII-2 *, XXVII-3 **, XXVII-4
Reino Unido	TODAS excepto RCETA XII-2	TODAS excepto XXIV-3	TODAS	TODAS	XXVII-1 *, XXVII-2 *, XXVII-3 **, XXVII-4
Rep. Checa (2014)+	TODAS	TODAS	TODAS	TODAS	TODAS
Rep. de Corea (1989)+	TODAS	*	XXVI-1, XXVI-2 *, XXVI-3 **	TODAS	XXVII-1 *, XXVII-2 *, XXVII-3 **
Rusia	TODAS	TODAS	XXVI-1, XXVI-2, XXVI-3 **	TODAS	XXVII-1 *, XXVII-2 *, XXVII-3 **
Sudáfrica	TODAS	TODAS	TODAS	TODAS	TODAS
Suecia (1989)+	TODAS	TODAS	TODAS	TODAS	XXVII-1 *, XXVII-2 *, XXVII-3 **
Ucrania (2004)+	TODAS	TODAS	TODAS	XXVII-1 *, XXVII-2 *, XXVII-3 **	XXVII-1 *, XXVII-2 *, XXVII-3 **, XXVII-4
Uruguay (1985)+	TODAS	*	XXVI-1, XXVI-2 *, XXVI-3		

"+Año en que obtuvo carácter Consultivo. Dicho Estado necesita aceptar las Recomendaciones o Medidas para que entren en vigor a partir de ese año".

* Se consideró que los Planes de Gestión anexos a la presente Medida habían sido aprobados de conformidad con el Artículo 6(1) del Anexo V al Protocolo al Tratado Antártico sobre Protección del Medio Ambiente y que la Medida no especificaba otro método de aprobación.

** El listado revisado y actualizado de los Sitios y Monumentos Históricos anexo a la Medida se consideró aprobado de conformidad con el Artículo 8(2) del Anexo V al Protocolo al Tratado Antártico sobre Protección del Medio Ambiente y se consideró que la Medida no especificaba otro método de aprobación.

Aprobación, notificada al Gobierno de los Estados Unidos de Norteamérica, de las medidas relativas a la promoción de los principios y objetivos del Tratado Antártico

	5 Medidas aprobadas en la Vigésimo octava Reunión (Estocolmo 2005) Aprobada	4 Medidas aprobadas en la Vigésimo novena Reunión (Edimburgo 2006) Aprobada	3 Medidas aprobadas en la Trigésima Reunión (Nueva Delhi 2007) Aprobada	14 Medidas aprobadas en la Trigésimo primera Reunión (Kiev 2008) Aprobada
Alemania (1981)+	XXVIII-2 *, XXVIII-3 *, XXVIII-4 *, XXVIII-5 **	XXIX-1 *, XXIX-2 *, XXIX-3 **, XXIX-4 ***	XXX-1 *, XXX-2 *, XXX-3 **	XXXI-1 - XXXI-14 *
Argentina	XXVIII-2 *, XXVIII-3 *, XXVIII-4 *, XXVIII-5 **	XXIX-1 *, XXIX-2 *, XXIX-3 **, XXIX-4 ***	XXX-1 *, XXX-2 *, XXX-3 **	XXXI-1 - XXXI-14 *
Australia	XXVIII-1, XXVIII-2 *, XXVIII-3 *, XXVIII-4 *, XXVIII-5 **	XXIX-1 *, XXIX-2 *, XXIX-3 **, XXIX-4 ***	XXX-1 *, XXX-2 *, XXX-3 **	XXXI-1 - XXXI-14 *
Bélgica	TODAS excepto la Medida 1	TODAS	TODAS	XXXI-1 - XXXI-14 *
Brasil (1983)+	TODAS excepto la Medida 1	XXIX-1 *, XXIX-2 *, XXIX-3 **, XXIX-4 ***	XXX-1 *, XXX-2 *, XXX-3 **	XXXI-1 - XXXI-14 *
Bulgaria (1998)+	XXVIII-2 *, XXVIII-3 *, XXVIII-4 *, XXVIII-5 **	XXIX-1 *, XXIX-2 *, XXIX-3 **, XXIX-4 ***	XXX-1 *, XXX-2 *, XXX-3 **	XXXI-1 - XXXI-14 *
Chile	TODAS excepto la Medida 1	XXIX-1 *, XXIX-2 *, XXIX-3 **, XXIX-4 ***	XXX-1 *, XXX-2 *, XXX-3 **	XXXI-1 - XXXI-14 *
China (1985)+	XXVIII-2 *, XXVIII-3 *, XXVIII-4 *, XXVIII-5 **	XXIX-1 *, XXIX-2 *, XXIX-3 **, XXIX-4 ***	XXX-1 *, XXX-2 *, XXX-3 **	XXXI-1 - XXXI-14 *
Ecuador (1990)+	XXVIII-2 *, XXVIII-3 *, XXVIII-4 *, XXVIII-5 **	XXIX-1 *, XXIX-2 *, XXIX-3 **, XXIX-4 ***	XXX-1 *, XXX-2 *, XXX-3 **	XXXI-1 - XXXI-14 *
EE.UU.	XXVIII-2 *, XXVIII-3 *, XXVIII-4 *, XXVIII-5 **	XXIX-1 *, XXIX-2 *, XXIX-3 **, XXIX-4 ***	XXX-1 *, XXX-2 *, XXX-3 **	XXXI-1 - XXXI-14 *
España (1988)+	XXVIII-1, XXVIII-2 *, XXVIII-3 *, XXVIII-5 **	XXIX-1 *, XXIX-2 *, XXIX-3 **, XXIX-4 ***	XXX-1 *, XXX-2 *, XXX-3 **	XXXI-1 - XXXI-14 *

371

País				
Finlandia (1989)+	XXVIII-1, XXVIII-2 *, XXVIII-3 *, XXVIII-4 *, XXVIII-5 **	XXIX-1 *, XXIX-2 *, XXIX-3 **, XXIX-4	XXX-1 *, XXX-2 *, XXX-3 **	XXXI-1 - XXXI-14 *
Francia	XXVIII-2 *, XXVIII-3 *, XXVIII-4 *, XXVIII-5 **	XXIX-1 *, XXIX-2 *, XXIX-3 **, XXIX-4, ***	XXX-1 *, XXX-2 *, XXX-3 **	XXXI-1 - XXXI-14 *
India (1983)+	XXVIII-2 *, XXVIII-3 *, XXVIII-4 *, XXVIII-5 **	XXIX-1 *, XXIX-2 *, XXIX-3 **, XXIX-4, ***	XXX-1 *, XXX-2 *, XXX-3 **	XXXI-1 - XXXI-14 *
Italia (1987)+	XXVIII-1, XXVIII-2 *, XXVIII-3 *, XXVIII-4 *, XXVIII-5 **	XXIX-1 *, XXIX-2 *, XXIX-3 **, XXIX-4, ***	XXX-1 *, XXX-2 *, XXX-3 **	XXXI-1 - XXXI-14 *
Japón	XXVIII-2 *, XXVIII-3 *, XXVIII-4 *, XXVIII-5 **	XXIX-1 *, XXIX-2 *, XXIX-3 **, XXIX-4, ***	XXX-1 *, XXX-2 *, XXX-3 **	XXXI-1 - XXXI-14 *
Noruega	XXVIII-1, XXVIII-2 *, XXVIII-3 *, XXVIII-4 *, XXVIII-5 **	XXIX-1 *, XXIX-2 *, XXIX-3 **, XXIX-4, ***	XXX-1 *, XXX-2 *, XXX-3 **	XXXI-1 - XXXI-14 *
Nueva Zelandia	XXVIII-1, XXVIII-2 *, XXVIII-3 *, XXVIII-4 *, XXVIII-5 **	XXIX-1 *, XXIX-2 *, XXIX-3 **, XXIX-4	XXX-1 *, XXX-2 *, XXX-3 **	XXXI-1 - XXXI-14 *
Países Bajos (1990)+	TODAS	TODAS, ***	TODAS	TODAS
Perú (1989)+	XXVIII-1, XXVIII-2 *, XXVIII-3 *, XXVIII-4 *, XXVIII-5 **	XXIX-1 *, XXIX-2 *, XXIX-3 **, XXIX-4, ***	TODAS	XXXI-1 - XXXI-14 *
Polonia (1977)+	TODAS	TODAS	TODAS	XXXI-1 - XXXI-14 *
Reino Unido	XXVIII-1, XXVIII-2 *, XXVIII-3 *, XXVIII-4 *, XXVIII-5 **	XXIX-1 *, XXIX-2 *, XXIX-3 **, XXIX-4, ***	XXX-1 *, XXX-2 *, XXX-3 **	XXXI-1 - XXXI-14 *
Rep. Checa (2014)+	TODAS excepto la Medida 1	TODAS	TODAS	TODAS excepto la Medida 8
Rep. de Corea (1989)+	XXVIII-2 *, XXVIII-3 *, XXVIII-4 *, XXVIII-5 **	XXIX-1 *, XXIX-2 *, XXIX-3 **, XXIX-4, ***	TODAS	XXXI-1 - XXXI-14 *
Rusia	XXVIII-2 *, XXVIII-3 *, XXVIII-4 *, XXVIII-5 **	XXIX-1 *, XXIX-2 *, XXIX-3 **, XXIX-4	XXX-1 *, XXX-2 *, XXX-3 **	XXXI-1 - XXXI-14 *
Sudáfrica	XXVIII-1, XXVIII-2 *, XXVIII-3 *, XXVIII-4 *, XXVIII-5 **	TODAS	XXX-1 *, XXX-2 *, XXX-3 **	XXXI-1 - XXXI-14 *
Suecia (1989)+	XXVIII-1, XXVIII-2 *, XXVIII-3 *, XXVIII-4 *, XXVIII-5 **	XXIX-1 *, XXIX-2 *, XXIX-3 **, XXIX-4, ***	XXX-1 *, XXX-2 *, XXX-3 **	XXXI-1 - XXXI-14 *
Ucrania (2004)+	XXVIII-2 *, XXVIII-3 *, XXVIII-4 *, XXVIII-5 **	XXIX-1 *, XXIX-2 *, XXIX-3 **, XXIX-4, ***	XXX-1 *, XXX-2 *, XXX-3 **	XXXI-1 - XXXI-14 *
Uruguay (1985)+	XXVIII-2 *, XXVIII-3 *, XXVIII-4 *, XXVIII-5 **	XXIX-1 *, XXIX-2 *, XXIX-3 **, XXIX-4, ***	XXX-1 *, XXX-2 *, XXX-3 **	XXXI-1 - XXXI-14 *

"+Año en que obtuvo carácter Consultivo. Dicho Estado necesita aceptar las Recomendaciones o Medidas para que entren en vigor a partir de ese año".

* Se consideró que los Planes de Gestión anexos a la Medida se habían aprobado de conformidad con el Artículo 6(1) del Anexo V al Protocolo al Tratado Antártico sobre Protección del Medio Ambiente y que la Medida no especificaba otro método de aprobación.

** El listado revisado y actualizado de los Sitios y Monumentos Históricos anexo a la Medida se consideró aprobado de conformidad con el Artículo 8(2) del Anexo V al Protocolo al Tratado Antártico sobre Protección del Medio Ambiente y se consideró que la Medida no especificaba otro método de aprobación.

*** La modificación del Apéndice A al Anexo II del Protocolo al Tratado Antártico sobre Protección del Medio Ambiente debería haber sido aprobado de conformidad con el Artículo 9(1) del Anexo II al Protocolo al Tratado Antártico sobre Protección del Medio Ambiente que la Medida no especificaba otro método de aprobación.

Aprobación, notificada al Gobierno de los Estados Unidos de Norteamérica, de las medidas relativas a la promoción de los principios y objetivos del Tratado Antártico

	16 Medidas aprobadas en la Trigésimo segunda Reunión (Baltimore 2009)	15 Medidas aprobadas en la Trigésimo tercera Reunión (Punta del Este 2010)	12 Medidas aprobadas en la Trigésimo cuarta Reunión (Buenos Aires 2011)	11 Medidas aprobadas en la Trigésimo quinta Reunión (Hobart 2012)	21 Medidas aprobadas en la Trigésimo sexta Reunión (Bruselas 2013)
	Aprobada	Aprobada	Aprobada	Aprobada	Aprobada
Alemania (1981)+	XXXII-1 - XXXII-13* y XXXII-14**	XXXIII-1 - XXXIII-14* y XXXIII-15**	XXXIV-1 - XXXIV-10* y XXXIV-11 - XXXIV-12**	XXXV-1 - XXXV-10* y XXXV-11**	XXXVI-1 - XXXVI-17* y XXXVI-18 - XXXVI-21**
Argentina	XXXII-1 - XXXII-13* y XXXII-14**	XXXIII-1 - XXXIII-14* y XXXIII-15**	XXXIV-1 - XXXIV-10* y XXXIV-11 - XXXIV-12**	XXXV-1 - XXXV-10* y XXXV-11**	XXXVI-1 - XXXVI-17* y XXXVI-18 - XXXVI-21**
Australia	XXXII-1 - XXXII-13* y XXXII-14**; XXXII-15	XXXIII-1 - XXXIII-14* y XXXIII-15**	XXXIV-1 - XXXIV-10* y XXXIV-11 - XXXIV-12**	XXXV-1 - XXXV-10* y XXXV-11**	XXXVI-1 - XXXVI-17* y XXXVI-18 - XXXVI-21**
Bélgica	XXXII-1 - XXXII-13* y XXXII-14**	XXXIII-1 - XXXIII-14* y XXXIII-15**	XXXIV-1 - XXXIV-10* y XXXIV-11 - XXXIV-12**	XXXV-1 - XXXV-10* y XXXV-11**	XXXVI-1 - XXXVI-17* y XXXVI-18 - XXXVI-21**
Brasil (1983)+	XXXII-1 - XXXII-13* y XXXII-14**	XXXIII-1 - XXXIII-14* y XXXIII-15**	XXXIV-1 - XXXIV-10* y XXXIV-11 - XXXIV-12**	XXXV-1 - XXXV-10* y XXXV-11**	XXXVI-1 - XXXVI-17* y XXXVI-18 - XXXVI-21**
Bulgaria (1998)+	XXXII-1 - XXXII-13* y XXXII-14**	XXXIII-1 - XXXIII-14* y XXXIII-15**	XXXIV-1 - XXXIV-10* y XXXIV-11 - XXXIV-12**	XXXV-1 - XXXV-10* y XXXV-11**	XXXVI-1 - XXXVI-17* y XXXVI-18 - XXXVI-21**
Chile	XXXII-1 - XXXII-13* y XXXII-14**	XXXIII-1 - XXXIII-14* y XXXIII-15**	XXXIV-1 - XXXIV-10* y XXXIV-11 - XXXIV-12**	XXXV-1 - XXXV-10* y XXXV-11**	XXXVI-1 - XXXVI-17* y XXXVI-18 - XXXVI-21**
China (1985)+	XXXII-1 - XXXII-13* y XXXII-14**	XXXIII-1 - XXXIII-14* y XXXIII-15**	XXXIV-1 - XXXIV-10* y XXXIV-11 - XXXIV-12**	XXXV-1 - XXXV-10* y XXXV-11**	XXXVI-1 - XXXVI-17* y XXXVI-18 - XXXVI-21**
Ecuador (1990)+	XXXII-1 - XXXII-13* y XXXII-14**	XXXIII-1 - XXXIII-14* y XXXIII-15**	XXXIV-1 - XXXIV-10* y XXXIV-11 - XXXIV-12**	XXXV-1 - XXXV-10* y XXXV-11**	XXXVI-1 - XXXVI-17* y XXXVI-18 - XXXVI-21**
EE.UU.	XXXII-1 - XXXII-13* y XXXII-14**	XXXIII-1 - XXXIII-14* y XXXIII-15**	XXXIV-1 - XXXIV-10* y XXXIV-11 - XXXIV-12**	XXXV-1 - XXXV-10* y XXXV-11**	XXXVI-1 - XXXVI-17* y XXXVI-18 - XXXVI-21**
España (1988)+	XXXII-1 - XXXII-13* y XXXII-14**	XXXIII-1 - XXXIII-14* y XXXIII-15**	XXXIV-1 - XXXIV-10* y XXXIV-11 - XXXIV-12**	XXXV-1 - XXXV-10* y XXXV-11**	XXXVI-1 - XXXVI-17* y XXXVI-18 - XXXVI-21**
Finlandia (1989)+	XXXII-1 - XXXII-13* y XXXII-14**; XXXII-16	XXXIII-1 - XXXIII-14* y XXXIII-15**	XXXIV-1 - XXXIV-10* y XXXIV-11 - XXXIV-12**	XXXV-1 - XXXV-10* y XXXV-11**	XXXVI-1 - XXXVI-17* y XXXVI-18 - XXXVI-21**

Francia	XXXII-1 - XXXII-13* y XXXII-14**; XXXII-15	XXXIII-1 - XXXIII-14* y XXXIII-15**	XXXIV-1 - XXXIV-10* y XXXIV-11 - XXXIV-12**	XXXV-1 - XXXV-10* y XXXV-11**	XXXVI-1 - XXXVI-17* y XXXVI-18 - XXXVI-21**
India (1983)+	XXXII-1 - XXXII-13* y XXXII-14**	XXXIII-1 - XXXIII-14* y XXXIII-15**	XXXIV-1 - XXXIV-10* y XXXIV-11 - XXXIV-12**	XXXV-1 - XXXV-10* y XXXV-11**	XXXVI-1 - XXXVI-17* y XXXVI-18 - XXXVI-21**
Italia (1987)+	XXXII-1 - XXXII-13* y XXXII-14**	XXXIII-1 - XXXIII-14* y XXXIII-15**	XXXIV-1 - XXXIV-10* y XXXIV-11 - XXXIV-12**	XXXV-1 - XXXV-10* y XXXV-11**	XXXVI-1 - XXXVI-17* y XXXVI-18 - XXXVI-21**
Japón	XXXII-1 - XXXII-13* y XXXII-14**; XXXII-15	XXXIII-1 - XXXIII-14* y XXXIII-15**	XXXIV-1 - XXXIV-10* y XXXIV-11 - XXXIV-12**	XXXV-1 - XXXV-10* y XXXV-11**	XXXVI-1 - XXXVI-17* y XXXVI-18 - XXXVI-21**
Noruega	XXXII-1 - XXXII-13* y XXXII-14**	XXXIII-1 - XXXIII-14* y XXXIII-15**	XXXIV-1 - XXXIV-10* y XXXIV-11 - XXXIV-12**	XXXV-1 - XXXV-10* y XXXV-11**	XXXVI-1 - XXXVI-17* y XXXVI-18 - XXXVI-21**
Nueva Zelandia	XXXII-1 - XXXII-13* y XXXII-14**	XXXIII-1 - XXXIII-14* y XXXIII-15**	XXXIV-1 - XXXIV-10* y XXXIV-11 - XXXIV-12**	XXXV-1 - XXXV-10* y XXXV-11**	XXXVI-1 - XXXVI-17* y XXXVI-18 - XXXVI-21**
Países Bajos (1990)+	XXXII-1 - XXXII-13* y XXXII-14**; XXXII-15 - XXXII-16	TODAS	XXXIV-1 - XXXIV-10* y XXXIV-11 - XXXIV-12**	TODAS	XXXVI-1 - XXXVI-17* y XXXVI-18 - XXXVI-21**
Perú (1989)+	XXXII-1 - XXXII-13* y XXXII-14**	XXXIII-1 - XXXIII-14* y XXXIII-15**	XXXIV-1 - XXXIV-10* y XXXIV-11 - XXXIV-12**	XXXV-1 - XXXV-10* y XXXV-11**	XXXVI-1 - XXXVI-17* y XXXVI-18 - XXXVI-21**
Polonia (1977)+	XXXII-1 - XXXII-13* y XXXII-14**	XXXIII-1 - XXXIII-14* y XXXIII-15**	XXXIV-1 - XXXIV-10* y XXXIV-11 - XXXIV-12**	XXXV-1 - XXXV-10* y XXXV-11**	XXXVI-1 - XXXVI-17* y XXXVI-18 - XXXVI-21**
Reino Unido	XXXII-1 - XXXII-13* y XXXII-14**; XXXII-15 - XXXII-16	XXXIII-1 - XXXIII-14* y XXXIII-15**	XXXIV-1 - XXXIV-10* y XXXIV-11 - XXXIV-12**	XXXV-1 - XXXV-10* y XXXV-11**	XXXVI-1 - XXXVI-17* y XXXVI-18 - XXXVI-21**
Rep. Checa (2014)+	TODAS excepto 2 y 16	TODAS	TODAS	TODAS	TODAS
Rep. de Corea (1989)+	XXXII-1 - XXXII-13* y XXXII-14**	XXXIII-1 - XXXIII-14* y XXXIII-15**	XXXIV-1 - XXXIV-10* y XXXIV-11 - XXXIV-12**	XXXV-1 - XXXV-10* y XXXV-11**	XXXVI-1 - XXXVI-17* y XXXVI-18 - XXXVI-21**
Rusia	XXXII-1 - XXXII-13* y XXXII-14**	XXXIII-1 - XXXIII-14* y XXXIII-15**	XXXIV-1 - XXXIV-10* y XXXIV-11 - XXXIV-12**	XXXV-1 - XXXV-10* y XXXV-11**	XXXVI-1 - XXXVI-17* y XXXVI-18 - XXXVI-21**
Sudáfrica	XXXII-1 - XXXII-13* y XXXII-14**	XXXIII-1 - XXXIII-14* y XXXIII-15**	XXXIV-1 - XXXIV-10* y XXXIV-11 - XXXIV-12**	XXXV-1 - XXXV-10* y XXXV-11**	XXXVI-1 - XXXVI-17* y XXXVI-18 - XXXVI-21**
Suecia (1989)+	XXXII-1 - XXXII-13* y XXXII-14**	XXXIII-1 - XXXIII-14* y XXXIII-15**	XXXIV-1 - XXXIV-10* y XXXIV-11 - XXXIV-12**	XXXV-1 - XXXV-10* y XXXV-11**	XXXVI-1 - XXXVI-17* y XXXVI-18 - XXXVI-21**
Ucrania (2004)+	XXXII-1 - XXXII-13* y XXXII-14**	XXXIII-1 - XXXIII-14* y XXXIII-15**	XXXIV-1 - XXXIV-10* y XXXIV-11 - XXXIV-12**	XXXV-1 - XXXV-10* y XXXV-11**	XXXVI-1 - XXXVI-17* y XXXVI-18 - XXXVI-21**
Uruguay (1985)+	XXXII-1 - XXXII-13* y XXXII-14**; XXXII-15	XXXIII-1 - XXXIII-14* y XXXIII-15**	XXXIV-1 - XXXIV-10* y XXXIV-11 - XXXIV-12**	XXXV-1 - XXXV-10* y XXXV-11**	XXXVI-1 - XXXVI-17* y XXXVI-18 - XXXVI-21**

"*+Año en que obtuvo carácter Consultivo. Dicho Estado necesita aceptar las Recomendaciones o Medidas para que entren en vigor a partir de ese año".

* Se consideró que los Planes de Gestión anexos a la presente Medida habían sido aprobados de conformidad con el Artículo 6(1) del Anexo V al Protocolo al Tratado Antártico sobre Protección del Medio Ambiente y la Medida que no especificaba otro método de aprobación.

** Las modificaciones y/o adiciones a la lista de Sitios y Monumentos Históricos se consideraron aprobadas de conformidad con el Artículo 8(2) del Anexo V al Protocolo al Tratado Antártico sobre Protección del Medio Ambiente y se consideró que la Medida no especificaba otro método de aprobación.

Aprobación, notificada al Gobierno de los Estados Unidos de Norteamérica, de las medidas relativas a la promoción de los principios y objetivos del Tratado Antártico

16 Medidas
aprobadas en la Trigésimo Sexta
Reunión
(Brasilia 2014)

<u>Aprobada</u>

	Aprobada
Alemania (1981)+	XXXVII-1 - XXXVII-16*
Argentina	XXXVII-1 - XXXVII-16*
Australia	XXXVII-1 - XXXVII-16*
Bélgica	XXXVII-1 - XXXVII-16*
Brasil (1983)+	XXXVII-1 - XXXVII-16*
Bulgaria (1998)+	XXXVII-1 - XXXVII-16*
Chile	XXXVII-1 - XXXVII-16*
China (1985)+	XXXVII-1 - XXXVII-16*
Ecuador (1990)+	XXXVII-1 - XXXVII-16*
EE.UU.	XXXVII-1 - XXXVII-16*
España (1988)+	XXXVII-1 - XXXVII-16*
Finlandia (1989)+	XXXVII-1 - XXXVII-16*
Francia	XXXVII-1 - XXXVII-16*
India (1983)+	XXXVII-1 - XXXVII-16*
Italia (1987)+	XXXVII-1 - XXXVII-16*
Japón	XXXVII-1 - XXXVII-16*
Noruega	XXXVII-1 - XXXVII-16*
Nueva Zelandia	XXXVII-1 - XXXVII-16*
Paises Bajos (1990)+	XXXVII-1 - XXXVII-16*
Perú (1989)+	XXXVII-1 - XXXVII-16*

Polonia (1977)+	XXXVII-1 - XXXVII-16*
Reino Unido	XXXVII-1 - XXXVII-16*
Rep. Checa (2014)+	XXXVII-1 - XXXVII-16*
Rep. de Corea (1989)+	XXXVII-1 - XXXVII-16*
Rusia	XXXVII-1 - XXXVII-16*
Sudáfrica	XXXVII-1 - XXXVII-16*
Suecia (1989)+	XXXVII-1 - XXXVII-16*
Ucrania (2004)+	XXXVII-1 - XXXVII-16*
Uruguay (1985)+	XXXVII-1 - XXXVII-16*

"+Año en que obtuvo carácter Consultivo. Dicho Estado necesita aceptar las Recomendaciones o Medidas para que entren en vigor a partir de ese año".

* Se consideró que los Planes de Gestión anexos a la presente Medida habían sido aprobados de conformidad con el Artículo 6(1) del Anexo V al Protocolo al Tratado Antártico sobre Protección del Medio Ambiente y la Medida que no especificaba otro método de aprobación.

** Las modificaciones y/o adiciones a la lista de Sitios y Monumentos Históricos se consideraron aprobadas de conformidad con el Artículo 8(2) del Anexo V al Protocolo al Tratado Antártico sobre Protección del Medio Ambiente y se consideró que la Medida no especificaba otro método de aprobación.

Despacho del Asistente del Asesor jurídico en asuntos relativos a los tratados
Departamento de Estado
Washington, 3 de abril de 2015.

Informe del Gobierno Depositario de la Convención para la Conservación de los Recursos Vivos Marinos Antárticos (CCRVMA)

Documento de información presentado por Australia

Resumen

Australia, como país depositario de la Convención para la *Conservación de los Recursos Vivos Marinos Antárticos de 1980*, presenta un informe sobre la situación de la Convención.

Antecedentes

Australia, como país depositario de la *Convención para la Conservación de los Recursos Vivos Marinos Antárticos* de 1980 ("la Convención") se complace en informar a la Trigésimo Octava Reunión Consultiva del Tratado Antártico (XXXVIII RCTA) sobre la situación de la Convención.

Australia notifica a las Partes del Tratado Antártico que, desde la XXXVII Reunión Consultiva del Tratado Antártico (XXXVII RCTA), ningún estado ha accedido al Acuerdo.

En Internet existe disponible una copia de la lista de estados para la Convención, en la base de datos de los Tratados Australianos en la siguiente dirección:

http://www.austlii.edu.au/au/other/dfat/treaty_list/depository/CCAMLR.html

La lista de estados también se puede obtener solicitándola a la Secretaría de Tratados del Departamento de Asuntos Exteriores y Comercio del Gobierno de Australia. Las solicitudes pueden ser transmitidas mediante misiones diplomáticas de Australia.

Informe del Gobierno Depositario del Acuerdo sobre la Conservación de Albatros y Petreles (ACAP)

Documento de información presentado por Australia

Resumen

En su calidad de Depositaria del *Acuerdo sobre la Conservación de Albatros y Petreles de 2001*, Australia presenta un informe sobre la situación del Acuerdo.

Antecedentes

Australia, como depositaria del *Acuerdo sobre la Conservación de Albatros y Petreles* de 2001 ("el Acuerdo") se complace en informar a la Trigésimo Octava Reunión Consultiva del Tratado Antártico (XXXVIII RCTA) sobre la situación del Acuerdo.

Australia notifica a las Partes del Tratado Antártico que, desde la XXXVII Reunión Consultiva del Tratado Antártico, ningún estado ha accedido al Acuerdo.

En Internet existe disponible una copia de la lista de estados para el Acuerdo, en la base de datos de los Tratados Australianos en la siguiente dirección:

http://www.austlii.edu.au/au/other/dfat/treaty_list/depository/consalbnpet.html

La lista de estados también se puede obtener solicitándola a la Secretaría de Tratados del Departamento de Asuntos Exteriores y Comercio del Gobierno de Australia. Las solicitudes pueden ser transmitidas mediante misiones diplomáticas de Australia.

Informe presentado por el Reino Unido en calidad de Gobierno Depositario para la Convención para la Conservación de las Focas Antárticas de acuerdo con la Recomendación XIII-2, Párrafo 2(D)

Partes de la Convención y nuevas adhesiones

El Reino Unido, en calidad de Gobierno Depositario para la Convención para la Conservación de las Focas Antárticas (CCFA), no ha recibido solicitudes para adherir a la Convención, así como tampoco instrumentos de adhesión desde el anterior informe (XXXVII RCTA, Documento de información IP4 rev.1).

Se adjunta al presente informe la lista completa de los países signatarios originales de la Convención y de aquellos que se adhirieron posteriormente (anexo A).

Informe anual de la CCFA 2013/2014

En el Anexo B las Partes Contratantes de la CCFA enumeran todas las capturas y matanzas de focas antárticas durante el año de referencia, desde el 1 de marzo de 2013 al 28 de febrero de 2014. Todas las capturas informadas se realizaron con fines de investigación científica.

Próximo informe anual de la CCFA

El Reino Unido quisiera recordar a las Partes Contratantes de la CCFA que el Intercambio de Información al que se hace referencia en el Párrafo 6(a) del Anexo de la Convención para el periodo del informe del 1 de marzo de 2014 al 28 de febrero de 2015 está previsto para el **30 de junio de 2015.** Las Partes de la CCFA deben enviar sus informes, inclusive si no hay nada que declarar, tanto al Reino Unido como al SCAR. El Reino Unido también quiere alentar a todas las Partes Contratantes de la CCFA a presentar sus informes de manera oportuna.

El informe de la CCFA para el periodo 2014/2015 será entregado a la XXXIX RCTA una vez transcurrido el plazo para el intercambio de información, en junio de 2015.

Partes de la Convención para la Conservación de Focas Antárticas (CCFA)

Londres, 1 de junio - 31 de diciembre de 1972; La Convención entró en vigor el 11 de marzo de 1978.

Estado	Fecha de firma	Fecha de depósito (de la ratificación o aceptación)
Argentina*	9 de junio de 1972	7 de marzo de 1978
Australia	5 de octubre de 1972	1 de julio de 1987
Bélgica	9 de junio de 1972	9 de febrero de 1978
Chile*	28 de diciembre de 1972	7 de febrero de 1980
Estados Unidos	28 de junio de 1972	19 de enero de 1977
Francia**	19 de diciembre de 1972	19 de febrero de 1975
Japón	28 de diciembre de 1972	28 de agosto de 1980
Noruega	9 de junio de 1972	10 de diciembre de 1973
Reino Unido**	9 de junio de 1972	10 de septiembre de 1974***
Rusia****	9 de junio de 1972	8 de febrero de 1978
Sudáfrica	9 de junio de 1972	15 de agosto de 1972

Adhesiones

Estado	Fecha de depósito del instrumento de adhesión
Alemania	30 de septiembre de 1987
Brasil	11 de febrero de 1991
Canadá	4 de octubre de 1990
Italia	2 de abril de 1992
Pakistán	25 de marzo de 2013
Polonia	15 de agosto de 1980

* Declaración o reserva
** Objeción
*** El instrumento de ratificación incluía las Islas del Canal de la Mancha y la Isla de Man.
**** Ex USSR

INFORME ANUAL 2013/2014 DE LA CCFA

Sinopsis del informe de acuerdo con el Artículo 5 y el Anexo de la Convención: captura y matanza de focas durante el período entre el 1 de marzo de 2013 al 28 de febrero de 2014.

Parte contratante	Focas antárticas capturadas	Focas antárticas muertas
Alemania	9 (d)	0
Argentina	381 (a)	1 (b)
Australia	0	0
Bélgica	0	0
Brasil	0	0
Canadá	0	0
Chile	0	0
Estados Unidos de América	3201 (e)	2 f
Francia	80 (c)	0
Italia	0	0
Japón	0	0
Noruega	0	0
Pakistán	Sin informes recibidos	Sin informes recibidos
Polonia	0	0
Reino Unido	0	0
Rusia	Sin informes recibidos	Sin informes recibidos
Sudáfrica	0	0

Todas las capturas informadas fueron con fines de investigación científica.
  (a) **Elefantes marinos del sur:** 13 ejemplares machos juveniles, 27 ejemplares machos adultos, 41 ejemplares machos juveniles/adultos, 17 ejemplares machos juveniles/adultos y 217 cachorros recuperados. **Focas leopardo:** 45 ejemplares juveniles/adultos y 5 ejemplares adultos recuperados. **Focas de Weddell** y **Cangrejeras:** 16 ejemplares adultos.
  (b) Se informó de un ejemplar macho adulto de **foca leopardo** muerto accidentalmente durante el proceso de inmovilización debido a algún problema psicológico.
  (c) **Focas de Weddell:** 60 ejemplares juveniles y 20 adultos.
  (d) **Focas de Weddell:** 7 ejemplares hembras y 2 machos adultos.
  (e) **Focas peleteras antárticas:** 73 ejemplares adultos/juveniles y 545 cachorros. **Focas leopardo:** 26 ejemplares adultos/juveniles. **Elefantes marinos del sur:** 22 ejemplares adultos/juveniles y 35 cachorros. **Focas de Weddell:** 321 ejemplares adultos (221 hembras, 99 machos, 1 desconocido), 3 juveniles (2 hembra 1 machos), 597 cachorros (299 hembras, 279 machos, 19 desconocidos), 1 sin clasificar y 1565 ejemplares destinados a observación únicamente. **Focas cangrejeras:** 10 ejemplares destinados a observación únicamente. **Elefantes marinos:** 3 sin clasificar.
  (f) **Focas peleteras antárticas:** 1 adulto y 1 cachorro (muertos por accidente). EE. UU. informó además de 1 hembra de **Foca de Weddell** encontrada muerta tras la captura (la autopsia presume el ataque de un macho agresivo) y de 2 hembras de **Focas de Weddell** no capturadas encontradas muertas.

Informe del Observador de la CCRVMA ante la Trigésima Octava Reunión Consultiva del Tratado Antártico

**Informe de la Trigésima Tercera
Reunión de la Comisión
(Hobart, Australia, 20 al 31 de octubre de 2014)**

1. Apertura de la reunión

1. La Trigésima Tercera Reunión Anual de la Comisión para la Conservación de los Recursos Marinos Vivos de la Antártida (XXXIII CCRVMA) tuvo lugar en Hobart, Tasmania, Australia, entre el 20 y el 31 de octubre de 2014. Fue presidida por el Sr L. Dybiec (Polonia).

2. La reunión contó con la participación de veinticuatro Miembros, dos Partes Contratantes adicionales y nueve Observadores de organizaciones no gubernamentales o de la industria.

2. Organización de la Reunión

Situación de la Convención

3. Australia, en su calidad de Depositaria, informó que la situación de la Convención se mantuvo sin variaciones durante el último periodo entre sesiones.

3. Implementación y cumplimiento

4. La Comisión aprobó el Informe de cumplimiento de la CCRVMA para 2014, señalando que dicho informe incluye una evaluación de la situación del cumplimiento de los Miembros, recomendaciones sobre reparaciones y rectificaciones a las Medidas de Conservación, responsabilidades y todas las acciones de respuesta requeridas.

5. Consideró además:

- El trabajo realizado durante 2015 en la revisión de las Medidas de Conservación de la CCRVMA en relación con las responsabilidades de inspección y licencias, transbordos, y el Sistema de observación de buques

- Las notificaciones de las pesquerías presentadas por los miembros sobre pesquerías exploratorias y de krill durante 2014/2015

- Un examen de las actividades de pesca ilegal, no declarada y no reglamentada (INDNR) en el Área de la Convención, incluido el hecho de que no se propusieron nuevos buques para la Lista de barcos de pesca implicados en actividades de pesca ilegal (INDNR) pertenecientes a Partes contratantes y no contratantes, y los asuntos asociados a datos anormales presentados a la CCRVMA. La Comisión acordó además que trabajaría más extensamente en el desarrollo de una estrategia para el aumento de la cooperación entre las Partes no contratantes

- La evaluación independiente del Sistema de Documentación de la Captura (SDC) de la CCRVMA, incluyendo el trabajo adicional para promover la cooperación dentro del SDC con respecto de las Partes no contratantes   La adquisición de un nuevo Sistema de observación de busques (VMS)

- La aprobación de un Acuerdo para la publicación de datos del VMS de la CCRVMA como apoyo para las operaciones de búsqueda y rescate (SAR) en el área de la Convención de la CCRVMA (véanse los debates previos en torno a SAR de las RCTA XXXVI y XXXVII)

- Consideración del Acuerdo de Ciudad del Cabo de 2012, que actualiza y rectifica una serie de disposiciones del Protocolo de Torremolinos de 1993, y que ofrece posibilidades de aumentar las normas de seguridad de los pescadores y buques pesqueros, y

- El uso de imágenes satelitales para mejorar los esfuerzos dirigidos a detectar la pesca INDNR en el Área de la Convención.

4.   Administración y finanzas

6.   Entre otros asuntos, la Comisión refrendó:

- el Plan Estratégico (2015–2018) de la Secretaría y su estrategia asociada de contrataciones y salarios

- un presupuesto para 2015

- el trabajo permanente para garantizar el financiamiento sostenible de la organización.

5.   Informe del Comité Científico

Recurso de krill

7.   En 2013/2014 se realizó la pesca de krill por cinco Miembros, con un total de captura informada (al 3 de octubre de 2014) de aproximadamente 291 370 toneladas[ix] - la captura más alta informada desde 1991. La mayor parte de la captura se realizó en la Península Antártica Occidental (Subárea 48.1), donde alcanzó 94 % del nivel de intervención asignado (155 000 toneladas) y fue cerrado el 17 de mayo de 2014.

8.   En la temporada 2014/2015 se recibieron notificaciones sobre pesca de krill proporcionadas por seis Miembros y 21 buques. No se informó sobre pesquerías exploratorias de krill.

9.   La Comisión destacó el debate del Comité Científico con respecto del seguimiento del ecosistema y del cálculo de las poblaciones de pingüinos, así como del desarrollo de una estrategia de gestión por retroalimentación para la pesca de krill.

10.   La Comisión estuvo de acuerdo en que, basándose en los conocimientos actuales, el continuar la distribución del nivel de intervención en la pesquería de krill (Medida de Conservación MC 51-07) en su forma actual es coherente con los objetivos del Artículo II, y en que la actual distribución provisional en las Subáreas 48.1 a 48.4 se aplace mientras se producen los necesarios avances en la ciencia para pasar a la segunda etapa de la ordenación interactiva.

11.   La Comisión recibió con agrado el uso del Fondo del Programa de Seguimiento del Ecosistema (CEMP) de la CCRVMA en respaldo de una propuesta en torno al uso de cámaras remotas en la observación de la población de pingüinos en la Subárea 48.1.

Recursos pesqueros

12.   En la temporada 2013/2014, 13 Miembros realizaron actividades de pesca de austromerluza (*Dissostichus eleginoides* y/o *D. mawsoni*) (incluyendo la pesca de investigación) en el Área de la Convención. La captura total notificada de la especie *Dissostichus* al 20 de septiembre de 2014 fue de 11 590 toneladas[x]. Comparada con esto, la captura de austromerluza total informada para la temporada 2012/2013 fue de 15 330 toneladas. Asimismo, cuatro Miembros se enfocaron en el draco rayado durante la temporada.

13.   La Comisión respaldó la recomendación del Comité Científico sobre límites de captura para las pesquerías sometidas a la autoridad de la CCRVMA durante la temporada 2014/2015.

14.   La Comisión respaldó la recomendación del Comité Científico en relación con la captura secundaria de peces e invertebrados, incluida la captura secundaria de peces en las pesquerías de krill y la captura secundaria de rayas.

Nuevas pesquerías y pesquería exploratoria de especies ícticas

15.   Diez Miembros presentaron notificaciones de pesquerías exploratorias de la especie *Dissostichus.* durante la temporada 2014/2015 para un total de 27 buques. Estas, junto a investigación y planes de estudios relacionados, fueron consideradas por la Comisión sobre la base de la asesoría proporcionada por el Comité Científico.

Mortalidad incidental de aves y mamíferos marinos asociada a las pesquerías

16.   La Comisión examinó las Medidas de Conservación relacionadas con la protección conferida a las aves marinas durante las operaciones de pesca.

Pesca de fondo y ecosistemas marinos vulnerables

17.   La Comisión examinó sus Medidas de Conservación destinadas a evitar y mitigar los importantes efectos adversos sobre los ecosistemas marinos vulnerables (EMV) en las operaciones de pesca de fondo y expresó su acuerdo en examinar las actuales disposiciones en materia de gestión para garantizar que son suficientes como para evitar el efecto adverso provocado por todas las pesquerías sobre los EMV.

Áreas marinas protegidas

18.   La Comisión acogió de buen grado la puesta al día acerca del trabajo preparatorio para la planificación espacial de la áreas marinas protegidas (AMP) en (i) Dominio 1 (Península Antártica Occidental - Arco de Scotia), (ii) los Dominios 3 y 4 (Mar de Weddell), (iii) Dominio 7 (Sistema representativo de áreas marinas protegidas en la Antártida Oriental) y el Dominio 8 para la región del Mar de Ross. La Comisión alentó a todos los miembros para que lleven a cabo actividades de investigación y observación, incluyendo la relacionada con las AMP de la CCRVMA, señalando que la responsabilidad de la investigación y la observación no recae únicamente sobre los proponentes de AMP.

19.   La Comisión agradeció la lista de cotejo de AMP presentada por Japón.

20.   La Comisión tomó nota de las deliberaciones del Comité Científico con respecto de la AMP de la plataforma meridional de las islas Orcadas del Sur (SOISS), incluido el acuerdo del Comité Científico en cuanto a que el informe de AMP para la AMP SOISS y el plan de investigación y observación proporcionaban un buen formato para describir las actividades de investigación y observación.

Cambio climático

21.   La Comisión señaló los debates del Comité Científico sobre cambio climático y refrendó la recomendación del Comité Científico en cuanto a que el desarrollo de una estrategia de gestión por retroalimentación para la pesca de krill proporciona una oportunidad de adecuación a los impactos del cambio climático.

22.   La Comisión señaló la importancia del impacto del cambio climático para el trabajo de la CCRVMA y destacó las importantes recomendaciones anteriores sobre el cambio climático preparadas por el SCAR. Se alentó al Comité Científico a vincularse con el SCAR para recibir actualizaciones periódicas y recomendaciones sobre los impactos del cambio climático en el Océano Austral.

Desarrollo de capacidades

23.   La Comisión refrendó la recomendación del Comité Científico en relación con el desarrollo de capacidades a través de las becas científicas ofrecidas por la CCRVMA. Para el periodo 2014/2015 la beca de la CCRVMA se entregó a un investigador sobre el krill proveniente de VNIRO, en Rusia.

Medidas de Conservación

24.   Las Medidas de Conservación y resoluciones aprobadas por la XXXIII Reunión de la CCRVMA están publicadas en el sitio web de la CCRVMA (*Programa de Medidas de Conservación Vigentes para el periodo 2014/2015*).

Áreas marinas protegidas

25.   Nueva Zelandia y EE. UU. presentaron la revisión de una propuesta para el establecimiento de una AMP en la región del Mar de Ross, y Australia, Francia y la UE presentaron la revisión de una propuesta para el establecimiento de un Sistema representativo de áreas marinas protegidas en la Antártida Oriental. Luego de un considerable debate la Comisión alentó una mayor consideración de ambas propuestas durante las futuras reuniones de la Comisión.

Implementación de los objetivos de la convención

Simposio de la CCRVMA

26.   La Comisión refrendó un Simposio de la CCRVMA para marcar el 35° aniversario de la aprobación de la Convención que se realizará entre el 5 y el 8 de mayo de 2015 en Puerto Varas, Chile.

Evaluación de desempeño

27.   La Comisión aceptó considerar el borrador de los términos de referencia para la segunda evaluación de desempeño durante el periodo intersesional.

Cooperación con el sistema del tratado antártico y las organizaciones internacionales

Cooperación con las Partes Consultivas del Tratado Antártico

28.   La Comisión recibió informes relativos a los resultados de la Trigésima Séptima Reunión de las Partes Consultivas del Tratado Antártico. Se analizaron las posibilidades de aumentar el intercambio de información con el Consejo de Administradores de Programas Antárticos Nacionales (COMNAP), en especial con respecto del trabajo de la CCRVMA sobre planificación espacial y AMP y del avistamiento e información de buques INDNR en el Área de la Convención de la CCRVMA.

29.   La Comisión acogió la propuesta de un Segundo Taller Conjunto del CPA y el Comité Científico de la CRVMA en materia de vigilancia del ecosistema y el medio ambiente para detectar los efectos del cambio climático.

Próxima reunión

Elección de autoridades

30.   La Comisión eligió a Rusia para presidir las reuniones de la Comisión en 2015 y 2016.

Próxima reunión

31.   La Comisión manifestó su acuerdo para que la Trigésima Cuarta Reunión se realizara en el edificio de la sede de la CCRVMA (Macquarie Street N° 181) en Hobart, entre el 19 y el 30 de octubre de 2015. La Trigésima Cuarta reunión del Comité Científico se celebrará en Hobart entre el 19 y el 23 de octubre de 2015.

Informe anual del Comité Científico de Investigación Antártica (SCAR) para el período 2014-2015

1. Antecedentes

El Comité Científico de Investigación Antártica (SCAR) es un organismo científico interdisciplinario no gubernamental perteneciente al Consejo Internacional de Uniones Científicas (CIUC), y observador del Tratado Antártico y la Convención Marco de las Naciones Unidas sobre Cambio Climático, CMNUCC.

La misión del SCAR es (i) actuar como facilitador, coordinador y defensor líder, independiente y no gubernamental de la excelencia de las actividades científicas y de investigación en la Antártida y el Océano Austral, y (ii) brindar asesoramiento independiente, sólido y científico al Sistema del Tratado Antártico y otros organismos a cargo de la elaboración de normativas, incluyendo el uso de la ciencia para identificar las nuevas tendencias y presentar estos aspectos ante los sectores normativos.

2. Introducción

La investigación científica del SCAR le agrega valor a las iniciativas nacionales al permitir a los investigadores colaborar en programas científicos de gran escala para alcanzar objetivos que no son fáciles de obtener para un país en forma individual. Entre los miembros del SCAR se encuentran actualmente 39 naciones y nueve uniones científicas del CIUC. Durante la reunión de delegados del SCAR, realizada en Nueva Zelandia en septiembre de 2014, la República Checa y la República Islámica de Irán se unieron al SCAR.

El éxito del SCAR depende de la calidad y el sentido oportuno de sus resultados científicos. Las descripciones de los programas de investigación científica y resultados científicos del SCAR están disponibles en: www.scar.org. Este documento debería leerse junto con un Documento de Antecedentes (BP 4) separado, que destaca los informes científicos recientes publicados desde la última Reunión del Tratado Antártico.

El SCAR publica un boletín electrónico trimestral en el que se destacan los asuntos científicos relevantes y otros asuntos relacionados con el SCAR. Si desea ser agregado a la lista de distribución, envíe un correo electrónico a: info@scar.org. El SCAR también está disponible en redes sociales como Facebook, LinkedIn y Twitter.

3. Puntos destacados del SCAR (2014-2015)

El SCAR cuenta con varios grupos y programas que se centran en diferentes actividades científicas o relacionadas con la ciencia en la región antártica. En este documento destacaremos las actualizaciones de las actividades del SCAR que creemos son de interés especial para las Partes del Tratado.

El Comité Permanente del SCAR en el Sistema del Tratado Antártico (SCATS)
(www.scar.org/antarctic-treaty-system/scats)

El SCATS es el órgano encargado de desarrollar asesoramiento científico del SCAR para el Tratado Antártico. Además de proporcionar y coordinar asesoramiento científico para el SCAR, los miembros del SCATS están involucrados activamente en la investigación. Durante la última reunión de delegados del SCAR, se nombró un nuevo director ejecutivo, Aleks Terauds, además de varios miembros nuevos (visite http://www.scar.org/antarctic-treaty-system/scats). El SCATS actualmente respalda al Portal de medioambientes antárticos, donde el director ejecutivo del SCATS ocupa un puesto en la junta editorial, desempeñando un importante rol en el desarrollo de contenido.

Acidificación del Océano Austral *(www.scar.org/ssg/physical-sciences/acidification)*

El SCAR comenzó a realizar una síntesis de la comprensión científica de la acidificación del Océano Austral. Se destacará este informe histórico en la XXXVIII RCTA y la XVIII Reunión del CPA en Sofia, Bulgaria. También será el tema de la Conferencia del Tratado de este año (véase el Documento de Antecedentes BP 1). En el sitio web del SCAR se pondrá a disposición un documento en formato .pdf del informe.

El Atlas Biogeográfico del Océano Austral

El Atlas Biogeográfico presenta los patrones de distribución y los procesos de una importante representación de organismos del Océano Austral, ilustrados por más de 800 mapas de distribución y 200 fotografías y gráficos. El Atlas es un legado del Año Polar Internacional 2007-2008 y una contribución a los programas de investigación científica del SCAR AntEco (Estado del ecosistema antártico) y AnT-ERA (Umbrales Antárticos: adaptación y resiliencia del ecosistema). El Atlas se lanzó durante la última Reunión y Conferencia Abierta de Ciencias del SCAR (Auckland, Nueva Zelandia, del 25 al 28 de agosto de 2014).

Búsqueda sistemática de los horizontes científicos del SCAR *(www.scar.org/horizonscanning/)*

Después de la externalización abierta de más de 850 preguntas científicas únicas por parte de la comunidad del SCAR· en el primer SCAN Científico al Horizonte del SCAR para la Antártida y el Océano Austral reunió en Queenstown, Nueva Zelandia, a más de 70 de los principales científicos antárticos, sectores normativos y visionarios (incluidos muchos jóvenes científicos), en abril de 2014. Su cometido era identificar las preguntas científicas más importantes, que deberían tratarse en la investigación realizada en las regiones polares australes durante las próximas dos décadas y más a futuro. Los resultados iniciales se encuentran publicados en las revistas *Nature* (http://www.nature.com/news/polar-research-six-priorities-for-antarctic-science-1.15658) y *Antarctic Science* (http://dx.doi.org/10.1017/S0954102014000674) (véase el Documento de información IP 20).

Mucho programas antárticos nacionales se encuentran desarrollando actualmente sus propias estrategias sobre cómo cumplirán sus programas científicos en el futuro. El cumplimiento de una "hoja de ruta" como esta conlleva desafíos. Por lo tanto, con la colaboración del SCAR, el COMNAP está liderando una segunda etapa en el proceso con el Proyecto sobre los desafíos de la hoja de ruta antártica (ARC, por sus siglas en inglés) (www.comnap.aq) para ayudar a los programas antárticos nacionales a comprender los desafíos y desarrollar maneras de abordarlos, además de compartir las innovaciones o el acceso a ese tipo de tecnología. El proyecto de ARC se centra en responder la pregunta: "¿Cómo los programas antárticos nacionales satisfarán los desafíos que debe cumplir la ciencia antártica en el transcurso de los próximos 20 a 30 años?"

Conservación de la Antártida en el siglo XXI *(www.scar.org/antarctic-treaty-system/scats)*

El SCAR, en colaboración con varios socios, continuó con el desarrollo de la estrategia "Conservación antártica del siglo XXI". La actividad alentó la participación de todos los participantes en la región. Esta metodología se estructura también en línea con el Protocolo al Tratado Antártico sobre Protección del Medioambiente y el Plan de trabajo quinquenal del Comité para la Protección del Medio Ambiente. Además se vincula estrechamente con el Portal de medioambientes antárticos (véase el Documento de Trabajo WP 21 y el Documento de Información IP 11). Como parte de este proceso, se realizó un simposio durante la Conferencia Abierta de Ciencias del SCAR realizada en Nueva Zelandia en agosto de 2014, que proporcionará datos al proceso final.

Datos y productos del SCAR *(www.scar.org/data-products)*

El SCAR fomenta el acceso gratuito y sin restricciones a los datos e información sobre la Antártida mediante archivos libres y accesibles, gestionados por sus comités permanentes sobre Gestión de Datos Antárticos (SCADM) y sobre Información Geográfica de la Antártida (SCAGI). El SCAR también tiene varios productos de utilidad para la comunidad antártica, como la reciente colección de conjuntos de datos geográficos de la Antártida, Quantarctica (http://www.scar.org/data-products/quantarctica) y el Catálogo de mapas antárticos (http://www.scar.org/data-products/mapcat).

Nuevos grupos del SCAR

Durante la última reunión de delegados del SCAR, en 2014, se aprobaron varios nuevos grupos, entre otros:

- **El grupo de acción SnowAnt (Nieve en la Antártida)** tiene como objetivo la identificación de zonas de nieve prístinas en la Antártida y la caracterización de sus propiedades. *www.scar.org/ssg/physical-sciences/snowant*

- El objetivo del **Sistema de observación terrestre y del medio marino adyacente (ANTOS)** es establecer un sistema de observación del medioambiente regional y transcontinental para identificar la variabilidad medioambiental y realizar un seguimiento de esta, además de usar esta información para aportar datos a los estudios científicos biológicos, físicos y terrestres. *www.scar.org/ssg/life-sciences/antos*

- El objetivo del **Grupo de acción sobre Actualización de mapas geológicos de la Antártida** es recolectar los datos de mapas geológicos, actualizar su veracidad espacial, mejorar la representación de las secuencias glaciales y de la geomorfología y permitir la entrega de datos a través de Web Feature Services (WFS). *www.scar.org/ssg/geosciences/geomap*

- El **Grupo de acción sobre Vulcanismo en la Antártida** fomentará el estudio del vulcanismo en ese lugar, analizará los protocolos, los métodos, y las prácticas recomendables, e integrará y compartirá información geológica. *http://www.scar.org/ssg/geosciences/volcanism*

- Durante la última reunión de delegados, también se aprobó el **Grupo de acción sobre Patrimonio geológico y geoconservación.** Se están culminando los detalles y se espera ver un progreso durante la reunión que se llevará a cabo dentro de los márgenes del XII Simposio Internacional sobre las Ciencias de la Tierra Antártica (ISAES), del 13 al 17 julio en Goa, India.

4. Becas y premios de SCAR

Con el fin de aumentar la capacidad de todos sus Miembros, el SCAR organiza varios programas de becas y premios, como (*www.scar.awards*):

- **Las becas de SCAR/COMNAP** se centran en jóvenes científicos e ingenieros en investigación científica de la Antártida, y su objetivo es desarrollar nuevas conexiones y reforzar la capacidad y la cooperación internacional para la investigación antártica. Las becas se anunciarán junto con las becas de la CCRVMA. En 2014 se otorgaron cuatro becas. *http://www.scar.org/awards/fellowships*

- El **Programa de profesor visitante de SCAR** proporciona a los científicos que se encuentren a la mitad o al final de su carrera profesional la oportunidad de participar en visitas breves a una instalación manejada por los países miembros del SCAR u operada por estos, con el fin de proporcionar capacitación y tutoría. En 2014 se otorgaron tres cátedras para profesores visitantes. *http://www.scar.org/awards/visitingprofs*

- El **Premio Martha T Muse para la ciencia y la política en la Antártida,** patrocinado por la Fundación Tinker, es un premio sin restricciones de 100 000 USD que se ofrece a personas que trabajan en el campo de la ciencia o las políticas antárticas. Tim Naish recibió el Premio Muse 2014, por su destacada investigación para la comprensión de la respuesta de la Antártida frente al cambio climático en el pasado y el presente, y el rol de las capas de hielo antárticas en el cambio del nivel del mar en el transcurso del tiempo. *www.museprize.org*.

- Se otorgaron **Medallas del SCAR** durante la Conferencia Abierta de Ciencias del SCAR en Nueva Zelandia, 2014. La medalla de Excelencia en investigación antártica del SCAR se otorgó a Steven Chown (Australia) por su amplia contribución a la ciencia y políticas antárticas y al SCAR; y la medalla de Coordinación científica internacional del SCAR se otorgó a Mahlon "Chuck" Kennicutt (EE. UU.) y Rasik Ravindra (India) por su rol como colaborador y coordinador en la comunidad científica.

- Se promovió un nuevo **Premio de Comunicaciones** para la presentación más innovadora de resultados de investigación antártica en cualquier disciplina en la Conferencia Abierta de Ciencias del SCAR. Visite https://youtu.be/i8DzllRokTw para conocer a la ganadora de 2014, Molly Zhongnan Jia.

5. Otras noticias

Durante la reunión de delegados del SCAR, se eligieron dos nuevos vicepresidentes: Azizan Abu Samah (Malasia) y Terry Wilson (EE. UU.). En diciembre de 2014, se nombró a Eoghan Griffin como Director Ejecutivo del SCAR, en reemplazo de Renuka Badhe, que se convirtió en la nueva Secretaria Ejecutiva del Consejo Polar Europeo. En mayo de 2015, Mike Sparrow también dejó el SCAR para asumir un puesto en la ONU con el Personal de planificación conjunto del Programa Mundial de Investigación Meteorológica.

6. Futuras reuniones importantes del SCAR

Existen varias reuniones importantes del SCAR previstas (*www.scar.org/events/*), entre las que se incluyen:

- *XII Simposio Internacional sobre las Ciencias de la Tierra Antártica (ISAES) 2015*. 13 al 17 de julio de 2015, Goa, India. *http://www.isaes2015goa.in*
- *XXXIV Conferencia Abierta de Ciencias del SCAR* del 19 al 31 de agosto de 2016, Kuala Lumpur, Malasia. La Conferencia Abierta de Ciencias del SCAR tendrá lugar del 25 al 29 de agosto. Visite: *http://scar2016.com*
- *La XXXV Reunión del SCAR y la Conferencia Abierta de Ciencias de 2018*, que se realizará en Davos, Suiza, cubrirán ambos polos, y se organizará conjuntamente con el Comité Científico Internacional del Ártico (CCIA).

Informe anual de 2014/2015 del Consejo de Administradores de los Programas Antárticos Nacionales (COMNAP)

El COMNAP es la organización de Programas Antárticos Nacionales que reúne, especialmente, a los administradores de dichos programas, es decir, a las autoridades nacionales responsables de planificar, dirigir y gestionar el apoyo a la ciencia en la Antártida a nombre de sus respectivos gobiernos, todas las Partes Consultivas del Tratado Antártico.

El COMNAP fue fundado en septiembre de 1988 y se ha convertido en una asociación internacional, cuyos miembros son 29 programas antárticos nacionales de Alemania, Argentina, Australia, Bélgica, Brasil, Bulgaria, Chile, China, Ecuador, España, Estados Unidos, Federación de Rusia, Finlandia, Francia, India, Italia, Japón, Países Bajos, Nueva Zelandia, Noruega, Perú, Polonia, Reino Unido, República Checa, República de Corea, Sudáfrica, Suecia, Ucrania y Uruguay. Actualmente, el Programa Antártico Nacional de la República de Belarús es una organización observadora del COMNAP. Además, el Programa antártico nacional de Portugal ha indicado recientemente su interés por obtener la calidad de organización observadora de COMNAP.

El propósito del COMNAP es elaborar y promover las mejores prácticas en la gestión del apoyo a la investigación científica en la Antártida. Como organización, el COMNAP se encarga de agregar valor a los esfuerzos del Programa Antártico Nacional, desempeñándose como un foro para desarrollar prácticas que mejoren la efectividad de las actividades de manera responsable con el medio ambiente, facilitando y promoviendo alianzas internacionales, y brindando oportunidades y sistemas para el intercambio de información.

El COMNAP se esfuerza por proporcionarle al Sistema del Tratado Antártico el asesoramiento objetivo, práctico, técnico y apolítico que aporta el amplio grupo de expertos de los Programas antárticos nacionales y que se basa en su conocimiento directo de la Antártida. Desde 1988, el COMNAP ha contribuido de manera activa en el debate de la RCTA y el CPA y a la fecha ha presentado 30 documentos de trabajo y 99 documentos de información.

El COMNAP sigue teniendo una relación estrecha con las demás organizaciones antárticas, particularmente con el SCAR. En agosto del 2014 se realizó una reunión conjunta del Comité Ejecutivo del COMNAP/SCAR en Auckland. El simposio semestral del COMNAP también se realizó en agosto del 2014 en Auckland, Nueva Zelandia, durante la Conferencia abierta de ciencias del SCAR. El COMNAP asistió a la reunión de FARO en calidad de observador invitado y la Secretaría Ejecutiva participó en el simposio polar del Instituto Nacional de Investigación Polar (NIPR) en Tachikawa, Japón. El COMNAP y la CCRVMA probaron un esquema interno de intercambio de pasantías para dos personas que recién comienzan su carrera. Cada pasantía se llevó a cabo en un programa de intercambio de cuatro semanas en una de las secretarías.

La reunión general anual del COMNAP se realizó en agosto del 2014 en Christchurch, Nueva Zelandia, organizada por Antarctica New Zealand. El profesor Heinrich Miller (Instituto Alfred Wegener) completó su período de tres años como Presidente del COMNAP y el profesor Kazuyuki Shiraishi del NIPR de Japón fue elegido como Presidente del COMNAP por un período de tres años para la RGA de 2017. Michelle Rogan-Finnemore sigue como Secretaria Ejecutiva durante un nuevo mandato de seis años. El COMNAP renovó su Memorando de Entendimiento con la Universidad de Canterbury en Christchurch, Nueva Zelandia, para seguir siendo sede de la Secretaría del COMNAP durante un período adicional de seis años, hasta el 30 de septiembre de 2021.

Puntos destacados y logros del COMNAP en 2014/2015

Simposio y actas del COMNAP

El 25 de agosto de 2014, el COMNAP realizó su 13º simposio que fue convocado por John Hall (BAS) en Auckland, Nueva Zelandia, en el día uno de la Conferencia abierta de ciencias de SCAR y atrajo a más de

300 participantes. El tema del simposio fue "Éxito a través de la cooperación internacional". El Comité de revisión del simposio seleccionó nueve presentaciones orales para el programa y trece afiches. Las actas del simposio del COMNAP fueron publicadas (ISBN 978-0-473-31397-5) y se le entregó un ejemplar a cada delegación de la RCTA.

Taller sobre gestión de aguas residuales

Sandra Potter (Centro de datos antárticos de Australia, AAD) y José Retamales (INACH) convocaron en conjunto a este taller del COMNAP en Christchurch, Nueva Zelandia (28 de agosto de 2014) para tratar las soluciones prácticas y las técnicas de la gestión de las aguas residuales en la Antártida. Entre las presentaciones y los debates del taller que se destacaron se encuentran la manera en que la gestión de aguas residuales se convierte en un problema cada vez más complejo; la amplia variedad de tecnologías que se utilizan actualmente para tratar las aguas residuales de la estación y el valor de compartir la información sobre los desafíos y las soluciones de protección ambiental. En esta RCTA está disponible un documento de información que presenta el Informe de los coordinadores de la gestión de aguas residuales.

Taller sobre los desafíos del hielo marino

Rob Wooding (AAD) coordinó el Taller sobre desafíos de hielo marino del COMNAP, el 12–13 de mayo de 2015, organizado conjuntamente por el Centro de datos antárticos de Australia y el ACE CRC en Hobart, Tasmania, Australia. El taller abierto brindó una oportunidad para que las comunidades científicas y de operaciones trataran las tendencias regionales del hielo marino alrededor de la Antártida y para que propusieran maneras técnicas y prácticas de abordar las dificultades para apoyar las operaciones del programa antártico nacional. Se programó bien el taller, considerando que las condiciones del hielo marino varían entre las regiones de la Antártida, y que en los últimos años se ha hecho difícil y, en algunos casos, imposible el completar de manera exitosa las campañas de reabastecimiento y de entrega científica. Las condiciones del hielo marino no solo afectan el funcionamiento de los programas antárticos nacionales, sino también los de los demás operadores en la zona. Los delegados de los demás operadores fueron invitados a asistir junto con los de los centros de coordinación de rescates. Debido a la fecha del taller, la información sobre los resultados de los talleres no estará disponible para esta RCTA. Véase: https://www.comnap.aq/SitePages/SeaIceWorkshop.aspx

Beca de investigación antártica del COMNAP

En 2011, el COMNAP creó la Beca de Investigación Antártica. Para la ronda del 2014, COMNAP pudo ofrecer dos becas. Una de ellas fue otorgada a Sandra Potter (Universidad de Tasmania, Australia) para realizar un viaje al Instituto de Investigación Ártica y Antártica (AARI)/Expedición antártica rusa (RAE) a fin de realizar una investigación sobre los "Factores de cuantificación que limitan la implementación del anexo III del Protocolo al Tratado Antártico sobre Protección del Medio Ambiente". La segunda beca fue para Keith Soal (Universidad de Stellenbosch, Sudáfrica) para realizar una investigación sobre el "Hielo y la carga hidrodinámica en un buque polar de suministro e investigación en las condiciones antárticas" en la universidad técnica Technische Hochschule Ingolstad (Alemania) y la Universidad de Aalto (Finlandia). El COMNAP y el SCAR convinieron ofrecer nuevamente las becas durante el 2015. Ambas organizaciones también trabajan con la CCRVMA en la promoción de sus becas. La beca de investigación antártica 2015 del COMNAP se anunciará en agosto del 2015, como parte de la RGA del COMNAP en Tromsø, Noruega. El COMNAP y la CCRVMA también probaron un intercambio de pasantías, que brindó la oportunidad de trabajar en las secretarías del COMNAP y CCRVMA a dos personas que recién comienzan su carrera. Véase https://www.comnap.aq/SitePages/fellowships.aspx

Proyecto sobre los desafíos de la hoja de ruta antártica (ARC, por sus siglas en inglés) del COMNAP

En la XXVI RGA del COMNAP (2014), los miembros convinieron que el COMNAP debería dirigir el paso siguiente en el proceso Scan al horizonte antártico. El SCAR inició un proceso de búsqueda sistemática de los horizontes científicos respecto a la investigación antártica, que al final condujo a la publicación de 80 preguntas científicas que fueron consideradas colectivamente como una visión para el futuro de las orientaciones científicas para la Antártida. Los resultados se publicaron en *Nature* and *Antarctic Science* (Kennicutt II et al, 2014). Esta "hoja de ruta" de la investigación antártica para los próximos 20 años y años subsiguientes trae una serie de desafíos para entregar dicha ciencia. El proyecto ARC del COMNAP se centra en abordar estos desafíos, y a la fecha ha realizado la primera de dos encuestas abiertas en línea, y se espera que se emita un documento estratégico de alto nivel que ayude a los programas antárticos nacionales a elaborar sus propias estrategias de apoyo científico en el futuro. Véase https://www.comnap.aq/Projects/SitePages/ARC.aspx y también hay un Documento de información disponible en la RCTA.

Productos y herramientas del COMNAP

La página web de Búsqueda y salvamento (SAR) www.comnap.aq/membersonly/SitePages/SAR.aspx

Según lo solicitado en la Resolución 4 de la RCTA (2013), el COMNAP creó una página web del SAR en consulta con los RCC, la cual se actualiza regularmente. Durante 2016, el COMNAP coordinará al Tercer taller sobre SAR. Pronto estará disponible la información al respecto.

Sistema de notificación de accidentes, incidentes y cuasi accidentes (AINMR)
www.comnap.aq/membersonly/AINMR/SitePages/Home.aspx

Siempre se ha intercambiado información sobre los diversos problemas que surgen en la Antártida. El sistema AINMR fue elaborado para ayudar en dicho intercambio y está disponible en el área exclusiva para miembros del sitio web del COMNAP. El principal objetivo del AINMR consiste en capturar información sobre hechos que tuvieron o podrían haber tenido consecuencias graves; y/o divulgar lecciones; y/o brindar información sobre sucesos nuevos y muy poco frecuentes. En el sitio web también se pueden publicar y compartir informes completos sobre accidentes, los que pueden ser debatidos y revisados. Los Programas antárticos nacionales pueden aprender unos de otros sobre cómo reducir el riesgo de que se produzcan graves consecuencias durante sus actividades antárticas.

Sistema de información de posiciones de buques (SPRS) del COMNAP
https://www.comnap.aq/sprs/SitePages/Home.aspx

El SPRS es un sistema opcional y voluntario para el intercambio de información sobre las operaciones de los buques que participan en los Programas antárticos nacionales. Su propósito principal es facilitar la colaboración. Sin embargo, también puede ofrecer una contribución sumamente conveniente para la seguridad, gracias a toda la información del SPRS que se pone a disposición de los Centros de coordinación y rescate, como fuente de información adicional para complementar los demás sistemas nacionales e internacionales establecidos. La información es enviada por correo electrónico y puede presentarse gráficamente en Google Earth.

Manual de información sobre vuelos antárticos (AFIM)

El AFIM es un manual de información aeronáutica publicado por el COMNAP como herramienta para las operaciones aéreas seguras en la Antártida, en conformidad con la Resolución 1 (2013). El COMNAP sigue con la etapa de prueba de un AFIM electrónico paralelo al formato de AFIM impreso (véase el Documento de información disponible en esta RCTA). El AFIM sigue actualizándose con la información de los Programas antárticos nacionales.

Manual para los operadores de telecomunicaciones antárticas (ATOM)

El Manual para los operadores de telecomunicaciones antárticas (ATOM, por sus siglas en inglés) es una evolución del Manual de prácticas de telecomunicaciones al que se refiere la Recomendación X-3 de la RCTA, *Mejora de las telecomunicaciones en la Antártida, y recopilación y distribución de datos meteorológicos antárticos*. Los miembros del COMNAP y las autoridades del SAR pueden acceder a la versión más reciente (marzo de 2015) a través del sitio web del COMNAP.

Para obtener más información, visite www.comnap.aq o envíe un correo electrónico a info@comnap.aq. Además, consulte el Anexo 1.

Anexo 1: Funcionarios, proyectos, grupos de expertos y reuniones del COMNAP

Comité Ejecutivo (EXCOM)
El presidente y los vicepresidentes del COMNAP son autoridades elegidas del COMNAP. Las autoridades elegidas junto con el Secretario Ejecutivo componen el Comité Ejecutivo del COMNAP de la siguiente manera:

Cargo	Autoridad	Fin del mandato
Presidente	Kazuyuki Shiraishi (NIPR) kshiraishi@nipr.ac.jp	RGA 2017
Vicepresidentes	Hyoung Chul Shin (KOPRI) hcshin@kopri.re.kr	RGA 2016
	John Hall (BAS) jhal@bas.ac.uk	RGA 2016
	José Retamales (INACH) jretamales@inach.cl	RGA 2017
	Rob Wooding (AAD) rob.wooding@aad.gov.au	RGA 2017
	Yves Frenot (IPEV) yves.frenot@ipev.fr	RGA 2017
Secretaria ejecutiva	Michelle Rogan-Finnemore michelle.finnemore@comnap.aq	

Cuadro 1 – Comité Ejecutivo del COMNAP.

Proyectos

Proyecto	Gerente de proyecto	Funcionario del Comité Ejecutivo (supervisión)
Manual de información sobre vuelos antárticos (AFIM) – Implementación del formato electrónico	Paul Morin y Brian Stone	John Hall
Desafíos de la hoja de ruta antártica (ARC)	Michelle Rogan-Finnemore	Kazuyuki Shiraishi
Sistema de intercambio anticipado de información de la Península Antártica (APASI)		José Retamales
Sistema automatizado de advertencia sobre tanques de combustible	Oleksandr Kuzko	Yves Frenot
Taller sobre los desafíos del hielo marino	Rob Wooding	Rob Wooding e Yves Frenot
Sistema de Información de Posiciones de Buques (SPRS)	Robb Clifton	Hyoung Chul Shin
Catálogo de la infraestructura de la estación		Yves Frenot
Base de datos de proveedores	Graeme Ayres	John Hall
Taller sobre medicina a distancia	Jeff Ayton	John Hall

Cuadro 2 – Proyectos del COMNAP actualmente en curso.

Grupo de expertos

Grupo de expertos (tema)	Líder del grupo de expertos	Funcionario del Comité Ejecutivo (supervisión)
Aire	Giuseppe Di Rossi y Brian Stone	John Hall
Energía y Tecnología	Felix Bartsch y Pavel Kapler	Rob Wooding
Medioambiente	Anoop Tiwari	Hyoung Chul Shin
Medicina	Jeff Ayton	John Hall
Difusión / Educación	Eva Gronlund	Yves Frenot
Seguridad	Henrik Törnberg	Kazuyuki Shiraishi
Actividad científica	Javier Arata	José Retamales

Navegación	Miguel Ojeda	José Retamales
Capacitación	Verónica Vlasich	Yves Frenot

Cuadro 3 – Grupo de expertos del COMNAP.

Reuniones

12 meses previos

24 de agosto de 2014, Reunión Ejecutiva conjunta del COMNAP y el SCAR, Auckland, Nueva Zelanda.

25 de agosto de 2014, simposio "Éxito a través de la cooperación internacional" del COMNAP, Auckland, Nueva Zelanda.

27 al 29 de agosto de 2014, Reunión general anual del COMNAP (XXVI Reunión del COMNAP), organizada por Antarctica New Zealand, Christchurch, Nueva Zelandia (incluyó un taller sobre seguridad y un taller sobre gestión de aguas residuales, el 28 de agosto de 2014).

20–21 de octubre de 2014, reunión del Comité Ejecutivo del COMNAP, organizada por el Instituto Nacional de Investigación Polar (NIPR), Tachikawa, Japón.

12–13 de mayo de 2015, taller sobre los desafíos del hielo marino del COMNAP, organizado en conjunto por la División Antártica Australiana (AAD) y el Centro de investigación cooperativa sobre el clima y los ecosistemas de la Antártida (ACE CRC), Hobart, Tasmania, Australia.

Próximos 12 meses

22–24 de agosto de 2015 (por confirmar), taller sobre los desafíos de la hoja de ruta antártica, lugar a confirmar.

25 de agosto de 2015, reunión conjunta del Comité Ejecutivo del COMNAP y SCAR, Instituto Polar Noruego (NPI), Tromsø, Noruega.

26–28 de agosto de 2015, reunión general anual del COMNAP (XXVII RGA del COMNAP), organizada por el Instituto Polar Noruego (NPI), Tromsø, Noruega (incluye una sesión sobre seguridad y el taller sobre medicina a distancia del grupo de expertos sobre biología humana y medicina).

[ix] La cosecha total de krill al 30 de noviembre de 2014 fue de 294 145 t.
[x] La cosecha total de austromerluza al 30 de noviembre de 2014 fue de 15 218 t.

3. Informes de expertos

Informe de la Organización Hidrográfica Internacional

Mejorando la Hidrografía y la Cartografía Náutica en Aguas Antárticas

Introducción

La Organización Hidrográfica Internacional (OHI) es una organización consultiva intergubernamental y técnica. Se compone de 85 Estados Miembros. Normalmente, cada Estado está representado por el Director de su Servicio Hidrógrafo nacional.

La OHI coordina a nivel mundial el establecimiento de normas de datos hidrográficos y el suministro de servicios hidrográficos en apoyo de la seguridad de la navegación y de la protección y el uso sostenido del medio ambiente marino. El objetivo principal de la OHI es asegurar que los mares, océanos y aguas navegables mundiales sean levantados y cartografiados.

¿Qué es la Hidrografía?

La Hidrografía trata sobre la medición y la descripción de las características físicas de los océanos, mares, zonas costeras, lagos y ríos. Un levantamiento hidrográfico identifica la forma y la naturaleza del fondo marino y los peligros que contiene, junto con una comprensión del impacto de las mareas en la profundidad y en el movimiento del agua. Este conocimiento apoya todas las actividades marinas, incluyendo el transporte, el desarrollo económico, la seguridad y la defensa, los estudios científicos y la protección del medio ambiente.

Importancia de la Hidrografía en la Antártida

La información hidrográfica es un requisito previo fundamental para el desarrollo de las actividades humanas exitosas y ambientalmente sostenibles en los mares y los océanos. Por desgracia, hay poca o ninguna información hidrográfica en un cierto número de lugares del mundo, especialmente en la Antártida.

En esta región en particular, en la que los buques pueden hacer frente a condiciones climáticas más severas, cualquier varada debida a una ausencia de levantamientos o de cartografía náutica puede tener graves consecuencias. Desgraciadamente, la varada de buques que operan fuera de las rutas en las que se ha navegado previamente en la Antártida es bastante común.

El Código Polar, adoptado por la Organización Marítima Internacional (OMI) en el 2014, incluye importantes precauciones con respecto a la hidrografía y a la cartografía náutica.

La mayoría de los estudios científicos y una comprensión del medio ambiente marino se benefician significativamente de un conocimiento de la naturaleza y la forma del fondo marino y del movimiento del agua causado por las mareas. Por lo tanto, la ausencia de un tal conocimiento hidrográfico en la mayoría de las aguas antárticas, particularmente en las regiones costeras y de menor profundidad, debe comprometer muchos esfuerzos científicos que se están llevando a cabo bajo los auspicios de la RCTA y de los Estados Miembros.

Estado de la Hidrografía y de la Cartografía en la Antártida

El estado de los levantamientos hidrográficos y la cartografía náutica en la Antártida plantea graves riesgos para la seguridad de la navegación, y también obstaculiza la realización de la mayoría de las actividades que tienen lugar en los mares y océanos circundantes.

Más del 90% de las aguas antárticas siguen sin levantar. Hay grandes zonas sin cartografiar y, cuando existen cartas, tienen una utilidad limitada a causa de la ausencia de información completa o fidedigna relativa a la profundidad.

Los levantamientos hidrográficos en aguas antárticas son costosos y problemáticos. Esto es debido a condiciones del mar hostiles e impredecibles, a cortas temporadas para efectuar levantamientos y al largo proceso logístico implicado en el apoyo a buques y equipos.

Según los requisitos internacionales de la OMI (Seguridad de la Vida humana en el Mar - SOLAS), ahora se requieren Cartas Náuticas Electrónicas (ENCs) para la navegación en todos los buques de pasajeros y en un número creciente de embarcaciones de otro tipo - todos ellos están operando en aguas antárticas. Hasta ahora, se ha publicado sólo la mitad de alrededor de 170 ENCs que han sido identificadas por la Comisión Hidrográfica de la OHI sobre la Antártida (CHA de la OHI) como necesarias para la navegación en la región.

La producción de ENCs para la Antártida se ve seriamente obstaculizada por la ausencia de datos, el mal estado de las cartas de papel correspondientes que van a sustituir y las prioridades en materia de producción y financieras de aquellos Estados que se han ofrecido voluntarios para hacer las ENCs; en el 2014 se han producido sólo 10 ENCs.

Comisión Hidrográfica de la OHI sobre la Antártida

La CHA de la OHI se dedica a mejorar la calidad, la cobertura y la disponibilidad de cartografía náutica y de otra información y servicios hidrográficos que cubren la región. La CHA cuenta con 23 Estados Miembros de la OHI (Alemania, Argentina, Australia, Brasil, Chile, China, Ecuador, España, Estados Unidos, Francia, Grecia, India, Italia, Japón, Noruega, Nueva Zelanda, Perú, Reino Unido, República de Corea, Rusia, Sudáfrica, Uruguay, Venezuela), de los cuales todos han adherido al Tratado Antártico y por lo tanto están también representados directamente en la RCTA.

La CHA de la OHI intenta trabajar en estrecha colaboración con organizaciones de las partes asociadas como la COMNAP, la IAATO, SCAR, la OMI y la COI. Sin embargo, a excepción del logrado trabajo con la IAATO, no se han llevado a cabo programas cooperativos ni paquetes que utilicen buques de oportunidad o bien otros recursos con el fin de mejorar los datos hidrográficos en zonas de navegación críticas.

Formas y Medios de mejorar la Hidrografía y la Cartografía Náutica en la Antártida

La OHI ha informado regularmente sobre el nivel insatisfactorio de conocimientos hidrográficos en la Antártida desde la XXXI RCTA (Kiev, 2008). La OHI ha indicado reiteradamente el requisito de obtener apoyo al más alto nivel político si las cosas tuviesen que mejorarse significativamente.

Es gratificante que la última reunión (XXXVII RCTA) adoptase la Resolución 5 (2014) sobre el fortalecimiento de la cooperación en materia de levantamientos hidrográficos y cartografía de las aguas antárticas. Es demasiado pronto para informar sobre cualquier impacto evidente, y más aún cuando la CHA de la OHI, a través de la cual se invita a las partes de la RCTA a coordinar sus actividades relacionadas con los levantamientos hidrográficos y la cartografía, no se ha reunido desde la XXXVII RCTA.

En este contexto, es lamentable que la 14ª reunión anual de la CHA de la OHI, cuya celebración estaba prevista en Marzo del 2015, haya sido pospuesta al 2016, debido al bajo nivel de inscripciones de los Estados Miembros y las Organizaciones observadoras. Esto no augura nada bueno para la reconsideración de la baja prioridad que los gobiernos han estado poniendo en la mejora de los conocimientos hidrográficos y batimétricos en la región.

Recomendación para su Consideración por la RCTA

La OHI invita a la RCTA a animar a las Partes a participar en la próxima reunión de la CHA y a contribuir eficazmente a sus actividades en conformidad con la Resolución 5 (2014).

Informe de la Coalición Antártica y del Océano Austral

1.   *Introducción*

La ASOC se complace en estar en Sofía con motivo de la XXXVIII Reunión Consultiva del Tratado Antártico. En el presente informe se describe brevemente el trabajo realizado por la ASOC en el curso del año pasado, y se destacan algunos aspectos fundamentales para esta RCTA.

La Secretaría de la ASOC tiene su sede en Washington DC, EE. UU., y su sitio web es http://www.asoc.org. La ASOC cuenta con 24 grupos de miembros plenos distribuidos en diez países, además de grupos de apoyo en estos y varios países más. Las campañas de la ASOC son llevadas a cabo por equipos de expertos de Alemania, Argentina, Australia, China, Corea del Sur, EE. UU., España, Francia, Japón, Noruega, Nueva Zelanda, Países Bajos, Sudáfrica, Reino Unido, Rusia y Ucrania.

2.   *Actividades intersesionales*

Desde la XXXVII RCTA, la ASOC y los representantes de los grupos miembros han participado activamente en los debates intersesionales llevados a cabo en los foros de la RCTA y el CPA, los que incluyen un GCI sobre valores sobresalientes en los medios marinos antárticos, un examen de los lineamientos para la evaluación del impacto ambiental en la Antártida, el cambio climático, y la preparación de una sesión del Grupo de Trabajo Especial sobre asuntos relativos a las autoridades competentes.

Por otro lado, la ASOC y los representantes de los grupos miembros asistieron a varias reuniones relativas a la protección medioambiental de la Antártida, incluida la XXXIII Reunión de la CCRVMA, el simposio de la CCRVMA, el taller sobre la AMP del Mar de Weddell, y una serie de reuniones con la Organización Marítima Internacional relativas al Código Polar. Además, los representantes de la ASOC presentaron documentos en una serie de conferencias científicas como una manera de llegar a las comunidades científicas vinculadas con la Antártida y el medio marino, incluyendo, en particular, la conferencia Abierta de Ciencias del SCAR.

3.   *Documentos presentados en la XXXVIII RCTA*

La ASOC presentó seis Documentos de Información en la XXXVIII RCTA. Estos documentos abordan temas medioambientales fundamentales, e incluyen recomendaciones que ayudarán a la RCTA y al CPA a lograr una más eficaz protección y conservación del medio ambiente en la Antártida.

Antarctic Tourism and Protected Areas (Documento de información IP 109) El documento analiza la interfaz entre las zonas protegidas, en un sentido amplio, y las normativas relativas al turismo y su gestión. Analiza además la forma en que puede utilizarse la protección de zonas con respecto de los posibles vectores de expansión del turismo, en particular el uso de pistas de aterrizaje e instalaciones terrestres exclusivas para el turismo. La dinámica del turismo y su actual evolución sugieren en general que deben examinarse sus actuales normativas desde una perspectiva regional. Esto exigiría el "alejamiento" de los instrumentos de gestión del espacio, en lugar de concentrarse únicamente en sitios específicos administrados conforme a directrices. En su reconocimiento de la dinámica del turismo antártico, la ASOC recomienda que las Partes consideren usar estratégicamente las ZAEP y ZAEA para normar sobre el turismo actual y el posible turismo futuro. En el documento se desarrollan en detalle las recomendaciones específicas.

Climate Change 2015: A Report Card (Documento de información IP 110) La ASOC prepara todos los años un informe técnico sobre el cambio climático, en el que presenta un resumen actualizado de las conclusiones científicas acerca del cambio climático actual y futuro en la Antártida. En el informe, examinamos los cambios en el medioambiente, incluyendo la temperatura, las capas de hielo y glaciares, el hielo marino, la acidificación oceánica y los impactos sobre las especies. Este año hemos agregado una nueva categoría, el "carbono azul", que refleja la absorción de carbono por el krill. El cambio climático está produciéndose ahora, no es un evento que se espera en el futuro. Esto implica que la investigación científica en la Antártida es digna del mayor respaldo posible. Sin embargo, el cambio climático en la Antártida no es algo que concierna únicamente la comprensión desde el punto de vista científico. Si deseamos proteger a la Antártida y a sus ecosistemas, las Partes Consultivas del Tratado Antártico deben buscar soluciones que permitan que, en la mayor medida posible, el medioambiente antártico logre adaptarse a los cambios en el clima en el continente, y además trabajar en aras de limitar el aumento del cambio climático por medio de acuerdos internacionales.

Cumulative Impact Assessment (Documento de información IP 111) Este documento examina en forma resumida algunos de los debates relativos a la evaluación del impacto acumulativo basándose en documentos relevantes presentados a la RCTA y al CPA, y adopta una metodología centrada en el medioambiente hacia la evaluación del impacto acumulativo para formular recomendaciones sobre las acciones a llevarse a cabo por las PCTA y el CPA. La ASOC recomienda que las Partes: examinen las anteriores recomendaciones sobre documentos de evaluación del impacto acumulativo incluidas en el documento, completen la revisión de los lineamientos sobre EIA de modo que consideren de manera adecuada los impactos acumulativos, tomen en cuenta las anteriores consideraciones según sea necesario, lleven a cabo estudios de casos de los impactos acumulativos producidos en sitios específicos, y que aumenten y perfeccionen su consideración de los impactos acumulativos en la implementación del Anexo I.

Expanding Antarctica's Protected Areas System (Documento de información IP 112) El Artículo 3 del Anexo V del Protocolo sobre Protección del Medio Ambiente establece que las Partes deben crear zonas protegidas en el contexto de criterios sistemáticos. Hasta la fecha el Sistema del Tratado Antártico (STA) ha designado 70 Zonas Antárticas Especialmente Protegidas (ZAEP), pero un análisis en una publicación especializada concluye que dichas zonas no están cumpliendo con los términos del Protocolo. El documento examina dicho análisis, y sugiere que las PCTA pueden corregir esa situación aumentando las ZAEP tanto en su cantidad como en su tamaño, centrándose en obtener la representación de todas las Regiones biogeográficas de conservación antártica (RBCA) y designando zonas inalteradas, zonas de vida silvestre, y zonas de interés científico, así como también protegiendo los valores sobresalientes del medio marino. Esto aumentará y mejorará la protección de la Antártida en línea con el Protocolo, con el trabajo que realiza por su parte la CCRVMA en las Áreas Marinas Protegidas, y con otras recomendaciones internacionales.

Next Steps for Vessel Management in the Southern Ocean (Documento de información IP 113) Este documento resume los diversos requisitos del nuevo Código Polar, poniendo de relieve algunas zonas que la ASOC considera que podrían beneficiarse de una mayor consideración durante la segunda etapa del trabajo en el Código Polar. Esta segunda etapa del trabajo se centra en embarcaciones tales como buques pesqueros, yates privados y buques de carga de menos de 500 GT, y está programada para comenzar en 2016. A la luz de una serie de incidentes con la participación de las embarcaciones consideradas "no sujetas al convenio SOLAS" (en particular buques pesqueros y yates) en aguas antárticas durante los últimos años, la ASOC insta a las Partes del Tratado Antártico para que ayuden de manera oficial en la segunda etapa de la elaboración del Código Polar obligatorio mediante su contribución en un ejercicio de recopilación de información a través de la entrega de copias de los documentos de la RCTA e informes para la OMI relevantes. La ASOC ve con agrado la aprobación del primer Código Polar obligatorio para mejorar la gestión de buques que operan en aguas polares, e insta a la participación concertada de las Partes del Tratado Antártico en la segunda etapa del trabajo para completar la consideración de las embarcaciones no sujetas al Convenio SOLAS.

The Antarctic Treaty System, Climate Change and Strengthened Scientific Interface with Relevant Bodies of the United Nations Framework Convention on Climate Change (UNFCCC) (Documento de información IP 114) La Antártida es crucial para nuestra comprensión del cambio climático antropogénico. Como tal, el Sistema del Tratado Antártico tiene una importante función que desempeñar en la promoción de la relevancia que tiene para la comunidad del cambio climático la investigación antártica asociada al clima, incluyendo la Convención Marco de las Naciones Unidas sobre Cambio Climático (CMNUCC), de acuerdo con el propósito del Tratado Antártico y de la Convención de la CCRVMA. La ASOC insta a una mayor realización y acción con base en esta función por parte de la RCTA y los organismos relacionados, muy especialmente el CPA y el SCAR. Esto podría ser similar a los aportes regulares de los grupos de trabajo relevantes del Consejo Ártico para actualizar la investigación sobre el clima relevante a la comunidad del clima en general. La ASOC insta también a la RCTA a tomar todas las medidas posibles para abordar el cambio climático en la región antártica, inclusive a través de un diálogo con la CCRVMA centrado en la materia.

4.   *Otros temas importantes para la XXXVIII RCTA*

Turismo: La ASOC expresó su satisfacción con respecto del Documento de Trabajo WP 24 sobre un enfoque estratégico hacia la gestión del turismo. Las Partes han debatido este tema durante años, y este es el momento para que la RCTA tome medidas y garantice que su papel durante los próximos años será proactivo, y no reactivo.

Aniversario del Protocolo al Tratado Antártico sobre Protección del Medio Ambiente: La ASOC espera que el aniversario del Protocolo sea la ocasión para que la RCTA no solo recuerde los pasados logros sino que trabaje además en las perspectivas futuras, incluida la identificación de las actuales deficiencias en la implementación y la planificación de las medidas a tomar para su remediación.

Responsabilidad: La entrada en vigor del Anexo VI debería ser una alta prioridad para la RCTA. La ASOC insta a las Partes a continuar sus esfuerzos, ya sea ayudando a aquellos que aún no han aprobado la Medida 1 (2005) o a través del trabajo para obtener la necesaria legislación nacional.

UAV: Si bien no corresponden a la categoría de los demás asuntos tratados en este documento, el uso en aumento de UAV en la Antártida es un ejemplo de la forma en que los cambios tecnológicos afectan las operaciones en la Antártida y posiblemente el medioambiente antártico, y exigen una acción oportuna por parte de la RCTA.

5.   *Comentarios finales*

En el transcurso del año pasado, la ASOC se unió con muchos y variados socios que incluyeron a la IAATO, el SCAR, la CCRVMA, la Coalición de pescadores legítimos de austromerluza (COLTO) y el Fondo de Investigación de la Vida Silvestre Antártica (AWR) para realizar un amplio trabajo de identificación de las fortalezas y debilidades que hay en los actuales procedimientos y prácticas del Sistema del Tratado Antártico, proponiendo algunas soluciones para dichas deficiencias. Valoramos nuestra participación con esos grupos, así como con las Partes del Tratado Antártico.

La ASOC señala que están en curso, o en el proceso de proponerse, una serie de debates e iniciativas sobre importantes aspectos de la protección del medioambiente, al igual que nuestros socios. En particular, la ASOC agradece las contribuciones de varias Partes de esta RCTA que proponen lograr avances en los diversos temas mencionados antes, incluidos, con mero carácter enunciativo, el cambio climático, la responsabilidad, la seguridad y la gestión de los buques pesqueros y yates, la gestión estratégica del turismo, y los UAV. Es importante que los resultados de tales debates se traduzcan en acciones concretas. Una vigilancia prudente de la Antártida exige que las Partes asuman el liderazgo, se anticipen a los problemas que surjan, y tomen medidas contundentes.

Informe de la Asociación Internacional de Operadores Turísticos Antárticos 2014-2015

En virtud del Artículo III (2) del Tratado Antártico

Introducción

La Asociación Internacional de Operadores Turísticos Antárticos (IAATO) tiene el placer de informar a la XXXVIII RCTA, sobre sus actividades en virtud del Artículo III (2) del Tratado Antártico.

La IAATO continúa concentrando sus actividades en apoyo de su declaración de misión de defender, promover y practicar viajes del sector privado a la Antártida seguros y responsables en lo medioambiental, garantizando lo siguiente:

- La eficaz gestión diaria de las actividades de sus miembros en la Antártida;
- Alcance educacional, incluyendo la colaboración científica; y el
- Desarrollo y promoción de las prácticas turísticas antárticas recomendables.

La descripción detallada de la IAATO, su declaración de misión, principales actividades y últimos acontecimientos pueden encontrarse en la *Hoja técnica 2015 – 2016* y en el sitio web de la IAATO: www.iaato.org.

Niveles de miembros y visitantes de la IAATO durante 2014-2015

La IAATO se compone de 124 miembros, asociados y afiliados, que representan negocios de un 66 % de los países que son Partes Consultivas del Tratado Antártico. Anualmente, los operadores miembros de la IAATO transportan hacia la Antártida a ciudadanos de casi todas las Partes de Tratado. Desde 2010, la IAATO representa a todas las embarcaciones de pasajeros que operan en aguas antárticas en virtud del Convenio Internacional para la Seguridad de la Vida Humana en el Mar (SOLAS).

Durante la temporada turística antártica de 2014-2015, el número total de visitantes que viajó con empresas miembro de la IAATO fue de 36 702, una ligera disminución de un 2 % con respecto de la temporada anterior. El turismo se mantuvo bastante por debajo de la temporada 2007-2008, cuando los operadores de la IAATO transportaron a 46 265 visitantes hasta el continente.

El detalle de las estadísticas turísticas, incluidas las actividades y las nacionalidades, puede encontrarse en el Documento de Información IP 53 de la XXXVIII RCTA, *Overview of Antarctic Tourism: 2014-15 Season and Preliminary Estimates for 2015-16*. En www.iaato.org puede encontrarse información sobre los miembros del Directorio y estadísticas adicionales sobre las actividades de las organizaciones miembros de la IAATO.

Trabajo y actividades recientes

Se llevaron a cabo una serie de iniciativas, las cuales incluyen:

- Fortalecimiento de la gobernanza corporativa y de la solidez institucional de la Asociación. Esto incluye la finalización de las políticas antimonopolio y de responsabilidad, y la ampliación del cargo de Responsable ambiental y de operaciones dentro de la Secretaría.

- En febrero de 2015, dos operadores de la IAATO realizaron un ejercicio directo de comunicaciones de búsqueda y salvamento en asociación con la IAATO y el Centro de Coordinación de Rescates

Maritimos de Nueva Zelandia (RCCNZ). Se pueden consultar los detalles del ejercicio en el Documento de Información IP 52 de la XXXVIII *RCTA Joint Search and Rescue Exercise in the Antarctic.*

- El programa Dockside Observer de los yates de la IAATO en la actualidad es un componente establecido del Programa mejorado de observadores, el cual incluye la realización de observaciones de campo de las operaciones de los miembros para fomentar las prácticas recomendables. La IAATO continúa su Campaña de difusión sobre yates, cuyo objetivo son los operadores de yates comerciales y privados que desean visitar la Antártida. Se pueden encontrar detalles en www.iaato.org/yachts.

- El programa Evaluación y certificación en línea del personal en terreno de la IAATO sigue evolucionando, comprobando los conocimientos que tiene el personal sobre el manual de operaciones en el terreno de la IAATO, el cual se actualiza anualmente e incorpora todos los resultados importantes de la RCTA y el CPA. La certificación es una parte obligatoria del proceso de contratación para muchos de los operadores de la IAATO. Las evaluaciones se personalizan según la ubicación antártica. Desde 2010, 560 miembros del personal en terreno aprobaron al menos una de las evaluaciones.

- En septiembre de 2015, la IAATO, en conjunto con su organización hermana en el Ártico, la Asociación de operadores de cruceros expedicionarios del ártico (AECO), realizará su Conferencia inaugural para el personal en terreno.

- La educación de los miembros, el personal en terreno y los clientes acerca de temas científicos y de conservación de la Antártida es un componente importante del trabajo de la IAATO. Los documentos fundamentales, incluidos los procedimientos operacionales normalizados e informes, se tradujeron a varios idiomas (inglés, francés, ruso, español, holandés, alemán, chino, japonés, coreano y portugués), para que ayuden a comunicar los mensajes claves.

- La IAATO recibe muchas consultas de manera anual de parte de personas individuales, yates y grupos privados, que se encuentran en varias etapas de la planificación de expediciones a la Antártida. La IAATO les explica el sistema del Tratado Antártico y los procesos de permisos a todos ellos, además de comunicar cualquier información importante a las autoridades pertinentes que puedan estar implicadas.

- Continuación de las mejoras de la información hidrográfica a modo de prueba y en base a la oportunidad por una serie de operadores de buques de la IAATO. Entre las iniciativas se encuentran pruebas de proyectos multicolaborativos en conjunto con oficinas hidrográficas y la AECO. En 2014, se produjo un avance que les permite a los operadores de la IAATO y la AECO compartir datos históricos de sondeos de profundidad de las regiones polares.

- En preparación para la esperada entrada en vigor del Código Polar, el 1 de enero de 2017, la IAATO realizará una Reunión de operadores de embarcaciones, *"Para estar listos para el Código Polar",* en junio de 2015.

Reunión de la IAATO y participación de la Asociación en otras reuniones durante 2014-2015

La vigésimo sexta reunión anual de la IAATO tuvo lugar entre el 28 de abril y el 1 de mayo de 2015, en Rotterdam, en los Países Bajos. El presente informe se redactó antes de la IAATO 26 con el fin de cumplir con el plazo para la entrega de documentos de información, sin embargo, además de las iniciativas mencionadas anteriormente, la reunión incluye:

- Debates sobre los proyectos de directrices de la IAATO sobre el canotaje y las actividades submarinas (véase el Documento de Información IP 86, *New IAATO Activity Guidelines*).
- Revisiones del proyecto de la IAATO sobre las Directivas de vehículos aéreos no tripulados (UAV), luego de los comentarios de la temporada anterior (véase el Documento de información IP 88, *IAATO Policies on Unmanned Aerial Vehicles (UAV)*).

- Próximas medidas a tomar en la temporada 2015-2016 del Programa mejorado de observadores de la IAATO.
- Establecimiento de un nuevo Grupo de trabajo sobre el transporte aéreo y por crucero.
- Un taller facilitado de medio día de duración para "capacitar al capacitador" sobre Planificación de ejercicios de emergencia.

Los representantes de las Partes del Tratado están invitados a unirse a cualquiera de las sesiones abiertas durante la Reunión anual de la IAATO y a cualquier taller que se realice con posterioridad.

El personal de Secretaría de la IAATO y representantes de los Miembros participaron en las reuniones internas y externas, estableciendo enlaces con los Programas Antárticos Nacionales y organizaciones no gubernamentales, científicas, ambientales y de la industria. Entre ellas:

- **La 26ª Reunión anual del Consejo de Administradores de los Programas Antárticos Nacionales (COMNAP)**, Christchurch, Nueva Zelandia, agosto de 2014. La IAATO concede gran mérito a la buena cooperación y colaboración entre sus miembros y los Programas Antárticos Nacionales.
- **Conferencia Abierta de Ciencias del SCAR,** Auckland, Nueva Zelandia, agosto de 2014.
- **Red de Investigación Polar Internacional,** Christchurch, Nueva Zelandia, agosto de 2014.
- **Conferencia y reunión anual de la Asociación de operadores de cruceros expedicionarios del ártico,** octubre de 2014, Oslo, Noruega.
- **Conferencia del Departamento Hidrográfico Internacional**, Mónaco, octubre de 2014.
- **Grupo de Trabajo Internacional de Cartografía de Hielos,** Punta Arenas, Chile, octubre de 2014.
- **Simposio de Evaluación de la Vulnerabilidad de la Flora y la Fauna en Áreas Polares,** Instituto Polar Noruego, Tromso, noviembre de 2014.
- La IAATO sigue siendo activa en el desarrollo del Código Polar obligatorio de la **Organización Marítima Internacional** (OMI) en calidad de asesor de la Asociación Internacional de Líneas de Cruceros (CLIA) y participa en varias reuniones de la OMI.

Observación ambiental

La IAATO continúa proporcionando a la RCTA y al CPA información detallada sobre las actividades de sus miembros en la Antártida, además de trabajar en conjunto con instituciones científicas, en especial en la observación ambiental a largo plazo y la difusión con fines educacionales. Esto incluye el Inventario de sitios antárticos, el laboratorio Lynch Lab en la universidad de Stony Brook y con la Sociedad zoológica de Londres / Universidad de Oxford. Asimismo, los operadores de la IAATO señalan avistamientos de buques pesqueros para su consiguiente informe a la CCRVMA en respaldo de su trabajo en contra de la pesca ilegal.

La IAATO acoge las oportunidades de colaboración con otras organizaciones.

Incidentes turísticos ocurridos en el periodo 2014-2015

La IAATO continúa su política de divulgación de los incidentes para garantizar que todos los operadores antárticos comprendan los riesgos y aprendan las lecciones correctas. Los incidentes en los que han participado operadores de la IAATO informados durante la temporada 2014-2015 incluyen:

- El 21 de noviembre de 2014, se extravió una brújula del museo de Port Lockroy, que administra el Fondo Fiduciario del Reino Unido para el Patrimonio Antártico, UKAHT. Se contactó de inmediato a dos cruceros que habían realizado visitas ese día. A pesar de la rapidez de las acciones de todas las partes implicadas, la brújula no se recuperó. La IAATO envía recordatorios a los operadores de la Península y al personal en terreno sobre la importancia de recordar a los visitantes que el museo y sus contenidos están bajo la protección del Sistema del Tratado Antártico como Sitio y Monumento Histórico.

- En enero de 2015, a una persona que hacía un intento solitario para llegar al Polo se le advirtió que la lentitud de su progreso tendría como consecuencia la infracción de los plazos clave de Búsqueda y Salvamento (SAR), y que estaba en riesgo de quedar sin cobertura debido a las dificultades logísticas de su extensión. La persona acusó recibo de la advertencia, pero continuó a pesar de esto (se le notificó a su autoridad pertinente). La cobertura de SAR que se había organizado previamente incluía un traspaso entre dos operadores de turismo terrestre remoto a medida que se acercaba al Polo, un sistema que había funcionado bien en el pasado. En este caso, la falta inicial de cooperación por parte de la persona tuvo como resultado una falta de cobertura teórica durante algunos días, lo que infringió las condiciones de su permiso. Los operadores de la IAATO implicados resolvieron el problema en conjunto y la persona fue desalojada en 84S. La "brecha" en la cobertura plantea inquietudes para los operadores de turismo terrestre remoto y para las autoridades pertinentes.

- Durante la temporada 2014-2015, se produjeron varios incidentes relacionados con yates que no pertenecían a la IAATO. Entre estos estuvo un encallamiento en las islas Shetland del Sur que tuvo como consecuencia que un operador de la IAATO repatriara a siete ciudadanos polacos. Todos estos incidentes se informan a la Parte del Tratado asociada o la autoridad pertinente, si la hay.

- Al momento de la redacción del presente informe (22 de abril), se había informado de nueve evacuaciones médicas.

Respaldo a las ciencias y a la conservación

Durante la temporada 2014-2015, los miembros de la IAATO transportaron de manera económica o gratuita a 50 científicos, y al personal de respaldo y de conservación, además de sus equipos y provisiones, entre las distintas estaciones, sitios en terreno y puertos de ingreso. Estos incluyeron:

- Traslado de científicos entre las estaciones;
- Evacuaciones médicas no urgentes;
- Apoyo en terreno para los proyectos de investigación
- Recolección de muestras científicas y de otros datos para los programas de investigación (todos permitidos);
- Transporte de equipos científicos hacia o desde las estaciones.

Los informes iniciales indican que los operadores de la IAATO y sus pasajeros también aportaron más de US$ 531 000 a organizaciones científicas y de conservación activas en la zona antártica y subantártica durante 2014 y 2015.

Durante la última década, estas donaciones ascendieron en total a más de 4 millones de dólares.

Agradecimientos

La IAATO agradece la oportunidad de trabajar en cooperación con las Partes del Tratado Antártico, y con el COMNAP, el SCAR, la CCRVMA, OHI/CHA y la ASOC, entre otros, a favor de la protección de la Antártida en el largo plazo.

PARTE IV

DOCUMENTOS ADICIONALES DE LA XXXVIII RCTA

1. Documentos adicionales

Resumen de la conferencia del SCAR: Acidificación del Océano Austral

Richard Bellerby, del Instituto Noruego de Investigaciones sobre el Agua, Bergen, Noruega, y el Laboratorio Estatal de Estuarios e Investigación Costera, de la Escuela Normal de China Oriental, en representación del Grupo de Acción sobre la acidificación de los océanos del SCAR

A consecuencias del aumento en la absorción del dióxido de carbono (CO_2) en respuesta a las mayores concentraciones de CO_2 atmosférico, la acidez y el sistema del carbono del Océano Austral se están viendo afectados. Este proceso, denominado acidificación oceánica, puede impactar de manera importante los servicios de los ecosistemas oceánicos. El servicio relacionado con el clima que proporciona el Océano Austral al absorber el CO_2 atmosférico puede verse comprometido en la medida en que se debilita el sumidero oceánico y se mantiene en la atmósfera una mayor proporción de emisiones futuras de CO_2, agravando el calentamiento global. Por otro lado, el potencial de servicios del ecosistema puede alterarse debido a la desregulación del orden en los sistemas biológicos del océano, amenazando la actual productividad, abundancia y biodiversidad del ecosistema, y posiblemente llevando a la extinción local de algunas especies fundamentales.

Esta presentación describirá los cambios observados en la química del carbono durante las últimas décadas en el Océano Austral, y proporcionará las últimas simulaciones de la futura acidificación oceánica en diferentes escenarios de emisión de CO_2. Demostraremos la naturaleza altamente regional de la acidificación del Océano Austral, en donde algunas zonas experimentan alteraciones menores en tanto hay otras zonas que acusan cambios que exceden los informados en otros lugares del océano mundial. Además demostraremos la forma en que diversas especies del Océano Austral responden a estos futuros escenarios de acidificación en condiciones experimentales controladas. Los factores que pueden recibir el impacto incluyen la salud reproductiva, el desarrollo y la fisiología de los organismos, la composición y distribución de especies, la estructura de la red trófica y el flujo de nutrientes. Por último resumiremos las conclusiones fundamentales del informe Acidificación oceánica del SCAR.

2. Lista de documentos

2. Lista de Documentos

Documentos de trabajo

Número	Puntos del programa	Título	Suministrado por	I	F	R	E	Adjuntos
WP001	CPA 9a	Plan de gestión revisado para la Zona Antártica Especialmente Protegida Nº 106 Cabo Hallett, Tierra Victoria del Norte, mar de Ross	Estados Unidos					ASPA 106 Map 1 ASPA 106 Map 2 ASPA 106 Map 3 ASPA 106 Map 4 ZAEP 106 Plan de gestión revisado
WP002	CPA 9a	Plan de gestión revisado para la Zona antártica especialmente protegida Nº 119, Valle Davis y laguna Forlidas, macizo Dufek, montañas Pensacola	Estados Unidos					ASPA 119 Map 1 ASPA 119 Map 2 Plan de gestión revisado para la ZAEP Nº 119
WP003	CPA 9a	Plan de gestión revisado para la Zona Antártica Especialmente Protegida Nº 152, Estrecho occidental de Bransfield	Estados Unidos					ASPA 152 Map 1 Plan de gestión revisado para la ZAEP 152
WP004	CPA 9a	Plan de gestión revisado para la Zona Antártica Especialmente Protegida Nº 153, Bahía oriental de Dallmann	Estados Unidos					ASPA 153 Map 1 Plan de gestión revisado para la ZAEP 153
WP005	CPA 3	Plan de trabajo quinquenal aprobado en la Décimo Séptima Reunión del Comité para la Protección del Medio Ambiente (CPA XVII)	Australia					Plan de trabajo quinquenal del CPA XVII
WP006	CPA 5	Propuesta de taller conjunto del CPA y el CC-CRVMA (2016) sobre vigilancia y cambio climático	Estados Unidos Reino Unido					
WP007	RCTA 5	Referencias a las Medidas, Decisiones y Resoluciones de la RCTA	Reino Unido					
WP008	CPA 9a	Plan de gestión y mapas actualizados para la Zona Antártica Especialmente	Nueva Zelanda Estados Unidos					ASMA 2 Maps 1 to 6 ASMA 2 Maps 13 to18 ASMA 2 Maps 19 to 24 ASMA 2 Maps 7 to 12 Plan de gestión revisado

Documentos de trabajo

Número	Puntos del programa	Título	Suministrado por	I	F	R	E	Adjuntos
		Administrada N° 2, Valles Secos de McMurdo						para la ZAEA 2
WP009	CPA 9a	Revisión del plan de gestión para la Zona Antártica Especialmente Protegida (ZAEP) N° 103, isla Ardery e isla Odbert, costa Budd, Tierra de Wilkes, Antártida Oriental	Australia					ASPA 103 Map A ASPA 103 Map B ASPA 103 Map C ASPA 103 Map D Plan de gestión revisado para la ZAEP 103
WP010	CPA 9a	Revisión del plan de gestión para la Zona Antártica Especialmente Protegida (ZAEP) N° 101, Pingüinera Taylor, Tierra de Mac Robertson	Australia					ASPA 101 Map A ASPA 101 Map B ASPA 101 Map C ASPA 101 Map D Plan de gestión revisado para la ZAEP 101
WP011	CPA 9a	Revisión del plan de gestión para la Zona Antártica Especialmente Protegida (ZAEP) N° 164, Monolitos Scullin y Murray, Tierra de Mac Robertson	Australia					ASPA 164 Map A ASPA 164 Map B ASPA 164 Map C ASPA 164 Map D Plan de gestión revisado para la ZAEP 164
WP012	CPA 9a	Revisión del plan de gestión para la Zona Antártica Especialmente Protegida (ZAEP) N° 102: Islas Rookery, bahía Holme, Tierra de Mac Robertson	Australia					ASPA 102 Map A ASPA 102 Map B ASPA 102 Map C Plan de gestión revisado para la ZAEP 102
WP013	CPA 8b	Informe inicial del Grupo de contacto intersesional estipulado para la revisión de los Lineamientos para la Evaluación de impacto ambiental en la Antártida	Australia Reino Unido					
WP014	RCTA 16 CPA 4	Informe del Grupo de contacto intersesional creado para examinar los requisitos de intercambio de información	Australia					
WP015	CPA 9a	Grupo Subsidiario sobre Planes de Gestión: Informe del trabajo intersesional correspondiente al periodo 2014/2015	Noruega					

Documentos de trabajo

Número	Puntos del programa	Título	Suministrado por	I	F	R	E	Adjuntos
WP016	RCTA 13	El rol de la Antártida en los procesos climáticos globales	Reino Unido Noruega					
WP017	CPA 9b	Propuesta para agregar la cabaña Lame Dog, en la base búlgara St. Kliment Ohridski en la isla Livingston a la lista de Sitios y monumentos históricos	Bulgaria					
WP018	RCTA 11	Inspección de yates en virtud del Tratado Antártico y su Protocolo sobre protección del medioambiente	Reino Unido					
WP019 rev.1	RCTA 12 CPA 12	Recomendaciones generales de las inspecciones conjuntas realizadas por el Reino Unido y la República Checa, en virtud del Artículo VII del Tratado Antártico y el Artículo 14 del Protocolo de Protección Ambiental	Reino Unido República Checa					
WP020	CPA 9d	El concepto de "valores sobresalientes" en el medioambiente marino bajo el Anexo V del Protocolo	Bélgica					
WP021	CPA 3	Portal de medioambientes antárticos: Conclusión del proyecto y próximos pasos	Australia Bélgica Nueva Zelanda Noruega SCAR					
WP022	RCTA 10 CPA 8b	Uso de UAV en la Antártida: riesgos y beneficios	COMNAP					
WP023	CPA 9b	Proyecto de restauración del patrimonio del Mar de Ross: un modelo para conservar los valores patrimoniales en Zonas antárticas especialmente protegidas	Nueva Zelanda					
WP024	RCTA 11	Aprobación de un enfoque	Nueva Zelanda Reino Unido					

Documentos de trabajo

Número	Puntos del programa	Título	Suministrado por	I	F	R	E	Adjuntos
		estratégico hacia el turismo y las actividades no gubernamentales gestionadas de manera responsable con el medioambiente en la Antártida	Países Bajos Noruega					
WP025	CPA 9a	Revisión del plan de gestión para la Zona Antártica Especialmente Protegida (ZAEP) Nº 104, Isla Sabrina, isla Balleny	Nueva Zelanda	⬇	⬇	⬇	⬇	ASPA 104 Map 1 ASPA 104 Map 2 Plan de gestión revisado para la ZAEP 104
WP026	CPA 9a	Revisión de los planes de gestión de las Zonas Antárticas Especialmente Protegidas (ZAEA) 105, 155, 157, 158 y 159	Nueva Zelanda	⬇	⬇	⬇	⬇	ASPA 105 Map A ASPA 105 Map B ASPA 105 Map C ASPA 155 Map A ASPA 155 Map B ASPA 157 Map 1 ASPA 157 Map 2 ASPA 158 Map A ASPA 158 Map B ASPA 159 Map A ASPA 159 Map B Plan de gestión revisado para la ZAEP 105 Plan de gestión revisado para la ZAEP 155 Plan de gestión revisado para la ZAEP 157 Plan de gestión revisado para la ZAEP 158 Plan de gestión revisado para la ZAEP 159
WP027	RCTA 13 CPA 10c	Distancias de aproximación a la vida silvestre en la Antártida	SCAR	⬇	⬇	⬇	⬇	
WP028	CPA 10a	Revisión del Manual sobre especies no autóctonas del CPA (Edición 2011)	Reino Unido Francia Nueva Zelanda	⬇	⬇	⬇	⬇	Attachment A Attachment B
WP029	CPA 9e	Una sugerencia de proceso de evaluación previa para ZAEP/ZAEA	Noruega	⬇	⬇	⬇	⬇	
WP030	CPA 8a	Hacia la presentación de un proyecto de Evaluación medioambiental global para la construcción y operación de una pista de aterrizaje de grava en la zona de la estación Mario Zucchelli,	Italia	⬇	⬇	⬇	⬇	Proposed construction and operation of a gravel runway in the area of Mario Zucchelli Station, Victoria Land, Antarctica

Documentos de trabajo

Número	Puntos del programa	Título	Suministrado por	I	F	R	E	Adjuntos
		Tierra de Victoria, Antártida						
WP031 rev.1	CPA 9b	Propuesta de inclusión del tractor para nieve "Kharkovchanka" que se utilizó en la Antártida desde 1959 al 2010 a la Lista de sitios y monumentos históricos	Federación de Rusia	⬚	⬚	⬚	⬚	
WP032	RCTA 11	Sobre las posibilidades de realizar el seguimiento del turismo aventura y las expediciones no gubernamentales en la Antártida	Federación de Rusia	⬚	⬚	⬚	⬚	
WP033	RCTA 9	Sobre los problemas en la aprobación del Anexo VI sobre "Responsabilidad emanada de emergencias ambientales" del Protocolo al Tratado Antártico sobre Protección del Medio Ambiente	Federación de Rusia	⬚	⬚	⬚	⬚	
WP034	CPA 9a	Plan de gestión revisado para la Zona antártica especialmente protegida N° 148, Monte Flora, Bahía Esperanza, Península Antártica	Reino Unido Argentina	⬚	⬚	⬚	⬚	Plan de gestión revisado para la ZAEP N° 148
WP035	CPA 9e	Código de conducta para la realización de actividades en los medioambientes geotérmicos terrestres en la Antártida	Nueva Zelanda España Reino Unido Estados Unidos	⬚	⬚	⬚	⬚	Borrador de Código de conducta para la realización de actividades en los medioambientes geotérmicos terrestres en la Antártida
WP036	RCTA 9	Anexo VI al Protocolo al Tratado Antártico sobre Protección del Medio Ambiente: Próximos pasos	Nueva Zelanda Finlandia Países Bajos Suecia	⬚	⬚	⬚	⬚	
WP037	CPA 7	Informe del GCI sobre cambio climático	Noruega Reino Unido	⬚	⬚	⬚	⬚	Borrador del debate del CPA: Programa de trabajo de respuesta para el cambio climático
WP038	CPA 7	Aplicación de la herramienta de	Reino Unido República Checa	⬚	⬚	⬚	⬚	

Documentos de trabajo

Número	Puntos del programa	Título	Suministrado por	I	F	R	E	Adjuntos
		planificación para la conservación RACER (Evaluación rápida de la resiliencia del ecosistema que rodea al Ártico) a la isla James Ross						
WP039	RCTA 14 CPA 7	Prioridades científicas compartidas y cooperación: Observaciones y modelamiento sistemático en el Océano Austral	Estados Unidos Australia	🗎	🗎	🗎	🗎	
WP040	CPA 10c	Zonas importantes para las aves (ZIA) en la Antártida	Australia Nueva Zelanda Noruega Reino Unido Estados Unidos	🗎	🗎	🗎	🗎	
WP041	CPA 9a	Revisión del plan de gestión para la Zona Antártica Especialmente Protegida (ZAEP) Nº 168: Monte Harding, Montañas Grove, Antártida Oriental	China	🗎	🗎	🗎	🗎	Plan de gestión revisado para la ZAEP Nº 168
WP042	CPA 9a	Revisión del Plan de gestión de la Zona Antártica Especialmente Protegida No 163, Glaciar Dakshin Gangotri, Tierra de la Reina Maud	India	🗎	🗎	🗎	🗎	ASPA 163 Figure 1 ASPA 163 Map 1 ASPA 163 Map 2 ASPA 163 Map 3 ASPA 163 Map 4 ASPA 163 Map 5 ASPA 163 Map 6 Plan de gestión revisado para la ZAEP 163
WP043	RCTA 5	Informe del Grupo de contacto intersesional para el fomento de una mayor cooperación antártica	Chile	🗎	🗎	🗎	🗎	
WP044	RCTA 5 CPA 3	Un simposio para celebrar el 25° aniversario del Protocolo al Tratado Antártico sobre Protección del Medio Ambiente	Noruega Australia Chile Francia Nueva Zelanda Reino Unido	🗎	🗎	🗎	🗎	
WP045	RCTA 6	Sobre el pago a plazos de las contribuciones de las Partes Consultivas a la Secretaría del Tratado Antártico	Ucrania	🗎	🗎	🗎	🗎	
WP046	CPA 10a	Análisis de determinación de presencia de	Argentina	🗎	🗎	🗎	🗎	

Documentos de trabajo

Número	Puntos del programa	Título	Suministrado por	I	F	R	E	Adjuntos
		especies no nativas, ingresadas al continente Antártico por vías naturales						
WP047	RCTA 15 CPA 3	Taller sobre educación y difusión: Informe sobre los debates informales acerca del Desarrollo de una publicación en ocasión del 25° aniversario del Protocolo de Madrid	Argentina	☐	☐	☐	☐	
WP048	CPA 9a	Informe sobre los Debates Informales sostenidos durante un nuevo periodo Intersesional acerca de la Propuesta de una Nueva Zona Antártica Especialmente Administrada en la estación antártica china Kunlun, Domo A	China	☐	☐	☐	☐	Resumen de comentarios y respuestas de la Segunda ronda de debates
WP049	CPA 6	Remediación del medioambiente en la Antártida	Brasil Argentina	☐	☐	☐	☐	
WP050	CPA 9e	Resultados de las consultas informales en relación a la protección de fósiles antárticos. Posibles cursos de acción para su mayor debate	Argentina	☐	☐	☐	☐	
WP051	RCTA 11	Cómo enfrentar (o abordar) el problema de los navíos turísticos que navegan bajo la bandera de un tercer país en el área del Tratado Antártico	Ecuador	☐	☐	☐	☐	
WP052	RCTA 13	Informe de los copresidentes acerca del Taller sobre educación realizado en Sofía, Bulgaria, en mayo de 2015	Bulgaria Bélgica Brasil Chile Portugal Reino Unido	☐	☐	☐	☐	

Documentos de información

Número	Puntos del programa	Título	Suministrado por	I	F	R	E	Adjuntos
IP001	RCTA 4	me del Observador de la CCRVMA ante la Trigésima Octava Reunión Consultiva del Tratado Antártico	CCRVMA	⬇	⬇	⬇	⬇	
IP002	RCTA 15	Workshop on Education and Outreach - Portugal's Antarctic Education and Outreach Activities	Portugal	⬇				
IP003	RCTA 13	Portugal's Antarctic Science and Policy Activities: a Review	Portugal	⬇				
IP004	RCTA 11	Special WG on Competent Authorities issues: Summary of the United Kingdom's Antarctic Permitting Process	Reino Unido	⬇				
IP005	RCTA 4	Informe presentado por el Gobierno Depositario para la Convención para la Conservación de las Focas Antárticas (CCFA) de acuerdo con la Recomendación XIII-2, Párrafo 2(D)	Reino Unido	⬇	⬇	⬇	⬇	
IP006 rev.1	RCTA 11	Special WG on Competent Authorities issues: Summary of Japan's Certification Process of Antarctic Activity	Japón	⬇				
IP007	RCTA 4	Activity of the Republic of Belarus in Antarctica in 2007–2014 and Today	Belarús	⬇		⬇		
IP008	RCTA 4 CPA 5	Informe anual de 2014/2015 del Consejo de Administradores de los Programas Antárticos Nacionales (COMNAP)	COMNAP	⬇	⬇	⬇	⬇	
IP009 rev.1	RCTA 15	Workshop on Education and Outreach - Making an Impact: National Antarctic Program Activities which Facilitate Education and Outreach	COMNAP	⬇				Compilation of national Antarctic program information on education and outreach activities.

Documentos de información

Número	Puntos del programa	Título	Suministrado por	I	F	R	E	Adjuntos
IP010	CPA 9d	The concept of "outstanding values" in the marine environment under Annex V of the Protocol	Bélgica	📄				
IP011	CPA 3	Antarctic Environmental Portal content development and editorial process	Australia Bélgica Nueva Zelanda Noruega SCAR	📄				
IP012	CPA 5	Report by the SC-CAMLR Observer	CCRVMA	📄				
IP013	CPA 9b	Supporting Images for Working Paper: Ross Sea Heritage Restoration Project: A model for conserving heritage values in Antarctic Specially Protected Areas	Nueva Zelanda	📄				
IP014	RCTA 13	Research Activity Report. Czech Antarctic Expedition to James Ross Island Jan-Feb 2015	República Checa	📄				
IP015	RCTA 13 CPA 8b	Proposed routes for all-terrain vehicles based on impact on deglaciated area of James Ross Island	República Checa	📄				
IP016	CPA 6	Bioremediation on the Brazilian Antarctic Station area	Brasil	📄				
IP017	RCTA 15	Workshop on Education and Outreach - APECS-Brazil E&O activities during the XXXVII Antarctic Treaty Consultative Meeting (ATCM)	Brasil	📄				
IP018	RCTA 15	Workshop on Education and Outreach - Cultural Contest - "Brasil in Antarctica"	Brasil	📄				
IP019 rev.1	RCTA 4 CPA 5	Informe anual del Comité Científico de Investigación Antártica (SCAR) para el período 2014-2015	SCAR	📄	📄	📄	📄	
IP020	RCTA 13 CPA 13	Outcomes of the 1st SCAR Antarctic	SCAR	📄				A roadmap for Antarctic and Southern Ocean science for

Documentos de información

Número	Puntos del programa	Título	Suministrado por	I	F	R	E	Adjuntos
		and Southern Ocean Science Horizon Scan						the next two decades and beyond
IP021	RCTA 4	Informe del Gobierno Depositario del Acuerdo sobre la Conservación de Albatros y Petreles (ACAP)	Australia	✓	✓	✓	✓	
IP022	RCTA 4	Informe del Gobierno Depositario de la Convención para la Conservación de los Recursos Vivos Marinos Antárticos (CCRVMA)	Australia	✓	✓	✓	✓	
IP023	RCTA 13	Primera Expedición Científica Colombiana a la Antártica 2014/15	Colombia	✓			✓	
IP024	CPA 9e	Code of Conduct for Activities within Terrestrial Geothermal Environments in Antarctica	Nueva Zelanda España Reino Unido Estados Unidos	✓				
IP025	RCTA 13	Finland's Antarctic Research Strategy 2014	Finlandia	✓				
IP026	RCTA 13	Agenda Científica Antártica de Colombia 2014 - 2035	Colombia	✓			✓	
IP027	CPA 10c	Important Bird Areas (IBAs) in Antarctica	Australia Nueva Zelanda Noruega Reino Unido Estados Unidos	✓				Important Bird Areas in Antarctica 2015: Summary
IP028	RCTA 10	Contribución de Colombia a la Seguridad Marítima en la Antártica	Colombia	✓			✓	
IP029	CPA 10a	The successful eradication of Poa pratensis from Cierva Point, Danco Coast, Antarctic Peninsula	Argentina España Reino Unido	✓				
IP030	RCTA 13	Japan's Antarctic Research Highlights 2014–15	Japón	✓				
IP031	RCTA 15	Workshop on Education and Outreach - UK's Antarctic Education and Public Engagement Programmes	Reino Unido	✓				

Documentos de información

Número	Puntos del programa	Título	Suministrado por	I	F	R	E	Adjuntos
IP032	RCTA 13	Document withdrawn	Reino Unido	☐				
IP033	RCTA 10 RCTA 4	The role of the United Kingdom in charting the waters of the Antarctic	Reino Unido	☐				
IP034	CPA 7	Results of RACER workshop focused on James Ross Island	Reino Unido República Checa	☐				Results of RACER workshop focused on James Ross Island
IP035	RCTA 11	Special WG on Competent Authorities session - French issues and experiences of relevance to the paragraphs III to VII of the agenda	Francia	☐				
IP036	RCTA 11	Special WG on Competent Authorities session - Brief summary of the French competent authority domestic process	Francia	☐				
IP037	RCTA 11	French measures to increase the security of tourism and non-governmental activities in the Antarctic	Francia	☐	☐			
IP038	RCTA 11	Special WG on Competent Authorities Issues - Summary of South Africa's Antarctic Authorisation Process	Sudáfrica	☐				
IP039	CPA 8a	Construction and Operation of Belarusian Antarctic Research Station at Mount Vechernyaya, Enderby Land. Final Comprehensive Environmental Evaluation	Belarús	☐		☐		Final Comprehensive Environmental Evaluation
IP040	RCTA 4	Informe del Gobierno depositario del Tratado Antártico y su Protocolo de conformidad con la Recomendación XIII-2	Estados Unidos	☐	☐	☐	☐	Cuadro de estado del Protocolo Cuadro de estado del Tratado Antártico Lista de Recomendaciones/Medidas y su aprobación
IP041	CPA 6	Remediation and Closure of Dry	Estados Unidos	☐				

429

Documentos de información

Número	Puntos del programa	Título	Suministrado por	I	F	R	E	Adjuntos
		Valley Drilling Project Boreholes in Response to Rising Lake Levels						
IP042	CPA 11	EIA Field Reviews of Science, Operations, and Camps	Estados Unidos	⌐				USAP Field Camp Review Checklist
IP043	RCTA 15	Workshop on Education and Outreach - Education and Outreach Activities of the United States Antarctic Program (USAP)	Estados Unidos	⌐				
IP044	RCTA 10	Australia's Antarctic Hydrographic Surveys	Australia	⌐				
IP045 rev.1	RCTA 4	Australia's Approval of Measure 4 (2004), Measure 1 (2005), and Measure 15 (2009)	Australia	⌐				
IP046	CPA 10a	Colonisation status of known non-native species in the Antarctic terrestrial environment: a review	Reino Unido Chile España	⌐				Attachment A: Biological invasions in terrestrial Antarctica: what is the current status and how can we spond? Attachment B: Supplementary information
IP047	RCTA 13	VIII Campaña Venezolana a la Antártida 2014-2015	Venezuela				⌐	
IP048	RCTA 15	Taller sobre Educación y Difusión - Proyecto Libro Digital Juguemos en la Antártida	Venezuela				⌐	Juguemos en la Antártida. Guía para el estudiante Juguemos en la Antártida. Manual del docente La aventura de un osito polar perdido en la Antártida
IP049	RCTA 11	The unauthorised voyage of the SV Infinity (2014): Next Steps	Nueva Zelanda Alemania	⌐				
IP050	RCTA 10 CPA 9b	Damage to the Observation Hill Cross (HSM 20)	Nueva Zelanda	⌐				
IP051	RCTA 10	Search and Rescue Incident: Antarctic Chieftain (2015)	Nueva Zelanda	⌐				
IP052	RCTA 10	Joint Search and Rescue Exercise in the Antarctic	IAATO Nueva Zelanda	⌐				
IP053	RCTA 11	IAATO Overview of Antarctic Tourism	IAATO	⌐				

Documentos de información

Número	Puntos del programa	Título	Suministrado por	I	F	R	E	Adjuntos
IP054	RCTA 11	Special WG on Competent Authorities Issues - Agenda Item V - Development of Domestic Guidance on Emergency Preparedness, Response Planning and Insurance Requirements (Measure 4 (2004))	Nueva Zelanda					
IP055	RCTA 10	Antarctic Flight Information Manual (AFIM)	COMNAP					
IP056	RCTA 10	COMNAP Sea Ice Challenges Workshop	COMNAP					
IP057	RCTA 12 CPA 12	Report of the Joint Inspections undertaken by the United Kingdom and the Czech Republic under Article VII of the Antarctic Treaty and Article 14 of the Environmental Protocol	Reino Unido República Checa					UK and Czech Republic Antarctic Treaty Inspection Report 2014-15
IP058	RCTA 11	Special Working Group on Competent Authorities issues - Examples and Issues from the United Kingdom	Reino Unido					
IP059	RCTA 13	The COMNAP Antarctic Roadmap Challenges (ARC) project	COMNAP					
IP060	RCTA 10	COMNAP Search & Rescue Workshop III - Advance notice of workshop plans	COMNAP					
IP061	RCTA 10	Improving Sea Ice Information in Antarctica	Alemania					
IP062	RCTA 15	Workshop on Education and Outreach - Whom, how and what do we reach with Antarctic education and outreach?	Alemania					
IP063	RCTA 13	EU-PolarNet – Connecting	Alemania Bélgica					

Documentos de información

Número	Puntos del programa	Título	Suministrado por	I	F	R	E	Adjuntos
		Science with Society	Bulgaria Francia Portugal					
IP064 rev.1	RCTA 11	The yacht Sarah W. Vorwerk within the Antarctic Treaty area during the season 2014/2015	Alemania Argentina	🗎				
IP065	RCTA 11	Alleged solo Expedition to the South Pole by a German National	Alemania	🗎				
IP066	RCTA 11	Special Working Group on Competent Authorities session – German contribution	Alemania	🗎				
IP067	RCTA 13	Russian studies of subglacial Lake Vostok in the season 2014–2015	Federación de Rusia	🗎		🗎		
IP068	RCTA 16	Russia-U.S. Removal of Radioisotope Thermoelectric Generators from the Antarctic	Federación de Rusia Estados Unidos	🗎		🗎		
IP069	CPA 10c	Update of the status of the rare moss formations on Caliente Hill (ASPA 140 – site C)	España	🗎				
IP070	RCTA 13 RCTA 4	Report from Asian Forum of Polar Sciences to the ATCM XXXVIII	Corea RDC	🗎				
IP071	CPA 11	Environmental Monitoring at Jang-Bogo Station, Terra Nova Bay	Corea RDC	🗎				
IP072	RCTA 11	Grupo de trabajo especial sobre Autoridades Competentes - Proceso de autorización de actividades no gubernamentales en la Antártica	Chile	🗎			🗎	
IP073	RCTA 15	Taller sobre Educación y Difusión - Principales actividades de divulgación y educación del Programa Chileno de ciencia Antártica	Chile	🗎			🗎	
IP074	RCTA 10 CPA 13	Waste Water Management in Antarctica	COMNAP	🗎				COMNAP Waste Water Management Workshop 2014 Convenor's Report

Documentos de información

Número	Puntos del programa	Título	Suministrado por	I	F	R	E	Adjuntos
		COMNAP Workshop						
IP075	RCTA 11	Special WG on Competent Authorities session - An illustration of successful cooperation between NCAs	Chile Francia	⬇				
IP076	RCTA 15	Workshop on Education and Outreach - Antarctic Education & Outreach in Italy before and after the 4th International Polar Year	Italia	⬇				
IP077	CPA 8b	UAV remote sensing of environmental changes on King George Island (South Shetland Islands): preliminary information on the results of the first field season 2014/2015	Polonia	⬇				Supporting figures
IP078	CPA 10a	Eradication of a non-native grass Poa annua L. from ASPA No 128 Western Shore of Admiralty Bay, King George Island, South Shetland Islands	Polonia	⬇				
IP079	RCTA 13	Programa chileno de ciencia antártica: evolución y desafíos	Chile	⬇		⬇		
IP080	CPA 8b	South Africa's use of Unmanned Aerial Vehicles (UAV) in Antarctica	Sudáfrica	⬇				
IP081	RCTA 11	Special WG on Competent Authorities issues - Summary of the United States Framework for Regulation of Antarctic Tourism	Estados Unidos	⬇				
IP082	RCTA 10 CPA 8b	A risk-based approach to safe operations of unmanned aircraft systems in the United States Antarctic Program (USAP)	Estados Unidos	⬇				General UAS Risk Assessment

Documentos de información

Número	Puntos del programa	Título	Suministrado por	I	F	R	E	Adjuntos
IP083	RCTA 10 CPA 8b	Guidance on unmanned aerial system (UAS) use in Antarctica developed for applications to scientific studies on penguins and seals	Estados Unidos	☑				Michael E. Goebel et al. Polar Biology.
IP084	RCTA 4	Informe de la Asociación Internacional de Operadores Turísticos Antárticos 2014-2015	IAATO	☑	☑	☑	☑	
IP085	RCTA 11 CPA 9c	Report on IAATO Operator Use of Antarctic Peninsula Landing Sites and ATCM Visitor Site Guidelines, 2013-14 and 2014-15 Season	IAATO	☑				
IP086	RCTA 11	IAATO Guidelines for Sea Kayaking and Underwater activities	IAATO	☑				
IP087	RCTA 15	Workshop on Education and Outreach - Using Education to Create a Task Force for Antarctic Conservation	IAATO	☑				
IP088	RCTA 10 CPA 8b	IAATO Policies on the use of unmanned aerial vehicles (UAVs) in Antarctica	IAATO	☑				
IP089	RCTA 15	Workshop on Education and Outreach – New Zealand Ice-Reach: Inspiring Communities to Connect with Antarctica	Nueva Zelanda	☑				
IP090	RCTA 15	Workshop on Education and Outreach - Education and Outreach in the Australian Antarctic Programme	Australia	☑				
IP091	RCTA 13	Cooperation between Romania and Korea (ROK) in Antarctica	Rumania	☑				
IP092	RCTA 14 CPA 7	Antarctic Climate Change and the Environment – 2015 Update	SCAR	☑				

Documentos de información

Número	Puntos del programa	Título	Suministrado por	I	F	R	E	Adjuntos
IP093	CPA 10a	Monitoring biological invasion across the broader Antarctic: a baseline and indicator framework	SCAR					
IP094	RCTA 13 CPA 7	Climate Change in Antarctica	Reino Unido					Patterns of Change in Antarctica
IP095	RCTA 11	Special WG on Competent Authorities session - Implementing the Madrid Protocol. Dutch experiences and questions for the ATCM workshop of Competent Authorities	Países Bajos					
IP096	RCTA 11	Data Collection and Reporting on Yachting Activity in Antarctica in 2014-15	Reino Unido IAATO					
IP097	RCTA 15	Workshop on Education and Outreach – Examples of educational and outreach activities of the Belgian scientists, school teachers and associations in 2013-2015	Bélgica					
IP098	RCTA 13 CPA 11	Report on the 2014-2015 activities of the Southern Ocean Observing System (SOOS)	SCAR					
IP099	RCTA 13	Recent Developments in Indian Ice-core Drilling Program in Dronning Maud Land, East Antarctica	India					
IP100	RCTA 13	Antarctic Lakes and Global Climate Perspectives: The Indian Footprint	India					
IP101	RCTA 15 CPA 10a	COMNAP Practical Training Modules: Module 2 – Non-native Species	COMNAP					COMNAP Training Module 2: Non-native Species
IP102	RCTA 11 CPA 9c	Antarctic Site Inventory: Results from long-term monitoring	Nueva Zelanda Estados Unidos					

Documentos de información								
Número	Puntos del programa	Título	Suministrado por	I	F	R	E	Adjuntos
IP103	CPA 11	A Methodology to Assess Site Sensitivity at Visitor Sites: Progress Report	Australia Nueva Zelanda Noruega Reino Unido Estados Unidos	📄				
IP104 rev.1	RCTA 11	Towards a Comprehensive, Proactive and Effective Antarctic Tourism Policy: Turning Recommendations into Action	India	📄				
IP105	RCTA 15	Workshop on Education and Outreach - Antarctic Education and Outreach activities in Bulgaria	Bulgaria	📄				
IP106	CPA 5	Informe del Observador del CEP a la XXXIII Reunión de Delegados del SCAR	Chile	📄		📄		
IP107	RCTA 11	Special WG on Competent Authorities Issues - Recent Canadian Permitting Issues	Canada	📄				
IP108	RCTA 11	Special WG on Competent Authorities Issues - Summary of Canada's Antarctic Permitting System	Canada	📄				
IP109	RCTA 11 CPA 9e	Antarctic Tourism and Protected Areas	ASOC	📄				
IP110	RCTA 14 CPA 7	Climate Change 2015: A Report Card	ASOC	📄				
IP111	CPA 8b	Cumulative Impact Assessment	ASOC	📄				
IP112	CPA 9e	Expanding Antarctica's Protected Areas System	ASOC	📄				
IP113	RCTA 10	Next steps for Vessel Management in the Southern Ocean	ASOC	📄				
IP114	RCTA 14 CPA 7	The Antarctic Treaty System, Climate Change and Strengthened Scientific Interface	ASOC	📄				

Documentos de información

Número	Puntos del programa	Título	Suministrado por	I	F	R	E	Adjuntos
		with Relevant Bodies of the United Nations Framework Convention on Climate Change (UNFCCC)						
IP115	RCTA 13	Australian Antarctic Science Program: highlights of the 2014/15 season	Australia	▣				
IP116	RCTA 13	East Antarctic / Ross Sea Workshop on Collaborative Science	Australia China	▣				
IP117	RCTA 11	Special WG on Competent Authorities issues - Summary of Parties' competent authority domestic process	Noruega	▣				
IP118 rev.1	RCTA 15	Workshop on Education and Outreach - Norway's Antarctic Education and Outreach Activities	Noruega	▣				
IP119	CPA 9c	National Antarctic Programme use of locations with Visitor Site Guidelines in 2014-15	Reino Unido Argentina Australia Estados Unidos	▣				
IP120	RCTA 15	Workshop on Education and Outreach - Summary of CCAMLR initiatives	CCRVMA	▣				
IP121	CPA 4	Committee for Environmental Protection (CEP): summary of activities during the 2014/15 intersessional period	Australia	▣				
IP122	RCTA 4	Informe de la Organización Hidrográfica Internacional (OHI)	OHI	▣	▣	▣	▣	
IP123	RCTA 11	Special WG on competent Authorities session - Experiences and examples from the Norwegian competent authorities	Noruega	▣				
IP124	RCTA 15	Workshop on Education and Outreach - South	Sudáfrica	▣				

Documentos de información

Número	Puntos del programa	Título	Suministrado por	I	F	R	E	Adjuntos
		Africa's Antarctic Education and Outreach Activities						
IP125	RCTA 13	"From East to West" initiative	Uruguay	🗋				
IP126	RCTA 11	Informe sobre flujos de visitantes y de buques de turismo antártico que operaron en el puerto de Ushuaia durante la temporada 2014/2015	Argentina	🗋			🗋	
IP127 rev.1	RCTA 11	Embarcaciones de placer y/o deportivas no comerciales que realizaron viajes a la Antártida a través de Ushuaia durante la temporada 2014/2015	Argentina	🗋			🗋	
IP128	RCTA 11	Áreas de interés turístico en la región de la Península Antártica e Islas Orcadas del Sur. Temporada 2014/2015	Argentina	🗋			🗋	
IP129	RCTA 15	Taller sobre Educación y Difusión - Programa de Arte y Cooperación Internacional de Argentina: Arte en Antártida, 2005/2015	Argentina	🗋			🗋	
IP130	RCTA 13	XXXIV SCAR Biennial Meetings including the 2016 Open Science Conference, 19-31 August, 2016, Kuala Lumpur, Malaysia	Malasia	🗋				
IP131	CPA 9c	Política de Gestión del Turismo para la Base Científica Brown	Argentina	🗋	🗋	🗋	🗋	Lineamientos para visitantes base Brown
IP132	RCTA 11	Actividad Turística en la Base Científica Brown. Estudio, análisis y medidas de manejo	Argentina	🗋	🗋	🗋	🗋	
IP133	RCTA 17	An Update on Status and Trends Biological Prospecting in	Países Bajos	🗋				

Documentos de información

Número	Puntos del programa	Título	Suministrado por	I	F	R	E	Adjuntos
		Antarctica and Recent Policy Developments at the International Level						
IP134	RCTA 13	Update on the Canadian Polar Commission and Canadian High Arctic Research Station (CHARS) Project	Canada	▣	▣			
IP135	RCTA 13	Cooperation of Romania with Australia in Antarctica	Rumania	▣				
IP136	RCTA 13	Cooperation of Romania with Bulgaria in the Antarctic field	Rumania	▣				
IP137	RCTA 4	Informe de la Coalición Antártica y del Océano Austral	ASOC	▣	▣	▣	▣	

Documentos de antecedentes

Número	Puntos del programa	Título	Suministrado por	I	F	R	E	Adjuntos
BP001	RCTA 13 CPA 7	Resumen de la conferencia del SCAR: Acidificación del Océano Austral	SCAR	⬇	⬇	⬇	⬇	
BP002	RCTA 10	Cooperation Visit to Stations/ Bases Facilities in Antarctica	Brasil	⬇				
BP003	RCTA 10	XXXIII Brazilian Antarctic Operation	Brasil	⬇				
BP004	RCTA 13 CPA 5	The Scientific Committee on Antarctic Research (SCAR) Selected Science Highlights for 2014/15	SCAR	⬇				
BP005	RCTA 13	Action Plan: Development of the Brazilian Antarctic science	Brasil	⬇				
BP006	CPA 5	Submission to the CCAMLR CEMP database of Adélie penguin data from the Ross Sea region	Nueva Zelanda	⬇				
BP007	RCTA 15	Workshop on Education and Outreach – Poster Abstract on Education and Outreach Activities of the United States Antarctic Program (USAP)	Estados Unidos	⬇				
BP008	RCTA 13	Report from the Republic of Korea on Its Cooperation with the Consultative Parties and the Wider Polar Community	Corea RDC	⬇				
BP009	RCTA 10	Polish Sailing Yacht Accident at King George Island (Antarctic Peninsula)	Polonia	⬇				
BP010	RCTA 13	Actividades del Programa Nacional Antártico Perú periodo 2014 – 2015	Perú			⬇		
BP011	RCTA 10	Vigésima Tercera Expedición Científica del	Perú			⬇		

Documentos de antecedentes

Número	Puntos del programa	Título	Suministrado por	I	F	R	E	Adjuntos
		Perú a la Antártida (ANTAR XXIII)						
BP012	CPA 6	Remediation of fuel-contaminated soil using biopile technology at Casey Station	Australia	📄				
BP013	CPA 6	Remediation and reuse of soil from a fuel spill near Lake Dingle, Vestfold Hills	Australia	📄				
BP014	CPA 12	Follow-up to the Recommendations of the Inspection Teams to Maitri Station	India	📄				
BP015	RCTA 13	Síntesis de biodiesel a partir de aceite producido por microalgas antárticas	Ecuador				📄	
BP016	RCTA 10	Desarrollo y aplicación de eco-materiales para un prototipo habitable de emergencia en la Antártida	Ecuador				📄	
BP017	CPA 13	Manejo de residuos sólidos en la XIX Expedición Ecuatoriana	Ecuador				📄	
BP018	RCTA 10	Results of an Investigation into the Aircraft Incident Mount Elizabeth, Antarctica on January 23, 2013	Canada	📄				
BP019	RCTA 15	El tema antártico en los textos del nivel secundario del Ecuador	Ecuador				📄	
BP020	RCTA 15	Programa de Difusión, Educativo y Cultural del Instituto Antártico Uruguayo	Uruguay	📄			📄	
BP021	RCTA 15	Workshop on Education and Outreach – Poster Abstract on Education and Outreach Activities of Bulgarian Antarctic Institute (BAI)	Bulgaria	📄				

Documentos de antecedentes

Número	Puntos del programa	Título	Suministrado por	I	F	R	E	Adjuntos
BP022	RCTA 13 CPA 10c	A meta-analysis of human disturbance impacts on Antarctic wildlife	SCAR	⌐				
BP023	RCTA 15	Workshop on Education and Outreach - First Uruguayan Antarctic Research School: training the next generation of Uruguayan Antarctic researchers	Uruguay	⌐				
BP024	RCTA 13	Determinación del marco de referencia geodésico oficial de la Estación Maldonado	Ecuador				⌐	
BP025	RCTA 13	Implementación de UAV's en la generación de cartografía oficial de la Estación Maldonado	Ecuador				⌐	
BP026	RCTA 15	Report on the ATCM XXXVIII Workshop on Education and Outreach	Bulgaria Bélgica Brasil Chile Portugal Reino Unido	⌐				

Documentos de la Secretaría

Número	Puntos del programa	Título	Suministrado por	I	F	R	E	Adjuntos
SP001 rev.4	RCTA 3 CPA 2	XXXVIII RCTA y XVIII Reunión del CPA Programa y calendario	STA					Plan de trabajo estratégico plurianual de la RCTA
SP002	RCTA 6	Informe de la Secretaría 2014/2015	STA					Anexo 1: Reporte Final del Auditor 2013/14 - Dictamen del Auditor Anexo 1: Reporte Final del Auditor 2013/14 - Informe Financiero Apéndice 2: Informe financiero provisional 2014/15 Apéndice 3: Contribuciones recibidas por la Secretaría del Tratado antártico durante 2014/2015
SP003	RCTA 6	Programa de la Secretaría para 2015/2016	STA					Apéndice 1: Informe provisional para el ejercicio económico 2014/2015, Presupuesto para el ejercicio económico 2015/2016, Proyección del presupuesto para el ejercicio económico 2016/2017 Apéndice 2: Escala de contribuciones 2016/2017 Apéndice 3: Escala de sueldos 2015/2016
SP004	RCTA 6	Perfil presupuestario quinquenal prospectivo 2015-2019	STA					Perfil presupuestario quinquenal prospectivo 2015-2019
SP005	CPA 8b	Lista anual de Evaluaciones medioambientales iniciales (IEE) y Evaluaciones medioambientales globales (CEE) preparadas entre el 1 de abril 2014 y el 31 de marzo de 2015	STA					
SP007	RCTA 14 CPA 7	Medidas tomadas por el CPA y la RCTA sobre las Recomendaciones de la RETA sobre las implicaciones del cambio climático	STA					
SP008	RCTA 5	Recomendaciones operacionales sujetas a revisión	STA					Review of recommendations (From ATCM36/WP1 attachment 004)
SP012	CPA 2	CEP XVIII Summary of Papers	STA					CEP XVIII Annotated Agenda

Documentos de la Secretaría

Número	Puntos del programa	Título	Suministrado por	I	F	R	E	Adjuntos
SP013	RCTA 16 RCTA 17 RCTA 5 RCTA 6 RCTA 7 RCTA 9	WG on Legal and Institutional Matters - Summary of papers	STA					
SP014 rev.2	RCTA 10 RCTA 12 RCTA 13 RCTA 14 RCTA 15	WG on Operational Matters - Summary of Papers	STA					Operations WG work programme
SP015 rev.1	RCTA 11	WG on Tourism and Non-governmental Activities - Summary of papers	STA					
SP016 rev.1	RCTA 11	Special Working Group on competent authorities issues relating to tourism and non-governmental activities in Antarctica - Agenda and Summary of Papers	STA					
SP017	RCTA 15	Workshop on Education and Outreach - Summary of Papers	STA					

3. Lista de participantes

3. Lista de participantes

Partes Consultivas				
Parte	Nombre	Cargo	Fecha de llegada	Fecha de salida
Alemania	Duebner, Walter	Delegado	8/06/2015	10/06/2015
Alemania	Fabris, Rita	Delegado	3/06/2015	10/06/2015
Alemania	Gaedicke, Christoph	Delegado	1/06/2015	6/06/2015
Alemania	Gatti, Susanne	Participante de taller	31/05/2015	1/06/2015
Alemania	Guretskaya, Anastasia	Delegado	31/05/2015	10/06/2015
Alemania	Hain, Stefan	Delegado	30/05/2015	10/06/2015
Alemania	Herata, Heike	Delegado	31/05/2015	10/06/2015
Alemania	Hertel, Fritz	Delegado	1/06/2015	6/06/2015
Alemania	Heyn, Andrea	Delegado	1/06/2015	8/06/2015
Alemania	Hilbert, Jacqueline	Delegado	6/06/2015	9/06/2015
Alemania	Lassig, Rainer	Jefe de Delegación	31/05/2015	10/06/2015
Alemania	Läufer, Andreas	Delegado	1/06/2015	6/06/2015
Alemania	Liebschner, Alexander	Delegado	31/05/2015	6/06/2015
Alemania	Miller, Heinrich	Delegado	31/05/2015	6/06/2015
Alemania	Nixdorf, Uwe	Delegado	1/06/2015	9/06/2015
Alemania	Schulz, Christian	Jefe de Delegación	9/06/2015	10/06/2015
Alemania	Sven, Missling	Delegado	31/05/2015	11/06/2015
Alemania	Vöneky, Silja	Delegado	3/06/2015	10/06/2015
Alemania	Winterhoff, Esther	Delegado	8/06/2015	10/06/2015
Argentina	Azrak, Guillermo	Delegado	30/05/2015	11/06/2015
Argentina	Capurro, Andrea	Delegado	29/05/2015	11/06/2015
Argentina	Coria, Nestor	Delegado	30/05/2015	11/06/2015
Argentina	Giudici, Tomás Martín	Delegado	30/05/2015	7/06/2015
Argentina	Gowland, Máximo	Suplente	30/05/2015	11/06/2015
Argentina	Humarán, Adolfo Ernesto	Asesor	30/05/2015	11/06/2015
Argentina	López Crozet, Fausto	Jefe de Delegación	30/05/2015	11/06/2015
Argentina	Memolli, Mariano A.	Representante del CPA	30/05/2015	11/06/2015
Argentina	Ortúzar, Patricia	Delegado	30/05/2015	11/06/2015
Argentina	Rebull, Fernanda	Delegado	30/05/2015	11/06/2015
Argentina	Sartor, Jorge	Delegado	30/05/2015	11/06/2015
Argentina	Sotelo, Emanuel	Asesor	30/05/2015	11/06/2015
Argentina	Tarapow, Marcelo Cristian	Asesor	30/05/2015	11/06/2015
Argentina	Vereda, Marisol	Asesor	30/05/2015	11/06/2015
Argentina	Vlasich, Verónica	Delegado	30/05/2015	11/06/2015
Australia	Bourke, Deborah	Delegado	28/05/2015	8/06/2015
Australia	Cooper, Katrina	Jefe de Delegación	31/05/2015	10/06/2015
Australia	Fleming, Tony	Suplente	30/05/2015	10/06/2015
Australia	Gales, Nicholas	Delegado	31/05/2015	10/06/2015
Australia	Goldsworthy, Lyn	Asesor	30/05/2015	10/06/2015
Australia	Lees, Alexandra	Delegado	1/06/2015	10/06/2015
Australia	McIvor, Ewan	Delegado	28/05/2015	11/06/2015
Australia	Miller, Denzil	Asesor	30/05/2015	9/06/2015
Australia	Mundy, Jason	Delegado	30/05/2015	11/06/2015
Australia	Scott-Kemmis, Cary	Delegado	30/05/2015	10/06/2015
Australia	Tracey, Phillip	Representante del CPA	29/05/2015	11/06/2015
Bélgica	André, François	Representante del CPA	30/05/2015	12/06/2015
Bélgica	Badhe, Renuka	Delegado	4/06/2015	9/06/2015
Bélgica	Touzani, Rachid	Delegado	1/06/2015	10/06/2015
Bélgica	Vancauwenberghe, Maaike	Suplente	31/05/2015	5/06/2015

Partes Consultivas				
Parte	Nombre	Cargo	Fecha de llegada	Fecha de salida
Bélgica	Vanden Bilcke, Christian	Jefe de Delegación	6/06/2015	10/06/2015
Bélgica	Wilmotte, Annick	Delegado	29/05/2015	6/06/2015
Brasil	Bueno, Rodrigo	Delegado	30/05/2015	11/06/2015
Brasil	Chaim Mattos, Bianca	Delegado	1/06/2015	6/06/2015
Brasil	Fontes Faria, Maria Rita	Jefe de Delegación	29/05/2015	11/06/2015
Brasil	Guerra De Araujo, Ricardo	Asesor	1/06/2015	10/06/2015
Brasil	Leite, Márcio	Delegado	30/05/2015	11/06/2015
Brasil	Schneider Costa, Erli	Delegado	30/05/2015	11/06/2015
Brasil	Silva Rodrigues, Marcos	Delegado	30/05/2015	11/06/2015
Bulgaria	Antov, Grigor	Participante de taller	31/05/2015	31/05/2015
Bulgaria	Asenova, Mina	Asesor	1/06/2015	10/06/2015
Bulgaria	Chakarov, Danail	Jefe de Delegación	31/05/2015	10/06/2015
Bulgaria	Chipev, Nesho	Delegado	20/05/2015	12/06/2015
Bulgaria	Chirkova, Rossina	Asesor	1/06/2015	10/06/2015
Bulgaria	Dimitrova, Lora	Asesor	1/06/2015	10/06/2015
Bulgaria	Doncheva, Svetla	Participante de taller	1/06/2015	4/06/2015
Bulgaria	Dragoev, Petar	Asesor	1/06/2015	10/06/2015
Bulgaria	Ivanov, Lyubomir	Delegado	20/05/2015	12/06/2015
Bulgaria	Jivkov, Christo	Suplente	31/05/2015	10/06/2015
Bulgaria	Konakchiyska, Kaliopa	Asesor	1/06/2015	10/06/2015
Bulgaria	Kotlarov, Borislav	Personal	1/06/2015	6/06/2015
Bulgaria	Kotlarova, Siviliana	Personal	1/06/2015	1/06/2015
Bulgaria	Kuchev, Yuriy	Delegado	20/05/2015	12/06/2015
Bulgaria	Manolova, Ekaterina	Asesor	1/06/2015	10/06/2015
Bulgaria	Mateev, Dragomir	Delegado	25/05/2015	11/06/2015
Bulgaria	Mihaylova, Elisaveta	Asesor	1/06/2015	10/06/2015
Bulgaria	Mihaylova, Ivanka	Asesor	1/06/2015	10/06/2015
Bulgaria	Natova, Anna	Delegado	1/06/2015	10/06/2015
Bulgaria	Pavlova, Veradina	Asesor	1/06/2015	10/06/2015
Bulgaria	Peicheva, Detelina	Delegado	30/05/2015	10/06/2015
Bulgaria	Petrova, Teodora	Asesor	1/06/2015	10/06/2015
Bulgaria	Pimpirev, Christo	Suplente	20/05/2015	12/06/2015
Bulgaria	Raycheva, Sasha	Delegado	30/05/2015	10/06/2015
Bulgaria	Raytchev, Rayko	Presidente de la RCTA	31/05/2015	10/06/2015
Bulgaria	Romanska, Tsvety	Suplente	31/05/2015	10/06/2015
Bulgaria	Stoytchev, Tihomir	Delegado	1/06/2015	10/06/2015
Bulgaria	Tagarinska, Vera	Delegado	1/06/2015	10/06/2015
Bulgaria	Tcotcorkov, Lachazar	Delegado	30/05/2015	10/06/2015
Bulgaria	Todorova, Rusiana	Asesor	1/06/2015	10/06/2015
Bulgaria	Todorova-Yakimova, Mariya	Asesor	1/06/2015	10/06/2015
Bulgaria	Trassieva, Albena	Delegado	1/06/2015	10/06/2015
Bulgaria	Trendafilov, Valeri	Asesor	1/06/2015	10/06/2015
Bulgaria	Trifonova, Iglika	Asesor	20/05/2015	12/06/2015
Bulgaria	Vergiev, Stoyan	Asesor	1/06/2015	10/06/2015
Bulgaria	Videnova, Galina	Asesor	20/05/2015	12/06/2015
Bulgaria	Yordanov, Yordan	Delegado	20/05/2015	12/06/2015
Bulgaria	Zamfirov, Yordan	Asesor	1/06/2015	10/06/2015
Corea (RDC)	Chung, Rae-kwang	Delegado	31/05/2015	9/06/2015
Corea (RDC)	Go, Song Ju	Delegado	31/05/2015	5/06/2015
Corea (RDC)	Kim, Ji Hee	Representante del CPA	30/05/2015	9/06/2015
Corea (RDC)	Kim, Yeadong	Asesor	3/06/2015	7/06/2015
Corea (RDC)	Lee, sangmin	Delegado	30/05/2015	9/06/2015

Partes Consultivas				
Parte	Nombre	Cargo	Fecha de llegada	Fecha de salida
Corea (RDC)	Lee, Won Young	Delegado	30/05/2015	9/06/2015
Corea (RDC)	Moon, Jihye	Delegado	31/05/2015	11/06/2015
Corea (RDC)	Seo, Won-sang	Delegado	31/05/2015	9/06/2015
Corea (RDC)	Shin, Hyoung Chul	Delegado	31/05/2015	6/06/2015
Chile	Arias, Germán	Asesor	31/05/2015	11/06/2015
Chile	Barticevic, Elías	Delegado	29/05/2015	4/06/2015
Chile	Berguño, Francisco	Jefe de Delegación	25/05/2015	11/06/2015
Chile	Casiccia, Claudio	Asesor	31/05/2015	11/06/2015
Chile	Echeverría, Eduardo	Asesor	31/05/2015	11/06/2015
Chile	Espinoza, Luis	Asesor	5/06/2015	11/06/2015
Chile	Figueroa, Miguel	Asesor	31/05/2015	11/06/2015
Chile	Madrid, Santiago	Asesor	31/05/2015	11/06/2015
Chile	Mayorga, Pedro	Asesor	31/05/2015	11/06/2015
Chile	Sardiña, Jimena	Delegado	4/06/2015	11/06/2015
Chile	Vallejos, Verónica	Representante del CPA	31/05/2015	11/06/2015
Chile	Velásquez, Ricardo	Asesor	31/05/2015	11/06/2015
Chile	Villalón, Gilberto	Asesor	31/05/2015	11/06/2015
Chile	Villanueva, Tamara	Suplente	25/05/2015	11/06/2015
China	Fang, Lijun	Delegado	31/05/2015	11/06/2015
China	Han, Zixuan	Delegado	31/05/2015	11/06/2015
China	Liu, Yang	Delegado	30/05/2015	11/06/2015
China	Qin, Weijia	Delegado	31/05/2015	6/06/2015
China	Qu, Wensheng	Jefe de Delegación	30/05/2015	11/06/2015
China	Xu, Chen	Delegado	31/05/2015	6/06/2015
China	Zheng, Cheng	Delegado	30/05/2015	11/06/2015
Ecuador	Borbor Córdova, Mercy Julia	Representante del CPA	30/05/2015	11/06/2015
Ecuador	Proaño Silva, Mario Renato	Delegado	30/05/2015	11/06/2015
Ecuador	Velastegui Herrera, Marcela	Jefe de Delegación	1/06/2015	11/06/2015
España	Benayas, Javier	Asesor	2/06/2015	4/06/2015
España	Catalan, Manuel	Representante del CPA	31/05/2015	10/06/2015
España	Muñoz de Laborde Bardin, Juan Luis	Jefe de Delegación	31/05/2015	11/06/2015
España	Ojeda, Miguel Angel	Delegado	2/06/2015	5/06/2015
España	R. Pertierra, Luis	Asesor	30/05/2015	4/06/2015
España	Ramos, Sonia	Delegado	30/05/2015	11/06/2015
Estados Unidos	Bergmann, Trisha	Asesor	31/05/2015	10/06/2015
Estados Unidos	Bloom, Evan T.	Jefe de Delegación	31/05/2015	11/06/2015
Estados Unidos	Edwards, David	Asesor	31/05/2015	10/06/2015
Estados Unidos	Falkner, Kelly	Delegado	31/05/2015	10/06/2015
Estados Unidos	Hahs, Ona	Asesor	31/05/2015	11/06/2015
Estados Unidos	Heung, Justin	Asesor	2/06/2015	10/06/2015
Estados Unidos	Karentz, Deneb	Asesor	31/05/2015	6/06/2015
Estados Unidos	Naveen, Ron	Asesor	31/05/2015	10/06/2015
Estados Unidos	O'Reilly, Jessica	Asesor	31/05/2015	10/06/2015
Estados Unidos	Penhale, Polly A.	Representante del CPA	30/05/2015	11/06/2015
Estados Unidos	Rudolph, Lawrence	Asesor	31/05/2015	11/06/2015
Estados Unidos	Schandlbauer, Alfred	Suplente	30/05/2015	11/06/2015
Estados Unidos	Stone, Brian	Asesor	31/05/2015	5/06/2015
Estados Unidos	Tonev, Danko	Asesor	3/06/2015	10/06/2015
Estados Unidos	Trice, Jessica	Asesor	31/05/2015	10/06/2015
Estados Unidos	Wheatley, Victoria	Asesor	31/05/2015	11/06/2015

Partes Consultivas				
Parte	Nombre	Cargo	Fecha de llegada	Fecha de salida
Federación de Rusia	Chernysheva, Larisa	Delegado	31/05/2015	10/06/2015
Federación de Rusia	Gonchar, Dmitry	Jefe de Delegación	31/05/2015	10/06/2015
Federación de Rusia	Lukin, Valery	Representante del CPA	29/05/2015	12/06/2015
Federación de Rusia	Pomelov, Victor	Delegado	29/05/2015	11/06/2015
Federación de Rusia	Tarasenko, Sergey	Delegado	29/05/2015	11/06/2015
Finlandia	Jarvenpaa, Jesse	Delegado	1/06/2015	10/06/2015
Finlandia	Mähönen, Outi	Representante del CPA	31/05/2015	6/06/2015
Finlandia	Valjento, Liisa	Jefe de Delegación	30/05/2015	10/06/2015
Francia	Belna, Stéphanie	Representante del CPA	31/05/2015	5/06/2015
Francia	Choquet, Anne	Asesor	3/06/2015	10/06/2015
Francia	Frenot, Yves	Representante del CPA	30/05/2015	10/06/2015
Francia	Guyomard, Ann-Isabelle	Delegado	30/05/2015	11/06/2015
Francia	Guyonvarch, Olivier	Jefe de Delegación	31/05/2015	10/06/2015
Francia	Lebouvier, Marc	Representante del CPA	30/05/2015	10/06/2015
Francia	Lorraine, Monclar	Personal	1/06/2015	10/06/2015
Francia	Mayet, Laurent	Delegado	31/05/2015	2/06/2015
Francia	Pozzo di Borgo, Cécile	Delegado	7/06/2015	9/06/2015
Francia	Rocard, Michel	Delegado	31/05/2015	2/06/2015
Francia	Runyo, Fabienne	Suplente	31/05/2015	10/06/2015
India	Chaturvedi, Sanjay	Delegado	30/05/2015	11/06/2015
India	Mohan, Rahul	Jefe de Delegación	30/05/2015	11/06/2015
India	Reddy, A Sudhakara	Delegado	31/05/2015	11/06/2015
India	Tiwari, Anoop Kumar	Representante del CPA	30/05/2015	11/06/2015
Italia	Bianchi Fasani, Gianluca	Asesor	1/06/2015	5/06/2015
Italia	Cattadori, Matteo	Delegado	30/05/2015	1/06/2015
Italia	De Rossi, Giuseppe	Asesor	1/06/2015	5/06/2015
Italia	Fioretti, Anna	Delegado	31/05/2015	11/06/2015
Italia	Sgrò, Eugenio	Jefe de Delegación	30/05/2015	11/06/2015
Italia	Tomaselli, Maria Stefania	Delegado	30/05/2015	6/06/2015
Italia	Torcini, Sandro	Representante del CPA	30/05/2015	11/06/2015
Japón	Hirano, Jun	Asesor	30/05/2015	11/06/2015
Japón	Miyamori, Joji	Jefe de Delegación	30/05/2015	10/06/2015
Japón	Shiraishi, Kazuyuki	Asesor	30/05/2015	6/06/2015
Japón	Takeda, Sayako	Asesor	31/05/2015	10/06/2015
Japón	Tanaka, Kenichiro	Asesor	30/05/2015	10/06/2015
Japón	Teramura, Satoshi	Asesor	30/05/2015	11/06/2015
Japón	Watanabe, Kentaro	Asesor	30/05/2015	11/06/2015
Noruega	Eikeland, Else Berit	Jefe de Delegación	31/05/2015	10/06/2015
Noruega	Gaalaas, Siv Christin	Delegado	3/06/2015	10/06/2015
Noruega	Guldahl, John E.	Delegado	3/06/2015	5/06/2015
Noruega	Halvorsen, Svein Tore	Delegado	31/05/2015	6/06/2015
Noruega	Høgestøl, Astrid Charlotte	Delegado	31/05/2015	9/06/2015
Noruega	Korsvoll, Marie Helene	Delegado	4/06/2015	9/06/2015
Noruega	Nicolaisen, Kristine Oftedal	Delegado	7/06/2015	10/06/2015
Noruega	Njaastad, Birgit	Representante del CPA	29/05/2015	10/06/2015
Noruega	Storvik, Kristin	Asesor	8/06/2015	9/06/2015
Noruega	Strengehagen, Mette	Suplente	3/06/2015	10/06/2015

Partes Consultivas				
Parte	Nombre	Cargo	Fecha de llegada	Fecha de salida
Nueva Zelandia	Beggs, Peter	Asesor	30/05/2015	11/06/2015
Nueva Zelandia	Dempster, Jillian	Jefe de Delegación	30/05/2015	11/06/2015
Nueva Zelandia	East, Paul	Delegado	1/06/2015	4/06/2015
Nueva Zelandia	Gilbert, Neil	Representante del CPA	30/05/2015	7/06/2015
Nueva Zelandia	Kendall, Rachel	Asesor	30/05/2015	11/06/2015
Nueva Zelandia	Morgan, Fraser	Asesor	1/06/2015	8/06/2015
Nueva Zelandia	Poirot, Ceisha	Asesor	30/05/2015	11/06/2015
Nueva Zelandia	Stent, Danica	Asesor	30/05/2015	11/06/2015
Nueva Zelandia	Townend, Andrew	Asesor	31/05/2015	5/06/2015
Nueva Zelandia	Weeber, Barry	Asesor	31/05/2015	11/06/2015
Países Bajos	Bastmeijer, Kees	Asesor	1/06/2015	10/06/2015
Países Bajos	Elstgeest, Marlynda	Asesor	3/06/2015	11/06/2015
Países Bajos	Hernaus, Reginald	Representante del CPA	31/05/2015	8/06/2015
Países Bajos	Kroef, van der, Dick A.	Asesor	31/05/2015	8/06/2015
Países Bajos	Lefeber, René J.M.	Jefe de Delegación	31/05/2015	10/06/2015
Países Bajos	Lubbe, Suzanne	Participante de taller	7/06/2015	9/06/2015
Países Bajos	Malherbe, René	Participante de taller	30/05/2015	2/06/2015
Países Bajos	Peijs, Martijn	Delegado	31/05/2015	10/06/2015
Perú	Garcia Paredes, Gladys Mabel	Jefe de Delegación	31/05/2015	11/06/2015
Polonia	Kidawa, Anna	Delegado	31/05/2015	10/06/2015
Polonia	Krawczyk-Grzesiowska, Joanna	Suplente	31/05/2015	5/06/2015
Polonia	Misztal, Andrzej	Jefe de Delegación	8/06/2015	10/06/2015
Polonia	Tatur, Andrzej	Representante del CPA	31/05/2015	10/06/2015
Reino Unido	Burgess, Henry	Representante del CPA	30/05/2015	11/06/2015
Reino Unido	Capper, Linda	Delegado	30/05/2015	2/06/2015
Reino Unido	Clarke, Rachel	Delegado	30/05/2015	6/06/2015
Reino Unido	Coleman, Julie	Delegado	7/06/2015	9/06/2015
Reino Unido	Downie, Rod	Asesor	1/06/2015	5/06/2015
Reino Unido	Francis, Jane	Delegado	31/05/2015	5/06/2015
Reino Unido	Griffiths, Lowri	Delegado	30/05/2015	11/06/2015
Reino Unido	Hall, John	Delegado	30/05/2015	11/06/2015
Reino Unido	Hughes, Kevin	Delegado	30/05/2015	6/06/2015
Reino Unido	Rumble, Jane	Jefe de Delegación	30/05/2015	11/06/2015
Reino Unido	Stockings, Tim	Delegado	31/05/2015	5/06/2015
República Checa	Bartak, Milos	Delegado	31/05/2015	5/06/2015
República Checa	Filippiova, Martina	Suplente	31/05/2015	11/06/2015
República Checa	Kapler, Pavel	Delegado	31/05/2015	5/06/2015
República Checa	Nyvlt, Daniel	Representante del CPA	31/05/2015	5/06/2015
República Checa	Prošek, Pavel	Delegado	31/05/2015	5/06/2015
República Checa	Sladký, Pavel	Delegado	4/06/2015	11/06/2015
República Checa	Štepánek, Premysl	Suplente	1/06/2015	10/06/2015
República Checa	Válek, Petr	Jefe de Delegación	30/05/2015	2/06/2015
República Checa	Venera, Zdenek	Representante del CPA	31/05/2015	5/06/2015
Sudáfrica	Abader, Moegamat Ishaam	Asesor	30/05/2015	6/06/2015
Sudáfrica	Dwarika, Yolande	Jefe de Delegación	30/05/2015	11/06/2015
Sudáfrica	Kingsley, Angela	Delegado	30/05/2015	11/06/2015
Sudáfrica	Malaza, Sabelo	Asesor	30/05/2015	6/06/2015
Sudáfrica	Mphepya, Jonas	Suplente	31/05/2015	11/06/2015
Sudáfrica	Siko, Gilbert	Asesor	30/05/2015	11/06/2015

Partes Consultivas				
Parte	Nombre	Cargo	Fecha de llegada	Fecha de salida
Sudáfrica	Skinner, Richard	Asesor	30/05/2015	11/06/2015
Sudáfrica	Valentine, Henry	Asesor	30/05/2015	11/06/2015
Suecia	Euren Hoglund, Lisa	Jefe de Delegación	30/05/2015	10/06/2015
Suecia	Selberg, Cecilia	Representante del CPA	7/06/2015	10/06/2015
Suecia	Tornberg, Henrik	Asesor	2/06/2015	5/06/2015
Ucrania	Lytvynov, Valerii	Jefe de Delegación	31/05/2015	6/06/2015
Ucrania	Tereshchenko, Artur	Asesor	31/05/2015	6/06/2015
Ucrania	Tereshchenko, Zoia	Asesor	31/05/2015	6/06/2015
Uruguay	Cristina, Juan	Participante de taller	29/05/2015	2/06/2015
Uruguay	Lluberas, Albert	Suplente	29/05/2015	11/06/2015
Uruguay	Romano, Claudio	Jefe de Delegación	30/05/2015	11/06/2015
Uruguay	Vieira, Manuel	Delegado	30/05/2015	6/06/2015
Uruguay	Vignali, Daniel	Asesor	31/05/2015	11/06/2015

Partes no Consultivas				
Parte	Nombre	Cargo	Fecha de llegada	Fecha de salida
Belarús	Kakareka, Sergey	Representante del CPA	31/05/2015	6/06/2015
Belarús	Loginov, Vladimir F.	Jefe de Delegación	31/05/2015	10/06/2015
Belarús	Snytin, Oleg	Delegado	7/06/2015	11/06/2015
Canadá	File, Susan	Delegado	2/06/2015	7/06/2015
Canadá	Taillefer, David	Jefe de Delegación	31/05/2015	11/06/2015
Colombia	González Hernández, César Felipe	Jefe de Delegación	30/05/2015	7/06/2015
Colombia	Mojica, Diego Fernando	Delegado	31/05/2015	14/06/2015
Colombia	Molano, Mauricio	Asesor	5/06/2015	10/06/2015
Colombia	Molares Babra, Ricardo	Delegado	30/05/2015	11/06/2015
Colombia	Plata, Javier	Delegado	31/05/2015	11/06/2015
Colombia	Sanchez, Dania Lorena	Delegado	31/05/2015	11/06/2015
Colombia	Soltau, Juan Manuel	Delegado	31/05/2015	11/06/2015
Kazajstán	Izbastin, Temirtay	Jefe de Delegación	8/06/2015	10/06/2015
Kazajstán	Sarsembekov, Baurzhan	Asesor	1/06/2015	10/06/2015
Malasia	Abd Rahman, Mohd Nasaruddin	Delegado	31/05/2015	6/06/2015
Malasia	Ho, Yun Shiang	Delegado	31/05/2015	5/06/2015
Malasia	Mohd Nor, Salleh	Delegado	31/05/2015	9/06/2015
Malasia	Yahaya, Mohd Azhar	Asesor	31/05/2015	5/06/2015
Mónaco	Impagliazzo, Céline	Representante del CPA	31/05/2015	5/06/2015
Mongolia	Amartuvshin, Amgalanbayar	Delegado	31/05/2015	10/06/2015
Mongolia	Dugerjav, Lkhamsuren	Jefe de Delegación	24/05/2015	11/06/2015
Portugal	Ferraz, Luís	Delegado	30/05/2015	11/06/2015
Portugal	Xavier, José Carlos Caetano	Jefe de Delegación	29/05/2015	13/06/2015
Rumania	Andreea, Radu	Suplente	31/05/2015	5/06/2015
Rumania	Cotta, Mihaela	Asesor	31/05/2015	5/06/2015
Rumania	Prisecaru, Tudor	Jefe de Delegación	1/06/2015	2/06/2015
Rumania	Sidoroff, Manuela Elisabeta	Delegado	1/06/2015	3/06/2015
Suiza	Denis, Knobel	Delegado	31/05/2015	10/06/2015
Suiza	Krebs, Martin	Delegado	31/05/2015	11/06/2015
Suiza	Suter, Yves	Delegado	31/05/2015	5/06/2015
Turquía	Bozkurt, Ahmet	Personal	1/06/2015	10/06/2015
Turquía	Evlice, Onur	Delegado	30/05/2015	11/06/2015
Turquía	Gökce, Süleyman	Delegado	1/06/2015	10/06/2015
Turquía	Örek, Hasan	Delegado	30/05/2015	6/06/2015
Turquía	Özsoy Çiçek, Burcu	Delegado	30/05/2015	6/06/2015
Turquía	Ozturk, Bayram	Delegado	30/05/2015	4/06/2015
Turquía	?ahin, ?akir	Delegado	30/05/2015	11/06/2015
Turquía	Tabak, Haluk	Delegado	30/05/2015	11/06/2015
Turquía	Türkel, Mehmet Ali	Delegado	30/05/2015	11/06/2015
Turquía	Türkel, Ebuzer	Delegado	30/05/2015	11/06/2015
Venezuela	Carlos , Castellanos	Delegado	29/05/2015	11/06/2015
Venezuela	Handt, Helga Helena	Delegado	29/05/2015	11/06/2015
Venezuela	Perez, Janly	Asesor	1/06/2015	10/06/2015
Venezuela	Sira, Eloy	Jefe de Delegación	30/05/2015	11/06/2015

Observadores, Expertos e Invitados				
Parte	Nombre	Cargo	Fecha de llegada	Fecha de salida
ASOC	Christian, Claire	Delegado	29/05/2015	10/06/2015
ASOC	Dolan, Ryan	Delegado	30/05/2015	10/06/2015
ASOC	Epstein, Mark S.	Jefe de Delegación	30/05/2015	10/06/2015
ASOC	Hepp, Jill	Delegado	30/05/2015	10/06/2015
ASOC	Johnson, Chris	Delegado	30/05/2015	6/06/2015
ASOC	Roura, Ricardo	Representante del CPA	30/05/2015	10/06/2015
ASOC	Wallace, Cath	Delegado	30/05/2015	11/06/2015
ASOC	Walsh, Dave	Delegado	8/06/2015	10/06/2015
ASOC	Werner Kinkelin, Rodolfo	Delegado	30/05/2015	10/06/2015
CCRVMA	Jones, Christopher	Asesor	30/05/2015	11/06/2015
CCRVMA	Reid, Keith	Asesor	31/05/2015	11/06/2015
CCRVMA	Wright, Andrew	Jefe de Delegación	29/05/2015	13/06/2015
COMNAP	Rogan-Finnemore, Michelle	Jefe de Delegación	30/05/2015	11/06/2015
IAATO	Crosbie, Kim	Jefe de Delegación	29/05/2015	11/06/2015
IAATO	Hohn-Bowen, Ute	Delegado	3/06/2015	10/06/2015
IAATO	Lynnes, Amanda	Representante del CPA	29/05/2015	11/06/2015
IAATO	Morgan, Tudor	Suplente	29/05/2015	11/06/2015
IAATO	Rootes, David	Asesor	31/05/2015	10/06/2015
IAATO	Schillat, Monika	Asesor	31/05/2015	10/06/2015
PNUMA	Ruis, Barbara	Jefe de Delegación	1/06/2015	5/06/2015
SCAR	Bellerby, Richard	Delegado	2/06/2015	4/06/2015
SCAR	Chown, Steven L.	Delegado	30/05/2015	5/06/2015
SCAR	López-Martínez, Jerónimo	Jefe de Delegación	30/05/2015	10/06/2015
SCAR	Terauds, Aleks	Representante del CPA	31/05/2015	6/06/2015

Secretaría del País anfitrión				
Parte	Nombre	Cargo	Fecha de llegada	Fecha de salida
Secretaría del país anfitrión	Apostolova, Denitsa	Personal	31/05/2015	10/06/2015
Secretaría del país anfitrión	Atanassova, Alexandra	Personal	21/05/2015	11/06/2015
Secretaría del país anfitrión	Bonev, Kamen	Personal	1/06/2015	10/06/2015
Secretaría del país anfitrión	Bontchev, Stephane	Personal	21/05/2015	12/06/2015
Secretaría del país anfitrión	Chervenakova, Genoveva	Personal	21/05/2015	12/06/2015
Secretaría del país anfitrión	Chilev, Mario	Personal	30/05/2015	10/06/2015
Secretaría del país anfitrión	Dahood, Adrian	Personal	24/05/2015	11/06/2015
Secretaría del país anfitrión	Dimitrova, Elena	Personal	1/06/2015	10/06/2015
Secretaría del país anfitrión	Dochev, Docho	Personal	31/05/2015	10/06/2015
Secretaría del país anfitrión	Elias-Piera, Francyne	Personal	2/06/2015	10/06/2015
Secretaría del país anfitrión	Erceg, Diane	Personal	24/05/2015	11/06/2015
Secretaría del país anfitrión	Filipova, Ludmila	Personal	1/06/2015	10/06/2015
Secretaría del país anfitrión	Georgiev, Dimitar	Personal	22/05/2015	12/06/2015
Secretaría del país anfitrión	Georgiev, Nikolay	Personal	28/05/2015	11/06/2015
Secretaría del país anfitrión	Giurov, Victor	Personal	22/05/2015	12/06/2015
Secretaría del país anfitrión	González Vaillant, Joaquín	Personal	24/05/2015	11/06/2015
Secretaría del país anfitrión	Hodgson-Johnson, Indiah	Personal	24/05/2015	11/06/2015
Secretaría del país anfitrión	Jivkova, Eva	Personal	21/05/2015	12/06/2015
Secretaría del país anfitrión	Kiossemarliev, Dimitar	Personal	21/05/2015	12/06/2015
Secretaría del país anfitrión	Klayn, Laslo	Personal	31/05/2015	10/06/2015
Secretaría del país anfitrión	Klayn, Stefania	Personal	31/05/2015	10/06/2015
Secretaría del país anfitrión	Krastev, Plamen	Personal	22/05/2015	12/06/2015
Secretaría del país anfitrión	Lapteva, Gergana	Personal	1/06/2015	10/06/2015
Secretaría del país anfitrión	Minchev, Evgeny	Personal	24/05/2015	11/06/2015
Secretaría del país anfitrión	Mladenov, Atanas	Personal	31/05/2015	10/06/2015
Secretaría del país anfitrión	Moteva, Denitsa	Personal	25/05/2015	11/06/2015
Secretaría del país anfitrión	Mutafchiev, Rumen	Personal	22/05/2015	12/06/2015
Secretaría del país anfitrión	Penev, Boyko	Personal	22/05/2015	12/06/2015
Secretaría del país anfitrión	Petkov, Nikola	Personal	31/05/2015	10/06/2015

anfitrión				
Secretaría del país anfitrión	Phillips, Andrew	Personal	25/05/2015	11/06/2015
Secretaría del país anfitrión	Sabev, Atanas	Personal	24/05/2015	11/06/2015
Secretaría del país anfitrión	Slavova, Albena	Personal	24/05/2015	11/06/2015
Secretaría del país anfitrión	Stefanov, Ivelin	Personal	22/05/2015	12/06/2015
Secretaría del país anfitrión	Stoianova, Elena	Personal	31/05/2015	10/06/2015
Secretaría del país anfitrión	Stoynev, Svetoslav	Personal	1/06/2015	10/06/2015
Secretaría del país anfitrión	Stoynova, Boriana	Personal	22/05/2015	12/06/2015
Secretaría del país anfitrión	Tomov, Yavor	Personal	22/05/2015	12/06/2015
Secretaría del país anfitrión	Trifonova, Ida	Personal	21/05/2015	12/06/2015
Secretaría del país anfitrión	Tzanev, Nicolay	Personal	22/05/2015	12/06/2015
Secretaría del país anfitrión	Valchev, Vesselin	Secretario del país anfitrión	22/05/2015	12/06/2015
Secretaría del país anfitrión	Van der Watt, Susanna	Personal	25/05/2015	11/06/2015
Secretaría del país anfitrión	Veselinov, Krasimir	Personal	30/05/2015	10/06/2015
Secretaría del país anfitrión	Zarkov, Angel	Personal	30/05/2015	10/06/2015
Secretaría del país anfitrión	Zhelyazkova, Marina	Personal	21/05/2015	10/06/2015

Secretaría del Tratado Antártico				
Parte	Nombre	Cargo	Fecha de llegada	Fecha de salida
STA	Acero, José María	Suplente	27/05/2015	12/06/2015
STA	Agraz, José Luis	Personal	24/05/2015	12/06/2015
STA	Balok, Anna	Personal	27/05/2015	12/06/2015
STA	Davies, Paul	Personal	28/05/2015	11/06/2015
STA	Portella Sampaio, Daniela	Personal	27/05/2015	11/06/2015
STA	Reinke, Manfred	Jefe de Delegación	24/05/2015	12/06/2015
STA	Wainschenker, Pablo	Personal	25/05/2015	12/06/2015
STA	Walton, David W H	Personal	25/05/2015	11/06/2015
STA	Wydler, Diego	Personal	24/05/2015	12/06/2015
Personal de TI	Alal, Cecilia	Personal	28/05/2015	11/06/2015
Personal de TI	Babaev, David	Personal	31/05/2015	11/06/2015
Personal de TI	Boury, Marjorie	Personal	31/05/2015	11/06/2015
Personal de TI	Cook, Elena	Personal	31/05/2015	10/06/2015
Personal de TI	Coussaert, Joelle	Personal	31/05/2015	11/06/2015
Personal de TI	Falaleyev, Andrey	Personal	31/05/2015	11/06/2015
Personal de TI	Fernandez, Jimena	Personal	28/05/2015	11/06/2015
Personal de TI	Garteiser, Claire	Personal	31/05/2015	10/06/2015
Personal de TI	Hale, Sandra	Personal	31/05/2015	11/06/2015
Personal de TI	Kasimova, Katya	Personal	31/05/2015	10/06/2015
Personal de TI	Malmontet, Benoit	Personal	31/05/2015	11/06/2015
Personal de TI	Malofeeva, Elena	Personal	31/05/2015	11/06/2015
Personal de TI	Mullova, Ludmila	Personal	31/05/2015	11/06/2015
Personal de TI	Orlando, Marc	Personal	31/05/2015	12/06/2015
Personal de TI	Perino, María del Valle	Personal	31/05/2015	11/06/2015
Personal de TI	Speziali, Maria Laura	Personal	31/05/2015	11/06/2015
Personal de TI	Tanguy, Philippe	Personal	31/05/2015	11/06/2015
Personal de TI	Vignal, Edith	Personal	31/05/2015	11/06/2015
Personal de TI	Wallace, Roslyn	Personal	31/05/2015	11/06/2015

www.ingramcontent.com/pod-product-compliance
Lightning Source LLC
Chambersburg PA
CBHW051332200326

41519CB00026B/7394